Martin Gregor-Dellin · Heinrich Schütz

Martin Gregor-Dellin

HEINRICH SCHÜTZ

Sein Leben
Sein Werk
Seine Zeit

Piper
München Zürich

Mit 30 Abbildungen

ISBN 3-492-02919-1
2. Auflage, 9.–13. Tausend 1984
© R. Piper GmbH & Co. KG, München 1984
Gesetzt aus der Garamond-Antiqua
Gesamtherstellung: H. Mühlberger, Augsburg
Printed in Germany

Inhalt

Vorspruch

Porträt und Hintergrund

Unsre Kenntnis der äußeren Erscheinung von Heinrich Schütz gründet sich auf drei Bildnisse: auf Augustus Johns Kupferstich aus dem Jahr 1627, der den zweiundvierzigjährigen Schütz wiedergibt, auf Christoph Spetners Porträt des ungefähr Siebzigjährigen, das noch bis ins erste Drittel unsres Jahrhunderts als das einzig erhaltene galt, und auf die Ölminiatur eines unbekannten Malers, die – unwahrscheinlich genug – den eisgrauen Alten mit fünfundachtzig, zwei Jahre vor seinem Tod, zeigt. Angenommen, das Altersporträt wäre nicht nachträglich angefertigt und Rembrandts Bildnis eines Musikers aus dem Jahr 1633 ließe sich endgültig als das des achtundvierzigjährigen Schütz identifizieren, es käme also noch ein viertes hinzu, so wäre das viel und wenig zugleich: viel für die damalige Zeit und für den Mann, der sich mit seiner Person niemandem aufgedrängt hat, wiewohl es ihm an Selbstbewußtsein nicht mangelte, und wenig für uns, die wir gern mehr wüßten mit unsrer Sehnsucht nach dem Unbekannten und Fernen, mit unsrem Bedürfnis nach Kontinuität zwischen allem Gewesenen und uns, mit unsrer Neugier nach großen Charakteren und unsrem sprichwörtlichen Zweifel an allem, was uns als zu groß und zu edel und zu eindeutig erscheint. Vier Porträts, und nur wenig Unterschied, geringe Veränderung über mehr als vierzig Jahre hinweg: vorherrschend und von beinah einschüchternder Überlegenheit die Haltung, die Ruhe und Würde; gleichbleibend der sphinxische Blick dieser Augen, die von den Lidern schwer überhangen sind, der Zug von Melancholie und Verzicht, die von Güte gemilderte Bitterkeit der Mundpartie; und zunehmend die Trauer, die in den Altersbildern ihren erschütternden Ausdruck findet. Da heißt es achtgeben, daß das Lied unsrer Stimme nicht zu hoch werden will, um mit Luther zu reden, und daß wir genug Wirklichkeit zu fassen kriegen, um hinter die Wahrheit zu kommen. Wir haben die Musik, oder wenigstens beträchtliche Teile davon. Was aber haben wir noch? Wer war dieser Mann, den ein gar nicht so unbegabter Musiker wie Elias Nathusius 1657 in seiner Bewerbung um das Amt des Leipziger Thomaskantors, um nur ja nicht in den Verdacht zu geraten, er rivalisiere etwa mit Heinrich Schütz, »parentem nostrae musicae modernae« nannte und den viele seiner musikalischen Zeitgenossen, und nicht nur diese, wie einen Vater liebten? Wie kommen wir ihm bei?

Über vielem liegt Dunkel, und je ferner uns etwas gerückt ist, um so holzschnitthafter, vergröberter erscheint es, als wäre der Mensch und was ihn ausmacht nicht auch damals kompliziert gewesen, nicht ebenso von Zweifeln und Widersprüchen heimgesucht; als habe nicht alles allem widerstrebt und entsprechend wechselhafte Gefühle erzeugt, Glück und Unglück, Lust und die Plage des Alltags, all die Geschichten hinter der Geschichte. Doch das Gewachsene entschwindet unserm Auge mit der Entfernung; das feine Geäder darin, die Brüche und Risse glätten sich, die Charaktere erscheinen undifferenziert, die Überzeugungen und der Glaube einfach. Mit zunehmendem Abstand wird der Eindruck, den wir gewinnen, einfarbiger und unrichtiger, das Auge nimmt die Einzelheiten nicht mehr wahr (es gibt zu wenige Anhaltspunkte), und damit werden alle Dinge untereinander ähnlicher: die Bilder, die Köpfe, die Gestalten, ihre Rede, die Schrift – und die Musik. Bei weniger ausgeprägten Personalstilen ist das Typische der Zeit längst rubriziert, daher neigen wir zu Vereinfachungen und übersehen die Gegenläufigkeiten, hören nicht die Antiphonien zu den Hauptchören, unterscheiden nicht die über Nacht sich wandelnde Meinung. Das gilt für die großen zeitgeschichtlichen Bewegungen wie für die Strömungen in der Kunst, die Entwicklung der Kunstsprache. Jedes Zeitalter hat – daß wir es vorwegnehmen – zwei gegenläufige, sich widersprechende Grundtendenzen. Gäbe es nur deren eine, nur den einen historischen Ausdrucksgestus, die eine Tendenz: unmöglich, es wäre ein Lauf der Lemminge, es wäre das Ende. Immer regt sich seelischer Widerstand, immer sind da Kräfte, die der Auflösung oder dem Erstarren, was immer gerade droht, entgegenwirken, und aus der Spannung zwischen den Polen bezieht auch das Leben des Einzelnen seine Dynamik. Auf solche Hintergründe werden wir angewiesen sein und Vorsicht walten lassen müssen bei der Auslegung und Ausschmückung ohnehin oft unzu-

verlässiger Quellen. Biographie, als Wiedergabe eines geschichtsfä-
higen und erzählbaren Lebens, läßt sich aus dem Abstand mehrerer
Jahrhunderte nicht mittels Psychologie in Gang halten, so wenig
wie man das Werk, eine Musik, auf private Anlässe und Stimmun-
gen zurückführen kann. (Glückliche Ausnahme, wo es gelingt.)
Psychologie ist die große Gewürzbüchse, mit der die Lebensläufe
der letzten hundertfünfzig Jahre gewöhnlich zubereitet und
schmackhaft gemacht werden. Vor den gefrorenen Umrissen und
Bildern, den lakonischen Mitteilungen und Zeugnissen fernerer
Zeiten versagt sie fast völlig, weil nichts zu deuten ist, was man
nicht genau genug kennt. Das ist das eine Dunkel, mit dem wir zu
tun haben; das andre hängt mit dem Zeitalter zusammen, vor dessen
Hintergrund sich die Gestalt abhebt und an dem sie gemessen
werden muß. Der Strom fließt durch unwirtliches Gelände. Je
heftiger die Wirbel über den Untiefen, je zäher das Gewässer, um so
fester muß der Ruderer den Schlag führen. Je verhangener der
Himmel voran und über den Ufern, um so größer der Mut, den er
braucht. Und Schütz überstand viel.

Das Zeitalter, dem wir uns zuwenden, war eines der düstersten
unsrer Geschichte, angehäuft mit Greueln und Ausbrüchen verzweifelten Lebenswillens, wetterleuchtend von Bränden, selbstzer-
störerisch, todesmächtig und erlösungswild. Ein unglückliches
Zeitalter, gewiß. Aber gibt es glückliche? Glück ist kein historischer Zustand, nicht einmal ein individuell zu messender, da man
die Summe von Wohlbehagen nicht angeben kann, sondern nur
die Abwesenheit von Schmerz, Hunger und Angst. Das ist real,
alles andre ist es nicht. Die Epoche kennt nicht einmal ihre Größe.
Groß kann sie der Nachwelt erscheinen an Zahl und Wucht ihrer
Ereignisse, indessen haben wir uns davor zu hüten, Maßstäbe der
Quantität an sie anzulegen, sonst gäben wir der Versuchung nach,
dem Spektakulären nur deshalb Beifall zu zollen, weil es kurzweilig
ist, und »gegen das Langweilige als gegen ein Unglück« Partei zu
nehmen, wie Jacob Burckhardt sagt. Vermutlich waren die langwei-
ligsten Epochen für die Völker die erträglichsten. Und sie sind es
noch.

Mag Glück auch kein Kriterium sein, Unglück ist eins. Es gibt

Zeiten, in denen das Unglück mit bleierner Schwere auf den Vielen liegt. Wenn es einen Inbegriff für die Macht des Bösen geben sollte, so bestünde er in der Häufung von Gemetzel, Seuchen, Zerstörung, Hungersnot, Plünderung, Mord und Brandschatzung, von denen in Mitteleuropa die Massen heimgesucht und in wehrlose Opfer verwandelt wurden. Jeder Tag, den diese Biographie ab ihrem zweiten Drittel streifen wird, ist erfüllt von Jammer und Tränen und einem Geruch der Verwesung, als habe sich der im Menschen verborgene Trieb nach Untergang und Selbstvernichtung in einem einzigen Mahlstrom zwischen Metz und Prag, Kempten und Stralsund zusammengezogen und einmal und für immer Tabula rasa machen wollen, und fast wäre ihm das auch gelungen, wie es zu andern Zeiten andernorts geschehen ist. Nicht wenige Stämme und Völker sind nach solchen Aderlassen und Erschöpfungen nicht mehr aufgewacht und physisch oder kulturell zugrunde gegangen, einige lebten und leben nur noch dem Namen nach fort, andre retteten sich oder wurden noch einmal gerettet, wenn sie Glück hatten, wenn ihnen der Zufall günstig war und ihnen irgendwo ein schützender Baum wuchs, unter dem die Keime ihrer Anlagen und Befähigungen überwintern konnten. Es bedarf dann der Sammler und Bewahrer, die weder nach vorn noch nach rückwärts davonlaufen, sondern ihre Pflicht tun, das Neue in sich aufnehmen und das Wertvolle nicht preisgeben, die wissen, daß es auf nichts ankommt als aufs Überleben, das heißt das Seil nicht reißen zu lassen, und denen auch klar ist, daß sie allein stehen und es der Nachwelt überlassen müssen, zu urteilen, ob sie recht gehandelt haben oder nicht. Das sind keine Zeiten der Reife, sondern des Übergangs und Durchgangs, auch in der Kunst und gerade in ihr, und auch insofern sind sie unglücklich, als sie das Vollkommene kaum zulassen. Die Größe des schöpferischen Genies ermißt sich in ihnen einzig und allein daran, ob es unersetzbar ist, unersetzlich als Ausdruck seiner Zeit und unersetzlich als ein notwendiges Glied zwischen dem Davor und Danach, indem es nicht mehr weggedacht werden kann, ohne daß etwas fehlte, ohne daß eine Entwicklung aus der Balance oder an ihr Ende geriete und das Zeitalter also nicht mehr nachfolgefähig wäre.

In der Vermittlung dessen, was keimte und noch nicht reif war, was Dürre und Feuersturm in larvenähnlichem Zustand überlebte, besteht die bedeutendste Leistung des Musikers Heinrich Schütz. Das macht sein historisches Verdienst aus. Und wenn ein Mann derartig herausragt, daß es fast an Vergleichen fehlt und keine einzige Stimme sich gegen ihn erhebt, so kann er wohl nicht bloß Musiker gewesen sein oder das, was wir darunter verstehen; sein Leben erschöpft sich nicht in der Summe seiner Werke, von denen wir noch dazu eine große Anzahl gar nicht kennen, weil sie ungedruckt blieben und bei den Bränden dreier Städte verlorengingen. Selbst wenn es gar nichts gäbe, wie bei irgendeinem antiken Rhetor, dessen Geist und Lebensspuren nur seine Schüler überliefern, das Gedenken wäre ihm sicher. Er war Kapellmeister, Kantor, Organist, Komponist und Textdichter zugleich; er war Jurist, Gesandter, Geheimsekretär, Lehrer und Prinzenerzieher sowie ein Weniges mehr, das dies alles umgreift und das seine Botschaft ausmacht. Dazu gehörte mehr als Intelligenz und Begabung, erworbenes Können und ein gutes Ohr; es mußten sich in ihm auch Menschenkenntnis und Toleranz mit einem gehörigen Maß an lebenspraktischem Realismus und philosophischer Weitsicht verbinden. Es mutet befremdlich an, so von einer Gestalt der deutschen Musik zu sprechen.

Tatsächlich sprengt sein Leben alle geläufigen Maßstäbe. Heinrich Schütz hat als ein »junger und die Welt zu durchsehen auch begieriger Mensch«, wie er sich in einem Memorial von 1651 charakterisierte, und dann noch einmal als reifer Künstler das Europa seiner Zeit von Italien bis Skandinavien durchquert, er hat erstaunlich viele der bedeutenden Geister seiner Zeit gekannt, wie sie ihn kannten; er hat sich den Anstößen und Umbrüchen seiner Epoche ungeschützt ausgesetzt und auf sie unverwechselbar geantwortet. Mit nichts andrem gebietend als mit einer Notenrolle und dem Wort, verschaffte er sich Achtung bei Fürsten und Herrn. Es gingen in ihm Kunst, Wissenschaft und Organisationsgabe Hand in Hand. »Schütz steht schon insofern einzig da unter allen wirklich großen Musikern, als er in gewissem Sinne kein Musiker, zum mindesten kein Musikant ist«, schrieb, der Wahrheit am nächsten kommend, Alfred Einstein, »er steht gleichsam neben, über der Musik.«

Dennoch blieb er bis heute ein Meister ohne verklärende Legenden, eingemauert in die für Laien unzugänglichen, wenn auch imposanten Monumente der Wissenschaft. Das Corpus der Forschung gibt sein Leben nicht ohne weiteres preis, die Tausende von Seiten, die über ihn geschrieben worden sind, gleichen einer einzigen Fußnote ohne den Text. Die Friedensfürsten, zu denen er zählt, haben es schwerer als die Feldherren, die der Menschheit nur die Narben und Schründe einer geschundenen Welt hinterlassen – und die Vorlage für große Biographien. Wenn es aber eine Gegenfigur zu Wallenstein, Tilly und Gustav Adolf gibt, dann doch wohl diese: Schütz war der Mentor, die prägende Gestalt der deutschen musischen Kultur im siebzehnten Jahrhundert und ihr Bewahrer über die Verwüstungen des Dreißigjährigen Krieges hinweg, was immer er auch sonst für die Musik und die Entwicklung ihrer Formensprache getan haben mag.

Er war, die Zeugnisse sind zahlreich, im Jammer des Niedergangs ein Trost für viele, die Mord und Gemetzel, Pest und rote Ruhr überlebten, und zugleich doch auch jener »geistigste Musiker, den wir kennen«, wie Einstein schreibt, ein Musicus poeticus, das heißt Textausleger von hohen Graden. Er gab die neuen Inhalte, die die Reformation gebracht hatte, an eine Gemeinde weiter, die nach neuen Ausdrucksformen suchte, und vermittelte zugleich zwischen Nord und Süd, deutscher und lateinischer Kultur, altem und neuem Stil, hineingestellt zwischen Humanismus und Aufklärung, Renaissance und Barock, in die er sich nicht eindeutig einordnen läßt. Geboren 1585, einhundert und zwei Jahre nach Martin Luther und genau hundert Jahre vor Johann Sebastian Bach, hat er in einem »fast müheseligen Lebenslauf«, wie er bescheidener und zurückhaltender als die ihm Nahestehenden formulierte, mit der Universalität seines Geistes, der Macht seiner Kunst und der Geduld, die seine christlichste Tugend war, dem Zeitalter des Übergangs in großer Einsamkeit standgehalten. Als er mit siebenundachtzig Jahren und neunundzwanzig Tagen starb, während Freunde sein Lager singend umstanden, da herrschte – wir lassen die Zeugen zu ihrer Zeit

sprechen – Einigkeit darüber, daß er seines Jahrhunderts bedeu-
tendster Musiker war, »seculi sui musicus excellentissimus«, wie
der verschollene Grabspruch gelautet hat; seine Spur ging nie ganz
verloren, selbst als die uns näheren und vertrauteren Tonkünstler
des Barock und der Klassik sein Erbe antraten und sein Werk für
einige Zeit in Vergessenheit geraten ließen, und so konnte im Jahr
1885, als er wiederentdeckt war aber noch nicht erkannt, Philipp
Spitta die Prophezeiung wagen: »Nach abermals hundert Jahren
wird auch Heinrich Schütz als einer der edelsten Söhne Deutschlands aus der Hand der Geschichte empfangen haben, was sein ist.«

Erster Teil

Erster Teil

Wie einer entdeckt wird

Es begann mit einem denkwürdigen Zufall, der, wie alle Zufälle, so voraussetzungslos nicht war: Der Landgraf Moritz von Hessen-Kassel hatte sich entschlossen, auf einer mehrtägigen Reise nach Dresden zum kurfürstlich-sächsischen Hof in der kleinen Saalestadt Weißenfels Station zu machen und mit seinem Gefolge in einem Gasthof kurz hinter dem Stadttor zu nächtigen. Warum gerade in diesem? Es ist nicht ausgeschlossen, daß er schon einmal dagewesen war, entweder zwei Jahre zuvor oder bereits 1588 im Alter von sechzehn Jahren, als Weißenfels anläßlich der sächsisch-hessischen »Erbverbrüderung« seinem Vater, dem Landgrafen Wilhelm, gehuldigt hatte. Erbverbrüderung, das bedeutete soviel wie die heilige Erneuerung eines Freundschaftsbündnisses: Christine, Wilhelms Mutter, die Frau Philipps des Großmütigen, unter dem Hessen protestantisch geworden war, war eine geborene Herzogin zu Sachsen gewesen, und der Kurfürst Christian von Sachsen hatte dem Landgrafen Wilhelm zwei Erbverbrüderungs-Kanonen nach Kassel gesandt. Nun schrieb man das Jahr 1598, und der Sohn Wilhelms, der Landgraf Moritz, rastete abermals auf dem Weg nach Dresden, der Tag ist nicht bekannt.

Der Gasthof hieß »Zum goldenen Ring« und gehörte Christoph Schütz, der acht Jahre zuvor aus Köstritz bei Gera hierhergezogen war, um das väterliche Erbe anzutreten. Unter seinen Kindern aus zweiter Ehe, die teils in Köstritz, teils auch schon hier das Licht der Welt erblickt hatten, stand Heinrich als viertältester Sohn ungefähr in der Mitte. Er war beim Besuch des hessischen Landgrafen, falls dieser im Sommer durch Weißenfels kam, zwölf Jahre alt, im Oktober wurde er dreizehn, und auch danach kann sich das Folgende durchaus noch abgespielt haben.

Was nun die Stadt betrifft, so darf man sagen: sie *lag* am rechten Ufer der Saale, denn sie hatte sich noch nicht über den Fluß ausgedehnt. Nördlich der Thüringer Pforte an jenem weitgeschwungenen Bogen gelegen, mit dem die Saale endgültig nach Norden austritt in die breite Ebene des Anhaltisch-Elbischen, war

sie zwischen den Fluß und die beiden Hügel geklemmt, die an die
achtzig bis hundert Meter anstiegen. Auf dem nordöstlichen dieser
das Stromtal begrenzenden Hügel erhob sich auf felsigem Grund,
der wahrscheinlich der Stadt den Namen gegeben hatte, eine ausge-
dehnte Burg- oder Schloßanlage, wehrhaft ummauert, mit einem
spitzen Turm in der Mitte, in dem bei Gefahr die große Glocke
dröhnte. Die Burg, die mehrmals ausgebaut und erweitert worden
war, hatte von 1546 bis 1553 dem Herzog August von Sachsen als
eine der Residenzen gedient und war 1556 teilweise einem Grafen
Hoyer von Mansfeld überlassen worden. Jetzt stand sie mit Ausnahme des Verwaltungstraktes, den der sächsische Schloßhauptmann, eine Art Landrat, benutzte, verwaist und unbewohnt, doch
einige Gebäude waren immer noch aufwendig eingerichtet, als
könne oder solle es eines Tages eine weitere sächsische Erbteilung
geben. Die der Burg zu Füßen liegende Stadt zählte 1590 ungefähr
1800 Einwohner in 247 steuerpflichtigen Häusern, die Hütten an
der Saale nicht mitgerechnet. Innerhalb der Stadtmauer zogen sich
fünf parallele Straßen oder Gassen hin, die seit ein paar Jahren
gepflastert und fast durchgehend von Häusern mit Steinfundamen-
ten gesäumt waren. Die mittleren drei mündeten auf den Marktplatz: die Jüdengasse, die Mariengasse mit der Kirche St. Marien,
deren Altarraum mit der Apsis halbrund und hochfenstrig gegen
den Markt stieß, und die Klostergasse, die von dem kleinen aufge-
lassenen Klarenkloster zum Markt herauführte. In der hügelwärts
gelegenen Niclasgasse, der späteren Nikolaistraße, stand der Gasthof »Zur Sackpfeife«, der ursprünglich »Zum goldenen Esel« gehei-
ßen hatte und den gekrümmten goldenen Esel in seinem Wappen
trug. Der Gasthof wurde in Heinrichs Kindheit noch nicht vom
Vater Christoph Schütz bewirtschaftet. Der Vater erwarb ihn erst
einige Jahre nach der Jahrhundertwende, zahlte ihn bis 1613 ab und
nannte ihn 1616 stolz »Zum Schützen«. Diesen Namen behielt der
Gasthof, bis er wegen Baufälligkeit im Jahr 1979 vom Erdboden
verschwand.

Der »Goldene Ring«, in dem der Landgraf Moritz abstieg, lag
an der Jüdengasse in der Nähe des Saaltores unweit der Holzbrücke, über die man sich aus Richtung Merseburg näherte. Der

Gast aus Kassel, der vermutlich ebendaher kam, wird in der Stadt beträchtliches Aufsehen erregt haben, und zwar kein unangenehmes, denn er galt unter den Fürsten seiner Zeit als eine bemerkenswerte Ausnahme. Er wurde zu Recht »der Gelehrte« genannt, er sprach fünf oder acht Sprachen, nach andren Quellen sogar elf, während sein Deutsch nicht das allerbeste gewesen sein soll; er dichtete lateinische Verse, übersetzte aus den alten Sprachen und schrieb über Theologie, Botanik und Mathematik. Mit ihm verglichen war so mancher Kurfürst ein ungebildeter Tölpel. Als der hessische Landgraf seine Reise antrat, war er erst sechsundzwanzig Jahre alt und damit nur dreizehn Jahre älter als Heinrich Schütz, der Sohn seines Wirts. Der junge Fürst muß sich ein wenig in den schmalen, blonden Knaben mit den auffallend großen und träumerisch-sanften Augen verliebt haben, und das gewiß vermittels Musik, die bekanntlich die Schleusen öffnet und jeden Singenden noch schöner erscheinen läßt, als er ist. Daß der junge Heinrich eine sensible, etwas anfällige Konstitution besaß, verrät mit einer einzigen Bemerkung sein erster Biograph D. Martin Geier aus Dresden, der im Anhang seiner Leichenpredigt 1672 aufschrieb, was er wußte: Heinrich habe eine »schwache Kindheit« gehabt. War er lange krank gewesen? Blieb er empfindlich, von zartem Körperbau? Vermutlich sang und musizierte, rechnete und rezitierte der junge Heinrich lieber, als daß er Speisen auftrug oder Pferde anschirrte, er wird es auch besser gekonnt haben, und so wurde der Landgraf auf ihn aufmerksam. Denn Moritz von Hessen war nicht nur gelehrt, er war auch hochmusikalisch und von einem kulturell-pädagogischen Ehrgeiz besessen, der allerdings mit einer aufwendigen Hofhaltung gepaart war. Er hatte eine tüchtige musikalische Ausbildung unter dem Kasseler Kapellmeister und Komponisten Georg Otto genossen, spielte mehrere Saiteninstrumente, auch Orgel und Klavier, komponierte und veröffentlichte unter anderem 1607 »Psalmen Davids nach französischer Melodey und Reimen« sowie zahlreiche Choralsätze in dem hessischen »Christlichen Gesangbuch« von 1612. Mit den »Zehn Geboten Gottes«, einem »Lobgesang Simeonis«, einigen Motetten und Madrigalen erwarb sich Moritz von Hessen einen Namen unter den Kleinmeistern seiner Zeit. Das Ohr des jungen Fürsten war also wach, es registrierte aufmerksam alle Klänge, die sich im Schatten des Vaterunsers entfalteten.

Er habe Heinrich »lieblich singen« hören, heißt es. Es muß also an diesem Abend im Gasthof »Zum goldenen Ring« gesungen worden sein, und zwar vermutlich aus Sätzen von Georg Weber, Giovanni Battista Pinello, Melchior Vulpius, Michael Altenburg oder Philipp Dulichius, deren Noten sich damals in der Stadtkantorei befanden. Wie ist das zu verstehen?

Es hatte sich in der Stadt Weißenfels vor einigen Jahren eine musikalische Gesellschaft gegründet, die aus einer vom sächsischen Kurfürsten erlassenen Kantorei-Ordnung hervorging. Ratsherren und wohlhabende Bürger stifteten ein Collegium musicum, das am 5. September 1592, Christoph Schütz war gerade nach Weißenfels gezogen, noch einmal eigens bestätigt wurde. Es war eine der frühesten Gründungen dieser Art; in Nürnberg ist ein Collegium musicum 1572, in Hannover 1593 bezeugt. Das Weißenfelser Collegium musicum besaß Geld, Vermögen und eine geordnete Buchführung. Nichtmusikalische Förderer zahlten drei Gulden Beitritt, Sänger die Hälfte. Meist wurde am dritten Sonntag des Monats eine Messe gesungen. Außerdem verstand sich das Collegium als Begräbnisbrüderschaft, und reihum wurde bei den Mitgliedern ein Kantorei-Trinken, ein Convivium, veranstaltet. Die Stadtchronik weiß noch Genaueres: Beim Convivium war gebührliches Benehmen Pflicht, und um zehn Uhr wurde geschlossen. Der Wirt, in dessen Hause das Convivium abgehalten wurde, empfing von jedem Mitglied das Symbolum oder den Kostgroschen. Frau Wirtin erhielt einen Reichstaler aus der Lade verehrt. Freigäste bei der Mahlzeit waren die drei Präfekten, der Stadtpfeifer mit seinen Gesellen, »so den chorum musicum das Jahr über actuiren«, und ein paar Schulknaben, die aufwarten und singen halfen. Und auf sie kommt es an, wenn wir einmal unterstellen wollen, es habe ein solches Convivium im Gasthof des Christoph Schütz stattgefunden oder der Landgraf habe sich zumindest von der Einrichtung berichten lassen und wissen wollen, was das Collegium stimmlich leistete. Wie dem auch sei, er vernahm Gesang und war vom Diskant des jungen Heinrich Schütz dermaßen entzückt, daß er dem Vater sofort anbot, den begabten Knaben auf dem Rückweg mit nach Kassel zu nehmen und ihn in eines der besten Internate zu geben, ins Kasseler Mauritianum, mit dem »Versprechen, daß er zu allen guten Künsten und löblichen Tugenden sollte auferzogen werden«.

Heinrich wird von dem Angebot sehr überrascht gewesen sein. Was mag er sich gedacht haben? Es war abzusehen, daß aus seiner musikalischen Weiterbildung in der kleinen Stadt nicht mehr viel werden würde, nachdem der Kantor und Komponist Georg Weber drei Jahre zuvor Weißenfels verlassen hatte und ins benachbarte Naumburg gegangen war. In Kassel konnte Heinrich erheblich mehr hinzulernen, oder lag ihm überhaupt weniger an der Musik als an der Aussicht, die Welt zu sehen und es darin ein Stück weiterzubringen? Träumte er? Bot Kassel die Voraussetzung zu einer akademischen Ausbildung, zu Ehr und Ruhm? Die Eltern, Christoph Schütz und seine Frau Euphrosyne, berieten sich – und lehnten ab. Sie wollten den Jungen nicht weggeben in seinem schwachen Alter. Vielleicht fürchteten sie um seine Gesundheit. Der Landgraf Moritz zog unverrichteter Dinge davon.

Manche Gelegenheiten kommen nur einmal. Dem Landgrafen aber muß der Gastwirtssohn in so starker Erinnerung geblieben sein, daß er im Jahr darauf sein Angebot schriftlich erneuerte, ja sogar mehrmals »anderweit in Schriften um seine Person angehalten« hat! Das ist, den Standesunterschied bedacht, ganz und gar ungewöhnlich. Und nun dämmerte den Eltern etwas, so daß sie sprachen oder dachten: Ab nach Kassel – obwohl es diese Redensart überhaupt noch nicht gab. Sie sagten sich vielmehr: Heinrich soll seinen Willen haben, denn sie bemerkten, daß er »Lust und Beliebung trüge, in die Welt zu ziehen«. Sein Leben stand ohnehin in Gottes Hand, Schutz gegen die Krankheit gab es nicht, und die Pest wütete gerade im nahen Leipzig, so daß das Oberhofgericht 1598 in die Weißenfelser Burg hatte umquartiert werden müssen. Längst war den Eltern auch klar geworden, was es in diesen Zeiten bedeutete, mit den Söhnen des deutschen Adels und einigen Auserwählten des gehobenen Bürgertums auf Kosten des Landgrafen die Kasseler Hofschule besuchen zu dürfen, die jetzt erweitert werden sollte und deren erfolgreiche Absolvierung die Universitätslaufbahn eröffnete, wenn nicht mehr. Christoph Schütz verfügte zwar über ein nicht unbeträchtliches Vermögen, aber er hatte acht weitere Kinder zu versorgen. Nur wollte er auch mit eigenen Augen sehen, wohin er seinen Sohn gab, weshalb er den Dreizehnjährigen selber nach Kassel brachte, und ist also der Sohn Heinrich »anno 1599 am 20. Augusti von seinem lieben Vater ausgeführet und ihre Hochfürstlichen Gnaden dem Herrn Landgrafen übergeben worden«.

Die Würfel waren zum erstenmal gefallen, und man kann nicht behaupten, daß sich die beteiligten Personen allzu begriffsstutzig angestellt hätten.

Woher einer kommt

Das ist der Beginn oder vielmehr der überlieferte Auftakt der Geschichte, nicht ihr wirklicher Anfang. Davor liegt eine Kindheit unter zahlreichen Geschwistern, die Heinrichs Weg noch oft kreuzten; er entstammte einer weitverzweigten Familie, die sich ihrer Herkunft erstaunlich bewußt war, die ihr Gedächtnis und ihre Traditionen wachhielt und in die er sich, wenn nicht alles täuscht, eng verwoben fühlte. Sein Familienname Schütz war in Deutschland verbreitet und nichts Ungewöhnliches, niemand hob bei ihm sofort die Brauen, und doch hatte dieser eine Schütz eine Reihe namhafter männlicher Vorfahren, die sich bis in die Tage König Rupprechts und der »Theologia teutsch« zurückverfolgen lassen. Da heißt es ein wenig ausholen, zumal die Heinrich-Schütz-Literatur an den genealogischen Untersuchungen, die der Monograph von Heinrichs jüngerem Bruder Benjamin nahezu unter Ausschluß der Öffentlichkeit und in einem historisch ungünstigen Augenblick angestellt hat, allzu achtlos vorübergegangen ist. Verwandtschaft, das ist Lust und Last – daher nur das Unentbehrlichste, keine Namen und Zahlen, die nichts erzählen und das gesuchte imaginäre

Emblem aus Lyra, Bogen und Pfeil nur wie ein Kranz aus Papier-
blumen umgeben.

Heinrich Schütz stammte aus einer Familie, die den mitteldeutschen Städten seit dem späten Mittelalter durch eine Zahl von Generationen Beamte und Unternehmer, Stadtschreiber, Ratsherren
und Bürgermeister gestellt hat. Das Geschlecht kam aus Franken
und lebte ursprünglich in Nürnberg und im nahen Reichswald.
Schon 1409 soll ein Schütz dem Nürnberger Patriziat angehört
haben. Ein Hans Schütz trat 1438 aus dem Dienst des Erbmarschalls
von Pappenheim in den der Stadt Nürnberg, wurde Bürger und war
Schreiber und Losungsschreiber bis 1449; er unterhielt Beziehungen zu Kaiser Friedrich III., wurde als Kirchenstifter genannt und
starb 1477. Sohn und Enkel des Nürnberger Hans könnte man sich
recht gut unter den Meistersingern vorstellen, sie waren Zeitgenossen von Hans Sachs und hätten als Stadtschreiber ordentliche
Merker abgegeben, wäre die Familie nicht um 1466 nach Chemnitz
ausgewandert. Dort werden zwei Schütze 1486 in Zusammenhang
mit einer Wappenbestätigung genannt, die jedoch noch bürgerlich-
patrizisch war. Stammvater der Chemnitzer Schütze ist Ulrich der
Ältere, der von ungefähr 1432 bis 1505 lebte. Er war Bürgermeister
und soll sich beim Bau der Stadt besonders ausgezeichnet haben.
Unter seinen fünf Söhnen waren Ulrich II., der Jüngere, und
Hieronymus, die wir einen Augenblick im Gedächtnis behalten
wollen.

Ein andrer Nachfahr des ersten Hans Schütz aus Nürnberg
wurde 1565 Hüttenbeamter und Rat des Grafen von Mansfeld; das
war neun Jahre, nachdem Luther den Erbstreit der Mansfelder
Grafen beigelegt hatte. Der Schütz-Sproß ging nach England und
erwarb sich dort Verdienste um den Bergbau. Im übrigen stiftete
der legendäre Nürnberger Urahn außer der englischen sowohl die
Chemnitzer wie eine Weißenfelser Linie. In Weißenfels gab es
Schütze bereits im 15. Jahrhundert, einer war dort Bürgermeister
zwischen 1436 und 1467, die Familie sank aber ins Bedeutungslose
ab und ist vergessen. Nicht so die Chemnitzer.

Einem aus dem Quintett der Chemnitzer Schütz-Brüder, dem
Bürgermeister Hieronymus, wurde 1513 ein Sohn Ulrich geboren,

den wir Ulrich III. nennen wollen und der es zu beträchtlichem
Ansehen und Einfluß brachte. Er wurde Rat und Geheimschreiber Kaiser Karls V. in Saragossa, heiratete die adlige Spanierin
Cathalina de Lovera und machte seiner Heimatstadt Chemnitz
1569 in weiter Vorausschau eine Stiftung von 4000 Gulden, aus
deren Zinsertrag von jährlich 200 Gulden die Hochzeitsbeihilfen
an die weiblichen Abkömmlinge seines Vaters Hieronymus und
seiner vier Onkel gezahlt werden sollten. Der Rat der Stadt
Chemnitz verwaltete diese Stiftung unter der Aufsicht kurfürstlicher Kommissare. Da nun Heinrich Schütz ein Nachfahre des
Hieronymus-Bruders Ulrich II., des Jüngeren, war, hat er die
Stiftung dreimal zugunsten seiner Schwester und seiner Tochter
in Anspruch nehmen wollen, was aus einem Schriftwechsel zwischen Schütz einerseits sowie dem Amtsschösser zu Chemnitz
und dem Kurfürsten von Sachsen andrerseits, der in den Jahren
1649 und 1650 geführt wurde, hervorgeht. Aber es war kein Geld
mehr da, und der Magistrat von Chemnitz mußte dem Schwiegersohn von Heinrich Schütz am Ende eine Mühle verpfänden.
Das ist nun seltsam und offenbar das Erbe stolzer Bürger: Die
Schützens pochten von altersher auf ihre Unabhängigkeit und
hatten im ganzen eine glückliche Hand im Umgang mit ihren
Vermögen, welche erst im Dreißigjährigen Krieg mit dem Kapital
und Vermögen der Städte, wie das Beispiel Chemnitz zeigt, im
allgemeinen Elend ringsherum dahinschmolzen.

Der kaiserliche Rat und Geheimschreiber Ulrich III. brachte
jedoch noch etwas andres zustande: Seinem Vater Hieronymus
wurde unter Erhebung in den erblichen Reichsadelsstand am
15. Februar 1539 ein Wappen verliehen, das in verschiedenen
Familienzweigen noch zwei Jahrhunderte überliefert wurde und
das Heinrichs Bruder Benjamin Schütz gelegentlich stolz vor-
wies, obwohl es gar nicht seines war. Denn man stammte ja gar
nicht von dem geadelten Hieronymus ab, sondern von dessen
Bruder. Auch Heinrich Schütz hat sich einmal darauf berufen, als
er sich beim Kurfürsten über den schleppenden Gang der Chemnitzer Legatsverhandlungen beklagte: Es sei nichts zu erlangen
gewesen, »ungeachtet wir vom Testator Ulrich Schützen her-

stammen und das Wappen Schild und Helm, so wir annoch führen, ererbet«.

Heinrichs Vorfahr war der Hieronymus-Bruder Ulrich II., der Jüngere. Er lebte von 1477 bis 1534, nahm 1498 als Begleiter an der von Herzog Heinrich von Sachsen unternommenen Pilgerfahrt ins Gelobte Land teil und wurde in Jerusalem zum Ritter des Heiligen Grabes geschlagen. Er interessiert nur insofern, als ihm 1530 noch zu Lebzeiten ein Enkelsohn Albrecht geboren wurde, der uns mit Riesenschritten in die Tage des Komponisten trägt, denn er hat das Kind Heinrich noch erblickt: Albrecht war Heinrichs Großvater und der Vater des uns aus Weißenfels schon vertrauten Ökonomen und Gastwirts Christoph Schütz. Albrecht hat es früh nach Weißenfels gezogen, wo noch entfernt Verwandte der andren Linie gewohnt haben mögen. Verheiratet war er mit einer Geraerin, der geborenen Dorothea Schreiber, und eine erste Spur legt er uns auch nach Köstritz, in den nahe Gera an der wichtigen Straße nach Norden gelegenen Ort, der zum Erbland der Reuße gehörte. Albrecht wurde, möglicherweise durch Einheirat, Besitzer des Gasthofs »Zum goldenen Kranich« in Köstritz. Aber bereits am 16. März 1563 finden wir ihn einmal als Paten im Taufbuch zu Weißenfels eingetragen, und eines Tages, wahrscheinlich schon 1671 und wir wissen nicht warum, siedelte er endgültig in die größere Stadt an der Saale über, wo er zuletzt zwei Häuser besaß, ein Haus am Markt und den Gasthof »Zum goldenen Ring« mit einem zur Kahlengasse flußwärts gelegenen Garten, sowie ein Bauerngut mit Äckern und Wiesen in Uichteritz vor der Stadt. Albrecht wurde zum Begründer einer neuen Weißenfelser Linie, die allerdings nur drei oder vier Generationen überdauerte und dem Namen nach mit Heinrichs Geschwistern und Neffen wieder erlosch. Großvater Albrecht wurde 1575, 1582 und 1584 für jeweils ein Jahr zum Ratsherrn gewählt und war von 1585 bis 1589 Ratskämmerer der Stadt.

Sein Sohn Christoph, dessen Geburt für das Jahr 1550 anzunehmen ist, hatte zunächst juristischen Ehrgeiz und war eine Zeitlang Sekretär in der Kanzlei des Hofrichters und Kaiserlichen Rats Georg von Berbisdorf zu Neudulpach bei Bautzen. 1574 wurde er

Stadtschreiber in Gera und heiratete die Geraer Senatorstochter
Margaretha Weidemann. Nach der Geburt des Sohnes Johann
könnte seine Frau sehr früh gestorben sein – wenn da nicht noch ein
oder zwei Kinder geboren worden sind, von denen wir nichts
Zuverlässiges zu erzählen wissen. Als Großvater Albrecht nach
Weißenfels zog, wurde die Köstritzer Erbschänke »Zum goldenen
Kranich« frei, und Christoph bekam sie 1576 zur Pacht. Sieben
Jahre später, am 5. Februar 1583, heiratete Christoph in zweiter
Ehe Euphrosyne, die Tochter des Geraer Bürgermeisters und
Rathaus-Miterbauers Bieger. Euphrosyne stammte aus einer sehr
musikalischen Familie, und vielleicht erbte Heinrich von ihr sein
Talent, denn auch Euphrosynes Halbschwester Justina, die einen
Johann Albert heiratete, scheint die Musikalität im Blute gehabt
und weitergegeben zu haben. Ihr Sohn nämlich war der 1604 zu
Lobenstein geborene Heinrich Albert, aus dem nach einem Studium der Rechte ein weithin bekannter Komponist wurde; er schuf
Lieder wie »O der rauhen Grausamkeit« und »Ich armer Maden-
sack«, ging mit Simon Dach nach Königsberg und wird als Autor
der Urfassung des »Ännchens von Tharau« angesehen. Mit seinem
älteren Vetter Heinrich Schütz, den er wegen des Altersunter-
schieds stets »Oheim« nannte, stand er bis zu seinem frühen Tode in
herzlicher und freundschaftlicher Beziehung.

Schützens Eltern Christoph und Euphrosyne waren ein energi-
sches und im protestantischen Glauben gefestigtes Ehepaar: er,
gebildet, rechtschaffen und renommiert, mit vielen Gaben und
einer prächtigen Handschrift gesegnet, die eine Weißenfelser
Urkunde vom 1. November 1602 ausweist; sie nicht weniger reg-
sam und beliebt. Der Erfurter Prediger Michael Hertz, der mit
ihrem Sohn Benjamin befreundet war und sie noch persönlich
gekannt hat, verglich sie mit der Mutter des aus der Apostelgeschichte bekannten, als glaubensstark geltenden Timotheus und
nannte sie, dem zweiten Brief des Paulus an Timotheus folgend,
eine »rechte Eunike«, eine »Sieg-Frau« mit »ungefärbtem Glauben«. Mehr weiß man leider von ihr nicht, es gibt keine Äußerung
des Sohnes über sie, sie selbst erscheint in der Geschichte nur in
spätesten Tagen.

Ihre Lebenslast muß nicht gering gewesen sein, denn schon der Köstritzer Gasthof »Zum goldenen Kranich« war ein stattliches Anwesen und wird der jungen Frau gewaltige Arbeit aufgebürdet haben. Es war ein schön gegliederter, vielfenstriger Bau, der im 18. Jahrhundert den Flammen zum Opfer fiel, jedoch in ähnlicher Gestalt wieder aufgebaut wurde. Hier wurde am 8. Oktober 1585 Heinrich Schütz geboren – und schon stutzen wir, denn nach neuerer Version soll es der 14. Oktober gewesen sein, und eben diese Korrektur erweist sich, obwohl zahlreiche Lexika und Handbücher ihr gefolgt sind, als voreilig und falsch. Sie ist nicht mehr zu halten.

Die »Berichtigung« des ursprünglichen Geburtsdatums ist noch von dem zwar verdienstvollen, gleichwohl manchem Irrtum erliegenden Schütz-Forscher Hans Joachim Moser übernommen, gutgeheißen und der Schütz-Literatur vererbt worden, nachdem Philipp Spitta als erster die Vermutung geäußert hatte, der Geburtstag von Heinrich Schütz stehe gar nicht so eindeutig fest. Wie kam er darauf? Zunächst hatte man durch die Jahrhunderte dem Lebenslauf getraut, den der mit Schütz eng befreundete Oberhofprediger D. Martin Geier im Anhang seiner Dresdner Leichenpredigt gegeben hatte. Danach wurde Heinrich Schütz »am 8. Tage des Octobris, abends um 7 Uhr« geboren. Geier wußte alles sehr genau, er hatte es von Schütz selbst, und seine Angaben stimmten auch mit dem Taufregister im Köstritzer Kirchenbuch überein, wonach Heinrich am 9. Oktober 1585, nach der Gepflogenheit jener Zeit einen Tag nach seiner Geburt, getauft worden ist. Niemand hätte Anlaß genommen, daran zu zweifeln, hätte nicht Schütz durch eine Bemerkung in seinem unter inneren Spannungen und großer Bedrängnis geschriebenen Memorial von 1651 Verwirrung gestiftet, und wäre nicht der Wechsel vom julianischen zum gregorianischen Kalender ins Spiel gebracht worden. In seinem Memorial an den Kurfürsten schreibt Schütz beiläufig, er sei am »Tage Burckhardi« zur Welt gekommen. Also, schloß Moser, sei Schütz am 14. Oktober geboren, der uns als Burkhards Namenstag gilt, und beim Eintrag ins Köstritzer Kirchenbuch müsse es sich um eine Zählung nach dem

alten Kalender handeln. Das letztere erscheint einleuchtend, die
Schlüsse daraus sind falsch.

Burkhard ist entweder eine Verwechslung oder eine irrige Fami-
lienmär. Erich H. Müller, der Herausgeber von Schützens Briefen
und Schriften, hielt 1922 noch den 11. Oktober für Burkhard – so
leicht kann man sich täuschen. Auf keinen Fall jedoch hat Schütz
den 14. Oktober gemeint, da er nun einmal seit seiner Kindheit den
Geburtstag vor dem 9. Oktober feierte und nicht danach, woran
auch der Kalenderwechsel nichts änderte. Was diesen betrifft, so
hatte der gregorianische Kalender zwar den julianischen im Jahr
1582 abgelöst, indem man vom 4. Oktober auf den 14. Oktober
nach vorn sprang – aber nur in den katholischen Staaten! Da es sich
um einen Beschluß des tridentinischen Konzils handelte, kam es
1584, ein Jahr vor Heinrichs Geburt, zum Augsburger Kalender-
streit, die Sache wurde vertagt, und alle nichtkatholischen Länder in
Mittel-, Nord- und Osteuropa weigerten sich – die ostkirchlichen
noch Jahrhunderte –, den gregorianischen Kalender zu übernehmen. Erst 1699 beschlossen die deutschen Stände die Einführung
eines sogenannten verbesserten Kalenders, und im Jahr 1700 folgte
dann im protestantischen Deutschland auf den 18. Februar endlich
der 1. März.

Nur gelegentlich setzte man in Sachsen ab 1630 einmal das neue
Datum hinter das alte, wenn man ins katholische Ausland schrieb.
Hätte Schütz 1651 eine stillschweigende private Umdatierung beabsichtigt, wozu keinerlei Grund bestand, so hätte er sich obendrein
vertan: der 8. Oktober wäre neuen Kalenders der 18. gewesen und
nicht »Burkhard«. Auch eine Rückrechnung des 14. Oktobers um
zehn Tage auf die alte Zählung ergibt keinen Sinn; für den 4. Oktober alten Kalenders fehlt jeder Anhaltspunkt. Kurzum, es besteht
nicht der mindeste Anlaß, sein Leben und seine Zeit umzudatieren
und den damals Lebenden eine Zählung aufzuzwingen, die sie im
Alltag nicht kannten. Wir müssen wohl oder übel zum 8. Oktober
zurückkehren, nach jener ehrwürdigen Zählung, die Johann Sebastian Bachs Geburtstag auf den 21. März 1685 fallen läßt und nicht
auf den 31. März, worauf gerade Philipp Spitta in einer Fußnote
seiner Bach-Biographie eigens hingewiesen hat! Johann Gottfried

Walther ist in seinem Musicalischen Lexicon von 1732 Geiers
Angaben gefolgt, er sah keinen Grund, sie in Zweifel zu ziehen, und
auch alle übrigen Mitteilungen Martin Geiers im »müheseeligen
Lebens-Lauff« des Herrn Schützen haben sich durchweg als vertrauenswürdig, zuverlässig und aus sicherer Quelle stammend erwiesen.

Köstritzer Taufpaten waren am 9. Oktober 1585 der Apotheker
und spätere Bürgermeister Hans Hörel aus Gera, die Mägdlein-
Schulmeisterin Ägina Stahn und eine nicht näher bezeichnete Verwandte. Heinrich Schütz hatte an den Kindheitsort, in dem er nicht
einmal fünf Jahre verbrachte, kaum mehr Erinnerungen als die an
Haus, Hof, Küche, Mägde, die Farben und Gerüche der Stuben,
den Garten: die Welt im kleinen, wie sie ein Kind von drei, vier
Jahren zum erstenmal wach wahrnimmt. Als der Großvater Albrecht Schütz am 28. Juli 1590 starb, zog die Familie noch im
gleichen Jahr nach Weißenfels um; in den Stadtbüchern von Weißenfels wird Christoph Schütz bereits unter dem 26. September
1590 erwähnt. Christoph trat das väterliche Erbe an, er übernahm
die Häuser, die Auen und die Besitzung in Uichteritz jenseits der
Saale. Ungewöhnlich schnell rückte er unter die Ratsfreunde auf; er
wurde im Oktober 1591 Ratsherr für ein Jahr und wurde 1594 und
1597 wiedergewählt, dreimal zum Ratskämmerer bestellt und
Unterbürgermeister von 1607 bis 1610 und von 1612 bis 1614.
Regierender Stadtrichter wurde er 1616 und blieb dann viele Jahre
Bürgermeister von Weißenfels, eine unangefochtene Autoritätsper-
son über Jahrzehnte und geehrt bis ins Alter.

Beim Umzug der Familie Schütz nach Weißenfels im Frühherbst
1590 lebten, außer dem Sohn Johann aus erster Ehe, schon vier
Kinder aus Christophs zweiter Ehe mit Euphrosyne: Christoph
und Georg, Heinrich und der merkwürdige Valerius, dem man
nach seinem sich in ungezählte Semester hinstreckenden Studium
und seinem Tod im Duell die Rolle eines Tunichtguts in der Familie
zuschreiben muß. In Weißenfels wurden noch drei Mädchen und
drei Buben geboren, darunter Benjamin, der bei seiner Geburt am
13. Dezember 1596 der Mutter große Kindsnot verursacht haben
soll, und am 13. November 1598 die Tochter Justina, die Heinrich

im Alter nahestand. Es blieben für damalige Verhältnisse erstaunlich viele Kinder am Leben.

Johann, Christophs Sohn aus erster Ehe, geboren am 24. Juni 1575 zu Gera, studierte ab 1591 in Leipzig und nannte sich dort »Weissenfelsensis Misneus«, einen Weißenfelser Sachsen, war also mit der übrigen Familie von Köstritz in die Saalestadt gegangen. Er nahm am Feldzug gegen Ungarn unter Kaiser Rudolf II. teil, verheiratete sich in Schleiz und war dort bis 1621 Stadt- und Landrichter. Danach wurde er in Ziegenrück kurfürstlich-sächsischer Amtsschösser, das heißt Steuereinnehmer, und zuletzt Amtsschösser und Geleitsmann zu Sachsenburg in Thüringen, wo er 1652 starb. Sein Sohn Johannes wird als Dichter und Baccalaureus artium erwähnt und brachte es zum Syndikus des Domkapitels von Merseburg.

Der unscheinbare und geschichtenarme Christoph, der den Erbnamen trug und still blieb, trat in die Fußstapfen des Vaters und ging ihm bei der Bewirtschaftung des Weißenfelser Gasthofs zur Hand; er übernahm beim Tode des Vaters das Haus, konnte den Gasthof aber nicht lange halten und wurde Tuchmacher in Weißenfels, wo er noch vor 1637 starb.

Georg und Benjamin waren zweifellos Heinrichs liebste und auch berühmteste Brüder. Georg, der ältere, studierte die Rechte, heiratete 1619 in Leipzig Anna Grosse, wurde Stadtrichter und war zuletzt Oberhofgerichtsrat. Weit abenteuerlicher und weltläufiger war Benjamins Leben, bis er es als Stadtsyndikus und Professor der Jurisprudenz in Erfurt zu hohen Ehren brachte. Und wäre der arme oder ein bißchen verrückte Valerius nicht kurz vor seiner Niederlassung als Jurist, und zwar im ansehnlichen Alter von zweiundvierzig Jahren, im Duell getötet worden, dann hätten – so sprach 1666 der Erfurter Prediger Michael Hertz in seinem Nachruf auf Benjamin Schütz – »seine lieben Eltern an ihnen, ihren Söhnen, durch Gottes Gnade gewißlich drei Doctores juris und einen weltberühmten Musicum erzogen und vor ihren Augen gesehen«, weswegen sie denn auch »öfters von vielen ehrlichen Leuten selig gepriesen worden, sich auch dessen inniglich und von Herzen, sonderlich aber wenn sie dieselben beisammen gehabt, erfreuet haben«. Und Heinrich ließ sich die beschwerlichen Reisen nicht verdrießen und kehrte oft zur Familie nach Weißenfels zurück.

Noch von einem Mathes Schütz, der lange Zeit als Halbbruder Heinrichs aus Christophs erster Ehe galt, ist zu sprechen. Er war in Wirklichkeit ein Bruder des Vaters, ein Onkel Heinrichs. Mathes Schütz heiratete 1578 in Weißenfels eine Euphemia Faber und starb nach kurzer Ehe schon 1587 oder 1588, Heinrich hat ihn also gar nicht gekannt. Wohl aber seinen Sohn, der auch Heinrich hieß, und mit diesem Vetter wurde er häufig verwechselt. Die Witwe seines Onkels Mathes ehelichte den Weißenfelser Kantor und Bürgermeister Heinrich Colander, der zum Collegium musicum gehörte und bei jenem denkwürdigen Empfang des hessischen Landgrafen dabei gewesen sein wird. Colander war mit dem Gastwirt Christoph Schütz eng befreundet und schließlich sogar familiär – als Stiefvater der Kinder von Mathes – mit den Schützens verbunden. Dem jungen Heinrich Schütz gab er außerdem Musikunterricht. Und wie die Väter Colander und Schütz, so waren auch die Söhne, der 1590 geborene, musikalisch hochbegabte Anton Colander und der um fünf Jahre ältere Heinrich, gute Freunde und gingen ein Stück Wegs zusammen.

Den Eltern Schütz wuchs eine Kinderschar heran, die mit einer ungleich verteilten Mischung aus Talenten, hoher Intelligenz, Bravheit und Unternehmungslust vielversprechend gesegnet war. Es kommt immer darauf an, wie sich die Anteile zueinander verhalten, ob Intelligenz mit Ehrgeiz, Talent mit Geduld eine Bindung eingehen. Aus bloßer Bravheit kann bürgerliche Tugend werden oder Unbedarftheit, aus Unternehmungslust reiner Leichtsinn oder hoher Mut, die Begabung kann verkommen und die Intelligenz sich früh zufriedengeben. Diese Kinder zeigten exemplarisch, wie das geht. Einer, ein Bruder Leichtfuß, trug die Last des allzu gemischten Erbes, geriet aus der Bahn – und wurde vergessen. Außer bei dem nur redlichen und biederen Christoph waren die Chancen ziemlich gleich bemessen. Der Vater bestellte sogar einen Herrn Michael N. zum Hofmeister, der allerdings schon 1594 verstarb. Wir kennen weder seinen vollen Namen noch seine Nachfolger. Doch gab es in der Saalestadt genügend gelehrte Männer, die sich um die Ausbildung und Erziehung der Kinder kümmern konnten. Unter ihnen war außer Heinrich Colander auch der Komponist Georg Weber, der Colander als Weißenfelser Kantor abgelöst hatte. Weber hatte in Leipzig studiert und hinterließ, als er 1597 in dem benachbarten Naumburg starb, eine Sammlung vierstimmiger geistlicher Gesänge sowie zweiundfünfzig deutsche Lieder und Psalmen für alle Sonntage des Jahres. Die einfach gesetzten geistlichen Gesänge waren auch für die Knaben bestimmt, die wöchentlich Currende gingen. War Heinrich unter ihnen? Webers Lieder werden das erste gewesen sein, was er hörte und übte. Auch für das instrumentale Können Heinrichs hat Weber schon in Weißenfels einen soliden Grund gelegt. Musik also ringsum, und so konnte es nicht fehlen: »Gleich wie sich aber die Lust zu einem Dinge leichtlich nicht [ver]bergen lässet«, schreibt der Hofprediger Martin Geier in seinem Nekrolog, »also hat sich auch stracks in der Jugend eine solche Inclination zu der edlen Musik bei dem Herrn Schützen gefunden, also daß er in kurzer Zeit gewiß und ziemlich wohl mit einer besonderen Anmut zu singen gelernt hat, welche denn nicht eine geringe Ursach seiner zeitlichen Beförderung gewesen...«

Man sieht auf alten Bildern Bauern mühsam die Notenschrift entziffern, und Kinder und Hunde mischen sich in den rauhen Gesang: Karikatur einer Singkultur, wie sie von solcher Inbrunst selten getragen war. Die doppelchörigen Lieder und Psalmen Georg Webers, in denen Stimmgruppen gegeneinander gestellt wurden und sich echohaft ablösten, fanden damals in Thüringen, an dessen nördlicher Pforte Naumburg liegt, weite Verbreitung. Sie waren aus der alten chorischen Polyphonie hervorgegangen und haben, neben den Werken der deutschen Lasso-Tradition aus der Feder andrer Kleinmeister, Heinrichs Gehör und Stilempfinden mit geprägt. Ist schon die Zahl der namhaften Schüler des Niederländers Orlando di Lasso nicht gering – es lebten um 1600 die angesehenen Lechner, Eccard und Haßler –, so kann man die von Ort zu Ort hervorsprießenden Komponistentalente, die sich schlecht und recht schufen, was sie singen und spielen wollten, kaum zählen. Der Augsburger Religionsfriede von 1555 hatte – wie

der die Gemeinden ergreifende Impuls der reformatorischen Idee
selbst – als eine Art Toleranzedikt auch beträchtliche Auswirkun-
gen auf die Entwicklung der Kirchenmusik gehabt. Indem man die
Evangelischen duldete, wuchs deren ökumenische Bereitschaft, alle
Formen der Liturgie, auch die vorreformatorischen, weiter zu
pflegen. Luther hatte niemals das Lateinische als eine Möglichkeit
des Umgangs miteinander ausgeschlossen, nur hatte er mit der
Bibelübersetzung die Saat des Neuen ausgeworfen, die jetzt auf-
ging. Zum erstenmal bot sich, über das Kirchenlied hinaus, die
Voraussetzung für eine selbständige geistliche Musik in deutscher
Sprache, und bevor die großen Meister sie nutzen konnten – sah es
nicht so aus, als wartete alles auf sie? –, da rührten sich die fleißigen
Gesellen auf dem Lande, die vielen Cantores und Musici, denen das
akkordische Strophenlied leicht von der Hand ging, die ihren
Johannes Walter, Luthers musikalischen Adlatus, emsig nachahm-
ten und denen auch hin und wieder eine doppelchörige Motette im
Stile der Niederländer gelang. Die fraglose Polyphonie alten Stils,
die Ausdruck einer streng geordneten Welt gewesen war, stellte
sich, wenn ein eigenwilliges, größeres Talent erwachte, allerdings
nicht mehr ohne weiteres ein; daran ließ sich das wahrhaft Neue
vom Namenlosen unterscheiden. Hans Leo Haßler, der sein eines
Ohr bereits den Italienern geliehen hatte, war eine dieser unver-
wechselbaren Größen, so daß sich ihn auch die Jüngeren schon zum
Vorbild nahmen. Da gab es einen Heinrich Steucke oder Steuccius,
der 1579 als Sohn eines Weißenfelser Kantors geboren worden war
und 1602 in Wittenberg weltliche Liedlein im Stile Haßlers erscheinen ließ. Möglich, daß der etwas jüngere Heinrich Schütz bereits
von Kindesbeinen an mit ihm befreundet war. Es lag viel in der
Luft.

   Es scheint so, als habe das Jahrhundert nach der Reformation
einen unermeßlichen und unstillbaren Durst nach Musik gehabt,
einen Ausdrucks- und Bekenntnisdrang in Tönen, der die Talente
kräftig antrieb. Das sproß im musikalischen Umfeld der kleinen
mitteldeutschen Kantoreien nur so hervor. Werke sächsisch-thüringischer Dorfkomponisten wurden sogar in Städten und Residenzen gesungen. Daneben existierte das alte Stadtpfeifertum fort und

verteidigte alte, überlebte Rechte, die im Mittelalter verbrieft worden waren. Die Stadtpfeifereien machten die »laute« Musik und
fürchteten nach dem Verfall der alten Zunftordnung die Konkur-
renz eines vom Humanismus geprägten Bürgertums, das nach einer
andren, eignen Kunst verlangte, es sei denn, man arrangierte sich
rechtzeitig mit ihm und sang im städtischen Collegium musicum
einfach mit. Über diesen musikalischen Gesellschaftsschichten bildete sich die höfische Kultur als die experimentierfreudigste heraus.
Die Höfe hatten ein Bedürfnis nach Repräsentation und prunkten
auch unbesehen mit dem Neuen, während die Kirchen nach einer
Verinnerlichung ihrer Lehre und Herrschaft strebten. Zwischen
diesen drei Formen der musikalischen Praxis hatte ein weltlich-
geistlicher Musikerstand überlebt, der seine Kunst sehr ernst nahm,
aber nach Höherem nicht trachtete. Das waren Musiker, die in
feste, oft lebenslange Dienste traten, sei es bei weltlichen, sei es bei
geistlichen Behörden der Städte. Sie waren Schullehrer, Kantoren
oder Organisten und pflegten das Vorhandene. In ihnen lebte etwas
vom lutherischen Amtsbewußtsein fort, und sie beschieden sich in
ihrer Stellung, ohne Aussicht auf Wohlstand, Glanz und Ruhm.
Schein und Scheidt, die man gewöhnlich in einem Zug mit Schütz
nennt, blieben in dieser Tradition. Heinrich Schütz ging einen
anderen Weg.

   Unter einem Kleinpatriziat von Ackerbürgern und Handwer-
kern wuchs eine Kunst heran, die in ihrer Menge den Blick dafür
verstellte, daß sie noch keine Höhe hatte, und so möchte man wohl
auch das Wort des mit Schütz befreundeten Johann Hermann
Schein von 1617 mit Vorsicht aufnehmen, die musikalische Kultur
sei zu einer solchen »Exzellenz und Hoheit gestiegen, daß man
zweifeln muß, ob dieselbe höher gelangen und kommen möge«.
Vieles war bis dahin gereift, vieles verwelkte wieder, es war eben
noch keine Hochkultur, aber der Musiker Michael Altenburg hatte,
bevor die große Verwüstung begann, noch 1620 guten Grund, seine
Zunft als eine der rührigsten im Lande zu feiern: »Ist doch bald kein
Dörflein bevorauß in Thüringen, darinnen Musica, beide vocalis
und instrumentalis, nicht herrlich und zierlich den Örtern nach
sollte florieren und wohl bestellet sein.« Die Bildung hatte sich

ausgebreitet, man konnte in den protestantischen Gebieten schneller lesen und schreiben als in den altgläubigen, und 1623 traten, kaum zu glauben, thüringische Bauern »vor das Polt«, sangen vom Blatt sechs- bis siebenstimmig und konnten zwei Chöre mit Instrumenten besetzen, als da sind Posaunen, Zinken, Diskant-, Tenor- und Baßgeige, »darauf mehrenteils Schäfer gespielt, und zwar nach Noten«.

Aus diesem Land ging Schütz hervor.

Das Zeitalter

Was wußte man aber von der Welt da draußen? Wie hieß die Zeit? Wie hing man mit ihr zusammen, wenn man in einer Stadt wie dieser aufgewachsen war? Zeitungen gab es noch nicht, Nachrichten brachten die Durchreisenden mit, die Boten kamen von Pferdemärkten in Thüringen, vom Handelsplatz Leipzig, mit Salzfuhren aus Halle oder die Unstrut und Saale herab. Eine lange Friedenszeit hatte seit dem Schmalkaldischen Krieg und der Augsburger Konfession von 1555 zumindest äußere Ruhe in das aufgeschreckte und aufgescheuchte Land gebracht, der Grobianismus der Lutherzeit mit seinen rauhen Sitten und seiner Fäkalsprache war einem bürgerlicheren Lebensstil gewichen, der deutliche Züge des von Süden her vorgedrungenen Geistes der Renaissance trug und an Trachten, patrizischer Zurschaustellung und Gelehrtenkultur Gefallen fand. Das war freilich alles noch sehr bescheiden und mancherorts sogar ärmlich, und vor allem war der Friede trügerisch und faul. Niemand gab Ruhe. Schon zur Zeit von Schützens Geburt bereiteten sich politische Krisen vor, die sich ihren Anlaß zum dröhnenden Ausbruch schon suchen würden: Erbstreitigkeiten im Hause Habsburg, die Staatskrise um den wirr taktierenden Kaiser Rudolf II., das Ringen um Böhmen, das die angrenzenden Fürstentümer nicht unberührt lassen konnte. Und fern am Rande des Reiches grollte

seit 1593 der Türkenkrieg. Der Zustand des Reiches war desolat,
seine Organe waren gelähmt, Reichstag und Reichsjustiz hand-
lungsunfähig. Wendezeiten sind schwül, heißt es bei Ernst Bloch,
es scheint ein Donnerrollen in ihnen eingesperrt.

Die Geißel des Zeitalters war die Pest. Auch in Weißenfels hatte
sie zwischen 1557 und 1585, Heinrichs Geburtsjahr, mehrmals
furchtbar gewütet. Im Jahr 1577 forderte eine Pestepidemie 664
Tote, rund ein Drittel der Bevölkerung, und 1585 waren es 596
Opfer. 1598/99, als Heinrich Weißenfels verließ, starben 492 Einwohner an Seuchen und 1610 noch einmal mehr als 900 an der Pest –
jedesmal eine Verminderung der Einwohnerzahl um ein Viertel, ein
Drittel oder mehr. Die anderen Übel hießen Stadtbrand und Über-
schwemmung. Zwar erging 1600 der Befehl, die Schindeldächer
abzuschaffen und die Scheunen aus der Stadt zu entfernen; man
wechselte zum Steinbau über, und die Häuser der Innenstädte
erhielten Fundamente und Fassaden aus dicken Quadern, die Jahrhunderte überdauerten. Doch die Vorstädte mit den niedrigen
Häusern aus Fachwerk und einem Gemisch aus Lehm und Stroh
brannten wie Zunder, und 1604 sprang eine Feuersbrunst in Weißenfels von Gebälk zu Gebälk in die Stadt hinein und legte ganze
Häuserzeilen in Schutt und Asche. 1613 war es die »Thüringer
Sündflut«, die über die Treidelpfade der Saaleschiffer stieg; sie
spülte die Fischerhäuser unterhalb der Stadt weg, zerstörte die
Holzbrücke, ließ die tiefer gelegenen Straßen in einer braunen
Brühe untergehen und mag Christoph Schütz in seinem Entschluß
bestärkt haben, den »Goldenen Ring« nun endlich aufzugeben und
sich mit der »Sackpfeife« unterhalb der Burg an der Straße nach
Leipzig, Vorbesitzer eine verwitwete Frau Schaller, einen günstiger
gelegenen Gasthof mit großen Stallungen zum endgültigen Fami-
liensitz auszubauen.

Städte schufen in diesem Zeitalter relative Geborgenheit, mit
allen Nachteilen wie Gestank und Schmutz. Das Leben in der Stadt
war nicht einförmig, aber außer an den wenigen Festtagen mit
öffentlichem Tanz hielt man sich innerhalb und außerhalb des
kirchlichen Lebens an strenge Gesetze, die der Stadt Weißenfels
von Kursachsen auferlegt waren. Der Pranger stand noch vor dem

Klingentor. Es gab eine strenge Kleiderordnung für die Stände, deren oberster aus Ratsherren und Doctores bestand.

Der Streit um das rechte Luthertum hatte auch eine Stadt wie Weißenfels nicht verschont, in der sich die Geistlichen weigerten, den Exorzismus – die Beschwörung des Teufels während der Kindstaufe – wegzulassen, weil sie die diesbezüglichen Anordnungen des Kurfürsten Christian I. und seines Kanzlers Crell für calvinistische Häresie hielten. Im Jahr 1591 war der Superintendent Lysthenius mit zwei anderen Predigern vor das Konsistorium geladen worden, weil sie dem Befehl, den Exorzismus abzuschaffen, nicht nachkamen. Sie sträubten sich jedoch beharrlich und unterschrieben nichts. Alsbald mußte Lysthenius fliehen, weil man ihn mit Gefängnis bedrohte, und die beiden Prediger wurden abgesetzt.

Nach dem Tod Christians I. übernahm 1591 Herzog Friedrich Wilhelm in Dresden die Administration für den minderjährigen Christian II. Dieser weigerte sich, als er zur Regierung kam, der protestantischen Union beizutreten, und der Kanzler Crell, der zu weit gegangen war, wurde auf dem Schafott vom Leben zum Tode befördert. So hart strafte man die Abweichler.

Nein, das war keine Zeit der beschaulichen bürgerlichen Idylle. Im nahen Frauenstift Quedlinburg am Harz, reichsunmittelbar, wurden noch 1589, in Heinrichs viertem Lebensjahr, an einem einzigen Tag 133 Hexen verbrannt. Aus christlicher Barmherzigkeit hatte man ihnen Pulversäcke vor die Brüste gebunden. Wer tat das, wer sah dabei zu, und woran glaubten diese Christenmenschen? Waren die Schinderknechte, die die Frauen und Mägdlein banden und das Feuer entzündeten, die gleichen Männer, die vor Christoph Schützens Gasthof den Bierwagen entluden und mit den Knaben scherzten? Was eigentlich sah, hörte und erfuhr ein junger Mensch damals, was begehrte er von allem zu wissen, welche Antworten wurden ihm gegeben, und was erschreckte ihn nachts im Traum? Das werden wir uns noch häufig fragen, wenn wir uns die sittlichen Grundlagen von Schützens Charakter erklären wollen. Welchen Eindruck machte ihm die Brutalität, die auf den Höfen und Gassen jedermanns alltägliche Erfahrung war? Stießen ihn Glaubenseifer und Rachsucht ab, ergriffen ihn die Bergpredigt und die Worte der Weberschen Psalmen Davids? Oder lief er mit den Kindern zum Pranger, um die Kleindiebe und übel beleumundeten Weiber zu verspotten? Was schnappte er auf, wenn die Reisenden in der Gaststube von Unzucht, Mord, Folter und den beim Vierteilen gerissenen Gliedern flüsterten?

Der Teufel war überall gegenwärtig und ein Sankt-Veits-Tanz wohl vorstellbar, wenn die rote Ruhr an die Tore klopfte. Der Glaube an den Teufel als Widersacher Gottes war auch noch Martin Luthers lebendiger Glaube gewesen, und in der Rabiatheit ihres Streites, in der Unnachsichtigkeit der Konsistorien gegen die Hexen und ihr gotteslästerliches Werk, standen die Protestanten und Reformierten den Jesuiten, den Speerspitzen und Rammböken der Gegenreformation, die ins Habsburgerreich eingedrungen waren und es mit ihrem Geist überzogen hatten, in nichts nach. Auch sie lieferten die armen verklagten Frauen ihren Folterern aus. Daß ein einziger, der sechs Jahre nach Schütz geborene Friedrich Spee von Langenfeld, gegen den Geist des Ignatius von Loyola aufbegehrte und das bei den Hexenprozessen angewandte, bis zur leiblichen und seelischen Verkrüppelung führende Gerichtsverfahren aus tiefster Gewissensnot in seiner Cautio criminalis von 1631 anklagte, nachdem er mit einigen der erbarmungswürdigen Opfer gesprochen hatte, das war die große Ausnahme.

Selbst zwischen denen, die sich zur Augsburgischen Konfession bekannten, war schlimmer Hader, der die Bewegung im ganzen und den Widerstand gegen den Geist der Gegenreformation schwächte. Dieser Widerstand wurde mehr und mehr zu einer Sache des Gemüts, nicht der Staaten und schon gar nicht der Nation, denn es gab nur ein nichtfunktionierendes Reich und die Landesfürsten, die untereinander uneins waren, selbst wenn sie dem gleichen Glauben anhingen. Kursachsen bündelte mit dem Kaiser, den Schweden und den des Calvinismus verdächtigen Hessen. In ihren Ländern, gleich ob mehrheitlich evangelisch oder katholisch, ließ die ständische Opposition den Fürsten keine Ruhe, und ihre Gewissenszweifel – wenn sie denn welche hatten bei ihrem Handwerk des Regierens, ihrem undurchsichtigen Paktieren und

Schachern – ihre Zweifel wurden von oft dubiosen Beichtvätern, die
Politik machten, weggewischt oder beruhigt. So standen diejenigen, die Muster oder Vorbild hätten sein sollen, die den in ihrem
Glauben noch Unsicheren einen Halt hätten geben können und
die sich dann, wie einst im Schmalkaldischen Bund, zur Union
verbanden, von vornherein geschwächt und wenig aussichtsreich
gegen die katholische Liga, die sich ihnen entgegenwarf. Vor Beginn des Dreißigjährigen Krieges, etwa zur Zeit von Schützens Auf-
bruch nach Kassel, waren noch drei Viertel Deutschlands mehrheitlich protestantisch, nach fünfzig Jahren hatte sich das Verhältnis
umgekehrt. Aber wir greifen vor, denn noch war ja Friede, noch
glaubte alles an dessen Dauer und Bestand, auch wenn aus den Flug-
schriften der Zeit verdächtig oft die Prophetie des baldigen Welt-
untergangs dringt, die Klage über die Verderbtheit des Menschen-
geschlechts, über dem sich unheilschwangere Wolken zusammenziehen, und mehr nackte Angst vor der Zukunft als christliche
Zuversicht.

Wir erfinden und übertreiben nicht. Noch immer, wie zur Zeit
Luthers, hieß die große Massenkrankheit Melancholie, und sie war
es aus Angst vor dem Übermächtigen, Undurchschaubaren und
Unabwendbaren. Ende des neunzehnten Jahrhunderts schrieb ein
Chronist der Stadt Naumburg, der sich peinlich genau an die
Annalen der Ratsschreiber, die zeitgenössischen Berichte und andre
Geschichtsquellen gehalten hat, über das Ende des sechzehnten
Jahrhunderts in diesem Stück Land an der Saale: »Unter trostlosen
Aspekten schlich das Jahrhundert greisenhaft dahin. Ein Zug trü-
ben Mißbehagens und ängstlicher Resignation war dem Bürger
eigen; Melancholie bildete den Grundton seiner Alltagsstimmung,
als fielen die mahnenden Schatten einer traurigen Zukunft in sein
Gemüt. Fanatismus, Roheit und Beschränktheit gingen Hand in
Hand. Das große Sterben wollte nicht enden; ein Komet stieg
schreckhaft am Himmel auf, und unheimliches Erdbeben erfüllte
die Seele mit bleicher Furcht. Viel sprach man vom Teufel, und daß
das Ende der Welt nahe sei. Die Akte einer grausamen Justiz, die
brutale Praxis des vielbeschäftigten Henkers und zahlreiche Hexen-
prozesse gaben der Phantasie düsteren, aufregenden Stoff.« Gegen

Ende des sechzehnten Jahrhunderts hinterlegte ein Handwerker
im Turm der Berliner Nikolaikirche der Nachwelt einen Zettel,
auf dem stand: »Wünsche Euch eine bessere Zeit als wir erlebt
haben.« Ein etwas unheimlicher Friede, in der solche Seelenstimmung gedeiht.

Vom mäßigen Wohlstand und zugleich von finsterer Erstarrung
sprechen die Historiker, und doch hatte sich nicht alles, was das
abgelaufene Jahrhundert der Reformation und der Bauernerhe-
bung ausgelöst hatte, wieder rückgängig machen lassen. Der Geist
des Aufbruchs hatte sich nur andre Formen gesucht, er war in die
Seelen und Gewissen geschlüpft und hatte sich verinnerlicht.
Waren das schon Vorboten einer neuen Mystik? In drei Generationen seit Luthers Tod und dem Augsburger Religionsfrieden
hatte sich nicht nur die Sprache verändert und verfeinert, sondern
auch das Selbstgefühl der Menschen, und dies blieb nicht auf die
evangelischen Landschaften beschränkt. Zwar hatte der Zeitgenosse Luthers, der Arzt und Philosoph Theophrast Bombast von
Hohenheim, Paracelsus genannt, in seiner Konfessionsferne
gemeint, wer seinen Glauben auf das Papsttum setze, der ruhe auf
Samt, wer aber an Luther glaube, auf einem Vulkan. Doch
stimmte das so wörtlich längst nicht mehr, wenn man den weltlichen Streit, den Luthers Tat ausgelöst hatte, nicht mit dem Glauben verwechselte. Die Reformation war Kirche geworden, nicht
zuletzt durch die Glaubensbürokratie Melanchthons, der die
Lehre schulmäßiger als nötig gestaltete. Und auf der andern Seite
hatte auch der Katholizismus Grund, seine Selbstbesinnung auf
die Tat Luthers zurückzuführen, hatte doch sein Wille die Gewissen erzittern lassen über die Grenzen der Konfessionen hinaus.
Daß sich die Lehren noch unversöhnlich gegenüberstanden, war
nach so kurzer Zeit kein Wunder, vor allem, da mit den 1540 vom
Papst bestätigten Jesuiten ein neuer Zug von Intransigenz und
herrischer Seelenbeanspruchung in die alte Kirche hineinkam, der
auf Unterordnung, ja auf Vernichtung der Persönlichkeit zugunsten des Einen und Ganzen aus war und damit dem neuen, gerade
erwachten Geist des Zeitalters, mit dem das Individuum seine
Rechte, sein bürgerliches Selbstverständnis und das Vermögen

seines eigenen Kopfes anmeldete, entschieden zuwiderlief. So hat jedes Zeitalter seine zwei Geiste, die nichts miteinander zu tun haben wollen.

Es waren mit der Niederschlagung der aufrührerischen Bauern und der mit ihnen verbundenen Städte – nicht wenigen – die demokratischen Bestrebungen niemals ganz zum Verschwinden gebracht worden. Man erkennt das an den Innungssatzungen, dem Grunderwerb und den Verfassungen der Gemeinden, ihren Abgaben- und Rechtsstreitigkeiten mit den Fürstenhöfen, an der Gründung von ständischen Vereinigungen, Bruderschaften und Kantoreizirkeln. Noch fehlten der Zeit die großen Gestalten.

Und außerhalb Deutschlands? Heinrich Schütz war ein Zeitgenosse der drei Großen, die wie Gestirne den Kontinent umstanden: Shakespeare, Rembrandt und Galileo Galilei. Schütz steht zwischen den beiden Künstlern genau in der Mitte; er ist einundzwanzig Jahre jünger als Shakespeare und um ebensoviel älter als Rembrandt. Und er ist zehn Jahre älter als Descartes, fünfzehn Jahre älter als Calderón. Was hatte die deutschsprachige Welt, in der doch ein so großer Umbruch vor sich gegangen war, seit Dürer, Grünewald und Cranach, die mehr als ein Jahrhundert älter waren, dem an die Seite zu stellen? Der Schlesier Andreas Gryphius wurde erst 1616 geboren, sein Landsmann Angelus Silesius 1624 und Grimmelshausen um 1622.

Shakespeare, Rembrandt, Galilei: mit solchen Namen ist das Erscheinen großer Einzelner angezeigt, die mit ihren spezifischen Antworten und noch mehr mit ihrem beträchtlichen Selbstgefühl an den Grundfesten der alten Welt rüttelten, selbst wenn sie sich gar nicht ausdrücklich von ihr lossagten. Galileo Galilei, der in Schützens Geburtsjahr 1585 die Universität Pisa verließ und nach Florenz zurückkehrte, um seine eigenen Forschungen zu betreiben, hat sich nie von seiner Kirche gelöst und ging glaubensfromm nach Rom, um sich verurteilen zu lassen. Die Kirche konnte zwar Galilei zum Widerruf zwingen und sein Leben zerstören, aber sein Ruf über die Alpen hinaus war nicht mehr einzudämmen. Man war nun nicht mehr des Glaubens, daß sich der Himmel physikalisch ausmessen lasse und eine große Glocke sei, der Erde übergestülpt. »Der rechte

Himmel aber ist allenthalben, auch an dem Orte, wo du stehst und
gehst«, schrieb 1612 Jakob Böhme in »Aurora oder die Morgenröte
im Aufgang«. Der Streit um das kopernikanische System dauerte
auch nach dem skandalösen Prozeß, den die Kirche gegen die
Wahrheit angestrengt hatte, unvermindert an; einer hatte die Welt
buchstäblich aus den Angeln gehoben, und er siegte mit dem Flug
seiner Gedanken, wie das biographische Drama Shakespeares
siegte, für das es kein Beispiel gab.

Die Renaissance hatte den Einzelnen als geschichtliche Erscheinung sich begreifen lassen, der in seiner Zeit wirkt und zugleich
über seine Zeit hinaus Namen und Leistung hinterläßt. So sahen
denn auch die Künstler, Dichter und Musiker, anders als diejenigen
früherer Jahrhunderte, sich selber als Schaffende, als schöpferische
Natur; sie traten aus dem bloßen Muster heraus, ihre Kunst war
individuell Hervorgebrachtes, sie schufen Neues, das sich in der
kurzen Spanne Leben mit der Erdenzeit verband. Der wittenbergi-
sche Magister artium Nikolaus Listenius betonte schon 1537 in
seiner lateinischen »Musica« als Endzweck das »abgeschlossene
und vollendete Werk« (opus consumatum effectum); seine Herstellung lasse auch nach dem Tod des Künstlers ein »vollständiges und
vollkommenes Werk fortbestehen« (opus perfectum et absolutum
relinquat). So schuf der neuentstandene, von Melanchthon erstmals
so benannte Musicus poeticus unverwechselbare »Œuvres« oder
setzte doch – wie der musikalische Systematiker Michael Praetorius
– geistige Entwürfe in die Welt, Kosmogonien, auch wenn er sie
nicht vollenden konnte. Es begann die Opus-Zählung, der sich
Heinrich Schütz 1647 anschloß.

Galileis Zeitalter verhalf auch dem Begriff des Unendlichen zu
mehr Anschaulichkeit: durch die Erfindung des Fernrohrs und des
Mikroskops. Die Weltangst wurde greifbar als ein Raumgefühl,
man stürzte zum erstenmal in einen kosmischen Schlund. Zugleich
wurde die »Zeit« von den Kirchtürmen geholt, von wo sie bisher
nur der Gemeinde als ganzes die Stunde geschlagen hatte. Jetzt war
man dabei, die Taschenuhr zu erfinden, um durch sie die Zeit, das
Zeitgefühl und den Zeitbegriff auch dem Einzelnen verfügbar zu
machen. Damit begann alle Forschung, die einer genaueren Zeit-

messung bedurfte. Intelligenz wurde dem guten Glauben überlegen, es werde sich schon alles so verhalten, wie es überliefert worden war. Es wollte alles bedacht, gemessen und in jenen Strukturen dargestellt werden, die vielleicht sogar den kosmischen glichen, wer weiß, oder die ein Abbild dessen waren, was sich der Mensch nunmehr als seinen Himmel denken mußte, nachdem man sich ihn nicht mehr vorstellen konnte in die Ränge der sichtbaren Engel und Baldachine geteilt, mit dem Fußschemel des Herrn und einer gemalten Dreieinigkeit unter dem Zelt, sondern erfüllt von Geist, gegliedert in Bewegung und Rhythmus. Was die Menschen brauchten, war der intelligente Künstler.

Kassel und Marburg

Weißenfels hatte keine höfische Kultur, Kassel die ausgesuchteste. War man hier streng lutherisch, so gab es in Hessen einen calvinistischen Einschlag, obwohl der musische Landgraf die Musikfeindlichkeit des puritanischen Calvinismus nicht beachtete und sich darin eher lutherisch verhielt. In Weißenfels war Heinrich unter Bauern, Ackerbürgern und Kleinstädtern aufgewachsen, jetzt geriet er unter die Söhne von Hofbeamten und Adligen. Größere Gegensätze sind kaum denkbar. Die Umgebung von Kassel unterschied sich zwar landschaftlich nicht erheblich, selbst wenn die Kasseler Mulde sich weiter und lichter öffnete als das enge Saaletal, doch hatte Heinrich bisher nicht in einer so abgeschlossenen Welt wie der Residenz gelebt, er hatte den läßlichen heimatlichen Dialekt der Obersachsen gesprochen, ein wenig thüringisch eingefärbt, und nun sollte er plötzlich mit seinen Mitschülern nur noch französisch und lateinisch reden, denn das waren die Umgangssprachen. In Weißenfels hatte er Lehrer gehabt, die nach Grundregeln und eigenem Gusto vorgingen, in Kassel gehörten die Pädagogen zu den besten Fachkräften, der Musikunterricht war einem Mathematiker

unterstellt. Hatte er sich bisher nach den Stunden bei Kantor Weber
oder Onkel Colander an den Saaleufern getrollt oder sich in den
Stallungen zu schaffen gemacht, wenn er nicht gar träumte, so war
er jetzt der strengen Zucht eines Internatslebens unterworfen, mit
Unterricht, Vorsingen und Übungszeiten, Kantorei- und Fürsten-
dienst, Prüfungen und Vorbereitungen für Festaufführungen wie
etwa anläßlich der Prinzentaufe im Jahrhundertjahr 1600, die mit
einem Aufzug der Götter, Faune und Nymphen endete.

Da blieb nicht viel Zeit zum Träumen, und es ging dennoch
human genug zu, so daß Heinrich es aushielt und gar nicht wieder
fortwollte. Er bewahrte Kassel länger die Treue als mancher seiner
Mitschüler, was sich nur damit erklären läßt, daß er dem feinsinnigen Fürsten mit dem geistvollen, sympathischen Gesicht vorerst ein
hohes Maß an kindlichem Zutrauen und viel Dankbarkeit entgegenbrachte, woraus sich, als der Altersunterschied immer weniger
bemerkbar war, zeitweilig eine fast freundschaftliche Vertrautheit
ergab, die man trotz aller gebotenen Vorsicht mit dem Verhältnis
Goethes zu seinem Großherzog vergleichen möchte. Doch war
dem keine Dauer gegeben, und das hängt mit dem Charakterbild
des Landgrafen mindestens ebenso zusammen wie mit dem Ansehen, das Schütz dann anderwärts genoß.

Landgraf Moritz war der Sohn eines als ungewöhnlich tugend-
haft beschriebenen, sparsamen und dem armen Volk wohltätigen
Vaters, auch Wilhelm der Weise genannt, der durch Stiftungen
hervortrat und den Grund einer bedeutenden Bibliothek legte, in
der zahlreiche Frühdrucke und Handschriften zusammenkamen,
darunter Bibeln, der hebräische Codex des Alten Testaments und
der Schwabenspiegel. Der 1592 zur Regentschaft gelangte Sohn
Moritz übernahm für die damalige Zeit verhältnismäßig geordnete
Zustände. Kurz zuvor, kaum zwanzigjährig, hatte er allerdings mit
einer Bürgerin Wallenstein einen außerehelichen Sproß gezeugt,
der den Namen Philipp Wilhelm von Cornberg bekam und sich
unter den Vorfahren des ersten deutschen Reichskanzlers Otto von
Bismarck wiederfindet. Moritz entwickelte neben seinen erstaunlichen intellektuellen Eigenschaften auch eine Neigung zur Großmannssucht, was der Kultur immer mal wieder zugute kommt.

Bereits 1595 gründete er die Hofschule, die von dem eigentlichen Gymnasium Mauritianum unterschieden werden muß. Die Hofschule war zur Erziehung der fürstlichen Pagen, der Söhne des Hofadels und der Kapellknaben errichtet und nach drei Jahren, vor der Reise des Landgrafen nach Weißenfels, unter dem wendigen, vielseitigen und trinkfesten Lehrer Lagonychus (Hasenklau) noch einmal erweitert worden. Die Hofschule war im Schloß untergebracht, das der Landgraf, der auch gefällig zeichnete, selbst im Bilde festgehalten hat. Es war ein längliches Viereck mit verzierten Giebeln, um einen Innenhof gebaut, und erhob sich links der Fulda oberhalb der Stadt. Sein Bau war 1562 unter Philipp dem Großmütigen beendet worden, aber die nächsten Generationen hatten ständig mit seiner Wiederbefestigung zu tun gehabt. Jetzt glich es einer Zitadelle in einer befestigten Stadt, und wie diese von wehrhaften Mauern, so war das Schloß noch einmal von Wällen und Gräben umgeben. Diese Verschanzung brachte immerhin den Vorteil, daß während des ganzen Dreißigjährigen Krieges kein einziger Feind in Kassel gesehen wurde.

In dem einen Seitentrakt des Schlosses lagen die Gemächer des Landgrafen und seiner Familie, im andern die Schule mit dem Internat. Außerdem waren im Schloß Apotheke und Archiv untergebracht. Der Leibarzt des Fürsten war zugleich Schularzt. Die Leitung der Schule behielt der Landgraf; er nahm an den Prüfungen teil, leitete die lateinischen Disputationen, zensierte die schriftlichen Aufsätze und setzte die Belohnungen aus. Das Mauritianum oder Collegium illustre, bei dessen Eröffnung am 3. Oktober 1599 der Landgraf die lateinische Eröffnungsrede hielt, bekam vier Professoren und wurde mit einer Akademie verbunden, die allen Gebildeten offenstand. Die Hofschule blieb im Schloß, die Akademie dagegen wurde in das 1262 gestiftete, 1526 aufgelassene Karmeliterkloster verlegt, das am Renthof nahe dem Alten Markt gelegen und mit dem Schloß durch einen Gang verbunden war. Schütz muß beide Institute besucht haben. Die Akademie wurde allerdings schon 1604 der Universität Marburg angeschlossen und 1605 wegen zu geringen Besuchs ganz nach Marburg verlegt und praktisch mit der Universität vereinigt. Wenn Schütz also Kassel 1605 noch nicht

verließ, so muß er hier mit zwanzig Jahren und noch vor seinem
regulären Studium bereits mit musikalischen und pädagogischen
Aufgaben betraut gewesen sein. Im Jahr 1605 erhielt die Hofschule
einen neuen Lehrplan, in dem Latein dominierte, jedoch auch
Logik, Rhetorik, Geschichte, Religion, Mathematik, Griechisch
und Französisch gelehrt wurde, was einen gewissen Rückschluß auf
Heinrichs Schulausbildung erlaubt.

Als Schütz nach Kassel kam, hatte die Stadt ihr letztes Pestjahr
1597 hinter sich und blieb dann zum Glück bis 1635 verschont.
Heinrich Schütz traf bei seinem Eintritt in die Hofschule etwa
zwanzig Mitschüler von zwölf Jahren aufwärts an, er war also
keineswegs der jüngste. Die andern kamen nicht nur aus Kassel, das
unter dem Landgrafen Moritz eine kulturelle Glanzzeit erleben
sollte, sondern auch aus Dresden, Paris und anderen größeren
Städten. Die Schüler trugen einfache schwarze Kleider und nur bei
Stadtausgang einen besonderen Überrock. Viermal in der Woche
hatten sie Kirchendienst, sie absolvierten jedoch auch ritterliche
Leibesübungen, Jagd und Kriegsspiel. Gemeinsam mit den Pagen
des Schlosses warteten die Kapellknaben an der fürstlichen Tafel
auf, wo die vielen Kinder des Landgrafen wie die Orgelpfeifen
aufgereiht saßen – zuletzt waren es vierzehn. Daß die Kapellknaben
bei Hof trotzdem mehr galten als Narren und Zwerge, zeigt die
exzellente Erziehung, die ihnen zuteil wurde.

Es war eine universale weltliche Bildung, deren Grundlagen
Schütz, anders als die Musiker vor ihm, hier erhielt. Zu den
Altsprachen kamen die wichtigsten Neusprachen. Der Landgraf,
der ein berühmtes dreibändiges Herbarium besaß, erläuterte bota-
nische Grundbegriffe, und die nahe Au mit der Orangerie lieferte
die Anschauung. Zum Lehrerkollegium, professores et praefecto-
res, gehörten Hans von Bodenhausen, der Mathematiker Nicolaus
Krug, der Altsprachler Georg Cruciger und der Neusprachler Le
Coux, dessen »Tobie« die Schüler 1604 aufführten. In den alten
Sprachen soll sich Heinrich Schütz besonders hervorgetan haben,
und gründlich betrieb er das Studium des Italienischen. Doch war
dies nicht alles. Als Kapellmeister riet er später einem musikalischen
Kollegen, dem Schüler Matthias Weckmann, sich der hebräischen

Sprache kundig zu machen, »nicht als ob es eben nötig wäre, sondern weil es nützlich sein würde bei Componierung eines Textes aus dem alten Testament«. Er nahm alles ungewöhnlich genau und ging den Dingen auf den Grund. Dies alles erlaubt uns, ihn einen Humanisten unter den Musikern zu nennen, denn der Begriff entspricht der Vielseitigkeit seiner Begabung, dem Umfang seiner Kenntnisse und dem Gebrauch, den er davon machte. Martin Geier rühmt an ihm den »scharfsinnigen Verstand«, es sei ihm in Kassel alles »wohl vonstatten gangen«.

Auch das Theater hat Schütz bereits in Kassel kennengelernt. 1604/5 gründete der Landgraf Moritz ein Hoftheater und ließ neben der Rennbahn das erste feste deutsche Theater errichten, das er nach seinem ältesten Sohn Ottoneum nannte, ein Komödienhaus, das »nach römischer Art« gebaut war und angeblich Tausende faßte. Es muß beträchtlich über Kasseler Verhältnisse gegangen sein, und noch bevor Schütz Kassel für immer verließ, war aller Glanz dahin. Im Ottoneum spielten abwechselnd Zöglinge der Hofschule und die »englischen Komödianten«, eine Schauspieltruppe, die Moritz unter erheblichen Kosten bis 1612 unterhielt und einige Male auch an andre Höfe auslieh. Es ist ein Irrtum zu glauben, diese englischen Komödianten hätten Shakespeare gespielt, sie spielten nicht einmal seine Vorgänger Marlowe und Greene. Shakespeare verkaufte die Manuskripte seiner Stücke an Theatertruppen in England, gedruckte Gesamtausgaben existierten noch gar nicht, und was ins Ausland gelangte, waren bestenfalls willkürliche Bearbeitungen seiner Stoffe. Eine siebenaktige, auch in England beliebte Greuelschau hieß »Titus Andronicus« und muß mit Kampf- und Blutszenen von stumpfer Roheit die Zuschauer gekitzelt haben, Zaubertricks ließen täuschend echt Köpfe rollen und Blut fließen, und auch die Buhlerschwänke der Komödianten mit ihren Kapriolen und derben Belustigungen waren nicht besser. In Kassel sah der sächsische Abgesandte Humpert von Langen einmal eine »Comödie von Tarquinio und Lucretia«. Ein in Deutschland vielgespieltes Stück »Romio und Julietta« hatte mit Shakespeare so viel gemein wie ein Groschenheft mit dem »Don Quijote« von Cervantes. Bearbeitungen von Shakespeares Stücken kamen frühestens Mitte des

Jahrhunderts nach Deutschland, als die puritanischen Engländer ihre Theater schlossen.

Nicht weniger als das Theater ließ sich der Landgraf die Ausstattung der Kapelle kosten, der bereits 1596 fünfzehn erwachsene Instrumentalisten und dreizehn Sänger, zeitweise sogar zwanzig Musiker angehörten. Der Dienst dieser Kapelle erstreckte sich auf Kirche, Theater, Hoftafel und Turniere, und sie verfügte über alle gebräuchlichen Instrumente der Zeit, als da sind Fagotte, Pommern, Schiari und Bassanelli, Flöten und Pfeifen aller Art, Zinken, Xylophone, Krummhörner, Gamben und Violen, Lyren und Posaunen, Regale und Positive. Entsprechend reichhaltig war das Noten-Inventar: Haßler und Praetorius, Leonhard Lechner, Johann Walter und Andrea Gabrieli (der Ältere), Orlando di Lasso und Palestrina wurden gespielt. Das klang für das zeitgenössische Ohr sehr unterschiedlich und gab den Schülern einen Begriff, was in der musikalischen Welt möglich war. Übrigens hat auch Moritz von Hessen als Instrumentalkomponist gewirkt und allerlei Beachtliches geschaffen, auch wenn es schon damals althergebracht geklungen haben mag. Unter seinen kleinen Stücken ist am ansprechendsten und verblüffendsten eine kurze »Pavana del Tomaso de Canova« a cinque Tromboni (für zwei Alt-Posaunen, zwei Tenor-Posaunen und eine Baß-Posaune), die in ihrem dritten Teil mit einem dreimal absteigenden, viertönigen Motiv melodisch und harmonisch so originell und neu tönt, als habe ihm ein Fremder die Hand geführt.

Moritz der Gelehrte versuchte lange Zeit, die bekanntesten Künstler an seinen Hof zu ziehen, leider meist vergeblich. Hans Leo Haßler und Michael Praetorius scheinen abgelehnt zu haben, blieben jedoch mit dem Kasseler Hof in Verbindung. Der berühmte englische Lautenspieler John Dowland war in Kassel zu Gast gewesen, hatte aber die Einladung, am Hofe des Landgrafen zu bleiben, ebenfalls nicht angenommen, weil es ihn nach Italien zog.

Hofkapellmeister war seit 1586 Georg Otto, und er blieb es bis 1618, als Schütz sein Nachfolger hätte werden sollen. Die Musik, die Georg Otto schuf, war nicht schulmäßig erstarrt, obwohl der 1550 geborene Torgauer die lutherisch Waltersche Tradition mit der Muttermilch eingesogen hatte. Etwa gleichaltrig mit Schützens Vater Christoph, gehörte er der zweiten nachreformatorischen Generation an. Der vom spätniederländischen Motettenstil Beeinflußte schrieb einerseits lateinische Introitus-Motetten, andrerseits doch aber »Geistliche Gesänge D. Martini Lutheri« (1588). Er war der eigentliche Kompositionslehrer des jungen Heinrich Schütz, bevor ihn die neuen formalen Strömungen des Zeitalters, das an seiner Wende stand, erreichten.

Dreierlei scheint für die Schuljahre von Schütz bestimmend gewesen zu sein und ihn mit geformt zu haben: Einmal die freie, unvoreingenommene Vermittlung von Musik verschiedener Herkunft, von der strengeren Lasso-Schule bis zu dem das Wort skandierenden neuen Vortragsstil, zu dem sogar der Landgraf selbst mit seinen Kompositionen und seinen Ergänzungen zum sogenannten Lobwasser-Psalter auf bescheidene Art beitrug. Zum zweiten gab es kein Glaubensdogma am Hof. Das seit dem Marburger Religionsgespräch zwischen Zwingli und Luther traditionell am Ausgleich interessierte Hessen erlaubte es, daß in das Kasseler Gesangbuch von 1601 sowohl lutherisches wie calvinistisches Liedgut aufgenommen wurde. Und drittens hat die Begabten offenbar niemand gedrängt und von ihnen mehr verlangt, als sie geben wollten. Das ist wichtig. Das Genie muß ausschlafen. Und es gab ja in Kassel für ein junges Musiktalent auch genug zu tun, ohne daß man sich als Wunderkind beweisen mußte. Das einzige, was uns aus Heinrichs Kasseler Schulzeit an Auffallendem bekannt ist, heißt »Oratio de S. Mauritio« und ist eine geschliffene lateinische Lobrede des Primaners auf den Namenspatron des Landgrafen.

Musikalisch bot sich auch den älteren Zöglingen, die aus dem Kapellknabenalter herauswuchsen, ein weites Betätigungsfeld. Wer seinen Diskant verlor – und vermutlich kam auch Heinrich Schütz, der einen hohen Sopran sang, bald in den Stimmbruch, obwohl die Stimmen damals länger ihre Höhe behielten als heutzutage –, der wurde an den Instrumenten weiter ausgebildet. Schütz entwickelte sich zu einem beachtlichen Orgelspieler und erwarb sich praktische Kenntnisse, die ihn befähigten, jederzeit eine Kapelle zu leiten. Unter den Mitschülern zeichneten sich Diederich von dem Werder und Christof Cornet aus, die um weniges älter waren als Schütz. Diederich von dem Werder war zuerst Schüler der Hofschule und des Mauritianums, studierte in Marburg und war dann eine Zeitlang Vorsteher der Hofschule. Er wurde Truppenführer des Landgrafen, fiel jedoch 1622 beim Anmarsch Tillys auf Kassel in Ungnade. Daraufhin ging er nach Köthen-Anhalt, wo er noch einmal als Oberst an der Spitze eines schwedischen Regiments stand, zog sich dann jedoch auf sein Gut zurück und starb 1657. Bekannt geworden ist er als Dichter und Übersetzer. Er übertrug Ariost und trat mit einer deutschen Versfassung von Tassos »Gerusalemme liberata« hervor; er war mit Martin Opitz befreundet und noch vor diesem, ab 1620, Mitglied der Fruchtbringenden Gesellschaft zur Pflege der deutschen Sprache, stand jedoch als Künstler unglücklich zwischen den Zeiten und wurde schnell vergessen.

Christof Cornet war Musiker, freundete sich mit Schütz an und wurde 1604 zur Fortbildung zu Giovanni Gabrieli nach Venedig gesandt. Mehrmals erhielten Schüler Stipendien zur Weiterführung ihrer Studien in andren Städten. Mit Giovanni Gabrieli, dem berühmten Organisten von San Marco, stand der hessische Landgraf seit einiger Zeit in Verbindung, was darauf schließen läßt, daß er sich nicht nur nach dem begabten Nachwuchs umsah und umhörte, sondern auch nach den Meistern, die andernorts die musikalische Entwicklung vorantrieben. Mit Hans Leo Haßler unterhielt der Fürst einen Briefwechsel, und Michael Praetorius, der als einer der bedeutendsten Instrumentalkomponisten in Deutschland galt und dem Landgrafen bereits Kompositionen gewidmet hatte, kam 1605 nach Kassel zu Besuch. Praetorius, ein Thüringer, schätzungsweise 1571 geboren, etwa vierzehn Jahre älter als Schütz, war eine der markantesten, gebildetsten, intelligentesten und gleichwohl sonderbarsten Künstlerpersönlichkeiten seiner Zeit. Er war ein Komponist mit einer Neigung zur Klangpracht und ein gewiegter Theoretiker. Seit 1595 lebte er in Wolfenbüttel, war dort zunächst Organist und seit 1604 Herzoglich Braunschweigischer Hofkapellmeister. In dieser Stellung leitete er zugleich Hofkapelle und Hofkantorei, war jedoch bei all seinen Verdiensten ein recht schwieriger Charakter. Friedrich Blume nannte ihn einen

Polyhistor und hat gemeint, es hätten sich deutsche Gelehrsamkeit und Gründlichkeit, deutscher Hang zum Spintisieren und Spekulieren, deutsche Schulmeisterei und Pedanterie mit »unerschöpflicher Schaffenskraft, wahrhaft umfassendem Wissen und Können, mit konservativem Starrsinn und einer bis zur Kleinlichkeit getriebenen Sucht zur Systematik, aber auch mit leidenschaftlicher Hingabe an seine Überzeugung, mit der pompösen Zurschaustellung des lieben Ich« in ihm vereinigt. Das ist beinah zuviel. Er war ein deutscher Meister, der das Unmögliche wollte, ein ehrgeiziger Enzyklopädist, der in seinem »Syntagma musicum« von der Orgelbaukunst bis zur Harmonielehre buchstäblich alles behandelte, und ein ins Große strebender Tongelehrter, der sich nie einholte und seine Entwürfe torsohaft zurückließ. Ein unpraktisches Beispiel deutschen Geistes. Heinrich Schütz stand ihm, staunend und skeptisch, zwanzigjährig zum erstenmal gegenüber.

Zwanzig, einundzwanzig Jahre – das ist nun allerdings ein Alter, in dem sich ein Musiker gewöhnlich für seine Kunst entschieden hat. Nicht so Heinrich Schütz. Er dachte gar nicht daran. Das war ebenso seltsam wie die Diskretion, die er später gegenüber seinen Anfängen bewahrte. Es gibt keine Jugend- und Frühwerke, jedenfalls ist darüber nichts bekannt geworden. Moser schrieb ihm eine einzige anonyme Arbeit aus den Kasseler Archiven zu, ein Stück für drei Männerstimmen und Orchester (SWV 474), vergleichsweise überinstrumentiert und voll bizarrer und pubertärer Einfälle. Und wenn es wirklich Heinrich Schütz war, der sich damit von seiner Kasseler Schulzeit verabschiedete – wofür sich die Forschung inzwischen auf Grund eines »H. S.« eindeutig entschieden hat–, dann erfahren wir dadurch wenigstens auch, daß er sich als Alumnat zum erstenmal unsterblich verliebt hat. Denn des Liedes selbstgedichtete Verse lauten: »Ach wie soll ich doch in Freuden leben / [der]weil ich von der muß sein / die mir allein / tut Freude geben. / Lust ist fern von meinem Herzen / denn daß ich muß geschieden sein / das bringt mir Schmerzen.«

Wohin zog er denn, daß er so schmerzlich mußte von der Liebsten geschieden sein? Er durfte ja jederzeit zurückkehren, das war mit dem Landgrafen ausgemacht, denn der hätte ihn gern für immer behalten. Doch die Eltern drängten auf ein Studium der Rechte, wofür es mehrere Zeugnisse gibt. Der Pfarrer Georg Weiße in seinem Nachruf-Gedicht: »Die Eltern hatten zwar Dich zu Juristerey / und Doctor-Stand erkoren...« Sie hätten den Sohn gern in einem hohen Amt gesehen. Darin unterscheidet sich diese Geschichte in nichts von derjenigen Martin Luthers. Doch wollte auch der Sohn sich auf eine ordentliche »Profession« vorbereiten und dachte vorerst nicht im entferntesten an eine musikalische Laufbahn. Das hat gelegentlich zu der Auffassung geführt, Heinrich Schütz sei »einer der merkwürdigsten Fälle der Irrung über die eigene Begabung« gewesen, gemäß ihrer außerordentlich »langsamen Entfaltung«. Wieso eigentlich? Gewiß ist das lange Zögern verwunderlich, nur war es weniger die Begabung als vielmehr die Berufung, an der dieser junge Mensch zweifelte wie ein andrer hundert Jahre vor ihm, der sich mit Leibeskräften gegen seine Bestimmung gewehrt hatte: Warum denn ich? Von dem, was ein schließlich doch Erwählter von sich glaubt und im stillen weiß, ahnen die Außenstehenden nichts, und gerade Skepsis und Zweifel in der Jugend wollen uns manchmal als das sicherste Zeichen ernster, weitausholender Begabungen erscheinen, die ihre Stunde abwarten können und dann plötzlich da sind – früher oder später.

Über die Studienorte, die Universitäten, die Heinrich Schütz aufsuchte, ist viel gerätselt worden, und die Hypothese, er habe zwischen 1606 und 1608 Jena und Frankfurt an der Oder aufgesucht, um das Studium der Rechte und andrer Wissenschaften aufzunehmen, kann sich lediglich auf das »Christliche Assaph« des aus Weißenfels stammenden Pastors Georg Weiße stützen, der die Orte, an denen Heinrich Schütz studiert habe – »wie Du mir selbst erzählet«, versicherte Weiße –, mit einer lateinischen Fußnote zu belegen versuchte: »Academia Marpurgensis Francofurtensis ad Viadrum Jenensis.« Zwar war Jena gut lutherisch und lag der Heimatstadt Weißenfels sehr nahe, und Frankfurt an der Oder galt als geeignete Universität für juristische Studien, doch sind Immatrikulationsvermerke oder andere Zeugnisse bis heute nicht beizubringen, und bei Schützens Tod – also etwa fünfundsechzig Jahre danach! – kann selbst Georg Weiße einer Fehlinformation zum

Opfer gefallen sein und Heinrich mit seinem Vetter Heinrich verwechselt haben, der offenbar tatsächlich in Jena gewesen ist. Denn ob sich das »selbst erzählt« auch auf die Fußnote, die Städte bezieht, muß offenbleiben, und gesprochen, geschrieben hat Heinrich Schütz selbst nur von Marburg. Auch Martin Geier weiß von nichts andrem.

An Heinrichs Studienabsichten ist jedoch nicht zu deuteln. Seiner Eltern Wille war es niemals, daß er die Musik zu seinem Beruf machte, und sie werden ihn, wenn er gelegentlich zu Hause einkehrte, dringend zu einer »ordentlichen Profession« ermahnt haben. Er kam zunächst 1608 einmal nach Kassel zurück, um sich vom Landgrafen »Permission« zu erlangen für die Fortsetzung seiner wissenschaftlichen Ausbildung. Das heißt aber doch, er war ihm im Wort, und es kann auch heißen, daß er zwischendurch als Organist und Prinzenerzieher wieder am Hof gedient hat. Mit seinen Kasseler Freunden Friedrich Kegel und Georg Schimmelpfennig begab er sich nach Marburg. Der Immatrikulationsvermerk »Henricus Schütz, Weißenfelsensis« stammt vom 27. September 1608. Der andre Heinrich Schütz, sein Vetter, hatte das Studium in Marburg schon am 18. April 1608 aufgenommen.

Die Philippina in Marburg an der Lahn war 1527 von Philipp dem Großmütigen als erste protestantische Universität gegründet worden. Die Stadt beherbergte fünftausend Einwohner, eine Zahl, die sich in zwei weiteren Jahrhunderten kaum veränderte, und ein buntes Gemisch aus Studenten: Dänen, Holländer, Schotten, Polen, Litauer, Russen, Ungarn, Tschechen, Slowaken und Schweizer. Marburg hatte gerade unruhige Zeiten hinter sich. 1607 war ein Pestjahr gewesen, so daß selbst die Universität hatte verlegt werden müssen. Das kann auch der Grund für die Unterbrechung oder den Aufschub von Heinrichs Studien gewesen sein. 1608 tobte ein konfessioneller Streit: Bürger schlugen auf calvinistische Studenten ein, die in der von Moritzscher Toleranz geprägten Atmosphäre der Stadt für einen puritanischen »Fundamentalismus« demonstrierten. Was Schütz davon noch mitbekommen hat, weiß man nicht. Ihm folgte nach Marburg am 30. Dezember des gleichen Jahres sein Bruder Georg, und sieben Jahre später, 1616, nahm auch

Heinrichs jüngerer Bruder Benjamin das Studium an der Philippina auf.

In diesem Jahrzehnt, bevor sich in Böhmen die Gewitterwolken ballten, gedieh jene seltsam schillernde Lebensform aus Sitten und Unsitten, Privilegien und Gaudeamus igitur, die man das lustige Studentenleben nennt. Eine kurze Zeit aus täuschendem Saus und Braus war dieser Daseinsform vorerst gegeben, in der Liedsammlungen entstanden wie »Studentenlust«, »Studentenfreud«, »Studentengärtlein«, »Studentenmut« und, noch 1626, Johann Hermann Scheins »Studentenschmaus«. Man kann sich Schütz dabei nicht so recht vorstellen.

Er hörte den Philosophen und Dichter Rudolph Goclenius und den Juristen Hermann Vultejus, dem er eine Disputation »De legatis« ablieferte – alle Zeichen standen günstig für eine diplomatische Karriere. Mit Musik war es in Marburg ohnehin nicht weit her. Wohl gab es einige Kammermusiker und den renommierten Universitätsorganisten Burkhard von Ende, aber keinen Lehrstuhl, keine Professur.

Da kam im Juni der Landgraf Moritz mit seinem Hof nach Marburg, und der gelehrte Herrscher gab selbst ein deutsch-lateinisches Extemporale an der Universität. Seine Söhne Moritz und Wilhelm schrieben sich als Studenten ein. Gleichzeitig stiftete der Fürst sechshundert Gulden für Neubauten. Es müssen festliche Tage gewesen sein. Das erste Marburger Jahr neigte sich für Heinrich Schütz dem Ende zu, da blickte der Landgraf Moritz abermals auf seinen jungen Freund, der jetzt dreiundzwanzig Jahre alt war, und griff ein zweites Mal folgenreich in sein Leben ein: Weil derzeit, sagte er, in Italien ein zwar hochberühmter, aber eben doch schon alternder Musiker und Komponist lebe, solle er, Heinrich Schütz, es nicht versäumen, zu ihm zu gehen, ihn zu hören und »etwas von ihm zu ergreifen«. Und gewiß hat er hinzugefügt, daß er an Heinrichs musikalische Berufung unwandelbar glaube. Ein Stipendium von zweihundert Talern jährlich stehe ihm zur Verfügung.

So wurden Heinrich alle Vorsätze »verrücket«, wie er 1651 in seinem Memorial bekannte, und »gleichsam wider meiner Eltern

Willen« machte er sich 1609 auf nach Venedig zu Giovanni Gabrieli.

Bei Gabrieli in Venedig

Gleich ob in Kunst, Musik, Literatur, den Wissenschaften oder der
Politik, immer gibt es einen, der die Geschichte nicht eigentlich
macht, den sie aber zur rechten Stunde zwingt, sein Amt auf sich zu
nehmen, und auf den, hat er sich einmal zu seiner Aufgabe bekannt,
dann alles zeigt und hindeutet: Seht, er ist's! Er soll der Zeit die
Zunge lösen und ist seinem Gott etwas schuldig. So dachte man
wenigstens damals. Es ist die Not des Erwählten dann immer, wenn
die Geschichte oder der Zufall ihn an einen bestimmten Platz stellt
und vor aller Augen wachsen läßt, daß er sich fragen muß: Warum
denn gerade ich? Dreimal hat Schütz sich diese Frage vorgelegt, und
die Not des Zweifels überfiel ihn auch einmal in Italien mit aller
Heftigkeit. Aber er hat den Ruf angenommen, wenngleich nicht
leichten Herzens.

Eine so weite Reise war damals nichts Alltägliches, und gern
hätten wir irgendeine Beschreibung seiner vielen Fahrten und Wan-
derschaften, aber es gibt keine, zumindest nicht von seiner Hand
und nicht aus seiner näheren Umgebung. Da kommt uns der Zufall
zu Hilfe: Der Weg über Augsburg nach Venedig, den Schütz
genommen haben muß, läßt sich ziemlich genau verfolgen an Hand
der Eindrücke, die neunundzwanzig Jahre zuvor Michel de Montaigne in seinem Tagebuch einer Reise durch Deutschland und
Italien 1580/81 festgehalten hat. Danach ritt, fuhr oder wanderte
man von Augsburg über Landsberg, Schongau, Mittenwald und
Seefeld nach Innsbruck. Von dort aus dauerte die Überquerung des
Brenner bis Sterzing volle zehn Stunden. Über Brixen, wo es nun
lieblich wurde, Klausen, Bozen, Branzoll und Salurn, hinter dem
die Sprachgrenze verlief, und weiter über Trient, Rovereto, Bor-

ghetto, Chiusa, Verona, Vicenza und Padua gelangte man bis Cà
Fusina, von wo man sich mit dem Schiff an das Venedig gegenüber
gelegene Ufer tragen und von da mit der Gondel zur Stadt hinüber-
setzen lassen konnte. Das waren ohne längeren Aufenthalt von
Augsburg bis Venedig zwölf Tage. Montaigne freilich machte es
sich bequem und übernachtete mit seinem Diener in den renom-
miertesten und teuersten Gasthöfen, die der junge Heinrich Schütz
nicht aufgesucht haben wird; Montaigne schlief in getäfelten Zim-
mern auf weichen Daunen und rühmte den Komfort der Federbet-
ten, der erst ab Trient ein wenig nachließ. Die ländlichen Herbergen
am Wege werden dagegen vergleichsweise einfach, wenn nicht
primitiv gewesen sein. Es gab jedoch überall gutes Essen, viel Fisch,
auch gebratene Eier, Käse und Landwein. Die Straßen galten
derzeit als verhältnismäßig sicher und ungefährlich, außer beim
Abstieg vom Brennerpaß, wenn das Tal sich verengte und man
zwischen Bergwand und tiefer Schlucht eingeklemmt war. Wo der
aufgewirbelte Staub die Sicht behinderte, war doppelte Vorsicht
geboten. Bis nach der Jahrhundertwende werden sich die Verhältnisse kaum verändert haben, und da auch Schütz sich die Schönhei-
ten der Landschaft und die Sehenswürdigkeiten der Städte auf
seiner ersten Reise nach dem Süden kaum hat entgehen lassen, darf
man noch ein paar Tage drangeben, und die gesamte Wegstrecke –
zehn bis zwölf Tage von Kassel bis Augsburg eingerechnet – wird
alles in allem nicht weniger als vier Wochen in Anspruch genommen
haben.

Was zog den jungen Heinrich Schütz stärker in die Ferne: Italien
oder die Ehre, des berühmten Giovanni Gabrieli Schüler zu werden? »Ja, Gabrieli – ihr unsterblichen Götter, welch ein Mann war
das!« schrieb Schütz 1629 in der lateinischen Widmung seiner
»Symphoniae sacrae« an den Kurprinzen von Sachsen. »Hätte ihn
das wortreiche Altertum gekannt, den Amphionen würde es ihn
vorgezogen haben; oder hätten sich die Musen vermählen wollen,
es wäre der Melpomene kein würdigerer Gemahl als er beschert
worden, solch ein Meister des Gesanges war er. So sein Ruf, und er
hält vor. Ich selbst kann es bezeugen, der ich ganze vier Jahre lang
seines Umgangs sehr zu meinem Nutzen habe genießen dürfen.«

Giovanni Gabrieli, 1557 in Venedig geboren, war ein Schüler, Nachfolger und Fortsetzer seines Onkels Andrea Gabrieli. Um das Jahr 1584 kam der Nürnberger Hans Leo Haßler nach Venedig, und gemeinsam mit ihm schloß Giovanni seine Studien bei seinem Onkel Andrea Gabrieli ab. Hans Leo Haßler blieb mit Giovanni Gabrieli befreundet, der seinerseits auch unter Orlando di Lasso in München gewirkt hatte – so lernten die Schulen voneinander. 1586 starb Andrea Gabrieli, und seitdem hatte sein Neffe Giovanni das Amt des ersten Organisten von San Marco inne. Dem Kapellmeister von San Marco standen zwei Organisten zur Verfügung, von denen gewöhnlich einer der Virtuose, der andre Komponist und Lehrer war. Das Ansehen dieser Musikstätte war konkurrenzlos. Die Lagunenstadt empfing den ins Mannesalter tretenden, ungemein aufnahmefähigen Heinrich Schütz in einer ihrer kulturellen Glanzzeiten. Die Malerschule der Giorgione, Tizian und Tintoretto hatte ihre Farbenpracht entfaltet, und an Il Redentore und San Giorgio Maggiore konnte man Palladios Kunst bewundern. Wenn auch nicht mehr auf dem Höhepunkt politischer Macht – die Herrschaft in der Levante war an die Türken verlorengegangen –, hatte die Republik doch ihre Unabhängigkeit behauptet und gerade wieder einmal einen Konflikt mit dem Papst beigelegt, ohne ein einziges Stück Souveränität aufzugeben, so daß sich ein Protestant aus dem Norden wie nirgendwo sonst in Italien hier sicher fühlen, frei bewegen und dem Staunen, Lernen und Genießen hingeben durfte. Schütz hielt sich viel im Fondaco dei Tedeschi auf, dem Haus der deutschen und niederländischen Kolonie. Das prächtige, um 1506 erbaute Kaufhaus, in dem Giorgiones und Tizians hingen, lag nahe der Rialtobrücke und diente als Treffpunkt der Kaufleute, Gelehrten, Studierenden, Reisenden und Agenten, die hier ihre Neuigkeiten austauschten. Vor allem die Augsburger sandten ihre Söhne damals nach Venedig in die Lehre. Auf dem Markusplatz, der um 1600 bereits sein endgültiges Gesicht besaß, wurde mit Aufzügen und Maskenspiel der Karneval begangen, von der Galerie auf San Marco erscholl allabendlich ein Concerto alle ringhiera, und am Palmsonntag feierte mit prunkvollem Aufwand die klingende Kunst sich selbst. Als Musikstadt hatte Venedig eine reiche Tradition, und auch die kirchliche Liturgie scheint vom Wohlklang und seiner Verführung zum Genuß dessen, was nur beherzigt werden sollte, nicht unberührt geblieben sein. Adrian Willaert, dessen Einfluß noch nachwirkte, war von 1527 bis 1563 Kapellmeister in San Marco gewesen, gefolgt von Cyprian de Rore. Claudio Merulo, der Vorgänger Giovanni Gabrielis, wurde von dem Florentiner Vincenzo Galilei, dem Vater Galileos, in einer kompetenten Schrift als einer der großen Organisten gepriesen. Und so hatte eine Reihe hochbegabter Musiker in dem gebrochenen Licht des fünffach gekuppelten Doms, vor Farben und Goldgrund, eine Kultur des Klanges zu entwickeln gewußt, die man – auch wenn die Chordisziplin unter Giulio Cesare Martinengo derzeit ein wenig verwahrlost war und hin und wieder geniale Schlamperei um sich griff – nicht anders als selbstergriffen nennen kann. Schon Dürer hat bezeugt, er habe in Venedig die Kirchengeiger es so schön machen gesehen, daß sie selbst darüber weinen mußten! Zu Giovanni Gabrielis Zeiten bestritten sechzehn Instrumentalisten und sechzehn Sänger die gewöhnliche Kirchenmusik. Die gesamte venezianische Musik wurde damals »volltönend« genannt. Violinisten spielten und sangen zur gleichen Zeit, Theorben kontrastierten in der Klangfarbe zu modernen Portativen, und da die Markuskirche zwei einander gegenüberliegende Orgeln besaß, bevorzugte besonders Gabrieli die Wirkung von Doppel- und Tripelchören. Von all dem muß der junge Schütz ungeheuer impressioniert worden sein.

Der erste Eindruck von Gabrieli und seinem Können war so überwältigend, daß Heinrich Schütz förmlich erschrak, als er bemerkte, wie wenig er im Grunde konnte, obwohl er gerade diesem Meister gegenüber nicht hätte erschrecken müssen, denn dessen Kunst war ausgebildet und beinah schon an ihr Ende geführt. Wollen wir Schützens späteren Bemerkungen glauben, so hat er es für einen Augenblick sogar bereut, nicht bei den erlernten exakten Wissenschaften geblieben zu sein; aber so geht es ja allen, die aus ihrem engen Dunstkreis treten und zum erstenmal fremd, unerkannt und eingeschüchtert an einer Stätte ausgereifter und höchster Kultur stehen. Mit ihr, an ihr zu messen sollten sie sich zutrauen? Da stellt sich die Versuchung des Rückzugs, des Verzagens, als erste ein. Gabrieli muß den jungen Deutschen, den man hier Henrico Sagittario nannte, ähnlich schnell umgestimmt und zu seiner wahren Aufgabe bekehrt haben wie der Landgraf von Hessen-Kassel, und der Humanist Heinrich Schütz griff immer zu den höchsten Metaphern, wenn er der Unterweisung durch Gabrieli gedachte – »si ricche in questa qualità di studii, che nè al Tago nè al Pattolo inuidiar certo ponno«, so groß der Reichtum seines Unterrichts, daß er selbst die goldführenden Flüsse Tagus und Pactolus übertrifft!

Er war nicht der einzige, der hier studierte. Unter den Musikern, die Giovanni Gabrieli als Schüler angenommen hatte, traf Heinrich Schütz außer einigen Italienern auch den Dänen Mogens Pedersøn an, der sich in Italien Magno Petreo nannte, den Arnstädter Christof Clemsee, der vom Herzog von Schwarzburg gefördert wurde, und Johann Grabbe aus Lippe-Detmold. Johann Grabbe war zwei Jahre vor Schütz vom Hof des lippischen Grafen Simon VI. zum Organisten von San Marco geschickt worden. Grabbe, der wie Schütz 1585 geboren war und eigentlich aus Lemgo stammte, blieb bis 1610 in Venedig, verbrachte also mindestens ein Jahr gemeinsam mit dem Weißenfelser. Heinrich Schütz soll seine Mitschüler alsbald überragt haben, Hans Joachim Moser verglich Madrigal-Vertonungen mehrerer Venedig-Stipendiaten und hielt Schütz einwandfrei für den begabteren, »trotzdem auch der Detmolder keineswegs zu verachten ist«. In der Tat war Grabbe eine Frühbegabung, ein hochoriginelles Talent mit kapriziösen Einfällen und einer erstaunlichen musikalischen Phantasie – aber warum wird aus dergleichen nichts? Folgt man der Notenschrift von Grabbes Kompositionen, so fällt auf, daß seine Mittel stark veräußerlichten, daß er den Affekt zu sehr hervorkehrte (das Genie untertreibt), doch der junge Heinrich Schütz schätzte den gleichaltrigen Grabbe sehr hoch ein und sandte oder überbrachte dem hessischen Landgrafen auch das Madrigalbuch Johann Grabbes, wodurch wir wenigstens von dem Vorhandensein dieses jungen Talents erfahren haben.

Was aber war nun das Besondere an Gabrieli? Und warum reisten so viele nach Italien, um dort zu studieren? Dies zu begreifen setzt einen kurzen Blick auf die Musikgeschichte vor Schütz und bis zu

Schütz voraus, auch wenn unsre Ungeduld weiterdrängt zu dem, was man endlich hören kann: zu seinem ersten venezianischen Werk.

Mit dem musikalischen Historismus tut sich der Laie wie der musikalisch Bewanderte schwerer als mit dem literarischen oder bildnerischen, da weniger erhalten ist, das Erhaltene schwerer zum Klingen zu bringen ist und daher seltener erklingt, vor allem aber, weil wir unser Tonalitätsbewußtsein, unser harmonisches Funktionsgefühl nicht ohne weiteres beurlauben können. Musikbeschreibung versagt gewöhnlich ganz vor einer nicht auf den Dreiklang zentrierten Musik, soweit sie nicht *post festum* abweicht, sondern a priori und ein andres Gehör voraussetzt, kurz: vor dem Unbekannten, es sei denn in den musikologisch-technischen Termini der Fachsprache. Das Dunkel lichtet sich halb mit dem System der Kirchentöne und Kirchentonarten, mit dem der größte Teil der mittelalterlichen Lieder zu erfassen ist und das weit in die Geschichte der Kirchenmusik, marginal über Johann Sebastian Bach (»Wenn ich einmal soll scheiden«, phrygisch) bis in die Moderne seine Spuren hinterlassen hat. Kirchentonarten unterscheiden sich untereinander durch die Lage der feststehenden Halbtonschritte und ihre Schlußfälle, je nachdem, auf welchem Grundton die Skala steht. Es gab deren vier, später acht, zuletzt wurden zwölf unterschieden, neben den authentischen (auf dem Schlußton) die »plagalen«, die von der Unterquarte bis zur Oberquinte reichen. Ein solches System hörbar verschiedener Intervallfolgen hat den Vorzug, daß die Eigentümlichkeit des Inhalts, der Gestimmtheit der Tonart ein für allemal vorgegeben ist: So ist dem Phrygischen eine gewisse Mystik eigen, eine Wehmut, die Zerknirschung ausspricht, dem Dorischen ein sanfter Trost, dem Ionischen eine helle Heiterkeit, die auf einem »harten« Dreiklang beruht. Es war keine Halsstarrigkeit, was die Komponisten bewog, lange an dieser Ausdrucksskala der Kirchentonarten festzuhalten. Gabrieli und Schütz standen an der Wegscheide, und es macht ihre Größe aus, daß sie das alte System mit dem neuen Dur- und Moll-System schöpferisch und bruchlos verbanden. Mit den Kirchentönen, den Betriebsobleuten und Riegenmeistern der alten geordneten Ton-

welt, ist der Musik viel an Verbindlichkeit des Ausdrucks verlorengegangen. Dafür hat sie an Freiheit und Wendigkeit des modu-
lierenden Ausdrucksvermögens hinzugewonnen, und es waren
die Italiener, die den Europäern in einer Zeit rein linearer Polyphonie einen ersten Begriff des neuen, funktionalen Hörens vermittelten: Der Dreiklangbegriff taucht erstmals bei Bartolomé Ramis de
Pareja (1482) und in der Schrift »De harmonia musicorum instru-
mentorium« (1518) des Franchinus Gafurius auf und wird in Gio-
seffo Zarlinos »L'instituzione harmoniche« (1558) aus Saitenmes-
sungen genauer abgeleitet. Die Komposition aber lag noch um 1500
fest in den Händen der niederländischen Schule. Doch da die Reize
der Terz und der Sext in Italien Eingang fanden, begann man gegen
die alte Gregorianik und die Quarten- und Quintenpolyphonie der
Deutschen und Niederländer recht heftig zu opponieren. In Venedig gab es schon 1536 Tendenzen, die ganze Generation der alten
Kontrapunktiker als veraltet und überholt beiseite zu schieben, und
hätte nicht Palestrina als konservativer Evolutionär (dem Schütz im
Alter verwandter war, als man denkt) die alte Musik erneuert und
an dem Anspruch festgehalten, mit seinem Schulkontrapunkt Retter der heiligen Tonkunst zu sein, wäre die Ablösung wahrscheinlich kraß und schmerzhaft erfolgt. So aber verband sich die zur
Mehrstimmigkeit auseinandergefaltete Linearität, die den gregorianischen Gesang abgelöst hatte, mit einem vertikalen System harmonischer Reize und Spannungen, das von der venezianischen Schule
immer weiter vervollkommnet wurde, und es erwies sich wieder
einmal, daß alte Formen im Neuen überleben. Es war der schon
erwähnte Adrian Willaert, ein Schüler des Altmeisters der Kontrapunktik Josquin des Prés, der in Venedig nach 1527 als erster die
Farbwirkungen von Stimmgruppen hinzuentdeckte. Bereits seit
1490/91 hatte San Marco zwei Orgeln, und als Willaert Kapellmeister von San Marco wurde, sollen ihn die beiden Orgelemporen in
der Chornische der Nebenapsiden zu doppelchörigen Motetten
angeregt haben. Willaert erfand nicht nur die zwei Chöre: er erneuerte damit auch den alten antiphonischen Gesang. Andrea Gabrieli brachte es nach 1564 an San Marco auf einen sechzehnstimmi-
gen Satz und stützte die Stimmen durch ein Instrumentalensemble.

Willaert hatte ein neues harmonisches Bezugssystem in der Klang-
entfaltung des alten schon ahnen lassen, Cyprian de Rore überschritt nach ihm bereits die damals bestehenden Grenzen, Andrea
Gabrieli durchsetzte die alten Kirchentonarten mit Dur- und
Moll-Klängen, aber erst bei Giovanni Gabrieli vereinigte sich dieses neue Hören, die Verschmelzung der Tonartensysteme, mit
dem Farbenspiel der Anklänge und Klangbrechungen, als sei er in
die venezianische Malerschule gegangen; er war es, der die venezianische Schule vollendete, indem er das Tonmaterial immer
geschmeidiger und glühender machte. Vielleicht war dies alles nur
in Venedig möglich, wo alle festlichen Ereignisse, auch die geistlichen, ihre sinnbildliche Erhöhung in der Kunst fanden, wo die
verschiedensten Antriebe dazu führten, daß die Musik in Trauer,
Gebet und Lobgesang ihr Sprachvermögen erweiterte, wo jeder
Anlaß als eine Lebensäußerung des Ganzen die Umgebung mit
einbezog.

Eine Zeitlang rangen gegen Ende des Jahrhunderts drei Tendenzen miteinander: Orlando di Lasso und sein großer Schülerkreis,
der den deutsch-niederländischen Kontrapunkt pflegte; Palestrina,
der auf niederländischer Grundlage den Stilus gravis weiterent-
wickelte und die Schulpolyphonie zur persönlichen Meisterschaft
und zu einem absoluten Höhepunkt führte; und die venezianische
Schule, die sich mit ihrer Vorliebe für Akkordflächen und nerven-
packenden, expressiven Ausdruck, nach Herrschaft der Außenstimmen drängend, die den mehrstimmigen Satz nach oben und
unten begrenzen, auf den Weg zur *Monodie* begab...

Die Musikwissenschaft gibt diese Wende, den Beginn eines
neuen Zeitalters der Musik, gewöhnlich mit dem Jahr 1600 an, und
das gewiß nicht nur im Hinblick auf die kathartische Wirkung einer
Jahrhundertzahl, die auch noch durch zwei symbolische Akte aufs
penetranteste unterstrichen wird: In der Peterskirche zu Rom
wurde 1600 unter feierlich respondierendem Gesang eine gemau-
erte Pforte aufgebrochen, und Papst Klemens VIII. schritt durch sie
hindurch wie in eine neue Epoche. Dem neuen Zeitalter zum Hohn
wurde 1600 Giordano Bruno in Rom verbrannt, ein Akt gegenre-
formatorischer Barbarei. Unter mehr sagittarischen, musikalischen

Auspizien scheint sich das Jahr nicht so demonstrativ zu gebärden, wir haben es fast unbemerkt übergangen und würden die Zäsur lieber ein ganzes Jahrzehnt vorrücken, und doch spricht vieles für die Jahrhundertzahl. Zwischen 1400 und 1600 bildete sich der mehrstimmige Gesang voll heraus – eine der großen Wundertaten Europas in der Kulturgeschichte der Menschheit, die nirgendwo ihresgleichen findet –, und eine Entwicklung kam damit zum Abschluß. Um 1600 wurde die Oper geboren, und die Jahreszahl steht sogar mehrfach in ihrem Geburtsregister. Man erfand das Rezitativ. Die Bezifferung des Generalbasses kam um 1600 auf und beschäftigte die venezianische Schule, und so begann ein neues Tonalitätsbewußtsein sich zu festigen. Um diese Zeit nahmen Laute, Flöte und die uralte Orgel, die sich zu ihrer Entwicklung neunhundert Jahre Zeit gelassen hatte, ihre idiomatischen Klangfarben an, die Violen-Instrumente traten hinzu und wurden verfeinert, wobei die italienischen und englischen Violen und Geigen den deutschen in Klang und ausgefeilter Spielweise lange überlegen blieben, und es übten sich die ersten Virtuosen des Saitenspiels. Bis ungefähr zu dieser Jahrhundertwende reicht auch unser klangliches Vorstellungsvermögen alter Musik; die geblasenen Zinken und Krummhörner und andre damals noch gebräuchlichen Vorläufer moderner Instrumente sind nur selten noch zum Leben zu erwekken. Meister des Instrumentenbaus und ihre Werkstätten machten sich bereits einen Namen, sogar Instrumentensammlungen wurden angelegt, die früheste in Venedig. Die Musik erfuhr mehr von sich selbst, und durch die Reisen der Musiker, die Auslandsstipendien und die Schülerverhältnisse unter den Komponisten begann sie sich auch schneller zu verbreiten. Die Ablösung der niederländischen Vormachtstellung – Orlando di Lasso und Palestrina starben, als Schütz neun Jahre alt war – stärkte den italienisch-französischen Einfluß in Europa.

Im selben Maß, wie sich das Tonalitätsbewußtsein weitete und schärfte, entdeckte man bei der Verwendung der uns vertrauten zwölfstufigen Tonleiter auch die Chromatik, den Reiz fortlaufender Halbtonschritte, was in der geistlichen Musik nach 1600 zu einigen seltsamen Experimenten führte; so komponierte Samuel

Scheidt einen ganzes Choralis per semitonia, »Da Jesus an dem Kreuze stund«. Damit wäre aber längst nicht alles bezeichnet, was Stil und Klang des neuen Jahrhunderts ausmachte, die sich in mehreren Sprüngen und Stufen herausbildeten. Gabrieli gab mit Kanzonen und Sonaten Anstöße für eine neue Kunstform, die ihren Kanon erst viel später fand. Vom Strophenchorlied und seiner akkordischen Struktur, dem Liedgut der deutschen Kantoreien einmal abgesehen, trat vocaliter und instrumentaliter die Solobesetzung immer häufiger in Erscheinung, und der Generalbaß wurde zur satztechnischen Ergänzung. Den Wandel zur Generalbaßtechnik, von Schütz im ganzen skeptisch verfolgt, obwohl er sich ihrer gelegentlich bediente, leitete Monteverdi 1606 mit seinem fünften Madrigalbuch ein. Die Gabrieli-Schule blieb hinter Monteverdis »seconda pratica« und seinem neuen Pathos vorläufig zurück, bediente sich aber dennoch wie die Künstler an anderen italienischen Höfen jener Spielart der Musik, die damals die subjektivste war: des Madrigals.

Das Madrigal, als kunstvolles, meist fünfstimmiges Chorlied noch unter den Niederländern in Italien entstanden, taugte, da es nichtstrophig durchkomponiert wurde, noch am ehesten zur musikalischen Sinndeutung eines Textes, es ließ die größte Freiheit innerhalb gebundener Vorgaben. Aus einer lockeren polyphonen Struktur erhob es sich als zwar schon akkordbezogenes, aber doch kontrapunktierendes, kontrapunktbewußtes, »elegant schwebendes Gebilde« (Blume), das sich eng der Dichtung anpaßte, wo es eine geeignete gab. Seine neuen italienischen Meister waren Luca Marenzio, der 1599 gestorben war, mit der erstaunlichen Zahl von 150 Kompositionen, Gesualdo da Venosa, Claudio Monteverdi und, neben einigen Kleinmeistern, die beiden Gabrieli, Andrea und Giovanni, von denen der jüngere weniger durch die Zahl seiner Kompositionen als durch ihren Nuancenreichtum und durch die Weitergabe seines Könnens an seine zahlreichen Schüler folgenreich wurde. Giovanni Gabrieli war der Entwicklung nicht unbedingt und in allem voraus, er vermittelte nur und repräsentierte inzwischen selbst eine Tradition, die immer dann entsteht, wenn das Neue die Formen des Alten neu belebt, anstatt sie aufzulösen.

Gabrieli, als der Vollender der Schule von San Marco, hat durch seine variable, deklamatorische Tonsprache, ohne selbst Dramatiker zu sein, möglicherweise auch Anregungen für jene Tonbilder geliefert, aus denen sich dann das Oratorium ergab – in Italien führte das monodische Prinzip zur Oper.

Nicht zuerst in Venedig. Die alte Inselstadt war dem zeremoniell Festlichen, der Selbstinszenierung mehr zugeneigt als dem Weltspektakel. Als Heinrich Schütz zum erstenmal nach Italien kam, war Venedig auch keineswegs mehr der Ort, von dem revolutionäre Neuerungen ausgingen; diese Rolle war von anderen Höfen übernommen worden. Aber die Nachrichten verbreiteten sich rasch, und die Erregung, die Monteverdis Oper »Orfeo« 1607 bei ihrer ersten Aufführung vor der Accademia degl'Invaghiti in Mantua ausgelöst hatte, teilte sich auch den anderen Musikstätten mit, an denen die Geburtswehen des neuen Genres seit zehn Jahren mit größter Aufmerksamkeit beobachtet wurden. Die Entstehung jenes Schäferspiels »La Dafne«, das als die erste Oper der Welt gilt, ging auf ein Kolloquium der florentinischen Camerata zurück, an dem sich bedeutende Wissenschaftler, Künstler und Musiker beteiligten; zum ersten- und vermutlich letztenmal in der Kulturgeschichte war in gelehrter Disputation etwas wirklich Neues herausgekommen. Gegen Ende des sechzehnten Jahrhunderts, wahrscheinlich bereits seit 1580, versammelten sich in Florenz im Haus des Grafen von Vernio, Giovanni Bardi, die Mitglieder einer Gesellschaft von Altertumsfreunden, darunter der Verfasser von Dialogen über alte und neue Tonkunst, Vincenzo Galilei, der Sänger Giulio Caccini, die Komponisten Strozzi, Peri und Cavalieri sowie, nicht zu vergessen, der florentinische Hofdichter Ottavio Rinuccini. Als Graf Bardi di Vernio Florenz verließ, kam man im Haus Iacopo Corsis zusammen. Es wurde erörtert, ob die griechische Tragödie durchkomponiert gewesen sei oder ob man doch nur die Chöre gesungen hätte. Unter Berufung auf eine Textstelle bei Aristoteles, dem Lieblingsphilosophen der Scholastiker, der an beinah allen italienischen Universitäten gelehrt wurde, glaubte man das »durchkomponierte Drama« annehmen zu sollen, was den Schluß nahlegte, es müsse auch hier und heute so verfahren werden. Der Sänger Caccini

gab die Anregung, und der Dichter Ottavio Rinuccini, der sich
seinerseits auf eine bereits 1589 in Florenz aufgeführte »Pastorale«
von Luca Marenzio stützen konnte, schuf daraufhin das erste
nennenswerte Opernlibretto, die »Dafne«. Zu Rinuccinis Text
komponierte Jacopo Peri die Musik, die Uraufführung fand 1597 in
Florenz im Haus des Herrn Corsi statt, und die Erstveröffentlichung fiel in jenes ominöse Jahr 1600.

Die Fabel, auf die Metamorphosen des Ovid zurückgehend,
erzählt von Apolls unglücklicher Liebe zu Daphne: Nach einem
einleitenden Chor tritt Apoll, der die Pythonschlange, den mythi-
schen »Drachen«, besiegt hat, in Heldenpose sich rühmend und mit
herausfordernder Arroganz vor Amor, der dem Gott wegen seines
Hochmuts Rache schwört. Apoll verliebt sich in die scheue
Daphne, die einen Hirsch verfolgt. Was dann geschieht, berichtet
ein Bote, denn es findet hinter der Bühne statt: Amor hat Daphne,
bevor Apoll sie einholen kann, zu ihrem Schutz in einen Lorbeer-
baum verwandelt. Dessen immergrünes Laub soll hinfort Dichter
und Könige bekränzen. Der Chor beschließt das Spiel mit der Bitte
an Amor, künftig Liebe auch Gegenliebe finden zu lassen.

Dies war die Geschichte, und das fertige Werk wies als neu nur
die szenische Folge durchkomponierter Stücke auf, deren Verfertigung die Madrigalisten in der hohen Schule der Deklamation
gelernt hatten.

Bei der »Dafne« von Peri, die für Schütz noch einmal Bedeutung
erlangen sollte, blieb es nicht. Ein weiterer Vorläufer der Gattung
erschien 1597 in der Verlagsstadt Venedig in Druck: Orazio Vecchis
»L'Amfiparnasso«. In Rom wurde 1600 die geistliche Oper »La
Rappresentazione di Anima e di Corpo« von Emilio de' Cavalieri
uraufgeführt. Ermuntert von solchen Hervorbringungen komponierte Jacopo Peri, wiederum nach einem Text des Tasso-Schülers
Ottavio Rinuccini, für die Hochzeit der bigotten und intriganten
Maria de' Medici mit dem guten König Heinrich IV. von Frankreich die Oper »Euridice«. Henri Quatre, dem der andere Heinrich, der sagittarische, wenn nicht alles täuscht, in Zügen um die
Augen ein wenig ähnlich sah, er tritt hier nicht einmal für einen
kurzen Augenblick ins Gesichtsfeld, denn die Trauung der Maria

de' Medici wurde am 19. Oktober 1600 in Florenz ohne den König Henri vollzogen, der gerade dabei war, seine Geliebte zu trösten. Statt dessen wurde »Euridice« uraufgeführt. Natürlich sprach man damals noch nicht von »Oper«, sondern von Azione teatrale oder Festa musicale; der Begriff Opera kam erst um 1640 auf. Die Entwicklung ging jedoch schnell voran und drängte zu immer charakteristischeren Ausformungen dieser Kunst: 1606 begann Claudio Monteverdi mit der Komposition der ersten eigentlichen Konflikt-Oper »L'Orfeo« nach einem Text von Alessandro Striggio, 1607 mit »L'Arianna« nach Rinuccini. Nach den genauen Überlegungen, die Jacopo Peri in seiner Vorrede zur »Euridice« über Betonung und Vortrag anstellte, muß man wohl ihn als den Erfinder der neuen Gesangsart bezeichnen, die sich mit dem Begriff der »Oper« verbindet. Und auch an dieser Kunst läßt sich ein interessantes Beispiel tendenziöser Gegenläufigkeit im Zeitalter nachweisen: Wenn etwa das Neue, Opernhafte, die Kunst und das Wesen der Epoche eines Peri und Monteverdi synonym erscheinen für »Ausdruck«, für Deklamation, für das Wortbezogene in der Musik und das Redeähnliche des Vortrags, so bezeugt ausgerechnet Jacopo Peri in seiner Vorrede zur »Euridice« etwas ganz anderes: daß nämlich die »Schönheit und Kraft des Gesanges«, »die anmutigen und zierlichen Wendungen« von den Ausführenden und Zuhörern besonders geschätzt wurden! An den Höfen hatten die ersten Stars und Divas ihre Auftritte, und die Italiener begannen, Freude an den schönen melodischen Kurven zu finden. Der Geist der Zeit trägt ein Janusgesicht.

Was übrigens ist Monodie? Man darf sie nicht mit bloßem Ausdrucksgesang verwechseln, mit Einstimmen-Herrschaft und Kontrapunktverlust, jedenfalls nicht als paradigmatisch für jene Zeit, auch nicht in Italien; noch immer folgte die Musik damals anderen Gesetzen, als sie uns nach einem Jahrhundert der Psychologie geläufig sind. Wenn etwas typisch monodisch ist, dann vielleicht das singende Rezitieren (recitar cantando) und das mit Affekt Vortragen (con affetto cantare) wie in Monteverdis genialem »Lamento d'Arianna« (1610), und all das lernte Schütz zunächst bestenfalls auf dem mildernden, moderierenden Umweg über den

Formkünstler Giovanni Gabrieli kennen: Deklamation. Auch Gabrielis Musik war eine Kunst, die es mit der Aussage des Wortes
ernst nahm, die das Wort »in die Musik übersetzet«, wie Schütz das
später nannte. Schützens Monodie ist auch an den ausgeprägten
Stellen des mittleren Werks kein Sologesang mit Akkordbegleitung,
nie wird sie das sein, sondern deklamatorischer Nachdruck in
einem Bezugssystem genau geführter Stimmen. »Die Perklamation
wird abgelöst durch die Deklamation«, schreibt Otto Brodde, »der
Musiker wird zum Poeten, der das Wort in ›seine definitive Fülle‹
bringt.« Der musikgeschichtliche Prozeß, der dazu die Voraussetzungen schuf, war um 1610 überall abgeschlossen.

Um diese Zeit, der Zufall will es, muß Schütz auch die benachbarten Städte Norditaliens aufgesucht haben; welche genau, wissen
wir nicht, aber daß er, »was eines oder andern Orts Denkwürdiges,
wohl in acht genommen«, wird sogar durch Geiers Nekrolog
bezeugt. Kam er nach Padua? Nach Vicenza? Oder nach Brescia,
woher einer der Schüler Gabrielis, Giovanni Ghizzolo, stammte?
Besuchte er Mantua? Es ist dies alles nicht auszuschließen. An dem
prachtliebenden Hof der Gonzaga in Mantua hätte er allerdings
jetzt, gegen Ende des Jahres 1610, einen Mann verfehlen müssen,
den er aus Lektionen und Erzählungen ebenso gut kannte wie aus
dem Studium seiner bisher erschienenen Werke, beispielsweise des
fünften Madrigalbuchs von 1605: Claudio Monteverdi. Er war in
Rom, er hatte Mantua vorübergehend verlassen, in der Hoffnung,
sich aus der anstrengenden und an Ärgernissen reichen Tätigkeit im
Dienste des Herzogs Vincenzo I. Gonzaga befreien zu können. Im
Gepäck hatte er den Druck seiner 1610 in Venedig erschienenen
Marienvesper mit einer Dedikation an Papst Paul V. Aber in Rom
mißlang alles, der Papst empfing ihn nicht, und Monteverdi kehrte
enttäuscht nach Mantua zurück. Nicht lange darauf, Anfang 1612,
starb der Herzog von Mantua an seinem allzu ausschweifenden
Leben und hinterließ einen hochverschuldeten Kleinstaat, der
Mäzenatentum nicht mehr erlaubte. Für Monteverdi ergab sich eine
ganz neue Situation.

Manchmal erscheint es wie ein Wunder, gegen was alles sich
Heinrich Schütz bei seinem ersten Aufenthalt in Italien in richtiger

Einschätzung seiner spezifischen Begabung abschirmte, was er *nicht* sofort aufnahm und was erst in spätesten Adaptionen seiner italienischen Vorbilder und Kollegen hervorkam. Ein minderes Talent hätte sich in satztechnischen, klanglichen und musikdramatischen Experimenten verzettelt. Er hielt sich an das Wesentliche, das in dem Neuen zum Vorschein kam und eine Bewegung des Denkens anzeigte hinter all der formalen und äußerlichen Problematik, eine Ausweitung des Weltgefühls, das Heraufziehen eines Zeitalters, das einen Blick in die Tiefe und die Höhe eröffnete.

Der Sternenbote

Das Jahr 1610 war für die Geschichte des menschlichen Geistes von ähnlicher Bedeutung wie die Jahrhundertwende für die Musik. Es war eines der ereignisreichsten im Leben Galileo Galileis. Und so rücken wir denn mit einer Nachricht heraus, die der autobiographisch so wortkarge Heinrich Schütz uns beharrlich vorenthielt: Die beiden Großen, Galilei und Schütz, sind einander begegnet. Bis heute ist es vollkommen unbeachtet geblieben, daß Heinrich Schütz Zeuge eines Jahrhundert-Ereignisses geworden ist, das die Gemüter noch an den entlegensten Universitäten und Höfen Europas bewegt hat und in die Annalen der Naturwissenschaft und Kosmologie eingegangen ist. Es handelt sich um die erste Vorführung des Fernrohrs durch Galileo Galilei in Venedig.

Die Sache hat eine Vorgeschichte. Bereits im März 1610 hatte die bei einem venezianischen Drucker erschienene Schrift Galileis, der »Sternenbote«, für beträchtliches Aufsehen gesorgt. Der aus Pisa stammende, an der venezianischen Universität Padua lehrende Wissenschaftler, der den Venezianern eigentlich wegen ihrer Knausrigkeit zürnte, ständig um ein höheres Gehalt kämpfte und am liebsten schon bald wieder in die heimatliche Toskana zurückgekehrt wäre, besaß in dem naturwissenschaftlich gebildeten Theologen Fra Paolo Sarpi einen Vertrauten in der Lagunenstadt. Sarpi, Geschichtsschreiber und Anhänger der kopernikanischen Lehre, der zugleich der Regierung als Ratgeber in geistlichen Dingen diente, war 1607 Anlaß und Wortführer in dem vorläufig letzten erbitterten Streit Venedigs mit dem Papst gewesen und exkommuniziert worden; er genoß jedoch weiter das Vertrauen und den Schutz der venezianischen Behörden. Im Jahr 1609 hatte Sarpi seinen Freund Galilei von einem Augenglas unterrichtet, auf dessen Patent der Holländer Hans Lipperhey aus Middelburg und einige andere Erfinder gleichzeitig Anspruch erhoben. Die Kunde von den Occhialini der Brillenmacher verbreitete sich rasch durch ganz Europa, aber nur wenige nahmen sie so ernst wie Galileo Galilei, der in Padua sofort mit Linsen zu experimentieren begann, deren Glasrohlinge er zunächst aus Murano, der Laguneninsel, dann auch aus Florenz bezog. Natürlich traten alsbald auch Scharlatane und Gaukler auf, die mit der Wunderröhre Geschäfte zu machen versuchten. Im August 1609 bot ein Franzose den venezianischen Behörden ein Instrument zu einem horrenden Preis an, gab es jedoch nicht aus der Hand. Paolo Sarpi warnte den Rat vor dem Kauf, und man wartete in Venedig die Ergebnisse von Galileis Experimenten ab, der inzwischen schon die Phasen der Venus beobachtete, die Unebenheit der Mondoberfläche wahrgenommen und damit ihre Ähnlichkeit mit der Erdstruktur entdeckt hatte. Im März 1610 kam Galilei mit seinem SIDEREUS NUNCIUS oder »Sternenboten« heraus, »welcher große und höchst wunderbare Erscheinungen offenbart und für jedermann, insbesondere aber für die Philosophen und Astronomen, zum Beschauen darbietet«, und verblüffte die Welt mit der Nachricht, er habe die vier Monde des Jupiter gesehen. Es war der Beginn einer wissenschaftlich belegbaren Lehre von den Gestirnen, die das Weltbild veränderte. Er schilderte, wie er sich ein Bleirohr bereitet und Glaslinsen eingepaßt hatte, so daß die Gegenstände dreimal näher und neunmal größer erschienen als mit bloßem Auge betrachtet, danach trieb er die Vergrößerung auf das Sechzigfache. Schließlich gelang ihm der Bau eines so vorzüglichen Geräts, daß die Gegenstände ungefähr tausendmal größer und mehr als dreißigmal näher erschienen: »Es wäre völlig überflüssig«, versicherte er, »wollte ich die vielen und großen Vorteile herzählen, die dieses Instrument ebenso bei Verrichtungen auf dem Lande wie für die Seefahrt bietet.«

Und diese Sensation präsentierte er am 20. August 1610 in Venedig dem Großen Rat. Am Tag darauf bewegte sich unter den Augen der Bevölkerung eine feierliche Prozession über den Markusplatz und schwenkte am Domportal ab, acht edle Herren der Signoria gingen voran, diesen folgte Galileo Galilei mit dem Träger seines Instruments, das ungefähr sechzig Zentimeter lang war und mit karmesinrotem Stoff bezogen. Es war ein allgemeines Fest großen Stils, wie man es hier liebte und an dem jedermann Anteil nahm. Die Venezianer verstanden es, bei freudigen und festlichen Anlässen die ganze Umgebung in ein einziges Kunstwerk umzuschaffen. Und während sich die Musiker auf den obligaten Festgottesdienst in San Marco vorbereiteten, bestieg der Prokurator Antonio Priuli mit den Herren der Signoria und dem Professor Galilei den Campanile, von wo man – mit einem Auge – durch das erstaunliche Rohr über Marghera hinaus bis Chioggia, Treviso und Conegliano, ja selbst die Kirche Santa Giustina in Padua und sogar die Besucher der Kirche von San Giacomo in Murano erblicken konnte. Das war Stadtgespräch.

Undenkbar, daß der am Festgottesdienst mitwirkende Musikstudent Schütz, der selbst mathematisch vorgebildet war und dem der Prediger Martin Geier ausdrücklich bescheinigte, er habe in Venedig »gelehrte und weise Leute fleißig gesuchet« und sich mit denselben »in gute Correspondenz gesetzet«, sich nicht bemüht haben sollte, dem Naturwissenschaftler zu begegnen und ihm von Angesicht zu Angesicht gegenüberzustehen. Wurde Schütz beim Festmahl dem Professor als begabtester Schüler von Gabrieli vorgestellt? Geiers Hinweis läßt diese Vermutung zu, und es ist ganz ausgeschlossen, daß der Humanist Heinrich Schütz den »Sidereus Nuncius« nicht gelesen hat. Daraus darf man folgern, daß ihn die Nachrichten vom Ausgang des Prozesses der Kurie gegen Galilei später nicht gleichgültig gelassen haben.

Eine Weile blieb der Professor Galilei noch in Venedig. Der versammelten Signoria machte er in großer Sitzung sein Cannochiale zum Geschenk, und noch einmal, wenn auch schweren

Herzens und ohne Galilei für immer halten zu können, erhöhte man sein Honorar. Die aufgeregte Stadt aber wurde in den nächsten Monaten mit Fernrohren aller Art nur so überschwemmt; man sah die Instrumente in allen Schaufenstern, es entstand eine Inflation an Teleskopen, von denen es jedoch hieß, sie alle könnten es mit Galileis Gerät nicht aufnehmen.

Das fertige Genie

Botschaft von den Sternen? Man könnte glauben, sie habe den Sagittarius ausgerechnet hier in der Fremde erreicht, so sicher war er plötzlich seiner selbst. Im zweiten Jahr seines Aufenthalts in Italien begann er, im dritten Jahr vollendete er jenes Werk, das er dann für immer als Opus 1 gelten ließ. Im Lauf des Jahres 1611 nahmen die Setzer und Stecher bei Angelo Gardano e Fratelli die Arbeit auf, und vermutlich etwas verspätet über das Ende des Jahres hinaus, unter dessen Zahl das Werk gedruckt wurde, erschien, von den venezianischen Meistern hochgelobt: »Il Primo Libro De Madrigali Di Henrico Sagittario Allemanno«, achtzehn fünfstimmige Madrigale nach dem Schäferstück »Pastor fido« von Battista Guarini und Texten von Marino sowie einem Anonymus, versammelt und komponiert zu einem Zyklus von Liebe, Lenz, Leidenschaft, Schmerz und Tod, Liebesbitterkeit und Todessüße, ergänzt durch ein 19. Madrigal »Vasto mar« aus der Feder des Komponisten. Mit diesem Werk stellte Schütz alles in den Schatten, was sich mit ihm in Gabrielis Schule am gleichen Gegenstand versucht hatte. Einstein hat darüber geurteilt: »Es gibt kaum ein kühneres, weniger schulmäßiges, charakteristischeres Werk von Schütz. Gerade das Moderato des Ausdrucks ist verpönt, das Exzessive, Überschwangvolle zum Prinzip erhoben; das sprengende Gefühl bedient sich der stärksten, freiesten Mittel der Deklamation, des Motivkontrastes, der Harmonik: ein unmittelbares Vorbild, so manches Vorbildliche sich bei Andrea und Giovanni Gabrieli, Gesualdo da Venosa, Monteverdi, Marenzio findet, ist kaum nachzuweisen – diese Stücke sind gestalteter, weniger spielerisch, verwobener, tiefer als alles Italienische.« Kurz, es ist Meisterschaft. Und damit fragen wir noch einmal nach den Anfängen.

Kann man so beginnen? Nein, man kann es nicht. Der Irrtum muß fallen. Es sind die wirklichen Anfängerarbeiten und Frühwerke entweder von Schütz in selbstkritischer Rigorosität vernichtet worden, wie es ähnlich Brahms getan haben soll, oder sie gingen als nichtgedruckte Handschriften bei späteren Bränden, vielleicht auch im Erbe seiner Enkeltochter Gertraud Seidel, eines Tages verloren. Auch Otto Brodde kommt zu dem Schluß: »Jeder musikalische Einfall dieser Madrigale ist ein Zeugnis dafür, daß Schütz im Eingehen auf das Wort eine außergewöhnliche Meisterschaft erreicht hatte.« Und die erreicht man nicht von heute auf morgen und aus dem Ungefähr.

Der Wechsel der Tonwerte, von kurz und lang, ein wichtiges Mittel des musikalischen Ausdrucks, wird in der Verteilung auf die fünf Stimmen nicht rein formal oder kraß willkürlich eingesetzt, sondern mit kontrapunktischer Betonung der Affekte, so daß die kunstvollsten Überlagerungen des Textes und der musikalischen Motive entstehen. Die Stimmen gehen nicht, oder nur ganz selten, im Gleichschritt dahin, sondern reichen einander den Text weiter, unterbrechen oder versetzen ihn. »O dolcezze amarissimi d'amore«, o bitterste Süße der Liebe: Wenn etwa hier die beiden Soprane und der Baß in lang gehaltenen und synkopierend verschobenen Tönen von unterschiedlicher Intervallspannung von der Bitterkeit der Liebe erzählen, sprechen Alt und Tenor im ansteigenden und wechselnden Gezwitscher einer Sechzehntelfigur von der Süße der Empfindung – und das alles auf die drei Silben »d'a-mo-re« (zweites Madrigal). Mittels Spreizung der Motive, die ihrerseits wieder untereinander kontrastieren (so daß Moser von einem »Kontrastfiguren-Madrigal« sprechen konnte), und einer reichen Modulation mischen sich Leichtes und Inbrünstiges, Hell und Dunkel, Freude und Schmerz. Chromatische Gänge, überraschende Wendungen und Tonart-Versetzungen sowie weite und kühne Intervallsprünge werden mit großer Sicherheit und Selbstverständlichkeit eingesetzt. Bereits jetzt zeigt sich Schütz als ein Überwinder der bloß naturalistischen Wiedergabe von Inhalten, als ein »Umgestalter des Sinnenhaften in die abstrakte Idee«. Es bleibt niemals bei Ton- oder Affektmalerei, und wo sie zur Wortdeutung einmal unerläßlich wird – wie beim Lachen in »Ride la primavera«, wo auch noch das Bild der Schwalben, das die Freude ausdrückt, mit dem des von ewigem Eis umgürteten Herzens der Geliebten kontrastiert (siebtes Madrigal), oder wo es die scharfen Gegensätze der beißenden Vipern, »viperette mordaci, mordaci«, und des Entzückens der Liebe herauszuarbeiten gilt, vollends im Bild der glühenden Pfeile, wenn die Worte wie Pfeile sind und die Küsse verwunden, »e piagh'i baci« (neuntes Madrigal) –, da zeigt sich der geborene *Dramatiker*, und zugleich entfaltet sich, losgelöst von aller Erdenschwere, ein melodischer Reichtum, der dieses Werk vor allen anderen zum Einhören in die Musik des Heinrich Schütz geeignet erscheinen läßt.

Die Tiefe des Todesempfindens schließlich, der Ausdruck seufzenden Vergehens im Sterben entspringt ja wohl nicht der Erfahrung, wenn man sechsundzwanzig und gesund ist. Wir sind nicht im neunzehnten Jahrhundert, im Fin de siècle, wo derlei in der Luft lag. Zum erstenmal in der Geschichte der Musik, so ist man versucht zu sagen, werden in diesen Madrigalen Liebe und Tod miteinander vermählt. Zum erstenmal? Oder woher kommt das? Es war der Fürst Carlo Gesualdo da Venosa, der bereits Tod und Leben, Schmerz und Wollust in einigen bilderreichen und von chromatischen Tonverhältnissen beunruhigend erfüllten Madrigalen verbunden hatte, zu Texten wie: »Die mir Leben verleihen könnte, ach! gibt mir den Tod.« Und: »Wenn nun sein erseufztes Leben zu meinem Herzen fliegt und, eines Herzens nicht länger entbehrend, lebt, und lebend belebt, dann ist Leben erwünschter Tod«, und dergleichen Tristan-Sophismen mehr: »Ist bitter mein Leben, so wird süß mein Tod sein. So, mein Geschick verwandelnd, wirst du mein Leben sein, Geliebte, wenn du mich tötest.« Carl von Winterfeld, der dieses Beispiel in seinem Werk über Gabrieli liefert, vermochte nicht einmal eine Tonart wahrzuneh-

men, außer nach dem Schluß, der einmal, überraschend, auf a mit
der großen Terz fällt, ein andermal, »nach manchem, innerlich
beziehungslosem Umhergreifen« im Halbschluß auf g deutet...
Seltsam, das gab es. Schütz mag es gekannt haben. Sein Gestal-
tungsvermögen zeugt im übrigen von der Kraft einer poetischen
Imagination, die sich in Abgründen auskennt. Moser spricht gar
von »angeborener Nachbarschaft zum Tode«, was ein wenig
gewagt klingt, aber nicht ganz danebengegriffen ist. Noch einmal,
es ist ein Wunder.

Jeder Mensch, dem plötzlich etwas Ungewöhnliches gelingt,
wird sich fragen: Worauf ist es mit mir abgesehen? Ein Glaube wie
der lutherische, der alles auf Gott zurückführt und den freien
Willen nicht gelten läßt, wird die Frage besonders inständig vorbringen: Was hast du, mein Gott, mit mir vor? Heinrich Schütz, im
Halbdunkel der Nischen von San Marco oder unter der schönen
Fremde dieses Himmels, in sich gekehrt in manchen Winternäch-
ten, wenn das von Nebel belagerte Wasser der Kanäle die Einsamkeit um einen Fremdling besonders eng zusammenzog, mußte er
sich nicht zergrübeln und zermartern: Worauf will es mit mir
hinaus? Womöglich, es ist nicht auszuschließen, hätte er der
»andere Gabriel« werden sollen, der Nachfolger Giovanni Gabrielis am Dom von San Marco, da doch die Trauer-Oden wissen
wollen, Gabrieli habe ihn statt seiner oft im Dienst eingesetzt. Es ist
darüber spekuliert worden, aber er hätte dann katholisch werden
müssen, und das lag wohl außerhalb seiner Vorstellungen. Der
Kapellmeister Giulio Cesare Martinengo, Giovanni Gabrieli selbst
und auch andere ermahnten und ermunterten ihn jetzt, bei der
Musik zu bleiben; Gabrieli hat sich persönlich mehrmals, schon
1610, beim Landgrafen von Hessen-Kassel für die Verlängerung des
Stipendiums seines Schülers eingesetzt und dem Landgrafen versichert, er werde nach Schützens Rückkehr wahrlich so einen Musicum an ihm haben, wie man ihn an vielen Orten nicht finden werde.
Und es stand Schütz natürlich dem Landgrafen im Wort. Die
Widmung des Ersten Buches der Madrigale (dem nie ein zweites
italienisches folgte) stammte vom 1. Mai 1611 und ist in einem
wortmächtigen, geradezu bombastischen Italienisch an den Land-

grafen Moritz gerichtet. Sie trägt erstmals die italianisierte Unterschrift Henrico Sagittario, woraus später der Sagittarius wurde. Der
hinzugefügte Text des 19. Madrigals »Vasto mar« redet in kühner
Umschlingung des »Mare« und »Mauritio« [Meer und Moritz] den
hessischen Landgrafen an: »Weites Meer, in dessen Busen sich die
Winde in sanfter Harmonie vereinen, dir widme ich meine Muse.
Du, großer Mauritius [Moritz], wirst sie annehmen, und voller
Harmonie werden die rauhen Gesänge sein.« Nun ja, nun gut, so
konnte man es auch sehen.

Es muß ihn, den Zögernden, einige Zeit darauf ein bewegender
Brief seines Vaters erreicht haben, der nicht nur das vortreffliche
Madrigalbuch rühmte und vom furchtbaren Pestjahr sprach, das
hinter den Weißenfelsern lag – die Hälfte der Bevölkerung war
hinweggerafft –, sondern der dem Sohn auch ein weiteres Studien-
jahr in Venedig zugestand. Die Unkosten des Aufenthaltes übernahm, da man den Landgrafen nicht darum angehen wollte, diesmal
der Vater, und wahrscheinlich bezahlte er auch den Druck der
italienischen Madrigale.

Da erkrankte Gabrieli schwer. Schütz hat kurz vor dem Tod des
erst fünfundfünfzig Jahre alten Meisters noch an seinem Lager gestanden. Giovanni Gabrieli starb am 12. August 1612. Vom Sterbe-
bett aus sandte Gabrieli dem Lieblingsschüler durch seinen Beichtvater Pater Taddaeus, einen Augustinermönch, seinen schönsten
Ring, den Schütz als ein Vermächtnis in hohen Ehren hielt. (Er trägt
ihn, wenn nicht alles täuscht, auf dem Porträt Rembrandts am
kleinen Finger.) Heinrich Schütz verlängerte seinen Aufenthalt
noch um einige Monate und trat Ende 1612, spätestens jedoch
Anfang 1613 die beschwerliche Rückreise nach dem Norden an,
nicht ohne auch noch andere »Gelehrte« mit in die hessische
Residenz zu ziehen. Offenbar hatte der Landgraf ihn beauftragt,
italienische Wissenschaftler und Pädagogen nach Deutschland zu
verpflichten. Dem Landgrafen brachte er, wenn er sie nicht schon
vorausgeschickt hatte, musikalische Werke von Priuli, Grabbe,
Petreo, Spongia, Nantermi, Franzoni, Ghizzolo, Banchieri, Vecchi
und Monteverdi mit, die den Kasseler Notenbestand bereicherten.

Gleichsam hinter dem Rücken von Schütz vollzog sich in Venedig ein bedeutungsvoller Wandel: Am 22. Juli 1613 starb auch der Domkapellmeister Giulio Cesare Martinengo, und nun waren gleich zwei Stellen verwaist. Die Prokuratoren baten daraufhin Claudio Monteverdi zu einer Vorstellung nach Venedig und stellten den Sechsundvierzigjährigen am 19. August 1613 als Maestro di Cappella mit einem Jahresgehalt von dreihundert, später vierhundert Dukaten und freier Wohnung ein. Monteverdi begann sofort mit einer Reform des Chordienstes und brachte binnen kurzem den Gesang wieder auf jene Höhe, die er früher einmal gehabt hatte. Sein Ruhm als Komponist mehrte das Ansehen Venedigs und klang Schütz in den Jahren seiner großen Unruhe beständig in den Ohren – aber das ist schon ein andres Kapitel und erzählt von dem Schicksal derer, die mit der Ruhe, die sie zu Großem brauchen, auf gespanntem Fuße stehen: die Welt reißt sie aus ihrer Ruhe heraus, weil sie das Große bemerkt.

Zwischenspiel I

Was für eine Geschichte. Über vielem liegt Dunkel, so heißt es, und wir haben es geglaubt. Es kann einem Biographen widerfahren, daß er mehr als zwanzig Jahre in dem unwegsamen Gelände seiner Notizen und Aufzeichnungen umherirrt wie in einer Ruinenlandschaft und sich im Nebel die Stirn blutig schlägt an Mauern und Pfosten – wo steht er, wenn die Nebel sich lichten, die Ausblicke sich öffnen und die Wegweiser lesbarer werden? Die angefangenen Sätze lassen sich vollenden, die Zeichen sich entziffern, Bilder umstehen ihn von wiedergefundenen Orten, untergegangenen Stätten, die das Gedächtnis für immer rettet, und die Vorstellung einer Szene im Fondaco dei Tedeschi, in dem nach einer zeitgenössischen Schilderung doch nur Deutsche verkehrten und keine Niederländer mehr, mit einem Kreis von Menschen und dem etwas steifen, aber fließend und genau sprechenden Schütz in der Mitte (»Wenn aber

hinter den Gestirnen immer neue Gestirne sichtbar werden...«)
gewinnt wie so viele andere unwiderlegbare Evidenz. Dieser Mann
geht ziemlich wortkarg durch die weiteren Stationen seines Lebens,
die schriftlichen Zeugnisse sind vorerst spärlich, die Zeitgenossen
nehmen ihn noch nicht wahr, das wird sich ändern; auch hat er sein
charakteristisches Alter noch nicht erreicht, in dem er wird, was er
ist. Wenn nicht alles trügt, so sah er ansehnlich aus, seine Gestalt
war mittelgroß, er hielt sich gerade, nur wirkte er etwas sperrig und
unzugänglich, und der Gondoliere, der den siebenundzwanzigjäh-
rigen Signore, der eher wie ein Gesandter aussah als wie ein
Künstler, von Venedig zum Festland hinüberruderte, mag unwillkürlich Abstand gehalten haben, obwohl der Reisende sich keineswegs überheblich gab, sondern der Sprache mit sonderbarer Gewandtheit und Genauigkeit mächtig war, und der Sprache mächtig
zu sein ist immer schon ein Zeichen von Höflichkeit gewesen.

Was für eine Geschichte, in der die Schauplätze nun so schnell
wechseln, als erreiche man sie im Fluge, obwohl man mit dem
Wagen oder zu Fuß, was keinen so großen Unterschied machte,
gerade vierzig oder bei gutem Wetter und trockenen Straßen fünfzig
Kilometer am Tage vorankam: von Venedig nach Kassel, von dort
nach Weißenfels und Leipzig und wieder zurück nach Kassel, dann
nach Dresden und abermals zurück, das war der Weg, und dies alles
in dem einen Jahr 1613, es sei denn, er habe – wogegen sein Zeugnis
spricht – Venedig doch schon 1612 verlassen. Wieder ist es Geier,
der die Rückkehr für 1612 angibt und damit als verblüffend zuverlässig erscheint. War das Schützsche Gedächtnis im hohen Alter, als
er mit Martin Geier sprach, genauer als in den turbulenten mittleren
Jahren?

Was für ein Mann, der nie ein einziges Wort über die körperli-
chen Anstrengungen und Gefahren verlor, die hinter sich zu bringen eine Voraussetzung seiner ungeheuren Bildung, die Begleit-
erscheinung des einmal eingeschlagenen Wegs und seines ubiquitä-
ren Wirkens gewesen ist; kein Wort, jedenfalls ist keins überliefert,
über die vielen Reisen, die meist an jenen Ort an der Saale zurück-
führten, an den wir uns jetzt begeben an Hand enträtselter Zusammenhänge und Notizen. Was für eine Gestalt, die einerseits so

fremd und fern anmutet, als müsse man sie in jedem Augenblick neu erfinden, da ihre Metamorphosen noch nicht beendet, die vielen Panzer und Vermummungen noch nicht abgeworfen und die endgültigen Gesten noch nicht gefunden sind. Andrerseits aber ist das alles so nah und gegenwärtig wie ein feiner Geruch aus Kleidern, ein Wenden des Halses, da geht der Wanderer neben uns, und plötzlich unter halbgeschlossenen Lidern dieser Blick! Wie kommt so einer in der Welt voran? Wie richtet er sich in Herbergen ein? Mit wem spricht er? Er reiste über Trient (reiste!) und über den Brenner, das kostet eine Woche, und wenn Pferde zu beschlagen sind, die Wagenschmiere ausgeht oder die Achse bricht, noch einiges mehr: verlorene oder erwanderte Zeit; er hörte auch die Dorforganisten spielen. Übers Gebirge, das kann nur Herbst oder Frühjahr gewesen sein. Er kam nach Innsbruck und Augsburg, wo er diesmal mit Empfehlung Gabrielis bei den Fuggern übernachtet haben wird, denn das katholische Bankhaus war Herrn Gabrieli sehr verbunden und förderte ihn nach Kräften; Gabrieli hatte dafür den ersten Teil seiner Sinfoniae sacrae von 1597 den vier Söhnen des Markus Fugger in Augsburg zugeeignet. Jetzt hatte der verläßliche Bote ihnen die letzten Nachrichten zu bringen: vom Sterben Gabrielis. Über Mainfranken, die Fulda entlang, erreichte der Reisende Kassel, dort sprach er den Landgrafen. Schließlich wandte er sich ostwärts zur Saale, wo wir ihn alsbald im Haus der Eltern antreffen. Außer sich werden sie vor Freude nicht gewesen sein, eher verwundert, stolz verlegen und ein bißchen besorgt, jedoch immerhin, der Sohn war jemand, er war in Kassel angestellt, wenn auch nur pro forma, also nichts Rechtes: Feststellungen, mehr nicht; wir haben nur die Geschichte, nicht die Empfindungen. Dann sitzen wir dem aus dem Erzgebirge stammenden Musiker Johann Hermann Schein gegenüber, der im Weißenfelsischen seine erste Anstellung gefunden hatte. Die Begegnung ist verbürgt, nicht jedoch das Haus, in dem sie stattfand: War es noch das alte oder bereits das neu erworbene der Schützen in der Niclasgasse, dessen zweistöckigen Erker mit dem Esel und der Sackpfeife wir noch kennen? Es ging mit einem Vertrag vom 7. Juni 1613 für zweitausend Gulden aus dem Besitz der verwitweten Magdalene Schaller in den des Christoph Schütz über, zu spät wohl für die Begegnung mit Johann Hermann Schein, zu spät im Jahr gemessen an dem, was sich in ihm noch ereignen sollte und sonst kaum darin unterzubringen ist. Heinrich Schütz muß früher als Juni aus Venedig zurück gewesen sein.

Schein, gleichaltrig mit Schütz, hatte eine Stelle als Hauslehrer bei Gottfried von Wolffersdorff erhalten, der kurfürstlich-sächsischer Schloßhauptmann zu Weißenfels war, was soviel bedeutete wie Landrat. Schein hatte schon eine Menge komponiert, Schütz dagegen war noch nicht darüber hinaus, daß zwischen den italienischen Worten seiner Madrigale so viel mehr Luft war als zwischen den sich anbietenden deutschen: O mio core. *Fu-ggi, fu-o mio coggi, fu-o mio core! Fu-ggi, o mio-core-fuggi!* Oder ein beliebiges anderes. Weshalb er sich mit deutschen Madrigalen nicht beeilte, italienische zu komponieren ihm aber hier bald einigermaßen sinnlos erschien. Was also tun? Er hatte eine seltene Gabe, alle Welt darüber im ungewissen zu lassen.

Letzte Prüfung

Bei Schützens Aufenthalt in Kassel, nach seiner Rückkehr aus Italien, hatte ihm der Landgraf Moritz vorläufig einmal zweihundert Gulden bis zu einer gewissen Bestallung ausgeschrieben, eine Art Wartegeld in Höhe des Italien-Stipendiums, und nun sollte er in Ruhe und frei entscheiden, wie er es mit seinem Beruf halten wollte. Ganz so frei war er indessen nicht, denn das bürgerliche Selbstbewußtsein der Schütze wehrte sich gegen das als zweifelhaft empfundene Dasein des Künstlers und Musikers, das doch in hohem Maße vom Zufall glücklicher Gaben abhängig war, einer Begnadung also, und vom Wohlwollen derer, die dafür bezahlten. Der Vater wird darauf bestanden haben, daß er die unterbrochenen juristischen Studien wieder aufnahm. Ein einziges Examen in Leipzig, und er hatte begründete Aussicht, beim Oberhofgericht zuge-

lassen zu werden oder seine Laufbahn dereinst als kurfürstlicher
Hofrat zu beenden. Dagegen mit nichts andrem als dem von
christlicher Demut ohnehin noch einmal gebrochenen Glauben an
sich selbst und die eigene Begabung antreten zu müssen war nicht
leicht. Er hat mit sich gerungen. Zuverlässig wissen wir nur, daß er
sich zu dieser Zeit als Komponist noch »verborgen« halten wollte,
bis er mit einer größeren Zahl von Arbeiten – das waren wohl seine
»Psalmen Davids« – hervorzutreten wagen durfte.

Von diesem ersten Besuch in Weißenfels nach seiner Rückkehr
aus Italien datiert seine Freundschaft mit Johann Hermann Schein,
der bis 1615 im Dienste des Landrats von Wolffersdorff blieb, um
dann über eine Weimarer Anstellung seine Karriere mit dem Amt
des Leipziger Thomaskantors zu krönen. Derzeit hieß der Kantor
der Leipziger Thomaskirche und musikalische Leiter der Thomasschule Sethus Calvisius.

Der Vorgänger Scheins, Seth Calvisius, um 1556 in dem thüringischen Dorf Gorschleben geboren, war zuerst Kantor in Schulpforta
bei Naumburg gewesen und hatte sich 1594 erfolgreich in Leipzig
beworben. Er war ein vielseitiger Musiker und Schriftsteller. »Diejenige Arbeit aber, welche bei der gelehrten Welt das meiste Aufsehen gemacht, ist wohl die berühmte Zeitrechnung, worin er eine so
große Scharfsichtigkeit und geschickte Urteilskraft erwiesen, daß
ihn damals keiner übertroffen hat«, schreibt Johann Mattheson in
seiner »Grundlage einer Ehrenpforte«. Calvisius arbeitete zwanzig
Jahre an dem heute vergessenen Werk der Chronologie und Kalen-
derverbesserung: »Er wandte auch vielen Fleiß an die mathematischen Wissenschaften; vor allen auf die Sternkunde, indem ohne
solchen ariadnischen Faden sonst schwerlich aus dem Labyrinth der
Zeiten herauszukommen war.« Ein für die Zeit charakteristisches
Aufblicken von den Noten ins Firmament. Der Pädagoge Calvisius
gab in einem 1600 gedruckten Buch auch eine Systematik der
Kirchentöne mit Beispielen von Orlando di Lasso, Hannibal von
Padua, Claudio Merulo und, in besondrem Maß, von Giovanni
Gabrieli.

Wäre Heinrich Schütz jetzt nach Leipzig gegangen, so hätte er
dort nahezu ideale Zustände vorgefunden, um der Musik nicht

wieder untreu werden zu müssen. Er wäre in Leipzig Christoph Neander begegnet, dem späteren Dresdner Kreuzkantor, und dem Jugendfreund Anton Colander, der seit 1610 in Leipzig Jura studierte und die Musik vorerst nur im Nebenfach betrieb. Es spricht vieles dafür, daß er zumindest einmal kurz in Leipzig gewesen ist, wohin es eine ganze Reihe von Schützen zog; auch Heinrichs Bruder Benjamin war mit Colander 1610 nach Leipzig gegangen, um Rechtswissenschaft zu studieren. Der Vater Christoph Schütz hatte seine sämtlichen Söhne schon vor Heinrichs Weggang nach Kassel in Leipzig inskribiert, aber im Gegensatz zu Heinrichs Brüdern, von denen sich dann jedesmal ein zweiter, ordentlicher Immatrikulationsvermerk finden läßt, gibt es einen solchen bei Heinrich nicht. Außer dem gelegentlich angeführten einzigen Zeugnis seiner Leipziger Zeit, einer Eintragung ins Studienbuch eines Friedrich Gleser aus Pegau, die durch ihre Vermengung von lateinischer und italienischer Sprache ebenso wunderlich auffällt wie ein ähnlicher Text aus Jenaer Quelle und den Vetter Heinrich zum Autor haben könnte, läßt sich für die Fortsetzung der wissenschaftlichen Studien in Leipzig nichts beibringen.

So verabschiedete er die ehrgeizigen Pläne seines Vaters – oder seine eigenen, wenn er welche gehabt hat – und entschied sich für das risikoreiche Leben des Künstlers. Was kann ihn dazu veranlaßt haben? Was ließ ihn wissen, daß er mit achtundzwanzig Jahren die in so große Nähe gerückte »Profession« plötzlich drangeben und sich ganz der Musik verschreiben sollte? Vielleicht die in Spuren nachgewiesenen Kompositionsarbeiten ab 1613, oder das größere Vorhaben in seinem Kopfe, oder das Echo seines Ersten Buches Italienischer Madrigale, das die Kapellmeister jetzt überall eifrig studierten, oder der Landgraf Moritz, der nicht locker ließ, oder aber dies alles zusammen. Jeder Mensch ist »terrae caeloque natus«, für die Erde und den Himmel geboren.

Er eilte nach Kassel und wurde dort als Privatsekretär des Landgrafen, als Prinzenerzieher und zweiter Organist nach Georg Otto beschäftigt. Das klingt bedeutender, als es ist. Musikalisch hieß das ein Wartestand. Für ewige Zeiten war das Amt nicht gemacht oder ungenügend, der Landgraf brauchte den Hofmeister mehr als den

Komponisten und Musiker. Um diese Zeit, ab 1613, taucht in den Akten des Grafen Ernst von Schaumburg-Lippe in Bückeburg, wo Johann Grabbe Vizekapellmeister geworden war, ein für den »Sagittarius« ausgeworfener Betrag in Höhe von tausend Gulden jährlich auf, mit freier Behausung, und die Vermerke schwinden erst 1618 wieder aus den Listen. Bei dem in Diensten Stehenden scheint es sich jedoch um einen andern, einen Organisten Johann Sagittarius gehandelt zu haben, und von einer Bestallung Heinrichs kann im Ernst nicht die Rede sein. Schütz zog die kontinuierliche Arbeit in der Stille augenscheinlich vorerst einer schnellen Karriere an ihm fremden Höfen vor, und darin hätte er sich in der Obhut seines Fürsten ruhig und sicher fühlen können, wäre dieser lediglich gelehrt und nicht auch renommiersüchtig gewesen. Und so beging er einen Fehler und brachte große Unruhe über seinen Musiker. Zu einem kurzen Besuch am Dresdner Hof, dessen Anlaß unbekannt geblieben ist, nahm Landgraf Moritz von Hessen-Kassel auch das musikalische Licht seiner Residenz, den Erzieher seiner Kinder, das endlich errungene Unterpfand seiner künstlerischen Hoffnungen, den Meisterschüler Gabrielis und eigentlich kursächsischen Untertan Heinrich Schütz mit auf die Reise, um mit ihm zu glänzen. Das war verfänglich. Denn der seit 1611 regierende Kurfürst Johann Georg I. von Sachsen, ein leutseliger und trinkfester Kunst- und Machtprotz, wegen seiner exorbitanten Genußfähigkeit Bier-Jörge genannt, warf sofort sein begehrliches Auge auf den Edelstein der Musik – war Schütz als Subdirigent mehrchöriger Motetten von Praetorius eingesetzt gewesen? Obwohl der Kasseler mit seinem Komponisten bald wieder heimzog, hatte die Reise Folgen, die dem Landgrafen nicht lieb sein konnten. Es ergab sich daraus ein jahrelanges, bei aller Wahrung der äußeren Form fast erbittert zu nennendes Ringen zweier Höfe um einen Musiker, in das Heinrich Schütz, wenn nicht alles täuscht, niemals direkt eingegriffen hat. Er bewahrte äußerste Zurückhaltung, er ließ das Schicksal über sich entscheiden, und es eröffnete ihm eine verantwortungs- und segensreiche, wenn auch schwierige und mit zunehmender Mühsal belastete Laufbahn.

Die Berufung nach Dresden

Die Dresdner Hofkantorei war 1548 unter Kurfürst Moritz von Johann Walter, Luthers Torgauer Freund und Mitarbeiter, auf Anregung und Vermittlung Melanchthons gegründet und eingerichtet worden. Voraussetzung hatte nicht nur der geistig-künstlerische Aufschwung gegeben, den die Reformation auslöste, sondern auch der Wohlstand des Landes an der Elbe, der auf einer gut betriebenen Wirtschaft und rigoros eingetriebenen Abgaben der Stände und Städte beruhte. Johann Walter hatte 1548 durch ein Rundschreiben um stimmbegabte Sänger für eine »fürstliche Kantorei« geworben und mit zehn erwachsenen Sängern und neun Kapellknaben begonnen. Die Hofkantorei hatte einen in erster Linie gottesdienstlichen Auftrag. Da sich jedoch höfische Aufgaben mehrten, wurden auch Instrumentalisten hinzugewonnen, so daß der 22. September 1548 bis heute auch als das Geburtsdatum der Dresdner Hofkapelle gilt. Johann Walter schied 1554 wieder aus und ging nach Torgau zurück. Ihm folgte im Amt der Flame Mattheus Le Maistre, bis dahin Domkapellmeister in Mailand, unter dem die Hofkantorei bereits 45 Mitglieder zählte. Antonio Scandello, der 1568 sein Nachfolger wurde, erwarb der sächsischen Kapelle erstmals jenen Ruf außerhalb des Landes, der auch nach langen Unterbrechungen und Zeiten des Niedergangs stets sich erneuerte. Ausländer an der Spitze waren die Regel, und das blieb so bis ins neunzehnte Jahrhundert. 1580 lehnte Orlando di Lasso eine Berufung nach Dresden ab. Statt seiner rückte Giovanni Battista Pinello nach, der im Umgang mit den Sängern und Schülern keine sehr glückliche Hand bewies, weshalb Vizekapellmeister Georg Förster ihn 1586 ablösen mußte. Als dieser schon ein Jahr darauf starb, trat der Niederländer Rogier Michael an seine Stelle, der 1613, nach sechsundzwanzig Jahren, immer noch amtierte, jedoch ebenso wie der Hoforganist August Nörmiger allmählich unter den Lasten des Alters und der Krankheiten zu leiden begann. Nicht genug, daß der Kurfürst gerade seine jungen und hochbegabten Nachwuchsmusiker Johann Nauwach und Johann Klemm zu ihrer musikalischen Weiterbildung nach Italien und Augsburg gesandt hatte, es war ihm auf der Reise nach Frankfurt am Main, wohin er sich nach dem Tod Rudolfs II. zur Wahl des Kaisers Matthias begeben mußte, im Jahr 1612 auch noch der Hofkomponist und Kammerorganist Hans Leo Haßler, der ihn begleitete, unterwegs plötzlich weggestorben. Geblieben war ihm, außer dem kränkelnden Rogier Michael, ab 1613 nur noch Michael Praetorius, dem wir hier nun wiederbegegnen, der aber sein Dresdner Kapellamt auch nur »von Haus aus«, nämlich von Wolfenbüttel gelegentlich herüberkommend, gastweise ausüben konnte und meist dann nicht zur Verfügung stand, wenn es darauf ankam. Große Feste sollten gefeiert werden, und es stand schlecht um die Kapelle. Was also tun?

Für den Naumburger Fürstentag 1614, der zur Erneuerung der Erbverbrüderung zwischen Sachsen, Hessen und Brandenburg anläßlich der Beendigung des Jülich-Cleveschen Erbfolgestreits abgehalten wurde, hatte Praetorius sich bereit erklärt, die Musik zu liefern und die Kapelle in der Naumburger Wenzelskirche zu leiten. Der Kurfürst Johann Georg I. erschien am 26. März in dem kurz vor Naumburg gelegenen Weißenfels mit nicht weniger als 546 Pferden, 196 Kutschen und 23 Trageseln, im Gefolge 18 Kammerdiener, 21 Trompeter und Heerpauker, ferner Apotheker, Balbierer, Schneider, Köche, Schenke, Metzger, Fischer und Boten. In Weißenfels wurde der Kurfürst vom Amtshauptmann Gottfried von Wolffersdorff feierlich begrüßt, und vermutlich wirkten bei dieser und ähnlicher Gelegenheit er und noch andre auf den Kurfürsten ein, er möge sich um Heinrich Schütz bemühen und ihn an den sächsischen Hof verpflichten. Es waren drei Männer vor allem mitverantwortlich, daß Johann Georg I. dann den Kasseler Moritz so hartnäckig bedrängte, Schütz herzugeben: der Weißenfelser Hauptmann und Kammerrat von Wolffersdorff, der Hofmarschall und Reichspfennigmeister Christoph von Loß auf Schleinitz und der musikalische Ratgeber des Kurfürsten, Michael Praetorius. Schütz selbst hat, was die beiden ersteren betrifft, solche Vermutungen ausgesprochen. Die guten Absichten des Hauptmanns von Wolffersdorff, der die Familie Schütz kannte, liegen auf der Hand.

Christoph von Loß dagegen war nicht nur Reichspfennigmeister, das heißt einer Reichskasse vorgesetzt, die die sogenannten Römermonate, eine Abgabe der Stände, eintrieb, sondern hatte als eine Art Haus- und Finanzminister des Kurfürsten auch besonderes Interesse daran, daß der Schulbetrieb der Hofkantorei wieder in geregelte Bahnen kam und die Kapelle klug, umsichtig und wirtschaftlich geführt wurde, und er war, wie alle Dresdner Archive erzählen, die Seele der Hofkapelle. Als er Anfang der zwanziger Jahre starb, ging es ihr nicht mehr so gut. Praetorius schließlich wird den künstlerischen Ausschlag gegeben haben; er wollte im übrigen so bald wie möglich wieder von Dresden loskommen und begann denn auch 1616 ein unruhiges Wanderleben als Dirigent und Organist, bis er 1620 endgültig nach Wolfenbüttel zurückkehrte, wo er 1621 starb.

In Kassel, wir schreiben noch das Jahr 1614, erprobte Schütz indessen sich selbst und sein Können. Es ist die Stunde des Außerordentlichen, der Selbstentdeckung, für die es kein Zeugnis gibt, erst recht nicht bei Schütz, dem Verschwiegenen, und nicht in dem an überlieferten Bekenntnissen so armen Jahrhundert. Schütz hat die Jahre zwischen 1613 und 1615 zweifellos für kompositorische Experimente genutzt, da ihn die übrigen Aufgaben kaum ausfüllten. Irgendwann werden die Kunstideen geboren, die viel später, manchmal erst nach zehn oder zwanzig Jahren, im Werk ans Licht der Welt treten. Nicht nur scheint es, als habe Schütz damals schon an der Erstfassung des 19. Psalms gearbeitet, er schrieb auch mehrchörige Vokalkompositionen und schuf vermutlich für die Kapelle des Landgrafen das vierchörige Konzert »Veni, sancte spiritus« (SWV 475), eine Komposition über die Pfingstsequenz, deren harmonische Kühnheiten den Prozeß ahnen lassen, der hier in Gang gekommen war. Moser ging so weit zu sagen, in der Tonartspannung der Akkordsäulen stehe der Geist eines Matthias Grünewald auf, mit diesen Klängen von 1614 beginne recht eigentlich »der zweite Band der deutschen Musikgeschichte«, womit die Spannweite inneren Erlebens, das sich dahinter verbirgt, ebenso angedeutet ist wie die Differenzierung eines funktionalen Hörens, das der Zeit vorauseilt.

In dieser Schaffensperiode, die erst kurze Zeit andauerte, überraschte Schütz und den Landgrafen ein Brief des sächsischen Kurfürsten vom 27. August 1614. Johann Georg I. erbat sich aus dringendem Anlaß, nämlich zur Taufe seines zweiten Sohnes August, leihweise den Musiker Heinrich Schütz. Am 3. September antwortete der Landgraf Moritz, er habe verstanden, daß man den Schütz auf den 18. September begehre, er erlaube ihm zu gehen und erwarte, daß »nach glücklich vollbrachter Kindtauf« Schütz seine Demission erlange und sich wieder in Kassel einstellen werde. Hatte der Kurfürst Christian von Sachsen einst dem Landgrafen Wilhelm, Moritzens Vater, zwei Erbverbrüderungs-Kanonen geschickt, die jetzt im Kasseler Magazin standen, so mußte sich Moritz nun mit einem Musiker von großem Kaliber revanchieren – so ungefähr standen die Dinge. Schütz scheint den sächsischen Hof prächtig mit Musik unterhalten zu haben, und die Kindtaufe gelang. Am 10. Oktober ließ der Kurfürst den Landgrafen wissen, er habe dem Schütz gnädigst sich wieder zu entfernen erlaubt und ihn nach Kassel zurückgesandt, obwohl man ihn in Dresden schwerlich entbehren und »seine Stelle auch anderwärts nicht füglich itzo ersetzen« könne. Das war deutlich genug und stürzte Schütz in die peinlichste Verwirrung, denn man darf doch nicht annehmen, er habe von alledem nichts erfahren. Weder blieb ihm verborgen, in welche Lage er seinen Fürsten gebracht hatte, noch war er unbeeindruckt von den Möglichkeiten, die sich der Kapell- und Organistenkunst in dem damals zwar in seinen Ausmaßen noch überschaubaren, aber prächtigen Dresden boten, das sich ihm mit der turmreichen Silhouette von Stadt und Schloß, den Brücken und Elbanlagen im schönsten Herbstlicht gezeigt hatte. So mancher, der die Stadt von den sie umgebenden Höhen aus zum erstenmal zu seinen Füßen liegen sah, mußte bei ihrem Anblick auf der Stelle niedersitzen und ein Gedicht schreiben – Schützens liebstem Schüler Christoph Bernhard erging es eines Tages so. Der Kurfürst Johann Georg, mit Schütz gleichaltrig, wird sich aus festlichem Anlaß, huldreich scherzend, als Freund der Musen wirkungsvoll in Szene gesetzt haben. Da war keineswegs nur Abstoßendes in seinem Charakter, lassen wir uns nicht von nachträglichen politischen Urteilen und dem Starrsinn, der sein Altersbild bestimmte, verwirren. Und noch einem anderen Mißverständnis ist vorzubeugen: Verrohung, Kälte, wüste Herrschermanieren gab es nicht nur am sächsischen Hof, sie waren eher die Regel als die Ausnahme.

Auch unter dem gelehrten Landgrafen Moritz in Kassel kamen Gefühlsverhärtung und Brutalitäten vor, und zum Beweise dessen sollte man einen bisher unbeachtet gebliebenen Vorfall hier anführen dürfen, der geeignet ist, der Kasseler höfischen Welt viel von ihrer Kunst-Idyllik zu rauben. Ein blutiges Schauspiel ereignete sich 1615 auf dem Marstallplatz unter den Augen des Landgrafen Moritz, der von einem Fenster des gegenüberliegenden Schlosses aus zusah. Vorausgegangen war ein Mord aus Ehrgefühl: Der Hofjunker Rudolf von Eckardsberg hatte den Hofmarschall von Herlingshausen, der ihn unziemlicher Beziehungen zur Landgräfin beschuldigt haben sollte, am hellichten Tage auf dem Marställer Platz niedergeschossen. Natürlich hatte Eckardsberg damit sein Leben verwirkt. Der Landgraf lehnte jedoch die von dem Mörder und dem ganzen Hofadel erbetene Hinrichtung durch das Schwert ab, und von Eckardsberg wurde auf derselben Stelle, wo die Tat geschehen war, grausam zu Tode gebracht. Dreimal wurde er auf der Folter gemartert, danach wurde dem Entkleideten die Hand abgeschlagen, der Leib aufgeschnitten und das Herz herausgerissen, worauf er geviertelt und unter dem Galgen verscharrt wurde, »wohl das grausamste Urteil, das sich in der hessischen Justiz vollzogen hat und den Wahnsinn der Mutter und der Braut des Gerichteten zur Folge hatte«, schreibt der Kasseler Chronist. War Schütz in der Nähe? Er war es, wenn er sie nicht floh. Mied er den Anblick, verbarg er sich? Er hat davon gewußt, er kannte alle Beteiligten, und also kannte er die Menschen. Was dachte, was fühlte er? Waren es Ereignisse dieser Art, die den redegewandten und wortgewaltigen Mann oft für lange Zeit so tief in ein Schweigen und in sich selbst hinabsinken ließen, bis er die rechte Antwort wußte in seiner Musik? Der Geist des Meister Mathis, des Tilman Riemenschneider, wenn er in ihm auferstand, es hatte seine Gründe.

Neue Nachrichten kamen aus Dresden: Bereits am 25. April 1615 hatte der Kurfürst Johann Georg wieder an den Landgrafen Moritz geschrieben, dem Vetter für sein Entgegenkommen gedankt und ihm versichert, er wolle ihm auch nichts weiter »anmuten«, im gleichen Atemzug jedoch hinzugefügt, wann ihm aber Schützens Qualitäten so sehr gefallen, müsse er dem Landgrafen leider doch anliegen, er »wolle uns den guten Willen erzeugen und Schützen gnädig erlauben, daß er sich auf ein paar Jahre, bis wir deren Person, welche wir, wie diese Kunst zu erlernen, in Italien und an andere Orte verschickt, habhaft werden, anhero begeben möge...« Was sollte der Landgraf tun? Er gab am 27. April 1615 seine Zustimmung unter der Bedingung, daß Schütz gegebenenfalls auch dem landgräflichen Hofe wieder zur Verfügung stünde, doch hatte sich das Verhältnis plötzlich umgekehrt: Der Landgraf mußte bitten, und er tat es wiederholt vergeblich. Politisch im Nachteil gegenüber Hessen-Darmstadt, dem sich Sachsen enger verbunden fühlte als dem calvinistischen Kassel, saß Moritz immer am kürzeren Hebel. Am 2. Mai 1615 bestätigte der Kurfürst dankend Moritz' Zusage. Am 28. August 1615 sandte Landgraf Moritz seinen Organisten, Prinzenerzieher und Geheimsekretär Schütz nach Dresden und gab ihm einen Brief an den Kurfürsten mit, in dem es hieß: »Der guten Zuversicht, es werden E. L. ihn auch nicht länger aufzuhalten, sondern nach Ablauf solcher zweien Jahre sich wiederum bei uns einstellen, gnädigst zu beurlauben freundlichst gemeint sein. Inmaßen wir dann dergestalt und nicht anders darein gewilligt haben wollen.« Der Vorbehalt war deutlich, aber schwach, und die Zuversicht hatte wenig Ursache. Der Kurfürst zeigte am 30. September brieflich an, daß der Organist Heinrich Schütz richtig in Dresden angelangt sei, er sich auch gegen Heinrich Schützen »in Verspürung seines Fleißes und Wohlverhaltens in Gnaden bezeigen« wisse; doch hieß die Wirklichkeit, daß geliehener Schütz sofort in die vollen Pflichten eines Hofkapellmeisters eintrat, ohne es noch zu sein. Schon am 23. September 1616 sandte er ein erstes umfangreiches Schreiben an den Reichspfennigmeister von Loß, worin er von leichtfertigen, ja ausgerissenen wie von braven und anstelligen Kapellknaben Bericht gab, so vom Kaspar Kittel, einem der begabteren Schüler, der nach längerer Abwesenheit in den zwanziger

Jahren (er studierte in Italien) uns als Dresdner Instrumenteninspektor und Hoforganist wiederbegegnen wird. Auch holte
Schütz seinen Kindheitsgespielen Anton Colander von Leipzig an
den Dresdner Hof, die Weißenfelser bezahlten sogar dessen weiteren Orgelunterricht bei Schütz, und so hätte Colander als Organist
der Nachfolger August Nörmigers werden können, doch starb er
zu seines Freundes großem Kummer schon 1622. In diesem ersten
Dresdner Jahr, ab September 1615, ist Schütz mindestens einige
Monate mit dem berühmten Michael Praetorius zusammen gewesen, aber er erwähnt ihn nirgendwo, er muß mit dem schwierigen
Mann auf nicht besonders gutem Fuße gestanden haben, auch wenn
dessen »Syntagma musicum« zum eisernen Bestand seiner Musikbibliothek gehörte.

Aus diesem Jahr gibt es ein Zeugnis, eine Papierrolle mit der
graphischen Darstellung eines Leichenzugs anläßlich der Beisetzung des Herzogs August von Sachsen am 4. Februar 1616, woraus
die Rangordnung unter den Kapellmeistern, wie sie sich schnell
herstellte, deutlich hervorgeht. Da schreiten an entsprechender
Stelle vier Herren in zwei Reihen: Heinrich Schütz und ein nicht
weiter erwähnenswerter Vizekapellmeister oder Kapellverwalter
vornweg, und dahinter Michael Praetorius und Rogier Michael, die
Kapellmeister von Haus aus und im Ruhestand. Es ist die erste
Abbildung Heinrichs, wenn auch noch ohne Porträt-Charakter.
Trotz dieser durch den künstlerischen Hof- und Bildberichterstat-
ter dokumentierten Reihenfolge enthielt man Schütz den Titel eines
Hofkapellmeisters noch einige Zeit vor. Rogier Michael führte ihn
bis in den April 1617, und auch an Praetorius wurde weiter fleißig
gezahlt. Schütz selbst beschrieb sich einstweilen als »Musikalischen
Direktor und derzeit Kapellmeister«, in den Dokumenten erscheint
er als »Organist und Musikalischer Direktor«, und trotz seiner
offiziellen Ernennung im Februar 1617 wurde er erst ab Januar 1619
in den amtlichen Schriftstücken als kurfürstlich-sächsischer Hofkapellmeister bezeichnet.

Das hatte möglicherweise diplomatische Erwägungen und Eifer-
süchteleien unter den Meistern der heiligen Sing- und Kling-Kunst
zu Ursachen. Im Dezember 1616 verlangte der Landgraf von

Hessen-Kassel den Heinrich Schütz erst einmal zurück, da er ihn als
Prinzenerzieher für die heranwachsende junge Herrschaft dringend
benötige. Nicht als Musiker, wohlgemerkt. Aber so ungefähr war
es ja auch abgemacht. Der Kurfürst Johann Georg legte das Schreiben seines lästig werdenden Vetters dem Hofmarschall von Loß vor
und bat ihn um Rat und Entwurf, wie er dem Kasseler antworten
solle. Man kann sich denken, wie der Rat ausfiel. Loß meinte in
seinem Gutachten, es stehe zwar in des Kurfürsten Anordnung, zu
tun was ihm beliebe, es sei ihm jedoch hoffentlich »unverborgen«,
daß, wenn die Musik in der Kirche und vor der Tafel in dem Maße
wie bisher erhalten werden solle, einer solchen Person wie Heinrich
Schütz gar nicht zu entraten sei, die »sonderlich im Componieren
wohl geübt, der Instrumente wohl kundig, auch der Concerte
erfahren sein muß, worinnen ich meines wenigen Ermessens
erwähntem Schützen itzo niemanden vorzuziehen weiß, der denn
auch bisher Ew. Churfürstl. Gn. zu besondern Ruhm in der Tat
erwiesen, was er diesfalls zu praestieren vermag; und trage ich die
Beisorge, wenn man seiner dergestalt wieder los werden sollte, es
würde solch Subjectum an seiner Statt schwerlich zu erlangen sein.
Denn obwohl Ew. Churf. Gn. Herrn Praetorium auch noch in der
Bestallung haben, so wissen doch dieselben gnädigst, daß er nur von
Hause aus dienet und aus der fürstl. braunschweigischen Capell
nicht allewege abkommen kann.« Daher wäre in seiner Abwesenheit und ohne Heinrich Schütz »in der Kirche kein Concert anzu-
stellen; so bleiben auch alle Exercitia gar liegen, dadurch denn Dero
Music nicht geringen Schaden leiden würde...« Warum sollte Herr
von Loß übertrieben haben? Schütz war bereits unersetzbar, und
der Geheimrat hatte denn auch gleich zwei Antwortschreiben
vorbereitet, ein dem Landgrafen Moritz willfahrendes, das Loß
selbst gegen den Strich ging, und ein andres, dessen Inhalt darauf
hinauslief, es solle der Schütz dem Kurfürsten gleich gänzlich
überlassen werden, damit dieser gar nicht mehr in die »Gefahr
dergleichen Abforderung« gerate. Der Kurfürst entschied sich
natürlich für den zweiten Entwurf und schrieb am 13. Dezember
1616 seinem Vetter, es gehe nicht, er wolle den Schütz für sich
behalten.

Überraschend meldete sich jetzt auch der Betroffene selbst zu
Wort und erläuterte am 16. Dezember dem Landgrafen brieflich,
warum der Kurfürst seine Dienste gerade jetzt nicht entbehren
könne. Er, Schütz, habe aber keine Zweifel, daß der Kurfürst ihn
schließlich doch nach Kassel entlassen werde, und ohne Gottes
Gewalt wolle er niemals der landgräflichen Befehle entzogen sein.
Dies möge vorerst als Entschuldigung seines treuesten Dieners
gelten. Aber was, fragt man, heißt hier Gottes Gewalt? Zieht man
im übrigen dem Schreiben alles ab, was bloße Floskel ist, so bleibt
nicht viel übrig; Schütz schien sich mit allem abzufinden und den
Dingen ihren Sternenlauf zu lassen.

Am 24. Dezember 1616 antwortete der gelehrte Landgraf dem
Kurfürsten, er vernehme gern, daß sein Vetter mit Schütz und
seinen Diensten gnädigst zufrieden gewesen sei, möchte auch nichts
Lieberes wünschen, als mit der gänzlichen Überlassung des Musikers ihm begehrtermaßen willfahren zu können; es habe aber mit
Schützen »die absonderliche Beschaffenheit, daß, wenn wir schon
seiner bei unserer Musik missen könnten, man doch seiner in
andererwege schwerlich entraten würde«. Damit der Kurfürst aber
an seinem guten Willen nicht zweifle, so wolle er es geschehen
lassen, daß Schütz sich noch eine Zeitlang in kurfürstlichen Diensten aufhalte (das sollte heißen, wenn er ihn nur zurückbekäme),
oder, noch besser und umgekehrt: Ob es sich denn nicht einrichten
lasse, »daß wir ihm Schützen, zwar gänzlich also doch Ew. L.
überließen, daß er nichtsdestoweniger in unserer Hausbestallung
und Pflicht bliebe, damit wir uns seiner ja bisweilen und zu
vorfallender Gelegenheit gleichfalls gebrauchen möchten«. Nichts
davon, der Kurfürst gab sich mit Kompromissen nicht mehr zufrieden, er wollte seinen meißnisch-sächsischen Untertan *zwar gänzlich also doch*, nämlich ungeteilt haben und für immer, was er seinen
Vetter am 1. Januar 1617 wissen ließ. Der antwortete am 16. Januar
ein wenig verschnupft, er könne sich zwar nicht erinnern, daß
Heinrich Schütz kurfürstlicher Untertan sei von Geburt – worin er
auch recht hatte –, er sei jedoch bereit zu willfahren, und obwohl es
ihm schwer eingehe, daß er vielgenannten Schütz ganz verlieren
»und zu derjenigen Intention, dazu ich seine Person auferziehen

und anführen lassen«, nun entraten solle, wünsche er »zu dem nun
ganz überlassenen Diener« mit dem Allmächtigen Glück und Segen
»und bitte Sie freundlichst daneben: Sie wollen gedachten Heinrich
Schützen auch um meinetwillen desto mehr gnädigst lassen befohlen sein . . .« Inständiger ging es nicht. Das Ringen war beendet und
entschieden, am 12. Februar 1617 wurde Heinrich Schütz zum
kurfürstlich-sächsischen Hofkapellmeister ernannt und durfte
noch einmal kurz nach Kassel zurückkehren. Johann Georg gab
Schütz am 17. Februar einen Dankesbrief an den Landgrafen mit
auf die Reise. Zum Abschied schenkte der Landgraf seinem davon-
ziehenden Musiker sein Medaillon an einer Kette, das Schütz stets
bei festlichen Anlässen trug und das möglicherweise auf einem der
Porträts zu sehen ist.

Alle weiteren Versuche des Landgrafen, Schütz noch einmal
wiederzugewinnen, blieben vergeblich, auch als der Kasseler
Hoforganist Georg Otto 1618 an der Pest starb und die Musik am
Hofe ganz verwaist war. Der Kurfürst lehnte am 25. Januar 1619
kurz und bündig ab. Kasseler Hofkapellmeister wurde der aus dem
Mauritianum hervorgegangene Christof Cornet, dem keine gute
Zeit bevorstand, denn nicht nur mit der Kapelle ging es abwärts,
weil bald kein Geld mehr da war, eine allgemeine Tragödie bahnte
sich in Hessen an, und mit Moritz nahm es ein schlimmes Ende.
Schütz muß, da er sich trotz der dankbarsten Empfindungen gegenüber seinem Entdecker der Berufung nach Dresden so wenig oder
gar nicht widersetzte, geahnt haben, daß etwas faul war und keine
Dauer zu gründen auf den Gelehrten und sein Land. Sieht man sich
einmal die Handschrift des Landgrafen Moritz an und vergleicht sie
mit der andrer gebildeter Zeitgenossen, so wird an seinem Persön-
lichkeitsbild doch einiges fragwürdig. Bei aller Vorsicht, die man
bei graphologischen Befunden alter Handschriften walten lassen
muß, geben die auffallenden Unterlängen, die wackelnden Buchstaben und breiten Zwischenräume doch zu denken, sie verraten
innere Unruhe und Zerfahrenheit, wenn nicht mehr, und so kam es,
wie es kommen mußte: Stiftete der ehrgeizige Mäzen im Frieden
durch Freigebigkeit und Verschwendung noch vorwiegend Gutes,
so verschleuderte er im Krieg den Wohlstand seines Landes. Er

begann Streit mit den Nachbarn, verdarb es mit den Ständen, trat plötzlich zur reformierten Kirche über und hatte obendrein kein Kriegsglück. Seine Drohungen, denen keine Taten folgten, erregten nur Unwillen und seine unüberlegten Bündnisse Widerstand. Unter den Verhältnissen und seinen Charakterschwächen zusammenbrechend, verschuldete er das Abbröckeln ganzer Landesteile und den finanziellen Ruin. 1623 kam es zur Katastrophe, Tilly besetzte Hessen, und 1627 mußte Moritz abdanken.

Johann Georg I. jedoch, dessen Charakterbild nicht nur schwankt, sondern von manchen uns überlieferten Klagen seiner Untertanen und erst recht von späteren Urteilen der Historiker geradezu geschwärzt ist, er gehört zu den wenigen Fürsten, die den Dreißigjährigen Krieg überlebten und ihr Land territorial ungeschmälert und ohne erzwungenen Glaubenswechsel seiner Bewohner hinwegretteten, auch wenn die Kursachsen gegen Mitte und Ende des Krieges das gleiche unbeschreibliche Elend durchlitten und dieselben Lasten zu tragen hatten wie all die armen Menschen im übrigen Reich.

Wegen seiner geographischen Lage kam Kursachsen eine gewisse Schlüsselstellung zu, die Johann Georg I. auszunutzen versuchte. In alter Zeit nannte man das ein wenig beschönigend »Doppelsinn«. Er war neben dem wenig beliebten Friedrich von der Pfalz, der in Heidelberg residierte, der einzige protestantische Kurfürst, der ein Gegengewicht zu den katholischen Kurfürsten von Mainz, Trier und Köln und ihren Verbündeten bildete und zusammen mit dem Herrscher über eine Million Bayern, dem Herzog Maximilian, eine ausgleichende, neutralisierende Stellung in der Mitte hätte einnehmen können, wäre der bayerische Herzog nicht mit politischer Kurzsichtigkeit, mit Mißtrauen und Eigensucht geschlagen gewesen. So erschien Johann Georgs einsames Taktieren zwischen Habsburg und den Evangelischen, mit dem er Kursachsen immerhin lange Zeit aus den unmittelbaren kriegerischen Verwicklungen heraushielt, charakterlos, wirr, wenn nicht gar trunken. Es wäre aber ungerecht, wollte man alle seine politischen Entscheidungen seiner Liebe zum Bier zuschreiben, wie es jene Diplomaten am Dresdner Hof zu tun pflegten, die ihre Mißerfolge zu entschuldigen suchten und denen der unberechenbare Mann immer ein Rätsel blieb. Er war weder ein Kaiser Bokassa noch ein Heinrich der Achte, auch wenn er gelegentlich Hofzwerge ohrfeigte und dem Diener zum Zeichen, daß man eingießen solle, die Bierneige über den Kopf schüttete. Es gab Fürsten, die hatten subtilere Humore. Nun also, Johann Georg soff und fraß und lachte und benahm sich, daß Friedrich von der Pfalz und der Habsburger Erzherzog Ferdinand ganz erschrocken waren, aber wer selbst gern genießt, läßt gewöhnlich auch andre leben. Er war – man muß sagen: vorerst – gutartig, erzählte jedem, daß er in seiner Jugend Zither gespielt hatte, und sammelte Kunst, Handschriften, Instrumente aus Glas, Marmor und Alabaster, allerdings auch Jagdtrophäen, geschnitzte Kirschkerne und Mißgeburten, tot oder lebendig, mit einem Wort, er sammelte alles. Der blonde, robuste Dreißiger hatte ein großflächiges Gesicht, aus dem sich eine etwas zu stark geratene Nase erhob; sein Haar war kurzgeschnitten, sein Bart voll, er strahlte Wohlbehagen aus, und wenn er einmal in Bierlaune war, durfte man ihm zurufen: Sauf, Jörge, sauf! Nach andren Quellen war er bloß bieder, sogar konservativ, trug einfache Kleidung und galt als guter Christ und Familienvater, kurz: er war ein Mann von schlichtem Verstand und hätte gute Berater und Diplomaten gebraucht, um in der Geschichte besser auszusehen.

Aber er hatte außer seinem Hofmarschall nur deren zwei: seine eigene Frau und seinen Hofprediger. Er war mit der Tochter des Markgrafen von Brandenburg verheiratet, Magdalena Sibylle, die eine brave Kindes- und Landesmutter war mit bescheidener Bildung und festem lutherischen Glauben. Sie wirkte mäßigend und erwarb dem Hof Sympathie im Lande, es war wie in einer guten bürgerlichen Ehe, in der die Rollen verteilt sind; ihr zuliebe sah man ihm viel nach. Der Hofprediger D. Matthias Hoë von Hoënegg, der hinter vorgehaltener Hand »der Hoëpriester« genannt wurde, war ein zwar staats- und verfassungstreuer, aber überheblicher und eingebildeter Mann, ein giftiger Hasser Zwinglis, Calvins und aller Reformierten, die ihn ärger dünkten als Türken und Heiden. Er hielt dafür, »daß die calvinistische Lehre voller schrecklicher Gotteslästerungen steckt und sowohl in den Fundamenten als anderen

Artikeln Gottes Wort diametraliter zuwiderläuft«. Man sagte ihm
nach, daß er Geld von den Jesuiten nähme, und seltsamerweise
brachte er es zu drei Rittergütern. Johann Georg hatte den Theologen 1613 aus Prag an seinen Hof kommen lassen, vertraute ihm als
Beichtvater alle Geheimnisse an und nährte so möglicherweise die
Schlange an seinem Busen. Aber es war Hoë von Hoënegg nichts
nachzuweisen, er blieb nur schwierig, und leider hatte Schütz mit
ihm zu tun, da Hoënegg, dem als erster der Titel Oberhofprediger
verliehen wurde, gleichzeitig auch noch Kurator der kursächsischen Kapelle war.

Wenn man den Fortgang der Handlung betrachtet, über die sich
nun für Jahrzehnte die Schatten des Krieges legen, sollte man
bedenken, wie wenige in diesem Mitteleuropa wie viele beherrsch-
ten, wie tief und groß die Kluft war, welcher Graben von Fremdheit
sich zwischen Höfen und Volk auftat und wie schwer er überwun-
den werden konnte, von einigen, die vermitteln konnten, die das
Ohr der Wenigen und der Vielen hatten, von Künstlern, von Musik
nicht zuletzt, die hier wie dort erklang. In dem Vakuum, das
dennoch blieb, gedieh jene barocke Fest- und Feierwütigkeit, die
zuzeiten wie ein Fieber aufsprang. Man kann sich von dem Dresdner Schauwesen schwer eine Vorstellung machen: Aufzüge mit
grotesken Darstellungen von Meerwundern, Planeten, Fabelwesen
und brennenden Burgen. Es fanden Feuerwerke, Wasserspiele und
Maskenzüge statt, »Inventionen« genannt, für die eigens ein höfi-
sches Sekretariat für Erfindungswesen unter Leitung des italienischen Alleskönners Giovanni Maria Nosseni, eines unerhört
begabten Bildhauers und Architekten, eingerichtet war. Das alles
endete erst mitten im Krieg. Am Hof lebten Hofnarren, Zwerge
und Pritschenmeister. Im Jahr 1617 gab es außer des Hofmarschalls
Zwerg noch drei weitere Zwerge, Andreas im Stall, Hans Engelhard
und Velten Marten, ferner die drei Narren Georg von Geyersbergk,
Michael von Harttenstein und Christoph Schaßwitz sowie die
beiden »kurzweiligen Räte« Aßmus Hahn und Wendel Jobst.

Das alles mochte unterhalten, es imponierte, aber es erwärmte
nicht. Die drei Schlösser, der Jägerhof, das Lusthaus, die weiten
Parks und das Grüne Gewölbe blieben kalt und öde ohne Kunst; die

Säle des Schlosses, die Empfänge bedurften der Ausschmückung, des Klangs, der Töne. Die Künste gediehen an diesen Höfen, denn sie befriedigten ein Bedürfnis nach Repräsentanz. Aber was heißt Repräsentanz?

Es war der beständige Versuch, den kleinstaatlichen Absolutismus, der absolut nichts wert war, durch die Spiegelfechterei einer aufwendigen Zurschaustellung aufzuwerten, mit all dem Schönen, von dem sich die Beteiligten unentwegt gegenseitig zu versichern schienen, es sei das Paradies auf Erden: die begehrenswerten Frauen, die Weisheit der Männer, die Majestät und Gnade des Herrschers, die klugen und erfreulichen Gespräche den ganzen Tag hindurch und immer von vorn, die erlesenen Speisen und Weine, die seltenen Früchte, die Edelsteine zum Nachtisch, das bunte Glas, die Zierden der Architektur, die vortreffliche Musik bei der Tafel mit den lieblichen Stimmen der Sänger und den feinen Bewegungen der Pantomimen, allerlei Spiel, Aufzug, Tanz und Mummerei, die starken Pferde, das ganze Zeremoniell, das nun aufkam und die Fürsten ebenso in die ritualisierte Abhängigkeit und Leblosigkeit schlug wie die Untergebenen, mit einer Kleiderordnung, einzuhaltender Courtoisie und streng eingeteiltem Tagesablauf – es war im Grunde stinklangweilig, es war so zum Gähnen ermüdend und gleichförmig, daß die Menschen buchstäblich zu Tode angeödet umfielen und in der Mitte ihres Lebens am Schlagfluß starben. Es sei denn, sie dachten sich irgendeinen groben Unfug in der Politik aus. Aber das war nicht jedem gegeben. So gingen wohlgenährte Männer und Frauen der oberen Ränge lieber gleich ins Bett, gaben Audienzen im Bett, diktierten im Bett und sorgten im übrigen für Nachwuchs, der sich genauso langweilen würde wie sie selbst.

O ihr Musen! O Melpomene, Thalia, Terpsichore, Euterpe und Polyhymnia! Grenzt es nicht an ein Wunder, daß einige Künstler sich dieser Damen so ernsthaft und herzlich annahmen, als seien sie doch zu mehr und Höherem bestimmt als zu höfischer Prostitution? Verhalfen sie ihnen doch zu solchem Respekt, daß sich die Herrscher sagen mußten: Wenn bei all dem schließlich doch mehr herausspringen sollte als Kurzweil und Unterhaltung unsrer Frauen und Gäste und das ewige Gelächter der Zwerge und Narren, nämlich Ansehen, Ehre, womöglich sogar der Ruf eines Maecenas, dem man obendrein nachsagt, er besitze einen erlesenen Geschmack, und außerdem Ruhm für das Land und seine Hauptstadt, dann um so besser. Geben wir der Kunst, was der Kunst ist!

Eine Chance also für die Ernsthaften, die sich nicht damit begnügen, andre zu amüsieren, sondern die erschüttern, bessern, bewegen und zur Andacht anhalten wollen.

Das Amt des Kapellmeisters

Unter Heinrich Schütz nahmen Kantorei und Kapelle einen raschen Aufschwung, aber das war nicht alles. Von Anfang an blickte man auf Dresden, als sei da einer am Werke, der nicht nur Musik machte. »Das gewaltige Stück deutscher Geistesgeschichte, das den Namen Schütz trägt, sprengt den Rahmen der Dresdner Musikgeschichte nach allen Seiten«, schrieb Hans Schnoor, der Biograph eines seiner bedeutenden Nachfolger. Heinrich Schütz leitete Reformen ein, ließ Noten ankaufen, Musiker anstellen, um die er sich in rührender Weise kümmerte, und nahm eine umfangreiche Lehrtätigkeit auf, die von vielen seiner Kompositionsschüler und Kapellknaben später dankbar und wortreich gerühmt wurde. Im Durchschnitt wirkten etwa acht Kapellknaben als Diskantisten, und Schütz komponierte schon bald nach 1617 für sie dreistimmige Tischgebete für zwei hohe Stimmen und eine tiefe, das waren zwei Knabengruppen und eine Aufsichtsperson. Das alles geht aus einem aufgefundenen »Aller Augen warten auf dich« hervor, einer Frühform der in den »Cantiones sacrae« (SWV 88–93) und dann noch einmal in den »Zwölf Geistlichen Gesängen« (SWV 420–431) enthaltenen Vertonungen.

Heinrich Schütz bekam als »Organist und Director der Musica« vierhundert Gulden jährlich, während Praetorius für seine Gasttätigkeit nur zweihundert erhalten hatte. Instrumentisten und Sänger

brachten es auf jährlich 150 bis 170 Gulden. Tänzer, Springer und
Artisten, die dem Kurfürsten gefielen, konnten schon einmal mit
einem Geschenk von tausend Gulden davonziehen, und die Torgauer Fürstenhochzeit kostete 1627, mitten im großen Krieg,
149702 Gulden. Andre Vergleichszahlen lassen sich schwer beibringen.

   Das Leben an den Höfen war ohne Musik kaum mehr vorstellbar, und der Ehrgeiz der Fürsten wuchs. Johann Georg I. ließ 1612
durch den Orgelbauer Gottfried Fritzsche eine noch von Hans Leo
Haßler disponierte dreiundvierzigstimmige Orgel in der Schloßkirche aufstellen. Und auch die benachbarten kleineren Höfe wollten
nicht nachstehen. Bereits 1617 beriet Schütz den Herrn von Reuß,
Heinrich postumus, in dessen Herrschaftsbereich sein Geburtsort
Köstritz fiel, beim Aufbau der Hof-, Kirchen- und Schulmusik.

   Schützens Amt, das Amt des Hofkapellmeisters, war es nicht, die
Kirchenmusik in »allezeit persönlicher Gegenwart und Aufwar-
tung« zu leiten, sondern durch »Beobachtung des ganzen Werkes«
die Oberaufsicht über das Dresdner Musikwesen in Kirche, bei der
Tafel und in der Schule auszuüben, sich um die Verwaltung zu
kümmern und den Kurfürsten auch auf seinen Reisen als eine Art
Kulturbotschafter und musikalischer Zeremonienmeister zu begleiten. Die in engerem Sinn musikalischen Aufgaben bestanden darin,
Kirchenmusik, nämlich »gute und nützliche Messen, Motetten und
Gesänge« zu komponieren, wie es in einer alten Anweisung für die
Hofkapellmeister hieß; die Kapelle bei festlichen Gottesdiensten
und an Festtagen selber zu dirigieren; die Kapellknaben und Musiker zu unterrichten; bei weltlichen Anlässen Chor und Instrumentisten einzustudieren und gegebenenfalls zu leiten; für die Tafelmusik zu sorgen, die manchmal bis zu fünf Stunden dauern konnte,
von den Einzugsfanfaren über die bekömmliche Tischmusik voller
»Suavitas«, denn es sollte ja schmecken, bis zum abschließenden
Tanz. Er hatte Musik für Alltag und Festlichkeit einzurichten und
womöglich auch zu schreiben – und da sind wir nun beinahe nur auf
Vermutungen angewiesen, denn wir kennen davon nahezu nichts,
und doch muß es diese Musik von Schütz in überreicher Fülle
gegeben haben. Friedrich Blume schreibt mit Recht: »Für das

17. Jahrhundert aber ist völlig undenkbar, daß der Kapellmeister einer Hofgesellschaft etwa nicht mit neuer, selbstkomponierter Musik an Instrumentalstücken, an Tänzen, an weltlichen Gesängen, an Madrigalen, an leichter Kost, an Bühnenballetten und Opern ›aufgewartet‹ hätte: der hierin Unfähige hätte sehr bald seinen Hut nehmen müssen.«

Heinrich Schütz hatte schon zeitig Gelegenheit, seine kompositorischen und auch inszenatorischen Künste spielen zu lassen und den glänzenden Zustand der Dresdner Hofkapelle allerhöchsten Gästen vorzuführen: das war beim Kaiserbesuch in Dresden Ende Juli 1617. Vorausgegangen war die Wahl des böhmischen Königs in Prag. Da Kaiser Matthias krank und unglücklich dem Tode entgegenwankte und nur hoffte, es werde nicht noch alles zusammenbrechen, bevor er ins Grab sank und in Sicherheit war, hatte er auf die Regelung irgendeiner Nachfolge sinnen müssen, und da er den Kaiser nicht bestimmen konnte, dann wenigstens den König von Böhmen, das war fast gleichviel. Trug ein Habsburger die böhmische Krone, dann hatte er bei der Kaiserwahl die siebente Stimme neben drei protestantischen und drei katholischen Kurfürsten-Elektoren, und die entschied. Da Matthias kinderlos geblieben war, präsentierte er den steirischen Erzherzog Ferdinand, seinen Adoptivsohn und Neffen, als Kandidaten, und die böhmischen Städte stimmten der Wahl zu, obwohl sie gegen den rigorosen Katholiken und Glaubensstreiter Ferdinand erhebliche Vorbehalte hatten, denn wie sollte ausgerechnet er sich eignen, die nationalbewußten und von je her häretischen, rebellischen Protestanten in Böhmen durch Klugheit und Versöhnlichkeit zu befrieden? Die daraus entstehenden Verwicklungen führten zu jenem Prager Fenstersturz vom 23. Mai 1618, der den großen Krieg in und um Deutschland auslöste. Dazwischen jedoch, als letzte Reichs- und Staatsaktion des Kaisers Matthias, bevor es mit friedlichen Reisen und Tafelfreuden weithin vorbei war und Kaiser Matthias in Wien zum Sterben kam, da lag die Reise nach Dresden. In Kursachsen, bei dem zugänglichen Johann Georg, sollte auf diplomatischste Weise einer Verstimmung unter den Kurfürsten entgegengewirkt werden, die durch ein bekannt gewordenes Memorial des Erzherzogs Maximi-

lian über die beabsichtigte Ausschaltung der Evangelischen bei der
nach menschlichem Ermessen demnächst anstehenden Kaiserwahl
angerichtet worden war. Es handelte sich also keineswegs nur um
eine Vergnügungsreise, sondern um einen hochoffiziellen Staats-
besuch an der Elbe, der dem an Gicht und schweren Verdauungs-
störungen leidenden Kaiser Matthias ohnehin schwer genug fiel.

Begleitet wurde er von der Kaiserin Anna, dem Erzherzog
Maximilian, der die protestantischen Kurfürsten verstimmt hatte,
dem soeben gekrönten König von Böhmen und nachmaligen Kaiser
Ferdinand, von dessen Günstling, Freund, Berater und späteren
Minister Johann Ulrich von Eggenberg, der protestantisch erzogen
worden und zum katholischen Glauben übergetreten war, sowie
vom böhmischen Kardinal Klesl, einem einflußreichen Diplomaten, und einem großen Gefolge.

Und Wallenstein, der dreiunddreißigjährige Oberst aus Böhmen? Nein, er war nicht dabei, um diese Pointe müssen wir uns
leider bringen, hier irrt auch Moser. Wie Golo Mann auf Grund
eigener Ermittlungen im Wiener Kriegsarchiv inzwischen nachge-
wiesen hat, war Wallenstein schon im Juni mit zwei Reiterkompa-
nien ins Lager bei Gradisca am Westufer des Isonzo geritten, um für
seinen Herrn Ferdinand, dem er auch die Aushebung der Truppe
bezahlt hatte, in die kriegerischen Auseinandersetzungen mit der
Republik Venedig und ihren Verbündeten einzugreifen, die seit
Dezember 1615 andauerten und erst 1618 durch gegenseitige
Ermattung der kämpfenden Parteien endeten. Wallenstein kehrte
im Dezember 1617 nach Mähren zurück und wird auf dem Schauplatz der Handlung noch in trübsten Tagen, wenn auch kurz,
erscheinen. Ein andrer war beim Dresdner Treffen im kaiserlichen
Gefolge: Wallensteins Onkel Adam von Waldstein, ein Herr auf
Lobositz und Obersthofmeister in Böhmen, der dann vorübergehend sogar nach Dresden übersiedelte, als es ihm in Prag zur Zeit
des Winterkönigs zu mulmig wurde.

Das Dresdner Fürstentreffen begann in der zweiten Hälfte des
Juli 1617 und dauerte ganze drei Wochen. Das letzte Stück der Reise
legten die Gäste auf Elbschiffen zurück, und die kurfürstlichen
Schiffe fuhren ihnen, von Pferden am Ufer gezogen, am 15. Juli von

Dresden aus entgegen. Nach der Begegnung auf der Elbe veranstaltete der Kurfürst eine Wasserjagd, bei der das Wild von Treibern und Hunden in den Fluß gehetzt und vom Schiff aus erlegt wurde. Bei der Ankunft in Dresden – es soll der 25. Juli gewesen sein – ertönte am Ufer Musik, die nicht Schütz, sondern der Trompetenmarschall angab, und auch beim Einzug ins Schloß waren auf dem Altan Bläser aufgestellt. Die Gäste wurden in den nächsten Tagen mit ausgedehnten Jagden und einer Sauhatz auf dem Dresdner Marktplatz unterhalten.

Schütz kam einmal mit einer madrigalischen Gesangskomposition zum Zuge, einem Dialog zwischen Neptun und den Elbnymphen, und hatte für die musikalische Hauptveranstaltung der Dresdner Begegnung ein weiteres Werk geschrieben und in Musik gesetzt, dessen Text mit allen zum Willkommen gedichteten Ergüssen in einer panegyrischen Druckschrift festgehalten wurde. Sie überliefert den Prolog zum Gespräch zwischen Neptun und den Elbnymphen sowie das Festspiel »Apoll und die neun Musen«, eine »Translokation« des Berges Parnaß und seiner neun Göttinnen mit ihrem Großfürsten Apoll, von den unsterblichen Göttern nach Dresden an die Elbe delegiert, damit sie dort kaiserliche und königliche Majestäten empfingen: so der Titel. Das Textbuch, mit Ensembles und Sologesängen der Musen, die sich anmutig vorstellen, mit angedeuteten Balletteinlagen und fünf Strophen eines abschließenden »Sonetto delle Muse nel Parnasso«, verrät einiges davon, wie Schütz als Dichter den Sprachfluß italienischer Madrigale durch Kurzzeilen, Reihungen und freistehende Silben nachzuahmen und ins Deutsche hinüberzuretten versuchte. Wie es ihm musikalisch gelang, wie er damit deklamatorisch zurechtkam, läßt sich leider nicht sagen, weil wir außer dem Text nichts besitzen. Alle Noten dieses Werks und vieler andrer weltlicher Kompositionen sind beim Brand des Dresdner Schlosses 1760 vernichtet worden.

Die Aufführung jedoch kann man sich ähnlich vorstellen, wie Ricarda Huch sie romanhaft beschrieben hat: in einem Saal des Schlosses die kleine Bühne, eine Art Podium mit hängenden Teppichen, und zum Spiel der seitwärts postierten Instrumentisten traten

die Sänger und Sängerinnen auf – das wirkte vergleichsweise sensa-
tionell, denn im Schauspiel wurden die Frauenrollen derzeit noch
von Männern gespielt –, Apoll mit einem Lorbeerkranz auf den
blonden Locken, die Musen eher doch in griechischen Gewändern
als in altdeutschen, obwohl sie nach Sachsen delegiert waren und
das auch nicht verheimlichen konnten. Trugen sie weiße Kleider,
züchtig gerafft, mit Puffärmeln? Der Nürnberger Jakob Ayrer,
dessen »Opus theatricum« 1618 erschien, sagt von der Venus, sie
gehe »mit bloßem Hals und Armen, hat ein fliegends Gewand an
und ist gar göttisch gekleidet«. Das Ganze vor einem dunkelgrün
gemalten Hain aus der Inventionswerkstatt des Ober-Erfinders
Nosseni. Nur daß der Kaiser und die Kaiserin vor Rührung geweint
haben, das wollen wir Ricarda Huch nicht so recht glauben – er
dachte an seine Gicht und seinen Stuhlgang, sie an die kurze,
traurige Ehe und was danach werden sollte; während der Fürst
Eggenberg, ein gebildeter Mann und Causeur, der in der Welt
herumgekommen war, gewiß nach beendetem Spiel mit dem
Kapellmeister in eine Ecke des Saales gegangen ist, um ihn über das
Neue, Gewaltsame, aber auch Wundervolle seiner Kompositionen
zu befragen: Es sei ihm, kann der Fürst durchaus gesagt haben, die
Brust wie vor einem Zauberspiegel entschleiert worden. Und
Schütz mag geantwortet haben: Die Musik sei bisher in der babylo-
nischen Gefangenschaft gewesen, und er möchte sie in ihre Heimat
zurückführen, was aber schwer zu erklären und schwer zu begreifen sei. So oder ähnlich. Oder auch ganz anders und viel ausführlicher, wofür es unwiderlegliche Zeichen gibt. Hat man die Gefahr
von Glaubenskriegen erwähnt? Kam man auf die Religion zu
sprechen? Die Unterhaltungen müssen sehr freundschaftlich verlaufen sein. Und sicherlich gab es am Ende auch überschwenglichen
Dank der Majestäten für die Anreden und das entzückende Spiel.
Ob von dem Neuen in der Musik etwas bemerkt wurde, ob es sich
nicht unter Gefälligkeit versteckte, wer weiß es. Und wer hörte es
heraus? Die Majestäten hatten andere Probleme.

Das alles waren Hofpflichten des Kapellmeisters, deren Schütz
sich zu unterziehen hatte, und eine gewisse Geringschätzung
kommt wohl auch darin zum Ausdruck, daß er die für solche

Gelegenheiten komponierten Musiken nicht sofort oder überhaupt nicht in Druck gab. Mit weitaus größerer innerer Anspannung widmete er sich den geistlichen Anlässen, und mit viel Mühe und persönlichem Einsatz bereitete er die Jahrhundertfeier der Reformation vor, mit der in Sachsen des Lutherschen Thesenanschlags vom 31. Oktober 1517 gedacht wurde. Entsprechend tief, ja vergleichsweise gewaltig war die Wirkung, die seine Musik hinterließ.

Schütz studierte mehrere großbesetzte Werke ein, darunter mindestens zwei seiner Psalmen Davids, die in den letzten Jahren entstanden waren oder die er für das Reformationsfest eigens vollendete. Der Oberhofprediger Mathias Hoë von Hoënegg hat einen ausführlichen Bericht über die Dresdner Feierlichkeiten hinterlassen, der die Musik als »sehr herrlich, köstlich und ansehnlich« rühmt und im übrigen eine Vorstellung vermittelt vom äußeren Aufwand, der in Dresden getrieben wurde, sowie von der Besetzung der Kapelle. In der »Chursächsischen Jubelfreude« von 1617 heißt es: »Den 30. Oktob. hat man am Mittag in und vor der Stadt in allen Kirchen das Fest eingeläutet, Vespern gehalten und Beicht gesessen. [...] Den 31. Okt. war der erste Festtag, wurden nach 6 Uhr früh etliche große Geschütz losgebrannt und geschahen sonderliche Freudenschüsse wie an hohen Festen allhie gebräuchlich; selbigen Tages, sowohl den 1. und 2. Nov. hat man vor und nach Mittag neben herrlicher Musica Predigten gehalten.« Die meisten Veranstaltungen fanden in der Dresdner Hofkirche statt, einem evangelischen Gotteshaus mit weiter, schöner Renaissancehalle und günstiger Akustik, in der Schütz gewöhnlich von der Mitte aus musizierte und die kreuzweis gegeneinander aufgestellten Chöre mit Hilfe von Subdirigenten leitete. Die Hauptmusiken waren diesmal – nach Hoë von Hoënegg – »von 11 Instrumentisten, 11 Cantoribus, 3 Organisten, 4 Lautenisten, 1 Theorbisten, 3 Organistenknaben, 5 Discantisten mit Abwechslung allerlei Sorten von herrlichen Instrumenten mit zweien Orgelwerken, 2 Regalen, 3 Clavizymbeln, nebst 18 Trompetern und zweien Heerpaukern feierlich gehalten und ausgeführt worden unter der Leitung von Heinrich Schütz aus Weißenfels«.

Man stelle sich also die Besetzung nicht zu klein und den gottesdienstlichen Rahmen nie zu eng vor. Was aufgeführt wurde, war Botschaft und zugleich ein mittels Kunst vorgetragener Glaubensappell an die Gemüter; es stand mit der Liturgie nur noch durch eingeschaltete Chorlieder und Gebete in Zusammenhang. Von Schütz erklangen, wie überliefert ist, der 98. Psalm »Singet dem Herrn ein neues Lied« (SWV 35) und der 100. Psalm »Jauchzet dem Herren, alle Welt« (SWV 36), die in manchem miteinander verwandt sind. Mit ihren prächtigen Dur-Schlüssen müssen die beiden in F stehenden Jubelwerke die Zuhörer ungemein gepackt und in freudig-festliche Stimmung versetzt haben, und wie groß die Überraschung und Bewunderung unter den Musikverständigen waren, das zeigte sich anderthalb Jahre später, als das Gesamtwerk der »Psalmen Davids« gedruckt vorlag. Doch wird man vorher noch dreier weltlicher Kompositionen kurz gedenken müssen, da sie den uns so selten gewährten Blick in ein Privatleben erlauben, das dieser Mann doch auch gehabt hat: Freunde treten hervor, Ehepaare, ein Kreis von Anhängern und Weggefährten, der sich um den Psalmensänger zu bilden begann.

Es entstanden 1618/19 gleich drei Hochzeitsmusiken, und wer zur Hochzeit geht, bleibt selten allein. War der im dreiunddreißigsten Lebensjahr Stehende der nächste vor dem Altar? Er hatte sich wenig Zeit fürs Lieben und Freien genommen, doch gab es da ein zartes junges Mädchen von noch nicht achtzehn Jahren, das den Schütz beim dritten Mal zum Fest geleitete.

Seine erste Hochzeitsmusik, über den Sirach-Spruch »Wohl dem, der ein tugendsam Weib hat« (SWV 20), widmete Schütz seinem Dresdner Freund Dr. Joseph Avenarius aus Zeitz, der am 21. April 1618 Anna Dorothea Börlitz heiratete; die zweite, ein dreichöriges Konzert (SWV 21), schrieb er Dr. Michael Thoma aus Weiden, einem Freund seiner Brüder Georg und Benjamin, zur Hochzeit mit Anna Schultes am 15. Juni 1618 in Leipzig; elf Stimmen sangen über »Haus und Güter erbt man von den Eltern« (Sprüche Salomos). Schließlich, auch das kein Gelegenheitswerk mehr, vertonte er anläßlich der Hochzeit seines Bruders Georg mit Anna Grosse in Leipzig, die sich 1618 verlobt hatten, den 133. Psalm »Siehe, wie fein und lieblich ist's, wenn Brüder einträchtiglich beieinander wohnen« (SWV 48), kunstvoll durchgeführt und polyphoniert, mit Wiederholungen, die auf der höheren oder tieferen Terz einsetzen, mit Monteverdi-Quarten und allerlei Venezianischem, das vielleicht auf Gemeinsamkeiten anspielen sollte und sich nur dem Bruder Georg entschlüsselte, während der rechtschaffene Christoph, der ehrgeizige Benjamin, der leichtlebige Valerius und das liebe Elternpaar wenigstens kräftig mitsangen.

Im selben Jahr, in dem die Hochzeitsmusiken entstanden, 1618, wurde Heinrich Schütz zusammen mit Michael Praetorius und Samuel Scheidt beauftragt, die Konzertmusik für den Magdeburger Dom einzurichten, wobei er in dem zwei Jahre jüngeren Scheidt einen neuen verläßlichen Freund gewann. Scheidt kam aus Halle an der Saale, wo er seit 1609 Hoforganist beim Administrator des Erzbistums Magdeburg und zugleich Kantor an der Moritzkirche war. Dieser neben Schütz und Schein vielgenannte Meister hatte in Amsterdam bei Sweelinck studiert, der in die venezianische Schule gegangen war. Scheidt wurde vor allem durch seine Orgel- und Choralvariationen berühmt. Sein Hauptwerk, die »Tabulatura nova«, 1624, 1650 und 1653 erschienen, enthielt Psalmen, Toccaten, Choräle, Orgelfantasien, eine Messe, Hymnen und Magnificats. Schütz empfahl nach Einsendung des ersten Teils, dem eine Widmung an den Kurfürsten von Sachsen mitgegeben war, in einem Gutachten, das von neidloser kollegialer Anerkennung zeugt, die Annahme und Honorierung. Daß man Schütz neben dem von Amts wegen zuständigen Samuel Scheidt und dem Altmeister Praetorius überhaupt für die Magdeburger Veranstaltung hinzugezogen hatte, obwohl doch außer den Italienischen Madrigalen noch nichts Gedrucktes von ihm vorlag, war ein erstes Zeichen, welchen Ruf er nach den Psalmen-Aufführungen auch außerhalb Dresdens genoß. Im April 1619, beim Erscheinen der »Psalmen Davids«, konnte man es dann in den Widmungsgedichten nachlesen, was seine musikalischen Kollegen von ihm hielten.

Schütz nahm mit den »Psalmen Davids« eine Tradition auf, die sich vom königlichen Sänger David herleitete, dem die Psalmen zugeschrieben werden, obwohl er nicht alle selber gedichtet und gesungen hat. Der psalmodierende Gesang, der sich nicht zufällig dieser dichterischen Texte bemächtigte, ist bis in vorchristliche Zeiten zurückzuverfolgen und hat ab dem vierzehnten Jahrhundert eine kunstvolle mehrstimmige Ausformung in zahlreichen Vertonungen der überlieferten Texte gefunden. Erst wenn man diese Musik *vor* Schütz gehört hat – und es waren Meister am Werke wie Josquin, Senfl, Johann Walter, Palestrina und Lasso, die beiden Gabrieli, Haßler und Sweelinck –, und wenn man Schütz vor diesem Hintergrund hört, wird der Unterschied oder das Neue deutlich, und man bemerkt, was sich abhebt und doppelt unvertraut ist, all das Seltsame dieses zweiten Großwerkes mit seinen erstaunlichen Dimensionen und seiner auf den ersten Blick verwunderlichen Zusammenstellung. Es sind 26 Kompositionen, aber nur zwanzig geschlossene Psalmen, wobei die Doxologie am Schluß (das Gotteslob: »Ehre sei dem Vater...«) nicht immer durchgeführt ist, und nicht zu den geringsten Merkwürdigkeiten zählt es, daß hier innerhalb eines einzigen Werkes zwei Psalmen (Nr. 128 und 136) gleich zweimal vertont sind, in derselben Handschrift und doch unverwechselbar verschieden, was einzigartig ist in der ganzen Geschichte der Musik. Der musikalischen Einordnung der »Psalmen Davids« sollen – als Versuch einer schrittweisen Annäherung, deren weiterer Verlauf noch nicht abzusehen ist – einige Betrachtungen grundsätzlicher Art vorangestellt werden, die vielleicht das Hör-Erlebnis ein wenig erleichtern, und darauf kommt es vor allem an. Es hat wenig Zweck, mehr aus den Noten zu lesen, als man zu hören vermag, oder zu deuten, was dem Ohr fremd bleibt, unvertraut in doppeltem Sinn: in Anbetracht dessen, was vor Schütz da war, und unter Berücksichtigung unsrer Hörgewohnheiten. Daher eine Bemerkung, die für den ganzen Schütz gilt.

Es ist schwer zu leugnen, daß alles Ferne uns als miteinander verwandt erscheint. Wenn die Ähnlichkeit des zeitlich oder räumlich Fernerliegenden das Unterscheiden erschwert, so irritiert in diesem Fall die *scheinbare* Unwandelbarkeit eines Schütz-Tones, der durch den Zeitstil stark geprägt zu sein scheint und für den Laien sich schwer entziffert, solange er nicht durch häufiges Hören und durch Gewöhnung allmählich Nähe gewinnt. Was heißt das? Was vermißt der Hörer denn? Er vermißt nicht den bei Schütz

bereits zu betörender Höhe sich erhebenden Wohllaut, den Misch-
klang, die ausgepichte Modulation, nicht den vertikalen Bezug, der
bei Schütz von überraschender Differenziertheit ist, sondern er
vermißt zunächst die »horizontale« Einprägsamkeit der Melodie-
bögen, wie sie uns spätestens seit Johann Sebastian Bach so vertraut
erscheinen, er wartet förmlich auf sie und trifft doch auf einen
Ausdrucksgestus, der sich weitgehend andrer Mittel bedient als der
Erfindung von Themen und einer langzeiligen Melodie. Unser
funktionales Hören in Dur- und Moll-Beziehungen ist eben nicht
nur charakterisiert von einem Zurechtfinden im gleichzeitig Erklin-
genden, sondern vor allem vom gewöhnten Nacheinander, das
unsre Hör-Erwartungen bestimmt, und darin unterscheidet sich die
Musik von Heinrich Schütz, auch wenn sie sich von der Herrschaft
der Kirchentonarten zu befreien beginnt, im Prinzip noch von der
klassisch-romantischen, indem sie das Auszudrückende unmittelbar in die Spannung von Tonschritten oder akkordischen Beziehungen umsetzt. Schütz arbeitet noch nicht vorwiegend mit jenen sich
wiederholenden, sich wandelnden Motiven, an denen entlang eine
Orientierung möglich ist, sondern mit Notengruppen, die untereinander und in sich orientiert und geordnet sind. Die Idee, alle
harmonischen Beziehungen, wie sie innerhalb mehrerer Akkordsäulen bestehen, einfach ins Horizontale umzukippen und sich
daraus, um es trivial zu sagen, ein Liedchen zu pfeifen, wäre ihm
nicht gekommen. Seine Musik ist in sich nach anderen Gesetzen
strukturiert, und ihr diese Struktur abzugewinnen setzt eine
gewisse Anstrengung voraus. Schütz konnte das harmonische und
melodische Material noch als ein ungebrauchtes und jungfräuliches
benutzen, das noch nicht durch sekundäre Inhalte und Assoziationen belastet war. Daher die doppelte Unvertrautheit des Alten, das
damals zugleich das Neue war. Was immer beim ersten oder
zweiten Anhören dieser Musik zunächst Aufmerksamkeit erwekken mag: man darf sich nicht von ihrer harmonischen Raffiniertheit
verblüffen und an Modernes »erinnern« lassen, sondern sollte in
erster Linie ihren Ausdrucksgestus, ihre Innenspannung zu ergrün-
den und erfahren suchen, als ob es gar keine andre Musik danach
gäbe. Gerade darin, in der lapidaren Vermittlung von Tonspannun-

gen, die etwas ausdrücken wollen und an nichts andres gebunden sind, ist diese Musik der Moderne näher.

Dies alles bedenkend kann man Heinrich Schütz wohl nicht beipflichten, wenn er in der Widmung der Psalmen an den Kurfürsten davon spricht, er habe mit ihnen ein »schlechtes Werklein« (im Sinne von schlicht) vorgelegt. Die »Imperfektion und Geringfügigkeit«, die er seiner Leistung beimaß, war eine glatte Untertreibung nach höfischer Gepflogenheit. Er wußte es natürlich besser, er wußte auch, wie frei, wie »teutsch« er mit all dem umgegangen war, was er seinem Lehrer Gabrieli und den anderen venezianischen Eindrücken und Einflüssen verdankte. Er versäumte es nicht, in der Vorrede eigens auf seine Vorbilder hinzuweisen, heißt es darin doch, er habe »etliche teutsche Psalmen auf italienische Manier«, zu welcher er von seinem lieben und in aller Welt hochberühmten Praeceptor Herrn Johann Gabrieln, so lange er sich bei ihm aufgehalten, »mit Fleiß angeführet« worden sei, komponiert. Wollte er damit sagen, er habe schon in Venedig mit der Komposition der Psalmen begonnen? Auszuschließen ist das nicht bei einem so umfangreichen Werk, das auf Langspielplatten sechs Seiten füllt, und bei einer Arbeitsweise, die eher gestochen, genau, langsam als genialisch, spontan und schubweise anmutet.

Die Frage, was daran Kunst und was Gottesdienst sei, wird immer wieder aufgeworfen. Für den Kunstcharakter sprechen der Gesamtaufbau nach Tonarten, die zweimalige Vertonung zweier Psalmen, das Weglassen der Doxologie (des Gotteslobs) am Ende, wenn der Text des Psalms bereits lobsingenden und jubilierenden Charakter hat oder in seiner Länge zum Überborden der Musik neigt, und schließlich die Auswahl, die zwar auf die konventionellen Bedürfnisse des Gottesdienstes in seinem Jahresablauf durchaus Rücksicht nimmt (man sprach sich bei Bedarf auch mit den geistlichen Hirten ab), aber doch von sicherem dichterischen Instinkt zeugt und sogar in einigen kleinen Abänderungen, die Schütz vornahm, eine Kenntnis der Vulgata voraussetzt. Für den geistlichen Antrieb, das Durchdrungensein von der Botschaft zeugt das Verhältnis zum Wort. Das Wort und die Vermittlung des Inhalts ist alles, Schütz wollte »die Erfahrung mit dem Wort Gottes auf

musikalische Weise bekunden«, und dafür kam ihm nun die madrigalische Technik sehr recht, die Kunst einer Affekt-Darstellung, die
er in Gabrielis Schule erlernt hatte (das, unter anderem, wollte er
auch in seiner Vorrede sagen). Die Textur der Psalmen, ihre Sprache, ihr Verzicht auf rein Strophisches und Endgereimtes zumal,
das alles machte sie der Madrigal-Dichtung ähnlich. Mit der Auswahl der Texte fiel in jedem Fall die künstlerische Vorentscheidung,
der Vorrang des Textes sollte immer gewahrt bleiben, und hätte
Schütz die Ausführenden damit nicht vor neue Aufgaben gestellt,
hätte es der in den Generalbaßstimmen enthaltenen Anweisung gar
nicht bedurft, man solle bei der Wiedergabe ja nicht übereilen,
»sondern dergestalt das Mittel halten, damit die Worte von den
Sängern verständlich rezitiert und vernommen werden mögen. Im
widrigen Fall wird eine sehr unangenehme Harmonie und anders
nicht als eine Battaglia di Mosche oder Fliegenkrieg daraus entstehen, der Intention des Autors zuwider.« Deutlichkeit! hieß das
also, Deutlichkeit bei den kurzen Silben, die langen kamen von
selbst. So deklamierte man »syllabatim«. Von Ausdruck und Ago-
gik bei Schütz wird noch zu reden sein.

Welcher Reichtum nun innerhalb des Vorgegebenen: Soli und
Mehrstimmigkeit bis zum siebzehnstimmigen Konzert »Jauchzet
dem Herren«, die Chöre doppelt oder kreuzweise gestellt. Erha-
benste Echowirkung im 100. Psalm, teils durch wörtlichen Wider-
hall, dann wieder verkürzt, auch einander ablösend oder über-
schneidend, bald nur noch in ähnlicher Gestalt. Bei prägendem
Kirchenton – dorisch, phrygisch, mixolydisch – dennoch überraschend viele Dur- und Moll-Kompositionen mit der Helle ihrer
Schlüsse. Die musikalische Phantasie ist rein vom Text bestimmt und
bedient sich nach- und miteinander der entlegensten Mittel, vom
Falsobordone der alten, auf einer Tonhöhe durchgehaltenen chorischen Akkord-Rezitation (drei Verse hintereinander im 84. Psalm)
bis zu den verzückt chromatischen Vorrückungen und Alterationen
des Soprans im gleichen Psalm (»Wie lieblich, wie lieblich...«)
über den Akkordfolgen B-Es-G bis C-F-A, einer B-Dur- und
Es-Dur-Eröffnung (der Psalm schwankt zwischen G-Dur und
g-Moll), heftige Tempowechsel überall, Anstiege, Abstiege.

Erwähnt sei die lautmalerische Symbolik bestimmter musikalischer Figuren, aber bleiben wir zurückhaltend bei der Auslegung von Notenbildern, die nicht gehört werden; doch das Schweben der Vögel, den Schwalbenschlag vernehmen wir. Unvermutet eine Motette, »Die mit Tränen säen...«, eingeleitet durch eine Bläser-Intrada, und am lieblichsten die eingeflochtene »Canzone« mit einem sich ablösenden, strophigen Rhythmus. Immer schafft der Text den Anlaß, die Verbindung. Schließlich, Rätsel aller Rätsel, die beiden Doppelvertonungen, darunter der lange Psalm 136, dessen wiederkehrender Zwischenruf »denn seine Güte währet ewiglich« einmal von den engelgleichen Sopranen, in der zweiten Fassung jedoch gänzlich abweichend von einem kräftig gemischten Chor (sind es die Menschen?) angestimmt wird. In der zweiten Vertonung dieses 136. Psalms ist die ostinate Technik Carl Orffs so deutlich vorgebildet wie sonst in der gesamten Musikgeschichte nicht: »denn seine Güte – denn seine Güte – denn seine – denn seine«, mit Pauken und Posaunen, das klingt wie das Modell einiger Stücke der »Carmina burana«.

Da waren nun Schwermut und auch Jubel ausgedrückt; die vergleichsweise naiven Klänge der Kasseler und andrer Schulen sanken ins Vergessen. Wer hörte, der mußte schon voraushören, und daß es nicht wenige waren, die vorauszuhören wußten, das bezeugen die dem Druck mitgegebenen Widmungsgedichte, die mehr waren als Verlagswerbung, nämlich Vorworte, Huldigungen und Bekenntnisse. Es schrieben der Dresdner Diakon, Musiker und Poeta laureatus Samuel Rüling; der Leipziger Advokat und Musiker Paul Froberger; die befreundeten Weißenfelser Anton Colander und Henricus Luja; der kurfürstliche Sekretär und Hofdichter Johann Seussius, der Schütz als denjenigen rühmte, in dem beide Gabrielis wiedergeboren seien; endlich der sächsische Hofdichter Elias Rudelius (Rüdel), der Henricus Sagittarius mit dem Erzengel Raphael verglich, der in Gottes Ohr singen dürfe. Das klingt hoch. Jeder, der lobt, hat bekanntlich einen Ruf zu verlieren.

Exemplare der »Psalmen Davids« gelangten bis nach Breslau, Königsberg und Danzig. Schütz war von jetzt an der erste, er war berühmt. Und es ist erstaunlich, wie wenig diesen Mann der Ruhm berührt, verändert oder beirrt hat.

Die Werke der Liebe

Ob nun die Psalmen Davids in erster Linie geistlich oder künstlerisch gemeint waren, sie hatten noch eine dritte Bestimmung, sie trugen eine heimliche Dedikation. Sie waren vordatiert auf den 1. Juni 1619, und das hieß: Dir zu eigen, meine liebe Braut.

Er hatte seit einiger Zeit »auf eine ihm anständige Heirat« gesonnen, wie Geier das ausdrückt und wie man es wohl schon längst von ihm erwartete. An einer Auswahl ehrenwerter Fräulein hie und da dürfte es ihm nicht gefehlt haben, doch hatte er einzig und allein »eine sonderbare Ehren-Affektion und herzliche Liebe« zur Tochter des angesehenen Dresdner Beamten Christian Wildeck, zu Jungfer Magdalenen »bei sich gemerket«, und die war noch nicht einmal achtzehn; sechzehn Jahre jünger als er. Sie war am 20. Februar 1601 geboren und hatte nicht nur schöne Augen, sie hat ihm auch welche gemacht. Die Werbung war umständlich, und der Vater Magdalenens, der kurfürstlich sächsische Land- und Tranksteuer-Buchhalter Christian Wildeck, der schon unter dem vierten Kurfürsten diente, und seine Frau Anna, die eine geborene Hanitzsch und Tochter eines Land-Rentmeisters war, gaben ihre Zustimmung erst nach Überlegung unter Anverwandten und gründlicher Erwägung der Vorzüge des Bewerbers »in Ansehung seines gottseligen Wandels, leutseligen Herzens und Gemüts, stattlicher Erudition, Wissenschaften und andern besonders rühmlichen Qualitäten«. Die Kunst kommt nicht vor. Zu dieser Zeit war Schütz erst knapp anderthalb Jahre im Amt. Augenscheinlich hat der Kurfürst die Verbindung ausdrücklich gebilligt und gefördert, da sie den Kapellmeister noch stärker an seine Residenz band, was in einem Brief an den Landgrafen Moritz zu erwähnen der Kurfürst denn auch nicht versäumte. So wurde Magdalene im achtzehnten Lebensjahr dem Heinrich Schütz ehelich versprochen, und ein Jahr darauf, am 1. Juni 1619, traten die Brautleute in Dresden vor den Altar, er gewiß in der nicht unbegründeten Hoffnung, dieses junge liebe Wesen werde ihm Trost sein im hilflosen Alter und ihn überleben nach dem Gesetz der Natur.

Schütz hatte die Versendung seiner »Psalmen Davids« mit der Einladung zur Hochzeit verbunden, was eine kühne Verknüpfung geistlicher und weltlicher Inhalte war, und die Adressaten ließen es an Geschenken und Anerkennungen nicht fehlen. Die Weißenfelser Stadträte schickten 3 Schock 36 Groschen zur »hochzeitlichen Verehrung« und einen Becher für die zugesandten »Psalmen Davids«, was als eine Art Aufführungshonorar galt. Der Magistrat von Chemnitz ließ durch den Schwiegervater Wildeck 1 Schock 40 Groschen 6 Pfennige überbringen (was immer diese ungerade Zahl bedeuten mag), worauf Schütz ebenfalls sein Werk dedizierte. Das Domkapitel von Naumburg, dem er das Psalmenwerk mit förmlicher Einladung zugesandt hatte, gewährte fünf Rheinische Gulden Honorar, Goldstücke, welche »aus dem großen eisernen Kasten herausgenommen«, also aus den Reserven bar bezahlt wurden, das Magdeburger Domkapitel einen Mauritius, das war eine Goldmedaille im Wert von 24 Talern. Der Rat der Stadt Zeitz sandte vier Rheinische Gulden für Psalmen und Hochzeit, Dresden schließlich übertraf alle anderen und stiftete 168 Gulden 6 Groschen für ein Faß Rheinwein zur Feier der Eheschließung.

So erstaunlich wie diese plötzlich zutage tretende Vielbekanntheit, die alle Welt aufmerken ließ, ist auch die Erwähnung der Wissenschaften, die Schütz vor den Brauteltern als ausgezeichneten Bewerber erscheinen ließ. Ein winziger Zug am Bilde, aber so wichtig wie die öffentliche Teilnahme an einer Verbindung, die doch eine Liebesheirat war. Hochzeits-Carmina wurden gedichtet, von denen sich eines in Dresden erhalten hat, und im beigefügten deutschen Brautgedicht von Conrad Bayer (Bavarus), das gewiß bei Tisch gesungen wurde und nicht launiger war, als dergleichen Rundgesänge auch heutzutage sind, hieß es in der neunten Strophe: »Viel mehr der Jungfräwlein / Gezieret hübsch und fein / Den

Schützen wolten han / Weil Er schön singen kan / Er ist welcher kan
machen / Das Hertz im Leibe lachen« – aber gekriegt hatte ihn
Magdalene. Glückte ihm, Schütz, ein Lächeln neben der schönen
Braut mit ihren vielgerühmten leuchtenden Augen? Das Lächeln:
Rembrandts Bildnis deutet es als einziges ein wenig an; wir haben
ihn uns, zumal vor der großen tragischen Wende seines Lebens, als
einen respektablen, ansehnlichen Mann, als einen sinnenfrohen und
nicht unverschmitzten Künstler vorzustellen, den man leiden,
bewundern und lieben konnte, wie Magdalene ihn geliebt hat,
nämlich »von Grund ihrer Seele«, diese einzigartige junge Frau, die
ihm, wenn er von Dienst und Probe heimkam, allezeit freudig
entgegengelaufen sei und ihn begleitet habe, wie wir es aus dem
Mund des Hoënegg, der das Paar auch eingesegnet hat, vernehmen.
Es haben Freunde die liebliche Süße dieser Ehe gerühmt, mit diesen
Worten, und nichts scheint daran übertrieben. Es war ein Glück
und ein Kraftquell für Heinrich Schütz. »Da lachet Wald und Feld /
der junge Lenz wird rege«, dichtete der Dresdner David Schirmer,
dieser Zeit seines Meisters gedenkend. Den Blumenkranz setze der
Lenz zum Spotte der Einsamkeit mit Freuden auf: »Nicht anders
ging es auch dem weltberühmten Schützen. / Der Sorgen Nacht
verschwand / das Licht fing an zu blitzen / Je mehr er Tag begehrt /
je mehr drang bei ihm ein / Die Schöne Wildeckin / und ihrer Augen
Schein.«

Die Hochzeit des Bruders Georg fand nur zwei Monate später
statt; am 9. August 1619 versammelte sich die Familie wahrscheinlich zum letztenmal vollzählig in Leipzig, und Magdalene konnte
Heinrich zum erstenmal begleiten.

Gern ließe man den Alltag dieser Ehe und das Hier und Da, und
wo war denn Magdalene, wenn er reiste, und was tat sie, da sie doch
nicht gleich Kinder bekam, was war ihre Aufgabe bei der Betreuung
der Kapellknaben, ihr Verhältnis zu den Weißenfelser Verwandten
– gern ließe man das alles folgen, die Schilderung ihrer Dresdner
Wohnung oder die ausführliche Beschreibung einer Reise nach
Bayreuth, die Schütz nur wenige Tage nach der Hochzeit Georgs in
Leipzig antrat: Wie lange dauerte sie? Drei Tage? Fuhr er allein?
Kam er über Weißenfels, da sein Vater ihn höchstwahrscheinlich

nach Bayreuth begleitete? Nahm er also seine Frau von Leipzig mit
an die Saale, damit die Verwandten ihr inzwischen seine Kindheits-
welt zeigten, die sie bis dahin kaum gekannt haben dürfte? Reizvoll,
sich über dergleichen zu verbreiten, aber die Mitteilungen sind kurz
und die Fakten die folgenden: Heinrich Schütz war im August nach
Bayreuth zu einer Orgelprobe eingeladen mit anschließender feier-
licher Orgelweihe, für die er, wie die mit ihm geladenen Organisten, eine Komposition bereitzuhalten hatte. Ausgerichtet und
bezahlt wurde das Fest, da weder Stadt noch Kirche Geld besaßen,
vom Markgrafen Christian von Brandenburg-Bayreuth. Bei dieser
Gelegenheit besuchte Heinrich Schütz auch die in Bayreuth lebende
Kusine Justina, die mit dem fürstlich brandenburgischen Küchen-
meister Bartholomäus Rosinus verheiratet war, und das wird wohl
auch der Grund gewesen sein, warum sich ihm auf dieser Reise der
Vater Christoph und möglicherweise noch das eine oder andre
Familienmitglied anschlossen.

   Markgraf Christian, ein überzeugter Lutheraner und Förderer
der Musik, hatte 1603 seine Residenz von der Plassenburg nach
Bayreuth verlegt und ließ in der Stadtkirche, die er regelmäßig
besuchte, häufig seinen Hoforganisten spielen. Es war Johann
Staden, 1581 zu Nürnberg geboren, der sich auch als Komponist
einen Namen machte. Beim Stadtbrand im Jahre 1605 wurden die
Orgel der Bayreuther Stadtkirche und ein Teil der Seitenschiffe und
des Chors vernichtet, der Hof zog wieder nach Kulmbach, und
Staden nahm eine Organistenstelle in Nürnberg an. Nach Wieder-
herstellung der Seitenschiffe stiftete der Markgraf 1619, da Stadt
und Kirche kein Geld hatten, 1700 Gulden für den Bau einer neuen
Orgel und beauftragte den Orgelbauer Gottfried Fritzsche aus
Dresden, der sich bereits durch den Bau der großen Orgel in der
Dresdner Schloßkirche hervorgetan hatte, ein Werk von drei Clavieren und Pedal mit 34 oder 35 Registern in der Bayreuther
Stadtkirche zu errichten, deren Aufstellung Michael Praetorius im
zweiten Band des »Syntagma musicum«, der Organographia,
genauestens überliefert hat. Das Orgelwerk bildete endlich den
beeindruckend monumentalen Abschluß des wiederhergestellten
basilikalen Langhauses; das Gehäuse war in dunklen Farben renais-

sancehaft abgehoben vom goldenen Rankenwerk, von den Säulen-
kapitälen an den Felderabschlüssen und den mit Goldflammen
abgesetzten Zinnpfeifen.

Der Markgraf lud Fürsten und Adel zur Einweihung, darunter
aus Gera den kunstsinnigen Heinrich Reuß postumus, der so hieß,
weil er einige Wochen nach dem Tod seines Vaters geboren war.
Als Sachverständige und Mitwirkende waren gebeten Michael
Praetorius, Samuel Scheidt aus Halle, der vom Nürnberger Rat
abgesandte Johann Staden und Heinrich Schütz, der bei dieser
Gelegenheit nachweislich auch als Organist aufgetreten ist – die
früheste Zusammenkunft künstlerischer Prominenz in der Bayreuther Stadtgeschichte, noch bevor die Markgräfin Wilhelmine in
der oberfränkischen Residenz und ihrer Umgebung barocke
Pracht mit großem Einfallsreichtum inszenierte. Über das Fest hat
sich nach einem Jahr der Bayreuther Kantor Elias Unmüßig, der
zugleich Notarius publicus und Schullehrer war, begeistert in
Versen ausgelassen: »Die Organisten, merkts ohn Verdruß, /
Waren: Michael Prätorius / Von Wolfenbüttl, den andern daneben / Tu ich dir auch zu erkennen geben, / Heinricus Schütz von
Dresden, der Stadt, / den Samuel Scheidt man verschrieben hat /
[...]. Johann Staden von Nürnberg / Dabei erwies gar meister-
lich / Als vierter beschriebener Organist / Und ein berühmter
Componist, / Welche dann warn alle vier zugleich / Besser find'
man's nit im römischen Reich.«

Nach der Erprobung des Werkes, der Weihe und dem Festgottesdienst, denen Hofkapelle, Chor und die Organisten musikalischen Glanz verliehen, fand im Schloß ein Hofbankett statt, von
dem Samuel Scheidt noch lange geschwärmt haben soll. Heinrich
Reuß postumus suchte am Rand des Bayreuther Orgelfestes das
Gespräch mit dem von Geburt reußischen Untertan Heinrich
Schütz, und der glaubensfromme, versonnene und offenbar auch
liebenswürdige Herr scheint den Musiker schnell für sich eingenommen zu haben. Er machte ihn sich zum Freund und schenkte
dem Vater Christoph, »dem alten Schütze von Weißenfels«, sogar
ein Goldstück. Leider wurde die Orgel der Bayreuther Stadtkirche
schon 1621 bei einem Stadtbrand wieder zerstört. Der Markgraf

zog sich auf die Plassenburg zurück und mußte in den Kriegswirren flüchten.

Die Bayreuther Orgelweihe fand kurz nach dem 12. August 1619 statt, und so werden die jungen Schützen um den 20. August wieder nach Dresden zurückgekehrt sein, nach Haus in die neue Wohnung an der Moritzstraße, die nicht nur behaglich, sondern auch sehr geräumig gewesen sein muß, denn sie beherbergte Kapellknaben, die von Magdalene versorgt und verpflegt wurden, und mehrmals hielten sich in der Dresdner Moritzstraße auch die Abgesandten der Stadt Weißenfels auf, wenn sie in Dresden ihre Prozesse führten. Einmal, 1623, kam der Vater in seiner Eigenschaft als Bürgermeister mit zwei anderen Ratsherren nach Dresden, um von der Regierung die Zustimmung zum Vertrag über den Verkauf des Klosterguts Langendorf einzuholen. Der Bericht über diese Reise, der sich aus Akten und Abrechnungen ergibt, ist insofern aufschlußreich, als er zugleich für Heinrichs ganze Lebenszeit eine Vorstellung von den unzähligen mühsamen Reisen zwischen Weißenfels und Dresden vermittelt, die ihm vor allem im Alter zu einer Tortur wurden. Dabei herrschten in Sachsen noch relativ normale und friedliche Zeiten, als die drei Herren vom Weißenfelser Rat mit einem Knecht und einem Jungen am 26. Februar 1623 in einer Kutsche, die von drei Pferden gezogen wurden, vom Gasthof »Schützen« aus nach Dresden aufbrachen. In Miltitz bei Leipzig, wo sie das erstemal übernachteten, mußten sie wegen der schlechten Beschaffenheit der Straßen bereits Vorspann nehmen, was zusätzliche Kosten verursachte. Sie schafften es am zweiten Tag bis Kühren, wobei unterwegs allein für das Mittagessen der sechs Personen, die sie jetzt einschließlich des Fuhrmanns waren, und das Futter für fünf Pferde zwanzig Gulden zu berappen waren. Am dritten Tag mußten sie in Oschatz wegen einer Wagenreparatur Rast einlegen und neue Wagenschmiere kaufen, worauf sie sich, obwohl sie zwei »Wegweiser« mitgenommen hatten, gegen Abend auch noch verfuhren und nur bis Schieritz vor Meißen kamen. Nach Beschlagen der Pferde setzten sie am 1. März die Reise nach Dresden fort, das sie am Abend nach genau vier Tagen Fahrt erreichten. Die Ratsherren blieben acht Tage in der kurfürstlichen Residenz, übernachteten in einem Gasthof, nahmen aber in der Wohnung von Schütz die Mittagessen ein. Heinrich Schütz berechnete dem Rat von Weißenfels für 54 Mahlzeiten sowie 28 Mahlzeiten des Gesindes und deren Frühstück insgesamt 266 Gulden. Die Rückfahrt war insofern noch unerfreulicher, als die Fuhre am vierten Abend bei Röcken kurz vor Weißenfels im Schlamm steckenblieb, weshalb man ein weiteres Mal übernachten und einen Vorspann mieten mußte. Im gleichen Herbst kam der Vater Schütz mit dem Stadtkämmerer erneut nach Dresden und wohnte beim Sohn (Beleg: 87 Gulden Wohn- und Verpflegungsgeld). Heinrich war zu einer Institution geworden, und vermutlich hat man auch seinen juristischen Rat in Anspruch genommen.

Im übrigen hatte er jetzt alle Hände voll zu tun mit Kirchen-, Tafel- und Hofmusik, mit Unterricht, Probenarbeit und dem Komponieren, er gab und empfing dafür einstweilen wenig außer der Liebe und Dankbarkeit derer, die um ihn waren. Von den Anregungen, von den künstlerischen Eindrücken, die Schütz in Dresden erhalten hat, darf man nicht zu hoch denken. Die Aufführungen wechselnder Schauspieltruppen, die am Hof und im Lande gastierten, hielten sich noch immer auf dem Niveau schlechter Bearbeitungen. Die englischen Komödianten mögen anfangs wirklich aus England gekommen sein, inzwischen jedoch rekrutierten sie alles, was zu Unterhaltung und billiger Ablenkung des Publikums begabt war; es gehörten ihren Truppen auch Niederländer und Deutsche an, die sich der Übersetzungen populärer englischer Schauspiele bemächtigt hatten. Eine erste Sammlung ihrer Stücke erschien im Jahr 1624, und ein echter Shakespeare-Vers war nicht darunter. Nicht selten traten Gaukler und Landfahrer in den Possen und Zauberstücken auf, auch Studenten ließen sich anwerben, die sich im Krieg nicht besser durchzubringen wußten. Zu den festlichen Unterhaltungen am Hof zählten die Ballette, die von den Mitgliedern der fürstlichen Familie selbst angeführt wurden, die Maskeraden, die »Wirtschaften« und die »Königreiche«. Beim »Königreich« traten das fürstliche Paar oder andre Hoheiten und Hofleute als König und Königin auf, und die andren Damen und Herren stellten Würdenträger, Künstler und Feldherren irgendeines Hof-

staates dar. Bei einer »Wirtschaft« spielten der Kurfürst und die
Kurfürstin ein Wirtspaar oder verkleideten sich als Brauteltern
einer Bauernhochzeit, die anderen waren die Wirtshausgäste. Die
Hofdichter schrieben dafür Verse, Verherrlichungen und kleine
Szenen. Das erste »Königreich« fand in Dresden 1610 statt, die
erste »Wirtschaft« sinnigerweise 1628, mitten im Kriege. Kurfürstin Magdalene Sibylle hatte eine besondere Vorliebe für Maskeraden, in denen auch Zigeuner- und Mohrenweiber vorkamen. Als
die französischen Ballette Mode wurden, schickte man den Dresdner Tanzmeister Gabriel Möhlich 1620 eigens nach Paris zum Studium. Bei der Kindtaufe des Prinzen Heinrich 1622 gab die Herzogin von Altenburg ein Ballett, und bei nächster Gelegenheit versuchte die Kurfürstin sie darin zu übertreffen. In welchem Maß tri-
vialste Unterhaltung bei Festen und Staatsbesuchen vorherrschte,
schildert Fürstenau an einem Beispiel von 1625: »Am 1. Januar
kam Landgraf Ludwig von Hessen-Darmstadt mit seinen Söhnen
Georg und Johann nach Dresden, um den ersten am 12. Januar mit
der ältesten Tochter Johann Georgs I. Sophie Eleonora (geb.
21. November 1609) zu verloben. Am 11. Januar schon empfing der
Kurfürst mehrere Abgesandte des Königs von Spanien, welche als
Geschenk 6 spanische Pferde ›präsentierten‹; an demselben Tage
wurden im Schloßhofe 3 Bären gehetzt; am 12. war Aufzug und
Ballet auf dem Riesensaale; am 13. wurden im Schloßhofe Dächse,
Wölfe und Füchse gehetzt, wie auch ein Bär, der vorher mit einem
Ochsen kämpfen mußte; am 14. wurden im Reithause 2 Büffel, am
15. im Löwenhause 1 Büffel und 3 Bären gehetzt; am 16. war
Ringrennen; am 17. wurden im Reithause Wölfe und wilde
Schweine gehetzt und abends getanzt; am 18. war Auszug der
hohen Gäste und am 19. wieder Büffel- und Bärenhetze im Löwenhause.« Diese Gesellschaft sah nicht etwa Shakespeare, sie trave-
stierte vielmehr unbewußt seine Schnapshelden und Hofszenen,
und die Komödianten hielten sich an ihren Geschmack. Sie nannten
sich Tänzer und Springer, und sie sprangen denn auch mehr, als daß
sie spielten. Ein Franzose namens Rahel tanzte mit seinen Consor-
ten am 17. Juni 1630 im vorderen Schloßhof vor der Kurfürstin auf
der Leine und agierte darauf Komödie. Diese Bühnen-, Reit-,

Fecht- und Equilibristenkünstler zogen, mit Privilegien und Lizenzen ausgestattet, von einem Hof zum andern und spielten auch auf Jahrmärkten und Volksfesten, und je nach Vorliebe der kurfürstlichen Familienangehörigen wurden sie reichlich entlohnt und weiterempfohlen. Im Jahr 1626 ersuchte der Springer Hanns Schilling um das Patent, im ganzen Lande Komödie spielen zu dürfen, wobei die Vorführung wilder Tiere mit einbegriffen war. Sein Schwiegersohn, der Spaßmacher Pickelhering Lengßfeld, übte die »freie Kunst des Springens« in Verbindung mit theatralischen Vorstellungen. Auch Franzosen und Engländer traten auf und unterhielten mit Greuel- und Blutszenen, die auf makabre Weise die Wirklichkeit der nächsten beiden Jahrzehnte vorwegnahmen. Dagegen hatte es die schlesische Dichterschule schwer, ausgerechnet mit strengen Regeln für den deutschen Vers anzukommen, da doch keiner die Stücke schrieb, in denen man sie hätte anwenden können; vorläufig wären die Schauspieler nicht einmal in der Lage gewesen, zehn aufeinander folgende Verse auswendig zu behalten und vorzutragen. Wenn es denn schon Bühne, Komödie oder dergleichen sein sollte, so entschieden sich die Höfe mangels eines Besseren für die »Haupt- und Staatsaktion«, die weder Schauspiel noch Oper noch Ballett war, sondern alles in einem und zugleich nichts, kein Gesamtkunstwerk, sondern höfische Allegorie und Possenspiel, Vergnügung des Hofes an sich selbst, Bühne ohne Publikum und ohne Gesellschaft.

Und daneben, man kann sagen wenige hundert Meter entfernt, schrieb Heinrich Schütz an der »Historia der fröhlichen und siegreichen Auferstehung unsers einigen Erlösers und Seligmachers Jesu Christi«! Ohne Blick und Rücksicht auf das Treiben am Hof, des Selbstbetrugs nicht achtend, dies alles könne ewig so weitergehen, als würden die Feuer des großen Brandes an allen Ecken und Enden der Welt nicht schon gezündelt, arbeitete er, ohne Kompromisse an den Zeitgeschmack und die Mode einzugehen, an den Werken, die geeignet waren, den Menschen zu geben was sie brauchten, und die dennoch die Jahrhunderte überstanden; arbeitete mit einer Selbstverständlichkeit, als sei es unterlassene Hilfeleistung, zu schweigen oder nicht wenigstens den Ruf nach Hilfe, die

Sehnsucht nach Rettung zu überliefern, dieses inständige: Ich weiß, daß mein Erlöser lebt; arbeitete, angetrieben von nichts anderem als einem Glauben, der nicht einmal die Grenzen der Konfessionen achtete – doch davon sogleich –, erwärmt von der Nähe eines Menschenkinds an seiner Seite, das ihm Jugend gab, Milde und Zuversicht, und besessen von einem Formwillen, der dies alles miteinander zu ungeheurer Produktivität verband. Es entstanden in wenigen Jahren neben der Auferstehungshistorie ein Osterdialog, weitere mehrchörige Psalmen, eine Anzahl weltlicher Lieder und Gesänge, eine »Glückwünschung des Apollinis und der neun Musen«, der Trauergesang »Grimmige Gruft« zur Beisetzung der Kurfürstin-Mutter Herzogin Sophie am 28. Januar 1623 im Dom zu Freiberg, mehrere politische Musiken, von denen noch in andrem Zusammenhang die Rede sein wird, sowie das nach den Madrigalen, den »Psalmen Davids« und der Auferstehungshistorie vierte Hauptwerk, die vierzig vierstimmigen »Cantiones sacrae«, die 1625 erschienen.

Wie machte er das alles? Im Unterschied zu den großen Malern der Renaissance und des Barock und den meisten Komponisten nach Schütz wissen wir von seiner Arbeitsweise so gut wie nichts. Leonardo da Vinci, ein Mann von heiterer Genußfähigkeit und Unternehmungslust, ein sogenannter Tatmensch, arbeitete bedächtig und verbrachte oft Stunden vor einem Gemälde, um das Geschaffene zu überprüfen, änderte oder verwarf, lebte jedenfalls anders als er malte; es zog sich sein ganzes Wesen anscheinend im Akt des Produzierens zusammen. Von Schütz verraten die wenigen Autographen nichts als Genauigkeit, nicht aber, ob es sich um erste Ausführungen oder um Abschriften handelt. Nicht ausgeschlossen, daß alles in seinem Kopf fertig war, bevor er es niederschrieb, daß er die komplizierten Stimmbewegungen voraushörte und das Gehörte langsam zu Papier brachte. Flüchtigkeit und Unbeständigkeit waren nicht seine Art. Dieser formalen und inhaltlichen Rigorosität entsprechen auch der Verzicht auf überflüssige Doxologien, die fast mechanische Handhabung der Untertänigkeitsfloskeln in den Briefen und Widmungen – ein byzantinistischer Gestus, der abschirmte – und die Durchsetzung eines hohen Maßes von Autorität innerhalb

eines gegebenen Verhältnisses zwischen Fürst und Untertan, das
nicht nur in einigen Trotzreaktionen späterer Jahre, sondern auch
in Freundschaften wie der zu Heinrich Reuß postumus nahezu au
pair aufzugehen schien. Es lag schon ein gehöriges Maß Selbstgefühl darin, dem Herrn Kammersekretär Ludwig Wilhelm Moser
die nachdrückliche Bitte, der Kurfürst möge endlich stählerne
Saiten für die Instrumente beim Drahtzieher Jobst Meuler in
Nürnberg bestellen, mit dem Hinweis vorzutragen, es liege ihm,
Schütz, und seinen Kunstgenossen »nicht weniger an guten Saiten
als etwa einem Soldaten an ein paar guten Pistolen oder andern
Wehren« (3. Juli 1621). Er bekam seine Saiten.

Unter den Staatsmusiken, die in den ersten Kriegsjahren entstanden, nimmt das »Syncharma musicum« anläßlich der Huldigung der schlesischen Stände wegen seines politischen Hinter-
grunds eine besondere Stellung ein. Zur Enttäuschung vieler Protestanten hatte sich Johann Georg I. von Sachsen nach dem böhmischen Aufstand nicht dazu entschließen können, den an Stelle
des abgesetzten Ferdinand nach Prag berufenen Kurfürsten
Friedrich von der Pfalz als rechtmäßigen König von Böhmen
anzuerkennen, sondern sich aus Verfassungsgründen und weil er
gefährliche Weiterungen voraussah, auf die Seite des Kaisers
geschlagen. Während Tilly mit seiner Armee sich anschickte, den
aufständischen Böhmen in der Schlacht am Weißen Berge (1620)
eine vernichtende Niederlage beizubringen und den unglücklichen Winterkönig Friedrich für immer ins Exil zu vertreiben,
durfte der sächsische Kurfürst in die ihm zur Belohnung verspro-
chenen beiden Lausitzen einrücken. Die schlesischen Stände hatten sich von der Niederlage der Böhmen nicht beeindrucken lassen, ihren Widerstand fortgesetzt und die Unterwerfung verwei-
gert. Kurfürst Johann Georg vermittelte nicht ungeschickt zwischen ihnen und Ferdinand II., und man kam überein, daß die
schlesischen Stände ihren Konflikt mit der Reichsautorität
dadurch beilegten, daß sie dem Kurfürsten von Sachsen als dem
Stellvertreter des Kaisers eine förmliche Huldigung darbrachten.
Zu diesem Zweck reiste der Kurfürst mit großem Gefolge, darunter Hofkapellmeister Heinrich Schütz und sechzehn Musiker,

nach Breslau. Die Reise dauerte vom 5. bis 14. Oktober 1621, da
man Umwege in Kauf nehmen mußte, und am 3. November fand
die Huldigung statt, für die Schütz das »Syncharma musicum«
komponiert hatte. Es untermalte nicht nur den Vorgang, sondern
lieferte Johann Georgs Argumente und Motive gleich mit, indem es
das Hauptgewicht auf den Friedensgedanken legte – und man muß
Johann Georg wohl zugute halten, daß er bei seinem Frontwechsel
an die Möglichkeit, dadurch den Frieden im Reich zu erhalten,
noch aufrichtig geglaubt hat: »Teutoniam dudum belli atra peric'la
molestant«, ließ Schütz singen, und dieselbe Friedenshoffnung
sprach aus der zum Geburtstag des Kurfürsten am 5. März 1621
aufgeführten, von Schütz gedichteten »Glückwünschung des Apollinis und der neun Musen«, in deren Apotheose es heißt: »Sein Land
soll pietas zieren / justicia regieren, / Mars allzeit exulieren, / ein
ewig'r Fried florieren.« Wieder einmal war er aus Not zum Dichter
geworden, was er gewiß nie hatte sein wollen, und das schien nun so
weiterzugehen. Er bedurfte dringend des Mannes, der ihm Texte
schrieb.

Die »Historia der fröhlichen und siegreichen Auferstehung«
(SWV 50) nutzte vorgegebene Textfassungen, eine Kompilation der
vier Evangelien, die vielleicht bis auf Bugenhagen und Johann
Walter zurückging, und löste mit der ersten Dresdner Aufführung
von 1623 diejenige von Schützens Vorgänger im Kapellamt, Antonio Scandello, ab. Am überraschendsten an der »Historia« sind der
gerade jetzt eingeschlagene Weg zurück zur Schlichtheit, mit der
hier zu Herzen geredet wird, der Vorrang von Wortverständnis
und Gemeindefreundlichkeit und der zuweilen ergreifend direkte
Volkston (»Was weinest du?«), der die gelegentlich kühnen Modu-
lationen fast vergessen läßt. Zwischen den drei Großchören – zwei
sechsstimmigen zu Anfang und in der Mitte sowie einem doppelchörigen, neunstimmigen Tonsatz am Schluß – herrscht der einfache rezitativische Vortrag vor, ein von schlichtem Orgel- oder
Gambenklang begleiteter Gesang des Evangelisten, oder der meist
in Terz- oder Sextparallelen geführte Gesang der mitredenden
Personen (Colloquenten), oder aber die Stimme Jesu, die zwar
zweifach besetzt ist, aber abweichend vom bisher allgemein Übli-

chen auch mit Instrumentalverdoppelung, also einfach vorgetragen werden kann.

Viel rätselvoller und erstaunlicher, was die Textwahl und die Entstehungszeit betrifft, sind die »Cantiones sacrae« des Jahres 1625, lateinische Motetten nach dem Psalter und den Gebeten Augustins, die durch ihre lateinische Widmung an den Berater Kaiser Ferdinands, den Konvertiten Fürst Johann Ulrich von Eggenberg, noch zusätzlich ins Überkonfessionelle gerückt werden. Man denkt unwillkürlich an die Gespräche, die Schütz beim Kaiserbesuch in Dresden 1617 mit Eggenberg geführt und in denen er, als Kenner der Dresdner Verhältnisse und ehemaliger Geheimsekretär des hessischen Landgrafen, sich mit Sicherheit nicht nur über alte und neue Musik verbreitet hat. Die Widmung eines solchen Hauptwerks an den Fürsten Eggenberg zu diesem Zeitpunkt kann nicht einfach als zufällig übergangen werden, auch oder gerade wenn es in ihr hieß, es gehe ihm nicht um Personen, sondern um Gotteswerk. Da waren wohl höhere Absichten im Spiele, und in einem Punkt hat sich Schütz, der wie sein Kurfürst bei allem Festhalten am Glauben auf Ausgleich bedacht war, in dem Diplomaten Eggenberg auch nicht geirrt. Der Augenblick kam nach elf Jahren Krieg auf dem Tiefpunkt der protestantischen Sache, als der unerbittliche Glaubenskämpfer Ferdinand mit dem Restitutionsedikt von 1629 der katholischen Kirche allen von Protestanten enteigneten oder erworbenen Besitz zusprach und die deutschen protestantischen Länder, ohne Rücksicht auf die Selbstachtung von Fürsten und Volk, damit bestrafen und für immer ruinieren wollte. Wie nun Kurfürst Johann Georg beim Eingreifen des Schwedenkönigs Gustav Adolf in den Krieg, kurz nach seiner Landung in Deutschland 1630, sich noch einmal bereit zeigte, die Interessen des Reiches über die der Konfession zu stellen, und er an den Verfassungsgeist aller und die Klugheit des Kaisers appellierte, nur um die Einmischung ausländischer Mächte zu verhindern – unter der einen Voraussetzung: der Kaiser werde das unselige Restitutionsedikt außer Kraft setzen –, was tat da Eggenberg? Er bestürmte den Kaiser förmlich, das Edikt zurückzuziehen! Vergeblich, die Dinge nahmen ihren Lauf. Hat sich Eggenberg der Widmung erinnert? Der Gespräche in Dresden?

Der Tiefe eines Glaubens, der einst auch sein eigener gewesen war
und der aus den »Cantiones sacrae« sprach?

Inhalt, Entstehung und die Herkunft der Texte seiner lateinischen »Cantiones sacrae« sind von Schütz nicht weiter kommentiert worden, daher blieb es bisher auch unbewiesen, daß die Mystik
Jakob Böhmes ihn dabei angeregt oder beeinflußt habe. Doch ist
der Bezug unschwer herzustellen, nicht nur über den Umweg der
Augustinischen Gebete, sondern über Böhmes Biographie. Der
Görlitzer Schuhmachermeister, dem Gesichte die Himmel öffne-
ten, hatte sich um 1613, als er in seiner »Morgenröte im Aufgang«
die Frage stellte, warum »Gott wider Gott« kämpfte und so viel
Jammer und Elend auf Erden nicht verhindern wollte oder konnte,
die zwar lutherische, aber nicht kirchliche Antwort gegeben, daß
Gott als Wille in der Natur überall verborgen sei und das Gute ohne
den Kampf mit dem Bösen gar nicht zutage treten könne. Diese
recht gewagte Theologie fiel dem Görlitzer Pastor Primarius Gregor Richter in die Hand, der darüber empört war und beim Rat der
Stadt durchsetzte, daß Jakob Böhme nach kurzer Gefangensetzung
ermahnt wurde, »von solchen Sachen abzustehen«. Nachdem
Böhme auch vor versammelter Geistlichkeit hatte geloben müssen,
nichts mehr derartiges zu schreiben, trat er, von seinem Glauben
angefeuert, zwischen 1618 und 1620 noch zweimal mit Schriften
hervor, in denen sich gnostische Mythen, der Naturglaube des
Paracelsus und seine eigene Willensphilosophie von Gott als einer
durch alles wirkenden Kraft zu etwas Neuem, Glaubenstiftendem
verbanden. Worauf er zunächst nach Dresden, dann nach Schlesien
flüchten mußte, wo überall ein Kreis von Ärzten, Adligen, Juristen,
Kaufleuten und Künstlern ihn und seine Lehre verehrte. So groß
war Dresden nicht, daß Schütz ihn nicht gesehen und gesprochen
hätte. Aber nicht genug damit, das war nicht die einzige Gelegenheit. 1624 erging an Böhme der Befehl, Görlitz für einige Zeit zu
verlassen. Er reiste im Mai zu einem seiner Gönner, dem Verwalter
des Dresdner Schloßlaboratoriums Benedikt Hinkelmann. Der
Dresdner Superintendent las Böhmes Schriften und beriet sich mit
ihm, und sogar der Minister Christian von Loß, der Bruder des
verstorbenen Reichspfennigmeisters, ließ Böhme nach Pillnitz

holen und versprach, sich beim Kurfürsten für ihn zu verwenden. Überglücklich berichtete Böhme, es hätten sich am Pfingsttag »hohe Herren« bei seinem Gastgeber Hinkelmann versammelt, um mit ihm zu reden. Schütz kann unter ihnen gewesen sein. Noch arbeitete er an den »Cantiones sacrae«. Im November, nach einer neuerlichen Schlesien-Reise, ist Jakob Böhme dann in Görlitz gestorben.

Ein andrer Zeitgenosse, der buchstäblich auf alles achtete, was sich in der Kunst tat, ein Dichter von extremer Weltläufigkeit, muß schon 1621 beim Breslauer Huldigungstag auf den Dresdner Musiker aufmerksam geworden sein: Martin Opitz. Und es ließ ihm keine Ruhe. Im Mai 1625 besuchte er seinen Wittenberger Freund, den Dichter und Poetik-Professor August Buchner, und auf der Rückreise kam er in die kursächsische Hauptstadt, um mit Johann Seussius und dem Hofmeister Ansorge in Verbindung zu treten. Einer von beiden hat ihn bei Schütz eingeführt, und da muß dem redegewandten und redseligen Opitz einen Augenblick der Mund offen stehen geblieben sein, so setzte ihn der zwölf Jahre ältere Schütz in Erstaunen, und so sehr bewunderte er die Schönheit und Anmut seiner jungen Frau. Daran ist nichts erfunden. Denn wohl könnte das gemeinsame Bemühen um eine deutsche Dramen- und Libretto-Sprache die beiden einander schnell nähergebracht haben, aber der verschlossene Schütz und der schillernde Opitz waren einander so unähnlich, daß sie zu einem spontanen Freundschaftsbund eher ungeeignet erscheinen, und doch kam das Wunder zustande, wovon alles Folgende zeugt. Opitz hatte dem Älteren, aus wer weiß welchen Gründen überwältigt, die Freundschaftshand entgegengestreckt, und Schütz hat sie mit vorsichtigem Optimismus und in der Hoffnung, einem Gleichgesinnten gegenüberzustehen, gern ergriffen.

Heinrichs Frau Magdalene hatte inzwischen zwei Töchter geboren, und das Familienglück erschien vollkommen. Als Bedienerin und Kinderfräulein wurde eine Marie Sänger ins Haus genommen, von der wir nur wissen, daß sie zu ihrer Hochzeit einhundertfünfzig Gulden erhielt. Kurz nach Schützens Breslauer Reise im November 1621 war Anna Justina geboren worden, Euphrosyne

zwei Jahre danach, am 28. November 1623. Zwischen beider
Geburt, ab 1622, weilte Schützens Vetter Heinrich Albert ein Jahr
in Dresden, wohnte und studierte bei ihm, mußte aber auf Geheiß
seiner Eltern, die darin den Schützens glichen, sein Musikstudium
abbrechen und sich 1623 nach Leipzig begeben, um sich der Jurisprudenz und der Vorbereitung auf einen anständigen Beruf zu
widmen. Seine beiden Vettern Benjamin und Valerius Schütz leiste-
ten ihm dort Gesellschaft. Nur hatten die Eltern nicht bedacht, daß
Heinrich Albert in Leipzig unter den Einfluß des Thomaskantors
Johann Hermann Schein geriet, der sein Talent zum Liedkomponisten weckte und ihm erst recht den Weg zur Musik wies. 1626 ging
Albert mit Simon Dach nach Königsberg.

Das Jahr der »Cantiones sacrae« begann mit Trauermusik.
Anfang 1625 war ein Student gestorben, Jakob Schultes, ein Bruder
der Anna Schultes, die 1618 Michael Thoma geheiratet hatte, und
Schütz komponierte eine sechsstimmige Trauermotette mit Conti-
nuo. Dann griff der Tod zum erstenmal in den bisher verschonten
Familienkreis. Magdalenes jüngere Schwester Anna Maria Wil-
deck, die mit dem Altenburger Hofrat und Konsistorialpräsidenten
Dr. Martin Mende verlobt war, erkrankte an Typhus und wurde
binnen drei Tagen hinweggerafft. Sie starb am 15. August, und bis
zu ihrer Beerdigung am 19. August schrieb ihr der Schwager eine
Aria »De vitae fugacitate«, Choralvariationen über »Ich hab mein
Sach Gott heimgestellt«, die er 1636 in die »Kleinen geistlichen
Konzerte« einarbeitete. Der Tod dieses jungen Mädchens scheint
als jene schlimme Vorbedeutung empfunden worden zu sein, die er
tatsächlich war: Magdalene, diese schöne, blühende, aufgeweckte
junge Frau, wurde plötzlich von Todesahnungen erfaßt, und niemand vermochte sie davon abzubringen. Sie habe sich, so vertraute
sie ihrem Mann an, damit abgefunden, daß sie nicht mehr lange
lebe, und sie nannte auch die Lieder, die zu ihrem Begräbnis
gesungen werden sollten. Furchtbare Not für Schütz, der die
beiden hilflosen Kinder vor sich sah und die Vierundzwanzigjäh-
rige, die sich ihre Todesmusik wählte. Sie erkrankte in den letzten
Augusttagen und lag eine Woche mit hohem Fieber, es waren die
Blattern, und als sie nach außen traten, schöpfte man wieder

Hoffnung, aber Magdalene war schon zu geschwächt. Schütz wich nicht von ihrer Seite; sie betete den 6. und den 130. Psalm, und nachdem sie sich, wie ihr Beichtvater Samuel Rüling berichtet, mit den Worten Davids »Wenn ich nur dich habe« und Hiobs »Ich weiß, daß mein Erlöser lebt« getröstet hatte, entschlief sie sanft am Dienstag, dem 6. September 1625, morgens halb drei. Schützens Ehe hatte sechs Jahre und vierzehn Wochen gedauert.

Heinrich Schütz sandte der Toten »unter Seufzer und Tränen« ein elfstrophiges Klagelied nach, »Mit dem Amphion zwar mein Orgel und mein Harfe« (SWV 501), nach Hiob: Versa est in luctum cithara mea, et organum meum in vocem flentium, darin Schütz sang: »Mein Harff ein Klag / Mein Pfeiff ein Plag«, worauf sich auch die Leichenpredigt bezog – es gehört dieses Trauerlied zu den jüngsten Wiederauffindungen, als habe Schütz es der Nachwelt am geheimsten verbergen wollen. Am 9. September 1625 wurde Magdalene beerdigt, und in den Worten seiner Trauerpredigt gewinnt einmal auch Matthias Hoë von Hoënegg menschlich anrührende Züge: Wehe, wehe sei geschehen dem hinterlassenen hochbetrübten Witwer, rief der Oberhofprediger aus; der winsle nun und klage, seine Harfe sei eine Klage und seine Pfeife ein Weinen geworden, denn: »Der hat unter allen Saitenspielen, unter allen Menschenstimmen keinen lieblichern Klang noch Gesang gewußt noch gehöret, als wenn er seines liebsten Eheschatzes Stimme und Wort gehört hat: die hat er für seine werteste Harfe auf dem Erdboden gehalten. Sie ist aber leider weg.« Und wehe, wehe sei geschehen den armen zwei kleinen Waislein, »deren keins dem andern ein Bissen Brots schneiden kann und die ihre liebe treuherzige Mutter verloren, ehe sie sie recht haben kennenlernen«. Und das war und blieb eine wirkliche Not für immer, denn die beiden Kleinen wurden arg herumgestoßen: Großmutter Wildeck in Dresden nahm sie zunächst zu sich, bis auch sie 1633 starb und ihre jüngere Freundin Maria Hartmann für sie eintrat, die Frau des Land- und Tranksteuer-Buchhalters Michael Hartmann, der auch als Vormund der Kleinen eingesetzt wurde und wahrscheinlich mit den Wildecks verwandt oder verschwägert war.

Mit Schütz trauerten viele Freunde und Musiker; es trauerten

auch die Kapellknaben, die zum Teil ihre Wohnstatt und ihren
Tisch verloren hatten und sich verwaist vorkamen wie die beiden
kleinen Mädchen. Und nun Martin Opitz: man höre die Verse an
den »Orpheus unserer Zeiten« aus dem sechsstrophigen Gedicht
»An H. Heinrich Schützen, auf seiner liebsten Frauen Abschied«,
das er in seine Sammlung der deutschen Gedichte andern Teil
aufnahm:

> Stimme deine Laute wieder,
> laß die Orgel besser gehn,
> laß erschallen deine Lieder,
> soll dein Lied noch bei dir stehn;
> soll sie auf das Neue leben
> und sich selbst dir wiedergeben.

> Preise deiner Liebsten Tugend,
> sage von der Freundlichkeit,
> von der Anmut ihrer Jugend,
> von der angenehmen Zeit,
> welche du mit ihr genossen,
> ehe sie die Zeit beschlossen.

> Wir auch wollen mit dir stimmen,
> wollen eifrig neben dir
> an die blauen Wolken klimmen,
> daß sie lebe für und für
> durch die Kunst gelehrter Saiten,
> o, du Orpheus unserer Zeiten.

Dieser offen angestimmten Aufforderung, der Erschütterung und
Verzweiflung durch Musik Herr zu werden, Heinrich Schütz ist ihr
bis in sein Alter nachgekommen, er hat der Trauer Stimme verliehen, seine Liebe verklärt und die »Süßigkeit dieser erwünschten
Ehe«, von der noch Geier in seinem Nekrolog auf Schütz sprach, in
den Vertonungen des Hohenlieds besungen. Aber er hat nie mehr,
entgegen allen Bräuchen der Zeit, geheiratet oder an eine Heirat
gedacht, nicht einmal aus Vernunft, um den beiden Kindern wenig-

stens eine Mutter zu geben. Er ging seinen Weg allein weiter, der nun Vierzigjährige; es war ein bitterer Entschluß zu Askese und Verzicht, einzig seiner Aufgabe und seiner Kunst zuliebe und vielleicht auch, weil diese Liebe unwiederholbar war außer in Werken; er begann ein zweites Leben in Ernst, Frömmigkeit und unnachsichtiger Härte gegenüber den Mächten, die ihn an Meditation und Kunstübung hinderten, und gegenüber sich selbst. Alle Vitalität, alle Kraft floß in sein Werk, das sich in einer Zeit der Verrohung und Zerstörung übereinandertürmte zu kaum glaubhafter Höhe. Nach den Worten David Schirmers ließ er, »als ein Weiser tut, das Unglück schlagen ein, / Und wollte wie ein Fels bis an sein Ende sein«. Seine Physiognomie nahm die Züge seines Alters an. Er hatte noch siebenundvierzig Jahre zu leben.

Zweiter Teil

Krieg und Frieden

Der Ausbruch des Krieges war an den europäischen Höfen erwartet worden, alles hatte mit dem Unvermeidlichen gerechnet, da 1621 der spanisch-niederländische Waffenstillstand ablief. Dies war der Konfliktfall, aus dem sich weder die katholischen noch die protestantischen Länder des Reiches auf die Dauer glaubten heraushalten zu können, und es gehört zur Psychologie der Kriegserwartung, der Neigung zum Kriege und der Bereitschaft, ihn unter allen Umständen zu führen, daß er sich dann an einem ganz anderen Brandherd, nämlich der böhmischen Krise, schon drei Jahre früher entzündete: gefährlicher für Sachsen, um das es im Augenblick geht, denn Böhmen lag näher als das Land an der Nordsee. Wenn man in Prag verkohlte Trümmer ins Wasser der Moldau warf, konnte man sie in Dresden aus der Elbe fischen. Der Konflikt zwischen Böhmen und dem habsburgischen Herrscherhaus war auch nicht mehr begrenzbar, seit der junge Kurfürst Friedrich von der Pfalz, charmant, unerfahren und schlecht beraten wie er war, sich hatte verleiten lassen, die böhmische Krone anzunehmen – fast genau zur gleichen Zeit, da man den in Prag entthronten Ferdinand, und zwar mit den Stimmen der protestantischen Kurfürsten, zum Kaiser wählte. Friedrich von der Pfalz, der sich durch sein Auftreten die Sympathien der Böhmen bald verscherzte, hätte von anderem Format sein müssen, um die Herrschaft der Habsburger von Prag aus allmählich aus den Angeln zu heben. Außerdem fehlte es an einer geschlossenen Partei der Mitte, die den Konflikt im Reich hätte abwiegeln können; ein Zusammengehen des protestantischen Sachsen, vielleicht unter Einschluß Brandenburgs, mit dem katholischen Bayern kam nicht zustande. Mit windigen Kompromissen erkaufte sich Ferdinand im März 1620 auf dem ersten Mühlhäuser Fürstentag die Erklärung der Kurfürsten, Friedrich von der Pfalz habe den Reichsfrieden gebrochen, als er die böhmische Krone annahm. Das Ultimatum, Friedrich solle sich bis zum 1. Juni aus Böhmen zurückziehen, kam der eigentlichen Kriegserklärung gleich und löste die Kämpfe aus. War Johann Georg von Sachsen erst einmal bis dahin mitgegangen, so war es nur folgerichtig, daß er sich an der Unterwerfung der Lausitz und der schlesischen Stände, die sich den Böhmen angeschlossen hatten, mit beteiligte. Johann Georg entschied sich für die Legitimität, also für das Reich, was sich unter einigen Verrenkungen begründen ließ. Ein mit Hilfe protestantischer Fürsten in Prag wieder eingesetzter Ferdinand, so mag Johann Georg gedacht haben, war verläßlicher und berechenbarer, seine Politik für Sachsen ungefährlicher als ein böhmischer König von Gnaden Spaniens, dessen Intervention zu befürchten war. Der sächsische Kurfürst und Maximilian von Bayern wären imstande gewesen, von nun an Ferdinands Kreuzzugsmentalität und Maßlosigkeit zu bremsen und Friedrichs Krieg schonend zu beenden, sie hätten es auf die Dauer vermocht, ausländische Mächte vom Eingreifen in diesen Krieg abzuhalten, aber sie handelten nicht rechtzeitig, sie taten es vor allem nie gemeinsam, und sie hätten tugendhafter sein müssen, als es Landesfürsten sind: sie dachten zuerst an Machtgewinn. Johann Georg wollte die Lausitz behalten, was ein Fehler war; Herzog Maximilian von Bayern, dessen Truppen unter Tilly die Böhmen in der Schlacht am Weißen Berge schlugen, verlangte dafür die Kurwürde der Pfalz, was sich nach dem Urteil der Historiker als weniger glimpflich erwies, nämlich als »gefährlicher, verbrecherischer Mißgriff«, der zahlreiche Gelegenheiten zur Einigung verdarb und daher kriegsverlängernd wirkte.

Der große Krieg, sinnlos und nach einer gewaltigen, verwirrenden, nahezu undurchschaubaren Dramaturgie ablaufend, eine Fama der Intrigen, Pakte und fieberhaften Komplotte, die Geschichte der Niedertracht, des sich überkreuzenden Verrats und der diplomatischen Wortbrüche, motiviert von dynastischen Interessen und im Namen heiligster religiöser Überzeugungen geführt, muß uns nur insofern beschäftigen, als er den Lebensgang des Mannes, dessen Spur wir verfolgen, berührt und beeinflußt. Ebendies ist indirekt schon der Fall, sobald der Kurfürst von Sachsen als Handelnder oder Nichthandelnder ins Bild tritt: er, der aufhielt, zögerte, schwankte und protestierte, dem man vorwirft, er habe die Sache der Protestanten aufs Spiel gesetzt oder unwürdig vertreten, der weder auf der einen noch auf der andern Seite so recht kämpfen wollte und in der einzigen Schlacht, an der er selber teilnahm und die die Wende zugunsten der Protestanten brachte, bei Breitenfeld, auch noch davonlief – war er eine so unrühmliche Gestalt?

Man muß Johann Georg zugute halten, daß er sich nicht nur unter Zurückstellung konfessioneller Gesichtspunkte mit einer Engelsgeduld um reichsverfassungstreues Denken und Handeln bemühte, sondern auch dem Kaiser Ferdinand ein Minimum an religiöser Toleranz abzuringen versuchte. So erhielt er als Gegenleistung für seine bewaffnete Intervention in der Lausitz die Zusicherung, daß der lutherische Glaube in Böhmen respektiert werde, und die Anerkennung der säkularisierten Gebiete im nieder- und obersächsischen Kreis, worüber dann der Krieg allerdings wie über so vieles hinwegging. Außerdem aber wollte Johann Georg unter allen Umständen den Einbruch der kämpfenden Heere in sein ungeschütztes, zum Durchzug geradezu einladendes Land so lange wie möglich fernhalten. Das läßt seinen »Doppelsinn« in freundlicherem Licht erscheinen. Er wehrte sich gegen den Krieg, er war kein martialischer Mann, was ihm die Geschichtsschreibung lange übelnahm, und das mag nun gerade als einer der Gründe gelten, warum Heinrich Schütz so lange bei ihm aushielt.

Auch wenn sich der Krieg zunächst auf Böhmen und die Randmarken des Habsburgerreiches beschränkte, wurden doch rings in allen Sachsen benachbarten und ferneren Ländern so große Zurüstungen und Vorbereitungen getroffen, daß man sich in Mitteldeutschland ausrechnen konnte, es werde nicht ohne Blutvergießen abgehen. Man war also auch in den nicht kriegführenden Ländern genötigt, sich auf alle Eventualitäten vorzubereiten und einen verhältnismäßig hohen Kriegsetat zu finanzieren, wozu die normalen Abgaben der Städte und Stände nicht ausreichten. Man darf zwar die Heere der damaligen Zeit nicht mit modernen Armeen vergleichen, nur selten hatten sie eine fünfstellige Mannschaftszahl, Tilly hat nie mit mehr als 40000 Mann gekämpft, Wallenstein desgleichen, und die Schlachten wurden meist von kleineren Kontingenten entschieden, die rechtzeitig auf den Plan traten. Alles lag zerstreut und konnte auch gar nicht anders verproviantiert werden. Weder die Feldherren des Kaisers noch die Fürsten der protestantischen

Union waren in der Lage, größere Armeen länger als ein Vierteljahr zu unterhalten, und der zufällige Zusammenprall der Haupt-
heere während des Krieges führte unweigerlich zu solcher Ausplün-
derung und Verarmung der Landschaften, als seien riesige Heu-
schreckenschwärme über sie hergefallen. Eine langfristige Strategie
war daher in diesem längsten und nur von Phasen der Erschöpfung
unterbrochenen Krieg eine Absurdität, und insofern gab es niemals
Gewinner, sondern immer nur Verlierer. Es herrschte obendrein
eine verhängnisvolle Fehleinschätzung der Kräfte, die Länder
waren schnell ausgeblutet, es gab keine Fronten, sondern nur
Feldzüge, und den Siegen der Kaiserlichen, die bis 1630 über-
wogen, sowie der protestantischen Gegenoffensive unter Gustav
Adolf konnte nur ein kraftloses Hin und Her folgen, in dem wenige
noch wußten, wofür und für wen sie eigentlich kämpften. Die
Landsknechte betrieben ihr Handwerk, von Anfangserfolgen abgesehen, ohne Begeisterung. Aber sie mußten, kämpfend oder nicht,
bezahlt werden.

Johann Georg I. von Sachsen konnte schon im Dezember 1619
den Sold für seine Truppen nicht mehr regelmäßig auszahlen. Die
Kriegssteuer reichte nicht aus, und Anleihen waren schwer aufzunehmen, da die Bankhäuser zögerten und das Geld lieber den
bürgerlich-kaufmännisch denkenden Stadtmagistraten liehen als
den Fürsten, denen jedes ruinöse Abenteuer zuzutrauen war. Nach
den Akten des königlich sächsischen Archivs, Hauptstaatsarchiv
Dresden, betrugen die Jahreskosten des sächsischen Heeres im Jahr
1620 die ungeheure Summe von 1 537 433 Gulden, nicht eingerechnet Anwerbung, Ausrüstung, Material und Fuhrwesen. Es dienten
aber nur ganze 7700 Mann Fußvolk, man unterhielt 1400 Pferde
und 12 Stück Geschütz, und das wäre für ein zeitiges, kriegsent-
scheidendes Eingreifen viel zuwenig gewesen.

Die erste große Finanz- und Wirtschaftskrise der deutschen
Reichsländer trat 1623 ein, als durch die inflationären Selbst-
rettungsmaßnahmen der kämpfenden und auf der Hut liegenden
Staaten der Geldwert der nord- und süddeutschen Währungen
rapid verfiel und durcheinander geriet. Es war die sogenannte
Kipper- und Wipperzeit, in der Falschgeld in Umlauf gebracht

wurde und der spekulative Handel mit gehorteten Münzen blühte. Kein Mensch wußte mehr, welche Währung er annehmen sollte, so daß man auf dem Lande und in den kleineren Städten zeitweise zum Tauschgeschäft und zur Entlohnung mit Naturalien zurückkehrte. Die sächsische Staatskasse kam 1623 durch »schlechtes Geld« um die Hälfte ihrer Steuereinnahmen, Sachsen war verschuldet, und der Kurfürst geriet in Zahlungsschwierigkeiten.

Während der Krieg ein Land ums andere heimsuchte, die Bauern nicht wußten, ob sie ihre Ernten heil in die Scheuern brachten, und die Städte ihre Tore verrammelten, trieb die verzweifelte Lebenslust derer, die der Krieg noch verschonte, in den Residenzen ein Stutzertum hervor, das fremde Vorbilder nachahmte. Man trug langes Haar, Locken und Spitzbart nach französischer Mode, Schlapphut und Sporen wie die Spanier, zerschnittene Kleider mit Lederflecken nach Landsknechtsart, die Frauen Federfächer und Fischbein, und die jungen Leute liebten es, möglichst geckenhaft aufzutreten, als wollten sie dem Tod ein Schnippchen schlagen.

Indessen breiteten sich die Kampfhandlungen über immer weitere Teile Nord-, Mittel- und Westdeutschlands aus, in ihrer Begleitung Seuchen und Hungersnot. Um 1626/27 erreichte der Krieg einen seiner schrecklichen Tiefpunkte, mit allen Folgen; in Schlesien und Böhmen kam es zu neuen Gefechten, die Johann Georgs Befriedungspolitik zunichte machten. In Franken und am Rhein raffte der Hunger die Menschen zu Tausenden dahin, Württemberg wurde von Seuchen und Hungersnot heimgesucht, und danach wütete die Pest in Straßburg und an der Saar. Flüchtlinge und Durchziehende schleppten das Übel bis nach Nassau, Stendal und Cottbus.

Die kämpfenden Parteien kannten kein Halt, Ferdinand II. ließ sich auch durch zeitweilige Erfolge, die weit über die ursprünglichen Kriegsziele der katholisch-kaiserlichen Liga hinausgingen, nicht nachgiebiger oder friedfertiger stimmen, und noch verhängnisvoller für den Fortgang der Auseinandersetzungen war die ehrgeizige Entschlossenheit eines Mannes, der Geschichte auf eigene Rechnung machte und den Kaiser völlig zu beherrschen schien: Wallenstein. Er strebte ein Privatreich an der Ostsee an, das auf der

deutschen Landkarte nicht vorgesehen war, und benutzte die Intervention des dänischen Königs, eines unglücklichen und schwachen
Protektors der protestantischen Sache, als Vorwand für seine
Eroberungen in Norddeutschland. Von hier aus fiel er in das Land
des ängstlich auf Neutralität bedachten Kurfürsten von Brandenburg ein, der Kursachsen nahestand, und marschierte nach Süden,
um den Dänenkönig von einer in Schlesien stehenden Streitmacht
zu trennen. Der Krieg kam Sachsen immer näher, und der Friede
schien unerreichbar. In dieser heillosen Situation und von der Angst
diktiert, Wallenstein werde zu übermächtig – einer Befürchtung,
die auch katholische Fürsten teilten –, ließen sich die Kurfürsten zu
einem neuerlichen Fürstentag herbei, dem zweiten in Mühlhausen,
der zwar die Lösung auch nicht herbeizwang, jedoch eine gewisse
Denkwürdigkeit erlangte nicht nur als letztes Gespräch zwischen
den Hauptkontrahenten, sondern für uns auch wegen eines be-
merkenswerten Beitrags von Heinrich Schütz. Wir schreiben das
Jahr 1627.

Es waren nur zwei Kurfürsten in persona anwesend, der kurmainzische Fürstbischof und Johann Georg I. von Sachsen. Alle
anderen ließen sich durch ihre Räte vertreten. Man spricht also
besser von den verhandelnden Delegationen und Parteien. Ausgerichtet wurde das Treffen, dessen zeremonieller Rahmen seltsam
abstach von der brennenden Welt, durch den sächsischen Kurfürsten, der auch jetzt noch an der Grundidee hing, das alte Reich
unverändert zu bewahren, weil er sich gern von einem Planeten-
system aus Fürstentümern umkreist sah, in deren Mitte es sich
aushalten ließ. Er hatte gewiß eine protestantische Überzeugung,
aber er wollte für seine Überzeugung nicht das ganze System
opfern, weder jetzt noch später.

Man zog mit großem Gefolge nach Mühlhausen, das, am westli-
chen Rand Thüringens gelegen, von Dresden aus am kürzesten über
Chemnitz, Gera, Erfurt und Langensalza zu erreichen war. Heinrich Schütz komponierte nicht nur die Hauptmusik für den Fürstentag, er kümmerte sich auch um die Reisevorbereitungen und
verfaßte ein Verzeichnis aller Künstler und Helfer, die mitreisen
sollten. Wahlweise schlug er eine kleinere und größere musikalische

Streitmacht vor, wobei man sich wohl auf die neunzehnköpfige größere geeinigt haben dürfte; zu ihr gehörten der Instrumentist August Tax, später Direktor der Instrumentalmusik an der Kurprinzlichen Kapelle in Dresden, der Violinist und Komponist Carlo Farina, der in Dresden angesehene Sänger Sebastian Hirnschrötl und der Kammermusiker und Komponist Johann Nauwach. Zwei Kutschen und ein Reisewagen für die Instrumente würden reichen, meinte Schütz, und »über einen großen Tisch« sei Raum zum gemeinsamen Essen. Dieses Ensemble wurde in Mühlhausen vermutlich durch einheimische Sänger und Hofmusiker andrer Kurfürsten ergänzt.

Das Treffen dauerte vom 4. Oktober bis zum 5. November 1627, es gab Predigttage mit Kirchenmusik und Tafeleien mit weltlicher Unterhaltung. Das Hauptwerk von Schütz kam jedoch beim Einzug der Delegationen zum Gottesdienst am Begrüßungstag zur Aufführung – wobei unentschieden bleibt, ob man sich damals wirklich auf ein ökumenisches Miteinander von Katholiken und Protestanten einigen konnte, was nahezu ausgeschlossen ist, oder ob es sich nicht vielmehr bloß um eine Festveranstaltung handelte, mit der die Verhandlungswochen eröffnet wurden. Das religiöse Moment kam durch Heinrich Schütz ins Spiel. Die Begrüßungsmusik war eine doppelchörige Motette, »Da pacem, Domine« (SWV 465), und mit ihr hatte es eine genau bedachte protokollarische und politisch-moralische Bewandtnis. Ein vor dem Kirchenportal aufgestellter Chor begrüßte die eintreffenden Parteien in der Reihenfolge: Mainz, Trier, Köln, in der Mitte wurde Ferdinand als siegender Cäsar genannt, dann Sachsen, Bayern und Brandenburg (in der lateinischen Widmung rangierte Bayern vor Sachsen). Das wären sieben Anreden, aber die Komposition variiert ständig die Zahl sechs. Wie kam der Bayer hinein? Friedrich von der Pfalz war die Kurwürde abgesprochen worden, und der bayerische Herzog Maximilian, der zum Unwillen aller anderen das rechte Rheinufer und die Oberpfalz als erblichen Besitz angenommen hatte, trat an seine Stelle. In der Zahl sechs fehlt der Kaiser, der als König von Böhmen zwar Elektor, aber kein Kurfürst war. Protokollarisch war alles in Ordnung, alle sieben Fürsten wurden angeredet, und das

besorgte mit Vivat und springenden Terzen der eine Chor vor dem
Portal. Der andre Chor aber, und das ergab erst die besondere
Wirkung auf Zuschauer und Zuhörer, vor allem auf die Fürsten,
Räte und Delegierten, war in der Kirche postiert: Wenn der Chor
vor dem Portal die Begrüßung intoniert hatte, antwortete der Chor
im Innern der Kirche mit einem langen d-Moll-Satz, dem Antiphon
»Da pacem, Domine«, das für die draußen Wartenden wie eine leise
Klage klang, die Eintretenden jedoch immer stärker, flehender mit
der Friedensbitte überfiel, bis sich beide Chöre in dem Schlußsatz
vereinten: Gib uns Frieden, Herr! Es war schwer auszuführen und
muß sehr ergreifend gewesen sein.

Dies ist der Augenblick, sich der Musik zur Breslauer Stände-
huldigung und der Widmung eines der Hauptwerke an den katholischen Kaiserberater Fürst Eggenberg zu erinnern und der Frage
nicht auszuweichen, was es damit auf sich hat und warum der so oft
als Ahnherr der protestantischen Kirchenmusik apostrophierte
Mann scheinbar für jeden Zweck und jeden Anlaß komponierte und
sich an jedermann wandte: Was hat das alles zu bedeuten? Entweder
er gab überhaupt nichts auf Politik und es war ihm ganz gleich, wofür er aufspielte und wer seine Musik hörte und verstand. Aber dagegen sprechen einmal seine zutiefst evangelische Gesinnung, sein
Wortverständnis und exegetisches Bemühen, das ohne den Glauben
an die Gewissensbindung der Kunst und ihren pastoralen Auftrag
vor Gott und den Menschen nicht zu denken ist, und dagegen
spricht weiter seine tiefe Befriedigung über die Errettung des
protestantischen Glaubens zu Augsburg, niedergelegt im Brief an
den Rat Philipp Hainhofer vom 23. April 1632, in dem er Hainhofer
und seinen schwer heimgesuchten Mitchristen in Augsburg »wegen
der wiedererlangten Gewissensfreiheit« herzlich gratuliert und im
Sinn des Evangeliums vom Vortag den Wunsch hinzufügt, daß »die
Freude, womit der h. Christ viel 1000 Herzen zu Augsburg zu
erfreuen angefangen hat, niemand nimmermehr von ihnen [wird
nehmen] können. Amen«. Oder war er nur für den Ausgleich, auch
unter den Bedingungen des minderen Übels? Es gibt dafür kein
Zeugnis und keine Äußerung. Eingerechnet aber die Tatsache, daß
er seinem Fürsten die Ablieferung von Kunst schuldete, unter

welchen Zeichen auch immer, bleibt schließlich nur die dritte Möglichkeit als die unwiderleglichste: Er betrachtete, was er hervorbrachte, ausführte und vortrug, gleich ob im Auftrag oder nicht, als Friedensruf und Friedenswerk, für jeden bestimmt. Und in dieser Hinsicht gehören die Musik zur Huldigung der schlesischen Stände, die Widmung an den Fürsten Eggenberg und das Mühlhäuser »Da pacem, Domine« zweifellos zusammen.

Zwischenspiel II

Spätestens jetzt, ab dem Mühlhäuser Fürstentag, wird der Leser bedauern, nicht dabei gewesen zu sein – so wie er bei Beethoven, Schubert oder Brahms jederzeit dabei sein kann, denn irgend jemand wird sie schon »richtig« aufführen. Aber haben wir jemals einen »richtigen« Schütz gehört? Ich meine nicht den sogenannten authentischen, historischen, für den uns sowohl die alten Instrumente fehlen wie der alte Geist. Wir können weder hinter die Hörgewohnheiten noch hinter die Tonqualitäten unsrer Zeit zurück. Dennoch ist die Frage nach dem »richtigen« Schütz berechtigt, nach einer Aufführungspraxis aus seinem Geiste. Haben uns die bedeutenden Aufführungen der letzten Jahrzehnte und die nahezu vollständige Einspielung auf Schallplatten von ihm einen Begriff gegeben?

Ein Beispiel gibt zu denken. Es ist die Kongreßmotette »Da pacem, Domine«, die keineswegs eine Gelegenheitsarbeit war, sondern unter die charakteristischen und denkwürdigen Kompositionen einzureihen ist. Von der ersten Sekundrückung des »Da pacem« an, die Hoffnung ausdrücken soll, zeigt sich die modulatorische und harmonische Erfindungskraft, und die doppelchörige Struktur ist auch aufführungstechnisch hochkompliziert, da der fünfstimmige »Innenchor« (Nr. 1) zwar beginnt und auch das Gewichtigere vorträgt, aber räumlich »hinter« dem vierstimmigen

»Außenchor« (Nr. 2) zu stehen hat: erst die Begrüßung, dann das Gebet. Die räumliche Spannung zum Außenchor müßte auch in den helleren »Vivat«-Rufen hörbar werden. Mir liegt eine neuere Aufnahme der Mühlhäuser Kongreßmotette vor, vielleicht die einzige, die es überhaupt gibt, eine geradezu klassizistisch verschönende, die ungemein perfekt ist, aber alle diese Strukturen und Bauelemente des Werkes vollkommen verwischt. Sie verzichtet darauf, »Innenchor« und »Außenchor«, wie es doch bei der Aufführung in Mühlhausen und gewiß auch bei späteren, verwandten Gelegenheiten der Fall gewesen sein muß, dynamisch gegeneinander abzusetzen oder durch Tempowechsel zu unterscheiden, und trägt statt dessen ein Flächengemälde vor, in dem die Chöre und die Texte vollständig ineinander übergehen. Zu allem Unglück wird als einzige instrumentale Stütze ein Gambenquartett gewählt, wodurch die von Begrüßungs-Herzklopfen und Schmerzensinbrunst zerrissene Motette zur bloßen geistlichen Hausmusik, zur braven pietistischen Andachtsübung wird. Schon Hans Joachim Moser hat die Ansicht vertreten, man müsse sich den vierstimmigen Vordergrundchor (vor dem Kirchenportal, aber warum denn nicht auch im geschlossenen Raum?) mit einer Begleitung von Trompeten und drei Posaunen denken – und ich füge hinzu: von Pauken, denn auch die Heerpauker waren mit zum Fürstentag gezogen –, und zu dem Innenchor passe entsprechend der Schützschen Angabe »5 Violen« ein Streichorchester. Auch dieses wichtige klangliche Differenzierungsmittel fehlt. Von all den Kontrasten, die von respektvoll förmlicher Anrede an die Fürsten bis zu zitternder Heftigkeit des Friedenswunsches reichen, gibt die Einspielung also nichts wieder: gleiches Zeitmaß, gleiche Lautstärke. Statt der Anrede an die Kurfürsten: »Vivat Moguntius, Vivat Trevirensis, Vivat Coloniensis« und so fort hört man ein »Vivat patria«, das nicht nur den Sinn, sondern auch den Klang verändert. Zum Schluß vereinigen sich beide Chöre zu beeindruckender Stärke, doch scheint ein Schlußchor hinzugefügt zu sein, den schon Philipp Spitta nicht für ganz echt hielt und der auf der letzten Silbe einen Schlußfall von Moll in Dur aufweist, der eher an den Schluß einer Orgel- oder Orchestervariation von Max Reger denken läßt als an ein Chorwerk von

Heinrich Schütz. Doch mag auch dieser Augenaufschlag in die Zukunft noch schützisch sein, es wäre nicht das Verwunderlichste, was sich in seiner Musik ereignet. Fern war ihm jedoch alles Akademische und Gezügelte, und in so vielen gutgemeinten und perfekten Wiedergaben bleibt der Dramatiker Schütz auf der Strecke, und sein Geist auch.

Philipp Spitta schrieb 1887 in seiner Einleitung zur Gebrauchsausgabe der »Cantiones sacrae«: »Und wenn schon die Musik Palestrinas und der Madrigalisten einen belebteren Vortrag verträgt, als ihr manche jetzt noch zugestehen mögen, so ist bei der Mehrzahl der vorliegenden Kompositionen Schützens das Absehen geradewegs und vor allem auf den lebendigsten, mannigfaltigsten und persönlichsten Gefühlsausdruck gerichtet. Nicht bei allen im gleichen Maße; es sind Stücke darunter, welche sich noch mehr der Weise des 16. Jahrhunderts anzuschließen suchen, und die, wenngleich sich Schütz in ihnen nirgends verleugnet, doch noch eine gewisse allgemeine Empfindung vorherrschen lassen. Dagegen sind andere mit subjektiver Leidenschaft bis zum Zerspringen angefüllt, und diesem Charakter muß im Vortrag Ausdruck gegeben werden, soll sich uns das wirkliche Wesen des Meisters offenbaren.«

Das bleibt so wahr wie vor hundert Jahren, wie auch immer wir uns das »bis zum Zerspringen« Erfülltsein erklären wollen, aber eingelöst wird es selten.

Die Kunst der ersten Hälfte des siebzehnten Jahrhunderts ist eine aufgewühlte, auch wenn sie sich des kodifizierten Vokabulars einer Figurenlehre bedient. Einiges davon hat seine semantische Faßlichkeit eingebüßt. Wenn es dann auch noch an der Tiefe der vermittelten Leidenschaft fehlt, an elementarem Ausdruck und nötiger Temperatur, so kommt von der Wahrheit nahezu nichts mehr zu uns herüber. Gelänge es durch die Schilderung der Zeitläufte, in die dieser Künstler gestellt war, wenigstens den Verdacht zu wecken, daß wir den »richtigen« Schütz vielleicht noch gar nicht gehört haben, so wäre viel erreicht.

Die erste deutsche Oper

Die Geburt der ersten Oper nördlich der Alpen im Jahr 1627 hat eine verwickelte Vorgeschichte, die sich mit einiger Geduld bis 1625 zurückverfolgen läßt. Zufälle und Zuständigkeiten griffen dabei auf merkwürdige Weise ineinander, aber nichts bleibt geheimnisvoll und unbekannt – bis auf das Ergebnis, einen lautlosen Fleck Musikgeschichte, der wortreich und dröhnend von Fakten umstellt ist. Der Anlaß war eine bevorstehende Hochzeit.

Am 12. Januar 1625 war, wie wir von Fürstenau hörten, die fünfzehnjährige Tochter des sächsischen Kurfürsten, Sophie Eleonora, mit dem Sohn des Landgrafen Ludwig von Hessen-Darmstadt, Georg, verlobt worden. Im Lauf des Jahres, spätestens Ende 1625, wird dem Kurfürsten Johann Georg I. eingefallen sein, daß er zur Feier der Vermählung, die gewöhnlich im Abstand von einem Jahr am Hofe der Braut folgte, dem jungen Paar und den Hochzeitsgästen außer den üblichen Vergnügungen wie Komödie, Hatz und Ringelstechen auch musikalisch etwas Hübsches und Festliches würde bieten müssen. Natürlich hat er sich an seinen Hofkapellmeister gewandt, nichts selbstverständlicher als das, es war das Normale, doch Heinrich Schütz stand der Sinn so kurz nach dem Verlust seiner Magdalene und der völligen Auflösung seiner Familie nicht nach einer heiteren Vermählungsmusik. Auch dies ist kennzeichnend für seine Auffassung von Kunst, selbst wenn der Fall nicht ausdrücklich durch Dokumente belegt ist. Aber er ist eindeutig zu rekonstruieren: Wer denn, wenn nicht Schütz, wird dem Kurfürsten zu diesem Zeitpunkt empfohlen haben, sich anderwärts zu bedienen? Johann Georg ist gewiß nicht darauf verfallen, sich über den Kopf seines Hofkapellmeisters hinweg an den florentinischen Hof zu wenden und um die Zusendung der ersten italienischen Oper »Dafne« von Ottavio Rinuccini mit der Musik von Jacopo Peri zu bitten, die einst im Süden so viel intellektuelles Aufsehen erregt hatte. Kursachsen, heißt es, stand mit Florenz in Verbindung, doch der Wunsch war ausgefallen. Die Kuriere, die sofort ausgesandt wurden, haben in den unsicheren Zeiten des

Krieges ein gutes Vierteljahr für den Hin- und Rückweg gebraucht, aber Text und Partitur trafen wohlbehalten in Dresden ein. Bei näherem Zusehen wird man sich gefragt haben, was man mit einer italienischen Oper anfangen sollte, deren verschlungene Handlung meist hinter der Bühne spielte, durch Erzählung wiedergegeben wurde und von der Mehrzahl der Zuschauer und Zuhörer gewiß schwer verstanden werden würde. Einer besseren Lösung kam nun der Zufall zu Hilfe: Die Hochzeit mußte wegen eines unvorhergesehenen Thronwechsels in Darmstadt – Ludwig V. starb 1626, und sein Sohn wurde als Georg II. Landgraf von Hessen – um ein Jahr verschoben werden, und so blieb genügend Zeit, von der italienischen »Dafne« eine brauchbare Übersetzung anfertigen zu lassen. Wieder wußte Heinrich Schütz Rat. Er empfahl, was nahelag, den Dichter Martin Opitz mit der Übersetzung zu beauftragen.

Kein namhafterer und kein geeigneterer Autor hätte zu diesem Zeitpunkt aus dem Gebüsch hervortreten können, um seine Rolle in dieser Geschichte zu spielen: es gab keinen, Schütz wußte keinen. Zudem befand sich Opitz in erreichbarer Nähe, er hielt sich aus wer weiß welchem Grunde 1626 im albertinischen Hoflager auf und besuchte wieder einmal August Buchner in Wittenberg. Der Hof trug ihm den Auftrag an, und Opitz fand eine Gelegenheit, sich erneut wirkungsvoll literarhistorisch in Szene zu setzen, was unter all seinen Talenten das ausgeprägteste war.

Sein Ruhm war, auch das wird der Hof bedacht haben, seit seinem »Buch von der deutschen Poeterey« ins Kraut geschossen, und was sich darin am auffälligsten kundtat, war eine gute Meinung. Es hat niemals, oder sagen wir vorsichtiger: es hat selten unter den Deutschen einen so berühmten Schriftsteller gegeben, der so mittelmäßig begabt war, und das spricht gewiß gegen seine Zeit, in der niemand ihm den Rang streitig machte. An den 1616 geborenen Schlesier Andreas Gryphius, der im Generationenabstand von etwa zwanzig Jahren kurz nach ihm hervortrat, reicht er so wenig heran wie an das gewaltige Urtalent des Hans Jakob Christoffel von Grimmelshausen, von dem Schütz nur noch in seinen letzten Lebenstagen etwas gehört haben kann. War Schütz unter den ungünstigen Umständen eines Zeitalters im Übergang eine tra-

gische Größe, ein Daidalos, der sich Flügel erfinden mußte, oder
ein Sisyphos, der den Stein wälzte, so war Opitz ein Betriebsunfall,
der sich im richtigen Augenblick ereignete, um genug Aufmerksamkeit zu erregen. Seiner Eloquenz fehlte es an Tiefe. Nur Pietät
kann einen hindern, nicht auch die aus traurigem Anlaß rührenden
Verse zu Magdalenes Tod herzlich schlecht zu finden: Kann man
einem Schütz von seiner kurzen, glücklichen Liebesehe in schwä-
cheren Worten sprechen als »von der angenehmen Zeit, welche du
mit ihr genossen«? Wer wird sich so krampfhaft zum Leben auf-
schwingen, daß er »an die blauen Wolken klimmen« will, die, wenn
sie blau sind, gewöhnlich mit Hagel und Gewitter drohen? Was
bedeutet die »Kunst gelehrter Saiten«? Opitz übte die Kunst gelehrter Schreibfedern, doch alles, was er sagte, wußten die andern im
Grunde schon lange selbst; er sagte es nur lauter und mit der
steifleinenen Freude derjenigen, die hinter eine Binsenweisheit
gekommen sind und alle Welt daran teilhaben lassen wollen, worauf
die Welt auch prompt hereinfällt und der Ruf erschallt: Er hat's! Er
hat's! Dergleichen ereignet sich immer wieder. Das »Buch von der
deutschen Poeterey«, dessen Wirkung man sich kaum erklären
kann, außer daß es zur rechten Zeit erschien, enthält die Binsenweisheit, daß eine deutsche Poesie sein müsse, eine hochdeutsche,
eine von Überfremdung gereinigte, wofür schon ganze Gesellschaf-
ten warben – und empfahl eine von den Franzosen und den Latei-
nern abgeguckte Metrik. Die Trivialität an die Spitze, und die
eigenen Ideen folgten, und mit ihnen schlug er jedesmal daneben.
Aber er war ein ausgeprägtes Form- und Sprachtalent, das durch
Artikulationsfähigkeit auffiel – und durch Zufall zur Stelle war.
Und er sah mit schwarzem Haar, schwarzen Augenbrauen, flinken
kleinen Augen und elegantem spanischen Bart (schwarz) im feinge-
modelten Gesicht wie ein hochbezahlter Schauspieler oder Diplomat aus, eine Mischung aus Don Juan, Don Quijote und kaiserli-
chem Rat, dabei fleißig, entgegenkommend und galant, kurz: er
wirkte angenehm und war jederzeit willkommen.

Opitz war 1597 als Sohn eines Metzgers und Ratsherrn im
schlesischen Bunzlau geboren. Er diente allen – den Schlesiern, den
Sachsen, den Kaiserlichen, den Schweden und den Franzosen, den

Katholiken und den Protestanten, er hatte ein friedfertiges Verhält-
nis zur Macht, für das er bei Heinrich Schütz zunächst durchaus
Verständnis und Sympathie gefunden haben kann. Nach juristischen und philosophischen Studien in Frankfurt an der Oder und
Heidelberg flüchtete er 1620 vor dem Krieg nach Holland und ein
Jahr später nach Jütland, 1622 wurde er Gymnasialprofessor in
Siebenbürgen und 1623 Rat des Herzogs von Liegnitz. Von Kaiser
Ferdinand II. wurde er 1625 mit dem Dichterlorbeer gekrönt, und
unter dem Namen »der Gekrönte« wurde er auch Mitglied der 1617
entstandenen »Fruchtbringenden Gesellschaft« zur Pflege der deutschen Sprache. Als er 1626 mit der Arbeit an der »Daphne« begann,
trat er – als Calvinist – in die Dienste des katholischen Burggrafen
und gegenreformatorisch gesinnten Kaiserlichen Kammerpräsiden-
ten von Breslau, Karl Hannibal von Dohna. Ein Jahr darauf wurde
er vom Kaiser in Prag als »von Boberfeld« geadelt. 1630 ging er nach
Paris, 1633 war er noch einmal Diplomat im Dienste der Herzöge
von Liegnitz und Brieg und zog 1636 nach Danzig, wo er sich 1639
auf der Straße mit der Pest ansteckte und im Alter von nur einund-
vierzig Jahren starb.

Reife blieb ihm versagt, Bewunderung nicht, da er außer form-
strengen Gedichten, die anfangs durchaus Kraft besaßen – seine
Schilderungen des Kriegs und der Pest in Bunzlau mögen als solche
Ausnahmen gelten – auch Übersetzungen und Bearbeitungen von
Sophokles bis Seneca vorlegte und ein historisches Frühtalent in der
Verbreitung und poetologischen Untermauerung seiner eigenen
Dichtungen und Absichten war. Sein Werk ist umfangreich, und
die »Daphne« nahm er ausdrücklich als Autor für sich in Anspruch,
mit Recht, und das kam so.

Opitz entdeckte die formale Unzulänglichkeit von Rinuccinis
Libretto und schrieb es kurzerhand neu. Zunächst baute er die
vieraktige Schäfer-Oper zu einem fünfaktigen Drama um. Er ließ
Verzierungen weg, konzentrierte den Vorgang und erhöhte die
sinnliche Wirkung und Anschaulichkeit der Handlung, indem er
die Metamorphose, die Verwandlung der Daphne in einen Lorbeer-
baum, von der in Rinuccinis Text nur berichtet wird, als klassische
Katastrophe – nach der Peripetie, der Verfolgung Daphnes durch

Apoll – auf der Bühne stattfinden läßt. Dies und die Einführung
des Cupido sind die wesentlichsten Neuerungen. Von der Szene
Apoll–Daphne auf dem Höhepunkt der Handlung, mit Apolls
beschwörendem Anruf: »Bleib, Nymphe, bleib«, der ja gut
gemeint ist, während Daphnes Flehen, Gott-Vater möge sie zu sich
nehmen oder verwandeln, auf der Angst vor Gewalt beruht, geht
eine gewisse Dramatik aus, die sich schon beim Lesen mitteilt,
während an andren Stellen die Umständlichkeit, Langatmigkeit und
Stimmungsverliebtheit des Librettisten die äußerlich kunstvoll auf-
gebaute Spannung wieder abtötet. Zu viele langstrophige Mono-
loge, zu viele lyrische Elemente dehnen das Ganze ins Oratorische,
manches ist schlicht unverständlich und wirkt wie gequälte Übersetzung, was es auch ist, und auf die Sprache selbst, die Metaphorik
des guten Opitz sollte man besser nur ein schielendes Auge werfen:
»So ist denn nun dem Drachen / Durch meines Bogens Macht /
gestillt der wilde Rachen?« Oder, Apoll zur Daphne: »Ach, ach,
daß für die große Brunst / Kein Kraut wächst auf der Erden!«
Gemeint ist doch wohl: gegen? Wie auch immer, es *war* eine
Dichtung, mit Soli und mit Chören – und jetzt paßte sie nicht mehr
zu Jacopo Peris Musik! Das Ganze stimmte nicht mehr. Man wird
sich am Hof nicht wenig gewundert haben. Jetzt mußte Schütz
heran und die Oper neu komponieren.

Wir wissen nicht, wie. Alle Spekulationen darüber bleiben vergeblich, auch wenn es sich, nach Paul Hankamer, um eine »Zusammenarbeit von literarhistorischer Bedeutsamkeit« handelte: Opitz,
seinen Text und das Metrum verteidigend, belehrend gewiß, wenn
der ältere Freund zu Umstellungen oder Kürzungen riet; Schütz
seinerseits bestrebt, nicht zu perorieren, sondern zu deklamieren,
Wort- und Sinnverständlichkeit herzustellen, der Gefahr ellenlan-
ger Rezitative durch konzertante Soli zu entgehen und das, was
Opitz schön gemacht hatte – eine leise Drachenszene, die Ermahnung der Hirten an das Volk, still zu sein und das Untier nicht aus
dem Schlafe zu wecken –, auch mit aller Feinheit und zum Genuß
der atemlosen und für Apoll bangenden Zuschauer auszuinstrumentieren. Aber wir wissen nicht einmal, ob sich Schütz die
Kenntnis der Monteverdischen »Arianna« oder der Musik Jacopo

Peris zunutze machte und inwieweit er etwa an die Erfahrungen seines Festspiels »Apoll und die neun Musen« anknüpfen konnte, da auch Peris Partitur und das Festspiel verschollen sind: »Daphne«, eine Oper von Heinrich Schütz, bleibt verloren. Die Noten sind verbrannt, und es gäbe, da das Dresdner Hofdiarium von der Hochzeit nicht einmal den Komponisten erwähnt (»den 13. agirten die Musikanten musicaliter eine Pastoral Tragicomödia von der Dafne«), keinen einzigen stichhaltigen Existenzbeweis von Schützens Musik, hätte nicht Martin Opitz in sämtlichen Ausgaben seiner Werke, wohl auch um sich zu schmücken, der Dichtung von »Daphne« eine Widmung in Reimen vorangestellt, deren Überschrift lautet: »An die Hoch-Fürstlichen Braut und Bräutigam, bei deren Beylager daher durch Heinrich Schützen im 1627. Jahre Musicalisch auf den Schauplatz gebracht ist worden.«

Der Schauplatz war Torgau, und die Festlichkeiten anläßlich der Vermählung Georgs II. von Hessen-Darmstadt mit Sophie Eleonora von Sachsen dauerten, mitten im Kriege, ganze zwölf Tage. Vom 21. März bis zum 24. April 1627 blieben die Musiker, Probezeit eingerechnet, in Torgau. Für die Tafelmusik sorgten Schützens Konzertmeister seit 1625, Carlo Farina aus Mantua, und der Hoflautenist Johann Nauwach. Der um 1600 geborene Geiger und Komponist Carlo Farina darf unsre Aufmerksamkeit noch für einen Moment beanspruchen, hat er doch als einer der ersten Violinvirtuosen seinen Namen in die Geschichte der Geigenkunst eingetragen. Von ihm stammen nicht nur einschlägige Kompositionen, bei deren Veröffentlichung er sich rühmte, Geiger des sächsischen Kurfürsten gewesen zu sein, er entwickelte auch schon komplizierte Techniken, beherrschte den Doppelgriff und das Glissando und konnte seinem Instrument bis zum Pfeifen hinter dem Steg und einem durchdringenden Hahnenschrei allerlei Kunststücke entlocken, mit denen er in Torgau noch einmal glänzte, bevor er nach Danzig verzog.

Außer musikalischen Unterhaltungen gab es in Torgau auch Bärenhatz, Ringelrennen und Vorstellungen der englischen Komödianten, die sich ganz unenglisch Treuische Komödienbande nannten. Nach der Torgauer Quartierliste gehörten ihr an: Robertt,

Pickelheringk mit zwei Jungen, Jacob der Hesse, Johann Eydt-
wartt, Aaron der Danzer, Thomas die Jungfrau, Johann, Wilhelm
der Kleiderverwahrer, der Engelender – das kann der Direktor
gewesen sein –, der Rothkopff und vier Jungen. Danach kann man
sich ungefähr vorstellen, wie ihre »Tragikomödie vom Julio
Cäsare« ausgesehen haben mag. Alle diese Künstler und Musiker
waren bei Torgauer Bürgern untergebracht.

Es kann sein, daß sich auch ein junger, gerade erst fünfundzwan-
zigjähriger Maler nach Torgau aufmachte, um wie ein Bildbericht-
erstatter anläßlich des bedeutenden Ereignisses die Köpfe promi-
nenter Zeitgenossen festzuhalten. Sein Name war Augustus John,
geboren war er 1602 in Dresden, später wirkte er in Leipzig und
Hamburg als Maler, Kupferstecher und Medailleur. Ihm verdanken
wir das früheste erhaltene Bild des Heinrich Schütz, einen Kupferstich im Format 15,8 × 10 Zentimeter, den Eberhard Möller erst im
März 1982 in der Zwickauer Ratsschulbibliothek entdeckt hat,
versteckt in einer dreizehnbändigen Sammlung von Stichen. Bereits
auf diesem Porträt, das mit leicht nach rechts gekehrtem Oberkör-
per dem Betrachter den Blick zuwendet, werden die ernsten, fast
angestrengten Züge dieses Mannes, dessen Physiognomie nach dem
Tod seiner Frau sich kaum noch verändert hat, manifest: die
hochgezogenen Augenbrauen, die schwer herabhängenden Augenlider über tiefliegenden Augen. Mit kurzgeschnittenem Haupthaar,
Schnurrbart, Unterlippenbart und schmalem Kinnbart war auch
der modische Habitus für immer gewählt. Schütz trägt auf dem
Stich ein Medaillon mit dem Porträt des Kurfürsten Johann
Georg I., und daß es sich um einen festlichen Anlaß gehandelt
haben muß, darauf deutet die feierliche Halskrause. In Mühlhausen, Dresden oder Torgau: es ist der Schöpfer der ersten deutschen
Oper im Jahr ihrer Uraufführung.

Die Torgauer Fürstenhochzeit war am 1. April 1627, die erste
Aufführung der »Daphne« fand am 13. April abends statt, wahrscheinlich im Tafelsaal des Schlosses Hartenfels bei Torgau, in dem
die Hochzeit gefeiert wurde. Und damit endet die dreißigjährige
Geschichte der beiden Daphne-Opern, die jeweils als »erste«
gelten.

Seltsam, daß beide Musiken, die von Peri 1597 bis auf einen Rest und die von Schütz 1627, verlorengegangen sind, als sollten wir über die wirklichen Anfänge der Gattung Oper für immer im dunkeln gelassen werden. Daß von Schützens »Daphne« nicht eine authentische Note erhalten geblieben ist, hat wohl seine Hauptursache darin, daß sie nie wieder aufgeführt wurde. Sie geriet so vollständig in Vergessenheit, daß die beiden italienischen Kapellmeister Peranda und Bontempi 1671 in Dresden, ein Jahr vor Schützens Tod, sich über das Textbuch von Opitz hermachen konnten, ganze Szenen entlehnten und eine eigene »deutsche« Oper »von Apollo und Daphne« im neu erbauten Komödienhaus aufführten.

Der Versuch von Heinrich Schütz, eine deutsche Oper zu etablieren, ist im ganzen vergeblich gewesen. Es fehlte zunächst an Textdichtern. Opitz und Gryphius, die beiden einzigen, die in Frage kamen, boten keine Handlung, keinen lebendigen Dialog, keine Menschen, deren Schicksal fesselte, sondern glänzende Rhetorik oder tiefe Gedanken, Alexandriner oder barocke Gefühle. Stadens »Seelewig« auf eine Hirtendichtung von Harsdörffer (Nürnberg 1644) ist wohl nicht recht mitzuzählen. Es gab auch zu wenige feste und unabhängige Theater, und die Übermacht der Italiener war zu groß. Die deutsche Oper lebte gegen Ende des Jahrhunderts in einigen kleineren Residenzen zwar noch einmal auf, so durch Johann Philipp Krieger in dem neu errichteten Herzogtum Sachsen-Weißenfels sowie durch die ansbachischen Johann Löhner und Johann Wolfgang Franck, vor allem aber in den 126 Opern des ebenfalls aus der Nähe von Weißenfels stammenden, in Teuchern geborenen Reinhard Keiser, des bekanntesten Komponisten der Jahrhundertwende, der am ersten deutschen Opernhaus in Hamburg seine Triumphe feierte. Die von Heinrich Schütz begründete deutsche Oper hat aber um 1720 endgültig der italienischen weichen müssen, und 1738 hörte sie auch in Hamburg ganz auf. Ihre Tradition wurde so gründlich aufgegeben, daß man anderthalb Jahrhunderte nach Schütz von vorn beginnen mußte, mit der Reform Glucks und dem sich erneuernden Singspiel.

Trost gewinnen

Wir aber können nur über jene Musik von Heinrich Schütz sprechen, die wir kennen. Und diese hat, gestehen wir es ein, für viele Ohren noch etwas Fremdes, den nicht sehr unterhaltsamen Klang einer fernen, versunkenen Welt, als trenne Schütz von Bach und Händel nicht nur das eine Jahrhundert, das man zählen kann, sondern ein ganzes Großzeitalter, ein Kontinent. Wann immer wir das Ende des Mittelalters ansetzen, es scheint ihm, Schütz, näher als die Welt Haydns und Mozarts: täuschende Wirkung einer zeitlichen Perspektive, deren Vordergrund immer größer, deren Hintergrund dagegen verkürzt erscheint. So blicken wir in die Zeit ähnlich wie in den Raum. Das Ferne liegt näher beieinander. Mag in das Werk von Heinrich Schütz auch der Süden hineingeleuchtet haben und in ihm der Mensch an der Schwelle einer neuen Epoche seine Stimme erheben, es ist darin scheinbar jenes labyrinthische Dunkel, mit dem Geschichte verwechselt wird, jener Zustand der Frühe, den Alfred Einstein »Unvollendung« genannt hat: »Die Brücke zwischen alt und neu ist bei ihm offen; man geht über eine Brücke, aber siedelt sich nicht auf ihr an.« Verglichen mit der auf so zeitlose Weise nahen Musik eines Johann Sebastian Bach scheint die Musiksprache eines Schütz, sosehr wir sie bewundern, auf andre Weise zeitverhaftet und gebunden. Irren wir uns oder nicht? Es wäre bedenklich, sich nur auf die »Seelennähe« der Musik von Schütz zu verlassen und darauf zu bauen, es sei – wie Moser sagt – das »Eigentümliche der genialen Leistungen, daß bei ihnen die Zeit ihre abstandschaffende Macht verliert«. Wenn jedoch unser Gefühl dem Verstand nicht immer recht gibt? Der Singende findet zu Madrigalen und Motetten leicht Zugang, und doch sucht der Zuhörende nach einer Erklärung, warum sein Ohr anders reagiert als auf die ihm näherliegende Musik der Klassik. Es gibt solche Erklärungen: »Durch die Herbigkeit und den Ernst der altkirchlichen Kunst fühlen wir uns verletzt, und möchten beides darum gern als Zeichen einer niederen Stufe darstellen, auf der sie gestanden, um mit besserem Gewissen unserer heutigen Kunst in einer jeden ihrer

Hervorbringungen huldigen zu können«, schrieb Carl von Winterfeld 1834 – und daran hat sich in hundertundfünfzig Jahren erstaunlicherweise nichts geändert. Winterfeld meinte insbesondere die Kirchentonarten und damit die Festlegung auf eine innere »Gestimmtheit«, die als ungeschmeidig empfunden wird, während uns nur die Biegsamkeit und Gefügigkeit des künstlerischen Materials als Wesensmerkmal künstlerischer Vollendung und Vollkommenheit erscheint.

Noch einmal: Irren wir uns? Wird uns der Graben zwischen damals und heute, der Abstand, den wir von Schütz haben, nur von einer Zeitstimmung suggeriert, die sich niemals ganz aus der Trauer zu erheben vermag? Ist es nicht die Fremdheit der Tonsprache, sondern der Ernst und Ausdruck dieser Musik? Berühren uns die alten Kreuzigungen und Kreuzabnahmen nicht ähnlich? Da geht ein düstrer Zug durch die Zeit, deren Kunst noch immer eher der Totentanz ist als die raffinierte Kunst der Höfe oder das menschendeutende Drama Shakespeares. Die Vielen wissen über sich selbst immer am wenigsten: es kommt viel Rätselhaftes, Dunkles und Unheimliches über die Menschen, die fromm sind und dann wieder hemmungslos, die in inniger Versenkung knien und beten – und doch im nächsten Augenblick pfählen, spießen, köpfen, Augen ausstechen und Hände abschlagen; die sich bekreuzigen und gegen den Teufelsglauben zu Felde ziehen und selbst wie die Teufel schänden, brennen, vierteilen und würgen oder, wenn sie dazu unfähig sind, doch Grausamkeit ohnmächtig und als etwas Alltägliches erleben; oder die bestimmt sind, alle Ängste zu durchleiden und selber Opfer zu sein. Das Leiden Jesu: es ist real, keine Allegorie und keine Metapher, sondern empfunden, nacherlebbar und eine Vorstellung von drastischer Anschaulichkeit, es sind gebrochene Schenkel und verrenkte Arme, die Seitenwunde und der Schwamm mit dem Essig. Gewiß wäre es ein Mißverständnis, anzunehmen, dies alles, Leiden und Schmerz, oder bloß das und nichts sonst, drücke die Musik von Schütz aus. Vollkommen verfehlt. Aber sie ist dieser Realität in ihrem komplexen Ausdruck und in ihrer Form der Bewältigung angemessen – so sehr, daß sie auf alles bloß Gefällige verzichtet –, und wenn es schon schwer zu begreifen ist, warum unsre Zeit mit ihrer Vervielfachung von ähnlichem Leid, ähnlicher Grausamkeit und täglich sich überbietender Wiederholung tödlichen Entsetzens keine dem adäquate Kunst hervorbringen will, so könnte es uns doch empfänglicher machen für eine Musik, die dem Kulinarischen, Lukullischen und Konsumptiven so entschiedenen Widerstand leistet wie die von Schütz.

Beispielsweise in dem Opus 4, den »Cantiones sacrae« des Jahres 1625, auf die wir noch einmal zurückkommen müssen, weil sie in ihrer Voraussetzungslosigkeit, Gewagtheit und – Unbekanntheit in der ganzen Musikgeschichte einzigartig sind. Schütz hatte lange vor 1625 an ihnen gearbeitet, sie aber nicht ausprobiert. Alfred Einstein schrieb, man frage sich auch vergeblich, »welchem kirchlichen Zweck ein so reines Künstlerwerk gedient haben kann; es ist nicht nur nicht kirchlich, es steht ganz eigentümlich zwischen den Konfessionen«. Seine interkonfessionelle Glaubensmystik gründet sich auf lateinische Texte eines 1553 erstmals gedruckten Gebetbuches von Andreas Musculus, einem Professor und Generalsuperintendenten in Frankfurt an der Oder, und auf einige eigenartig hineinverwobene, teilweise umgestellte und veränderte Bibeltexte. Abgesehen von der Gewißheit der Rettung, die aus den Schlußstücken, den »Tischgebeten« und dem Vaterunser spricht, erhebt sich daraus ein Klagen und Gottesanrufen, dessen Charakter am besten die Übersetzung der Gesänge vermittelt, die an 33. und 34. Stelle stehen: »Herr, mein Gott, strafe mich nicht in deinem Zorne, verwirf mich nicht auf ewig in deinem Grimm! Hilf, erbarme dich meiner. O sieh an, wie schwach ich bin, heile und stärke mich, denn mein Gebein verschmachtet in Angst und Not, und meine Seele erbebt vor Schrecken. Ach Herr, wie lange noch? Wende dich, Herr, zu mir und errette meine Seele, segne mich, Herr, in deiner großen Barmherzigkeit. / Denn im Tode gedenkt man deiner nicht; wer wird dir in der Hölle danken? Ich bin müde vom Seufzen, mit Ächzen und Weinen verbringe ich meine Nächte und benetze mein Lager mit Strömen von Tränen. Mein Augenlicht ist vor Gram und Weinen trüb geworden, ich bin gealtert über allem bösen Drängen meiner vielen Feinde.« Das sieht dann in der musikalischen Durchführung so aus: Das »Domine, ne in furore tuo arguas me« des 6. Psalms beginnt mit einer chromatisch versetzten, ansteigenden Intervallik, und vor einem Akkordhintergrund ist seine changierende Harmonik nicht einfach auf eine Tonart zu bringen, kein reines G-Dur herrscht, sondern »ein verkapptes g dorisch, das seine Dominanten und Parallelen vorausschickt« (Moser). Die Fortsetzung in dem »Quoniam non est in morte« kann man mit Moser ein noch größeres »Neuigkeitswunder« nennen: Tenor und Alt folgen dem Baß in Terz-Sext-Parallelen, der Sopran schweigt. Die Seele windet sich.

Seltsam, wie schwer sich auch bei den »Cantiones sacrae« die Sprache immer getan hat, Musik über das Technische hinaus zu beschreiben, und wie erheblich die Urteile, auch wenn sie sich über die Außerordentlichkeit dieser Kompositionen einig sind, in ihrer Begründung dann auseinandergehen. Hat Hans Christoph Worbs recht, wenn er schreibt, dieses Opus 4 sei »das Werk eines jugendlichen Revolutionärs, eines Künstlers, der als selbstbewußter Ich-Mensch in einer stark affekthaften kühnen Tonsprache seinem leidenschaftlich aufgewühlten Ich einen Spiegel vorhält«? Oder klagt die vom Bewußtsein der Sünde gepeinigte Menschenseele nicht gerade aus der Tiefe, Stille und spiegellosen Andacht der Meditation, nicht der Leidenschaft? Für Otto Brodde ist auch diese Musik nur eine andre, übersetzte Erscheinungsform des Wortes, bei allen sprechenden Rufen, die sich darin nachweisen lassen, trotz gelegentlicher Tonmalerei und oft willkürlich anmutender Überschreitungen alter Kompositionsregeln: »In der Hauptsache aber sind die expressiven Abbilder und madrigalischen Sinnbilder sowie das ganze Reservoir der gleichnishaften Figuren musikalische Analogie der meditativen Schau, dem Wesen der Meditation entsprechend eingesetzt, um die Erkenntnisse des subjektiv betenden Betrachtens anzudeuten, Mittel, die Dimension der Tiefe in die Musik zu übersetzen.« Anders gesagt: Gewagtes bricht nicht nach außen hervor und ist nichts Veräußerlichtes, sondern vermeidet gerade das Ungestüme und Übersteigerte im Einsatz klingender Bewegungsvorgänge; es introvertiert zu einer komplizierten Gelassenheit des Vortrags.

Im einzelnen ist das fast unauslotbar. Schütz beginnt seine vierzig
Cantiones mit den chromatisierten Sextakkorden des »O bone, o
dulcis«, eingestimmt auf d-Moll mit einem fein und unaufdringlich
herausmodulierten Dur-Schluß (der den Schluß des »Da pacem,
Domine« so wenig authentisch erscheinen läßt); er bedient sich
häufig fugierender Einsätze, wie im »Deus misereatur« (Nr. 3) und
dem »Heu mihi, Domine« (Nr. 13); er hebt in den mit Continuo
arbeitenden Stücken (wie Nr. 15 oder 35) die harmonische Vielfar-
bigkeit mit besonderer Absicht und besonderem Effekt heraus,
während er in andren Gesängen, die sich fast ganz auf das Stilmittel
kontrastierender Motivfiguren verlassen, darauf gänzlich verzichtet. Halbtonschritte, wie wir sie als »Hoffnungsfiguren« oder
»Seufzer« bei Schütz bereits kennen, führen oft sinnbildlich und
anschaulich aus der Stille heraus und wieder in sie zurück. Offen
und verdeckt wird auch die Kreuzesfigur (h-c-gis-a) eingesetzt. Das
instrumental reich ausgeführte »Quoniam ad te damabo« (Nr. 10),
das wie einige der Intraden den bedeutenden Instrumentalkomponisten zeigt, hat beinah schon etwas Bachisches. Dann wieder
Gestaltungsmittel von fast archaischer Natur, wie das Schlangen-
motiv (»serpentem in deserto exalta«) in dem überwältigenden
Chorwerk »Sicut Moses serpentem« (Nr. 16). Es wechseln die an
Kirchentonarten angebundenen Dur-Schlüsse mit den Halbschlüs-
sen auf Moll, die phrygisch oder lydisch verharren – Unruhe,
wohin man hört, Unruhe im Leisen, Gebändigten. Querstände,
verminderte Intervalle und der schwächere Plagalschluß: alles das
sind Mittel, um keine musikalische »Zufriedenheit« der Seele auf-
kommen zu lassen. Brodde meint: »Man übertreibt kaum, wenn
man sagt, daß Schütz in den *Cantiones sacrae* alle Möglichkeiten der
madrigalischen Ausdruckskunst anwendet, die vokal ausführbar
sind. Dabei wagt er sich bis an die Grenze des Artistischen, wenn
solches Wagnis dem Ausdruck dient.« In der Tat ist selten so riskant
komponiert worden, und die Grenzen des vokal Ausführbaren, die
Brodde mit Grund bemerkt, zeigen noch etwas andres an: Nicht
nur wegen der lateinischen Sprache oder wegen der Nichtbeachtung
des ekklesiastischen Kanons, auch in ihrer musikalischen Textur
heben sich diese Werke von allem Orthodoxen ab; sie sind, von

heute aus gesehen, schon ein Stück absoluter Musik, so paradox das in diesem Zusammenhang klingen mag. Das Ohr kann ihnen oft gar nicht anders folgen als etwa den musikalischen Verläufen in der »Kunst der Fuge«.

Ist ein Mann der individualisierten Chormystik, der ins Introvertierte gebannten Wagnisse, überhaupt fähig, Lieder zu schreiben? Wie hält es Schütz mit der einfachen Melodie? Das ist ein alter Streit. Die einen haben nachweisen wollen, daß er doch als einer der großen Liedschöpfer seiner Zeit gegolten habe, wofür sie gewöhnlich die Verse Paul Flemings (aus einem Gedicht an Johann Klipstein) anführen: »Wenn Schützens Lieder klingen, / so wächst des Sachsens Lust.« Ein erstaunliches Kompliment, mit dem Fleming aber doch wohl mehr auf die Beliebtheit Schützens im ganzen und das faszinierend Neue seiner Musik gezielt hat als auf irgendwelche Lieder, die die Sachsen zu ihrer Lust geschmettert hätten. Keins davon ist so leicht singbar, daß es volkstümlich geworden wäre. Zwar gibt es eine Reihe weltlicher Madrigale und Liedkompositionen aus den mittleren Jahren, vorwiegend aus der Zeit der ersten Begegnung mit Martin Opitz und der Arbeit an der »Daphne«, doch kann man daraus nicht unbedingt schließen, daß noch mehr schöne, verlorene Musik dieser Art vorhanden gewesen sein muß. Die melodiöseste seiner Lied-Erfindungen gelang Schütz in »Tugend ist der beste Freund« (SWV 442) nach Martin Opitz, zwischen 1621 und 1629 entstanden, worin sich auch der Instrumentalkomponist als souveräner Meister des Satzes zu erkennen gibt. Anzuführen wären weiterhin die einfache Fughette »Glück zu dem Helikon« (SWV 96) nach einem beschwingten Strophenlied von Opitz, das madrigalisierende »Läßt Salomon sein Bette nicht umgeben« (SWV 452), Text von Opitz, und im ernsten Genre der sehr liedhaft anhebende Grabgesang »Kläglicher Abschied« (SWV 52) von 1622/23 nach einer eigenen Dichtung. Doch schon die musikalische Umsetzung einer so spielerisch-lasziven Vorlage wie des Opitz-Gedichts »Nachdem ich lag in meinem öden Bette«, die doch mit dem Einfangen des Liebsten und der heiteren Warnung: »So große Lust ihr habt zu'n Reheböcken, / Ihr Töchter Solyme, / So wenig sollt ihr meinen Liebsten wecken, / Bis daß er

selbst aufsteh« einen Liedermacher zu etwas Populärem hätte herausfordern müssen, zeigt wieder, worauf es Schütz in Wahrheit
ankam: Sopran und Baß wechseln nicht nach der gesprochenen
Rolle, sondern nach der Stimmung des Textes, und ein kunstvoll
madrigalisierendes Gebilde entsteht (SWV 451), vielleicht artifiziell
nur noch übertroffen von dem durchkomponierten Strophenlied
»Itzt blicken durch des Himmels Saal« (SWV 460), Text von Opitz,
das nach einer gefälligen Einleitung und zweien von den Sopranen
vorgetragenen Liedversen ohne jedes Zugeständnis, ohne jede dem
Ohr hilfreiche melodische Wiederholung balladesk fortfährt und
ins Madrigalische übergeht. Das spät wiederaufgefundene Voll-
madrigal »Vier Hirtinnen, gleich jung, gleich schön« (SWV
Anh. 1), teilweise autograph überliefert, kann ich so einfallsreich
nicht finden; es ist eine sehr frühe oder jedenfalls recht schwache
Gelegenheitskomposition.

Es haben wohl doch jene anderen recht, die annehmen, daß
Heinrich Schütz eher abschätzig vom Lied gedacht hat. Wenn er im
Vorwort zum Beckerschen Psalter beiläufig sagt, »daß fast kein
Musicus ist, welcher nicht etwa eine Melodey aufsetzen könnte«, so
kann das heißen, daß er mit ihnen gar nicht erst konkurrieren
wollte. So hat er zwar Heinrich Albert, Johann Nauwach, Kaspar
Kittel, Johann Hermann Schein, Adam Krieger, Philipp Stolle und
Johann Theile zu Freunden und sogar zu Schülern gehabt – alles
bedeutende Liedkomponisten, deren volkstümliche Weisen noch
heute gesungen werden, ohne daß wir an die Namen ihrer Schöpfer
überhaupt denken –, ihm selbst blieb der Nachruhm eines ersten
deutschen Liedersängers in einer langen Reihe großer Meister
indessen versagt, wobei ein letztes und endgültiges Urteil an den
Lücken des Überlieferten scheitern muß.

Diejenigen, die Schütz eine spezifische Begabung für die eingängige und langlebige Liedweise absprechen, oder jedenfalls Lust und
Liebe dazu, können sich auch auf den Beckerschen Psalter berufen,
der eine musikalische Tat von beeindruckenden Dimensionen war –
vergleichbar der Übersetzung eines Evangeliums –, dem jedoch ein
langes und dauerndes Überleben, vergleichbar mit den anderen
Hauptwerken des Dresdner Meisters, versagt geblieben ist. Es sind

aus den allzu gescheiten Kantionalsätzen für den Gemeindealltag –
»so köstlich sie zum Teil in Melodie und harmonischer Einkleidung
sind«, um mit Einstein zu sprechen – keine geistlichen Volkslieder
geworden. Dabei erfüllten sie zunächst durchaus ihren hohen
Zweck, Vermittler theologischer, religiöser, christlicher Inhalte zu
sein.

Das war auch der Ausgangspunkt. Der Leipziger Theologiepro-
fessor Cornelius Becker, ein Mann von schulmäßiger Trockenheit,
aber nicht unbegabt, mit feinem Instinkt für das Mittel musikalischer Seelsorge, hatte 1602 einen in Reime gesetzten Psalter veröffentlicht, der auch Texte Luthers enthielt. Zu den sieben Melodien
Luthers gab er 143 hinzu, gebräuchliche Choralmelodien, die zwar
Inhalte ähnlicher Art beim Singen evozierten, deren Ungenügendes
Schütz jedoch empfand, da die Lieder ja »mit geborgter Kleidung«
daherkamen. Beckers Psalter war ein lutherisches Gegenstück zu
den Nachdichtungen des Calvinisten Ambrosius Lobwasser (1573),
und wie Moritz von Hessen diesen ergänzt hatte, so unternahm
Schütz, nachdem Sethus Calvisius es schon 1605 einmal mit eigenen
Melodien versucht hatte, eine umfangreiche Auswechslung und
Ergänzung der Choralweisen. Zunächst erfand er neunzig Melodien, »nicht von großer Kunst und Arbeit«, wie er meinte, aber mit
der für ihn typischen Polymetrie. Es entstanden also keine einfachen, isometrischen Gebilde, sondern Chorlieder von rhythmi-
scher Vielfalt, und auch vom Kantionallied, wie es Melchior Vulpius, Johann Hermann Schein und Melchior Franck pflegten,
wichen diese Schöpfungen ab, da Schütz auch die holpernden Texte
zum Teil nicht ungeschoren ließ. Einige Lieder hat Schütz schon
vor dem Erscheinen mit den Kapellknaben geprobt, 1626 hatte er
bereits 101 neue Melodien geschaffen, unter Einschluß des Respon-
soriums am Schluß 102, aber nicht 103, wie der Titel angibt. Das
letzte Drittel entstand nach der Erstveröffentlichung des Psalters in
den Jahren zwischen 1640 und 1661, Schütz fügte 58 Melodien
hinzu, und das waren dann unter Weglassung einer Melodie aus der
ersten Fassung insgesamt 158 plus Responsorium. Diese vierstimmigen geistlichen Lieder befriedigten das Bedürfnis der Gemeinden, die auf jeden Text eine eigene, zugehörige Melodie anstimmen

wollten. Der Psalter hatte nur den Nachteil, daß einer der »geistig-sten Musiker« ihn schuf. Spätere Gesangbücher gaben nur noch die Oberstimme wieder, und auch damals sang man die Lieder schon einstimmig; man führte sie wie Sololieder mit Generalbaß aus, und die Ausgabe von 1661 bestätigte durch die Beigabe des Generalbasses nur eine Gewohnheit.

Die Vertonung des Beckerschen Psalters als Gegenstück zum Lobwasser-Psalter kann man als hochpolitische oder doch zumindest glaubenspolitische Angelegenheit betrachten, da sie den Lutherischen gab, was die Calvinisten schon hatten, und dies immerhin mitten im Krieg, den man zu dieser Zeit noch als einen Glaubenskrieg empfand. Schütz wird es bedacht haben.

Die Arbeit an dem Beckerschen Psalter hatte aber noch einen sehr persönlichen Hintergrund, den man nicht außer acht lassen darf: sie diente ihm, selbst Trost zu gewinnen nach dem Tod seiner Frau. Als ihn dieser Verlust traf, vertiefte er sich ganz in den Psalter. In der Beschäftigung mit dem Wort und seiner Umsetzung suchte er Heilung vom Schmerz und Genesung von seinen seelischen Wunden. In der Vorrede an die Fürstin Hedwig, die Witwe Christians II., bekennt Schütz vor aller Welt: »Daher ich dann [...] an diese Arbeit als eine Trösterin meiner Traurigkeit allerwilligst gangen bin.« Und so erinnert denn auch der Widmungstag, der Tag der Erstveröffentlichung: 6. September 1627, an den Todestag seiner Magdalene. Im übrigen war die Zueignung an die Kurfürsten-Witwe auch ein Zeichen seiner schuldigen Dankbarkeit für die Wohltat, die sie ihm 1627 beim Erwerb seines Hauses erwies, »nebst dem Lobe Gottes, dahin alle christliche Arbeit zuvörderst billig gerichtet wird«.

Die Geschichte des Psalters ist merkwürdig. Seine Melodien waren anfangs durchaus beliebt, man akzeptierte sie, auch wenn sie an der oberen Grenze jedes Gemeindegesangs lagen. Die zweite Auflage druckte 1640 der Herzog Adolf Friedrich von Mecklenburg zu Güstrow (was die Annahme nahelegte, Schütz habe den Herzog auf seiner Reise nach Dänemark 1633 besucht), die dritte Auflage ließ Johann Georg II. 1661 in Dresden herstellen. Sie enthielt alle jene Ergänzungen und Vervollständigungen, die Schütz

zwischen 1640 und 1661 geschaffen hatte. Johann Georg II. scheint
sogar mit dem Gedanken gespielt zu haben, den Beckerschen
Psalter in allen Kirchen Sachsens einzuführen. Bei Schützens Tod
wurde aus ihm noch gesungen; in Geiers Leichenpredigt heißt es,
»wöchentlich werden noch alleweil seine herrlichen Melodeyen
über den Psalter Davids gebrauchet«, und zwei Jahre nach des
Meisters Ableben gab sein Schüler Christoph Bernhard eine vierte
Auflage heraus. Dann verstummte der Psalter allmählich, doch
außer in Dresden gelangten in Weimar, Weißenfels und Zeitz noch
bis 1712 Weisen des Beckerschen Psalters in die Gesangbücher, so
daß auch Johann Sebastian Bach sie noch gesehen und gehört hat.
Populär sind sie freilich nicht geworden, dazu war ihre musikalische Faktur zu intellektuell. Es gibt sie noch bis in unsre Tage, wenn
auch nur in verschwindend geringer Zahl und als versteckter Not-
behelf zu anderen Texten, was ihren ursprünglichen Zweck auf den
Kopf stellt. Das lange gebräuchliche Gesangbuch für die Provinz
Sachsen und Anhalt von 1931 wies unter 280 Singweisen noch eine
einzige von Heinrich Schütz auf, und zwar »Der Herr ist König
überall«, und im Evangelischen Kirchengesangbuch der bayerischen Landeskirche von 1957 sind es deren sechs, in originaler
Gestalt allerdings nur »Wohl denen, die da wandeln«, aus der
Ausgabe von 1661.

Trotz aller Kantionalsatzkünste seiner Nachfolger: Schütz hat
damals Trostarbeit geleistet und nicht nur für sich selbst; er hat den
Gemeinden, die in den Zeiten der Glaubensverfolgung und der
Kriegsnöte nach dem Wort Gottes hungerten, in ihrer Landes- und
Muttersprache gegeben, was sie brauchte. Das darf man bei allen
übrigen Ehrgeizen, die man nun einmal für einen großen Komponisten empfindet und die nicht enttäuscht werden wollen, nie vergessen. Es kam ihm in erster Linie auf die Vermittlung des Wortes an,
nicht auf die eingängige Melodie. Auch die der Ausgabe angehäng-
ten »Zwo Erinnerungen an den gutherzigen Leser« aus der Feder
des Komponisten schließen nicht mit einer Anweisung zum guten
und rechten Singen, sondern mit einer Tröstung im Glauben: »Der
getreue Gott wolle zu diesen letzten betrübten Zeiten sein heiliges,
reines, unverfälschtes Wort in Kirchen, Schulen und bei einem

jedweden Hausvater in seinem Hause, wie durch reine gottselige
Lehrer als auch durch geist- und trostreiche Lieder und Psalmen
reichlich wohnen lassen, bis zu seines lieben Sohns, unsers Erlösers
und Seligmachers gewünschter Zukunft, damit wir desselben in
Liebe, Geduld und fröhlicher Hoffnung erwarten und zu derselben
stets bereit erfunden werden mögen. Amen.« So steht es, so sprach
der Prediger in ihm, ein Musicus theologicus, der sich Luther im
Wort wußte.

Wieder nach Italien

Heinrich Schütz im Jahr 1627: ein Mann von zweiundvierzig, der
Veränderung suchte. Wollte er aus den immer enger und unwirtli-
cher werdenden Verhältnissen ausbrechen? Es gibt Anzeichen, daß
er schon jetzt oder bereits seit längerem den Wunsch hegte, Sachsen
für einige Zeit zu verlassen. Aber zuerst hinderte ihn die Torgauer
Fürstenhochzeit daran, danach ein Besuch des Kurfürsten auf
Schloß Osterstein in Gera, wo Schütz, der Johann Georg I. auf
seiner Reise begleitete, den reußischen Heinrich postumus wiedersah, und schließlich die hinhaltende Taktik des Kurfürsten selbst,
der sich gegenüber den Reisewünschen seines Hofkapellmeisters
taub stellte. Daß Schütz nicht die Absicht hatte, für immer wegzu-
gehen, zeigt ein Wohnungswechsel: 1627 gab er die alte Dresdner
Wohnung auf, die ihn an so viel Trauriges erinnerte, an verlorenes
Glück und schmerzlichen Abschied, und erwarb mit Hilfe einer
Hypothek der Kurfürstin Hedwig das mit einem prachtvollen
Erker geschmückte Haus am Dresdner Neumarkt 12 (später, als der
Eingang verlegt wurde, Frauenstraße), das er bis 1657 bewohnte.
Veränderungswunsch oder Bedürfnis, sich für das, was noch zu tun
war, fester im Hiesigen zu begründen? Auch die Reisepläne ent-
standen nicht aus Sehnsucht nach Fremde, Ortswechsel oder »etwa
aus Leichtsinnigkeit um einer einzigen Lust oder Spazierenziehens

willen«, wie Schütz sich im April 1628 rechtfertigte, sondern »aus Antrieb verhoffentlich eines bessern Geistes«, aus dem Gefühl, sich noch einmal in Italien, woher Gerüchte über einen neuen Musikstil gedrungen waren, umhören und umsehen zu sollen, aus der Notwendigkeit, hinzuzulernen, sich an Fremdem zu vergleichen und sich ständig von außen und innen zu erneuern. Denn wer kegelt, muß auch aufstellen.

Es ist ein Augenblick widerspruchsvollster Empfindungen, von vitalem Lebenswillen und melancholischer Skepsis, eine Mischung aus Schaffensfreude und Weltsorge, die aus dem sechs Jahre später gemalten Porträt, wenn es denn er sein sollte, sogar noch ablesbar ist. Eine mündliche oder schriftliche zeitgenössische Schilderung gibt es ja leider nicht, oder was würde man zu folgender sagen: »Seine verblüffend lebhaften braunen Augen starren manchmal ernst, beinahe schmerzhaft vorbeihuschende innere Schatten an. [...] Die spitze Nase in diesen feinen Zügen, die Wangen, auf denen Licht und Schatten ruhen, das kleine entschlossene Kinn, die gefurchte Stirn, deuten auf eine Seele, die zwischen Sorge und Genugtuung schwankt, die zwischen der Freude am Dasein, der Freude, so zu sein, und dem Bestreben, sich emporzuschwingen und das innere Leben hinauf ins ewig Neue, Unerreichbare zu tragen, zögert. [...] Er ist nicht zersplittert, verzettelt sich nicht. Vom Horizont aus, der ihn scheinbar widerstandslos anzieht, versäumt er nicht, über die Schulter einen Blick zu werfen.« Was ist das? Es stammt von Félix Bertaux, geschrieben 1925 über Thomas Mann...

Schütz wußte, daß er seine Rolle nicht durchhalten, seine Aufgabe nicht erfüllen konnte ohne Eintauchen in die Welt, ohne innere Erneuerung und Berücksichtigung aller Strömungen, die sich im Zeitalter regten. Es gab Noten, gewiß, aber es gab keine zuverlässige Übermittlung von Wirkungen, von Zustimmung und Ablehnung, vom musikalischen Leben, von der Atmosphäre, in der alles gedieh. Das muß Schütz zusätzlich beunruhigt haben, spürte er doch so etwas wie eine Verpflichtung, auf der Höhe der Zeit zu bleiben. Daher auch der Nachdruck, mit dem er auf seiner geplanten Reise bestand. Kaspar Kittel, der Sänger und Theorbenspieler, hielt sich schon ein paar Jahre in Italien auf, er lernte in der römischen Schule bei Frescobaldi und Carissimi, und der Kurfürst bezahlte seine Studien.

In Schützens Briefe kam zum erstenmal ein Ton von Ungehaltenheit, den wir von jetzt an häufig antreffen werden: »Denn wenn diejenigen, welche ihre zeitlichen Güter gerne erweitern wollen, bei Eurer Kurfürstlichen Durchlaucht sich manchmal fleißig bemühen tun, warum sollte nicht auch um dasjenige, was zur Fortsetzung meiner erlernten freien Kunst und anderen Tugenden mir dienlich ist, ich mich mehr als einmal untertänigst bewerben«, heißt es im Memorial vom 22. April 1628. Was für eine Sprache! Es ist die Sprache des selbstbewußten freien Künstlers, eines der ersten und eines Ahnherrn aller bis auf den heutigen Tag. Wen meinte er wohl mit denjenigen, die ihre zeitlichen Güter gern erweiterten und sich offenbar auch mit Erfolg darum bemüht hatten? Und, wenn er sich »mehr als einmal« bewerben mußte, wie oft hatte er es schon getan?

Seinen ganzen Ärger in Musikanten-Angelegenheiten hatte er sich schon an Palmarum 1628 von der Seele geschrieben, in einer Eingabe, die er – ein schönes Zeugnis seiner Solidarität mit den ihm Untergebenen – im Namen aller Instrumentisten und Sänger aufsetzte und mit der er dem Kurfürsten »zu Gemüt« führen wollte, daß er den Musikern »bisher auf Abschlag ihrer Besoldung wenig, sonderlich denen, welche nicht mit zu Mühlhausen und Torgau gewesen, binnen Jahresfrist nicht viel über 1 Monat gereichet worden« und daß daher der Mangel groß sei, weshalb man bitte, sie gegen das herannahende Osterfest gnädigst mit etwas versehen zu wollen.

Die Zuständigkeiten und Personalfragen wurden von Schütz peinlichst genau geordnet, damit man ihm nichts vorwerfen konnte, und noch im ersten Brief aus Italien hielt er darauf, der Kurfürst solle seine Stelle auch »von niemand betreten oder berennen«, sondern ihm »eröffnet stehen und verbleiben lassen«. Im Memorial vom 22. April beruhigte er den Kurfürsten außerdem hinsichtlich der Gefahren unterwegs, »deren kein Mensch auch in seinem eignen Haus versichert ist«. Er reise in starker Gesellschaft und werde sich in acht nehmen. Und dann folgt noch diese eindringliche Warnung: Wenn ihm jemand beim Kurfürsten, auch in guter Absicht, zu reisen hinderlich sein wolle, so würde dieser Jemand seine, Schützens, »wohldisponierten Gedanken nur perturbieren« und ihn auf schändliche Weise um so viel Zeit bringen, in der er mehr als einmal eine so nützliche Reise unternehmen könne... Das scheint den Kurfürsten nun doch entwaffnet und seinen Widerstand gebrochen zu haben, denn was hieß denn das, seine Gedanken verwirren und ihn um die Zeit bringen? Der Mann war in der Lage, sich bei Abweisung seines Gesuchs zu verweigern! So ließ Johann Georg ihn im Spätsommer 1628 ziehen.

Seine Reise, so schrieb er dem Kurfürsten nach seiner Ankunft in Venedig, habe bis »in die zehnte Woche gewährt«. Da waren also gefährliche Gegenden zu umgehen, in denen Landsknechte marodierten, und Städte zu meiden, die von Seuchen heimgesucht wurden. Vor allem aber hatte er »wegen der zum Teil in Deutschland und dann sonderlich an den venezianischen Grenzen gesperrten Pässe nach Venedig nicht eher als vor wenig Tagen erst gelangen können«. Wann war das? Der Brief ist aufschlußreich datiert, es heißt nämlich »am 3. Novembris newes Calenders«, und das kann nur bedeuten, daß man in Dresden immer noch nach dem alten, julianischen Kalender zählte. Wenn man nun »vor wenig Tagen« auf den 30. Oktober ansetzt, denn gestern oder vorgestern wird es nicht gewesen sein; wenn man davon zehn Wochen gleich siebzig Tage Reise abzieht, so kommt man auf den 21. August. Davon den Kalendersprung von zehn Tagen abgerechnet, wären wir beim 11. August. Und wann, schreibt Geier in seinem Nekrolog, sei Heinrich Schütz nach Italien aufgebrochen? Am 11. August! Geier verwendete also zuverlässig alle Lebensdaten, er wußte sie haargenau.

In seinem Nachruf-Gedicht unterstellt David Schirmer, nachdem er von Schützens Trauer um die dahingegangene Magdalene gesprochen hat, ein wenig kühn: »Sein Welschland war sein Arzt. Dies hat nach dem Verlangen / aufs neue wiederum den tapfren Mann empfangen.« Aber es empfing ihn nicht in bester und festlichster Verfassung, jedenfalls Venedig nicht, wo sich Schütz bei »alten Freunden«, die wir leider nicht kennen, aufhielt. Die Republik

Venedig lag im Krieg. Auf einem Nebenschauplatz des großen
Ringens war der Kampf der Großmächte um das Veltlin entbrannt,
einen wichtigen Verbindungsweg, die Franzosen und Spanier standen sich in Italien wegen der Erbfolge in Mantua gegenüber, und
Venedig mußte Mantua gegen die Spanier verteidigen. Richelieu, im
Dienste Ludwigs XIII., hatte die Bühne der internationalen Politik
betreten. Im Innern war Venedig zerrissen durch die Zwietracht
zwischen den Häusern Zeno und Cornaro. Der Doge Giovanni
Cornaro, von 1625 bis 1630 im Amt, hatte das Unglück, seinen
eigenen Sohn zum Tode verurteilt zu sehen, weil er einen Angehörigen der Sippe Zeno ermordet hatte. Der Täter war jedoch aus den
Bleikammern entkommen. Gegenseitige Anklagen vor dem Rat der
Zehn veranlaßten die Staatsinquisition zu grausamer Gewalt, die
den Haß noch vergrößerte. Man kann sich vorstellen, welche
Stimmung in der Stadt herrschte.

Und Claudio Monteverdi war gar nicht in Venedig. Er war für
längere Zeit verreist.

Das alles mag Heinrich Schütz bewogen haben, sich erst anderwärts umzusehen und sich einiger Aufträge und Pflichten zu entle-
digen, die mit seinem Amt zusammenhingen. Er hatte feststellen
müssen, daß seit dem ersten Mal, da er hier in Italien gewesen, »sich
dieses ganze Werk sehr geändert und diejenige Musik, welche zu
fürstlichen Tafeln, Comödien, Balletten und dergleichen Repräsen-
tationen dienlich ist, sich itzo merklich verbessert und zugenommen hat«, und so bedurfte es großer Umsicht an »diesen Örtern«,
die er – wie schon damals, wir erhalten es wieder bestätigt – von
Venedig aus aufsuchte. Welche waren das wohl?

Einen wichtigen Hinweis erhält man von dem Augsburger Bürger und Ratsmitglied, dem Sammler und Kunsthändler Philipp
Hainhofer, nachlesbar in einer Studie von Oscar Doering aus dem
Jahr 1901. Philipp Hainhofer, 1578 geboren, war schon 1617 einmal
in Dresden gewesen und hatte Heinrich Schütz damals kennengelernt. Der gebildete und kunstverständige Mann, der in Italien,
Holland und Deutschland erzogen worden war und von seinen
Augsburger Mitbürgern außerordentlich geschätzt wurde, kam
1629 in einer hochpolitischen Angelegenheit nach Dresden – nicht

etwa nur, um sich die kurfürstlichen Sammlungen zeigen zu lassen, wie man nach den bisherigen Darstellungen vermuten könnte –, traf aber nach Erledigung seines Auftrags am Hof im bürgerlichen Dresden leider Schütz nicht an, sondern nur Hoë von Hoënegg und die Hofbeamten Reichbrodt und Friedrich Lebzelter. Von diesen erfuhr er Näheres über Schütz und seine Reise: »Des Kurfürsten Kapellmeister ist jetzt in Lombardia, noch mehr musikalische Instrumenta einzukaufen.« Und wo erhielt man diese in der Lombardei? Ein Dresdner Memorial »in Musikantensachen«, das Schütz noch vor seiner Abreise nach Italien verfaßt hatte, gibt auch darüber Auskunft; es heißt darin, daß »das beiliegende Schreiben an Friedrich Lebzeltern wegen Verfertigung [von] 1 Discantgeigen und 3 Tenorgeigen zu Cremona recommandiert werden möge [...], in Betracht auch, daß dergleichen gute Instrumenta, wenn jetziger Meister abgehen möchte, an keinem andern Ort in solcher Bonität zu bekommen sein werden«.

Jetziger Meister aber hieß Amati. Es war einer der beiden Brüder Amati in Cremona. Es lebten damals beide noch, Antonius und Girolamo, die Söhne des Andrea Amati, und auch der von Instrumentenliebhabern am höchsten geschätzte Girolamo-Sohn Nicola, der künftige Lehrer Guarneris und Stradivaris, der die Tradition der väterlichen Geigenbaukunst fortführte und den größeren Ton herausbrachte, war, zweiunddreißig Jahre alt, bereits bei der Arbeit, als Heinrich Schütz, einer der wenigen Komponisten, die jemals in der berühmten Geigenwerkstatt gewesen sind, Cremona besuchte. Die Instrumente, die Schütz in der Amati-Werkstatt bei seinem ersten Besuch in Auftrag gab, soweit sie von Lebzelter nicht schon bestellt waren, hat er dann, wenn man Hainhofers Auskunft folgt, im Sommer 1629 bei einer zweiten Reise nach Cremona abgeholt. Danach hat er sie umgehend von Venedig aus nach Leipzig zum Versand gebracht.

Otto Brodde meint, Schütz könne 1628 auch Padua und Mantua besucht haben, da sie am Wege lagen. Aber Mantua wurde belagert, und in Padua gab es nichts Sonderliches zu entdecken. Wahrscheinlicher ist ein Besuch im nördlicher gelegenen Bergamo bei Alessandro Grandi, der dort an Santa Maria Maggiore wirkte und dessen

Musik Schütz so gut gekannt hat, daß er ihm in den »Symphoniae
sacrae III« von 1650 mit einem Konzert über »Lilium convallium«
(Nr. 9: »O Jesu süß, wer dein gedenkt«) eine Huldigung dar-
brachte, wobei er statt des Marienlieds einen Jubilus des Heiligen
Bernhard aus dem sechzehnten Jahrhundert verwendete.

Wenn Schütz nicht gar in Parma gewesen ist: eine aufregende
Vorstellung, wie sich erweisen wird, denn dann hätte er im Dezember an Ort und Stelle der Uraufführung von Monteverdis »Intermedien« beigewohnt. Falls aber nicht, so traf er Claudio Monteverdi
erst nach dessen Rückkehr Ende des Jahres in Venedig an. Denn an
einer Begegnung, an einem längeren Dialog der beiden ist nicht zu
zweifeln. Der gut unterrichtete Dresdner David Schirmer hat
gedichtet: »Der edle Mont de verd wies ihn mit Freuden an / und
zeigt ihm voller Lust die oft gesuchte Bahn, / daß er sich mit der Zeit
viel höher aufgeschwungen / und seinem Jesu Christ sein Leiden
vorgesungen.« Nun ist dies nicht ganz wörtlich zu nehmen. Weder
hat Monteverde (wie man ihn in Deutschland noch lange Zeit
schrieb) den Sagittarius »angewiesen«, noch brauchte ihm jemand
die »Bahn« zu zeigen, es sei denn des Reimes wegen, und von einem
Lehrer-Schüler-Verhältnis konnte keine Rede mehr sein; der Meister studierte beim Meister, wie der es anders machte. Schütz hat
Monteverdi – im Unterschied zu Gabrieli – auch nie als seinen
Lehrer bezeichnet, dazu war der jetzt Dreiundvierzigjährige dem
Einundsechzigjährigen doch zu nahe gerückt. Andrerseits trennte
die beiden künstlerisch so manches, sie standen sich unausgesprochen in ihrer Grundauffassung von der dramatischen und geistlichen Funktion der Musik fremd gegenüber, was nicht heißt, daß
Schütz von dem älteren, erfahreneren und dennoch stets aufs Neue
versessenen Monteverdi nicht eine Menge »ergreifen« konnte.
Menschlich gab es so manches, was die beiden verband. Monteverdi
hatte mit vierzig Jahren, 1607, seine einzige und sehr geliebte Frau
verloren und nicht wieder geheiratet; seine beiden Söhne Francesco
und Massimiliano bereiteten ihm einigen Kummer. Er kannte den
Streit zwischen den Höfen um seine Person, das Gute und Mißliche
seines Standes und der Förderung von oben. Da Claudio Monteverdi dafür bekannt war, gern und viel über sich und seine Kunst zu

sprechen, so daß ihm einer seiner Kopisten einmal beim Auftraggeber anschwärzte, er käme vor lauter Reden nicht zur Arbeit, wird es dem eher unredseligen Heinrich Schütz nicht allzu schwer gefallen sein, mit ihm ins Gespräch zu kommen.

Monteverdis Wechsel von Mantua nach Venedig hatte seine erste »dramatische« Phase beendet und ihn zur strengeren kirchlichen und madrigalischen Tradition der San-Marco-Schule zurückfinden lassen, bis dann Venedig in den dreißiger Jahren, angesteckt wohl auch von seiner rastlosen Produktivität, selbst zur Theaterstadt wurde und das erste Opernhaus der Welt errichtete. Im Jahr 1614 veröffentlichte Monteverdi sein VI. Madrigalbuch, das auch die fünfstimmige Madrigalfassung des »Lamento d'Arianna«, der Ariadne-Klage, und die »Lagrime d'Amante« enthielt. 1619 folgte das VII. Madrigalbuch mit dem Titel »Concerto«. Alle in diesen Jahren unternommenen Versuche der Herzöge Gonzaga, ihn an den Hof von Mantua zurückzuholen, blieben vergeblich; Monteverdi wies die Angebote freundlich aber bestimmt zurück. 1624 wurde im Palazzo Girolamo Mocenigo Monteverdis »Combattimento di Tancredi e Clorinda« nach Texten aus Tassos »Gerusalemme liberata« uraufgeführt, ein Ereignis, das Theatergeschichte machte und dem sich später andere Privataufführungen, wie die der verlorengegangenen »La finta pazza Licori« und »Proserpina rapita«, ebenfalls im Haus der Mocenigo, anschlossen. Sie ließen das Bedürfnis nach einem öffentlichen Theater wachsen. 1627 wurde Monteverdis Sohn Massimiliano in Mantua von der Inquisition verhaftet, weil man ihn angezeigt hatte, im Besitz eines indizierten Buches zu sein. Erst nachdem der mit Monteverdi befreundete herzogliche Rat Alessandro Striggio eine Kaution hinterlegt hatte, wurde Massimiliano 1628 nach Venedig entlassen.

Claudio Monteverdi ging in diesem Jahr zum zweitenmal mit Erlaubnis der venezianischen Prokuratoren für längere Zeit nach Parma, um die 1627 begonnenen »Intermedien«, die Festspielmusik zur Hochzeit des Herzogs Odoardo Farnese mit Margherita, der zweiten Tochter des Großherzogs von Toskana, abzuschließen und an Ort und Stelle einzustudieren. Die andre, älteste Medici-Tochter war dem Herzog anfangs aus Gründen höherer Staatsräson, nämlich wegen einer geplanten Verbindung mit dem französischen Königshaus, vorenthalten worden. Als dieser Plan scheiterte, weil sich nicht mehr verheimlichen ließ, daß das arme Mädchen einen Buckel hatte und häßlich war, konnte man sie auch dem farnesischen Herzog nicht mehr andrehen, und sie wurde in ein Kloster geschickt. Nun zogen sich die Vorbereitungen für die farnesische Hochzeit mit der zweiten Kandidatin so lange hin, daß Monteverdi fast bis zum Jahresende in Parma bleiben mußte, und erst am 13. Dezember – das ist der Zeitpunkt, zu dem Schütz von Cremona in das ganz nahe gelegene, eine Tagesreise entfernte Parma herübergekommen sein könnte! – wurden Monteverdis »Intermedien« aufgeführt. Die Musik hinterließ einen derart starken Eindruck, daß ein Sekretär des toskanischen Großherzogs Monteverdi als »den größten Komponisten Italiens« bezeichnete. Danach, die Prokuratoren waren ungeduldig geworden, mußte Monteverdi schleunigst nach Venedig zurück, um die Weihnachtsfeierlichkeiten vorzubereiten, die in der Lagunenstadt mindestens ebensoviel musikalischen Aufwand verlangten wie Palmarum, der Karneval oder am Himmelfahrtstag das Fest der Vermählung Venedigs mit dem Meer.

Weihnachten, frühester Zeitpunkt einer Begegnung zwischen den beiden Großen. Was war nun anders geworden in Venedig? In der lateinischen Vorrede zu den in Venedig entstandenen »Symphoniae sacrae« schreibt Heinrich Schütz, er habe bei seinem Aufenthalt gefunden, daß sich die Kompositionsweise, die Art des Satzes, nicht wenig verändert habe; die Kirchentöne habe man teils verlassen, man suche den Ohren mit neuen Reizen zu schmeicheln, und damit meinte er wohl auch die technischen Errungenschaften, die Läufe und Tremoli, die Terz- und Sextparallelen der neuen Schule, von denen er selbst – wiederum ein vorsichtiger Aneigner, der resistent blieb gegenüber bloß äußerlichen Fortschritten – einen sparsamen und wohldosierten Gebrauch zu machen entschlossen war. Er ließ sich auch nicht nur auf Monteverdis Musik ein, die er sofort in ihrem Wesentlichen erfaßte, sondern studierte genauestens Francesco Turini, Paolo Quagliati, Alessandro Grandi und andere, er nahm auch mindestens gerüchtweise Kenntnis von der neapolitanischen Schule, deren Werke er später von Dresden aus bestellte. An Monteverdi konnte er als wesentlich die enorme Affektdarstellung eines »stile concitato« beobachten, den der venezianische Meister als »seconda pratica« noch viel entschiedener, programmatischer und luxurianter der alten Schule, deren Denkmal Palestrina gewesen war und noch lange blieb, entgegenhielt. Monteverdi war auf dem Wege, die deklamierende Monodie, wie sie noch Gabrieli verstanden hatte, ins Exklamatorische zu treiben, das Wort mit Ausbrüchen zu beladen und auch den Instrumenten in diesem Zusammenhang eine neue Aufgabe zuzuweisen. Hatten Willaert, Merulo und Gabrieli einen beträchtlichen Anteil an der Entwicklung der Instrumentalmusik gehabt – es gab aufgezeichnete erst seit Anfang des 16. Jahrhunderts –, so war Monteverdi der Erfinder einer dem Gesang gleichwertig zugeordneten Instrumentalbegleitung, im Klang emanzipiert und so ausgereift, daß sie über Schütz, Keiser und Händel die deutsche Oper, gewiß aber auch über Schütz, Bach und eine Reihe kleinerer Meister zwischen und mit ihnen das Oratorium erreichte. Mit Monteverdi beginnt auch die Geschichte dissonierender Akkorde, die mit Absicht zur Belebung der geistlichen und weltlichen Musik, zum Ausdruck leidenschaftlichen Gefühls eingesetzt werden und sich eben nicht nur zufällig ergeben: es sind doppelte, nicht nur überleitende, vorbereitende oder als Vorhalt dienende Mißklänge, bis hin zum Dominantseptakkord, für den Monteverdi eine besondere Vorliebe besaß.

Dennoch, wiederum muß man es sagen, war das, was Schütz in Italien lernte, aufnahm und »ins Deutsche« seiner Musiksprache übersetzte, nichts andres als eine *selektive Adaption*, ein mit erstaunlichem Widerstand betriebener, bewundernswürdig selbstgewisser Aneignungsprozeß, der auf lange Zeiträume hin assimilierte und dissimilierte. So weit voraus er in den »Cantiones sacrae« gewesen war, so nah blieb er ihnen nun auch nach seinem Italien-Erlebnis. Er übertrug sofort Weltliches ins Geistige (nicht nur Geistliche), er abstrahierte von der Erscheinung, er hob sich von Monteverdi ab, und ohne daß man einen Rangunterschied unterstellen dürfte – die Bedeutung Monteverdis ist erst in der Gegenwart so recht erkannt worden, er steht gewiß am Anfang einer Entwicklung, die im Musikdrama des neunzehnten und zwanzigsten Jahrhunderts gipfelte –, wenn man also alles Pejorative abzieht und nicht mit jener deutschtümelnden Gemütstiefe herumnebelt, die leider die Schütz-Rezeption früherer Jahrzehnte verdächtig macht (Moser nicht ausgenommen), so kann man doch Alexander Berrsche, der dem Monteverde allerdings nicht grün war, kaum widersprechen, wenn er behauptet, es sei ein gewaltiger Schritt von Monteverdi zu Schütz: »Bei Monteverdi liegt das Wesentliche im genialen Augenblick, im Hier und Jetzt des musikalischen Ausdrucks, bei Schütz in dem großartigen Formwillen, in dem ungeheuren Wurf der ganzen Konzeption. Schütz hat von den Italienern genau soviel gelernt wie hundert Jahre nach ihm Händel. Beide sind über ihre Lehrmeister hinausgewachsen, beide haben mit ihrer größeren Empfindungstiefe und Kühnheit und dem gewaltigen Griff ihres formalen Gestaltens ganz neue Welten geschaffen.« Wollte doch der letzte Satz aus andrem Geiste gezeugt sein, als er war! So sagen wir heute lieber: Sie waren anders, waren verschieden, und Schütz stand in der leidenden Beredtheit seiner mittleren und späten Werke Bach schon näher als eben seinen Zeitgenossen.

Diese zu verstehen, zu kennen und zu verbreiten hat er mit viel Bemühen versucht. Am 29. Juni 1629 schrieb er nach Haus, an den Kurfürsten, nun habe er mit Beistand Gottes »einen ziemlichen Vorrat von allerhand musikalischen Sachen beihanden [ge]bracht, solchen auch nebst etlichen Instrumenten allbereits nach Leipzig fortgesendet«. Eigentlich könne er sich mit Kaspar Kittel, dessen römische Studienjahre abgelaufen waren, und dem von ihm in Venedig entdeckten und neu verpflichteten Francesco Castelli – einem hochbegabten Violinisten, der am Dresdner Hof die Nachfolge von Carlo Farina antreten sollte – nach Deutschland aufmachen, aber: es fehlte schlicht an Geld! Schütz hatte für den Kurfürsten und seine Kapelle in Italien so viel Schulden gemacht, daß er ohne weitere Mittel nicht abreisen konnte. Zwar hatte ihm der Geheime Kammerdiener und kurfürstliche Agent Friedrich Lebzelter, der sich sowohl mit politischen Aufgaben wie mit dem Ankauf von Kunstgegenständen für den Dresdner Hof befaßte, auf einer Reise nach Süden einige Taler überbracht und Schütz sich auch privat schon etwas Geld überweisen lassen, aber das reichte nicht, und die Lage der drei Musiker in Venedig war von fast schon komischer Bedrängnis: Er habe sich, teilte Schütz dem Kurfürsten am 24. August 1629 mit, bemühen müssen, »bei guten Leuten hiesigen Orts auf Credit soviel aufzubringen«, daß er mit Gott und Ehren wieder aus dem Lande hinauskommen möge, was denn auch »durch ferneren Beistand Gottes nunmehr ehestens erfolgen soll«. Er erhielt Hilfe, unter anderem von dem uns schon bekannten Augsburger Philipp Hainhofer, der sich noch in Dresden aufhielt, und mußte den Kurfürsten bitten, ihm bei seiner voraussichtlichen Ankunft zur Leipziger Michaelimesse 300 Taler auf Abschlag seiner Besoldung auszuleihen, damit er seinen »guten Namen retten und die gemachten Schulden abtragen könne«.

Das sichtbare Ergebnis seiner zweiten Italienreise waren die am 1. September 1629 beim venezianischen Drucker Gardani erschienenen »Symphoniae Sacrae Henrici Sagittarii«, lateinische geistliche Gesänge mit dem sonderbaren Untertitel »Opus Ecclesiasticum Secundum«, was die Vermutung nahelegte, er habe mit dieser inneren kirchlichen Numerierung den ebenfalls lateinischen »Cantiones sacrae« von 1625 die Stelle des Opus ecclesiasticum primum zugewiesen und damit eine Art katholischer Zählung einführen wollen. Aber abgesehen davon, daß ja auch die lateinischen Gesänge der evangelischen Kirche nicht versperrt und verwehrt waren, kann auch nicht ausgeschlossen werden, daß Schütz die »Psalmen Davids« als sein erstes kirchliches Hauptwerk ansah, deren Texte zwar deutsch waren, sich jedoch mit denen der »Symphoniae sacrae« teilweise berührten. Es ist nicht ganz aufzuklären. Heinrich Schütz hat seinen wunderlichen Einfall nie erläutert und die Zählung später korrigiert, als er die »Symphoniae sacrae« des Jahres 1629 als sein Opus 6 einordnete.

Die Texte waren dem Psalter, dem Hohelied Salomos, dem Evangelium des Matthäus und, in einem besonderen Fall, dem 2. Buch Samuel entnommen und zu einem Kranz von zwanzig Gesängen, von denen einige zusammengehören, vereinigt: Soli, Duette und Terzette in unterschiedlicher Besetzung, begleitet von Geigen, Gamben, Flöten, einer Schalmei oder dem Cornett (einer Zinkenform), dem Fagott, der Trompete oder mehreren Posaunen sowie einem Generalbaß-Instrument: abwechslungsreich, vielfarbig und ausgesprochen konzertant, da sich der instrumentale Satz vielfach über die reine Begleitung der Singstimme hinaus verselbständigt und erweitert zu Einleitungen von teils einigen Takten, teils ganzen Sinfonietten, oder zu Zwischenspielen, die thematisch abgrenzen oder verbinden. Der enge Zusammenhang mit den »Cantiones« bleibt gewahrt, und der in Italien beobachtete »stile concitato« wird nur sehr modifiziert und ins Schützische übersetzt angewendet. Von Exklamation kann nur in wenigen Stücken und an wenigen Stellen die Rede sein, vielleicht noch am ehesten in Nr. XIII, SWV 269: »Fili mi, Absalon« (wenn die Wiedergabe den Intentionen des Komponisten folgt). Die Melodik schmiegt sich biegsam der Wortbedeutung an, wie in der Sekundrückung der »Hoffnung« des »In te, Domine, speravi«, Nr. III, SWV 259, einer haftenden melodischen Erfindung, der das barockisch sich wiederholende »non confundar, non confundar« absteigend folgt. Reprisenform hier, rondoähnliche Verläufe anderswo; strenger Kirchenton (ionisch und mixolydisch als Dank- und Lobtonart) wechselt mit freieren Gesängen, in denen viel Chromatisches in die Bereiche der Zwischenstimmungen hinüberspielt, in den Grenzbereich von Hoffnung und Melancholie, der bei Schütz so häufig anzutreffen ist.

Von konzertantem Reiz ist die brahmsisch anmutende Intrada zur Evangelienmusik nach Matthäus 11, 28–30, »Venite ad me«, Nr. V, SWV 261, in der die Liedbegleitung auf den Kantatenstil Bachs schon vorauszuweisen scheint, oder der Bläserklang in dem dissonanzreichen Stück Nr. VII, SWV 263, »Anima mea liquefacta est«. In dem »Buccinate in neomenia tuba«, Nr. XIX, SWV 275, ergeben sich aus der Versetzung der Stimmen erste tastende Versuche einer Fugato-Technik; im zugehörigen Schlußstück Nr. XX, SWV 276, »Jubilate Deo«, folgt die exklamatorische Steigerung. Dagegen sind die Lobpreisungen der weiblichen Schönheit in der Hohelied-Vertonung »O quam tu pulchra es«, Nr. IX, SWV 265, nach dem unvergleichlichen Lyrismus des Kapitels 4 Salomonis, von einer bemerkenswert »madrigalischen« Feinstruktur und (»sicut duo hinnuli«) voller spielerisch-zierlicher Zärtlichkeit, fast nur noch vom Schmeicheln des »Veni di libano«, Nr. X, SWV 266, übertroffen – ideale Hochzeitsmusik bei Tafel, und war doch auch bewegende Huldigung an die in der Erinnerung beschworene Schönheit der jungen Geliebten Magdalena, was ja von selbst die lateinische Sprache herbeizwang.

Ein besondrer Rang kommt dem »Fili mi, Absalon« für Baß, vier Posaunen und Orgel zu, nach dem 2. Buch Samuelis, Kapitel 19, Vers 1, in dem König David den Tod seines ungeratenen Sohnes beklagt und an seiner statt tot sein will, auf deutsch: »Da ward der König traurig und ging hinauf auf den Söller im Tor und weinte, und im Gehen sprach er also: Mein Sohn Absalom! mein Sohn, mein Sohn Absalom! Wollte Gott, ich wäre für dich gestorben! O Absalom, mein Sohn, mein Sohn!« Schütz verwendet nur den Monolog, dem er eine Posaunen-Sinfonietta als Einleitung voranstellt. Die Singstimme vorbereitend, baut Schütz in ihr mit aufsteigenden, mehrfach ansetzenden Terzen einen weiten Melodiebogen auf, bricht mit der übermäßigen Septime zunächst aus der Kirchentonart aus, um von der None in unregelmäßig absteigenden Terzen bis zum Septabstand eine harmonische Grundspannung herzustellen, in der alles möglich ist und aus der sich dann auch die Weiterung zu einem melodischen Doppelbogen ergibt; darin eingewoben ein kurzes, mehrmals absteigendes Viertonmotiv, das eigentümliche Vor- und Rückerinnerungen weckt. Man assoziiert nämlich das dritte Thema der kurzen »Pavana del Tomaso de Canova« für Posaunen des Moritz von Hessen – und zugleich das Glaubensmotiv aus »Parsifal«. Einzeln folgen dann die Posaunen dem Gesang. Das Zwischenspiel der Posaunen emanzipiert sich völlig von der Gesangsmelodik, es musiziert eine beunruhigte Bewegung aus, wie kurze Schritte; es verfällt in Terzenparallelen, als wolle Schütz den nicht verwendeten Text von Samuel 19,1, in Töne übersetzen, »und im Gehen sprach er also« – das alles zeigt Schütz auf einem vorläufigen Höhepunkt, als einen Meister der musikalischen Faktur und einen Instrumentalkomponisten, der längst in die Konzertprogramme hätte Eingang finden müssen.

Die monodische, geringstimmige Kompositionsweise der »Symphoniae sacrae« – die dem damals sechzehnjährigen, musikbegab-

ten sächsischen Kronprinzen Johann Georg (II.) gewidmet waren –
scheint auf Monteverdis Einfluß hinzudeuten, doch gab es eine viel
direktere Adaption, ein venezianisches Experiment, das später in
Kopenhagen zur Ausführung gelangte: Schütz schrieb eine Ballett-
Oper, ein Zwischenwerk aus Favola, Tanz und Konzert, was die
Vermutung doch nicht abwegig erscheinen läßt, er habe es sich in
jenem Dezember des Jahres 1628 nicht verdrießen lassen, nach
Parma hinüberzugehen, um möglichst viel Monteverdi zu hören.

Das Gewicht der Noten und Instrumente war also nicht gering
im Gepäck jener drei Reisenden, die sich im September von Venedig
nach Norden aufmachten. Zuerst brach Schütz mit Konzertmeister
Francesco Castelli und Kaspar Kittel nach Augsburg auf, das vom
Krieg schwer bedrängt und zum erstenmal um seine Unabhängigkeit gebracht worden war. Kaiser Ferdinand II., dessen Restitutionsedikt trotz Androhung von Gewalt im Reiche nur zögernd
befolgt wurde, hatte es auf eine Unterwerfung Augsburgs abgesehen, um die Macht der freien Städte auf die Probe zu stellen.
Augsburg, die heilige Stadt der Protestanten, des Augsburger
Bekenntnisses und des Religionsfriedens, hatte sich nach kurzen
Verhandlungen der kaiserlichen Gewalt beugen müssen. Ein paar
hundert Reiter und ein kaiserlicher Kommissar genügten, um jeden
Widerstand zu brechen. Am 8. August 1629 wurde die Ausübung
der protestantischen Religion in den Mauern der Stadt völlig untersagt, und die evangelischen Geistlichen mußten die Stadt verlassen.
Die Rückgabe katholischen Kirchenguts wurde in die Wege geleitet. Unter solchen Umständen »fingen viele evangelische Bürger an,
sich um andere und zwar solche Wohnsitze umzusehen, wo sie die
freie Übung des Gottesdienstes ungehindert haben könnten«, wie
es in der voluminösen Chronik des Paul von Stetten heißt, die
akribisch genau den Ereignissen folgt. Am 28. August wurde den
Bürgern verboten, sich aus der Stadt zu begeben. Von nirgendwo
kam Hilfe. Die Entrüstung war natürlich überall groß, Worte sind
immer jenen leicht bei der Hand, die drohen und nichts zu tun
gedenken; so auch Johann Georg I. von Sachsen, der, weit vom
Schuß und daher aufrecht, eines seiner würdigen Protestschreiben
an den Kaiser richtete, das wie alle vorherigen nichts bewirkte.

Noch hielten die Bürger zwar zueinander, eine Stadt wie Augsburg
war nicht von einem Tag auf den andern unterworfen, auch wenn
ein katholischer Rat eingesetzt worden war. Aber daß Schütz in
dieser gespannten Lage, während kaiserliche Soldaten das Rathaus
und die Tore bewachten, nicht nur nach Augsburg hineinging und
blieb, nein: daß der protestantische Kapellmeister des protestieren-
den Kurfürsten in dieser Situation im Haus eines protestantischen
Patriziers ein Konzert gab, das einen engen Kreis der Unterdrück-
ten andächtig versammelte, das muß man wohl gewagt und bu-
chenswert finden.

Das Nähere ergibt sich aus der Augsburger Stadtchronik und den
Briefen Philipp Hainhofers sowie einer Wolfenbütteler Handschrift, die Hainhofers Reisebericht enthält. Der Augsburger Rat
und Kunsthändler, der seit langem mit der Leipziger Kaufmanns-
und Ratsherrnfamilie Lebzelter befreundet war und über gute
Beziehungen zum kursächsischen Hof verfügte, war von der Augsburger evangelischen Glaubensgemeinschaft zusammen mit drei
anderen angesehenen Bürgern und Ratsmitgliedern am 20. August,
neuen Kalenders am 30. August 1629, in politischer Mission nach
Dresden an den Hof des Kurfürsten entsandt worden, um diesen zu
energischen Schritten im Kurfürsten-Kollegium zu veranlassen.
»Jetzt diesen Mittag«, schrieb Hainhofer unter dem 20./30. August
an den in Wien weilenden Herzog August von Braunschweig-
Lüneburg, »will ich mich im Namen Gottes nach Dresden auf den
Weg machen, Gott wölle mich und meine Gefährten begleiten und
erfreuliche gute Verrichtung bescheren, nach welcher viel tausend
Menschen herzlich verlanget...« Begleitet wurde er vom Schulvor-
steher Hans Ulrich Österreicher, dem Kupferstecher Lukas Kilian
und dem Rechtsgelehrten Dr. Hans Ulrich Rehlinger sowie drei
berittenen Dienern, einem Kutscher und einem Wagen-Anheber.
Er war fast zwei Monate von Augsburg abwesend.

Der Protest des Kurfürsten Johann Georg stammte vom
22. August. Er ließ sich die Lage erklären, dachte jedoch nicht
daran, weiteres zu unternehmen und sich in moralische Unkosten
zu stürzen, nein, er konnte oder wollte es vielmehr gar nicht
glauben, was er hörte: Johann Georg I. versicherte in einem Schrei-

ben vom 26. September 1629, das er der Augsburger Delegation
mitgab, lediglich den Augsburgern »wegen der erlittenen großen
Drangsalen großes Mitleiden«, gab auch seiner Hoffnung Ausdruck, daß sein an den Kaiser gerichtetes Schreiben vom 22. August
»nicht ohne Frucht sein werde«, beließ es dann aber bei der
Ermahnung, von der christlichen Wahrheit nicht abzuweichen und
»in christlicher Geduld und Vertrauen zu der göttlichen Hilfe fest
dabei zu beharren«.

Philipp Hainhofer traf, wie die Chronik festhält, am 27. Oktober
wieder in Augsburg ein. Sein Reisebericht schließt: »Als ich nun mit
Gottes Hilfe [...] nach Haus gelangt, hab ich die aus Italia gekom-
menen und schon 8 Tag in Augsburg auf mich wartenden Musicos
(nämlich Herrn Heinrich Schütz, kurfürstlichen Kapellmeister,
Caspar Kittel, Lautenisten und Theorbisten [...], und den Francesco Castelli [...], vortrefflichen Violinisten) vor mir gefunden,
welche mir um die ihnen gemachten Wechsel gedanket, sich noch
ein paar Tag hier aufgehalten und, als ich sie in meinem Haus
geehrt, mich und etliche ihnen zu Ehren geladene Freunde ihre
löbliche Kunst hören lassen, denen wir, ob es gleich sonst heißt: ›Es
ist kein so gut Lied, man wird seiner müd‹, noch so lang zugehöret
hätten, denn wie ›jegs Vögelchen singt, als es geschnäbelt ist‹, also
haben diese Musici, daß sie ihre Zeit in der Musik wohl angelegt
haben, auch genug zu erkennen [ge]geben.«

Das Haus Hainhofers, von Hans Holl dem Älteren gebaut, lag
am Augsburger Wollmarkt. Und unter den Freunden, die Hainhofer in sein Haus geladen hatte und die der neuen Kunst unter so
traurigen Verhältnissen angespannt lauschten, wird einer nicht
gefehlt haben: Elias Holl, Augsburgs großer Baumeister, der von
1600 bis 1601 selber in Venedig gewesen war und die Reihe seiner
bedeutenden Augsburger Bauwerke vor neun Jahren mit dem
Rathaus vollendet hatte. Er stand jetzt vor der Frage, ob er an seiner
Stellung oder an seinem Glauben festhalten sollte. Er entschied sich
für den Glauben, verlor allen Einfluß, hat jedoch Augsburg –
entgegen allen anders lautenden Legenden – nie verlassen. Achttau-
send Augsburger gingen in die Verbannung. Auch Philipp Hainhofer war, wie er dem Herzog August von Braunschweig-Lüneburg

schrieb, besorgt, sein Hab und Gut zu verlieren und noch einmal in
der Fremde zur Miete wohnen zu müssen. Zwar besetzten Gustav
Adolfs Truppen 1632 die Stadt und stellten die Glaubensfreiheit
vorübergehend wieder her, aber nach der Schlacht bei Nördlingen
1634 belagerten die Kaiserlichen erneut die von Hunger zermürbte
Stadt, bis sie sich ergab. Danach ging es auch mit Hainhofers
berühmter Sammlung abwärts. Augsburg verlor im Krieg fast zwei
Drittel seiner Bevölkerung, es versank in Elend und Armut, und das
andächtige Musizieren der drei Reisenden im Haus Philipp Hainhofers erscheint im nachhinein als das von Melancholie wie von
tiefer Glaubenszuversicht gleichermaßen erfüllte Abschiedskon-
zert einer untergehenden Welt.

Die Abschiede, die Tränen

Es wurde November, bis Heinrich Schütz wieder an der Elbe war;
am 20. November traf er mit den beiden Musikern in Dresden ein.
Viele Hoffnungen wurden ihm, wie Geier sagt, »bei seiner Zurück-
kunft mit Traurigkeit versalzen«. Die Situation erwies sich als
vertrackt und unerfreulich. Einerseits waren überflüssige Ausgaben
entstanden durch die Verpflichtung von englischen Geigern wie des
John Price als Leiter der kleinen Kammermusik, der sich wieder
davonmachte, als die Zeiten zu unruhig wurden. Die Versuche des
John Price, in Dresden eine englische, französische oder italienische
Kammermusik zu etablieren, scheiterten jedenfalls, und es kann
sein, daß Heinrich Schütz, dem die englischen Künstler zu unseriös
erschienen, dabei ein wenig nachgeholfen hat. Sein Argument, hier
werde das Geld zum Fenster hinausgeworfen, klang einleuchtend,
wenn auf der andern Seite die Mitglieder der Hofkapelle nicht
anständig bezahlt und bei der Stange gehalten werden konnten und
selbst ihm, Schütz, das ihm zustehende Geld für Auslagen und den
Unterhalt der Kapellknaben, die in seiner Abwesenheit von Magi-

ster Zacharias Hestius betreut und unterrichtet worden waren,
vorenthalten wurde. Der Sänger Johann Hasselt hatte um Auszah-
lung seiner monatlichen Bezüge gebeten, worauf der Kurfürst den
gesamten Betrag vor Wut streichen ließ und der hochqualifizierte
Sänger davonging, was selbst Johann Georg hinterher bedauerte.
Schütz bemühte sich vergeblich, ihn zurückzugewinnen. Die
Kapellknaben mußten bei Kaspar Kittel untergebracht werden, da
Schütz sie als Witwer nicht mehr im eigenen Haus behalten konnte.
Der Frau Castelli in Venedig war ein Teil des Gehalts ihres Mannes
zu überweisen: wieder eine Eingabe an den Haus- und Hofmeister.
Ein Ersuchen des Kurfürsten, das ganze Kapellwesen einer Revi-
sion zu unterziehen, lag noch unbeantwortet. Die aus Italien
mitgebrachten Instrumente mußten katalogisiert werden. Seine
beiden sechs- und achtjährigen Töchter hatten Anrecht auf seine
väterliche Fürsorge. So wandte er sich denn fast verzweifelt an den
Kurfürsten: »Warum ich bisher meine schriftliche Meinung, welche
Seine Churfl. Durchl. mir hiebevor zu meiner Wiederkehr aus Italia
zur Sachsenburg aufzusetzen befohlen [hat], nicht verfertigt und
bis dato übergeben habe? Als nämlich aus [folgenden] Ursachen:
1. weil ich mich zu schwach befinde, solche Reformation oder Revision für meine Person alleine vorzuschlagen und zu vollziehen; für
das andere auch in Ansehung der itzo allerhand vorgehenden
Verrichtungen Ihre Churfl. Durchl. ich nicht molestieren und diese
Expedition bis zu künftig etwa bessern Zeiten [habe] verschieben
wollen.« Es war nämlich der Held aus Mitternacht, Schwedens
König Gustav Adolf, auf Usedom gelandet, und irgendwann mußte
Johann Georg sich für oder gegen ihn entscheiden – schwere Verrichtungen.

Zunächst blieb Heinrich Schütz auch gar nicht viel Zeit für
Reformen, er hatte sofort nach seiner Rückkehr zu komponieren
und einzustudieren, es war weltliche Musik zu machen, weil die
sächsische Prinzessin Marie Elisabeth den Prinzen Friedrich von
Dänemark heiratete, der als Herzog von Holstein-Gottorp 1627
zwischen den Kaiserlichen und dem dänischen Reichsrat über den
Separatfrieden verhandelt hatte. Es war eine hochpolitische Verbindung und im Schicksalsjahr 1630 eine ernste, nicht nur freudenrei-

che Feier, »wozu Wallenstein«, schreibt Hans Joachim Moser, »als Vertreter des Kaisers nach Dresden kam«. Aber mit Wallenstein ist es wieder nichts. Golo Mann weiß es anders: »Zufällig hatte Wallenstein noch nie einen Kurfürsten des Römischen Reiches mit Augen gesehen. Gewöhnliche Fürsten die Menge; diese ›höchsten, innersten und geheimsten Räte‹ niemals. Einmal, 1628, betrat er die brandenburgische Residenz Berlin, jedoch in Abwesenheit Georg Wilhelms. Einmal, 1630, wollte er seinen Weg über Dresden nehmen, um sich mit dem Kurfürsten Johann Georg zu unterreden; ärgerliches Pech, ein Podagra-Anfall nötigte ihn, dieses Aufenthaltes zu entbehren.« Golo Mann nennt auch die tieferen Gründe, warum Wallenstein zum Beispiel Dresden stets verfehlte: »Es möchte aber der Rangunterschied gewesen sein, der ihn einen Bogen um die Kurfürsten machen ließ. Weit sich über ihnen fühlend in seiner Intelligenz und Sendung, stand er in der Hierarchie weit unter ihnen, den Beinahe-Königen; unter Verbeugungen hätte er sich ihnen nähern, wohl gar ihre Hand zum Kusse berühren und so sich verhalten müssen, wie er glaubte, daß die Kardinäle zu Rom sich den lieben langen Tag verhielten.« Es trieb den Abenteurer befehlend, sein Privatreich zusammenhaltend, Truppen sammelnd von Pommern nach Memmingen, was gerade jetzt falsch war, quer durch die deutschen Länder und über sie hinaus; sein Leben wurde knapp, und selbst diejenigen, die ihn gebraucht hatten, mochten ihn im Grunde nicht und hatten ihn nie gemocht. Man entließ ihn und holte ihn, als der Löwe aus Norden siegte und siegte, bekanntlich wieder. Demnächst treffen wir ihn auf sächsischen Schlachtfeldern, nur halb erfolgreich, worauf er bald für immer aus den Annalen verschwindet.

Die beiden gegensätzlicher nicht zu denkenden Figuren Wallenstein und Schütz: der Mann des Krieges, von Daseinsfurcht getrieben, und der Sänger des Friedens, der in seinem Glauben geborgen war; der katholische Karrierist und der tolerante Protestant; der Inbegriff kalter politischer Berechnung und wahrlich eine der großsprecherischsten, unangenehmsten und abstoßendsten Gestalten der ersten Jahrhunderthälfte, und der Diener Gottes und der Musen; Mars und Apoll – sie sind einander nie begegnet. Hätte der

Biograph die Geschichte neu zu arrangieren, es hätte nicht besser kommen können, denn die beiden wären einander nur bleich und fassungslos gegenübergestanden.

Im Juni 1630 wurde in Dresden die hundertste Wiederkehr des Tages der Überreichung der Augsburgischen Konfession begangen, auch das kein reines Freudenfest, da es gerade den Augsburgern so schlecht ging und sie ihren Glauben verleugnen mußten. Was bei dieser Gelegenheit von Schütz aufgeführt wurde, ist nicht bekannt. Dann Tränen über Tränen.

Im Herbst 1630 erreichte Schütz die Nachricht, daß sein liebster musikalischer Freund, der gleichaltrige Johann Hermann Schein, schwer erkrankt sei und ihn zu sich rufe. Schütz eilte nach Leipzig an sein Krankenlager und sah, daß keine Hoffnung mehr war: Schein hatte sich selbst aufgegeben und bat den Freund, er möge ihm eine Begräbnismotette aufsetzen nach dem Paulus-Wort »Das ist je gewißlich wahr«, Timotheus 1, 15. Heinrich Schütz versprach es ihm und schickte um den 8. November, in Scheins letzten Lebenstagen, den sechsstimmigen Gesang, den er später dem Thomaskantor zu Ehren in die Geistliche Chormusik von 1648 aufnahm (SWV 277), nach Leipzig hinüber. Ein lateinisches Gedicht war hinzugefügt, das den Freund im Vokativ »Scheini dilecte« anredete und mit den Zeilen endete: »Quid restat, nisi munus idem ut mihi denique solvam, / et sim cantator funeris ipse mei?« Was zu deutsch heißt: »Was bleibt, als daß ich zuletzt mir ein gleiches gewähre / und bin der Sänger mir an meinem eigenen Grab?« Ein düstrer Gedanke mit fünfundvierzig, aber er lag ja so nah; man war allenthalben vom Tod umgeben. Johann Hermann Schein starb am 19. November, und an seinem Sarg standen, als die Thomaner Schützens Gesang anstimmten und ihrem Kantor die letzte Ehre erwiesen – kein größerer kam nach bis zu Johann Sebastian Bach –, unter der großen Leipziger Trauergemeinde auch Heinrich Schütz, mehrere seiner Brüder und Anverwandten und ein junger, noch gänzlich unbekannter Dichter und Medizinstudent, von dem sogleich die Rede sein wird.

Ein Jahr der Abschiede und der Toten folgte, in dem auch der Krieg immer näher heranzog und der Menschenverstand sich weigerte, den Nachrichten von den unglaublichen Greueln ringsum Glauben zu schenken. Noch war der engste obersächsische Kreis, das Meißnische, verschont, aber bereits zogen die Armeen Pappenheims und Tillys im Westen die Saale hinunter und quartierten sich auch in Weißenfels ein; im »Schützen« wurden die Pferde gewechselt. Kurz nachdem die Pappenheimer eingerückt waren, starb am 25. August 1631 Heinrichs Vater Christoph Schütz, gewesener Bürgermeister von Weißenfels für lange Zeit, im Alter von achtzig Jahren. Heinrichs älterer Bruder Christoph übernahm den Gasthof in den schlimmsten Zeiten und sorgte für die Mutter.

Fünf Wochen nach dem Vater verlor Heinrich Schütz seinen Schwiegervater in Dresden. Christian Wildeck, ehemaliger Hofbuchhalter, starb am 1. Oktober. Auch die Hofkapelle wurde von Krankheit und Tod dezimiert, so daß es sich fast nicht mehr lohnte, eine richtige Kapellmusik anzusetzen. 1631 starb der Violinist und Konzertmeister Francesco Castelli, den Schütz gerade erst aus Italien mitgebracht hatte, und auch Kaspar Kittel, Musikus und Instrumenteninspektor, erkrankte schwer am Fieber, erholte sich jedoch wieder. Von dem jammervollen Zustand, in dem sich die übrigen Kapellmitglieder befanden, hatte Ricarda Huch eine treffende Vorstellung, als sie in ihre Darstellung des Dreißigjährigen Krieges einen Besuch von Schütz bei dem Bassisten Kramer einflocht, der hungernd, krank, dem Trunk ergeben, auf seinem Lager in der ärmlichen Kammer eines baufälligen Hauses mit seinem Kapellmeister ein neues Lied zum Lobe des Kurfürsten probt... Gespenstisch. Und so wird es wohl gewesen sein.

Dem einen Unglücksjahr folgte ein andres. 1632 erkrankte Schützens Mutter Euphrosyne in Weißenfels so schwer, daß man mit ihrem Ableben rechnete. Sie hatte offenbar einen Schlaganfall erlitten, sie lag verwirrt und fast taub darnieder und öffnete die Augen nicht mehr. Heinrich Schütz eilte noch rechtzeitig an ihr Krankenlager, und wie es weiterging, erfahren wir aus einem Gedicht des deutschen Poeten Paul Fleming, das nach seinem Tode in die Sammlung seiner Gedichte aufgenommen wurde. Es geschah nämlich ein Wunder: Euphrosyne hörte die Stimme des Sohnes und schlug die Augen auf.

Deine Mutter war wie schon –
Ist's nicht so, berühmter Schütze? –
An der schwarzen Lethenpfütze
Und dem bleichen Phlegeton;
Charon, der erblaßte Mann,
Schrie sie schon ums Fährgeld an;

Die Vernunft war fast verloren,
Und sie war nun nicht mehr sie,
Der in die halbtauben Ohren
Man ihr noch dies Wort einschrie:
›Heinrich, Euer lieber Sohn,
Kommt und seht, hier ist er schon!‹

Sie erwachte, ihr Zustand besserte sich, und sie blieb am Leben bis
1635. Paul Fleming beschließt eine andre Strophe seines Gedichts
mit dem Verspaar: »Schütz, auf Deinen Namen bloß / Gibt der Tod
die Toten los.« Es ist nicht eines seiner besten Gedichte, es verrät
noch die alte Opitz-Schule, über die der begabtere Paul Fleming
alsbald hinauswuchs, und obendrein verfolgt das Gedicht einen
sehr durchsichtigen Zweck: Fleming wünschte sich, bald selbst
neben Schütz zu weilen in des sächsischen Fürsten Gunst, wofür
der Hofkapellmeister vielleicht ein Wort einlegen könne. Das steht
drin, doch dazu kam es nicht mehr, Fleming ging 1633 ins Ausland.
Aber wieso kannte eigentlich ein dreiundzwanzigjähriger, erst
nachmals berühmter Dichter das Privatleben des Dresdner Hofkapellmeisters so gut? Woher wußte er von einem vergleichsweise so
persönlichen, ja intimen Vorgang wie dem Besuch des Musikers am
Krankenbett seiner Mutter? Hoch merkwürdig.

Paul Fleming stammte aus Hartenstein im sächsischen Erzgebirge, wo er 1609 geboren wurde. Sein Leben war kurz und
abenteuerlich. Das zarte, labile und empfindsame Kind war Tho-
masschüler geworden, und in Leipzig studierte er auch Medizin.
Leidenschaft und sittliche Ideale zugleich trieben ihn in die Arme
der Dichtung. 1630 lernte er Opitz kennen, der auf der Durchreise
in Leipzig mit ihm sprach und ihn allein durch seinen Ruhm und

sein Temperament mitriß und anstiftete. 1633 begab sich Fleming dann im Gefolge eines Fürsten nach Rußland und unternahm von dort eine Reise bis nach Persien. Seine Gedichte sammelten die Freunde in Rußland. Nicht lange nach seiner Rückkehr starb er, enttäuscht und ohne zur inneren Ruhe gekommen zu sein, als Arzt in Hamburg. In Leipzig also, vor seiner Rußlandreise, hatte er zu schreiben begonnen, und dort entspannen sich Beziehungen zu den Familien Schein und Schütz. Nicht aber zu Heinrich Schütz selbst, den er bestenfalls beim Begräbnis von Johann Hermann Schein erblickt haben kann. Für die enge persönliche Bekanntschaft mit der Familie Schein dagegen sprechen seine Gedichte an den Thomaskantor, auf den Tod von Johann Hermann Schein, an Sidonie Schein und an den Sohn Johann Samuel Schein. Der Thomaskantor hatte in Leipzig einen studentischen Kreis um sich versammelt, der das Lied pflegte, und ihm gehörte auch Fleming mit vielen anderen Enthusiasten der Dichtung und Musik an. Als Schützens Mutter erkrankte, war Schein jedoch bereits zwei Jahre tot und die Verbindung zwischen seinen Angehörigen und dem Dresdner Hofkapellmeister kaum noch sehr eng. Woher also kam Fleming die Kenntnis von Heinrichs Privatleben? Sie kam ihm von Heinrichs Brüdern.

Der ältere, Georg, hatte sich in Leipzig als Jurist niedergelassen, seine Kinder waren noch nicht volljährig, sie fallen aus. Aber auch der jüngere Bruder Heinrichs, der 1596 geborene Benjamin, lebte wieder in Leipzig. Er war nach einigen Marburger Semestern 1617 nach Leipzig zurückgekehrt und hatte im April 1624 mit dem Nürnberger Kaufmannssohn Erasmus Ayermann eine dreijährige Reise nach Holland und Frankreich angetreten. In Orléans, wo man ihm das deutsche Bibliothekariat übertrug, begann Benjamin eine Inaugural-Dissertation. 1627 trennte er sich auf dem Rückweg in Straßburg von seinem Reisegefährten Ayermann und wandte sich – »auf seiner lieben Eltern und ganzen Freundschaft Gutachten« – nach Basel, um dort zwei Examina abzulegen und am 24. Juli »die Doktor-Würde in einer solennen Promotion« zu erhalten. Über Straßburg, Nürnberg und Weißenfels, wo er sich von September bis November 1627 bei den Eltern aufhielt, kehrte er nach Leipzig zurück und traf dort den Bohemien der Familie an, unsern intelligenten, aber etwas windigen Tunichtgut Valerius, der schon 1622 seinen Magister gemacht hatte, sonst aber nichts – außer Gedichten. Er bereitete sich auf den Doctor juris utriusque vor, scheint sich aber bei fortgeschrittenen Lebensjahren und nicht mehr zählbaren Semestern eher der Lebenskunst als den Wissenschaften gewidmet zu haben. Noch lebte der Thomaskantor, noch existierte der von Schein gegründete Liederkreis, in dem sich die Dichter aller Fakultäten trafen, und so wird Paul Fleming wohl über Valerius Anschluß an die Familie Schütz gefunden haben, Valerius war der Informant Flemings, und über ihn – oder Benjamin – wandte sich Fleming mit Versen an den Meister in Dresden.

Die Freundschaft, der enge Kontakt mit den Schütz-Brüdern hielt gerade bis 1632, als deren Mutter Euphrosyne erkrankte. Benjamin las Collegia juridica in Leipzig und hatte am 20. April 1629 die Jungfer Marie Elisabeth Kirsten, eine Stieftochter des angesehenen Leipziger Advokaten Dr. Caspar Ziegler des Älteren, geheiratet, von dem Benjamin auch Einblicke in die Arbeit eines Anwalts erhielt. Nachdem der alte Schütz in Weißenfels gestorben war, bemühte sich Benjamin 1632 in seiner Heimatstadt um eine Praxis als Anwalt. Als jedoch zuerst die Pappenheimer, dann die Truppen Wallensteins die Gegend unsicher machten, wandte er sich gleich nach Erfurt, wo er dank seiner umfassenden Bildung und seiner hohen Intelligenz sofort Fuß faßte und eine große juristische und kommunalpolitische Karriere begann, die ihn bis zum Sprecher des Magistrats aufrücken ließ.

Nur geschah gleich zu Anfang ein großes Unglück. Valerius folgte Benjamin 1632 nach Erfurt. Und kaum war er da, hatte er nichts besseres zu tun, als sich mit einem zweiundzwanzigjährigen Studenten zu duellieren. Valerius starb auf der Stelle, einen Tag später sein Kontrahent. Am 16. Dezember 1632 wurde Valerius in der Barfüßerkirche zu Erfurt bestattet.

Kurze Zeit später verließ Paul Fleming Leipzig. Er sah die Schütze niemals wieder.

Totentanz

Jahr um Jahr senkte sich, mit großen Ausbrüchen von Geschrei in den Städten, wenn die marodierenden Horden in die Häuser drangen, mit Pest und Armut auf dem Lande, mit Krankheiten, Seuchen für Mensch und Tier, Gehenkten auf den Hügeln, Sterbenden an den Straßen. Man hörte zwar von Schlössern, in denen es noch Musik geben sollte, auch von Gelagen und Siegesfeiern, aber draußen zerstörte Schlacht um Schlacht die Aussaat und die Ernten, durchziehende Truppen fraßen die Felder leer, und was man einbrachte, raubten die Plünderer. Die Währungen verfielen weiter, Flüchtlinge bettelten an den Türen, seines Glaubens war man auch nicht sicher, und was nützte schon die Seligkeit der Frommen, wenn die Plackerei und Mühsal für die gewöhnlichen Sterblichen blieb.

O Gott, so zeige dich doch nur! Aber der zeigte sich nicht, und der Kaiser rettete einen ebensowenig wie der protestantische oder katholische Landesherr, wenn es hart auf hart ging. Nicht genug, daß die Häuser und Scheunen brannten, daß man umkam durch Pulver und Blei und alleingelassene Frauen die Kreuzestortur erlitten, da gab es auch noch andre Ängste. Der Bamberger Bischof ließ um 1630 innerhalb weniger Jahre 900 Hexen und Hexer töten, der Bischof von Würzburg 1200 Hexen und Zauberer, in Schlesien wurden 1631 an die 200 Hexen hingerichtet, und in Osnabrück zählte man 254 verbrannte Frauen. Der Regensburger Kurfürstentag hatte zu all dem geschwiegen, obwohl auch »Irrtümer« vorgekommen waren, das war bekannt. In einer Atempause des Krieges, 1630, hatte der Kurfürst von Sachsen im Namen der leidenden Bevölkerung ein Protestschreiben verfaßt, das keinen kümmerte.

Als keine Rettung mehr war und Gustav Adolf von Schweden die protestantischen Fürsten durch seinen Vormarsch in einen letzten, verzweifelten Konflikt stürzte – zwischen Treue zum Reich und Treue zum Glauben –, versuchte Johann Georg I. mit dem Leipziger Konvent noch einmal, eine kleine deutsche Partei zur Rettung des Reiches gegen fremde Einmischung und kaiserliche Willkür zu bilden. Wieder war Heinrich Schütz dabei. Unter den Schülern und Kapellknaben, die mit der schwach besetzten Musik nach Leipzig zogen, waren auch schon Matthias Weckmann und Philipp Stolle. Die ungeliebten Engländer, soweit noch vorhanden, mußten auf der Reise von Dresden nach Leipzig auf Schützens Anweisung im anderen Wagen fahren. Der Hofkapellmeister hatte die Tafel auszurichten und wartete in der Kirche auf seinen Einsatz. Matthias Hoë von Hoënegg war plötzlich gut schwedisch, und das hörte sich so an: »Ach Herr Gott, schweige doch nicht also; ach Gott, sei nicht länger also stille; ach großer Gott, halte doch mit deinem Eifer nicht so inne gegen unsere Feinde...«

Der Konvent fand vom 10. Februar bis 2. April 1631 statt, nach unserer Zeitrechnung vom 20. Februar bis 12. April, und dreizehn Fürsten, leider nicht die mächtigsten des Reiches, nahmen an ihm teil. Johann Georg von Sachsen, der Gustav Adolfs Selbstlosigkeit von Anfang an nicht traute, weil die Vorstellung, jemand könne bloß für Glauben und Überzeugung Kopf und Kragen riskieren, seinem Wesen widerstrebte – Johann Georg setzte noch immer auf Mitte und Vermittlung. Er versprach auch, für die Protestanten eine Streitmacht von zehntausend Mann aufzustellen, aber er wurde dann von beiden Seiten überlistet und überspielt, erst durch Max von Bayern, dann vom Schwedenkönig. Der eine rückte mit Truppen vor, der andre hatte Todesmut. Dem einen standen die großen Koalitionen zur Verfügung, dem andern disziplinierte Truppen. Gegen beide hatte Johann Georg mit seiner kleinen Streitmacht nichts mehr auszurichten.

Das Schlimmste, was auch den zögernden Fürsten und ihren Untertanen einen gewaltigen Schrecken einjagte, war die Zerstörung Magdeburgs. Ob nun die Feldherren Tilly und Pappenheim das, was sich ereignete, wirklich gewollt hatten oder ob sie ihrer losgelassenen Truppen, die in die belagerte Stadt einfielen und sie verheerten, nicht mehr mächtig waren: sie haben es am Ende zu verantworten, daß ihre Soldaten, als sie am 20. Mai 1631 zum Sturm antraten, die Stadt nahezu dem Erdboden gleichmachten, so daß man die Geretteten aus dem Inferno der brennenden Straßen in die Zeltlager der Sieger schaffen mußte. Von dreißigtausend Einwoh-

nern überlebten schätzungsweise fünftausend. Dieses Grauen, das
sich in pränuklearen Kriegen bis zum Brand von Dresden 1945
nicht wiederholte, gab den Ausschlag. Als die Regimenter Tillys
über Merseburg auf Leipzig vorrückten – die Pappenheimer besetzten indessen die Burg von Weißenfels und plünderten sie aus –, ging
Johann Georg I. das Bündnis mit den Schweden ein. Gustav Adolf
traf den Kurfürsten in Dresden. Einmal in dieser kurzen Zeitspanne
des Krieges, die den schwedischen König als den Retter des Glaubens erscheinen ließ, stand Heinrich Schütz dem Löwen aus Mitternacht bei der Tafel gegenüber. Er mag sich etwas gedacht haben, als
man den König dann ein Jahr später schon, die Füße nach vorn,
ausgerechnet nach Weißenfels trug.

Anfang September 1631 brach Tilly in Sachsen ein, am 6. September war er auf dem Vormarsch nach Leipzig, wobei seine Truppen
das umliegende Land verwüsteten. Bei Breitenfeld erlitten die
Kaiserlichen am 18. September in einer Schlacht, in deren erster
Hälfte sich Johann Georg von dannen machte und deren zweite
Hälfte der verbündete Gustav Adolf für sich entschied, ihre
schwerste, kriegwendende Niederlage. Die kämpfenden Parteien
rückten für lange auseinander, die Schweden zogen nach Süddeutschland. Dann, 1632, die große Schlächterei an der uns bekannten Straße nach Leipzig, der kurze Auftritt Wallensteins in unsrer
Geschichte, und Gustav Adolf, der wie Wallenstein und Tilly auch
schon im Gasthof »Zum Schützen« abgestiegen war: der König
wandte sich, aus Franken kommend, plötzlich nach Norden, um
nicht durch die Kaiserlichen vom Hinterland und der Küste abge-
schnitten zu werden, oder aus Gründen, die wir nicht kennen. Am
9. November 1632, neuer Rechnung folgend, erreichte Gustav
Adolf Naumburg. Wallenstein schickte ihm von Norden zwei
Regimenter entgegen, die aber nichts ausrichteten und nur Naumburg besetzt fanden. Die Kaiserlichen lagerten in Weißenfels und
zogen sich am 14. November ins Hauptquartier bei Lützen zurück.
Mit einemmal rückte Gustav Adolf vor. An der Rippach bei
Poserna kam es am 15. November zum ersten Zusammenstoß. Die
Schweden umgingen Lützen im Süden, und daraus entwickelte sich
am 16. November eine der schwersten Schlachten des ganzen Krie-

ges. Das Blutbad dauerte sieben Stunden. Auf kaiserlicher Seite
wurde Pappenheim verwundet, und unter seinen Schweden fand
König Gustav Adolf einen fürchterlichen Tod. Man trug den
Schwedenkönig ins Dorf Meuchen, wusch den Leichnam und
brachte ihn am nächsten Tag die Straße hinab nach Weißenfels, wo
er im Geleitshaus, hundert Meter von Christofs Gasthof »Zum
Schützen« entfernt, einbalsamiert wurde für die große Fahrt. Am
20. November verließ der Leichnam Weißenfels.

Nach dem Tod Gustav Adolfs kam der schwedische Kanzler
Oxenstierna in die sächsische Hauptstadt, um Johann Georg von
einem Sonderfrieden mit Wallenstein und dem Kaiser abzuhalten –
was ihm gründlich mißlang. Worauf dann die Rache der Schweden
an den sächsischen Städten und die Vergeltung der Kaiserlichen an
den von Schweden besetzten um so grausamer ausfiel: ein Grund,
warum Heinrich Schütz aus diesem unglückseligen Land weg-
strebte und weshalb wir dies alles erzählen.

Ob es sich um die einen oder anderen Truppen handelte, sie
ließen das Entsetzen an den Heerstraßen zurück. Die Schweden
und ihre Hilfstruppen erwiesen sich nach Gustav Adolfs Tod auch
nicht als besser. Soldaten trieben die Frauen zu Paaren, sie nahmen
Vieh und Wagen und Wäsche um so unbedenklicher, je länger der
Krieg dauerte. Die Strafen der Offiziere, wenn sie einmal Ordnung
schufen, waren nicht weniger brutal. Der Feldmarschall Hans
Georg von Arnim über das Hausen seiner Truppen in Schlesien:
»Ich lasse fast alle Tage henken; es hilft nichts. Berufen sich darauf,
sie bekommen kein Geld; darum müssen sie sonsten ihren Unterhalt suchen.« War ein Land in den Händen der Kaiserlichen gewesen, so verwüsteten es die Schweden, und umgekehrt. Eine Stadt
wie das schlesische Löwenberg, das 6500 Einwohner bei Kriegsbeginn zählte, hatte sich noch nach hundert Jahren nicht erholt: es
lebten 1770 nicht mehr als 2126 Bürger in seinen Mauern. Goldberg, das vorübergehend von den Sachsen eingenommen war, fiel
den Kaiserlichen in die Hand. Zuerst, so erzählt der Chronist,
schlug man die Stadttore mit Äxten ein: »Obwohl nun niemandem
unter den armen, geängstigten Leuten einfiel, sich zur Wehr zu
setzen, um die Teufel nicht noch mehr zu erbittern und sie außer

ihrem Bitten, Flehen, Weinen, Heulen und Schreien keine Rettung
versuchten, so haben die Wallensteiner doch alles nicht nur, was
ihnen in den Häusern, die sie in aller Menge angefallen, erbrochen,
begegnet, wie grimmige, rasende Bestien oder vielmehr ganz wie
lebendige wütende Teufel stracks niedergeschossen, gehauen und
gestochen, sie haben mit ihren ganz besonders zur Plünderung
zubereiteten Äxten, Hämmern und Prügeln in vollen Streichen,
nicht anders als wenn die Fleischhauer Ochsen töten, die Bürger vor
die Köpfe und zu Boden geschlagen, mit Füßen getreten und
zerstampft, so daß das Blut nicht nur zu den geschlagenen Wunden,
sondern zu gleicher Zeit zu dem Halse, den Ohren und der Nase
herausgesprungen, und daß man wohl annehmen kann, es sei von
Hunderten kaum einer unbeschädigt davon gekommen. [...] Da
nun öffentlich auf diese Weise geplündert worden war und man
nichts mehr vorfand, so wollte man auch das etwa tief Verborgene
oder Vergrabene haben, und die Soldaten hatten Erlaubnis, die
Bürger anzugreifen und zu martern nach ihrer Lust, damit sie
bekennen sollten, wo irgend etwas an Gütern und Geld verborgen
steckte. Vielen legte man Stricke um den Hals, andere wurden
nackend auf den Gassen herumgeschleppt, die Köpfe auf dem
Steinpflaster, daß Blut und Gehirn herumspritzten. Andern zer-
schlug man mit Hämmern die Knochen und die Hirnschädel, bis sie
tot niedersanken; andern rieb man die Stirne mit Steinen und
knotigen Stricken, schraubte die Köpfe mit knotigen Stricken so
zusammen, daß ihnen die Augen aus dem Kopf heraustraten und
das Blut zum Munde und zur Nase herausströmte. Andern schlug
man brennende Kiensplitter unter die Nägel und besprengte die
nackenden Leiber mit siedendem Schwefel oder ließ Männern und
Weibern heiße Schwefeltropfen auf den Körper fallen, und zwar
langsam und in gewissen Pausen, damit die Qual recht anhaltend
werde.«

Nach der Schlacht bei Lützen drangen die Kaiserlichen auch in
Leipzig ein und plünderten die Stadt. Der Schloßhauptmann von
Leipzig, ein gewisser Vopel oder Vopelius, der Leipzig angeblich
»liederlich« den Kaiserlichen überlassen hatte, wurde am 6. Februar
1633 auf dem Dresdner Neumarkt hingerichtet – Heinrich Schütz

selbst erwähnt die »vorgegangene Decollation« in einem lakonischen und, wenn nicht alles täuscht, angewiderten Postskriptum
seines Briefes an Friedrich Lebzelter vom 6./16. Februar 1633 (des
ersten, den Schütz sowohl julianisch wie gregorianisch datierte). Im
selben Jahr versuchte General Holk mit einem Teil der Wallenstein-
schen Armee noch einmal bis nach Leipzig vorzustoßen, schleppte
aber nur die Beulenpest mit und gab auf; hungrig und krank zogen
sich die Truppen durch Sachsen nach Süden zurück, wobei sie die
Kranken und Toten einfach im Schlamm liegen ließen.

Die Not der Musiker hatte in diesen Jahren fast schon groteske
Formen angenommen. 1631 mußte der Harfenist Elias Pinckler
seine letzte Harfe an den in Dresden konferierenden Schwedenkönig Gustav Adolf verkaufen, bekam aber sein Geld nicht, so daß er
ihm wegen der Bezahlung bis nach Leipzig nachreiste. Dann bat er
um seinen Abschied. So taten viele, sie gingen einfach fort. Was
blieb Schütz andres übrig? Nicht nur das Gefühl der Überflüssig-
keit trieb ihn in die Emigration, sondern auch der Wunsch, sich
seinem Beruf zu erhalten: zu überleben. Schon seit Mitte 1632, das
ein Dresdner Pestjahr gewesen war, hatte er um Reiseerlaubnis
gebeten. Die erste erhaltene Eingabe stammt vom 9. Februar 1633
und ist ein »Untertänigstes Memorial«, in dem Schütz bittet, man
möge ihm die Reise nach Niedersachsen, um die er mehrmals
nachgesucht habe, im Frühling endlich erlauben: Er könne ganz gut
abkommen, die Kapelle sei geschwächt und verringert, und nach
dem jetzigen Krieg müsse eine Änderung ohnehin notwendiger-
weise eintreten, ja es sei seine Abwesenheit »zu künftiger nützlicher
Reformation und Verbesserung [...] ein bequem Mittel und gute
Vorbereitung«. Es habe ihn auch der dänische Prinz zur Bestellung
seiner Musik gebeten. Schütz versicherte dem Kurfürsten, er werde
mit keinerlei Geldforderungen kommen, die Zeit seiner Wiederkehr könne der Kurfürst bestimmen, er selbst veranschlage ein Jahr,
und sein Hauswesen bleibe im Lande.

Da Schütz wußte, wie schwer es war, sich beim Kurfürsten mit
derlei Ersuchen durchzusetzen, wandte er sich gleichzeitig an den
Agenten, Geheimen Kammerdiener und Freund Friedrich Lebzelter, der derzeit in Hamburg residierte und Schütz vermutlich auch

die Einladung des dänischen Prinzen Christian verschafft hatte: Er habe, schreibt Schütz nämlich, Lebzelters Schreiben aus Friedrichsburg vom 8./18. Januar 1633 erhalten. Sowenig er sich die kurfürstliche Gnade zu verscherzen gedenke, so hoffe er doch die Sache durch einen mündlichen hilfreichen Vortrag etwa des Oberkämmerers am Hof besser durchbringen zu können, auch wenn er seine Zweifel nicht verschweige, »läßt doch der meiste Teil derjenigen, wo täglich um unsern gnädigst[en] H[errn] sind, sich lieber gebrauchen, Ihre Churf. Durchl. bei gutem Mut zu erhalten, als Sachen, so Deroselben verdrießlich (worunter ich halte das Urlaubbitten auch mit begriffen sei), vorzutragen...« Wenn aber Lebzelter den Oberkämmerer dafür gewinne? Oder sich der dänische Prinz selbst mit einem Ersuchen an den Kurfürsten wendete? Lebzelter solle auch dem dänischen Prinzen, wenn es die Gelegenheit ergäbe, nicht unberichtet lassen, was er, Schütz, auf seiner jüngsten Italienreise sich »auf eine absonderliche Art der Composition begeben hätte, nämlich wie eine Comödie von allerhand Stimmen in redenden Stil übersetzet« und singend agiert werden könne, was seines Wissens auf solche Art, wie er meine, in Deutschland noch ganz unbekannt, bisher auch wegen der Zustände »weder praktiziert noch befördert worden« sei. Und weil er dafür halte, daß es schade sei, wenn solche majestätischen und fürstlichen Inventionen »sitzen« blieben, so würde er dieselben zu den bevorstehenden Festlichkeiten gern zur Verfügung stellen. Bei den Festlichkeiten handelte es sich um die Hochzeit von Prinz Christian, dem zweiten Sohn Christians IV. von Dänemark, mit Magdalene Sibylle, der jüngsten Tochter Johann Georgs I. von Sachsen.

Lebzelter, nicht müßig, schrieb umgehend an den dänischen Prinzen: »Euer Hochprinzl. Durchl. versichere sich gewiß gnädigst, daß Sie an diesem Kapellmeister eine solche wohlqualifizierte Person haben werden, dergleichen in seiner Profession derzeit im Reich wenig zu finden, wie er dann von vielen, und auch gar von katholischen vornehmen Potentaten, so ihm wegen der Religion versichern wollen, beweglich begehret worden.« Diese Mitteilung läßt aufhorchen. Wenn es Lebzelter nicht auf Aufschneiderei anlegte – und warum sollte er ausgerechnet katholische Potentaten erfinden? –, so muß es Fürsten gegeben haben, denen die Kunst höher stand als die Konfession. Daß sich der kaiserliche Hof, vielleicht noch auf Anregung des Fürsten Eggenberg, um Heinrich Schütz bemüht haben sollte, ist bei der religiösen Intransigenz Kaiser Ferdinands II. nicht sehr wahrscheinlich. Dagegen könnte sich der Herzog Maximilian von Bayern, dessen Räte bei dem Mühlhäuser Fürstentag 1627 auf den sächsischen Kapellmeister aufmerksam geworden sein müssen, schon damals um Schütz bemüht haben. München hatte seit Orlando di Lasso, unter dem die Hofkapelle einundneunzig Mitglieder gezählt hatte, nichts Vergleichbares mehr an der Spitze der Hofkapelle aufzuweisen.

Der dänische Prinz ging auf den Vorschlag Lebzelters ein. Kopenhagen hatte zur Zeit keinen Kapellmeister, mit dem sich Staat machen ließ. In einem Brief an seinen künftigen Schwiegervater bat er um einen »jetziger Zeit fast seinesgleichen nicht habenden Musicum« für die bevorstehenden Solemnitäten und sandte Schütz von Hadersleben aus am 1. März 1633 einen Reisepaß. Es sollte noch ein halbes Jahr dauern, bis Schütz reisen konnte.

Zwischenspiel III

In diesem Augenblick, die Seite ist noch nicht zu Ende geschrieben, widerfährt dem Schreibenden folgendes: Er unterbricht die Arbeit mitten im Satz, einem Bedürfnis nach Musik nachgebend, schiebt das Papier von sich, schaltet das Rundfunkgerät ein und hört im vorabendlichen Konzert – aber was hört er? Er lauscht sofort betroffen, angespannt, versunken, aber er glaubt nicht zu kennen, was er hört, er ist sich sogar ganz sicher, es noch nie gehört zu haben. Es ist Chorgesang, unstrophisch, a cappella, vier- oder fünfstimmig, polyphonierend mit nacheinander, übereinander einsetzenden Textwiederholungen, wobei die sich überschneidenden Stimmen sich zu überraschenden und komplizierten Harmonien vermählen, mit unvermuteten Ganztonschritten der oberen Soprane abwärts – schon wieder dahin, aufgehend im Vorrücken der unteren Stimmen, eine Tonart ist nicht sofort auszumachen, anders gesagt, es ist ein Gewoge, das Kirchentonartliches enthält, changierend ohne festen Bezugspunkt, aber von einem Wohlklang, der die Sinne nicht betäubt, sondern schärft. Das verspätete Einschalten erschwert zwar die Orientierung, doch bleibt der Eindruck einer melancholischen Süße und bitteren Schönheit: Eine solche Musik möchte man wohl empfehlen. Sie hat eine unschwierig opulente Klangqualität bei dichtestem Gehalt und ernstestem Anspruch. Was mag das sein? Inzwischen hat sich der Chor auf eine ätherisch ausklingende Schlußharmonie geeinigt. Man sucht zwischen Lasso und Killmayer, Barock und Moderne. Woher diese ästhetische Raffinesse? Der Sprecher löst nach einer kurzen Pause das Rätsel wenigstens teilweise auf: Es waren drei Madrigale von Heinrich Schütz. Welche Madrigale? Unter den deutschen Madrigalen scheint sich das dritte, das einzig mitgehörte, nicht zu befinden, auf den Text hat man zuwenig geachtet, und wo sollen wir suchen unter den fünfhundert Nummern des Schütz-Werke-Verzeichnisses? Kein Anhaltspunkt. Kreisende Kosmogonie.

Eine merkwürdige Assoziation stellt sich ein: Johannes Kepler, auch er ein Zeitgenosse von Schütz in dessen erster Lebenshälfte, veröffentlichte, nachdem er die Bewegungsgesetze der Planeten errechnet und aufeinander bezogen hatte, 1619 seine »Harmonice mundi«, die Weltharmonik oder Harmonie der Welten, die man sich gewiß auch im mathematischen Sinn nicht gerade als reinen Dreiklang zu denken hat, sondern als ein aufeinander Gestimmtsein aller Bahnen, eine gleitende, übergreifende Konsonanz, ein Diapason durch die Eigengesetze und kreisenden Ellipsen. Es scheint bei Schütz etwas Ähnliches in der Bewegung der Tonarten stattzufinden, deren häufigen Wechsel erst das länger gewöhnte und eingeübte Ohr erkennt und entwirrt. Die Überraschung ist vollkommen, wenn man ihn als Anonymus unvorbereitet und unbefangen hört; man hat es ihm »nicht zugetraut«. Zugleich fällt dem Biographen ein Satz aus Hans Joachim Mosers deutscher Musikgeschichte ein, den er unter gar keinen Umständen in diesem Schütz-Buch zu

zitieren beabsichtigt hat: »Man könnte«, schreibt Moser nämlich,
»bei solchen Stellen geradezu von einer Entdeckung der Nerven-
und Seelenwirkung durch die harmonischen Funktionen sprechen,
die nachmals erst wieder in Wagners ›Tristan‹ voll ausgenutzt
worden ist...« Moser meint eine Stelle im Oster-Oratorium (»und
seid traurig?«), das ja noch zum frühen Schütz gehört. Aber die
Madrigalkomposition, wohin mit ihr?

Der nächste Tag, ein Anruf im Sender, bringt die Aufklärung: Es
handelt sich um die drei Italienischen Madrigale op. 1, SWV 13, 14
und 15, das letzte war »Dunque addio, care selve« nach Battista
Guarini. Es beginnt: »Nun denn addio, teure Wälder«, und endet:
»Weder kann ich unschuldig in der Hölle umherirren, noch verzweifelt und traurig unter den Seligen weilen.« Das ist ein Gipfel
schwermütigen Ausdrucks in diesen frühen Kompositionen. Es
stellt sich bei einem Plattenvergleich auch heraus, was die Identifizierung erschwert hat: Die meisten Aufnahmen der Italienischen
Madrigale sind knapp solistisch besetzt und allzu zart ausgeführt,
sie ähneln der gehörten nicht, und die Funkfassung hatte wahrlich
jene »Volltönigkeit«, die man der venezianischen Schule nach-
rühmt. Und wann, lieber Himmel, haben wir dieses Meisterwerk
zuletzt im Konzertsaal gehört?

Das hier beschriebene Erlebnis entspricht dem Schütz-Alltag
selbst kundigster Schütz-Hörer, und wer darf sich schon so nennen
außer den ausführenden Musikern selbst. Zwei Schlußfolgerungen
seien erlaubt: Die Italienischen Madrigale op. 1 erweisen sich als
jenes beispiellose Meisterstück, dem die eigentliche Entfaltung des
musikalischen Talents vorausgegangen sein muß. Ich kenne keinen
vergleichbaren Fall, daß ein erstes erhaltenes Kunstwerk den ganzen Künstler vorwegnimmt. Zweitens: Es gibt viele Möglichkeiten,
bessere jedenfalls als die einer »historischen« Wiedergabe, um das in
dieser Musik Schlummernde an unser Ohr zu bringen. Ein geeigne-
tes Beispiel scheint mir das »Fili mi, Absalon« aus den »Symphoniae
sacrae« zu sein. Hätte sich ein moderner Komponist oder ein
behutsamer Interpret in unsren Tagen entschlossen, es für tiefe
Streicher, Holzbläser, Posaunen und Pauken zu setzen, ohne den
Verlauf von einleitender Sinfonietta, Zwischenspiel und sparsamer

Gesangsbegleitung im geringsten zu verändern; hätte er gewagt, es so auszuinstrumentieren, wie es unsre Vorstellungskraft Takt für Takt zu leisten vermag – und wie es der »Kunst der Fuge«, den »Bildern einer Ausstellung« oder den Wesendonck-Liedern durchaus bekommen ist –, so wäre »Fili mi, Absalon« als eine bedeutende Lamento-Komposition längst fester Bestandteil der Konzertprogramme unsrer großen Symphonieorchester und aus dem Ghetto-Dasein der »Symphoniae sacrae« und der Liebhaber-Produktionen alter Musik befreit.

Schütz und Rembrandt

Eine der geheimnisumwobenen Episoden im Leben des großen Schweigers Heinrich Schütz ist seine Reise nach Amsterdam am Ende des Jahres 1633 und seine Begegnung mit Rembrandt – wenn sie denn überhaupt stattgefunden hat, was wir zunächst unterstellen, um nicht ständig auf den Zehenspitzen des Konjunktivs zu gehen. Drei Jahrhunderte hat es gedauert, bis man überhaupt darauf aufmerksam wurde und den Tatsachen mit Hilfe eines umständlichen Indizienbeweises die nötige Glaubwürdigkeit zu verschaffen versuchte. Die Indizien lassen sich, sofern man sich bei der Identifizierung eines Bildes nicht geirrt hat, unschwer vermehren, denn die Umstände sind ungewöhnlich günstig, und zuletzt erscheinen die Tatsachen ebenso unabweisbar wie die Vorstellung, Galileo Galilei und Heinrich Schütz seien sich an jenem 20. August 1610, als die Erfindung des Fernrohrs Venedig in Aufregung versetzte, auf der Schwelle von San Marco begegnet. Für den venezianischen Augenblick haben wir nur die zeitlichen Koordinaten, für das Amsterdamer Ereignis gegebenenfalls ein handgreifliches Beweisstück: Rembrandts Porträt eines Musikers in der Corcoran Gallery of Art in Washington.

Im September 1633 war Schütz in Dresden aufgebrochen, um

sich nach Kopenhagen zu begeben, das in ungefähr vierzehn Tagen zu erreichen war. Aber er hatte es nicht eilig, obwohl der dänische Kronprinz drängte, und Freund Lebzelter, der sächsische Gesandte, bei dem er in Hamburg übernachtete, scheint ihn sogar ermuntert zu haben, sich im Niederdeutschen und Niederländischen umzusehen. So machte er es wie in Venedig; von Hamburg aus unternahm er mehrere Reisen und kehrte jedesmal dahin zurück. In Wedel besuchte er den gerade Pastor gewordenen evangelischen Liederdichter Johann Rist, der wie Fleming ein hochbegabter junger Poet war, sechsundzwanzigjährig und noch ungekrönt. In Hamburg lernte er die Organisten und Sweelinck-Schüler Heinrich Scheidemann und Jakob Praetorius kennen sowie den Direktor der Ratsmusik Johann Schop, der ein Mitarbeiter von Rist und Komponist seiner Lieder war. Schop, ein vorzüglicher Geiger, hatte bereits früher einmal am dänischen Hof musiziert und erklärte sich bereit oder war schon verpflichtet, mit Schütz nach Kopenhagen zu gehen, wo er bei den bevorstehenden Festlichkeiten anläßlich der Vermählung des dänischen Kronprinzen dringend benötigt wurde.

Wer riet Schütz zu Amsterdam, wo Sweelinck einst gewirkt hatte? Es ist durchaus möglich, daß es dieses Rates gar nicht erst bedurfte, weil Heinrich Schütz die Reise nach Amsterdam schon in Dresden geplant hat. Einem Hinweis von Otto Benesch folgend kann man schließen, daß Schütz von Hamburg aus keineswegs ins Ungefähr reiste, sondern angekündigt und eingeführt war, und das verdankte er einer seltsamen Bekanntschaft, die auf das Jahr 1619 zurückging und mit einer Auftragsarbeit verbunden gewesen war: Der Jenaer Fürstliche Amtsschösser Burckhard Großmann, ein Abgaben-Erheber und Steuerbeamter, war 1616 aus einer Lebensgefahr errettet worden und hatte das zahlenmystisch anmutende Gelübde getan, den 116. Psalm von sechzehn Komponisten vertonen zu lassen (1616:116:16). Unter den Musikern, die sich daran beteiligten, befanden sich keine geringeren als Michael Altenburg, Melchior Franck, Rogier Michael, Christoph Demantius, Johann Hermann Schein, Michael Praetorius und Heinrich Schütz. Mit seiner Auftragsarbeit »Das ist mir lieb« (SWV 51) lieferte Heinrich

Schütz keineswegs nur ein Gelegenheitswerk ab. Es steht vielmehr gleichwertig neben seinen frühen Psalmvertonungen und zählt in der 1623 veröffentlichten Sammlung Großmanns zu den madrigalischsten, das heißt in unsrem Verständnis »modernsten« Stücken. Aus dieser Beteiligung entstand vermutlich eine anhaltende freundschaftliche Beziehung zu dem Kunst- und Musikliebhaber in Jena und seiner Familie. Großmanns Sohn, Burckhard der Jüngere, verstand zwar nicht soviel von Kunst und Musik, hatte aber des Vaters Sammelleidenschaft geerbt. Er wußte sich im Sommer 1634 eine seltene Trophäe zu beschaffen: er ließ den Maler Rembrandt eine Zeichnung in sein Stammbuch eintragen. Rembrandt hat nur dreimal in seinem Leben solche Autographen gegeben, und in Großmanns Album steht die Eintragung – der gezeichnete Kopf eines alten Mannes – neben 143 kunstfremden. Welchen Schluß kann man daraus ziehen? Da Rembrandt im Ausland noch keinesfalls eine Berühmtheit war und der junge Großmann kein ausgemachter Kunstkenner, muß eine persönliche Beziehung Rembrandts zu dieser thüringischen Familie schon vorher bestanden haben, vielleicht zum kunstbesessenen Vater. Möglicherweise hat Heinrich Schütz auf diesem Wege von Rembrandt gehört, und umgekehrt mag sein Name von den Jenaer Freunden dem holländischen Maler genannt worden sein. Klingt das einleuchtend? Ja, es klingt so. Aber es ist viel zu umständlich.

Wenn es einen kunstbegeisterten Mann in Schützens Freundeskreis gab, der über alles Bescheid wußte, was zwischen der Stiefelspitze Italiens und der Nordsee an Kunstgegenständen, an Büchern, Noten, Uhren, Porträts, Malereien, Kristall, Münzen, Ringen, Kalendern, Edelsteinen, Elfenbeinschmuck, Möbeln und Reliquien aufzutreiben war, und der buchstäblich jeden kannte, der sich auf diesem Gebiet betätigte, so war es der Augsburger Sammler und Kunsthändler Philipp Hainhofer. Der vielgereiste und in allen Künsten beschlagene Mann unterhielt mit Hilfe von Agenten und Korrespondenten einen Briefwechsel, der sich wie ein engmaschiges Netz über halb Europa legte, und er war zudem nicht nur mit Schütz bekannt, sondern war auch mit der Familie Lebzelter, zuletzt mit dem sächsischen Diplomaten Friedrich Lebzelter, aus privaten, geschäftlichen und politischen Motiven eng befreundet. Auch wenn sich die Belege dafür noch nicht haben auffinden lassen, scheint mir das Beziehungsdreieck zwischen Hainhofer, Schütz und dem damals in Hamburg lebenden Friedrich Lebzelter der schlüssigste Hinweis darauf zu sein, was Heinrich Schütz auf die Fährte Rembrandts gebracht haben kann. Und wollte er außerdem einmal im Leben das Amsterdam Sweelincks kennenlernen, so stand er dem Maler, von einem der ansässigen Musiker vorgestellt, vielleicht unvermittelt gegenüber. Nichts einfacher als das.

Die Seereise von Hamburg nach Amsterdam dauerte mit dem Segelschiff gute drei Tage, bei ungünstigem Wind auch etwas länger. Die Frage, wer den Anstoß zum Porträtieren gegeben haben könnte, wäre verhältnismäßig leicht zu beantworten: Heinrich Schütz hat das Bild weder bezahlt noch für sich erbeten, folglich hat er es auch nicht in Auftrag gegeben. Der junge Harmensz van Rijn, siebenundzwanzigjährig, muß an ihm Gefallen gefunden haben. Er war erst 1631 aus Leiden nach Amsterdam übergesiedelt, wo er mit Saskia van Uylenburch zusammenlebte. Er heiratete sie ein Jahr nach Schützens Besuch, 1634, aber schon nach acht Jahren Ehe mußte er sie zu Grabe tragen – seltsame Parallele zu den Ehen von Schütz und Monteverdi. In der Leidener Frühzeit hatte Harmensz van Rijn durch dramatische Bildkompositionen wie »Geldwechsler« und »Simson und Delila« jene Aufmerksamkeit zu wecken gewußt, die einem sich wild und wüst gebärdenden Genie zusteht. Mit der »Anatomie des Dr. Tulp« und der »Heiligen Familie« hatte er in Amsterdam inzwischen gezeigt, daß er auch ganz anders konnte. Seitdem mehrten sich die Porträt-Aufträge, doch nicht alle Sujets waren so dankbar wie dieser Musiker aus Deutschland. Schütz saß Rembrandt zu einem seiner bedeutendsten Porträts, dem in alle Kataloge und Gesamtausgaben aufgenommenen, 1633 datierten und signierten »Bildnis eines Musikers«, das Bruno Maerker in den dreißiger Jahren unsres Jahrhunderts in Amerika identifiziert haben will. Der Name des Porträtierten war vergessen, oder Rembrandt hat ihn nicht überliefert. Vermutlich ahnte er so wenig wie Schütz, wer sein Gegenüber eigentlich war – das stellt sich meist sehr viel später heraus. Rembrandt wußte gewiß wenig vom biogra-

phischen Hintergrund des Deutschen. Er malte nicht den Emigran-
ten, nicht den Diener Gottes oder den mönchischen König-David-
Sänger, sondern den Fürsten der Musik mit der gebieterischen
Notenrolle in der Hand, deren kleinen Finger der Ring zierte, das
venezianische Gabrieli-Erbe; er malte den Künstler als Bürger.

Maerker, als er das Bild identifizierte, muß ein Gespür für die
Ambivalenz der künstlerischen Größe gehabt haben; sie kommt
ohne sinnliche Komponente nicht aus. Alle Siege und Überwindun-
gen sind einem Achtundvierzigjährigen noch nicht ins Gesicht
geschrieben, aber Weltbejahung und Verzicht stehen darin so nah
beieinander, daß man schon mehrmals hinblicken muß, um die
gewohnte Vorstellung von Heinrich Schütz damit in Übereinstimmung zu bringen. Ein Weltmann, modisch verkleidet, nur Skepsis
im Blick, Ironie um den Mund, fast Süffisanz und Schlimmeres, als
traue er niemandem über den Weg – wenn man nicht die untere
Hälfte abdeckt und nach oben blickt, wo lauter Melancholie ist.
Das seigneurale Lächeln wird gleich erlöschen, die Augen sind
schon voll Trauer. Die Stirn liegt im Schatten. Ist das sein Mund? Er
kehrt nicht ganz so wieder in dem Porträt von Christoph Spetner,
der ein geringerer Maler war. Dagegen zeigt das Bildnis des Fünf-
undachtzigjährigen – siebenunddreißig Jahre nach Amsterdam – die
Mundpartie ganz ähnlich, nur gefrorener in dem vergreisten und
erstarrten Gesicht. Der Hut und das Kostüm mit dem gefältelten
Kragen in Rembrandts Wiedergabe sprechen ebenfalls nicht gegen
die Identität, denn der Reisende wurde von Hamburger Honoratio-
ren, holsteinischen Herzögen, dänischen Prinzen und einem König
erwartet. Das war kein bescheidener Kantor, er verbreitete Distanz
um sich, und insofern gibt das Bild einer Wahrheit die Ehre. Oder
sollte es uns überraschen, daß die Wandlung vom stolzen, verführe-
rischen, ansehnlichen Mann von Welt, den wir nie recht für möglich
hielten, zum Asketen, als der er uns erscheint, noch nicht abgeschlossen war? Rembrandt hat zweifellos die Figur seinem Stil
angepaßt, nicht seinen Stil der Figur, sonst hätte er nicht so scharf
und effektvoll zwischen Hell und Dunkel geschieden.

Das lang herabwallende dunkle Haar allerdings: es befremdet,
und seit wir von dem Stich aus dem Jahr 1627 wissen, hat es an

Befremdlichem noch zugenommen und scheint die ganze schöne Indizienkette wie in einem schlecht vorbereiteten Kriminalprozeß in sich zusammenbrechen zu lassen. Diese Generation trug offenbar einen sehr kurzen Haarschnitt, ganz im Gegensatz zu der folgenden jüngeren, der die langmähnigen Dichter wie der schöne Opitz angehörten. Da wir es auf gar keinen Fall mit einer Perücke zu tun haben und keine Ähnlichkeit weiterhilft, kommen wir der Wahrheit, auch der Authentizität des Bildes, niemals mehr über physiognomische, modische oder stilistische Anhaltspunkte näher, sondern lediglich über Amsterdam. Ließe sich eines Tages der schlüssige Nachweis erbringen, Schütz sei tatsächlich in Amsterdam gewesen – etwa durch einen Schütz-Brief von der Reise oder einen Hainhofer-Brief, der sie empfahl –, dann erledigte sich auch der Einwand gegen den Haarschnitt von selbst: Rembrandt könnte nach einer Porträtskizze gearbeitet und das endgültige »Bildnis eines Musikers« mit einer Haartracht versehen haben, die ihm gefiel, ohne Rücksicht auf Ähnlichkeit, die ja niemand von ihm verlangte. So etwas wäre nicht das erstemal vorgekommen. Auch Rembrandts zahlreiche Selbstporträts waren reich ausgestattete, zum Teil dämonische Selbstinszenierungen. Das »Bildnis eines Musikers« – ein inszenierter Schütz? Bis wir es genauer wissen, gehen wir weiter auf den Zehenspitzen des Konjunktivs, um allen Zweifeln den Vorrang zu geben vor der Legende.

Schütz und Rembrandt: Der Musiker hätte sich einem Protestanten der nachfolgenden Generation gegenübergesehen, einem Künstler, der sich unbedenklicher als er von allen übergeordneten Bindungen befreite; er vereinnahmte die Welt und versah sie mit Datum und Unterschrift. Der letzte Blick auf das Porträt und die Rolle in der Hand müßte Schütz an seine Pflichten am dänischen Hofe erinnert haben. Die Noten lagen in Hamburg.

Im November war er gewiß wieder an der Elbe.

Die dänische Hochzeit

Zum Glück läßt sich die Spur eines achtundvierzigjährigen Künstlers, dessen Name inzwischen von Venedig bis Kopenhagen mit Achtung genannt wurde, nicht ganz verwischen, auch wenn er sich um die Befestigung seines Lebens im Wort wenig gekümmert hat und die Nachwelt mit den Papieren und Pergamenten, die er da und dort zurückließ, sehr sorglos umgegangen ist. So haben wir auch von den anderthalb Jahren in Dänemark eine hinreichend genaue Vorstellung, obwohl außer einem geringfügigen musikalischen Fragment nicht ein einziges Lebenszeugnis erhalten geblieben ist: kein Brief, kein Text, keine Notenrolle, nichts. Mit dem Brand des Schlosses Christiansborg im Jahre 1794 ist nicht nur, wie Jens Peter Larsen schreibt, »die ältere dänische Musikgeschichte« in Flammen aufgegangen, sondern auch ein bedeutender Teil des weltlichen sagittarischen Werks.

Auf halbem Wege nach dem dänischen Haderslevhus (oder Hadersleben), wo ihn der dänische Kronprinz erwartete, lag, eine Zweitagesreise von Hamburg entfernt, Schloß Gottorp bei Schleswig, auf dem Herzog Friedrich III. von Schleswig-Holstein mit der Herzogin Marie Elisabeth lebte, die eine Tochter des sächsischen Kurfürsten und eine Musikschülerin von Heinrich Schütz war. Abermals zwei Tage, und der Reisende erreichte nach einer Fahrt durch ein novemberlich stilles, friedliches Land mit sauberen, gepflegten Dörfern Hadersleben am Kleinen Belt, eine Stadt im Nordosten Schleswigs, von der aus Schütz – nach vierundzwanzig Tagen, meint Spitta, ohne Quellen zu nennen – gemeinsam mit dem Kronprinzen Christian am 6. Dezember die Reise nach Kopenhagen fortsetzte. Dies geschah wahrscheinlich auf einem königlichen Segelschiff, das die dänischen Inseln schnell umfahren konnte. Denn schon am 10. Dezember, mit auffallender Eile, wurde Schütz zum dänischen Hofkapellmeister ernannt und am 18. Dezember die Ernennung vom König veröffentlicht. Schütz trat damit die 1632 durch den Tod von Melchior Borchgrevinck verwaiste Stelle eines Praeceptor musicalis danicus an, und die Annahme ist begründet, daß König Christian IV. ihn gern für immer bei sich behalten hätte. Schütz erhielt ein Jahresgehalt von 800 Reichstalern und alle Vollmachten, die Kapelle zu reformieren, die Verantwortlichkeiten neu festzusetzen und Musiker zur Vervollständigung von Chor und Orchester zu verpflichten. Das hätte zwangsläufig zu Konflikten mit dem angestammten Personal führen müssen, die auch von allen Seiten befürchtet wurden, aber das Erstaunlichste war: sie traten nicht ein, was der natürlichen Autorität des Sagittarius, seinem Können und seiner Feinfühligkeit im Umgang mit Menschen das beste Zeugnis ausstellt. Verständnisprobleme gab es ohnehin kaum. Im 17. Jahrhundert war selbst das literarische Leben in Dänemark noch zweisprachig, und der Versuch dänischer Schulmänner, wenigstens im Unterricht die Landessprache einzuführen, war vorerst gescheitert. Das Lateinische behauptete seine Vormacht in den Wissenschaften und in amtlichen Geschäften, die jungen Dichter folgten den metrischen Anregungen und Theorien der ersten schlesischen Dichterschule und studierten Martin Opitz, und lediglich Anders Arrebo (1587–1637), ein wegen seines Lebenswandels aus der Höhe des Staatsdichters und lutherischen Bischofs in die Tiefe gestürzter Dorfpfarrer, arbeitete in der Zurückgezogenheit an einer nationalsprachigen Kunstdichtung, wobei ihm nach dem Vorbild Cornelius Beckers auch eine Übertragung der Psalmen Davids ins Dänische gelang. Literarischen Erfolg ernteten vorerst andere: der elegante und geschliffene Johann Rist und der Mathematikprofessor und Satiriker Johann Lauremberg aus Sorø, Großschriftsteller und Hoflibrettist, der auch zwei deutsche Komödien, mythologisierende Singspiele, zur Fürstenhochzeit von 1634 beisteuerte und 1655 den Text zur ersten in Dänemark aufgeführten Oper lieferte.

Innerhalb kürzester Zeit stellte Heinrich Schütz ein Ensemble zusammen, das bereits im April 1634 mit den Proben für die Oktober-Festlichkeiten beginnen konnte. An Geld fehlte es nicht, die dänische Situation war trotz der in den zwanziger Jahren durch das glücklose Eingreifen in den Krieg entstandenen Einbußen vergleichsweise rosig, das Land hatte Ruhe und Frieden, der Handel florierte, Hunger gab es nicht, der König bezog zudem hohe

Einkünfte aus der Sundsteuer und konnte es sich leisten, anläßlich der Hochzeit seines Sohnes mit einer sächsischen Prinzessin zwei Millionen Reichstaler zu verpulvern, der Reichstaler gerechnet zu sechs deutschen Talern – eine Summe, die die Sachsen schier erblassen ließ.

Kopenhagen, die prächtige, aus Dächern und Giebeln hochgewinkelte Hauptstadt, überragt von den Türmen der Frauen- und Nikolaikirche und nach der Niederlegung der Wälle auch in die Breite gewachsen, ein Diadem, das sich die Ostsee im Westen aufsetzte, hatte auch musikalisch eine reiche Tradition. Seit dem 15. Jahrhundert hielten sich die Könige ein Trompeterkorps und belebten ihre Kantoreimusik, indem sie Künstler aus dem Ausland kommen ließen, zunächst aus der niederländischen Schule, dann aber auch aus England, dessen König Jakob I. mit Christian IV. verschwägert war. Der 1577 geborene Christian IV. von Dänemark, der bereits als Kind Thronerbe geworden war und seit 1596 regierte, hatte bei seiner Krönung und Trauung die Kapelle auf sechzig Mann, darunter Musiker aus mehreren deutschen Städten, verstärken lassen, was eine für seine Zeit ganz ungewöhnliche Zahl war. Es gelang ihm bald darauf, den englischen Lautenisten John Dowland, der in Kassel bekanntlich absagte, acht Jahre lang an seinem Hof zu halten, und darüber wundert man sich weniger, wenn man weiß, daß Dowland wie ein königlich dänischer Admiral besoldet wurde. Den begabtesten der jungen dänischen Musiker trafen wir schon 1609 in Venedig an: es war der Madrigalist Mogens Pedersøn, ein Gabrieli-Schüler, der dann leider sehr jung starb und mit dem »Pratum spirituale« (1620), einer Sammlung fünfstimmiger Kirchenlieder und lateinischer Motetten, sein Hauptwerk hinterließ. Johann Schop, der Hamburger, war von 1615 bis 1619 Violinist am Hofe gewesen und Melchior Schildt aus Wolfenbüttel von 1626 bis 1629 königlicher Hoforganist. Kopenhagens Kirchenmusik konnte sich mit allen großen Musikstädten der Welt durchaus messen, auch wenn eine eigene Schule nicht entstand. Derzeit war Laurentz Schröder, genannt der Ältere, der in den Kriegswirren aus Deutschland geflohen war, Organist an der Heilig-Geist-Kirche, Thomas Schattenberg Kantor an der Nikolaikirche und der jüngere Johan

Lorentz, der auch bei den Hochzeitsfeierlichkeiten am Hofe mitwirkte, Kantor an der Vor-Frue-Kirche, in der Schütz den Brauch
regelmäßiger Orgelkonzerte kennengelernt haben kann, wenn er
nicht schon in Amsterdam dazu Gelegenheit hatte.

Heinrich Schütz wohnte in der Stadt. Mit der Kapelle, die wieder
auf die einstige Stärke von zwanzig Trompetern und ebenso vielen
Sängern wie Instrumentisten gebracht worden war, übte er im
Schloß Croneburg. Dabei wurden außer Fest- und Tafelmusiken
auch die Ballett-Oper von Schütz und die beiden Komödien von
Lauremberg geprobt, für die der neue Hofkapellmeister nebenbei
die zahlreichen Schauspielmusiken, von denen berichtet wird, zu
komponieren hatte.

Es dauerte nicht sechs Monate, da ergoß sich ein gewaltiger
Sachsenzug in die Straßen der dänischen Hauptstadt: Prinzessin
Magdalene Sibylle, die 1617 geborene jüngste Tochter des Kurfür-
sten, kam, begleitet von ihrer Mutter und den Brüdern, mit einem
auftrumpfend großen Gefolge, das einschließlich der sächsischen
Bergsänger aus 532 Personen, 479 Pferden und 274 Wagen bestand.
Wenigstens war Johann Georg selbst in Anbetracht der Kriegsnöte
zu Haus geblieben.

Schütz hatte 1634 auch seinen Vetter Heinrich Albert aus
Königsberg nach Kopenhagen kommen lassen, dessen »Aria«, ein
Begrüßungs-Sermon, beim Einzug der sächsischen Prinzessin am
30. September gespielt und gesungen wurde. Die Hochzeitsfeierlichkeiten begannen am 5. Oktober und dauerten zwei Wochen, bis
zum 18. Oktober. Es gibt darüber drei Berichte: das lateinisch
niedergeschriebene Protokoll des französischen Gesandtschafts-
sekretärs Charles Ogier, den von einem dänischen Buchhändler,
Jürgen Holst, 1635 veröffentlichten »Triumphus nuptialis danicus« mit Schilderungen von unschätzbarem Wert und eine 1639 von
dem Organisten Laurentz Schröder verfaßte Darstellung mit dem
Titel »Ein nützliches Traktätlein vom Lobe Gottes oder auch der
herzerfreuenden Musica«. Charles Ogier beschreibt auch die
Audienz, die der König der französischen Gesandtschaft in einem
Saal des Schlosses Rosenborg gab. Dabei wußte der König seine
Gäste besonders dadurch zu beeindrucken, daß plötzlich eine ver-

borgene Musik erklang – die Gesandten sahen sich um und wußten nicht woher. Man erklärte ihnen die gelungene Überraschung: In einem unter dem Saal gelegenen Raum waren Sänger und Instrumentisten aufgestellt, deren Klänge einmal leiser, einmal lauter durch besondre Schall-Löcher in den Mauern nach oben drangen – einer der frühesten Belege für diesen sonderbaren Effekt, der »unsichtbares Orchester« genannt wird. Die Oper wußte sich seiner in unvollkommener Weise schon zu ihren Anfängen zu bedienen, indem man die begleitenden Musiker hinter einer Stellwand oder seitlich postierte. Noch merkwürdiger ist jedoch eine Passage in Schützens Begleittext zur »Historia der fröhlichen und siegreichen Auferstehung unsers einigen Erlösers und Seligmachers Jesu Christi« von 1623: Es wäre zwar, schreibt Schütz, noch viel zu erinnern, wie diese Historie mit größerer Anmut musiziert werden könnte, »wann nämlich der Evangelist allein gesehen würde, die andern Personen alle verborgen stünden, und was mehr dergleichen ist«. Absichtlich habe er es übergangen und verständigen Musikern anheimstellen wollen, sich nach Ort und Umständen einzurichten. Doch scheint ihm der Gedanke einer verdeckten Musik, die von dem Hauptereignis – dem Gesang oder dem Darsteller – nicht ablenkt, tatsächlich schon sehr früh gekommen zu sein, und in Kopenhagen bot sich ihm sogar die Möglichkeit, den indirektesten akustischen Effekt auszuprobieren.

Die Trauung fand im Rittersaal des königlichen Schlosses statt. Nach dem Bericht des französischen Attachés wurde ein lateinisches »Exultate Deo« gesungen, das möglicherweise aus den »Symphoniae sacrae« von Schütz stammte. Daran schloß sich ein Festzug zur Kirche an, wie ihn Kopenhagen und die europäischen Gäste lange nicht erlebt hatten, mit Pauken und Trompeten, unter dem Läuten aller Kirchenglocken der Stadt und dem Lösen der Kanonen am Hafen und auf den Schiffen der vor Anker liegenden Flotte. Wir wissen nicht, ob die sächsische Braut schön war, aber der Kronprinz – der nie den Thron bestieg, weil er 1647, ein Jahr vor seinem Vater, starb – er war ein stattlicher Mann, und das Volk jubelte ihm zu. Im Festzug schritten auch die Herzöge von Sachsen mit ihren singenden Bergleuten. Und hinter dem Triumphwagen von Hercules und Omphale erscholl aus einer Gruppe von Mönch, Bauer und Soldat ein Lied von der Macht der Liebe. Danach aber – so steht es im »Triumphus nuptualis danicus« von Jürgen Holst – kam der »Thronus Veneris« oder Venusberg, der von vier Pferden gezogen wurde, die nebeneinander liefen. Auf dem Berge saßen sieben weißgekleidete schöne Knaben, die sangen »O der großen Wundertaten« von Heinrich Schütz und warfen einen Sonderdruck des Gesanges vom Berg herab unter die Menge: daher die einzige, fragmentarisch erhaltene Komposition aus dem Umkreis der dänischen Hochzeit.

Nun aber zur Haupt- und Staatsaktion, dem Festspiel oder Opern-Ballett, das an einem der nächsten Tage bis tief in die Nacht hinein gedauert hat. Es war ein von Schütz vertontes, von dem dänischen Tanzmeister Johannes Kükelsom verfaßtes, oder vielmehr doch nur aus dem Italienischen übersetztes Werk, wie man mit Hans Joachim Moser und anderen zu vermuten wohl gehalten ist, denn was anders soll es denn gewesen sein als die venezianische Musikalkomödie, von der wir schon hörten? Woher hätte man bei einer derart genau bemessenen Probenzeit mittendrin so schnell ein fertig komponiertes Werk nehmen sollen? Es war ausführlich, umfangreich und kompliziert genug und eine Improvisation ausgeschlossen.

Wie die Ballett-Oper im einzelnen ablief, hat uns Jürgen Holst im »Triumphus nuptualis danicus« geschildert: Nach der Mahlzeit wurde das Festspiel im großen Saal mit einem Ballett eröffnet. Zuerst wurde vom ganzen Chor der Musikanten ein Lied gespielt und gesungen, durch welches die Götter zum Tanz eingeladen wurden. Darauf kam der Gott Pan mit seinen Satyrn hervor, alle in satyrischer Kleidung. Diese tanzten eine geraume Zeit, bis sie sich endlich zurückzogen. Und es tanzte der Gott Pan in einer Höhle, worin er in Abwesenheit des Hercules die Deiamira schlafend fand. Durch ihre Schönheit entbrannte er derart in Liebe, daß er sich zu ihr zu legen wagte. Indem kommt Hercules, ertappt den Gott Pan, führt ihn auf den Tanzboden und traktiert ihn schändlich wie einen Einbrecher. Hier nun brach, so Holst, der ganze Chor in ein »schönes« Lied aus, mit dem die Musen ihre Freude kundtun über die Strafe, die dem unzüchtigen Pan seiner Geilheit halber zugefügt worden war. Bei noch währender Musik kam ein Berg hervor, auf dem die neun Musen ordentlich saßen; der Berg wurde im Saal herumgefahren, bis sich die Göttinnen herunterließen und allesamt einen schönen Tanz ausführten. Alsdann kehrten sie zu ihrem Parnaß, zu ihrem Berg zurück, der retirierte mit ihnen hinter das Gezelt auf seinen angestammten Platz und war verschwunden.

Wie dies alles nun Orpheus zu Ohren kommt, daß sich die keuschen Göttinnen über die Strafe für Ehebruch so hoch erfreut hätten, erinnert er sich abermals seines verlorenen Ehegemahls, setzt sich auf einen Hügel, der ihn um den Saal fährt, und fängt an, ein trauriges Klagelied über sein aus der Gewalt des Pluto beinah erlöstes Ehegemahl, die Euridice, mit kläglicher, das heißt klagender, denn ebenso als lieblich und anmutig empfundener Stimme zu seiner Geige zu singen: »Auf meiner Geige, ich will's wagen, / auf meiner Freude, meiner Zier, / weil mein Licht ist weit von hier, / will ich heben an zu klagen / von dem Tod und Todes Macht / die sei schleunigst umgebracht.« So fort durch zehn Strophen – und man geht wohl nicht fehl anzunehmen, daß sich in den instrumentalen Zwischenspielen der Hamburger Virtuose Johann Schop auf seiner Geige, seiner Freude und Zier, hinreißend hören ließ. Es war nämlich so herzergreifend schön, daß – wie Holst nun fortfährt – auch die grimmigsten Tiere, als da sind Löwen, Bären und dergleichen, sogar die Bäume hervorkamen und gegen jedes Gesetz der Natur zum Tanz getrieben wurden, bis endlich die »Mißgunst« genannte allegorische Figur dem Orpheus eine solche Linderung seiner Schmerzen nicht länger gestatten wollte. Deshalb erschien sie nun selber tanzend auf dem Plan und berief alle Bacchen und Teufelsweiber zu sich, die, in seltsamer Kleidung auftretend, mit dem Getön ihrer Cymbeln, Becken und Zangen den lieblichen Laut seiner Geige dämpften und zuerst die fromm tanzenden Tiere und schließlich sogar den Orpheus auf offener Bühne zerrissen und töteten...

Dieser Effekt erinnert ein wenig an die offene Verwandlung der Daphne; er wäre in früheren mythologischen Singspielen nicht ausgeführt, sondern nur auf der Bühne berichtet worden, und überhaupt beginnt in dem Miteinander von ariosem Vortrag, Pantomime und Aktion allmählich Claudio Monteverdis »Il Combattimento di Tancredi e Clorinda« als Vorbild hindurchzuscheinen. Schützens Erfahrungen beim zweiten Italien-Aufenthalt wirken sich aus. Daß er in Italien mehr gesehen hat als San Marco, ist unverkennbar.

Im »Triumphus« von Holst heißt es nun, die reißenden Weiber hätten sich vom Parkett gemacht: Es kommen hervor vier Engel, die den erschlagenen Orpheus wegtragen. Darauf drei Pantalonen, die sammeln die toten Tiere ein und reinigen den Saal. Die Götter veranschlagen die greuliche Tat sehr hoch und beschließen einmütig, aus des Orpheus Asche für eine neue Welt auch eine neue Liebe zu erschaffen. Daraufhin kommt Mercur und zeigt dies durch ein Lied den Zuschauern an: »Orpheus lebet, stirbet nicht, / Orpheus' Taten wird man singen, / Orpheus' Tugend soll erklingen / Bis der letzte Tag anbricht.« Das Lied hat abermals zehn Strophen.

Dieser Mercur war ein Kastrat und wußte, schreibt Holst, seine Stimme dermaßen zu gebrauchen, daß er nicht ohne Verwunderung angehört wurde: Die Erklärung ist darin zu suchen, daß die italienische Manier über die deutschen Höfe hinaus noch nicht bis nach Dänemark gedrungen war.

Wie sich Mercur nun zurückgezogen hatte (das Lied leitet die dritte mythologische Phase der Handlung ein und damit auch so etwas wie einen dritten Akt), trat ein vornehmer Kavalier hervor, der niemand andres war als des Königs natürlicher Sohn Christian Ulrich und, wie Jürgen Holst mitteilt, seiner trefflichen Manieren und seines zierlichen Tanzes wegen von allen hoch gepriesen wurde. Es folgten die »Untugenden«, als da sind Wollust, Hoffart und Üppigkeit, die mit ihren verführerisch holdseligen Gebärden ihn umgarnten und endlich gleichsam gefangen wegführten, um ihn von einem Drachen bewachen zu lassen. Danach kam die Fama mit ihrer Posaune herausgetanzt und teilte dies der mannhaften Göttin Pallas mit. Pallas hatte in ihrem Gefolge die vier Tugenden Weisheit, Stärke, Mäßigkeit und Gerechtigkeit, sie erschlug den Drachen und erlöste den Kavalier.

Die Tugenden entfernten sich wieder und brachten den Göttern Dankopfer auf einem eigens dazu errichteten Altar. Letzte Szene: Nach dem Dankopfer erscheint Atlas mit einer großen Weltkugel auf den Schultern, aus welcher der von den Göttern versprochene Amor herausspringt. Der tanzt allein und wohlgefällig mit Köcher und Bogen, verwundet dabei jedoch den jungen Neptun und die Pallas. Darauf wird von oben Apoll heruntergelassen, der ersucht die Götter mit der lieblichsten Stimme, diesen verwundeten Personen Hilfe zu leisten und der Kopulation der beiden Liebenden beizuwohnen. Hier folgt ein fünfzehnstrophiger Gesang. Die Götter schweben allesamt in einer Wolke herein, lassen sich von oben herab und tanzen ein großes Ballett, dergestalt, daß die Namen Christians V. und Magdalene Sibyllens durcheinander zu beständiger Glückwünschung vereinigt und verknüpft werden.

Soweit der Bericht. Die Bedeutung der Handlung läßt sich noch einigermaßen erkennen: Es ist die Allegorie einer Vermählung von Neptuns Sohn (des Kronprinzen) aus dem wasserumgebenen Dänemark mit der Göttin der Weisheit (der Sächsin), verbunden mit einer Huldigung an den Geist der Kunst (Orpheus). Nach einer Art Götterdämmerung wird die neue Welt aus der Liebe geboren. Selbst in der Wiedergabe des dänischen Buchhändlers wird noch das Miteinander der Künste deutlich: Singspiel, Tanz und Mimik; eine Choreographie mit konzertanten und sogar hochdramatischen Elementen; ein Gemisch aus Arien, Duetten, Rezitativen und Choreinlagen, alles in allem: Theater, wie es die Dänen noch nicht gesehen hatten.

Außer dieser Ballett-Oper gab es in den nächsten Tagen noch die beiden Schauspiele von Lauremberg zu sehen, die in allegorischer Einkleidung die Vermählung feierten und sich dabei der gefälligen Verzierung und Auflockerung durch Musik und Tanz bedienten. Berichtet wird von Intraden (Ouvertüren), solistischen Prologen, kurzen Einleitungschören in Madrigalform und einem konzertant ausgearbeiteten Jägerlied nach einem Text von Martin Opitz, schließlich sogar von einem ganzen Finale mit Soli, Ensemble und Chor. War Schütz auch diesmal der Komponist und Dirigent der Musiken, was anzunehmen ist, so bediente er sich wiederum einer

Errungenschaft der Florentiner Camerata: Chor und Orchester spielten unsichtbar hinter der Szene.

Als die Sachsen ihre Schiffe bestiegen und wieder davonsegelten, brauchten sie sich ihres Hofkapellmeisters nicht zu schämen. Heinrich Schütz blieb noch sieben Monate in Dänemark, und das war für ihn keine unproduktive Zeit, denn längst hatte er in der Stille wieder zu komponieren begonnen: In einem Brief an den Hofmarschall sprach er 1636 sogar von seinen »besten musicalischen Sachen«, die ausgerechnet in Dänemark entstanden seien, und da meinte er gewiß nicht das theatralische Werk, sondern vielleicht schon Teile der »Kleinen geistlichen Konzerte«, eine Fortführung der »Symphoniae sacrae« oder etwas ganz anderes.

Um den 1. März erreichte ihn die Nachricht, daß seine Mutter am 5. Februar in Weißenfels gestorben war. Er mußte ihren Tod in Zusammenhang bringen mit der Schreckensbilanz der letzten Monate: Im Dezember 1634 war über Mitteldeutschland ein besonders harter Winter hereingebrochen, der wie eine Gottesstrafe empfunden wurde und dem die von Krieg und Hunger geschwächte Bevölkerung ohne innere Widerstandskraft preisgegeben war. Das Land überzog ein Leichentuch. Aber Schütz hatte versprochen, zurückzukehren. Am 4. Mai nahm er am dänischen Hof Abschied, wobei er als Geschenke des Königs ein Bild, eine Kette im Wert von hundert Talern und zweihundert Reichstaler Ehrengabe erhielt. Das letzte Gehalt wurde ihm am 10. Mai ausgezahlt, der Reisepaß war auf den 25. Mai ausgestellt und so ausgefertigt, daß er damit jederzeit wiederkommen konnte. Danach begab er sich zum Kronprinzen Christian nach Nykøbing und trat dann die Rückreise an. Bei sich trug er einen Brief des dänischen Königs an den sächsischen Kurfürsten, in dem Christian IV. beteuerte, er hätte den »besonders lieben« Herrn Schütz gern noch länger behalten, und wenn ihn der Kurfürst irgend entbehren könne, möge er ihn doch wieder beurlauben.

Es empfingen Heinrich Schütz traurige Pflichten, und er erkannte sein Dresden kaum wieder.

Lieder auf betrübte Zeiten

Es gibt Menschen, die durch ihr bloßes Dasein angenehm auffallen und manchmal sogar Gutes bewirken. Sie sind weder besonders weise noch erdrückend intelligent, noch leisten sie Weltbewegendes oder gelten als umstürzlerisch auf irgendeinem Gebiet, sie stellen nichts auf den Kopf, sie hinterlassen nicht einmal kulturgeschichtliche Denkmäler, da der Weltenlauf über ihre Biederkeit und Provinzialität rücksichtslos hinweggeht und ihre schwache Spur verwischt, und doch wird ihrer mit freundlichen Worten gedacht, weil einem unfreundliche gar nicht einfallen. Zu ihnen gehört Heinrich Reuß postumus, am 6. Juli 1572 auf die Welt gekommen, kein Fürst übrigens, sondern nur ein Herr von Gera, Schleiz und Lobenstein mit Plauen. Er war ein ordentlicher, beflissener und gebildeter Mann, weitgereist und vielerfahren, hatte ab 1583 auf der Straßburger Akademie studiert und regierte seit 1595. Wenn er Zeit fand, schrieb er Reiseerinnerungen nieder, aus denen zu entnehmen ist, daß er einmal mit dem Schiff in Kopenhagen, 1612 bei der Kaiserkrönung in Frankfurt am Main und ein andermal in Prag gewesen ist. Er hatte eine Familie gegründet und sich in den friedlichen ersten Jahrzehnten des Jahrhunderts mit Erfolg bemüht, sein kleines Land von der ererbten Last der Schulden zu befreien und Schule, Justiz, Kirchenbau und Musikpflege so gut es ging zu fördern. Mit den großen Höfen konnte er nicht konkurrieren, und so beschränkten sich seine kulturstiftenden Taten auf den engsten Kreis, auf die Berufung eines Konsistoriums oder die Gründung eines Gymnasiums, und da er ein Freund der Kirchenmusik war und gern gerührt, verfügte er 1623, daß sich die Chorknaben bei den Christmetten als Engel verkleideten, grüne Kränze auf dem Kopf trugen und brennende Fackeln in den Händen. Er nannte sich Ratgeber dreier Kaiser, was nicht viel besagt, da die Kaiser mit Ratschlägen nicht viel anfingen und Heinrichs Macht eine geringe war. Doch seine Rede war gewiß gut und sein Glaube innig. Er hatte ein längliches, mildes Schafsgesicht, in das man gern und vertrauensvoll blickte.

In dem Geschlecht, das sich von Vögten und Burggrafen herleitete und sich mehrfach auf verwirrende Weise in ältere, mittlere und jüngere Linien geteilt hatte, gehörte Heinrich postumus als Älterer zur vorläufig letzten jüngeren Linie der Reußen von Plauen zu Gera.

Seit dem zwölften Jahrhundert hießen alle Reuße nach einem Hausgesetz Heinrich, und damit die Zählung nicht ins Uferlose ging, fing man in jeder Linie und in jedem Jahrhundert wieder von vorn an. Dem Landesvaternamen Heinrich zu Ehren hatte der Köstritzer Christoph Schütz als reußischer Untertan einem seiner Söhne den in der Familie bis dahin ungebräuchlichen Vornamen Heinrich gegeben, und beim Vetter Heinrich Albert wurde der Landesherr, der damals bereits Heinrich Reuß postumus hieß, sogar Taufpate. Daher bestand eine enge Verbindung des regierenden Hauses zu den Alberts, deren einer, Johann Albert, nachmals reußischer Kanzler wurde, und auch die Beziehung zu den Schützen war eine fast familiäre, denn Heinrichs Bruder Georg Schütz war der Tutor des studierenden jüngeren Reuß gewesen, und zu dessen Hochzeit mag der Reuß postumus dem alten Christoph Schütz wohl auch in Bayreuth das Goldstück verehrt haben.

Das zwischen Böhmen, Sachsen und den thüringischen Grafschaften eingeklemmte Ländchen hatte in den Jahren 1633 und 1634 viel erleiden müssen. Durchziehende Armeen raubten es aus, Plünderung und Brandschatzung vernichteten viel von dem mühsam Bewahrten.

Auch der nachgeborene Heinrich Reuß wurde müde und alt und dachte an den Tod, nicht ohne dafür ausführliche und umständliche Vorbereitungen zu treffen. Er beschaffte sich insgeheim einen Zinnsarg und ließ dessen Deckel und Seiten mit Bibeltexten und Kirchenliedzeilen versehen, die höchst sinnigerweise ansteigend vom Fuß- zum Kopfende an Tröstlichkeit zunahmen. Die in der Literatur vieldiskutierte Vermutung, der Reuß postumus habe anschließend Heinrich Schütz zu sich berufen und ihm unter ausführlicher Erörterung der Texte, vor allem des Canticum Simeonis, mit der Komposition einer Trauermusik für den Fall seines Ablebens beauftragt, worauf er sich das Komponierte noch zu

seinen Lebzeiten in Gera habe vorsingen und vorspielen lassen,
kann sich auf Beweise und Dokumente nicht stützen, denn der
offizielle Auftrag für die Trauermusik wurde von der Witwe und
dem Sohn erteilt. Ein Umstand allerdings ist des Nachdenkens
wert: Heinrich Reuß postumus verfolgte die Absicht, am
4. Februar, dem Begräbnistag Simeons, beigesetzt zu werden, und
angenommen, er wäre erst wenige Tage vor diesem Datum gestorben, wer hätte dann in der Kürze der Zeit die simeonischen
Trauermotetten schreiben sollen? Es spricht also einiges dafür, daß
schon vorher eine Übereinkunft mit dem Komponisten, der kein
andrer sein sollte als Schütz, stattgefunden hat, und das kann
eigentlich nur im Sommer oder Herbst 1635 gewesen sein, denn daß
die »Musikalischen Exequien« (SWV 279–281) etwa schon zu jenen
»besten musicalischen Sachen« gehörten, die Schütz in Dänemark
gelungen waren, ist bei der Dauer seiner Abwesenheit von Dresden
kaum vorstellbar. So weit voraus reichte auch die Todesvorsorge
des Reußen nicht.

Ein Hauptwerk wurde dieses Opus 7 in jeder Weise. Der Text der
Sarginschriften ist von Schütz noch umgestellt und ergänzt worden,
wie man heute trotz der Unzugänglichkeit der Gruft, die sich seit
1922 unter der Geraer Salvatorkirche befindet, schließen kann. Die
Exequien bestehen im ersten Teil aus den Sprüchen heiliger Schrift
und Kirchengesängen, »in ein Concert gefasset und aufgesetzt in
Form einer teutschen Missa«, im zweiten Teil aus dem Text,
»welchen Ihre Selige Gnade zu dero Leichpredigt erkoren und
verordnet haben«, und im dritten Teil aus dem »von Ihrer Seligen
Gnaden bei dero herrlichen Leich-Beisetzung verordnete Gesang
Simeonis ›Herr, nun lässest du deinen Diener in Friede fahren‹ etc.,
wozwischen ein absonderlich Chor mit andern Worten eingeführet
wird, deren Anfang ist: ›Selig sind die Toten‹ etc.«

Auf den Canticum Simeonis kam es dem Heinrich Reuß postumus besonders an. Tatsächlich gelang es ihm, am 3. Dezember zu
sterben, so daß er nicht zu lange aufgebahrt werden mußte, worauf
Schütz seiner Komposition ein Widmungsgedicht für den Druck im
Jahre 1636 voranstellte, das von Zuneigung und Verehrung für den
guten alten Herrn zeugt und mit einem tiefen Seufzer anhebt:

War es denn nicht genug an dieser Straf und Rute,
Mit der der höchste Gott uns aus gerechtem Mute
　　Um unsre schwere Sünd und große Missetat
　　Durch der Bellonen Grimm bisher gestäupet hat;
Indem was Gutes nur war vormals angerichtet,
Nun lieget ganz und gar zertreten und zernichtet,
　　All Ordnung ist zertrennt, Gesetze sind verkehrt,
　　Die Schulen sind verwüst, die Kirchen sind zerstört?
Daß eben auch darzu dies Unglück mußte kommen,
Daß ihr, o werter Held, uns wurdet hingenommen
　　Durch Todes Wüterei in der so trüben Zeit
　　Und mehren uns dadurch so sehr die Not und Leid?

Heinrich Reuß wurde einbalsamiert und in der Kapelle des Geraer
Schlosses Osterstein aufgebahrt. In der Schloßkapelle hielt der
Pfarrer Bartholomäus Schwarz am 2. Februar 1636 die erste Leichenpredigt, die alle Sarginschriften wiedergab. Dann wurde der
Sarg in die Pfarrkirche St. Johannes überführt, unter der damals die
Familiengruft lag, und am 4. Februar fanden hier die Beisetzungs-
Feierlichkeiten statt, bei denen Schütz die Aufführung der »Musikalischen Exequien« selber dirigierte: ein Einleitungskonzert »vor
der Leichpredigt« mit dem Charakter der Messe, wobei »Nacket
bin ich vom Mutterleibe kommen« für das Kyrie, die Spruchtexte
zum Gotteslob und die Liedstrophen für das Gloria einstanden; im
zweiten Teil, nach der Predigt, eine achtstimmige, doppelchörige
Parentationsmotette »Herr, wenn ich nur dich habe«, und endlich
den eigentlichen Grabgesang, der auf unübliche Weise den Sinn des
Textes durch die Einbeziehung des Raumes verdeutlichte und eine
überraschende Klangwirkung ergab. Es heißt nämlich in der von
Schütz mitgegebenen Ordinanz zum Gesang Simeonis, es solle ein
erster Chor »allernächst bei der Orgel« geordnet werden und
singen: »Herr nun lässest du deinen Diener in Friede fahren«, ein
zweiter Chor aber »in die Ferne« gestellt und singen: »Selig sind die
Toten, die in dem Herrn sterben«. Da aber der Sarg während des
Gesangs nicht hinausgeleitet wurde, so war die Teilung des Chorge-
sangs allegorisch zu verstehen, der zweite Chor antwortete vom

Grabe her: Selig sind die Toten. Dieses im Grunde aus zwei
verschiedenen Kompositionen bestehende geistliche Konzert des
dritten Teils wurde von einem fünfstimmigen Großchor und einer
dreistimmigen Solistengruppe ausgeführt. Erst während eines
abschließenden Gesangs nahm die Gemeinde Abschied von dem
Toten, und der Sarg wurde in die Gruft gebracht.

Mit den »Musikalischen Exequien« hatte Schütz seine gestalteri-
schen Mittel um ein bedeutendes vermehrt und die Beisetzung des
Heinrich postumus, vom Gemeindegesang einmal abgesehen, in ein
einziges Kunstwerk verwandelt. Und wie fern war Venedig! Die
musikalische Aufführungspraxis hat den Kunstcharakter dieser
Sterbemusik immer wieder bestätigt. So lapidar und bildhaft die
Einzelheiten, die musikalischen Figuren, Symbole und Melismen,
so artifiziell war der Aufbau im ganzen. Die Choralstrophen waren
frei und polyrhythmisch, einzig dem Wortinhalt folgend, eingear-
beitet. Wer konnte das auf die Dauer noch singen? Es kamen immer
weniger Chöre zusammen, niemand wagte bei all der Angst noch in
Ruhe zu proben, die Kapell-Institute schmolzen dahin, und so
mußte der nächste Schritt heißen: Musik machen für den kleinen
Kreis, geistliche Poesie im Gewand individueller Rhetorik, singen,
als ob man bete oder spreche, für sich und ganz allein, oder unter
wenigen.

Genug der Totenlieder und Grabgesänge. Dies war ein Abschied
in jeder Hinsicht. Wer war jetzt nicht ratlos?

Schütz in Gera: Warf er einen Blick hinüber nach Weißenfels? Da
sah es erst recht traurig aus, und es war die alte Heimat längst nicht
mehr, wie ja der Ort unsrer Kindheit niemals wieder der sein wird,
der er einst war; die Höfe sind unkenntlich, als wären sie verwüstet,
die Gesichter sind fremd, andres Licht steht in den Fenstern, und
über das Vertraute geht achtlos die Zeit.

Der Gasthof »Zum Schützen« hatte vor kurzem, nach dem Tod
der Mutter, den Besitzer gewechselt, und man konnte dem Bruder
Christoph allein die Schuld daran nicht geben. Die meisten
Geschwister waren fortgezogen, und nur eine Erbengliedschaft
verhinderte die sofortige Auflösung des Weißenfelser Besitzes an
Grund und Häusern. Christophs Steuerlasten waren jedoch zu

hoch. Nachdem der Gasthof »Zum Schützen« an den Defen-
sionsfendrich Johann Schumann verkauft worden war, der
wenigstens den Namen beibehielt, veräußerte die Erbengliedschaft nach Christophs plötzlichem Tod im Jahr 1637 dann einen
weiteren Teil des Besitzes, darunter einen Weinberg. Aus der
Erbmasse erhielt allein der Erfurter Benjamin Schütz 2000 Gulden. Diese Gemeinschaft, schon nach des Vaters Tod gebildet,
bestand zuletzt aus Heinrich, Benjamin, der Schwester Euphrosyne Fischer in Schleiz, Justina Thörmer in Weißenfels und den
fünf Kindern des Leipziger Bruders Georg.

Eigentlich blieb ihm, Heinrich, wäre er von Gera über Zeitz
hinübergefahren nach Weißenfels, schon jetzt nur noch die eine
Schwester, bei der er hätte wohnen können: die fromme, kinder-
lose Justine, die mit fünfunddreißig den Superintendenten D. Anton Thörmer geheiratet hatte und ihn zwei Jahre später, 1635, ins
Grab sinken sah. Sie war wieder allein, und Heinrich wäre gern
mit ihr zusammengewesen, aber es war nicht ratsam, hinüberzu-
fahren, es war sogar höchst gefährlich. Da Weißenfels an der
Hauptverbindungsstraße von Süd nach Nord lag, wechselten die
Besatzungen und plagten die Stadt wie ein springendes Fieber.
Seit Kursachsen sich im Prager Frieden von 1635 wieder einmal
von der Sache der Protestanten losgesagt hatte, mußte man die
Rache der Schweden fürchten, und die kaiserlichen Truppen, die
im Land umherzogen, benahmen sich nicht vornehmer. Am
22. Januar, das lag also erst wenige Tage zurück, waren dreiundzwanzig Kompanien kaiserlicher Dragoner in Weißenfels eingerückt. Den Stadtschreibern sträubte sich die Feder, aufzuzeich-
nen, was die Kroaten anrichteten. Am 25. Januar erschienen
zweihundert schwedische Soldaten, plünderten und nahmen über
3000 Taler Kontribution, am Tag darauf weitere 650 Taler, und
am 27. Januar steckten sie auf dem Rückzug nach Merseburg hinter sich die Saalebrücke in Brand. Die schwedischen Kommandos
lösten einander ab bis zum 5. Februar, an dem sächsische Soldaten die Stadt besetzten und 30000 Pfund Brot verlangten. So ging
das weiter das ganze Jahr hindurch und nicht viel anders in den
beiden folgenden Jahren, bis Weißenfels 1639 noch ganze 960

Einwohner zählte, das ist der niedrigste Stand in der aufgezeichneten Stadtgeschichte überhaupt.

Der Krieg trat 1635 in seine letzte und absurdeste Phase: Frankreich verbündete sich mit Schweden, und ganze Söldnerheere wechselten von nun an die Fronten, da es auf den Glauben nicht mehr ankam. Die schwache Hoffnung auf ein Ende der Kämpfe, die nach dem Prager Frieden bestand, wurde durch die Starrköpfigkeit des Kaisers Ferdinand und die Einmischung ausländischer Mächte zunichte gemacht. Nie wieder sind so viele trostlose Litaneien und anklagenden Rufe gedichtet worden wie in diesen Jahren: Wann, o wann soll mein Leid sich enden? Alle Verse waren »auf die betrübten Kriegs-, Teuerungs- und Sterbenszeiten« gerichtet, wie die »Tränen des Vaterlandes« von Andreas Gryphius, der darin das verheerte Land beweinte und die in Glut stehenden Türme der Städte, die zerhauenen Starken und die geschändeten Jungfraun, oder die Lieder des norddeutschen Theologen Josua Stegmann, der auch das bekannte »Ach bleib mit deiner Gnade« gedichtet hatte und nach langen Verfolgungen 1632 gestorben war. Sein »Klagelied des langwierigen Kriegswesens: Wenn soll doch mein Leid sich enden?« hat der junge Martin Knabe, der 1636 auf Fürsprache von Schütz und Scheidt Organist in Weißenfels wurde, zu einem dreistimmigen Konzert auskomponiert und seinem Lehrer Heinrich Schütz gewidmet. Auch Schütz hatte aus seinem Widmungsgedicht zu den Exequien den Krieg und des Todes Wüterei nicht aussperren können. Und neben so vielen anderen dichtete der Pfarrer David Meder in Borna: »Wann, ach wann wird doch erscheinen / der gewünschte Friedenstag / und sich stillen unser Weinen / nach so langer Klag und Plag, / nach unbillig grimmem Streit / in der teuren Christenheit?« Wann, ach wann? Übertreiben all die Klagegesänge? Machen wir uns des Selbstmitleids schuldig, wenn wir ihnen allzu bereitwillig unser Ohr leihen? Ging denn das Leben nicht trotz allem weiter?

Es hat im Urteil über den Dreißigjährigen Krieg einen merkwürdigen und verdächtigen Wandel gegeben. Nach einer Zeit romantischer Leidensausschmückung und pathetischer Übertreibung des nationalen Ungemachs, als deutsche Historiker und Schriftsteller den Krieg als einen von fremden Mächten verschuldeten Opfergang des deutschen Volkes hinstellten, um die zu ihrer Zeit eingeforderte Wiedergutmachung zu rechtfertigen, und nach einer zweiten Phase, in der die Zusammenhänge zwischen deutschen Katastrophen und ihren historischen Ursachen unvoreingenommener, deutlicher und manchmal, wer will es leugnen, auch platter beschrieben wurden, scheint es in Mode gekommen zu sein, die Verheerungen, die Zahl der Toten, die materiellen und geistigen Schäden, die der Dreißigjährige Krieg anrichtete, zu bagatellisieren und zu beschönigen, als seien all die unwiderleglichen Ortschroniken und Stadtgeschichten nur geschrieben worden, um dafür zu sorgen, »daß sich das stereotype Bild, das die Deutschen von sich selber hatten, noch weiter verfestige«, wie der englische Historiker John Bowle Gustav Freytags »Bildern aus der deutschen Vergangenheit« attestiert. Was für Freytag gelten mag, kann den Augenzeugen, der die Menschen hat leiden und sterben sehen, nicht treffen. John Bowle aber hält alle Berichte über den Krieg seit Mitte des siebzehnten Jahrhunderts für »propagandistisch verfärbt«, und er steht damit nicht allein. Nun ist in der Tat im Norden sehr bald und dann immer heftiger Propaganda gegen den Süden betrieben worden, gegen Österreich, gegen die »Ausländer«, doch sollte man lieber die Gewichte richtiger verteilen, als verkleinern, worin alle verstrickt waren. John Bowle geht so weit – und diese Pointe haben wir uns aufgehoben –, ausgerechnet das Leben des Heinrich Schütz als Zeugnis dafür anzurufen, daß alles doch nicht ganz so schlimm gewesen sein kann: »Menschen können Erstaunliches aushalten, und einige Deutsche haben sich damals sogar auf höchst gelungene Weise die italienische Musizierweise angeeignet (so zum Beispiel Schütz…).« Was für ein Mißverständnis, was für ein »sogar« vor der italienischen Musizierweise! Da ist es doch immer mal wieder nützlich, etwas näher hinzuschauen und die Dinge nicht nur sub specie aeternitatis zu betrachten.

Natürlich halten Menschen viel aus, und an einem stereotypen Bild der Deutschen kann niemandem mehr gelegen sein; sie kommen, wenn man den Kriegsverlauf aus der Nähe betrachtet, auch nicht gerade gut weg. Es ist leider so, daß sie damals gelernt haben, sich »einzurichten« und ihren Vorteil zu suchen, wo und mit wem auch immer, und das ist ihnen später nicht zum Guten ausgeschlagen. Wahr ist auch, daß der Krieg ganze Gebiete ungeschoren ließ, weil die Armeen an ihnen vorbeizogen. Irgendwo blieb immer ein kleiner Garten Eden übrig, irgendwo bauten Fürsten gerade ihre Schlösser und Bischöfe ihre Residenzen, irgendwo feierten Könige und Herzöge Hochzeiten und ließen Feuerwerke abbrennen. Das Selbstverständnis der Fürsten gebot ihnen geradezu, auch dann noch zu repräsentieren, wenn alles ringsum krachte. Es gab auch Ausbrüche verzweifelten Lebenswillens, denn man kann nicht dreißig Jahre lang trauern. Wieviel absurde Komik sich unter das Grauen mischte, wieviel derber Bauernhumor und Söldnerromantik bei Zechgelagen und nächtlichen Lagerfeuern, an denen die Landsknechte höfischen Saus und Braus recht und schlecht imitierten, das alles kann man nirgendwo besser nachlesen als bei Grimmelshausen, der in der zweiten Hälfte des Krieges dabeigewesen ist. Am gleichmütigsten war der Alltag auf dem Lande, wo die bäuerliche Bevölkerung, seit eh und je an Schicksalsschläge und Katastrophen gewöhnt, die Felder von neuem bestellte, wenn die Truppen abgezogen waren. In kleinen Städten und Gemeinden hielten die Ackerbürger und Handwerker traditionell so gut zusammen, daß die Schäden schneller beseitigt wurden; man begrub die Toten und ging der gewohnten Arbeit nach bis zum nächsten Unglück. Und man sang, man musizierte. Aber das Gefühl, in eine unheilvolle Tragödie verwickelt zu sein und sich das Wüten der Bellonen jederzeit gegenwärtig halten zu müssen, war überall verbreitet, jeden konnte das allgemeine Unglück in seinen Strudel ziehen, jede Stadt belagert und ausgehungert werden, wenn eine unglückliche Konstellation es so wollte, und die Dinge konnten auf die Spitze treiben wie in Breisach, aus dem 1637 ein erster Fall von Kannibalismus gemeldet wurde.

In Dresden schrumpfte die Bevölkerung nach dem Wiederaufflackern der Kämpfe und infolge der durch Einquartierungen in die Stadt geschleppten Seuchen auf die Hälfte, die Vorstädte lagen fast unbewohnt. Samuel Scheidt in Halle verlor in einem einzigen Monat des Jahres 1636 vier seiner Kinder. Als Sachsen in der

Schlacht bei Wittstock eine Niederlage durch das schwedische Heer
erlitt, traf es einmal auch den Kurfürsten; er büßte sein Gepäck, das
Silbergeschirr und die ganze Kanzlei ein. Wenn die sächsische
Kurfürstin danach an ihren Gemahl schrieb: »Bitt, daß ich auch
nicht möchte vergessen werden, fünfzehn Dukaten ist all mein
Geld«, so klingt das noch vergleichsweise gemütlich, aber unter
solchen Umständen war an Kapelle, Chormusik und Künstler-
entlohnung natürlich nicht mehr zu denken.

Da erschien im Herbst 1636 überraschend ein Werk von Schütz, an
dem er im stillen lange gearbeitet hatte, eine Antwort auf den Verfall
der Kunst und der kommunizierenden Gesellschaft: »Erster Theil
Kleiner Geistlichen Conzerten mit 1, 2, 3, 4 und 5 Stimmen in die
Musik übersetzet durch Heinricum Sagittarium« (SWV 282–305),
vierundzwanzig solistische und geringstimmige Konzerte mit
Basso continuo, gewidmet dem Präsidenten des Appellationsge-
richts Heinrich von Friesen auf Rötha, der seit 1613 in kursächsischen Diensten stand und 1640 Kanzler wurde. Er hatte sich nicht
nur als »wohlgewogener Patron« erwiesen, sondern auch als Lieb-
haber und Kenner der Musik, dem Schütz zutraute, daß er die kleinen Konzerte zu würdigen wisse und sich ihrer gelegentlich auch
bedienen werde. In der Vorrede vom 29. September 1636 hielt
Schütz fest, daß es vor aller Augen stehe, in welchem Maße »unter
andern freien Künsten auch die löbliche Musik von den noch
anhaltenden gefährlichen Kriegs-Läuften in unserm lieben Vater-
lande deutscher Nation nicht allein in großes Abnehmen geraten,
sondern an manchem Ort ganz niedergeleget« worden sei. Das habe
er auch schon an einigen seiner eigenen Werke erfahren, mit denen
er mangels Verleger zurückstehen müsse. So habe er sich denn entschlossen, damit sein ihm von Gott verliehenes Talent nicht ganz
»sitzen bleibe«, etliche kleine Konzerte herausgehen zu lassen.

Die bescheidene Kleinform gehorchte nicht nur der Not und war
kein Ersatz, sie war nicht aus großbesetzten Werken reduziert und
ein blasser Widerschein von vollen Klängen, sondern nach einem
andern Gesetz und aus sich selbst gewachsen und gerechtfertigt: ein
bis ins kleinste gegliederter Wortvortrag unter Verwendung aller
Stimmkombinationen vom Solo bis zum Quintett, zu einem Basso

continuo von Positiv, Cembalo, Gamben oder Laute. Schütz knüpfte damit an die Cantiones von Viadana an, der mit wenigen Stimmen auf Wort und Sentenz hin Konzerte erarbeitet hatte. Lodovico Grossi da Viadana hatte auch in Deutschland inzwischen Schule gemacht und Johann Staden, Johann Hermann Schein und Melchior Franck beeinflußt. Schütz kannte natürlich die Concerti ecclesiastici Viadanas, und gewiß hatte er schon kurz nach seiner zweiten Venedig-Reise mit Versuchen in der kleinen Form begonnen, indessen stellte sich ihm das Problem der natürlichen Rede in der Musik immer wieder neu. Wenn er die Nr. 1 der Kleinen geistlichen Konzerte, »Eile mich, Gott, zu erretten«, worin er der italienischen Monodie am nächsten kam, demonstrativ und programmatisch »In Stylo Oratorio« überschrieb, um damit das erregte Pathos des Vortrags zu charakterisieren, so ging er davon sofort wieder ab, und das sollte doch wohl etwas bedeuten. Worauf es ihm im Deutschen allein ankam, war die richtige Hervorhebung, sei es durch starke Taktstellung des betonten Wortes, durch den Hochton oder das stimmige Intervall (häufig die aufsteigende Quarte bei Sinnhervorhebung) oder durch die richtige Silbenlänge, kurz: durch ein atmendes Sprechen mit demonstrativen Akzenten, ein redendes Singen, das von Glauben und Andacht und Nachdenklichkeit getragen ist und sich nicht vornehmlich nach außen, sondern nach innen richtet, an die Seele und an den gnädigen Gott, und so war es dem historischen Augenblick auch angemessen. Den kantablen Melodien – nach Einstein »wahre Kleinodien« – fehlt daher alles Theatralische. Wie sehr Schütz nach dem rechten und entsprechenden Vortrag suchte und um jedes Wort rang, läßt sich allein daran ermessen, daß er einige der Texte, die aus Bibelstellen, Kirchenliedern geformt und in wenigen Fällen auch den Meditationen Augustins entnommen waren, selbst aus dem Lateinischen ins Deutsche oder aber, umgekehrt, aus dem Deutschen ins Lateinische übersetzt hat. (Das Verfahren führte dazu, daß im gesamten Werk von Schütz häufig zwei Textfassungen und daher auch geringfügig voneinander abweichende Vertonungen oder Bearbeitungen nebeneinander existieren.) Wenn man an den rhythmisch oft verwikkelten, synkopierenden, kanonartigen, nicht unschwierig zu

singenden Sätzen etwas hervorheben soll, dann ihre Einheit in der
Vielfalt, den fast unbemerkbaren Gegensatz von Deklamation und
absoluter musikalischer Textur, die Zusammengehörigkeit des
gefühlsmäßig Verschiedensten. Einerseits der tiefe Ernst der
Gesänge für zwei oder drei Bässe (»Himmel und Erde vergehen«) –
andrerseits die tröstliche Schönheit in »Ein Kind ist uns geboren«:
Sopran, Alt, Tenor und Baß mit einer einfachen Melodie, die sich
bis zum Höhepunkt der Phrase »und er heißt *Wunderbar*« steigert;
beruhigend eingefügt die von Alt und Tenor in gleicher Tonhöhe
darübergelegten Silben »Rat, Kraft, Held«; das Ganze in einer Art
Stretta endend. So war es vom Text vorgegeben, und die Stimme
dafür war ihm noch nicht versiegt. Am Schluß der Sammlung die
Kirchenliedbearbeitung »Ich hab mein Sach Gott heimgestellt«,
eine Erweiterung und Vertiefung jener Trauermotette, die er einst
beim Tod von Magdalenens Schwester geschrieben hatte.

Es war alles in allem und auch in den Teilen, die folgen sollten, ein
widerspruchsvolles Werk, das mit komplizierten Mitteln auf das
Einfache zielte. Auf der einen Seite Volkstümlichkeit und kleine
Besetzung, Sopranhelle und Alleluja-Refrains, Schönheit im
Schrecken und die ergreifende Stimme der Zuversicht und Hoffnung des gläubigen Menschen – auf der andern Seite dunkle Baß-
gänge, aufgewühlte Tiefe, die in Tonschritten ausgedrückte Weltangst und Seelenpein, die Abgründe von Kreuz, Tod und Gruft.
Dem allen haftet so etwas wie ein Gefühl tragischer Vergeblichkeit
allen Mühens an, ein stilles Wegblicken von der unbelehrbar toben-
den Menschheit, die uns die Feder resigniert weglegen läßt – aber
was dann? Waren dies nicht der klassische Fall, die Gefühlslage und
Seelenstimmung für einen Exodus? Sah nicht alles danach aus, als
hätte dieser Mann die Fremde nötig, den Abstand, die Ferne, mit
dem Blick zurück auf die zu eng gewordene Heimat und auf sich
selbst?

Die große Unruhe

Es war für ihn zu Hause nichts mehr auszurichten, und wenn er nicht an Lethargie und künstlerischer Hoffnungslosigkeit zugrunde gehen wollte, so mußte er wieder fort. Er glich einem Wesen, das sich pulsierend ausdehnt und wieder zusammenzieht. Er brauchte diesen Wechsel von Welt und Einsamkeit. Phasen der Unruhe und der Wanderschaft, die zugleich der Erneuerung dienen, lösten sich ab mit jenen äußerster Zurückgezogenheit und Konzentration, ja Stille, in denen er nur auf die Noten und das unbeschriebene Papier blickte und alles Leben um ihn erlosch, bis auch das wieder gefährlich zu werden drohte und er erschrocken aufsah und aufbrach, von etwas angetrieben, das ihn seelisch und körperlich überleben ließ, auch wenn er nur der einen Gefahr entfloh, um sie mit einer andern einzutauschen. Wer reiste schon gern in diesen Zeiten? Am 1. Februar 1637 teilte er dem Hofmarschall mit, was bei seiner Kurfürstlichen Durchlaucht wegen seiner Person vorzubringen sei, nämlich: Da bei jetziger Zeit und anhaltendem Kriegswesen weder dem Kurfürsten noch der Kapelle mit seiner Person sonderlich gedient sein könne und er daher, »mit einem Wort zu sagen«, fast weder Gott noch Menschen, am allerwenigsten aber sich selbst nütze wäre und er in Anbetracht des seiner Profession widrigen Zustands nicht nur in dem von Gott ihm verliehenen Talent abnehmen und verderben, sondern auch in allerhand Not wegen seines Auskommens geraten werde, so bitte er, wegen seiner sich noch in Dänemark befindlichen Sachen und einiger einzutreibenden Forderungen eine weitere Reise nach Kopenhagen unternehmen zu dürfen. Daß er zurückkehren werde, versicherte er, indem er seine »leiblichen Kinder, Haus und Hof« im Lande lasse.

Schon aus der Widmung der »Kleinen geistlichen Konzerte« ging hervor, daß er sein Talent nicht als etwas ihm Gehöriges betrachtete, mit dem er willkürlich umgehen, das er verschludern oder verkommen lassen durfte, sondern als ein ihm von Gott geliehenes Pfund, mit dem zu wuchern ihm aufgetragen war. Wollte der Kurfürst es ihm wehren? Sachsen war am Ende. Nach der Einnahme

von Torgau durch die Schweden im Mai dieses Jahres waren
zwölftausend Wagen mit Flüchtlingen im Land unterwegs, Richtung Dresden. Johann Georg, dem mangels besseren Rates und
eigener Mittel gar nichts andres übrigblieb, genehmigte im Laufe
des ersten halben Jahres den Urlaub, nicht ohne nach alter
Gewohnheit sicherzustellen, daß für die Hochzeit seines Sohnes im
kommenden Jahr rechtzeitig Vorkehrungen getroffen wurden:
Schütz sollte mit einem Ballett oder etwas dergleichen, das der
Kopenhagener Veranstaltung glich, bei den Feierlichkeiten im
Herbst 1638 aufwarten, und dazu war es nötig, daß er sich einen
geeigneten Text besorgte. Opitz und Fleming waren fern und
unerreichbar. Seit 1626 stand Schütz jedoch in brieflicher Verbindung mit dem Wittenberger Poesie-Professor August Buchner, der
nach dem Tod seines Freundes Opitz im Jahr 1639 seine Nachfolge
in der Verwaltung des deutschen Parnasses antreten sollte. Buchner
hatte eine Reimkunst und selbst genug Lieder und Verse verfaßt, so
daß man ihm ein Spielbuch abverlangen konnte. Stammte die Idee
zu »Orfeo und Euridice« von Schütz? Sie haben beide ausführlich
miteinander konferiert. Da es vorauszusehen war, daß der Lehrer
der Dichtkunst keine leicht zu vertonenden Texte liefern würde,
gab Heinrich Schütz ihm sehr genaue Anweisungen, wie das zu
machen sei und welches leichtere, entspanntere Versmaß Buchner
wählen solle: das daktylische! Buchner hat darüber dem Fürsten
Ludwig von Anhalt in einem Brief Mitteilung gemacht. Schütz,
schreibt Buchner, habe sich dahin gehend vernehmen lassen, »es
könne kaum einige andere Art deutscher Reime mit besserer und
anmutigerer Manier in die Musik gesetzt werden als eben diese
daktylische«. Darauf solle er, Buchner, bei der Einrichtung zum
Ballett »Orfeo« bedacht sein.

Es ist nicht auszuschließen, daß Schütz das fertige Szenarium und
die Lied-Texte der Ballett-Oper im Spätherbst 1637 mit nach
Dänemark nahm, um dort in Ruhe, vielleicht unter Einarbeitung
von Teilen der Kopenhagener Ballett-Musiken, für die es sonst
keine Verwendung mehr gab, die Partitur von »Orpheus und
Euridice« herzustellen.

Noch vor der Abreise traf ihn ein schwerer Schlag: In Leipzig

starb sein Bruder Georg Schütz im 54. Lebensjahr. Gleich nun, ob
es sein Lieblingsbruder gewesen ist oder nicht, er stand ihm sehr
nah, er war ihm von allen Brüdern der nächste. Der Obergerichts-
advokat und Verfasser lateinischer und deutscher Gedichte hinterließ bei seinem frühen Tod seine Ehefrau mit mehreren unmündi-
gen Kindern, und die Verantwortung für die »Erziehung der armen
Waisen« fiel dem nächstjüngeren Bruder Heinrich zu. Den Sohn
Christoph Georg, der die Landesschule in Grimma besuchte,
konnte Heinrich Schütz dort wieder unterbringen. Aus ihm wurde
ein Jurist, Baumeister und Dichter, zuletzt war er Ratsherr und
Stadtrichter von Leipzig sowie Vorsteher der Kirchen und Schulen
von St. Nikolai. Sein Porträt rückte auf unter die Bilder der Hono-
ratioren im Rathaussaal: er hat darauf einen scharfen Zug um den
Mund und blickt kalt und blau. Für den jüngeren Sohn Johann
Albert stellte Heinrich Schütz ein Gesuch um Aufnahme in die
Fürstenschule Pforta bei Naumburg, womit er auch Erfolg hatte,
wie das Pförtner Stammbuch bestätigt.

Der Enkel seines Bruders Georg, Friedrich Wilhelm Schütz,
1677 geboren, hat als Geistlicher an St. Thomas und St. Nikolai in
Leipzig zuerst mit Johann Kuhnau und dann etwa fünfzehn Jahre
lang mit Johann Sebastian Bach gemeinsam amtiert. Wolfram
Steude knüpft daran die Vermutung, daß Friedrich Wilhelm
Schütz, der 1739 als Erster Pfarrer an St. Thomas gestorben ist, mit
dem Thomaskantor Bach von seinem Großonkel Heinrich Schütz
gesprochen haben dürfte: »Vielleicht hatte er sogar Schütz-Drucke
in seinem Besitz, so daß Bach auf diesem Wege genauere Kenntnis
hat erhalten können von den Werken des ihm vorangegangenen
ersten Großmeisters der evangelischen Kirchenmusik. Unwahrscheinlich ist dies insofern nicht, als wir bei der hochkultivierten
Leipziger Schütz-Familie ein gewisses Familiengeschichtsbewußt-
sein, schon im Blick auf das ›Schützsche Legat‹ in Chemnitz,
voraussetzen dürfen.« Es ist dies zweifellos nicht der einzig mögliche Weg direkter Überlieferung an Bach, der sich denken läßt, aber
der familiärste.

Wenn immer Heinrich Schütz ins Ausland ging, mußte er seinen
beiden Töchtern in die traurigen Augen sehen und sich fragen, ob es

das letztemal war, ob er sie wiedersah. Sie zählten jetzt fünfzehn
und siebzehn Jahre und lebten bei den Tanten. Schmerzliches
Abschiedgeben. Irgendwann in diesem Herbst, sehr verspätet
durch die ihm plötzlich zugefallenen Vormundschaftspflichten an
seinen Bruderkindern, verließ Heinrich Schütz Dresden und rum-
pelte zunächst mit der Kutsche über die staubigen Landstraßen
nach Hamburg, wenn es nicht ein Elbschiff gab, das ihn mitnahm,
auch das war möglich. Die Elbe hinab kam er mit dem Schiff
schneller voran, vorausgesetzt, die Reise führte nicht durch Kriegs-
gebiet und war daher lieber zu unterlassen. Bei sich hatte er den
sechzehnjährigen Matthias Weckmann, der aus der Nähe von
Mühlhausen in Thüringen stammte, Dresdner Kapellknabe gewesen war, nun aber seine Diskantstimme verloren hatte und vorerst
bis 1640 bei Jakob Praetorius in Hamburg musikalisch ausgebildet
werden sollte. »Der Capellmeister Schütz«, so heißt es in Matthesons »Ehrenpforte«, »brachte ihn also persönlich nach Hamburg
und übergab ihn, namens seines gnädigsten Herrn, auf 3 Jahre der
Unterweisung dieses Mannes, der seinen Fleiß wohl anwandte,
nicht nur im Spielen und Registrieren der Orgelstimmen, sondern
auch in der Composition.« Der junge Musiker hörte auch Scheidemann in St. Katharinen spielen, und daß er durch Schützens Vermittlung den Virtuosen Johann Schop kennenlernte, ist anzunehmen.

Im November wird Schütz in Kopenhagen eingetroffen sein und
ist dann nicht sehr lange geblieben, denn im Herbst des folgenden
Jahres mußte er in die sächsische Residenz zurückkehren, um mit
den Vorbereitungen zur Fürstenhochzeit zu beginnen. Und dann
wurde ihm ein Kind krank.

Spätestens jetzt ist eine Einschränkung nötig, die mit der unsicheren Quellenlage zusammenhängt und den leicht schwankenden
Grund nicht verleugnen kann, auf dem wir stehen. Die zweite
Dänemark-Reise ist umstritten, da sich in dänischen Archiven
darüber nichts finden läßt und der Zeitraum seiner Abwesenheit
von Dresden durch seine brieflichen Aktivitäten eng begrenzt
erscheint. Dem steht jedoch das Zeugnis von Geier und Mattheson
entgegen, daß Schütz 1637/38 zumindest im Niederdeutschen

gewesen ist, und auch die Reihe seiner Reisegesuche an den Hof
bricht plötzlich ab. Zumindest ein Abstecher ins dänische Nykøbing ist sehr wahrscheinlich, und so muß es bis zum definiti-
ven Gegenbeweis dabei bleiben, daß er die Reise tatsächlich unternommen hat. Auch der Herzog Georg von Hannover-Calenberg
soll in dieser Zeit einmal in Dänemark gewesen sein und könnte bei
dieser Gelegenheit von dem sächsischen Kapellmeister folgenreich
Kenntnis genommen haben. Zuweilen helfen solche kombinatori-
schen Schlüsse bis zur Entdeckung neuer Quellen weiter. War
Schütz in Kopenhagen, so verliefen die Monate ruhig, er hatte
Kapellmeisterdienste zu leisten und die Ausbildung der Musiker zu
überwachen.

Was sonst noch vorging? Es entzieht sich unsrer Kenntnis. Doch
da gibt es immer mal wieder einen, der mehr weiß als alle andren
zusammen und der gelegentlich auch niederschreibt, was ihm
jemand erzählt hat, sei es auch mit großer Verspätung, genug
jedoch, daß wir daran wenigstens unsre Vermutungen knüpfen
können. Diesmal ist es der Leipziger Superintendent D. Georg
Lehmann, der den Schützen nahestand und durch einen von ihnen
etwas Interessantes erfahren haben muß, denn in dem Trauergedicht, das er auf Heinrich Schütz verfaßt hat, läßt er, Rollenpoesie
gebrauchend, Schütz vielbedeutend raunen: »Italien weiß von mir,
ganz Deutschland auch zu sagen. / Es hat mich Dänemark vorlängst
gar wohl gekannt, / So hat mir Schweden oft geboten seine Hand, /
Daß auch dadurch mein Ruhm ist worden hochgetragen.« Schweden? Und oft? Erstaunlich. In Stockholm weiß man bis heute nichts
davon, es hat sich keine Spur von Schütz finden lassen, und der
Gedanke, er könne während seiner Kopenhagener Jahre einmal den
Sprung über die Ostsee gemacht haben, gehört ins Reich der
Spekulation. Aber die Hand geboten zu bekommen, das heißt ja
noch nicht, sie zu ergreifen: Es kann Kanzler Oxenstierna gewesen
sein, der kurz nach Gustav Adolfs Tod in Dresden war, um
Heinrich Schütz warb und damit den Wert des Kapellmeisters in
den Augen des Kurfürsten beträchtlich steigen ließ, oder aber es
waren 1638 die schwedischen Gesandten in Kopenhagen, die sich
an den Hochberühmten heranmachten. Ein paar Jahre später, beim

dritten Aufenthalt Schützens in Kopenhagen, wird es kaum gewesen sein, denn da hatten Dänemark und Schweden gerade Fehden auszutragen. Der Zeitpunkt war jetzt am günstigsten, und gewiß hätten die Schweden dem ungeliebten Kursachsen gern einen so wertvollen Künstler abgejagt. »So hat mir Schweden oft geboten seine Hand« – hat er es nun wirklich so gesagt, oder war das »oft« von Superintendent Lehmann nur des Versfußes halber eingefügt worden: es bleibt alles ein wenig rätselhaft und weckt die Vorstellung, hinter Kopenhagens Gesandtschaftsmauern hätten Diplomaten hohe Summen für einen Staatsmusiker geboten, während die schwedische Besatzung auf Burg Weißenfels im selben Augenblick vom Rat der Stadt rund 1400 Taler erpreßte!

Was immer man ihm geboten hat, er nahm es nicht an und reiste ab. Es ist der genaue Zeitpunkt so wenig bekannt wie der Reiseweg, doch sind wir geneigt, Martin Geier zu glauben, dessen Nekrolog zufolge Schütz den Umweg über Lüneburg und Braunschweig nahm, denn von dort muß ihm eine Nachricht gekommen sein, die mit dem überraschenden Wechsel im regierenden Fürstentum zu tun hatte. Der Herrscher hieß seit drei Jahren August von Braunschweig und war eine ähnliche gelehrte Ausnahme wie Moritz von Hessen in seinen besten Jahren, nur weitaus bescheidener, klüger und vernünftiger in der Befriedigung seiner ausgefallenen kulturellen Neigungen und Leidenschaften, zu denen vor allem das Sammeln von Büchern, Drucken und Handschriften gehörte. Er war 1579 in Dannenberg geboren worden, war also älter als Schütz und hatte sich nach Studien in Rostock, Tübingen und Straßburg sowie ausgedehnten Reisen durch Italien, England und Frankreich fast dreißig Jahre lang in seiner kleinen Residenz Hitzacker an der Elbe seinen Wissenschaften und der Ergründung und Systematisierung von Geheimschriften gewidmet, als er 1635 völlig überraschend das Fürstentum Braunschweig-Wolfenbüttel erbte. Und was tut ein Gelehrter, der in einem relativ kleinen Land das Regiment übernimmt? Er macht seine private Neigung zur Richtschnur seiner Herrschaft und Hofhaltung. Unterstützt wurde er dabei von seiner kunstliebenden dritten Frau Sophia Elisabeth, einer Nichte des Güstrower Herzogs Albrecht von Mecklenburg, die sich selbst im

Komponieren versuchte und über die Beziehung zu Schütz am glücklichsten war. Ob die feingebildete junge Dame, die den Herzog 1635 in ihrem zweiundzwanzigsten Lebensjahr geheiratet hatte, schon während einer der dänischen Reisen des sächsischen Hofkapellmeisters seinen Musikunterricht genossen hat – wer kann es sagen?

Wenn die Entfaltungsmöglichkeit des Einzelnen wirklich im umgekehrten Verhältnis zur Größe des Staates stehen sollte, dessen Untertan er ist, so wären die Menschen im Reußischen oder im Braunschweigischen wohl glücklicher gewesen als anderswo. Doch übermächtige Nachbarsysteme verwehrten ihnen, sich jenes aggressionslosen Zustands zu erfreuen, den ihnen gebildete und vergleichsweise weniger machthungrige Fürsten, denen das Regiment ohne ihr Dazutun zugefallen war, gewiß gern gegönnt hätten. Irgendwann mußte ja auch einmal Friede sein. Das Land um Braunschweig und Wolfenbüttel war noch einige Jahre ziemlich heftig umkämpft, die Residenz wurde teilweise zerstört, und der Herzog August residierte vorübergehend in Braunschweig, bis Wolfenbüttel 1643 endlich geräumt wurde. Doch auch bevor die ganze Familie des Herzogs umzog und das Leben am Hofe richtig begann, mußten Pläne geschmiedet werden, und beim Wiederaufbau der Hofkapelle, wozu am 24. Januar 1638 die Verfügung an den Kapellmeister Stephanus Körner ergangen war, wurde der Rat eines so erfahrenen Musikers und Organisators wie Schütz gebraucht. Prompt schlug sich dieser Rat in der umfangreichen Korrespondenz zwischen dem Herzog und dem notenkundigen, alles beschaffenden Kommissionshändler Philipp Hainhofer in Augsburg nieder; er bestätigte im November 1639 dem Herzog, daß er die deutschen und italienischen Musikalien zu vier und mehr Stimmen, instrumental und vokal, außer den bereits vorhandenen von Schütz, Scheidt und Schein, umgehend besorgen werde.

Um die Heimkehr von Heinrich Schütz nach Dresden im Frühjahr oder Sommer 1638 ist es seltsam still, als habe man uns seinen schlimmsten Schmerz verschweigen wollen. Erkrankt war ihm seine sechzehnjährige Tochter Anna Justina, und es kann die Nachricht von dieser Krankheit gewesen sein, die ihn vorzeitig zurück-

rief. Auf Grund einer »Trost-Schrift an Herrn Heinrich Schützen«
ist zu schließen, daß August Buchner ihn sofort nach seiner Rückkehr in Dresden aufgesucht hat, da ja auch weitere Vorkehrungen
für die Einrichtung und Aufführung von »Orpheus und Euridice«
zu treffen waren. Buchner fand Heinrich Schütz von dumpfen
Ahnungen erfüllt am Krankenlager seines Kindes und hat ihn beim
Abschied »so gar vergebens getröstet«, wie er schreibt, und noch
vor dem 10. Juli 1638 ist Anna Justina gestorben. Keine Predigt,
kein Nachruf ist erhalten, nur August Buchner sandte ein gutge-
meintes Beileidsgedicht, das Heinrich Schütz über die »Brechlich-
keit« des Lebens hinwegtrösten sollte und das ein unsägliches
Sprachgebilde war. Martin Geier gedenkt der Toten ohne nähere
Angaben, er zählt nur die Verstorbenen der letzten Jahre auf:
Mutter, Schwiegermutter, Bruder, Tochter, und daß er »dadurch in
ein langwieriges Trauern und Betrübnis gesetzet worden ist«. Auch
der Jugendfreund Christof Cornet, Organist in Kassel, war gestorben, und Schütz hatte ihm eine Begräbnismotette schreiben müssen. Es wurde stiller und einsamer um ihn.

Schütz hat seinen Töchtern schon bei Lebzeiten ein kleines
Vermögen zur Seite getan, und da er es weiter vermehren und bis
zur Volljährigkeit oder Heirat der Euphrosyne anlegen wollte, kam
es zu einer merkwürdigen Dreiecksverschuldung, die ihn indirekt
zum Bankhalter des Kurprinzen werden ließ. Johann Georg wandte
sich 1638 an den Rat der Stadt Pirna mit der Bitte, ihm tausend
Gulden zu leihen. Die Pirnaer sagten die Zahlung zu, besaßen
jedoch plötzlich selber kein Bargeld mehr und waren in Verlegenheit. Da der Pirnaer Bürgermeister Balthasar Görbig mit dem
kursächsischen Land- und Tranksteuerbuchhalter Michael Hartmann befreundet war, dem Vormund der Schütz-Töchter, fragte
man auf diesem Wege bei Heinrich Schütz an, und dieser erklärte
sich bereit, die tausend Gulden aus dem Vermögen der Tochter mit
sechs Prozent Zins zu borgen. Als Pirna durch die Kriegslasten in
immer größere Nöte geriet und weder Zins noch Tilgung mehr
aufbringen konnte, entstand ein ärgerlicher Briefwechsel, der nur
mühsam verschleierte, daß die Stadt Pirna nicht zahlen konnte, weil
der Kurprinz auch nicht zahlte. Erst 1654, nach einer direkten

Intervention Schützens bei Hof, trug der Kurprinz Johann Georg seine Schuld ab, und Schütz erhielt das Geld seiner Tochter wieder.

Die Verschuldung des Kurprinzen aber entstand 1638 durch die übermäßigen Kosten seiner Hochzeit, ab der er überall in der Kreide stand, und da Schütz an dieser wiederum mitbeteiligt war und für sie arbeitete, wirkte er am Entstehen des ganzen Geschäfts mit und wurde praktisch mit dem Geld bezahlt, das er über Pirna an den Kurprinzen ausgeliehen hatte – ein kurioser Kreislauf!

Schon im Spätsommer oder Frühherbst 1638 begannen die Vorbereitungen für die Hochzeit des sächsischen Kurprinzen und einstigen Thronfolgers mit der brandenburgischen Prinzessin Magdalene Sibylle, bei deren Einzug im November sich die Stadtpfeifer von Freiberg, Pirna, Kamenz und Großenhain mit den Dresdnern vereinten, weil es in der Residenz nicht mehr genug Stadtpfeifer gab. Auch die Kapelle war dezimiert und mußte durch auswärtige Kräfte verstärkt werden. Am 14. November 1638 (nach Fürstenau einen Tag früher) fand die Trauung statt, bei der vor und nach der Predigt trefflich musiziert wurde. Die vielbestaunte Hauptattraktion war vermutlich bei Tisch ein Liebeskonzert nach dem Hohenlied, das Schütz in die ausgefallene Form eines Dialogs gebracht hatte: »Ich beschwöre euch, ihr Töchter zu Jerusalem« (SWV 339), ausgefallen und sonderbar schon deswegen, weil die redende Sulamith vier Sopranen, die Antwort der »Töchter zu Jerusalem« dagegen drei Männerstimmen in Alt, Tenor und Baß zugeordnet war: wieder ein Beweis, wie wenig es Schütz auf vordergründigen Realismus der Wiedergabe ankam und wie sehr er auf die innere Spannung der Form setzte. »Ich beschwöre euch, ihr Töchter zu Jerusalem«, sangen die fugierend fein verschlungenen Stimmen der Sulamith, »findet ihr meinen Freund, so saget ihm, daß ich vor Liebe krank liege«, und auf »Liebe krank« verfielen sie in geradezu verschreckende Dissonanzen, worauf die drei tiefen, klaren Stimmen erwiderten: »Was ist dein Freund vor andern Freunden, o du schöneste unter den Weibern, was ist dein Freund vor andern Freunden, daß du uns so beschworen hast?« Und so in viermaligem Wechsel, wobei sowohl die liebeskranke

Verzückung der Sulamith wie das Frauenlob der Antwort die Stimmteilung der sieben Redenden verlangte – kunstvoller hätte keinem Fürstenpaar ins Herz gesungen werden können, wenn da wirklich Liebe war und keine dynastische Berechnung.

Der Festlichkeiten kein Ende. Am 19. oder 20. November wurde im Riesensaal des Schlosses das große »Ballett von Orfeo und Euridice« aufgeführt, worüber es in den gedruckten Programmen heißt, die »Invention« sei von Professor August Buchner »auf itzige neue Art in deutsche Verse« gesetzt, von Schütz aber »auf italienische Manier componiert und von dem Tanzmeister Gabriel Möhlichen in zehn Ballettänze gebracht worden«. Es gab jetzt sogar wieder einen »Inventionssekretär« Ernst Geller, einen beamteten Kunst-Erfinder, der sich um »Triumphe«, Mummereien, Aufzüge und Feuerwerke kümmerte und bei der Aufführung des »Orpheus« einiges zu tun bekam.

Es hat sich eine in Verse gefaßte Inhaltsangabe des Stückes, zum Mitlesen, erhalten, aus der man den Aufbau des Stückes wie folgt rekonstruieren kann. *Erster Akt:* Die Nymphen beglückwünschen Orpheus und Euridice. Während Orpheus im Tempel betet, tanzt Euridice mit den Nymphen. Der Neid schleicht sich unter sie und nimmt die Gestalt einer Schlange an. Euridice wird von der Schlange verletzt und stirbt. Charon nähert sich und entführt Euridice über den Acheron. *Zweiter Akt:* Die Nymphen klagen über der Gespielin Tod. Orpheus kommt vom Tempelopfer, wird vor Schmerz irre und nimmt keinerlei Trost an. Er begibt sich auf den Weg ins Höllenreich, um bei Euridice zu sein. *Dritter Akt:* Pluto ruft ein Freudenfest aus in Anbetracht der Schönheit Euridices. Indessen nähert sich Orpheus, spielt, singt und erfleht Euridice für sich. Dem Bund der Tugend und der Kunst kann nichts widerstehen. *Vierter Akt:* Orpheus kehrt mit seiner Geliebten zurück, und Thrazien freut sich. Orpheus singt Dank dem Meister aller Welt. Felsen, Bäume, die großen Tiere und die Vögel fangen an zu tanzen. Die tollen Weiber aber stürmen auf Orpheus ein, und nur der Himmel rettet Orpheus und erschreckt die Furien durch Donner. *Fünfter Akt:* Die Götter entscheiden, Orpheus und Euridice sollen in ihren Kreis aufgenommen werden. Amor stellt sich ein, Venus blickt vom Himmel, das edle Paar rückt an ihre Seite und vermehrt die Sternenzahl.

Man erkennt darin eine Weiterentwicklung, Vertiefung und Verdichtung des Kopenhagener Modells, konzentriert auf einen mythopoetischen Kern unter Weglassung aller überflüssigen Anspielungen, strukturell eine Zwischenform, die zwar die Handlung in Dramenakten zusammenfaßt, aber madrigalische und konzertante Elemente ebenso einbezieht wie gesprochene Rezitative und Tanzpantomimen. Schütz hat diese Mischform zweifellos Claudio Monteverdis »Combattimento di Tancredi e Clorinda« abgewonnen. Es gibt eine Verdeutschung des »Combattimento«, von der Wolfgang Osthoff vermutet, daß sie aus dem Umkreis von Schütz, wenn nicht sogar von ihm selbst stamme.

Die Ballett-Oper endete, so heißt es, mit einem Feuerwerk auf dem Zwingerberg nach der Elbe zu, mit dem der Sieg von Tugend und Beständigkeit gehörig gefeiert wurde, aber da es Ende November war und ziemlich kalt, wird man sich die knallende Apotheose wohl von den Fenstern des Schlosses aus angesehen haben, bei Gläserklirren und Hochrufen auf das junge Paar, während Schütz und die Musiker schon die Noten und die Instrumente einpackten.

Das Kopenhagener Werk verbrannte nach einer einzigen Aufführung. Und das Dresdner, das besser war? In einem Buch von Jakob Reitenfels, »Erinnerungen an Moscovien«, findet sich um 1720 die Nachricht, ein Dresdner Impresario habe am 9. Februar 1673, kurz nach Schützens Tod, die Orpheus-Oper vor dem Zaren in Moskau aufgeführt. Dann wäre die Partitur möglicherweise erst beim Brand von Moskau 1812 nach dem unseligen Feldzug Napoleons endgültig vernichtet worden. Es gibt kein Werk des Krieges, das gut wäre.

Kurz nachdem »Orpheus und Euridice« aus der Taufe gehoben worden war, schloß Heinrich Schütz den zweiten Teil der »Kleinen geistlichen Konzerte« (SWV 306–337) ab, die er mit einer Vorrede vom 2. Juni 1639, dem Pfingstfest, Herzog Friedrich III. von Schleswig-Holstein widmete, dem dänischen Prinzen, der nach dem Tod seines älteren Bruders zunächst Thronanwärter und 1648 König von Dänemark wurde. Schütz schreibt, da nun die »Bosheit der jetzigen, den freien Künsten widrigen Zeiten« besseren Werken als diesen das Licht nicht habe gönnen wollen, so habe es bei so geringen für diesmal verbleiben müssen. Sollten die unter den Waffen gleichsam »erstickten und in den Kot getretenen Künste durch Gottes Güte zu voriger Würde und Wert wieder erhoben werden« und ihm das Höchste bis dahin das Leben fristen, so werde er mit einem reicheren Pfande seiner Schuldhaftigkeit nach einkommen.

Daß es nicht gar zu geringe Werke waren, erweist die Evangelienmusik »Meister, wir haben die ganze Nacht gearbeitet«, mit zwei tiefen Tenören (Bariton) für Petrus und Andreas, die am See Genezareth vergeblich fischen, eine Erzählung von hoher Charakterisierungskunst; oder das Duett von Sopran und Alt in »Wann unsre Augen schlafen ein«, eine Affektstudie voller Kontraste, in der ein ruhig absteigendes, chromatisches Motiv für das In-Schlaf-Sinken steht, über dem Gottes »rechte Hand« in diatonisch absteigenden Tönen schwebt, während lebhafte Achtel das Wachen des Herzens ausdrücken und »daß wir nicht fallen« in aufgeregte und stolpernd kurze Bewegungen und Synkopen, »in Sünd und Schand« aber in schwere Ganztöne umgesetzt ist. Er traf das ebenso wie den ruhigen, andächtigen, fast stillen Ton in »O Jesu, nomen dulce«.

Der geplagte Mann kam nicht zur Ruhe. Nur wenige Monate nach dem Erscheinen der »Kleinen geistlichen Konzerte« folgte er einer Bitte des Herzogs Georg von Calenberg zu Hannover, seine kleine Kapelle zu reorganisieren. Der Beginn ihrer Beziehungen bliebe völlig im dunkeln, wenn man die vorangegangene Reise im Jahr 1638 nicht gelten ließe, denn es war alles ausführlich verabredet und vorbereitet, wovon allein die Dauer dieses ganzen Unternehmens einen Begriff gibt.

Spätestens gegen Michaelis 1639 brach Schütz zu seiner Reise auf; er nahm den Weg über Halle, wo der Administrator Herzog August, des Kurfürsten Sohn, residierte. Johann Zahn, der Organist an der Marktkirche von Halle, hatte Schützens Hilfe erbeten in einem Besoldungsstreit mit den Kirchenvätern, und der erste Musiker Sachsens setzte sich – nach einem Zeugnis Zahns – beim Konsistorium energisch für den unterbezahlten Organisten ein, bevor er nach Hannover weiterreiste. Dort blieb er vermutlich nicht lange, da Herzog Georg meist in dem nur dreißig Kilometer entfernten Hildesheim lebte, woraus sich erklären läßt, daß Schütz auch 1644 während seines Aufenthalts in Braunschweig noch einmal mit dem Gedanken spielte, einen Abstecher nach Hildesheim zu unternehmen.

Schützens Anwesenheit in Hildesheim läßt sich bereits für den Januar 1640 nachweisen, da er am 29. Januar 1640 dem ehemaligen Studenten der Universität Helmstedt und angehenden Lateinschullehrer Andreas Möring aus Quedlinburg, der in Hildesheim ein Praktikum absolvierte, einen Stammbuch-Eintrag gab. Das Autograph hat Jörg-Ulrich Fechner jüngst in einer Studie lückenlos zu entziffern und zu deuten vermocht. Der Eintrag in Mörings Stammbuch ist für uns deshalb von so einzigartiger Bedeutung, weil er zeigt, wie selbstverständlich Heinrich Schütz mit dem kopernikanischen Weltbild, dem Galileo Galilei so viele Opfer gebracht hatte, umzugehen wußte und über welche umfassende literarische Bildung er verfügte. Der Text des Autographs lautet:

> Vt Sol inter planetas, Ita MVSICa in-
> ter Artes liberales in medio radiat.
>   hinc rectè Ouuenius:
> Optima MVSARUM E reliquis idcirco negatum
> Artibus à MVSIS MVSICA nomen habens.
>   Henricus Sagittarius
>   Capellae Magister ap-
>   ponebam in Hildesheim
>   die 29 Januarii Ao etc 1640

Wie die Sonne unter den Planeten, so leuchtet auch die Musik in der Mitte der freien Künste – das hat Schütz kurze Zeit später fast wörtlich wiederholt, als er am 7. März 1641 dem Kurfürsten von Sachsen ins Gewissen redete, die musikalischen Einrichtungen zu bewahren und wiederzubeleben: »Sie erhalten auch hiermit an Ihrem Churfl. Hofe diejenige Profession, welche [um] nichts minder, als die Sonne unter den Sieben Planeten, also auch unter den

Sieben freien Künsten in deren Mitte helle glänzet und weit leuchtet.« Dieses von Schütz gebrauchte Bild, das ihm tief aus seiner Überzeugung vor Augen erschienen sein muß und die kopernikanische Verwandtschaft seines Denkens mit dem Weltbild Galileis aufs sinnfälligste erweist, hat in dieser Gestalt keinen Vorläufer. Fechner hat auch für die lateinische Formulierung mit ihrem prononcierten »in medio radiat« keine frühere Quelle nachweisen können. Sie wird mit einem literarischen Zitat gleichsam erläutert und untermauert. Das »hinc rectè Ouuenius« ruft den englischen Epigrammatiker John Owen zum Zeugen an (das doppelte »u« ist die neulateinische Version des »w«). Der Waliser John Owen (um 1560 bis 1622) war einer der erfolgreichsten und meistübersetzten Epigrammatiker des Jahrhunderts, nur findet sich der von Schütz zitierte Spruch noch nicht in den kontinentalen Ausgaben seiner Bücher vor 1646; Schütz wird also das Original gekannt haben. Das Distichon, das Schütz aus dem Gedächtnis zitierte – ein »habet« bei Owen weicht davon ab –, läßt sich übersetzen: Die höchste der Musen ist sie; ihren Namen, den andern Künsten verwehrt, hat allein die Musik von den Musen.

Wie früh Heinrich Schütz das Distichon von John Owen kennengelernt haben muß, beweist ein weiterer Fund Fechners in der Stammbuch-Literatur. Am 5. März 1627 trug Heinrich Schütz in das Stammbuch eines Georg Rüdel aus Plauen den Zweizeiler in folgender Fassung ein: »Optima Musarum est caeteris idcirco negatum / Artibus, a Musis MVSICA nomen habet«, und Schütz fügte ironisch in italienischer Sprache hinzu: »Il mondo è fatto per i savii et i pazzi lo godono.« Die Welt ist für die Weisen gemacht, aber die Narren genießen sie... Schütz arbeitete damals gerade an der »Daphne« für Torgau.

Andreas Möring, der Schütz 1640 in Hildesheim um das Autograph ersuchte, wurde 1643 Rektor an der Lateinschule von Clausthal, wo sich sein Stammbuch noch heute befindet. Von Hildesheim oder Hannover aus hat Schütz möglicherweise den Herzog Georg auch von Juli bis September nach Göttingen zu einem Treffen mit dem Landgrafen von Hessen-Kassel begleitet. Für seine Dienste empfing Heinrich Schütz übrigens fünfhundert Taler pro Jahr für die Dauer von achtzehn Monaten. Um die Jahreswende 1640/41 kehrte er nach Dresden zurück.

Er wird dem Hannoveraner nur wenig mehr als ein Jahr gedient haben, wenn man die umständlichen und von Zwischenfällen unterbrochenen Reisen abzieht: Irrfahrten und Radbrüche, all die Aufenthalte wegen unbefahrbarer Straßen mit Furcht vor Überfällen, Übernachtungen in Gasthöfen, in denen es nichts mehr zu essen gab, bettelnde Kinder an den Geleitshäusern, Kälte, Ansteckungsgefahr überall, in den Kutschen, bei der Rast, auf den Abtritten. Mit Schütz reiste das Grauen, und er nahm alle die Eindrücke mit nach Haus in die Stille seiner Komponierstube am Dresdner Markt. Aber es war zuviel.

Gleich nach seiner Rückkehr wurde er von einer schweren Krankheit heimgesucht, die ihn für Wochen aufs Lager streckte. Der Winter ging hin, und alles war in der Schwebe: sein Verhältnis zum Hof, das immer unerquicklicher wurde, sein Bleiben oder Nichtbleiben, auch seine Rückwendung zur großen musikalischen Form, ein nochmaliges Beginnen mit fünfundfünfzig, und jede Kunstübung beginnt von vorn mit immer den gleichen Mühen und Zweifeln, bei ermattender Widerstandskraft seines Körpers, der sich von den pausenlosen Anstrengungen nicht mehr erholen wollte, und ein Schleier von Fieber und Schwäche um seine Stirn – war es das Ende?

Dritter Teil

Dritter Teil

Zwischenspiel IV

Was erschien ihm in den Fieberträumen dieses Winters? Es war eine tödliche Generalpause, eine Krise, deren Ursachen sich nur ahnen lassen: Überanstrengung, Ansteckung, Verzagen und Lebenszweifel. Was drang in seinen Halbschlaf, was unterbrach die langen Stunden, die er einsam lag? Sah wer nach ihm, oder hatte man ihn schon aufgegeben? Zog die Tochter ins Haus am Neumarkt und gab ihm zu essen und zu trinken? Ein hilfreiches Wesen, von den Musikern geschickt, fachte es in den Öfen die Feuer an, so daß der Widerschein der Flammen über die Wände sprang? Sandte der Kurfürst tägliche Boten, die mit wechselnden Nachrichten über den Zustand des Kranken ins Schloß zurückkehrten? Empfing er Freunde, und erkannte er sie noch, oder sank er in den großen Schlaf, der zwei Ausgänge hat? Welche Bilder zeichneten sich hinter seinen halbgeschlossenen Lidern auf seiner Netzhaut ab? Da gab es viele, sie waren zahlreich, er war weit herumgekommen und hatte, wenn sie nicht auf ihn stürzten, die Wahl, in Gesichtern und Städten auszuruhen. Kindheitsbilder: die Saale-Auen, die Ställe und Wirtshäuser, der Hof des Mauritianums, von viel zu hohen Mauern umstellt, die Schlafsäle, die Frauen bei der Tafel, Orgelbänke, das lag so weit zurück, daß es sich vordrängte; es hatte den starken Fall auf die Augen zu wie etwas, das aus großen Höhen stürzt. San Marco, die kalten Nächte am Brenner, die vielen rumpelnden Knochenmühlen, an denen Landstreicher entlanghuschten, Krieger vorbeizogen, Kutschen, die bei Radbruch oder im Schlamm zur Seite fielen, in den Graben sanken unter dem Geschrei der Fuhrleute, er verletzte sich und jemand lag auf ihm. Er erreichte den nächsten Ort zu Fuß und vom Regen durchweicht, er war erkältet und fieberte. In den fremden Stuben das Spiel der Schatten in der Dämmerung, fremde Laute, Stimmen von Männern, die Einlaß verlangten, Gerüchte von nächtlichen Erscheinungen und Gespenstern, von Überfällen im Wald, unruhiger Schlaf auf harten Strohlagern, während die Pferdeknechte weiterzechten, Geruch trocknender Kleidung, Geruch schwelender Holzscheite, überhaupt Ge-

rüche, sauer, die terpentingeschwängerte Luft von Rembrandts
Atelier, und Saskia, deren Bild mit dem Magdalenens verschmolz.
Blumen auf ihrem Schoß, Flecken auf ihren Wangen. Rosenbüsche
in Parks, Marburg, Mecklenburg, Schloßgärten, wenn der Herzog
in der Grotte die Speier, und die Röcke der Damen, das Wasser,
Brunnenmusik, das schwappende Wasser in den Kanälen Venedigs,
das Lecken der Wellen, wenn der Vordersteven des Segelschiffes
sich vor Haderslevhus in den milchigen Nebel schob, Kälte und
Schnee. Das trockene, süchtig machende Hellrot italienischer
Dächer, das die Sehnsucht nach Süden und Sonne einlöste, Gesang
auf den Straßen und das Stimmen seltsamer Instrumente in Cremona, überhaupt: Was hörte er? Hörte er noch? Hatte er Angst vor
der Taubheit, da sein Ohr zum erstenmal zufiel? Spielte sein Gehör
ihm Streiche, verstand er die Stimmen der Tochter, des Baders, der
ihm Erleichterung verschaffte? Was sprach man zu ihm? Wer saß an
seinem Bett? Hofbeamte? Keine zeremoniellen Gesten und Gespräche mehr, genug der Augenblicke des Ekels bei Hof, wenn die Eti-
kette über den Rand glitt und das Nackte, Dreiste hervorsah, die
Hoffart, der Trieb, der Geiz. Die peinlichen Augenblicke, in denen
seine Kunst mit der Verlegenheit kindischer Prinzessinnen und
ihrer Hofdamen zusammenstieß, das Demütigende, wenn er aufge-
fordert war, zu erläutern, woraus seine Kunst bestand, vor Leuten,
die das gar nicht wissen wollten, oder das Halbgare von gepuderten
Körpern hinter den Kulissen und Paravents, die schlechten Gerüche in zu kleinen Garderoben, als gehöre das Unwürdige zur Kunst
wie der Abtritt zum Essen und zum Gesang das Geräusch, unter
dem sich der Mensch entleert. Betrunkene vom Fürsten abwärts bis
zu den Tänzern, das Erbrechen nach dem Rausch, oder kam es
schon von der Ruhr; Kranke, die sich beschissen, wenn der Typhus
in die feine Gesellschaft einbrach, das Erbleichen im Saal, die Ge-
sunden, die vor einem Kranken die Flucht ergriffen und draußen
selber erbrachen – Fieberphantasien? Rebellierte sein Körper zum
letztenmal? Dachte er ans Sterben? Wie dachte er vom Tod? Fürchtete er ihn? Tröstete der Glaube? Half die Beruhigung in Gott,
wenn noch so viel zu tun war? Was gedachte, was hoffte, was
wünschte er noch zu tun? Betete er viel? Betete er allein? Wie tief

ging der Glaube? Wie lautet die Antwort, wenn sie nicht aus Redensarten gewonnen wird, die sich in Jahrhunderten ansammeln: es habe aus reinerem Herzen, mit tieferer Inbrunst außer Bach niemals einer in seiner Kunst Gott gelobt und ihm allein zu Ehren musiziert. Und die italienischen Madrigale? Orpheus und Euridice? Daphne? Wem zu Ehren außer der Liebe? Was war Agape, was Ananke und was erwählter Ruhm? Wer wollte er sein, wenn er sich mit Palestrina maß? Was hätte er gern rückgängig gemacht? Nichts? Was war er für ein glücklicher Mensch, konnte er sich diese Antwort wirklich geben – glücklich, bei so viel Verlusten? Gab es keine anderen Fragen so kurz vor dem Ende? Hatte er Vater und Mutter geehrt oder sie nicht doch am Ende allein gelassen? Welche Laster bereute er, die er, nur er allein kannte und die versiegelt waren in seinem Körper, der jetzt zum erstenmal seinen Dienst einstellte? Glaubte er, der letzte Tag sei schon angebrochen und er habe das Haus noch nicht bestellt, nicht genug an die Schüler weitergegeben? Wie, unter solchen Umständen, erwartete er den Tod? Ließ er den Oberhofprediger holen, der noch immer Hoënegg hieß, oder einen jüngeren Pfarrer, dem er etwas weitersagen konnte? Was redeten sie, was schwiegen sie miteinander? Oder hatte er sein Sach längst Gott anheimgestellt? Hoffte er für sein Leben, betete er, daß Gott es ihm noch einmal schenkte und es verlängerte zunutzen seiner ihm geliehenen Talente und Gaben, damit er sie noch einmal besser gebrauchte und das Lied höher anstimmte auf seinen Gott und so den Menschen half in ihrer Trostlosigkeit, auf daß sie am Ende wieder aus ganzer Seele Gott lobten, und daß er Christus besang, der sie am Kreuz erlöste aus ihrer Pein? Stemmte er sich mit letzter eigner Willenskraft gegen das Ableben, krallte er sich, Euphrosyne an seiner Seite, die ihm kräftigende Gerichte kochte, mit den Zähnen und Klauen fest in diesem Dasein, unter dessen dünner Decke aus Sitte, Tugend, Anstand und Mitleid sich Abgründe an Grausamkeit und Unmenschlichkeit auftaten und das man doch liebte und verteidigen mußte um eines höheren Zweckes willen, den keiner so recht kannte? Er dachte nicht nur gut von den Menschen, er kann es nicht getan haben, und wie oft hatte er schweigen müssen: woher sonst diese Kerben um den Mund, die er unter dem

Bart nur mühsam verbarg, woher der sorgenvolle Blick, und da
waren auch Bitterkeit und Verachtung für die Gesinnungslosen (nie
ein Wort darüber) und Trauer über die Unfähigkeit der Mächtigen
und der Einrichtungen, etwas zu bessern und das Ärgste abzuweh-
ren (nie ein Wort), dieses Wegsehen von einer Welt, in der Gott das
alles geschehen ließ und sich nicht zeigte, Gott, der das Gute und
das Böse in seiner Hand hielt, der unbegreiflich war in seiner Gnade
und in seiner Rache (kein Wort), aber auch unendlich in seiner
Liebe und der einzige Halt blieb jenseits dieser Abstürze in Fieber-
hitze, Koliken und rasenden Schmerz, wie der Kranke sie jetzt
selbst bis zur Gottesferne durchlitten hatte, so daß er flehte und
lobte in einem und den Einzigen in seiner Not anrief, ihm den
Mund fröhlich zu machen und das Leben vom Verderben zu erlösen
– bis er am Ende die Barmherzigkeit spürte und zurücksank in eine
Schwäche, die ihn auffing, in Ruhe und Schlaf. Er genas, er
überstand diese lange Krankheit, er überlebte den Winter, die
ersten wärmeren Lüfte zogen über die Elbe, Euphrosyne öffnete die
Fenster, und gestützt auf den Arm der Tochter trat er an das Fenster
des Erkers und blickte auf den Neumarkt. Im Frühjahr erholte er
sich langsam. Er hatte eine genaue Vorstellung, was zu tun war. Wir
haben ihm nichts gegeben, was nicht sein ist, und als er wieder zum
Leben erwachte, war es wie immer: er ließ sich nichts anmerken,
was in ihm vorgegangen war.

In Kopenhagen

»Ich werde nicht sterben, sondern leben und des Herrn Lob
verkündigen. Stricke des Todes hielten mich umfangen, und Angst
der Höllen hatten mich troffen, ich kam in Jammer und Not. Aber
ich rief an den Namen des Herren: O Herr, errette meine Seele.
Und der Herr antwortete mir und half mir aus allen meinen
Nöten.« – Das ist der den Psalmen entnommene Text eines Solo-

konzerts in den Symphoniae sacrae II von 1647, den Schütz wahrscheinlich kurz nach seiner Genesung vertont hat, persönlichste
Konfession und auf strahlendes Dur gestimmt, das von Trauer und
Trübsinn nichts mehr weiß. Es ist der Gesang einer Wiederauferste-
hung in Stärke, Kraft und Dankbarkeit und wird fortgesetzt in des
Konzertes anderem Teil: »Ich danke dir, Herr, von ganzem Herzen, denn du hast meine Seele von dem Tode errettet, meine Füße
vom Gleiten, daß ich wandelen mag für Gott im Licht der Lebendigen... Ich werde nicht sterben, sondern leben und des Herrn Lob
verkündigen.« Darin ist bei allem Lobsingen nicht nur gottergebe-
nes und in Gott geborgenes Frohlocken, sondern auch die Entschlossenheit, für Gott zu wandeln im Licht der Lebendigen,
nämlich den Kampf aufzunehmen um *Seine* Musik, um die Kapelle,
die Kunst und die Künstler, ein Wille zum Handeln, als sei ihm das
Leben unlängst einzig und allein in seiner »ausgestandenen schweren Krankheit vielleicht um dieses Werks [...] von dem lieben Gott
wieder geschenket und verlängert worden«: so deutlich sagte er es
in seinem Brief vom 7. März 1641 dem Kurfürsten. Schütz hat, dem
Wink des Schicksals folgend, fortan für anderthalb Jahrzehnte nicht
nachgelassen in seinen Bemühungen, dem Versiegen der deutschen
Musik zu wehren, die Kunst und die Künstler geistig und materiell
am Leben zu erhalten, zu retten und zu tun was er konnte, bis hin
zu Vorschlägen für eine Besoldungsordnung, zur Unterbringung
der Musikschüler und zu ihrer Ausbildung, was auch sozialgeschichtlich ein einzigartiger Vorgang ist. Seine Eingaben an den Hof
im Namen der darbenden Kapellmitglieder sind »soziale Dokumente von erschütternder Sprache« (Hans Schnoor), und er gab
vermutlich viel aus eigener Tasche. Das blieb unbekannt den meisten und ahnten doch alle. Sonst hätten sie ihn, der doch immer ein
wenig melancholisch und unnahbar in die Gegend blickte, nicht so
sehr geliebt.

Finanziell ging es ihm ja gut, das ist nicht zu leugnen, auch wenn
der Druck und Vertrieb seiner Kompositionen vorübergehend
durch den Krieg erschwert wurde. Vor unberechtigtem Nachdruck
seiner Werke war er durch ein kurfürstliches Privileg geschützt, so
daß ihm die Drucker für den alleinigen Vertrieb – wie einst dem

Doktor Martin Luther, der dies in Wittenberg ausschlug – ein Ersthonorar anbieten konnten. Dafür leistete er sich auch seit 1637 ein feines Notenpapier mit eigenem Wasserzeichen, einem gespannten Bogen mit senkrecht stehendem Pfeil und den Initialen HSC, das hieß: Heinrich Schütz Capellae magister. Im Jahr 1642 ließ er sich ein 1637 gewährtes kaiserliches Druckprivileg erneuern. Es hatte nämlich Raubdrucke gegeben, so im kaiserlich-freien Nordhausen am Harz, das der Jurisdiktion des sächsischen Kurfürsten nicht unterstand. Das Druckprivileg umfaßte seine »Opera Musicalia, so er zum Teil in deutscher Sprache, sowohl geistlich als weltlich, zum Teil auch ohne Text componiert«, also vorsorglich auch jene reinen Instrumentalwerke, die nie erschienen sind! Nach dem kaiserlichen Privileg genoß Schütz gegen die einzige Verpflichtung, vor Auslieferung durch den Buchhandel je vier Belege eines Werkes an die Reichshofrats-Kanzlei abzuführen, für die Dauer von fünf Jahren das alleinige Verfügungsrecht über seine im Druck erschienenen Kompositionen, und die Drucker oder Buchhändler hatten bei Verletzung des Privilegs durch unberechtigten Nachdruck mit empfindlichen Strafen zu rechnen. Aber was nützte das alles, wenn es bald keine Musiker mehr gab, die seine Noten brauchten?

Wie ein »Medicus einer gefährlichen Krankheit, ehe sie ganz tödlich wird«, zu Leibe rücken müsse, so glaube er endlich auch eingreifen und dem »in den letzten Zügen liegenden Corpori Musico« beistehen zu sollen, schrieb Schütz in seiner Denkschrift vom 7. März 1641 und schlug vor, mit vier Sängerknaben und vier Instrumentistenknaben, die zur Ausbildung gegeben werden sollten, ganz von vorn zu beginnen, damit der »bevorstehende augenscheinliche Untergang verhütet« und gleichsam »ein Same« erhalten werde. Die Einzelheiten waren genau bedacht und durchgerechnet, auf daß in »helfe Gott bald besseren Zeiten« der Grundstock ergänzt werden könne. Und nun die Mahnung an den Kurfürsten, seiner Verantwortung bewußt zu sein: Er bestätige mit der Ausführung dieses Vorschlags nur seine »Regalien«, das heißt seine Rechte und Pflichten als Herrscher. Und noch deutlicher, wie es selten den Herrschenden gesagt wurde: »Sie erweisen ferner dem lieben Gott diejenige Schuldigkeit und Ehre, welche Er selbst in seinem Wort zu seinem Lobe angeordnet und befohlen, auch alle gottseligen Potentaten vor und nach der Geburt unsers Herren und Seligmachers Jesu Christi in ihrer heiligen Versammlung Ihm gegeben haben. Sie erhalten auch hiermit an Ihrem Churfürstlichen Hofe diejenige Profession, welche nicht minder als die Sonne unter den sieben Planeten also auch unter den sieben freien Künsten in deren Mitte helle glänzet und weit leuchtet.«

Keine Antwort. Der Kurfürst stellte sich taub. Dabei war die Katastrophe längst für jedermann sichtbar, und selbst der Oberhofprediger – es war immer noch Matthias Hoë von Hoënegg – beklagte, »daß die Musik in der Hofkapelle in solches Abnehmen geraten, daß man fast gar nichts mehr figuraliter musicieren kann; sintemal nicht allein kein rechter Altist, sondern auch nur ein einziger Discantist vorhanden«. Es gab seit Jahren nur noch ganze zehn Instrumentisten und Sänger in Dresden, die ein jämmerliches Dasein fristeten. Einer der frühesten Chronisten jener Tage, Wolfgang Caspar Printz, beurteilte die Lage so: »Als nun auch diese letzten Trümmer des ehedem so herrlichen Gebäudes zusammenzustürzen drohten, da suchte der besonnene, unverzagte Meister sich wenigstens der Materialien zu einem künftigen Neubau zu versichern.« Schütz hielt sich an den Kurprinzen Johann Georg, der ihn sehr verehrte, und empfahl ihm mit einem Schreiben vom 14. September 1641 die Gründung einer kurprinzlichen Kapelle, für die der junge Organist Matthias Weckmann, der Theorbist und Sänger Philipp Stolle, der Instrumentenspieler Friedrich Werner und der Musiker August Tax als Leiter der kurprinzlichen Instrumentalmusik sofort zur Verfügung standen. Der bis 1640 in Hamburg ausgebildete Matthias Weckmann und Philipp Stolle kamen aus dem Kreis der Kapellknaben, Friedrich Werner vom Lande und August Tax aus der alten Hofkapelle. Das alles konnte als Affront gegen den Kurfürsten aufgefaßt werden, aber den ließ das gleichgültig, er trank und lebte vor sich hin, ließ alle von ihm Abhängigen im ungewissen oder fühlte sich verraten, verlassen, betrogen und bestohlen, wer weiß es. Der Sohn gab sich Mühe. Aber wie unsicher und blamabel man am Hof hin und her operierte, geht schon daraus hervor, daß sich fast alle Musiker bei nächster Gelegenheit auf und davon machten oder von ihrem Kapellmeister, der mit Engelsgeduld ausharrte, anderweitig empfohlen wurden.

Schütz kam im Frühjahr 1642, da zu Haus nichts zu tun und zu bessern war und man durchaus nicht auf ihn hören wollte, einer weiteren Verpflichtung in Dänemark nach und wurde am 3. Mai 1642 in Kopenhagen offiziell als »Oberkapellmeister« empfangen. Es war seine erste große Reise nach der Krankheit, die dritte Skandinavien-Fahrt, aber noch keineswegs die letzte. Reiste er allein? Zu welchem Hafen trug ihn der Pferdewagen? War die See ruhig? In einer Zeit, in der die meisten Menschen niemals über den Kreis, in dem sie geboren und aufgewachsen waren, hinauskamen, es sei denn die Frauen durch Heirat und die Männer durch den Krieg, gehörte eine ungeheure Energie dazu, sich immer wieder aufzumachen. Es war kaum bloße Unternehmungslust und niemals Fernweh, was ihn fortzugehen zwang, sondern Selbsterhaltung und Kunsteifer. Um so höher ist der Wille zu veranschlagen, der ihn trieb und stärkte. Und schon im Juli oder August überquerte er abermals den Belt, um sich zurück nach Dresden zu begeben, wo für September die Geburt des ersten kurprinzlichen Kindes erwartet wurde und einige musikalische Vorbereitungen für die Kindtaufe zu treffen waren. Dabei stellte sich das ganze Kapell-Elend heraus: es gab außer dem alten Bayern Sebastian Hirnschrötl, der ein unverwüstliches Faktotum gewesen sein muß, und drei weiteren Sängern nichts, nicht einmal eine Fundamentalstimme, Schütz mußte den nächstbesten »Kerl« verpflichten, der gerade durch Dresden kam, und sich vom Thomaskantor Tobias Michael in Leipzig ein paar Knaben ausleihen. Dem Kurprinzen Johann Georg wurde am 16. September 1642 eine Tochter Sibylla Maria geboren, die aber nur fünf Monate am Leben blieb.

Kurz nach der Taufe verließ Schütz in Begleitung mehrerer Musiker Dresden, um sich wieder nach Kopenhagen zu begeben – es war dies also die vierte Reise, der vierte Aufenthalt in Dänemark, und angesichts der großen Entfernungen, die Schütz dabei zurückzulegen hatte, sollte man der Zählung die Ehre geben und die letzten beiden Reisen nicht zu einer zusammenziehen, denn erst jetzt war

auch der Musikantenzug nach Norden ein bemerkenswerter:
Schütz nahm seinen Schüler Matthias Weckmann mit, den Böhmen
Philipp Stolle, der sogar seinen elfjährigen Schüler Clemens Thieme
dabei hatte, den Cornettisten Friedrich Werner und den sechzehnjährigen Kompositionsschüler Andreas Gleich. Der junge Gleich
stammte aus Erfurt und war von der Theologie zur Musik überge-
laufen, und weil er darin Begabung zeigte, hatte ihn Dr. Benjamin
Schütz, der Stadtsyndikus von Erfurt, an den Bruder empfohlen,
der ihn nach Kopenhagen entführte, da in Dresden vorerst nichts
mehr zu studieren war. Leider bekam dem Andreas Gleich das
skandinavische Klima nicht, und so hat er sich zwei Jahre später
zurück nach Thüringen wenden müssen, wo er Kirchenmusiker
und Organist wurde.

Matthias Weckmann blieb in Hamburg, ebenso offenbar Stolle
und Werner; Weckmann trat dann vorübergehend auch in die
Dienste des dänischen Kronprinzen in Nykøbing und war 1647
wieder in Dresden. Schütz hielt sich nur einige Tage in Hamburg
auf. In Wedel wurde er von Johann Rist, dem derzeitigen Haupt
aller Poeten, begrüßt und besungen: »Seh ich nicht kommen den
trefflichen Singer / Schützen, den Pfeifen- und Saitenbezwinger, /
welcher in deutschen und anderen Landen / mächtigen Fürsten so
herzlich gefällt, / daß er fast alle die Singer der Welt / machet durch
künstliches Spielen zuschanden?« Ein langes und mittelmäßiges
Gedicht, das nicht von jener Einprägsamkeit war wie die eine
Verszeile, die Rist unsterblich machen sollte: »O Ewigkeit, du
Donnerwort.« Das Poem auf Schütz ist nur deshalb erwähnenswert, weil es wieder den »Pfeifen- und Saitenbezwinger« hervorhebt, also den Instrumentalkomponisten, der er doch auch war.
Dieser hatte in Kopenhagen geistliche und weltliche Aufgaben bei
der im November stattfindenden Doppelhochzeit der Zwillings-
töchter Christians IV. mit Hannibal Sehestedt und Ebbe Ulfeldt zu
erfüllen, einem spektakulären Ereignis und Freudenfest, bevor
auch in Dänemark Trauerjahre anbrachen durch eine Niederlage
gegen Schweden, den Tod des Kronprinzen 1647 und des Königs
1648. Von der Doppelhochzeit ist kein Zwillings-Carmen erhalten,
obwohl es doch welche gegeben hat. Was noch verschollen ist, wir

wissen es nicht. Die anderthalb Jahre in Dänemark gehören zu den ruhigsten in Schützens Leben; er vollendete den zweiten Teil der Symphoniae sacrae und konnte deren Reinschrift dem Kronprinzen Christian im Mai 1644 zum Abschied überreichen. Seine letzte dänische Besoldung erhielt er am 30. April 1644.

Den Rückweg nahm er wieder über Hamburg, wo er inzwischen Freunde besaß wie Schop, Scheidemann und Thomas Selle, und auch Johann Rist in Wedel an der Unterelbe war nicht weit. Wenn Schütz später einmal davon sprach, er würde gern »eine fernere Reichs- oder Hansestadt zur letzten Herberge auf dieser Welt erwählen«, so kann er nur Hamburg gemeint haben. Im Gespräch mit Rist, dem vielbeschlagenen, muß auch der Name Justus Georg Schottel gefallen sein: der stammte aus Einbeck und wirkte jetzt als Prinzenerzieher am Hof des Herzogs August von Braunschweig-Wolfenbüttel, wohin Schütz sich gerade wenden wollte. Rist hat Schottel oder Schottelius, wie er sich nannte, Schütz gewiß warm empfohlen, denn Rist hielt viel von seinem dichterischen Talent und ging mit Schottelius gemeinsam – die beiden einzigen Nordlichter – unter die Nürnberger Pegnitzschäfer.

Schütz reiste zuerst nach Braunschweig zu seinem Freund Delphin Strungk, der seit 1637 Organist an St. Marien war und Schützens verlegte Werke vertrieb. Aus diesem Aufenthalt wäre beinahe ein dauernder geworden, so gut scheint es ihm bei den Strungks gefallen zu haben. Zwischen dem 22. Oktober 1644 und dem 17. März 1645 hielt sich Schütz mit Unterbrechungen in Braunschweig auf. Anfangs war eine Reise nach Hildesheim geplant gewesen, und für November versprach er der Herzogin, die erst am 26. Februar 1644 endgültig mit ihrer Familie und dem Hof von Braunschweig nach Wolfenbüttel übergesiedelt war, in ihre Residenz hinüberzukommen. Noch vorher muß jedoch irgend jemand mit dem Vorschlag an ihn herangetreten sein, für Silvester oder Neujahr, sozusagen zur musikalischen Weihe der Residenz, ein kleines Festspiel mit erbaulichen Szenen aus dem Neuen Testament zu komponieren. Beteiligt war Schottelius.

Der zweiunddreißigjährige Justus Georg Schottelius war zuerst Handwerker, Kaufmann und Rechtspraktikant gewesen, bevor er sich der Philologie und der Dichtung zuwandte. Seit Ostern 1638 wirkte er am Hof Herzog Augusts als Hofmeister und Erzieher. 1645 kam auch der Dichter Sigmund von Birken vorübergehend nach Wolfenbüttel, und mit Heinrich Schütz, der indirekt durch seine Musikschülerin Sophie Elisabeth immer zugegen war, hatte die höfische Kultur drei gute Prädisponenten. Zwischen der komponierenden Herzogin und Schütz bildete sich sehr bald ein so vertrauliches Verhältnis heraus, daß sich der alternde Meister gegenüber seiner fürstlichen Schülerin einen entspannten, geradezu heiteren Umgangston herausnehmen konnte. Schottelius aber wollte mehr sein als Hofmeister und Pädagoge. Er hatte schon 1641 eine Sprachlehre verfaßt und war mit ihr erfolgreicher als mit seinen Dichtungen. Als er 1663 einen erweiterten Band aus Grammatik und Poemen erscheinen ließ, enthielt er so brauchbare Erfindungen wie das Semikolon; außerdem empfahl Schottelius, alle überflüssigen und nicht gesprochenen Buchstaben wegzulassen, weshalb man nicht mehr »nimbt«, »kompt« und »warumb« schrieb, sondern schlicht warum und darum. Als Dichter – mit Rist nicht nur Mitglied des Pegnesischen Blumenordens, sondern auch der Fruchtbringenden Gesellschaft – erlag er dem weit verbreiteten Mißverständnis seiner Zeit, Wortgeklingel für Sprachmusik zu halten. Statt der klassischen Gesetze der Rhetorik bediente er sich zur Verdeutlichung der Inhalte eines »malenden Stils«, und was dabei herauskam, war das Verschnörkelte, das Überzierliche. Was immer zwischen Schottelius und Schütz besprochen worden ist, wer immer die anderen Texte der »theatralischen Musik« zur Jahreswende geschrieben haben mag (war es etwa Schütz selbst?), Schottelius hat erwiesenermaßen zwei eigene Dichtungen dem allegorischen Spiel beigesteuert. Er hat sie mit ausführlichem Herkunftsvermerk in einer Sammlung mit dem Titel »Fruchtbringender Lustgarte voller Geistlicher und Weltlicher Neuen erfindungen zu Ergetzlichen Nutz zubereitet« 1647 drucken lassen. Die beiden Texte heißen: »I. Endschallende Reime (So bey einer gehaltenen Theatralischen Music / von den heiligen Engelen gesungen. Diese Theatralische neue Vorstellung von der Maria Magdalena / hat der weitberühmte Herr Schuze zu Wolfenbüttel mit grossem Lobe

praesentiret.)« Und: »II. Gegentrit bey vorerwehnter Theatrali-
scher Music gleichfalls gesungen.« In dem Sammelband von 1663
wird der weitberühmte Kapellmeister und Komponist dann richtig
»Herr Schütz« genannt, und die »Engelen in einem herrlichst
vorgestellten Himmel« sind noch eigens hervorgehoben. Schottels
»endschallende Reime« präludierten dem Spiel mit einem Neu-
jahrshymnus auf das Himmelsvolk, der »Gegentritt« war als
Schlußgesang zum Spiel von der Maria Magdalena gedacht oder als
ein Zwischengesang, falls sich das neutestamentliche Spiel (vielleicht pantominisch?) noch mit andren Szenen fortsetzte.

Dies zum Inhalt, soweit wir ihn wissen. Der Form nach waren
Schottels Verse platt und unsäglich gekünstelt, die endschallenden
Reime knallten jeweils in der zweiten Verszeile den Hörern nur so
um die Ohren: »Fröhlich auf ihr Himmelsvolk, laßt uns diesen Saal
umfahren / Umfahren, mit Paaren, bewahren«, oder: »Und der
schönsten Prínzessín, die durch Himmelsgeist geehret / Geehret,
begehret, vermehret.« Im »Gegentritt« oder »Wiedertritt« tritt in
der dritten und vierten Zeile jeweils ein ganzes Endwort für den
Reim ein: »Nun hat recht die Sünderinn / Abgelegt den Sünden-
Sinn: / Ja es hat den SündenSinn / Abgelegt die Sünderinn.« Und so
fort durch fünf Strophen. Es muß Schütz gegraust haben, aber er
hat das Spiel komponiert und seiner jungen Herzogin zuliebe auch
selbst geleitet. Mit schwachen Kräften spielte man in einem Saal des
Schlosses, wobei die erwähnten »heiligen Engelen« auf einer
Empore über der Bühne schwebten, welche die Wolkendecke vor-
stellte, von der sich die Handlung auch dem Zuschauer gegenüber
kommentieren und durch moralische Schlußfolgerungen ins Abso-
lute erhöhen ließ.

Schottelius verließ 1646 sein Amt als Hofmeister und Gerichts-
assessor. Zu einer weiteren Zusammenarbeit mit Heinrich Schütz
kam es nicht.

Anfang des Jahres 1645 war Schütz wieder im benachbarten
Braunschweig, wo er am 23. Februar die Patenschaft bei Strungks
drittem Kind übernahm. Von hier aus hat er dann auch am 17. März
seine Anfrage an die Herzogin Sophie Elisabeth gerichtet, den
Wiederaufbau der Wolfenbütteler Hofkapelle betreffend. Der Vor-

gang ist aufschlußreich: Die Herzogin hatte ihn um Vorschläge gebeten, und er antwortete mit einem Fragebogen. Reihenfolge und Umfang seiner Erkundigungen zeigen seine organisatorische Weitsicht und Weltvernunft: Wie stark solle die Kapelle sein? Welche Instrumente wolle man gebrauchen? Verteilt auf wie viele Personen? Welcher Sprache die Vokalmusik zu sein habe? Welchen Gebrauch man von der geistlichen Musik bei Hofe machen wolle? Welchen von der weltlichen Tafelmusik? Welchen von der weltlichen akademischen und theatralischen Musik, also von Konzert und Oper? An welchen Orten? In welchen Kirchen? Wo lägen die Probenräume? Wer habe Inspektion und Verantwortung?

Man ist geneigt anzunehmen, ja man kann es nachfühlen, daß dieser Mann unter seiner unordentlichen Zeit, die alles wieder einriß, was man mühsam und umsichtig aufbaute, mehr gelitten hat als andere.

Vom Umgang mit dem Wort

Aus den Erfahrungen mit Opitz, Lauremberg, Buchner und zuletzt mit den endschallenden Reimen des Herrn Schottelius kann Schütz nur die eine Lehre gezogen haben, daß sich außer der Lyrik des Hohenlieds Salomonis, den Psalmen und der Evangelienübersetzung Martin Luthers im Grunde nichts Deutschsprachiges zum Vertonen eignete, es sei denn, man zwang sich zu den gewaltsamsten musikalischen Verrenkungen. Wir tragen nicht unser Urteil und Empfinden in Schütz und die Epoche hinein, wenn wir von dem Zustand der damaligen Poesie auf seine Enttäuschung schließen, denn er hat sie mehr oder weniger deutlich an der einen oder andren Stelle selbst durchblicken lassen, wie in dem Brief an seinen lieben Schwager Caspar Ziegler vom 11. August 1653, in dem es heißt: Zurückgeblieben, nicht aufgegriffen worden sei von den deutschen Poeten, was sich zum Komponieren am besten schicke, nämlich das Madrigalische... Für die Entwicklung einer ariosen oder rezitativischen Vortragsweise wie für das freie Lied fehlte es einfach an Vorlagen. Das Luther-Deutsch der Bibel war dafür zu fest und zu wuchtig, der Alexandriner zu ungeschmeidig, wie überhaupt jeder zu feste Reim- und Zeilenbau. Die Italiener hatten mit dem Madrigal eine Dichtungsart entwickelt, die dem freien, natürlich gegliederten Vortrag am weitesten entgegenkam – und von der sich die moderne Lyrik mit einigem Recht herleiten läßt –; sie erlaubte musikalisch eine charakteristische Behandlung des Wortes in der Deklamation und ermöglichte jenen Ausdruck, der ohne Kenntnis einer hermetischen Signalsprache für jedermann verständlich ist, daher sich denn auch der Durchschnittshörer noch heute im Madrigal leicht zurechtfindet.

Caspar Ziegler, so heißt es, der musikalisch und poetisch begabte Leipziger Theologe und nachmalige Appellations- und Konsistorialrat zu Wittenberg, habe 1653 durch eine Schrift endlich das Madrigal in die deutsche Literatur eingeführt. Aber der erste Hinweis auf das Madrigal ist ihm zweifellos von Heinrich Schütz gekommen, und durch den Abdruck des Schütz-Briefes in seiner Schrift ließ er erkennen, daß der Komponist sie in vielen Leipziger Gesprächen angeregt und beeinflußt hatte. Sie kannten einander nämlich schon seit langem. Über Zieglers Beziehung zu Schütz besteht in der Heinrich-Schütz-Literatur ein kurioser Irrtum. Man hat angenommen, die Anrede »lieber Schwager« im Brief an Ziegler sei nichts andres als eine zeitübliche Vertraulichkeitsfloskel. Dabei wissen wir aus Reinhardts Benjamin-Monographie, daß Heinrichs Bruder 1629 eine Stieftochter des alten Justizrats Dr. Ziegler in Leipzig, eine Stiefschwester Caspar Zieglers des Jüngeren, geheiratet hatte. Sie waren also wirklich verschwägert, was auch ein Licht auf Schützens häufige Leipziger Aufenthalte wirft: in Caspar Zieglers Wohnung werden die Disputationen stattgefunden haben.

Zieglers Schrift hieß »Von den Madrigalen. Einer schönen und zur Musik bequemsten Art Verse, wie sie nach der Italiener Manier in unseren Deutschen Sprache auszuarbeiten, nebenst etlichen Exempeln«; sie erschien 1653 in Leipzig. Ziegler bezeichnet darin das italienische Madrigal als eine epigrammatische Dichtung, deren Grundgedanke jedesmal in den letzten Zeilen erscheine. Formal sei es unter allen Gattungen die freieste, man sei an keine bestimmte Anzahl von Zeilen gebunden, wie etwa im Sonett, doch seien fünf und sechzehn Zeilen die Grenzen, zwischen denen die italienischen Dichter sich bewegten. Es dürften auch die Zeilen nicht gleich lang sein, sondern der Dichter könne kurze und lange willkürlich durcheinander mischen, obschon die Italiener nur Sieben- und Elfsilber zu verwenden pflegten. Endlich sei es nicht gestattet, alle Zeilen zu reimen, »weil ein Madrigal so gar keinen Zwang leiden kann, daß es auch zu mehrmalen einer schlichten Rede ähnlicher als einem Poemati sein will«. Von allen Dichtungsarten in der deutschen Sprache eigne sich keine besser zur Musik.

Ziegler, der sich darin mit Schütz einig wußte, hat seinerseits einen Schüler und Nachfolger in dem 1634 geborenen geistlichen Madrigalisten Ernst Stockmann gefunden, der – bezeichnend genug – den Sagittarius als seinen geistigen Paten verehrungsvoll angedichtet hat: »So lange noch mein edler Schütze singt / und unter seinem Silber / die Kunst in Noten bringt, / so wird Musik und Composition / gewißlich rein verbleiben.« Stockmann behauptete 1660, Heinrich Schütz habe mehrere Male Madrigale zur Tafel- und Kirchenmusik von ihm verlangt. Wäre es so, dann müßte man Stockmann unter die Textdichter der verlorenen Dresdner Musiken zählen. Der Dichter, der die Zieglerschen Bestrebungen nach einem halben Jahrhundert dann vollends begriff und, von Johann Philipp Krieger angestiftet, sein Können der geistlichen Dichtung, dem Lied und der Kantate zuwandte – und erst in der Kantate wurde die geistliche Dichtung aus ihrem Dornröschenschlaf erlöst –, hieß Erdmann Neumeister und wurde 1671 in Uichteritz bei Weißenfels geboren, sozusagen auf schützischem Familiengrund und noch zu Heinrichs Lebzeiten. Man müßte schon wegsehen, um die unbewußte Nachfolge nicht zu bemerken.

Die geistliche Dichtung, die zur Kantate hinstrebte, hatte die neue Form und innere Freiheit ebenso nötig wie die weltliche Dichtung, denn auch das geistliche Lied und Gedicht war schon zu Schützens Lebzeiten problematisch geworden. Es genügt ein einzi-

ger Blick auf die einhundertfünfzig Anfangsverse des Beckerschen
Psalters, um einer Sterilität gewahr zu werden, die längst auf die
Inhalte übergegriffen hatte. Es war in die nachlutherische Kirchendichtung eine Wehleidigkeit und stereotype Gottes-Anbettelei eingedrungen, und das von Luther gemeinte und gewollte persönlich-
unmittelbare Verhältnis des Einzelnen zu seinem Gott war degene-
riert zu einem Privatgespräch aus Seelenbeichte und anschließen-
dem Schulterklopfen, zu einer Mischung aus Kindeszerknirschung
und treuherzig-biederer Aufdringlichkeit des »Du wirst es schon
richten«, von der sich die evangelische Kirchendichtung bis heute
nicht ganz erholt hat und die, wenn man die Liedanfänge des
Beckerschen Psalters einmal hintereinander herunterliest, schwer
zu ertragen ist. (Das muß selbst Gott auf die Nerven gegangen sein.)
Der Glaube fand seine Sprache nicht, er lallte und stammelte, und es
war auch Heinrich Schütz beim Auskomponieren klar geworden,
wie sehr der ganze Beckersche Psalter gegen das Sprachempfinden
verstieß. Im Vorwort von 1661 gibt Schütz sogar zu, er habe die
Neuausgabe wegen solcher Skrupel zurückgehalten, sei aber von
»verständigen Leuten« dahin gehend belehrt worden, daß beim
Singen die Andacht vorherrsche, so »daß wir die Poesie so genau
nicht oberservierten«. Er mußte sich damit beruhigen, überzeugt
schien er nicht. Indem er das Artistische so hervorkehrte, wird
Schütz den Kirchenpraktikern und Theologen ganz schön ins
Gehege gekommen sein – diesen Gesprächen des Kirchenmusikers
mit den Konsistorialräten hätte man gern zugehört!

Wenn Werner Braun meint, Schütz sei dem Madrigal merkwürdig zurückhaltend gegenübergestanden, »obwohl er doch wie kein
anderer Deutscher seiner Generation mit dem italienischen Madrigal vertraut war«, so gibt er sich die Antwort an andrer Stelle selbst:
»Für die Seltenheit von Monodien in deutscher Sprache gilt der
gleiche Grund wie für die Seltenheit deutscher Madrigale: Es fehlte
an geeigneten Dichtungen.« Sie sich selber einzurichten setzte ja
voraus, daß man den zeitgenössischen Poeten überlegen war. »Und
habe ich zwar ein Werklein von allerhand Poesie bishero zusam-
mengeraspelt«, schrieb Schütz 1653 in seinem Brief an Caspar
Ziegler, »was michs aber für Mühe gekostet, ehe ich demselben nur

in etwas die Gestalt einer italienischen Musik [habe] geben können, weiß ich am besten.« Er wußte es, es war mühevoll, und er
versuchte immer wieder, sich selbst mit Texten auszuhelfen,
obwohl er sich zum Librettisten nicht berufen fühlte. Was dabei
herauskam – und auch ein Seitenblick auf seine Bearbeitungen
geistlicher Texte empfiehlt sich –, unterscheidet sich von den
Dichtungen der Zeitgenossen vor allem durch die Anordnung der
Silben und Wörter zu kleinsten überschaubaren Satzeinheiten, die
sich dem deklamatorischen Fluß der Musik fügen. Seine Einwände
gegen die Vorlagen seiner dichtenden Zeitgenossen darf man
getrost mit den Worten wiedergeben, die Günter Grass ihn beim
(imaginierten) Dichtertreffen von Telgte in indirekter Rede
gebrauchen läßt: »Platz finde er, der Tonsetzer, nicht zwischen
den vielen, zu vielen Wörtern. Da könne sich keine ruhige Geste
entfalten. Niemandes Trauerlaut könne zu solchem Gedränge verhallen oder sein Echo finden. Da werde zwar alles dicht bei dicht
deutlich gesagt, doch die eine Deutlichkeit lösche die andere, so
daß eine überfüllte Leere entstehe. Es bleibe alles, so heftig die
Worte stürmten, ganz unbewegt. Wollte er ein solches Schauspiel
in Töne setzen, müßte er einen wahren Fliegenkrieg entfesseln.
Ach und nochmal ach! Wie habe der Monteverdi es gut gehabt...« Ein Seufzer, der in verwandelter Gestalt die ganze deutsche Musikgeschichte durchzieht, in der Komponisten unter den
Texten ihrer Librettisten oft genug geächzt haben, wenn sie nicht
auf die seltsamsten Auswege verfielen, um der Battaglia di Mosche
und dem Knarren und Stauchen sich behindernder Wortmassen zu
entgehen.

Oder machen wir uns hier eines Falles unangemessener, nachge-
tragener Prophetie schuldig? Setzen wir Heinrich Schützens Urteil
zu hoch an? Es fiele uns weniger leicht, in seine Klage einzustim-
men, hätte er nicht selber Beispiele einer genuinen sprachlichen
Begabung, eines hochsensiblen Umgangs mit dem Wort geliefert,
die es uns erlauben, ihn mit Dichtern seiner Zeit zu vergleichen.
Verse wie »Lebstu der Welt, so bistu tot / Und kränkst Christum
mit Schmerzen...« stammen von keinem der Liederdichter und
Elbschwanritter, sondern – von ihm. Nicht ein Vers von Opitz

oder Schottelius, der es mit der Prägnanz in der Kürze, dem
natürlichen sprachrhythmischen Fall und dem kunstvollen Kon-
trast dieser beiden Zeilen aufnehmen könnte, die in der Wahl der
Vokale und Konsonanten, der Kürze und Länge der Silben auf
einen gewiegten Rhetoriker schließen lassen. Wie da thesenartig,
kurz, dunkel und trocken, mit heftiger Hebung und Senkung
Vorsatz und Nachsatz folgen, während die zweite Zeile, weniger
heftig, mit Tränenlauten und summenden Konsonanten auf den
finalen Biß des Schmerzes zielt, worauf eigentlich alles sprachlich
zurücklaufen müßte, selbst wenn es der Sinn nicht geböte – das muß
man sich langsam wiederholen:

> Lebstu der Welt, so bistu tot
> Und kränkst Christum mit Schmerzen,
> Stirbst aber in seinen Wunden rot,
> So lebt er in deim Herzen.

Es ist der Vorspruch zu den »Sieben Worten unsers lieben Erlösers
und Seligmachers Jesu Christi«, die in diesen Jahren entstanden,
einer Komposition, die sprachliche Aufmerksamkeit aufs höchste
herausfordern muß. Der Musiker, der auf den Silben dahinging wie
auf Taubenfüßen, hatte den Poeten eines voraus: das unbestechliche
Ohr.

   Das hatte sich auch in der Schlußstrophe des »Kläglichen Ab-
schieds«, der »Grimmigen Gruft« von 1623 gezeigt, als Schütz der
Kurfürsten-Mutter Sophia mangels besserer Texte den Freiberger
Grabgesang selbst dichten mußte. Sein lutherischer Atem bläst vie-
les von den berühmteren Poemata der Zeit weg, als sei es eben nur
Papier:

> Bitterer Tod, ob du geschwind
>   Uns jetzo hast betrübet
> Und wie an allen Adams Kind
>   Dein Tück an uns geübet,
> Doch hoffen wir
> Daß, welcher dir
>   Den Stachel hat genommen,

> Die Gbeine kalt
> Wird wecken bald,
> > Wann er wird wiederkommen.

Wer sich des Luther-Deutsches noch mit solcher Wucht, Frische und Natürlichkeit zu bedienen wußte, der durfte sich wohl auch ein unbefangenes Urteil über seine dichtenden Kollegen erlauben, und er kann von uns mit einigem Recht als Zeuge angerufen werden. Um keine Unterlassungssünde zu begehen: Paul Gerhardt, zweiundzwanzig Jahre jünger, der Dichter von »O Haupt voll Blut und Wunden«, trat erst ab 1656 hervor, als sich Schütz gerade aus dem höfischen Betrieb mit seinen vielen Komponier-Verpflichtungen zurückzuziehen begann.

Für den weltlichen Bereich der dichterischen Ausdrucksfähigkeit Schützens müssen wir uns mit dem wenigen behelfen, was erhalten ist. Es sind Gelegenheitsgedichte, die weitgehendere Schlüsse nicht unbedingt erlauben. Wir kennen die Kriegs- und Todesklage in dem gereimten Nachruf für Heinrich Reuß postumus und zwei weitere Gedichte, von denen nur am Rande und der Kuriosität wegen ein Poem auf den Herzog August von Braunschweig-Wolfenbüttel, »Der Musen Glückwünschung«, erwähnenswert ist, das Martin Gosky 1650 in einen Kranz von Lobgedichten und Autographen aufnahm und das erstmals 1972 wiedergedruckt wurde. Es hält sich an das gleiche Metrum und Reimschema wie die »Grimmige Gruft«, außer daß es den jeweils siebten und zehnten Endvers auf fünf Füße verlängert. Da es über die Fürstenhuldigung hinaus wenig bietet, kann man auf die vollständige Wiedergabe verzichten. Am reizvollsten und behaltsamsten der Beginn der zweiten Strophe:

> Willkommen du gewünschter Tag,
> > Willkommen, weil darinnen
> Sich kühnlich wohl erfreuen mag
> > Der Chor der Schäferinnen.

Worauf allerlei Mythenvolk gezieret aufzieht. Von andrem Kaliber sind da schon die Alexandriner, mit denen Schütz 1653 den um vieles jüngeren Zittauer Organisten und Liedsänger Andreas

Hammerschmidt ermunterte, in seinen Bemühungen um eine madrigalische Chormusik fortzufahren:

> Ich ließ auch meinen Chor im Anfang also spielen,
>   Mein Hammerschmidt, als ich die Musik vor mich nahm.
> Daher gelang es mir, daß ich darauf bei vielen
>   (Ich rühme mich zwar nicht) doch auch ein Lob bekam.
> Und wollte Gott, daß die, die Meister wollten heißen,
>   In solcher Musik-Art erst wären abgericht,
> Was gilts, wir würden uns auf bessern Ruhm befleißen,
>   Als sonst mit schlechtem Lob zum Nachteil oft geschicht.
> Fahrt fort, als wie ihr tut, der Weg ist schon getroffen,
>   Die Bahn ist aufgesperrt, ihr habt den Zweck erblickt.
> Es wird ins Künftge mehr von euch noch sein zu hoffen,
>   Weil ihr schon allbereit so manchen Geist erquickt.
> Wer dieses nimmt in acht, der wird nach vielen Zeiten
>   Bekleiben, wenn die Welt auch schon zu Trümmern geht,
> Und Ihm in der Musik ein wahres Lob bereiten,
>   Denn dieses ist der Grund, darauf das ander steht.

Welch ruhiger, gelassener Fall der Sätze und Zeilen, mit fast schon klassischer Gliederung des Inhalts, der sich aus dem Persönlichen ins Allgemeine erhebt; kein unreiner Reim, kein Bruch in der Anordnung; geschickte Parenthesen, natürliche Anbindung der Verse, Wechsel der Konjunktionen, und das ganze Gebilde ruht auf der Schlußzeile wie auf einem Fels. Das Gedicht ist in der bisherigen Literatur, soweit ich sehe, außer einem Faksimile-Abdruck nur zweimal vollständig wiedergegeben worden, und zweimal fehlerhaft. Erich H. Müller liest in seiner Ausgabe der gesammelten Briefe und Schriften »Bekleiden« statt »Bekleiben«, doch muß es »Bekleiben« heißen, denn das ist eine etymologisch einwandfrei zu identifizierende Vorform von Bleiben, in der das »Kleben« noch mitschwingt. So daß Otto Brodde, das Gedicht in seiner Biographie wiedergebend, mit einigem Recht »noch bleiben« dafür setzen konnte, und das soll es auch heißen. Dann aber liest Müller auch noch »*der* ander« statt »*das* ander« und verführt Brodde gleich zu zwei sinnentstellenden Veränderungen. Brodde deutet das »Und *Ihm* in der Musik ein wahres Lob bereiten« grammatikalisch um in ein »Und *sich*«, wofür zunächst einiges zu sprechen scheint. Das »ihm« kann im damaligen (und luther-biblischen) Sprachgebrauch durchaus auch für ein reflexives »sich« gelten, wie im Römerbrief Kapitel 14, Vers 7/8: »Denn unser keiner lebet ihm selber, und keiner stirbet ihm selber. Leben wir, so leben wir in dem Herrn...« Ihm oder sich, es ist der gleiche Kasus, auch wenn er uns etwas diametral Entgegengesetztes bedeuten kann: Gott oder den Komponisten. Wen meint Schütz? Die Versuchung ist groß, Brodde folgend, so zu interpretieren: Wer so wie du, mein Hammerschmidt, den Zweck erblickt hat, »der wird nach vielen Zeiten / Noch bleiben [...] / Und *sich* in der Musik ein wahres Lob bereiten, / Denn dieses ist der Grund, darauf der andre steht«, und das hieße: Wir stehen, unsterblich geworden, einander auf den Schultern. Nur hat die Sache zwei Haken: es heißt »*das* ander« und nicht »der ander«, und das »Ihm« ist in demonstrativer Großschreibung gedruckt. Die Interpretation scheint nicht zu halten, sie geht zu weit, da auch für Schütz noch »das ander«, nämlich *alles* andre, erst von Wert und Wesen ist, wenn es Gott rühmt: also *Ihn.*

Dennoch, die Gewißheit, »nach vielen Zeiten« noch zu bleiben, wenn man die Sache nur richtig und klug genug anfängt, spricht für ein neues Bewußtsein seiner selbst, mit dem sich der bürgerliche Künstler nicht nur als Person von der Anonymität der Schulen und Richtungen scheidet, sondern auch seine historische Stellung betont und seine charakteristische, stil- und werkprägende Eigenart als eine biographische Notwendigkeit seines Seins hervorhebt. Eine solche Einstellung setzt voraus, daß der Mensch hinauszublicken vermag über die Flucht der Erscheinungen und sich als Funktion der Geschichte versteht, als »gestaltendes Schicksal« (Piersig) wie auch Rembrandt und Shakespeare in ihren Werken. Das Schütz-Gedicht stützt eine solche Interpretation noch durch seinen autobiographischen Charakter: Als ich mir die Musik vornahm... Daher gelang es mir... Und hat je ein Poem vor den Gelegenheitsgedichten Goethes so prononciert mit dem Wort »Ich« begonnen? Gewiß, hier spricht ein Mann, der auf die Siebzig zugeht und sich

etwas herausnehmen kann, wenn er einem siebenundzwanzig Jahre
jüngeren Kollegen Ermunterung und Ermutigung zukommen läßt.
Und doch, welche Distanz zum ganzen Vorgang: Was gilts denn,
käme es nur auf ein solches Lob an! Die Art der Anerkennung hat
von der floskelhaften zeitüblichen Lobrednerei mit ihren zeilenlan-
gen Verbeugungen so gar nichts an sich, die Stimme klingt leutselig
und seigneural zugleich. Dies alles also, Verachtung der Eitelkeiten
und unerschütterliches Ruhen in sich selbst, beides gehört zum
Daseinsgefühl des mittleren Schütz, der den neuen Ruhm schmeckt
und doch seiner Vanitas in dem vierzeiligen Vorspruch zu den
»Sieben Worten am Kreuz« längst Valet gesagt hat: Lebstu der
Welt, so bistu tot. Aber er lebte ja der Kunst, die für sein Verständnis den Widerspruch zwischen Gott und menschlichem Streben
aufhob.

Aus diesen und anderen Gründen drängt sich die Behandlung der
»Sieben Worte« (SWV 478) gerade an dieser Stelle auf. Sie sind
chronologisch schwer einzuordnen und irgendwann zwischen
mittlerem und spätem Werk entstanden, ein Werk des Übergangs,
eine Vorform der großen Passionen und ein Beispiel dafür, wie
Schütz mit dem Wort musikalisch umzugehen verstand. »Die
sieben Worte unsers lieben Erlösers und Seligmachers Jesu Christi,
die er am Stamm des Heiligen Kreuzes gesprochen, ganz beweglich
gesetzt von Heinrich Schütz, Kursächsischem Kapellmeister«: ein
stilles, oft sogar schlicht genanntes Werk von hochdifferenzierter
Machart, deren religiöser Demut und Naivität man das Prädikat
postintellektuell beimessen möchte. Die Golgatha-Szene, der
Kern, ist eingeschlossen und umhüllt von der ersten und neunten
(letzten) Strophe des vorreformatorischen Chorlieds »Da Jesus an
dem Kreuze stund«, ohne daß Schütz die alte Weise verwendete.
Das Werk beginnt motettisch mit einem betrachtenden Chor als
Introitus, wie Passionen beginnen: »Da Jesus an dem Kreuze stund
und ihm sein Leib ward sehr verwundt sogar mit bittern Schmerzen, die sieben Wort, die Jesus sprach, betracht in deinem Herzen.«
Dem folgt an zweiter Stelle eine instrumentale Sinfonia, die an
vorletzter Stelle des Werkes identisch wiederholt wird. Die sieben
mittleren Strophen des Passionslieds werden jedoch ausgeblendet;

an ihrer statt verwendet Schütz die den vier Evangelien entnommenen Worte Christi nach dem Passionale des Pastors Vincentius
Schmuck aus Leipzig (1617). Durch den Wechsel zwischen Erzähler und Stimmen, zwischen Soli und Chören entsteht eine gedrängte
Lebhaftigkeit und Ausdrucksdichte der Kreuzes-Szene, was damals
neu und ungewohnt war. Die dramatischen Rezitative bringen den
Wortinhalt ungleich mehr zur Geltung als die alten Liedverse. Man
vergleiche nur die Strophe des Chorlieds: »Vater, vergib ihn' diese
Sünd, die mir mein Blut vergießen, sie wissen doch nicht, was sie
tun, laß sie der Bitt genießen«, mit dem lakonischen, polymetrischen und eben darum so ausdrucksvollen Satz: »Vater, vergib
ihnen, denn sie wissen nicht, was sie tun« – wobei nun Heinrich
Schütz die Betonung obendrein auf »was *sie* tun« verschiebt: eine
bei ihm häufige Eigenwilligkeit der Akzentsetzung, mit der
gewöhnlich eine exegetische Absicht im rhetorischen Gewand einhergeht. Nicht absichtslos betont Schütz in einigen seiner Werke
mit einem starken Taktteil oder einer Anhebung der Stimmen »*dem*
Gott«, wenn er damit sagen will: keinem andern. Oder er unterstreicht, indem er wiederholt, und zwar nicht ganze Phrasen (was
sich aus anderen kompositorischen Gründen ergeben könnte),
sondern das einzelne Wort. So stellt er in dem Lobpreis Christi der
»Geistlichen Chormusik« (SWV 380) ein ganztaktiges »Al-so« in
zwei schweren Noten voran: »Al-so, also hat Gott die Welt
geliebt«, und stärker kann der Sinn kaum hervorgehoben werden.

In den »Sieben Worten« löst Schütz den Evangelisten als Einzelstimme aus dem motettischen Rahmen. Christi Stimme läßt Schütz
von zwei Geigen begleiten, was noch Johann Theile und Sebastian
Bach in ihren Passionswerken beibehielten. Neu sind auch die
instrumentalen Grundfarben und unvermutet die Wirkungen, die
Schütz in der Conclusio, der Schlußstrophe, dem Chorlied abgewinnt, das mit einem zweifachen »*Wer* – wer Gottes Marter«, einer
der typischen Schützschen Ausdrucksgesten, tief Atem holend
einsetzt. Die folgenden Strophenteile werden unter mehrfacher
Wiederholung übereinandergeschichtet: »in Ehren hat / und oft
bedenkt die sieben Wort, des will Gott treulich pflegen / wohl hier
auf Erd mit seiner Gnad / und dort im ewgen Leben«, ein himmli-

sches Geschiebe. Wer allein den Satz dieser fünfstimmigen Liedvertonung mit ihren deklamatorisch abgestimmten Versetzungen der
Stimmen zu lesen und zu hören weiß, wer ihren Sopranschlüssen
aufmerksam folgt, die gleichsam in eine imaginäre Mitte zurückfal-
len – »im ewgen Le-*ben*« –, der ahnt etwas von den möglichen
Wundertaten der Musik, den Künsten der Modulation und der
kontrapunktischen Gewichtung, die dieser Mann beherrschte.

Saul, was verfolgst du mich

I

Was darf ein Künstler, der sechzig Jahre alt wird? Darf er sich zur
Ruhe setzen? Wird er sich's leichtmachen? Darf er seiner Sache
davonlaufen? Aber was, bitte, ist diese Sache, und was kann er sich
zutrauen, wenn er sich über sein Alter nicht täuscht und wenn er die
kurze Frist, die ihm aller Wahrscheinlichkeit nach noch bemessen
ist, sinnvoll nutzen will? Sechzig Jahre, das war damals eine Krankheit zum Tode wie jede andre. Wie sollte er es einrichten, wenn er
das noch zu vollenden wünschte, was ihm vorschwebte und was
womöglich schon angefangen war? Mit wachsender Zahl der
Lebensjahre werden die Ideen und Pläne eher zahlreicher, und die
Zeit wird knapper. Es ist nicht wahr, daß die Produktivität mit dem
allmählichen Verfall des Körpers erlischt, Schütz ist ein grandioses
Beispiel für das Gegenteil. Wenn jedoch mit dem Können, der
Gewandtheit der Feder und der angeeigneten Erfahrung gerade
jetzt die bildhafte Vorstellung vom fertigen Werk, die Deutlichkeit
dessen, was als Opus perfectum und absolutum erblickt wird, noch
zunimmt – und ohne diesen Hoffnungsglanz des Fertigen, der in
der Ferne scheint, ist kein Hervorbringen möglich –, dann kann
auch leicht eine Art Panik vor Toresschluß entstehen, die nur den
aus Selbstbeherrschung Geduldigen nicht verleitet, alles hinzuwer-

fen oder alles falsch zu machen. Kurz bevor es zu spät ist, heißt es vernünftig, mit Ökonomie und Entschiedenheit zu handeln: Heinrich Schütz nahm den Kampf um seine Freiheit als Künstler auf, und der sollte mehr als zehn Jahre andauern.

Von Leipzig aus, noch auf der Rückreise von Braunschweig oder bei einem kurzen Besuch befreundeter Musiker, richtete er am 21. Mai 1645 ein erstes Memorial an das Hofsekretariat, in dem er zusammenfaßte, was er bei seiner Rückkunft nach Dresden seiner Person halber zu ersuchen gedenke: Da die kurfürstliche Hofmusik »bei diesen widrigen Zeiten gänzlich zugrunde gegangen« und er dabei alt geworden sei, da auch ein gründlicher Wiederaufbau vorgenommen werden müsse und es ihm unmöglich erscheine, junge Leute noch einmal anzuführen und das Werk in Schwung zu bringen, sei es sein einziger Wunsch, hinfort von aller gewöhnlichen Aufwartung befreit zu leben. Er sei nichtsdestoweniger erbötig, solange ihm Gott Gesundheit und Kräfte verleihe, das Kapellmeisteramt zu behalten und an Feier- und Festtagen das Direktorium persönlich auszuüben.

Ein weiteres, ausführlicheres Schreiben von Michaelis 1645 war bereits an den neuen Kapellinspektor D. Jakob Weller gerichtet, der Nachfolger des im März verstorbenen Oberhofpredigers Matthias Hoë von Hoënegg geworden war. Der lutherisch strenge, aber volkstümlichere Jakob Weller, der vordem in Wittenberg und Braunschweig großen Zulauf gehabt hatte, erfreute sich inzwischen in Dresden großer Beliebtheit, und manchmal las er dem Kurprinzen wegen seiner vom Vater ererbten Neigung zum Alkohol die Leviten. In seiner Eingabe sprach Schütz von der Absicht, nach Leipzig und Weißenfels zu reisen; der Winter komme, und da er der »Hofkapelle nichts nütze« sei, wolle er bis Ostern in der alten Heimat bleiben, wo eine überlebende Schwester, Witwe ohne Kinder, für seinen Haushalt sorgen werde. Wegen seines nunmehr herangekommenen Alters, so wiederholte Schütz, wegen der »von Jugend an ausgestandenen ziemlichen Arbeit, vielen Reisens und Studierens« verlange ihn nach einem »geruhigern Zustande und mehr Freiheit«, wobei er seine unterschiedlichen angefangenen musikalischen Werke zu vollenden gedenke – und dann die lästige

Bitte um Gnadenbrot: auch Pferde beim Geleitsmann, damit er sich
jederzeit in Dresden einfinden könne, Hafer für die Pferde, steuer-
frei Bier, das inständigste Ersuchen um Genehmigung und Wohlwollen angesichts des herbeinahenden Endes seines Lebens, und
dann noch ein umfangreiches Postskriptum mit Vorschlägen für die
Restaurierung der Hofkapelle, präzis, unermüdlich.

Nichts. Der Kurfürst antwortete nicht, oder er ließ ihn mündlich
vertrösten und hinhalten, vorsorglich enthielt er sich aller Befehle,
so daß Schütz einfach abreiste, und wenn er seine Eingabe am
Michaelistag, dem 29. September 1645, verfaßt haben sollte, so kam
er noch zurecht, um seinen sechzigsten Geburtstag schon in Leipzig
im Kreis alter und neuer Freunde zu feiern. Nach dem Tod seines
Bruders Georg und seines Weggenossen Johann Hermann Schein
hatte sich Heinrich Schütz während der Leipziger Messen, die er
wegen der dort angebotenen Musikalien besuchte, bald wieder um
Kontakte bemüht, und es ist anzunehmen, daß die jüngeren Musiker von selbst an ihn herantraten. Unter ihnen waren die beiden
Söhne seines Dresdner Amtsvorgängers Rogier Michael: der Thomaskantor Tobias Michael, ein sehr gerühmter Chorleiter und
Gesangspädagoge, der als Komponist seinem Vorbild Schütz vor
allem in den madrigalischen Werken nachstrebte, und sein Bruder
Christian, der ein begabter Instrumentalmusiker war. Zu diesem
Kreis von Musikern gehörte auch der frühreife, temperamentvoll-
genialische Johann Rosenmüller, der seit 1642, seinem zweiundzwanzigsten Lebensjahr, als Collaborator an der Thomasschule
arbeitete und dem oft von Gicht geplagten Thomaskantor hilfreich
zur Hand ging. Schütz schrieb ihm 1645 eine Vorrede zu seinen
Paduanen und Allemanden. Zum engeren Leipziger Freundeskreis
gehörte auch der junge Theologe Caspar Ziegler, der als Student
1641 das Leipziger Collegium Gellianum gegründet hatte, eine
literarisch-musikalische Gesellschaft, die sich der Pflege des Madrigals annahm. Ziegler stand mit Rosenmüller in Verbindung, und da
dieser der Assistent Tobias Michaels war, gab es einen regen
Austausch zwischen geistlichem und weltlichem Musikleben, man
kam häufig zusammen, musizierte und diskutierte wie einst in
Johann Hermann Scheins Liederkreis, und möglicherweise lernte

Heinrich Schütz in dieser Gesellschaft kunst- und musikliebender
Menschen auch den sechsundzwanzigjährigen Jurapraktikanten
und Doktor beider Rechte Christoph Pincker zuerst kennen,
jenen ehrgeizigen jungen Leipziger, der auf Freiersfüßen ging.

Aber das waren ja alles jüngere Menschen, Schüler bestenfalls,
und von den Generationsgefährten, Freunden und Verwandten
lebten die meisten nicht mehr, außer Samuel Scheidt drüben in
Halle und Heinrich Albert im fernen Königsberg. Fuhr er nun
gar nach Weißenfels hinüber, so blieb ihm dort nur die Schwester
Justina. Es ging ihr nicht gerade schlecht, aber seit dem Tod ihres
Mannes, des Superintendenten Anton Thörmer, waren ihre Verhältnisse eher beschränkt zu nennen, und wenn er auf die Dauer
bei ihr wohnen wollte, so würde es sehr eng werden. Er mußte
auf Abhilfe sinnen. Außer Justina lebten von den zahlreichen
Geschwistern nur noch der Erfurter Benjamin, der von einer
unmittelbar bevorstehenden Berufung zum Professor der juristischen Fakultät berichten konnte, und Euphrosyne, eine Frau Rat
Fischer verwitwete Tünzel in Eisleben. Die dritte Schwester
Dorothea war mit dem Weißenfelser Archidiakon Simon Erfurt
verheiratet gewesen und gestorben. Mit diesem Schwager pflegte
Schütz wenig Umgang, man war sich förmlich fremd geworden,
und Simon Erfurt nahm Heinrich später nicht einmal unter die
Berühmtheiten seiner hinterlassenen »Singularia Weissenfelsen-
sia« auf: ein Bruder seiner Frau, was konnte das schon sein. Ein
paar befreundete Familien gab es zwar noch am Ort: die des
Kantors natürlich, des Arztes Dr. Elias Luja und des Rektors
Albinus. Aber las man es nicht auf der Straße aus den Gesichtern,
wie sich die Stadt seit seinem ersten stolzen Auszug vor nunmehr
fast fünfzig Jahren verändert hatte? Es ist nicht leicht, viele zu
überleben: die Welt wird fremder. Der Kasseler Moritz, der ihn
damals in die Ferne gelockt hatte, war tot und vergessen; Galilei,
Eggenberg, Böhme, Opitz, Fleming und seit zwei Jahren auch
der teure Monteverdi unter den Toten. Und alle die großen
Regisseure des Weltspektakels, die einmal drüben im Gasthof
»Zum Schützen« gezecht hatten: Gustav Adolf, Tilly, Wallenstein – dahin, gefallen oder ermordet. Auch Kaiser Ferdinand II.,

dem er mehrmals begegnet war, hatte sich 1637 davongemacht. Wie viele Kaiser hatte er inzwischen überlebt – waren es drei? Nur der Krieg aller dieser Parteien tobte noch, und hier am längsten. Vor einem Jahr hatten die Schweden die Weißenfelser Burg zerstört, die Mauern geschleift, die Häuser angezündet und die Befestigungen mit einer so gewaltigen Pulverladung in die Luft gejagt, daß ein Balken vom Berg über die Häuser am Markt bis in die Jüdengasse flog. Was noch stand, wurde gleich nach der Jahreswende dem Erdboden gleichgemacht; am 6. Januar 1645 gelang die Sprengung des Bergfrieds, die Türme barsten, und von den Gebäuden blieb wenig mehr als ein Trümmerhaufen. Die Stadt lag da wie eine kopflose Henne.

Es war, genaugenommen, still und ein wenig trostlos in der alten Stadt. In diesem Winter legte Heinrich Schütz letzte Hand an die deutschen Konzerte der »Symphoniae sacrae II«, die er dem dänischen Kronprinzen Christian zu widmen gedachte.

II

Nach Ostern also, der Winter ging zu Ende, kehrte er in einer der üblichen Dreitagefahrten über aufgeweichte Straßen nach Dresden zurück, da Leben nun einmal zum Weitermachen auffordert und, abgesehen von den kleinen Unsterblichkeiten im musikalischen Handgepäck, mit zunehmendem Alter wie eine ewige Wiederkehr des Gleichen erscheint. Es zwang ihn zur ständigen Anmahnung, Erinnerung und Klarstellung selbst seiner eigenen Rechte und Pflichten: »Da meine meiste und beste Verrichtung in meinem Amt nicht eben in allezeit persönlicher Gegenwart und Aufwartung, sondern vielmehr in Aufsetzung und Zurichtung allerhand guter musikalischen Sachen, auch Beobachtung des ganzen Werks, und daß die Collegia der Vokalisten, Instrumentalisten und Capellknaben in guter Ordinanz und Übung gehalten werden möchten, bestehen täte –, daher dann nochmals mein untertänigstes Bitten wäre, daß Ihre Churfl. Durchl. es nicht übel vermerken, sondern meiner Bequemlichkeit nach zu Weißenfels mich ferner aufzuhalten mir gnädigst vergönnen möchte«, heißt es in einem weiteren umfangreichen Memorial, das er im Juli an den zuständigen Kapellinspektor Jakob Weller richtete und das dieser am 30. Juli 1646 an den Kurfürsten weiterleitete, mit der Bitte, sich daraus »erst zu unterrichten«, bevor er mündlich referiere. Die in mehrere große Abschnitte gegliederte Eingabe ist nicht nur wegen ihrer neuerlichen Reformvorschläge, sondern auch sozialgeschichtlich von Interesse, da sie sich mit den Prinzipien der Künstlerbesoldung beschäftigt: Erstens empfiehlt Schütz »eine durchgehende Gleichheit und Billigkeit«, das heißt Gerechtigkeit in der Bemessung der Gehälter »nach eines jeglichen Qualitäten und Verrichtungen«, also nicht nach Privilegien und Begünstigungen, »weil die Ungleichheit sonst allezeit Mißgunst, Unwillen und Fahrlässigkeit im Aufwarten verursachen würde« und diejenigen, »welche am wenigsten Besoldung haben, die Aufwartungen gerne auch auf die andren verschieben«. Zweitens möge, sagt Schütz, ein Vorteil ratsamer durch gelegentliche Gnadengeschenke »als mit ungleicher Erhöhung der Besoldung« gewährt werden. Drittens schließlich und unüberhörbar kritisch: Wenn ein Unqualifizierter übermäßig bestallt werde, was dann wohl die Qualifizierten – wenn dergleichen künftig angestellt werden sollten – für eine Besoldung begehren würden?

Was ihn selbst betrifft, so versichert Schütz noch einmal, daß er jederzeit bereit sei, nach Dresden zu kommen und sich sogar gänzlich hierher zu wenden, falls sich dies als nötig erweise. Er werde im übrigen auf eine Ordnung halten, die gewährleiste, daß es in seiner Abwesenheit an nichts mangle. »Hofkunz«, so lautet die überraschende Nachbemerkung, »Hofkunz kann aber bei diesem Werke in meinem Abwesen wenig tun, als daß er an meiner statt etwa den Takt [an]gebe, welches ihm dennoch ein Vorzug sein wird.«

Wer war Hofkunz? Was bedeutete das alles? Wovon ist die Rede? Von einer ganz alltäglichen Schicksals-Panne war die Rede, einer Enttäuschung der persönlichsten und gewöhnlichsten Art, zum Glück der einzigen, die Schütz erlebte: hier ist sie, und sie hatte einen Namen.

So wie es in jedem romanhaften Leben einen Maecenas gibt,

einen Großherzog von Weimar, eine Nadeschda von Meck, eine
Frau von Tolna oder eben einen Moritz von Hessen, so hat auch
jede Größe ihren Judas, jeder Goethe seinen Pustkuchen, einen
Anschwärzer, Neider, Denunzianten oder Rufmörder, der zwar
historisch gesehen nichts ausrichtet, aber doch verstörend wirkt,
ein müdes Herz vergrämt und in die Annalen eingeht, ob nun seine
biedere Niedrigkeit es verdient oder nicht. Dieser hieß Hofkunz.

Johann Georg Hofkunz war 1615 im böhmischen Trautenau
geboren und hatte in Königsberg und Frankfurt an der Oder
studiert, worauf er 1638 eine Stellung als Kantor im niederschlesi-
schen Guben erhielt. Am 2. Januar 1642 wurde er auf Empfehlung
von Kaspar Kittel und mit Schützens Zustimmung als Tenorist nach
Dresden verpflichtet. Man weiß nicht, was den Menschen ritt. Die
Musik allein kann es nicht gewesen sein, daß er nun keine Ruhe gab.
Von Anfang an wollte er Nachfolger des 1641 ausgeschiedenen
Vizekapellmeisters Zacharias Hestius werden, der als ausgebildeter
Theologe, Pastor und Schützens musikalischer Stellvertreter auch
die menschlichen und pädagogischen Fähigkeiten besaß, Kapellknaben zu betreuen und anzuleiten, eben jene Eigenschaften, die
Hofkunz offenbar fehlten, weshalb ihn auch niemand für das Amt
vorschlug. Jetzt begann er seinem Vorgesetzten plötzlich Schwie-
rigkeiten zu machen. Schütz hatte die Absicht, seinen Amtsnach-
folger in Kopenhagen, den Italiener Agostino Fontana, einen hochbegabten Musiker, als Vizekapellmeister nach Dresden zu berufen,
und schlug dies dem Kurfürsten vor. Hofkunz bekam davon Wind
und fühlte sich benachteiligt und übergangen; Anmaßung steht oft
im umgekehrten Verhältnis zum Können. Nachdem Fontana 1648
– der dänische König war gerade gestorben – selbst einmal in
Dresden erschien, um seine Sache wenn möglich voranzubringen,
wandte sich Hofkunz mit bitterbösen Briefen an den Geheimen
Kurfürstlichen Rat Reichbrodt und den für Kapelldinge zuständigen Herzog Christian und verklagte Schütz, er wolle einen Erzka-
tholiken an den Hof bringen, während er selbst, Schütz, in den
Landen umherreise und die Arbeit ihm überlasse, ihm, Hofkunzen,
dem zumindest der Titel Hofkantor zustehe – und so des mehreren.
Aber der Hof stellte sich taub, Schütz blieb in der Sache unzugäng-

lich. 1650 sollte mit Christoph Werner aus Danzig ein andrer
Vizekapellmeister berufen werden, nachdem Fontana aufgegeben
hatte, doch Christoph Werner starb in Danzig, bevor er sein Amt
antreten konnte. Und dann blockierte Hofkunz seinerseits auf
offenbar geschicktere Weise die Berufung des Dresdner Schütz-
Freundes und -Schülers Christoph Bernhard, so daß dieser verär-
gert 1651 Dresden verlassen wollte, wovon ihn einmal Schütz und
einmal der Hof abhielt – kurz: der Ärger nahm kein Ende, und am
kränkendsten war gewiß Hofkunzens dauerndes Murren und
Zischeln, der fünfundsechzigjährige Heinrich Schütz, der doch
nichts anderes mehr wollte als einen erträglichen Ruhestand, ver-
nachlässige in Wahrheit seine Pflichten.

Der Konflikt schwelte seit langem, 1646 brach er aus, und Schütz
mußte damit leben, es war nicht das schlimmste. Im August und
September 1646 hielt sich Schütz in Calbe an der Saale auf, wo
August von Sachsen, der Administrator von Magdeburg mit Sitz in
Halle, eine Sommerresidenz besaß. Spätestens zu Beginn der
Adventszeit, wie aus brieflichen Andeutungen vom 30. Oktober,
gerichtet an den Weißenfelser Organisten Martin Knabe, hervorgeht, war Heinrich Schütz wieder bei seiner Schwester in Weißenfels. Im Februar 1647 reiste er mit Zustimmung des Kurfürsten oder
in seinem Auftrag für eine Woche nach Weimar, was der Weimari-
sche Herzog Wilhelm in seinem Tagebuch festhielt: »... am 7. habe
ich meiner Gemahlin Geburtstag zelebrieren lassen erstens in der
Kirche, und dann hat gegen den Abend die junge Herrschaft und
Musica [mit] einem Ballett gratuliert und veneriert. Dazu ist
kommen der kursächsische Kapellmeister Schütz. Am 9. ist wiederum wegen der Herzogin ein Ballett gehalten worden. Am 12. hat
Herr Schütz und Magister Dufft ein besonderes Danklied durch die
Musicam tun lassen ... am 15. ist Herr Schütz, Kapellmeister,
wieder abgereist.« Magister Christian Timotheus Dufft war Hauslehrer am Hof zum Gotha, und Otto Brodde hat die Vermutung
geäußert, Schütz könne vor der Weimarer Geburtstagsfeier mit
Dufft in Gotha zusammengearbeitet haben. Dann aber gewiß nicht
nur an dem Danklied, das sich mit leichter Hand hinwerfen ließ und
das uns als einziges Zeugnis der Weimarer Veranstaltungen erhalten

geblieben ist: die »Fürstliche Gnade zu Wasser und zu Lande«
(SWV 368). Darin sind, als Abgesang des Festes, auch jene Ballette
und Musiken erwähnt, die der Herzog in seinem Tagebuch notiert
hat: eine geistliche Favola oder Szene »Johannes der Täufer«, wobei
es sich wohl um die unter »erstens« erwähnte Zelebrierung in der
Kirche gehandelt hat, und die beiden Ballette »Die sieben Planeten«
und »Die vier Jahreszeiten.« Von wem? Es lebte damals in Weimar
zwar neben dem gänzlich unbedeutenden Hofkapellmeister
Andreas Oswald der einheimische, 1620 geborene Musiker, Haus-
komponist und angehende Kapellmeister Adam Drese (der auch
mit pietistischen Erbauungsschriften hervortrat), aber wenn es
schon heißt: »Dazu ist kommen der kursächsische Kapellmeister
Schütz«, dann kam er gewiß nicht nach Weimar, um bei den
Anfängerwerken des sechsundzwanzigjährigen Drese den Takt zu
schlagen. Dazu mußte er nämlich vier Tagesreisen hin unternehmen
und vier wieder zurück.

Am 15. Februar 1647 verließ er Weimar und wandte sich offenbar
gleich nach Weißenfels, wo er bis Palmsonntag blieb; danach kehrte
er nach Dresden zurück, um die Revision seiner »Symphoniae
sacrae II« abzuschließen, die er verlegen ließ, damit endlich die seit
Jahren entstellt umlaufenden Stücke aus dem Verkehr gezogen
würden. Der dänische Kronprinz Christian hatte kaum sein
Exemplar mit der Widmung vom 1. Mai 1647 in der Hand, da starb
er Anfang Juli auf einer Reise nach Karlsbad in der Nähe von
Dresden, und weil er der hoffnungsvollste Schwiegersohn des
Kurfürsten gewesen war, wurde eine so rigorose Landestrauer
angeordnet, daß man in den Kirchen bis zum Ende des Jahres nicht
einmal die Orgeln spielen durfte.

Ein erfreuliches Ereignis kündigte sich in der zweiten Jahreshälfte an: Euphrosyne, Schützens einzige überlebende Tochter, die
bei Dresdner Verwandten und Ziehfeltern keine allzu glückliche
Jugend verlebt hatte, fand im fünfundzwanzigsten Lebensjahr
einen Mann. Sie wurde dem Leipziger Jurapraktikanten Dr. Christoph Pincker im August ehelich versprochen, wobei ein allerhöch-
ster väterlicher Ehestifter zweifellos seine Hand im Spiele hatte.
Ende des Jahres, am 28. Dezember 1647, wandte sich Heinrich

Schütz brieflich an den dritten Kurfürstensohn August, den Administrator von Magdeburg-Halle – bei dessen Kindtaufe Schütz zum
erstenmal in Dresden musiziert hatte und der dann ausgerechnet
Stifter der Weißenfelser Linie werden sollte –, und bat ihn, den für
Januar bevorstehenden Ehrentag seiner Tochter Euphrosyne und
ihres Bräutigams durch gnädigste Bewilligung eines Abgeordneten
zu »erleuchten«. August antwortete aus Halle, da ihm keine Person
als Abgeordneter vorgeschlagen worden sei, werde er veranlassen,
daß Schütz ein Präsent geliefert werde, das jemand von den Eingeladenen nebst Glückwünschung an Braut und Bräutigam überreichen
solle. Bei der Hochzeit, die am 25. Januar 1648 in Dresden stattfand, wird irgendein Kantor oder Jurist sich dieser angenehmen
Pflicht entledigt haben. Der Weißenfelser Rat schenkte elf Gulden
und neun Groschen, und die Stadt Görlitz verehrte Heinrich
Schütz (nachträglich, am 6. Februar) zur Hochzeit seiner Tochter
sechs Dukaten. Glückwunschgedichte kamen aus Weißenfels,
Dresden, Leipzig, Breslau und Königsberg, aber sie rühmten nicht
die Schönheit der Tochter, sondern den Vater. Leipziger und
Breslauer Freunde hatten eine ganze Glückwunsch-Sammlung veranstaltet, mit Beiträgen von Colerus, Dedekind, Hanemann, Leyser, Gerb, Lindner, Richter, Thoma und Ziegler. Auch August
Buchner, Adam Tülsner, David Crüger, der Vetter Heinrich Albert
und der Neffe Christoph Georg Schütz gratulierten mit Gedichten.
Am dritten Tag der Hochzeit, dem 27. Januar 1648, brachten die
kurfürstlichen Musiker ihrem Kapellmeister und dem Herrn Christoph Pincker dem Jüngeren, Doktor beider Rechte, sowie der
tugendberühmten Braut ein »Parnassisches Götter-Ballett« zum
gesanglichen Vortrag, das von Johann Georg Hofkunz verfaßt und
womöglich auch von ihm komponiert worden war. Neben Simon
Dach, dem Freund des Vetters Heinrich Albert, hatte auch Christoph Kaldenbach – in dessen Liedern und Gedichten man es
nachlesen konnte, als er Rhetorik-Professor in Tübingen geworden
war – im fernen Königsberg in die Saiten gegriffen: »Doch ist euch
noch zur Zeit der rechte Lohn nicht worden, / den eure Kunst verdient. Herr, keine Kirch in Norden / sang irgend hier bisher mir
eure Psalmen vor, / da nicht in Wehmut mich trug mein Gemüt

empor / ob eurem Lebens-Glück.« Solle er doch gleich, Schütz, aus Sachsens Elend nach Königsberg aufbrechen! »Schaut, unsre Weichsel rinnt, / Gott lob; der Pregel auch, durch keinen Zwist entzündt.«

Zurück zur Tochter. Es heißt, und man kann es häufig lesen, Schütz habe von nun an oft in Leipzig sein ihm bisher entgangenes Familienglück unter seinen Kindern und Enkelkindern genossen. Aber da war selten Glück, es währte nie lange, und es gab kein Idyll mit vielen wuselnden Enkeln, wie man es sich vorgestellt hat. Denn es überlebte überhaupt nur ein einziges Mädchen, alle andern vier Kinder der Euphrosyne starben entweder kurz nach der Geburt oder wurden schon tot geboren. Das war das Hauskreuz. Euphrosyne war von Skorbut geschwächt, von anfälliger Konstitution und blieb dem fünf Jahre älteren Ehemann wie ihrem Vater ein Anlaß beständiger Sorge. Das Friedensjahr ihrer Hochzeit brachte der blassen Braut nicht soviel Glück, wie man ihr und dem Alten so zahlreich gewünscht hatte.

Im Januar 1648 erhielt Heinrich Schütz aus Celle auf Anweisung des dort residierenden Herzogs Friedrich von Braunschweig-Lüneburg zwanzig Taler. Auch das kann ein Geschenk zur Hochzeit der Tochter Euphrosyne gewesen sein. Herzog Friedrich war ein Bruder des Herzogs Georg von Hannover und ein Vetter des Wolfenbütteler August, und so ließe sich die Dotation ebenso erklären wie etwa eine Honorierung für zugesandte Musikalien. Allerdings haben zwei Celler Chronisten – Clemens Cassel in einer Geschichte der Stadt Celle und August Schuster in einer Arbeit über das Fürstentum Lüneburg – auf Grund heute nicht mehr nachweisbarer Quellen berichtet, Heinrich Schütz sei ab 1648 in Celle als Kapellmeister geführt worden; vermutlich war er das als Ratgeber »von Haus aus«, denn ab 1648 nahm die Hofmusik in Celle einen beachtlichen Aufschwung. Die Hoffnung auf den nahen Friedensschluß ließ alles aufatmen.

Zu Johann Georgs vierundsechzigstem Geburtstag am 6. März 1648 gab es auch wieder eine »musikalische Präsentation« in Dresden und eine Ballett-Glückwünschung der dichtend debütierenden Prinzessin Erdmuthe Sophie. Ein verlorenes sagittarisches Werk

mehr. Schon im Juli war Schütz wieder am Hof in Weimar, wo die
Rückkehr des Erbprinzen Johann Ernst aus Frankreich und Italien
gefeiert wurde. Und es ist wahrscheinlich, daß Heinrich dabei
seinen in der Literatur sonst ganz und gar vergessenen ältesten
Bruder Johann, den Halbbruder aus der ersten Ehe seines Vaters
Christoph, zum letztenmal gesehen hat. Johann lebte im gesegneten
Alter von dreiundsiebzig Jahren als Amtsschösser und Geleitsmann
in dem nördlich von Weimar an der Schmücke gelegenen Sachsenburg, das in einer knappen Tagesreise zu erreichen war, und ist dort
vier Jahre später gestorben.

III

Wenn ein Krieg zu lang und zu furchtbar gewesen ist, achtet keiner
mehr darauf, wie der Friede aussieht. Aber dieser Friede war nicht
nur ein »nationales Unglück«, auch wenn er durch die Zerstücke-
lung des Landes zwischen Alpen und Ostsee den deutschen Kleinst-
Absolutismus als eine der künstlichsten Staats- und Lebensformen
in der Geschichte der Völker an die Stelle der alten Reichsmacht
setzte, die mit dem Westfälischen Frieden de facto erlosch und bis
1806 nur noch auf dem Papier fortbestand. Das hatte Habsburg nun
erreicht: Der Kaiser büßte viele Rechte ein, andre Mächte traten auf
den Plan und wurden zu Großmächten oder wollten es werden,
Frankreich dehnte seine Herrschaft bis an den Rhein aus und
Schweden noch einmal über die Ostsee. Brandenburg erhielt Magdeburg mit dem Mansfeld; da zeichneten sich die Umrisse von
Preußens künftiger Provinz Anhalt ab. Vor allem jedoch schien
Johann Georgs unwitziger »Doppelsinn« recht zu bekommen, die
Lausitzen blieben ihm, und was er im Westen an Brandenburg
abtreten mußte, schmerzte ihn nicht. Es war armes Land – solange
es keine Industrien gab.

Nein, kein Friede ist nur schlecht: Einerseits und beklagenswer-
terweise hatte dieser mühsam bis zum 24. Oktober 1648 ausgehan-
delte Vertrag von Münster und Osnabrück zur Folge, daß durch die
Aufteilung in ungefähr dreihundert selbständige Gebiete das deut-

sche Bürgertum von dem Einfluß der Höfe zurückgedrängt und
geschwächt, der Adel dagegen gestärkt wurde. Andrerseits aber
war der mit Gewalt betriebenen Gegenreformation Einhalt geboten
worden, die Konfessionen lebten wieder friedlicher miteinander,
und die Calvinisten waren zum erstenmal eingeschlossen. Die
konfessionellen Verhältnisse wurden ungefähr auf den Stand des
Jahres 1624 zurückgeführt, der Augsburger Religionsfriede von
1555 wurde erneuert – warum sollten die Dichter, Schottelius, Rist,
Ahle, Kindermann voran, den Friedensstiftern nicht lobsingen und
Festspiele verfassen? Man hatte einigermaßen alte Zustände im
Land, aber es fehlten die Bewohner. Es gab Landstriche und Städte,
die bis zu vierzig, fünfzig Prozent der Bevölkerung eingebüßt
hatten. Von Weißenfels wissen wir die Einwohnerzahl aus dem
Friedensjahr zufällig genau: 1360 Menschen in 194 Häusern. Ende
1647 waren zum letztenmal die Heere durch die Stadt gezogen, am
7. Oktober der schwedische General Wrangel mit seinen Truppen,
danach das letzte große Aufgebot der Kaiserlichen, dreißigtausend
Mann mit sechzehntausend Pferden – so steht es in den Annalen
der Stadt, und weiß Gott, wer da übertrieben hat und wem die
Augen übergingen. Schon tausend Pferde sind für uns keine vor-
stellbare oder meßbare Menge mehr. Sechzehntausend: das heißt
unübersehbar, der Zug endete nicht.

Sachsen war aller Truppen und Lasten noch lange nicht ledig, erst
1650 durfte man aufatmen und feiern. Nur die großen Bitt-,
Friedens- und Dank-Gottesdienste in den Kirchen fanden natürlich
schon 1648 das ganze Jahr über statt, man flehte den Vertrag herbei
und dankte dann aus ehrlichem und frommem Herzen, daß das
Töten ein Ende nehmen sollte.

»Inmitten des verheerenden Krieges war die Musik das stille Asyl
gewesen, in welches sich die Idealität des deutschen Gemüts aus
trostloser Gegenwart gerettet hatte«, schreibt der Literaturwissenschaftler Herman Hettner im neunzehnten Jahrhundert. »Und so
war es auch nach dem Frieden. Die Musik, namentlich als Trägerin
des geistlichen und weltlichen Liedes, war die wahrhaft volkstümliche Kunst.« Schützens Beitrag zum Friedensjahr war die »Geistliche Chormusik«, eine Sammlung von Motetten für die Gemeinden,

deutsche Musicalia ad Chorum sacrum, eines seiner bedeutendsten
und umfangreichsten Werke, mit dem er sich deutlich vom Hof ab-
und den einfachen singenden und betenden Menschen im Lande
zuwandte, was auch darin zum Ausdruck kam, daß er sein Opus 11
zum erstenmal an einen bürgerlichen Adressaten richtete und nicht
an einen Hof, einen Fürsten, einen Adligen, einen Gönner: er
widmete die »Geistliche Chormusik« den Bürgermeistern und
Ratsleuten der Stadt Leipzig. »Niemanden billiger« als die Leipziger wisse er als Adressat dieser Gesänge, habe er doch befunden,
daß ihr Chor, die Thomaner in Leipzig, allezeit vor andern in
Sachsen »einen großen Vorzug gehabt« und immer »wohl bestallt
gewesen ist«, ein öffentlicher Tadel des Hofes und eine schallende
Ohrfeige für den Kurfürsten, denn natürlich hatte sich längst
herumgesprochen, wie die Dinge in Dresden standen.

Heinrich Schütz hat seinem Chorwerk mit der Widmung vom
21. April 1648 eine berühmte Mahnung an die deutschen Künstler
vorangestellt, die ihrer musikgeschichtlichen Bedeutung halber und
zum besseren Verständnis an dieser Stelle ausnahmsweise einmal in
einer stilistisch freieren Umschrift und unter Übersetzung einiger
Begriffe wiedergegeben sei:

»Es ist bekannt und liegt auf der Hand, daß – nachdem der über
den Bassum continuum konzertierende Stil aus Italien uns Deutschen zu Gesicht kam – derselbe gar sehr von uns geliebt worden ist
und daher auch mehr Nachfolger bekommen hat, als vorher jemals
ein Kompositionsstil hatte, wovon die verschiedenen in den Buchläden befindlichen musikalischen Werke genug Zeugnis geben.
Nun tadle ich solches Beginnen keineswegs, sondern bemerke
vielmehr auch unter unserer deutschen Nation allerhand zum
Musikberuf wohlgeschickte und geneigte Begabungen, denen ich
ihr Lob gern gönne und selbst zu geben willens bin. Weil es aber
gleichwohl bei allen in guten Schulen erzogenen Musikern außer
Zweifel ist, daß in dem schwersten Kontrapunkt-Studium niemand
andre Arten der Komposition gut vorbereitet in Angriff nehmen
und gebührend behandeln kann, er habe sich denn vorher im Stil
ohne den Bassum continuum genug geübt und das zu einer geordneten Komposition notwendige Rüstzeug eingeholt – als da unter

andern sind: die Dispositiones modorum (vorherige Entscheidung
der Tonartwahl); Fugae simplices, mixtae, inversae (Gänge, versetzt, in der Wiederholung und Imitation, auch rückläufig); Contrapunctum duplex (Austausch und Auswechslung der Stimmen
gegeneinander); Differentia Styli in Arte Musica diversa (Unter-
scheidung der Stileigentümlichkeiten); Modulatio vocum (Stimm-
und Melodieführung, Beachtung des Klangs); Connexio subiectorum (Zusammengang mehrerer melodischer Stimmen) und dergleichen mehr –, Rüstzeug, sage ich, ohne das bei erfahrenen
Komponisten keine einzige Komposition bestehen oder doch nicht
viel höher als einer tauben Nuß wert geschätzt werden kann, also
bin ich hierdurch veranlaßt worden, dergleichen Werke ohne Bassum continuum wieder anzugehen und damit vielleicht etliche,
insonderheit aber angehende deutsche Komponisten anzufrischen,
daß – ehe sie zu dem konzertierenden Stil schreiten – sie vorher
diese harte Nuß (worin der rechte Kern und das rechte Fundament
eines guten Kontrapunkts zu suchen ist) aufbeißen und darin ihre
erste Probe ablegen möchten. Ist es doch auch in Italien, also auf der
rechten musikalischen Hohen Schule, wo ich in meiner Jugend
erstmals mein Fundament in diesem Beruf zu legen begann, der
Brauch gewesen, daß die Anfangenden jedesmal erst geist- oder
weltliche Werke ohne den Bassum continuum ausgearbeitet und
vorgelegt haben, wie denn dort solche gute Ordnung vermutlich
noch heute beachtet wird. Wobei meine zum besseren Verständnis
der Musik wie auch zur Vermehrung des Ruhms unserer Nation
wohlgemeinte Mahnung überhaupt von jedermann als in bester
Absicht und zu niemands Verkleinerung gemeint verstanden werden möge.«

Es folgen einige Sätze über die Ausführung der »Geistlichen
Chormusik«, die er verständigen Musikern anheimstelle. »Womit
ich dann zugleich hiermit öffentlich protestiert und gebeten haben
will«, schreibt Schütz, »daß niemand das, was hier bedacht worden
ist, dahin auslegen wolle, als ob ich dieses oder ein einziges meiner
musikalischen Werke jemandem zur Beachtung oder gewisserma-
ßen als Modell vorstellen oder empfehlen wollte (deren Geringfügigkeit ich gern eingestehe), sondern ich will vielmehr jedermann an

die allervornehmsten Komponisten, gleichsam an die kanonisierten italienischen und anderen alten und neuen klassischen Autoren hiermit gewiesen haben, da deren vortreffliche und unvergleichliche Werke denjenigen, die sie sich neu setzen und mit Fleiß darin umsehen werden, sowohl in dem einen wie dem andern Stil als ein helles Licht voranleuchten und sie auf den rechten Weg zum Studium des Kontrapunkts führen können. Wie denn überdies ich noch der Hoffnung lebe, auch bereits davon Nachricht besitze, daß ein mir wohlbekannter, sowohl in Theorie wie in Praxis hocherfahrener Musiker demnächst einen diesbezüglichen Traktat ans Tageslicht werde kommen lassen, der hierzu insonderheit uns Deutschen auch sehr zuträglich und nutzbar wird sein können: worum ich, wenn es dazu käme, dem allgemeinen Musikstudium zuliebe mich mit Fleiß zu kümmern dann nicht unterlassen will.«

Wer der ihm wohlbekannte Musiker war, den Schütz hier meinte, und was aus dem Traktat wurde, davon später. Die Vorrede zur »Geistlichen Chormusik« ist selbst lehrhaft und lehrreich genug, so daß zu fragen sich lohnt, ob der Zusammenhang mit dem Jahr des Kriegsendes zufällig ist oder nicht.

Johannes Piersig, dessen interessante Studie über das Weltbild des Heinrich Schütz (1949!) leider von Begriffen wie »Instinktwillen«, »Seelentum« und »Tiefengefühl« geradezu überschwemmt ist, deutet die Schützsche Mahnung und Hinwendung zum Polyphonen als die »Überwindung« einer die Kriegsperiode kennzeichnenden sagittarischen »Weltangst« und als ein bei den »größten unserer deutschen Komponisten« zu beobachtendes »Heimkehren in die letzten, ihnen selbst unbewußten Tiefen ihres Seelentums«. Nun gut. Aber abgesehen davon, daß der Prozeß monodisch-polyphon oder polyphon-monodisch im Werk von Schütz nie eindeutig gerichtet ist und niemals ganz synchron mit Leben und Zeitgeschichte verläuft – wir kennen zum Teil nicht einmal die sich überlappenden Entstehungszeiten der großen Werkgruppen –, ist auch der Stilwille nicht einfach aus Gesinnung, Weltgefühl und Tiefe des Unbewußten abzuleiten. Die Zusammenhänge sind viel komplizierter, teilweise auch reziprok, und die Versinnbildlichung eines neuen »Gemeinschaftsgefühls« in der Polyphonie ist ein frommer Wunsch von Kulturphilosophen und frühreifen Knaben: die glückliche Menge pfeift Bauernterzen.

Hier aber witterte Schütz die Hauptgefahr, im Verkommen der Kirchenmusik zum Schlager (wie wir sagen würden), der Monodie zum ausgeterzten Geklingel, des Melos zu einem bloßen melismatischen Gejodel, das man damals – offenbar wegen seiner Herkunft aus Süddeutschland und gewissen Gebräuchen der Gebirgsmenschen – die »Bergmanier« nannte. Das Vorwort von 1648 war, nach Alfred Einstein, eine einzige »Warnung vor dem Teufel des Dilettantismus«. Samuel Scheidt soll bei dem ausgeterzten Gedudel der Neuen vor Wut von der Empore gelaufen sein, was man übrigens auch den Zeilen entnehmen kann, mit denen er 1651 dem Musiktheoretiker Heinrich Pipegrop, genannt Baryphonus, klagte, es werde nichts mehr in acht genommen: »Es soll eine sonderliche hohe Kunst sein, wenn ein Haufen Consonantien untereinander laufen. Ich bleibe bei der reinen alten Composition und [den] strengen Regeln. Ich bin oft aus der Kirche gangen, da ich die Bergmanieren nicht mehr [habe] anhören wollen.« Heinrich Schütz hat solch unreifes Zeug »Bärenhäutereien« genannt. Er wehrte sich gegen die Auswüchse einer Entwicklung, die er selbst mit ausgelöst hatte. Das birgt immer die Gefahr in sich, Beifall von der falschen Seite zu erhalten. Um so größer war der Schrecken bei einigen Anhängern und die peinliche Betroffenheit eines deutschtümelnden Biographen, daß Schütz sich in einem Streit im gleichen Jahr 1648 ausgerechnet auf die Seite eines Italieners schlug und gegen einen deutschen Erzkonservativen Stellung bezog!

Ach, es war vielleicht viel einfacher: Er fürchtete, wie er schon im Vorwort zu den »Symphoniae sacrae II« von 1647 ad benevolum lectorem hatte durchblicken lassen, daß die *deutschen* Musiker keine Erfahrung im modernen Stil hätten und durch ihre Unzulänglichkeit die deutsche Musik ruinierten. Die Unart bestand darin, daß man zu leicht, zu schnell von der Gemütsbewegung zum gesungenen Wort oder zur Melodie überging, daß man sich zuwenig bemühte, des Ausdrucks durch die Form Herr zu werden: ein Merkmal aller Aufbruchszeiten, die zu eruptiven Lösungen drängen. Daher auch der indirekte Zusammenhang mit dem Jahr

1648, das als Ende von Krieg und Unglück gefeiert wurde. In dem Drang, eher gerührt zu scheinen als es zu sein, machte sich eine Tendenz zur Auflösung bemerkbar. Und Schütz wollte in seinem Vorwort sagen, daß sich der Komponist, der Künstler, nicht bloß »Strömungen« hingeben darf, sondern daß er geschichtlich denken und fühlen muß: im Rahmen begrenzender Linien des Alten und des Neuen, die gleichsam die »Außenstimmen« sind in einem mehrstimmigen Satz, wie Tradition und Fortschritt.

IV

Wer irgendwann einmal Heinrich Schütz im Chor gesungen hat und sich noch an das starke Erlebnis zusammenklingender Stimmgruppen erinnert, das nur dem Mitsingenden vollständig zuteil wird – er hat zuerst Motetten aus der »Geistlichen Chormusik« gesungen. Ihr vollständiger Titel lautet: »Musicalia ad Chorum Sacrum, das ist: Geistliche Chormusik mit 5, 6, 7 Stimmen, beides, vocaliter und instrumentaliter zu gebrauchen, aufgesetzet durch Heinrich Schütz. Erster Teil. Opus undecimum« (SWV 369–397). Und selten war ein Titel so aufschlußreich und vielsagend. Wieder einmal ist da von einem ersten Teil die Rede, dem nie ein zweiter Teil folgte. Es muß aber schon 1648 mehr dagewesen sein als das Gedruckte. Um nicht nur mit der eigenen Hypothese dazustehen oder so auszusehen, als gebe man aus biographischen Gründen den haltlosesten Spekulationen viel bereitwilliger Raum als die strenge Musikwissenschaft, sei einmal Hans Joachim Moser plagiiert, der, ebenso kommentarlos, wie das hier beabsichtigt war, eine Stelle aus Wustmanns Musikgeschichte der Stadt Leipzig in seinen Text eingerückt hat, die lautet: »Die nach dem Kirchenjahr in den allgemeinen Gottesdienst selbst einzuordnenden Gesänge umfassen nur das erste Viertel des kirchenmusikalischen Jahres; man wird daraus folgern dürfen, daß, da Schütz die Sammlung auf dem Titelblatt als Ersten Teil bezeichnet hat, sein Vorrat an dergleichen vierfach war oder wohl noch größer: er redet von diesem Teil auch als von ›gegenwärtigen meinem mit wenig Stimmen vor dißmal nur

herausgegebenen Wercklein‹, er hatte wahrscheinlich auch noch
viele acht- und mehrstimmige Motetten geschaffen: wir dürfen von
einem dereinstigen achtfachen Motettenvorrat dieser vorzüglichen
Qualität um 1650 in Dresden träumen.« Nun, achtfach, wir träumen nicht. Auch vierfach wäre genug. Nur die Begrenzung auf ein
Quartal ist nach Spitta nicht stichhaltig, sie muß ja auch gar nicht
beabsichtigt gewesen sein und wäre durch die Trauer- und Hochzeitsmusiken ohnehin gesprengt worden. Schütz pflegte im allgemeinen anzugeben, was er meinte.

Gesammelt aus verschiedenen Entstehungsphasen: dieser Schluß
erscheint zulässig, es wird solche Chormusik schon in den zwanziger Jahren entstanden sein. Die »Geistliche Chormusik« war eine
Anthologie des Notwendigsten und eben gesammelt: Kompositionen über Prosatexte der verschiedensten Art, es waren Evan-
geliengemälde, Epistelauslegungen und Kirchenliedbearbeitungen
darunter, wobei die »Weisen« verändert oder in Nebenstimmen
versteckt waren. Die 29 Motetten – zählt man die zweiteiligen als
jeweils eine, immer noch 27 Werke – stellen in sich außerdem eine
Schule der Aufführungspraxis dar. Schütz deutet schon im Titel an,
welche Freiheit er bei der Besetzung gewähren will. Einige sind rein
a cappella aufzuführen, als die idealen Modelle seiner Lehre, andre
mit Generalbaß. Sogar eine Aufteilung in vokale und instrumentale Besetzung ist denkbar und möglich, bei Siebenstimmigkeit bis
zum Verhältnis drei zu vier. In einigen wenigen Fällen (die Nr. 8
gehört dazu: »Auf dem Gebirge hat man ein Geschrei gehöret«)
sind diejenigen Stimmen bezeichnet, die den Instrumenten anvertraut werden können. Und wer wollte nicht noch weitergehen?
Musik, die dies verträgt, muß auch danach sein. Das heißt,
ihre Stimmen müssen für sich etwas bedeuten. Die Nr. 27: »Der
Engel sprach zu den Hirten« (SWV 395) ist die Einrichtung einer
seit frühesten venezianischen Tagen aufbewahrten Komposition
Andrea Gabrielis, und man hat eine Zeitlang angenommen, die
Aufnahme des fremden Gebildes sei Schütz versehentlich unterlaufen, aber im Index heißt es »Super Angelus ad Pastores Andrea
Gabrielis«, es mutet wie ein Vorschlag an, mit unterlegtem
deutschen Text auch Fremdes stimmgeteilt zu musizieren, und

es kann heißen: Ich schaffe euch Muster, so also könnt ihr's machen.

Dispositiones modorum: Otto Brodde erkennt ausschließlich die beiden Kirchentonarten Dorisch für eine gemäßigte Trauer-Melancholie und Ionisch-Lydisch für ebenso gemäßigten Jubel und bezeichnet sie als Schützens modales Moll und modales Dur. Das kann zu dem Fehlschluß führen, als ließen sich die 29 Motetten eindeutig dem einen oder dem andern zuordnen. Es ist jedoch nicht ihr Wesentliches, und wenn man überhaupt von Dispositiones modorum sprechen will, von tonartlichen Vorentscheidungen, so wären sie für Ambivalenzen gefallen, für ein Schwanken zwischen Dur und Moll, das überall vorherrschend und von der kirchentonartlichen Grundierung nicht abhängig ist. Es beschränkt sich auch nicht auf die Schlußfälle (was in der Kirchenmusik noch nichts Ungewöhnliches wäre). Als Beispiel sei nur in der Trauermotette für Johann Hermann Schein »Das ist je gewißlich wahr und ein teuer wertes Wort« der zweimalige starke Dur-Fall auf das Wort »wahr« angeführt. Der Kirchenton wird noch berührt und umkreist, aber so wie sich aus der strengen Kontrapunktik dieser Chorwerke plötzlich doch etwas geradezu Liedhaftes erhebt, so gewinnt der Harmoniker Schütz in ihnen eine neue modale Freiheit.

Die tönenden Bilder und musikalischen Figuren sind einfach, die Melodie schreitet meist leicht fort, am eingängigsten in der überraschend eingeschobenen, beinah homophon, also in diesem Zusammenhang »modern« anmutenden »Aria« Nr. 12 über »Also hat Gott die Welt geliebt« (SWV 380), ein Modell dafür, wie auch das Neue gut zu machen wäre: Prosa in der gebundenen musikalischen Form. Geradezu volkstümlich und vertraut tönt die wiederkehrende Stelle zu uns herüber: »auf daß alle –, alle alle alle«, wobei das dreimalige »alle« modulierend wirklich »alle« Menschen einsammelt und im Heil vereinigen will. Es bleibt im Ohr. Eingängig, schlicht ist die Motivik nicht nur hier. In »Unser keiner lebet ihm selber« (SWV 374) wird auf das wirkliche »Leben«, wo es aufwärts führt, ein fünftöniges diatonisches Motiv gelegt, das mehrmals wiederkehrt.

Dem Umfang nach und schon äußerlich von beabsichtigter

Größe ist die überarbeitete Nr. 20 »Das ist je gewißlich wahr«
(SWV 388), die in Leipzig jedermann als Johann Hermann Scheins
Trauermotette wiedererkannte. Für sie kennzeichnend ist der weit-
bogige Satz, der in dem plastischen Zusammenklang der Stimmen
– der Connexio subiectorum – durch die erreichte räumliche Perspektive Zuversicht, Wahrhaftigkeit und Unsterblichkeitsgewiß-
heit ausstrahlt.

Und dann, gegen Ende der »Geistlichen Chormusik«, eine nochmalige und überraschende Steigerung. Fast unscheinbar an vorletzter Stelle kommt eine Textvertonung nach dem Evangelium des
Matthäus daher, im Kapitel 2 ist es der Vers 18, der seinerseits das
erste Buch Mose zitiert, nämlich die Jeremias-Worte: »Auf dem
Gebirge hat man ein Geschrei gehöret, viel Klagens, Weinens und
Heulens; Rahel beweinte ihre Kinder und wollt sich nicht trösten
lassen; denn es war aus mit ihnen« (SWV 396). Wie stellt man sich
das wohl in Tönen vor? Als schreiendes Gebraus der Chöre? Als
Zähneklappen der Zinken und Posaunen? Als Jeremias-Lamento,
mit Sopranen heulend im Hintergrund?

Nichts davon. In diesem Stück gewinnt die deutsche Musik nach
der Polyphonie alten Stils so etwas wie ihre Würde und ihren
eigenen Ausdruck.

Tiefe Instrumente breiten mit einem leisen, bedächtigen Schreiten der Stimmen eine Bergesstimmung in Nebel, Grau und Frühe
aus. Fünf Unterstimmen, kaum unterscheidbar verwoben, tiefe
Streicher und Fagott oder ein grundierendes Posaunenpiano. Wolken ziehen vorbei, das Panorama öffnet sich, das alles dauert nicht
länger, als ein Vorhang braucht, um sich zu heben. Dann setzen
Knabenstimmen ein mit herabgezogenem Alt: »Auf dem Gebirge...« Zwei tiefe Altstimmen sind besser als die von Moser
vorgeschlagenen hohen Tenöre, da bei gleicher Tonhöhe der Alt das
tief Herabgestimmte der fast ängstlich einsetzenden Erzählung
richtiger wiedergibt (es steht ein Altschlüssel). Über den fortschrei-
tenden Instrumenten wird jeder durch den Atem gegliederte Satz-
abschnitt wiederholt: »Auf dem Gebirge«, »hat man ein Geschrei
gehöret«, damit hat das ganze Konzert seine Farbe und Kontur,
und in jedem Textteil ist es ein nur wenig verändertes, erweitertes

und versetztes Viertonmotiv, das den Gang der Stimmen angibt, »viel Klagens, Weinens«, und noch einmal: »Heulens«. Das von Stimmlage und Instrumenten rauh gezeichnete Bergesbild mit seinen harten Kanten und tiefen Abgründen und mit dem Grau unter dem von Wolken verborgenen Himmel schließt trotz Klagens und Weinens ein dominierendes Moll aus: Hier herrscht ein C-Dur mit Terz- und Quintschlüssen, die immer ein wenig lasten, ein C-Dur versteinerter Trauer (»und wollt sich nicht trösten lassen«), zum Kirchenton hin nur manchmal durch einen stehenden Ganz- oder Halbtonschritt geöffnet, den das Viertonmotiv überschreitet, bis es sich dann in der Erzählung von Rahel bei dem abschließenden »denn es war aus mit ihnen«, ansteigend versetzt, aneinander und übereinander zu legen scheint: musikalische Gestik, keine nochmalige Übersetzung des Wortes ins Illustrative, keine Verdoppelung des Ausdrucksgestus in einer malenden musikalischen Figur. Es ist ein Werk von spröder Erhabenheit, das in seinem Ernst, in der Kraft und Zahl seiner Assoziationen – wir befinden uns immerhin mitten in der Matthäus-Erzählung von Christi Geburt – und in seiner C-Dur-Trauer schon die Golgatha-Düsternis und Passionswahrheit des Endes vorwegnimmt. Die Motette gehört unter die Kindertotenlieder der Musikliteratur. Außer Schütz hat niemand den Text in deutscher Sprache auskomponiert, und als er die Motette 1648 herausgab, konnte er nicht ahnen, daß er die untröstliche Trauer seiner Tochter Euphrosyne über all die Kinder, die sie verlor, vorausbeschrieb.

Nicht zufällig unterlief vorhin das Wort »Konzert«. Denn in der Tat, mit der Rahel-Motette »Auf dem Gebirge« ist die Grenze zwischen gottesdienstlicher und konzertanter Musik, zwischen Gemeindegesang · und solistischem Virtuosentum erreicht oder schon überschritten. Das siebenstimmige Werk hätte beinah ebensogut Aufnahme finden können in einer der benachbarten Sammlungen des mittleren Werks: der vokalen Zweistimmigkeit nach eher in den »Symphoniae sacrae II« von 1647, der Siebenstimmigkeit nach eher in den »Symphoniae sacrae III« von 1650, obwohl es auch da beide Male den Sonderfall gebildet hätte, der nun einmal in jeder sagittarischen Sammlung anzutreffen ist, als habe Schütz jedesmal der Regel gleich die Ausnahme mitgeben wollen.

Die in Dänemark entstandenen »Symphoniae sacrae II« hatte er für den Druck noch einmal revidiert, ergänzt und vermehrt und ihrer Ausgabe von 1647 auf der letzten Seite der Baßstimme eine »Specification« beigefügt, eine Art Verlagsanzeige seiner sämtlichen bis dahin erschienenen Werke, mit der er nicht nur auf sein umfangreiches Schaffen hinweisen wollte, sondern auch rückwirkend die Opus-Zählung einführte. Blickt man genauer hin, so wartete er mit einer weiteren Überraschung auf: die »Psalmen Davids« op. 2 von 1619 werden im Untertitel als »Erster Teil« bezeichnet, was die Annahme rechtfertigt, auch in dieser Gattung habe inzwischen längst Material für einen zweiten und dritten Teil vorgelegen. Es ist aber kein weiterer erschienen.

Die »Symphoniae sacrae II« op. 10 von 1647 und die »Symphoniae sacrae III« op. 12 von 1650 gehören als untereinander verschieden doch zusammen, sie bilden ein Ganzes; beide enthalten – im Gegensatz zum ersten Teil von 1629 – *deutsche* Konzerte, und beide bieten hochentwickelte Instrumentalparte. Die »Symphoniae sacrae II« vereinen die Kompositionen für ein, zwei und drei vokale sowie zwei instrumentale Stimmen »als Violinen oder derogleichen« samt beigefügtem Basso continuo; die »Symphoniae sacrae III« Werke für drei bis sechs vokale und zwei instrumentale Stimmen. Der Teil II folgt vorwiegend alttestamentarischen, der Teil III neutestamentarischen Vorlagen, genauer: Von 25 Konzerten des zweiten Teils (zählt man die zweiteiligen als jeweils eines) sind vierzehn Psalmtextvertonungen, weitere sechs alttestamentarisch, drei neutestamentarisch und zwei Kirchenlieddichtungen; von den 21 Konzerten des dritten Teils sind noch sieben Psalmtextvertonungen, ein weiteres alttestamentarisch, dagegen zehn neutestamentarisch, zwei Meditationstexte und eine Kirchenlieddichtung. Nichts ist daran schematisch übernommen oder angeordnet, vielmehr gibt es Textveränderungen, Auslassungen und in einem Fall, der Friedensdank-Symphonia »Lasset uns doch den Herren, unsern Gott, loben« (SWV 407), in der viel gejauchzt und aufgezählt wird, sogar eine eigene Kompilation der verschiedensten Textstellen.

Für Schütz als Exegeten, als musikalisch interpretierenden Wort-
erklärer und theologischen Ausleger hat Otto Brodde ein sehr
überzeugendes Beispiel gefunden: In dem Magnificat-Konzert
»Meine Seele erhebt den Herren« (SWV 344) wählt Schütz bei der
Stelle »die hoffärtig sind in ihres Herzens Sinn« für die letzten vier
Worte eine von ihm häufig verwendete Kreuzesfigur, mit der er auf
das Analogon »die in ihrem Herzen das ›Kreuzige ihn!‹ tragen«
hinweisen will.

Tönendes Bild, symbolische Figur sind häufiger anzutreffen als
in der strengeren »Geistlichen Chormusik«, das entspricht dem
Charakter der Symphonia, aber ihre Verwendung – Stimmenkreu-
zung, Abwärtsgang, Bewegung des Aufblicks, des Danks und des
Lobes – ist sparsam und wird kompensiert durch den Einfallsreichtum der Stimmführung und einer oft ausgelassenen Freude an der
Verwendung der instrumentalen Mittel, die eine Klangfarbenmi-
schung erlauben. Mit den »Symphoniae sacrae« tritt endlich auch
der Instrumentalkomponist Schütz stärker hervor, der die Violinen
gern mit der menschlichen Stimme wetteifern läßt. Heinrich Schütz
hat sich in diesen Jahren ganz offensichtlich mit der Technik des
Instruments näher vertraut gemacht. Nun mußte er den deutschen
Geigern auch das Schrummen und Holzen abgewöhnen und ihnen
die Schönheit des langen italienischen Bogenstrichs erklären. Er hat
ihnen in der Vorrede von 1647 gehörig den Marsch geblasen: Die
Geiger sollten, heißt es da, bevor sie sich öffentlich hören ließen,
gefälligst Unterricht bei den in der Manier Erfahrenen nehmen und
»an der Privatübung keinen Verdruß schöpfen«. Seit er Johann
Schop gehört hatte, dessen Doppelgriff- und Bogentechnik bereits
sehr verfeinert war, hatten die Dresdner Orchestermitglieder es
nicht mehr so leicht, ihn zufriedenzustellen, und ohne gründliches
Probieren und Studieren konnten sie einen Part wie in dem Konzert
»Freuet euch des Herren, ihr Gerechten« (SWV 367), der mit einem
wilden Geigen-Tremolo gepfeffert war, auch nicht ausführen.

Seinen italienischen Vorbildern hat Schütz in beiden Sammlun-
gen ausdrücklich Referenz erwiesen. In den »Symphoniae sacrae
II« gedachte er Monteverdis Manier und unterlegte dem Konzert
»Es steh Gott auf« (SWV 356) Motive aus Monteverdis Madrigal

»Armato il cor« und der Ciacona »Zefiro torna« mit dem Vorbemerken: »Wolle aber deswegen niemand meine übrige Arbeit in
ungleichen Verdacht ziehen, als der ich nicht geflissen bin, mit
fremden Federn meine Arbeit zu schmücken.« Und in den »Symphoniae sacrae III« von 1650, die noch einmal dem Kurfürsten
Johann Georg mit einem Dank für die gewährte Druckbeihilfe
gewidmet waren, ist das Konzert »O Jesu süß, wer dein gedenkt«
(SWV 406) als »Super Lilium convallium Alexandri Grandis«
gekennzeichnet. Das mag, wie im Fall Andrea Gabrielis, eine
versteckte und nur für Eingeweihte zu entschlüsselnde Huldigung
gewesen sein, aber Schütz wußte natürlich, wußte nur zu gut, was
er dem Süden verdankte, und wie lange auch die Begegnung mit
Monteverdi zurückliegen mochte: sein ins Oratorische drängender
Einfluß, sein befeuerndes Vorbild, das Wunderwerk seiner Marienvesper sind auch für manches Großkonzert im dritten Teil der
»Symphoniae sacrae« noch wirksam gewesen.

Gegen Ende der »Symphoniae sacrae III« findet sich mit »Saul,
Saul, was verfolgst du mich« (SWV 415) ein Konzert, das, seit Carl
von Winterfeld es wiederentdeckt und in seinem Buch über Gio-
vanni Gabrieli beschrieben hat, zu den bekanntesten zählt. Und
doch geht es ihm sonderbar: Wann und wo soll man es aufführen?
Für den Gottesdienst ist es kaum geeignet, es sei denn kurz vor der
Predigt über den Text der Apostelgeschichte. Als selbständiges
Konzert ist es mit seinen kaum drei Minuten Dauer zu kurz, für die
»Kammer« zu groß besetzt, für Laien fast zu schwierig. Aber was
für drei Minuten! Unter Verzicht auf ein Zwischenglied und alle
Rahmentexte aus der Geschichte der Bekehrung Pauli beschränkt
sich Schütz auf die Worte: »Saul, Saul, was verfolgst du mich? Es
wird dir schwer werden gegen den Stachel zu löcken.« Es ist ein
nach außen gestülptes Seelendrama: Anruf Gottes an den Verfolger,
Mahnung – alles andre geschieht in der Musik und im Hörer. Der
Ruf und die Mahnung sind die beiden immer reicher gliedernden
Elemente des Ganzen; in ihrem Gegensatz entfaltet sich das musikalische Material. Ein sechsstimmiger Hauptchor wird von Geigen
und Orgel begleitet, zwei vierstimmige Komplementärchöre treten
verstärkend hinzu, die Dynamik ist genau vorgezeichnet und

extrem abgestuft, entsprechend dem dramatischen Aufbau: Drei
Stimmpaare beginnen nacheinander von unten nach oben, aus den
Bässen dringt der Ruf zuerst zu dem oben in der Welt dahineilenden
Saul, schärfer und höher wird er wiederholt, wobei sich die drei
Chöre vereinen. Der Ausdruck steigert sich zusätzlich durch einen
Taktwechsel. Auf dem zuerst gewählten Dreiertakt wird der Ruf
zunächst auf den zweiten, dann auf den ersten und dritten Taktteil
gesetzt und durch die Stimmpaare geführt; sobald aber die Chöre
zusammentreten, kehrt sich das Verhältnis um, so daß nacheinander auf jedem Teil des Taktes einmal der Nachdruck liegt, bis mit
der »Mahnung« des zweiten Teils: »Es wird dir schwer werden...«
ein Vierviertel-Rhythmus aufgenommen wird und, in den Haupt-
zügen analog dem ersten Teil, die Stimmen und Instrumente wieder
zusammentreten. Nachdem nun – wir folgen jetzt Carl von Winterfelds trefflicher Beschreibung – »die warnenden Worte auf diese
Weise lauter stets und gewaltiger vernommen worden sind, scheinen sie endlich in der tiefen Stimme (neben der nur die beiden
begleitenden Instrumente noch vernommen werden) verhallen zu
wollen: da dringen Ruf und Frage abermals und unerwartet hinein
in diese vereinzelten Töne, drei andre Stimmen nehmen die Mahnung wieder auf, allein sie wird überwältigt durch die wachsende
Macht, mit welcher jene früheren beiden sich wiederholen, durch
die neue und unerwartete Weise dieser Wiederholung. Kaum dürfte
jemand, dem es einmal vergönnt gewesen, am Schlusse des zweiten
Teiles von Händels Messias das Halleluja zu vernehmen, von jener
Stelle nicht ergriffen worden sein, wo die höchste der Gesangsstim-
men in gehaltenen Tönen durch die Tonleiter aufsteigt mit den
Worten: ›Herr der Herrn, der Götter Gott‹, während die übrigen
Singstimmen und die Instrumente in ebenfalls gesteigerter Tonhöhe
mit frohem, immer hellerem Jubel das Halleluja ertönen lassen.
Ähnliches, wenn auch in anderem Sinne, ist hier geleistet und dem
späteren Meister vielleicht vorbildlich gewesen. Nur dem *Tenore*
des Hauptchores nämlich hat Schütz von der beschriebenen Stelle
an noch den Ruf: ›Saul, Saul‹ zugeteilt; in gehaltenen Tönen, in
immer wachsender Stärke steigt er mit diesem Rufe die Tonleiter
hinan durch drei ganze Stufen (c, d, e); von den übrigen fünf

Stimmen hören wir dagegen die Worte ›was verfolgst du mich?‹ in
den schon zuvor beschriebenen Abstufungen der Stärke und
Schwäche vorgetragen. Wie nun der Tenor immer höher sich
erhebt, wird notwendig auch ihre Tonhöhe gesteigert, so daß wir
sie (in dreimaligem Wechsel) durch die harten Tonarten von f und g,
die weiche von a vernehmen. Während aber ihr Gesang bei jeder
Wiederholung allmählich verklingt, tönt aus seinem Verhallen hervor, in umgekehrtem Verhältnisse zu stets größerer Kraft gesteigert, der Ruf des Tenors drohender, mächtiger, erschütternder uns
entgegen; dem Basse einzeln gesellt, scheint er mit der Frage ›was
verfolgst du mich?‹ das Ganze enden zu wollen; aber noch einmal
greift er seinen früheren Ruf unerwartet auf, und nachdem die
übrigen Stimmen in der zuvor beschriebenen Art dazwischen
getönt, verhallt in seinen leisesten Tönen, denen nur die des Altes
hinzutreten, mit verlöschendem Hauche das Ganze.«

Winterfeld lauschte um so genauer und war um so beredter, das
Erlauschte wiederzugeben, als er die Wirkung Gabrielis sowohl in
der hervortretenden Handlung und äußeren Bewegung wie in der
inneren Erregung nachzuweisen suchte – was ihm nicht schwerfal-
len konnte, da sich hier, nach Moser, der »erschütterndste Angsttraum aller Musik« aussprach.

Nach dem kompositorischen Plan der »Symphoniae sacrae« – es
geht dem Ende zu – beruhigt sich dieser Angsttraum erst langsam in
dem nun folgenden und etwas matteren »Herr, wie lang willst du
mein so gar vergessen?« (SWV 416). Dann aber öffnet sich die Seele,
sie ist, mit Luther zu sprechen, weit ausgespannt in der chorischen
Liedvertonung des Pfingstkonzerts »Komm, heiliger Geist, Herre
Gott« (SWV 417), das man trotz seiner Anlehnung an die aufgefun-
dene Kirchenweise eine der schönsten Erfindungen von Schütz
nennen muß; es gehört wegen der über drei Strophen geführten
Liedvariation und seiner durch Innigkeit und Schönheit überwältigenden Allelujah-Refrains zu den unmittelbar ergreifenden und
jedermann berührenden Großwerken der Chorliteratur. Was sich
darin an Versetzung, Erweiterung und Verkürzung der melodischen Grundlage beobachten läßt, hat seinesgleichen nicht bis hin
zu den Großmeistern der klassischen Variationskunst; betrof-

fen lauscht man dem vierfachen akkordischen, beim letztenmal sechsfachen »o« vor »o Herr«, und noch mit den letzten Allelujah-Schlüssen führt Schütz in die harmonisch verschlungensten Ergießungen des Pfingstwunders, wenn er die Kadenzierung über Kirchenton-Abwege bis in die klangliche Raffiniertheit eines Wagnerschen Tannhäuser-Schlusses treibt.

In seiner Beschreibung der edlen Sing- und Kling-Kunst von 1690 schreibt der Musikhistoriker Wolfgang Caspar Printz, um 1650 sei Heinrich Schütz »für den allerbesten teutschen Komponisten gehalten worden«.

V

Irgendwann in den fünfziger Jahren entstand auch das Porträt, das der Maler Christoph Spetner von Schütz anfertigte: das Gesicht in Sorge angestrengt, Stirn und Mundwinkel gefurcht, hochgezogene Augenbrauen, tiefliegende Augen, ein bitterer Mund, die Lippen sind schmaler, als sie Rembrandt gemalt hat. So lernen ihn die meisten kennen; die Wiedergabe Spetners, von Christian Romstet mit hineinretuschierten Altersmerkmalen auf einem Kupferstich noch einmal nachgeahmt, hat eine gewisse endgültige Vorstellung von Heinrich Schütz geprägt, und der Zug zu Trauer und gespanntem Ernst ist nicht verfehlt. Entweder nahm dieser Ausdruck den Augenblick einer Lebenskrise vorweg, dem wir in unsrer Geschichte unaufhaltsam zusteuern, oder die bitteren Erfahrungen am Hofe lagen schon hinter ihm. Das Bild Spetners ist entweder vor dem Herbst 1654 oder erst 1657 entstanden, vor oder nach Schützens siebzigstem Lebensjahr, und für beide Datierungen gibt es triftige Argumente. Am oberen Ende des Halbporträts hat Christoph Spetner in schwarzen Buchstaben den latinisierten Namenszug angebracht: HENRICUS SAGITARIUS. Rechts davon aber und nur zum Teil noch lesbar bildet in helleren Frakturlettern die Inschrift »Zu Stedten an der Querna / gab es Christoph Spetner / Maler« ein flächenfüllendes Ornament. Stedten liegt in der Nähe von Querfurt. Christoph Spetner, der von 1617 bis 1699 lebte, wurde erst am

24. Oktober 1654 Bürger von Leipzig, nachdem er 1651 sein Meisterstück als Maler geliefert hatte. Sollte die Inschrift bedeuten, daß
er noch Bürger von Stedten war, als er Heinrich Schütz malte, so
müßte das Bild also vor dem 24. Oktober 1654 entstanden sein.
Inzwischen will jedoch Eberhard Möller das von Schütz getragene
Medaillon, das man früher für ein Gnadengeschenk des dänischen
Königs hielt, als eine Darstellung des sächsischen Kurfürsten
Johann Georg II. erkannt haben, der erst 1656 an die Regierung
gelangte, so daß die Entstehung des Bildes frühestens für 1657
anzusetzen wäre. Wie auch immer, der Auftrag, den Dresdner
Hofkapellmeister zu porträtieren, ging gewiß vom Rat der Stadt
Leipzig aus und wird eine Anerkennung für die Widmung der
»Geistlichen Chormusik« gewesen sein, und so blieb das Bild auch
stets in Leipzig. Für Stadtrat und Kirchvorstände Leipzigs fertigte
Christoph Spetner noch eine Reihe weiterer Bildnisse an, darunter
die von vier Superintendenten für die Thomaskirche; er malte die
Seitenschiffe der Nikolaikirche aus und arbeitete später auch für
den Hof in Dresden. 1671 wurde er Innungs-Obermeister. Da er
nach 1655 auch Christoph Pincker porträtierte, ist es denkbar, daß
Schützens Schwiegersohn die Verbindung zu Spetner hergestellt
hat.

Vermutlich hielt sich Schütz jedesmal auf der Rückreise von
Weißenfels nach Dresden einige Zeit bei Tochter und Schwiegersohn und dann auch ebenso regelmäßig bei seinem Schwager Caspar
Ziegler in Leipzig auf. Schon Ostern 1649 wird er die jungen
Eheleute in Leipzig besucht haben, denn noch für den 24. Februar
und den 7. März gibt es briefliche Belege, daß Schütz den Winter
wieder bei seiner Schwester Justina in Weißenfels verbracht hatte.
Eine andre Gelegenheit bot sich Anfang des Jahres 1650, das ihn zu
neuen Aktivitäten nach Dresden rief.

Nachdem der höfische Spieleifer im dritten Jahrzehnt des Krieges
stark zurückgegangen und zuletzt fast ganz erlahmt war, nahm der
Kurprinz Johann Georg die Sache selbst in die Hand, indem er eine
kurprinzliche Kapelle gründete, die bei wichtigen Anlässen die
kurfürstliche Hofkapelle verstärkte und schließlich ganz mit ihr
vereinigt werden sollte. Zum erstenmal feierte man wieder den

Dresdner Fasching, und als die schwedischen und französischen Truppen aus Mitteldeutschland abgezogen waren, ordnete der Kurfürst für den 22. Juli 1650, den Maria-Magdalenen-Tag, ein Dank- und Betfest an. Was dabei von Schütz im einzelnen gesungen wurde, verzeichnet die Chronik nicht. Schon bei den »Symphoniae sacrae« und der »Geistlichen Chormusik« hätten die vorhandenen Klangkörper verstärkt werden müssen.

Anstatt der Hofkapelle nun endlich auf die Füße zu helfen und dafür zu sorgen, daß die Musik klang, wie sie klingen sollte, berief der Kurfürst lieber Dichter an den Hof. Das geschah nicht aus plötzlich erwachter Liebe zur Poesie. Von Haupthofdichtern konnte er erwarten, daß sie ihn und seine fragwürdigen Siege besangen, und außerdem schufen sie gemeinsam mit dem Inventionssekretär Ernst Geller unterhaltsame Aufzüge, Ballette, Allegorien und Schäferspiele, in denen nach dem Vorbild des französischen Hofes, der jetzt allerwärts nachgeahmt wurde, die Angehörigen der fürstlichen Familie und die höheren Hofbeamten selber mitwirkten. Ballette im Mohrenhabit waren nicht das ausgefallenste; geschmackloserweise verkleideten sich Tänzerinnen und Tänzer sogar als Nonnen und Mönche. In Giovanni Andrea Bontempi stand dafür jetzt auch ein Komponist und Kapellmeister bereit.

Die beiden Dichter, mit denen Schütz am engsten zusammenarbeitete, waren Constantin Christian Dedekind und David Schirmer. Dedekind war Dichter und Musiker in einem; er war der jüngere, übte sich als Bassist und wurde 1666 Konzertmeister für die »kleinen« Musiken. Solange er an seiner »Aelbianischen Musenlust« arbeitete, einer weitverbreiteten Sammlung poetischer Texte, lebte er vom Steuereinnehmen, klug und bescheiden genug, nicht allein auf die Kunst zu setzen. David Schirmer dagegen war ein unermüdlicher Textverfasser von mittelmäßiger Begabung und einträglichem Erfolg. Als Sohn eines Pfarrers 1623 in einem Dorf bei Freiberg geboren, hatte er in Halle, Leipzig und Wittenberg studiert und war noch von August Buchner in der Poetik unterwiesen worden. Für sein Dichten wurde er ab 1653 als Bibliothekar besoldet und erhielt 1656 die Stelle eines Bücherwarts. In Leipzig hatte er während seines Studiums dem Liedkomponisten Heinrich

Albert nahegestanden, jetzt schloß er sich dessen Vetter Heinrich
Schütz an und zählte zum Kreis seiner jungen Freunde. David
Schirmers sechsstrophige Ode »Wie wenn der Adler sich aus seiner
Klippe schwingt«, die er 1663 in seine Sammlung »Poetische Rau-
ten-Gepüsche« aufnahm, wurde von Schütz als »Aria« vertont
(SWV 434) und 1651 zur Verlobung der aus Dänemark zurückge-
kehrten Tochter des Kurfürsten, der verwitweten Magdalene
Sibylle, mit dem Herzog Friedrich Wilhelm von Sachsen-Alten-
burg in Dresden an der Tafel gesungen.

Schirmers große Stunde kam schon 1650 bei der wohlvorbereite-
ten Doppelhochzeit zweier Kurfürstensöhne, dem Ereignis des
Jahres. Moritz, der später als Herzog von Sachsen-Naumburg in
Zeitz residierte, und der dezidierte Herzog Christian von Sachsen-
Merseburg heirateten die Schwestern Sophie Hedwig und Christiane von Schleswig-Holstein-Glücksburg. Das Fest dauerte vom
14. November bis zum 11. Dezember 1650, und es sind dabei am
19. November, dem Tag der Hochzeit, im Riesensaal des Dresdner
Schlosses »etliche bestimmte vom Capellmeister Heinrich Schützen
auf diese Hochf. Beilager componierte Stückchen musizieret« worden. Hochzeitsmusik: so wollen wir sie nennen, wir kennen sie
nicht. Für die Hauptveranstaltung am 2. Dezember wird dagegen
kein Komponist genannt: Es war das fünfaktige Gesangs-Ballett
nach David Schirmer, »Paris und Helena«, in dem Götter, Grie-
chen und Trojaner vorkamen, Priester, Schäfer und Hirtinnen, ein
getanzter Raub der Helena und eine Turnier-Pantomime. Das
Theaterwerk bestand, wie sich mit einiger Sicherheit schließen läßt,
aus folgenden auskomponierten Teilen: dem Chor der Götter zu
Ehren von Peleus und Thetis; einem Loblied der Cupiden auf die
Liebe; Chirons Preisgesang auf den Wein; dem Rezitativ der Venus
beim Paris-Urteil; dem Duett von Juno und Pallas: »Donner,
Hagel, Blitz und Flammen«; dem Gebet des Venus-Priesters; der
Prophezeiung des Proteus; der Klage von Hekuba, Andromache,
Kassandra und der Trojaner über Ilions Fall; den Balletten und
Tanz-Einlagen; und schließlich stimmten Apoll und zwei Amoret-
ten ein Preislied auf den wettinischen Rautenstamm an, »darin der
volle Chor allzeit einfiel«.

Die Aufführung dauerte von sieben Uhr abends bis Mitternacht, nach einem Frankfurter Bericht sogar bis nach ein Uhr morgens, also sechs Stunden – da sage man etwas gegen die romantischen Opern! Unter dem zahlreich mitwirkenden Personal, darunter Trojaner zu Pferde, waren auch die Söhne des Kurfürsten, und viel weitere höfische und musikalische Prominenz mußte aufgeboten werden, um alle Rollen zu besetzen: Merkur – Christoph Bernhard; Mars – Philipp Stolle; Pluto und Venuspriester – Georg Kaiser, Baß; Jupiter – Johann Georg Hofkunz; Schäfer – Christoph Kittel; Diana – Hans Adolph von Haugwitz. Alle Damen und Sirenen waren wie im Schauspiel der Zeit und anders als in den Schützschen Ballett-Opern und Allegorien von Männern und Kapellknaben besetzt. Gottsched hat in seiner Literaturgeschichte zwar »Paris und Helena« die erste deutsche Oper nach der »Daphne« genannt; sie habe allen damaligen Opern die Anregung gegeben, aber das scheint doch übertrieben und trifft eher auf »Orpheus und Euridice« zu. »Paris und Helena« dürfte kaum durchkomponiert gewesen sein, und der Musikanteil ist überhaupt fraglich. Die »Inventio« für den ganzen Zauber hatte der musische Kurprinz Johann Georg geliefert, die »Elaboratio« David Schirmer – und die Musik? Vieles deutet auf Bontempi hin, der 1662 über den gleichen Stoff eine eigene Oper schrieb, »Il Paride«. Bei dem Gemeinschaftswerk von 1650 ist freilich Schützens Mitwirkung und Mitautorschaft nicht auszuschließen. Wenn alle sangen, tanzten und spielten, so konnten sie auch ein Schäferlied von Schütz, ein Madrigal (das Loblied auf die Liebe), eine Begrüßungs- oder Huldigungsnummer von ihm (etwa das Preislied auf den Rautenstamm) vortragen, was immer sich gerade an passender Stelle ergab.

Bontempi wird kaum das ganze Werk auf die Beine gestellt haben, er war erst seit 1650 in Dresden und zu »neu«. Giovanni Andrea Angelini, nach seinem reichen Vormund Bontempi genannt, war 1620 zu Perugia geboren, in Rom musikalisch geschult worden und aus Venedig, wo er zunächst Sopranist an San Marco gewesen war und gelegentlich auch schon Aufführungen geleitet hatte, an die Kapelle des Kurprinzen gekommen. Der Komponist, Architekt, Historiker und Verfasser einer von Charles Burney und

Johann Mattheson sehr geschätzten »Historia musica« war ein
gebildeter und vielseitiger Musiker, Schütz verstand sich mit ihm
ausgezeichnet, es kam nie zu Rivalitäten, und der Ältere nahm
einstweilen auch keinen Anstoß, daß er es mit einem Kastraten zu
tun hatte: das gehörte nun mal zur Kunst. Schütz empfahl ihn, wo
er konnte, und erbat ihn sich zu seiner Entlastung. Die Kapelle hat
Bontempi jedoch zu dieser Zeit noch nicht geleitet.

Sie bestand augenblicklich aus kümmerlichen dreizehn Musikern
und fünf Kapellknaben. Unter den Musikern waren allerdings auch
schon der aufstrebende Christoph Bernhard als Altist und die
Organisten Johann Klemm, bei Erbach in Augsburg ausgebildet,
und Christoph Kittel, der auch die Kapellknaben unterwies. Der
Jahresetat der Dresdner Hofkapelle betrug 1651 etwas über 3000
Gulden – auf dem Papier. Es hätte den vorhandenen Begabungen
nach und bei einigem guten Willen seitens des Kurfürsten, wozu
auch die regelmäßige Besoldung gehörte, wieder aufwärtsgehen
können. Jetzt war doch Friede. Gleichwohl spitzten sich die Auseinandersetzungen zwischen Heinrich Schütz und dem Hof in
dramatischer Weise zu. Da sich an den Verhältnissen in der Kapelle
nichts besserte und ihm das Kapellmeisteramt wegen einer plötzlich
auftretenden Sehschwäche und andrer leiblicher Gebrechen immer
beschwerlicher wurde, bot er seine ganze Überredungskraft auf,
ihn doch ziehen und in der Stille sein Werk tun zu lassen.

Das direkt an den Kurfürsten gerichtete große Memorial vom
14. Januar 1651, das der Widmung des dritten Teils der »Symphoniae sacrae« auf dem Fuße folgte, ist in mehrerlei Hinsicht das
bewegendste Dokument aus seiner Feder, da er autobiographisch
weit ausholte und mit einer mühsam verhaltenen Erregung den
Pensionswunsch vortrug. Nicht ausgeschlossen, daß wir dem hefti-
gen Pulsschlag auch die gelegentlichen Gedächtnisfehler zuschreiben müssen; er verfaßte ja kein Lebensbild, sondern er war auf
etwas andres aus. Nach fünf Seiten kam er zur Sache: Er wünsche
zwar herzlich, der kurfürstlichen Kapelle auch künftig vorstehen zu
können, doch nicht allein wegen seines von Jugend auf betriebenen
stetigen »Studierens, Reisens, Schreibens und anderer kontinuierli-
cher Arbeit«, die für seinen Beruf und sein Amt unumgänglich

nötig gewesen sei – und über deren Schwierigkeit und Schwere
seines Erachtens die wenigsten, nicht einmal die Gelehrten urteilen
könnten, »alldieweil auf unseren deutschen Universitäten solch
Studium nicht getrieben wird« –, sondern auch wegen seines nunmehr herangekommenen hohen Alters, seines nachlassenden
Augenlichts, seiner abnehmenden Lebenskräfte, auch weil er sich
keineswegs mehr getraue, die Kapelle gebührend zu bedienen und
den in jungen Jahren erlangten guten Namen zu behaupten, ferner
er auch nicht seine Gesundheit in Gefahr bringen oder gar »zu
Boden stürzen« wolle und die Ärzte ihm Schonung seiner Kräfte
auferlegten, werde er zu der Bitte unumgänglich genötigt, man
möge ihn »in einen etwas geruhigeren Zustand« versetzen, von der
gewöhnlichen Aufwartung befreien, damit er seine anderweits in
seiner Jugend begonnenen musikalischen Werke sammeln, kom-
plettieren und in Druck geben könne, und ihn also gleichsam in den
Ruhestand entlassen. »Sintemal bei meinen hiernächst noch weiter
abnehmenden Kräften (wenn mich Gott noch länger leben lassen
sollte) es vielleicht geschehen und mir noch ergehen möchte [...]
wie einem an einem namhaften Ort wohnenden, mir wohlbekannten, nicht übel qualifizierten alten Kantor, welcher vor etlicher Zeit
an mich geschrieben und mir höchlich geklagt hat, daß seine jungen
Ratsherren mit seiner alten Manier der Musik sehr übel zufrieden
und daher seiner sehr gern los wären, ihm daher ausdrücklich auf
dem Rathaus ins Angesicht gesagt hätten, ein dreißigjähriger
Schneider und ein dreißigjähriger Kantor dienten nicht mehr in die
Welt, wie es dann auch nicht ohne [Grund] ist, daß die junge Welt
die alten Sitten und Manier[en] bald pfleget überdrüssig zu werden
und zu ändern.« So könne es ihm doch auch von jungen Musikanten
alsbald widerfahren! schreibt Schütz. Dies war nicht nur aus weiser
Bescheidung und Bereitschaft zum Rückzug in den Altenstand so
geschrieben, einer Eigenschaft, die bei Hochgestellten selten anzutreffen ist; es war auch ein geschickter psychologischer Winkelzug,
den Kurfürsten ohne Gesichtsverlust zum Einlenken und zum
Neuaufbau der Kapelle zu bewegen. Schütz empfahl auch einen
Statthalter: Andrea Bontempi aus der kurprinzlichen Kapelle, der
sich ihm nicht nur erboten habe, in seiner Abwesenheit jederzeit die

Musik zu leiten, sondern der auch zu solcher Verrichtung wohl qualifiziert sei, in Venedig mehrmals an Kapellmeister statt öffentlich gewirkt habe und als ein »diskreter, höflicher und verträglicher feiner junger Mensch« erscheine.

Nichts geschah. Es ging immer weiter abwärts. Nicht einmal eine Reaktion des Kurfürsten auf die würdige Selbstdarstellung seines Hofmusikers ist bekannt. Er ließ die Musik und die Künstler weiter verkommen – aus Gleichgültigkeit, Altersschwäche, Suff, man weiß es nicht.

Am 11. April 1651 wandte sich Schütz an den Geheimsekretär Christian Reichbrodt: Aus verschiedenen Ursachen begehre er jetzt seinen Ruhestand. Der Kurfürst möge ihm jene Gnade erweisen, welche er den vorigen beiden Kapellmeistern, Michael Praetorius und Rogier Michael, habe widerfahren lassen, deren Besoldung er, Schütz, als er damals nach Dresden kam, ihnen »gleichsam vorverdient habe«. Er sei selbstverständlich erbötig, der Kapelle auch künftig allezeit »nach Vermögen an die Hand zu gehen«.

Es geschah wieder nichts bis in den August. Das Schweigen zwischen den Briefen, selbst wenn da Gespräche stattgefunden haben sollten, ist beklemmend, da sich ihr Inhalt nur immer wiederholte. Schütz scheint keiner Antwort gewürdigt worden zu sein, und, was noch schlimmer war, die Gehaltszahlungen an die Kapellmitglieder hörten vollkommen auf, eine Katastrophe schien sich anzubahnen.

Augusttage 1651, es mögen Hundstage gewesen sein, an denen Schütz in seinem Haus mit dem schönen Erker am Dresdner Neumarkt hinter einem der Fenster an seinem Arbeitstisch saß, über die Blätter mit den Notenlinien gebeugt, die Augenlider spannt Müdigkeit, die Kerben von den Nasenflügeln herab und die Furchen auf seiner Stirn verlaufen schärfer. So hat ihn Spetner gemalt, die Notenrolle in der fast zürnend verkrampften Hand. Es ist das Gesicht, mit dem er in die Nachwelt trat. Die Ärzte hatten ihm angeblich geraten, sich des stetigen »Nachsinnens« zu enthalten, aber wie fängt man das an zwischen Sorgen und einem leeren Notenblatt? Vielleicht rang er schon mit der endgültigen Gestalt des Gesangs der drei Männer im feurigen Ofen, dem vierunddreißigfa-

chen Kehrreim mit Preis und Lob, doch ist eher zu unterstellen, daß
ihm hier in Dresden zum erstenmal die Ruhe fehlte und er fort-
strebte in ein andres Studierzimmer. Auch kamen die Kapellmitglieder in seine Wohnung und bedrängten ihn, Frauen bettelten um
Geld, weil die Männer sich schämten. Er gab, was er hatte, das
Elend war kränkend und demütigend, und er war entmutigt und
unfähig zur Arbeit, wie der Unmut seiner Briefe bezeugt, dieser
Klage- und Mahnbriefe, die ein Mann seines Alters wahrlich nicht
mehr gern schreibt: »Gnädigster Herr«, so wandte er sich am
14. August an den mit der Kapellinspektion betrauten Herzog
Christian, den vierten Sohn des Kurfürsten: »Gnädigster Herr; wie
ungern E. Fürstl. Durchl. ich mit meinem oftermaligen Schreiben
und Erinnern beschwerlich bin, so dringet mich doch hierzu das
stündliche vielfache Umlaufen, überaus große Lamentieren, Not-
und Wehklagen derer sämtlichen Compagni der armen verlassenen
Kapellverwandten, welche in solchem Elende leben, daß es auch
einen Stein in der Erden erbarmen möchte. Nu bezeuge ich mit
Gott, daß mir ihre Not und erbärmliches Klagen so zu Herzen
gehet, daß ich nicht weiß, wie ich ihnen genugsam Trost oder
Hoffnung einziger Besserung machen könne.« Die meisten aus der
Gesellschaft, denen man das sonst nicht zugetraut hätte, schreibt
Schütz, seien jetzt entschlossen, ihren Fuß und Stab anderswohin
zu setzen, ehe sie ihren Herrn um ein Stück Brot ansprechen
wollten; »es sei ihnen unmöglich zu bleiben und länger auszuste-
hen, was sie nu lange Zeit ausgestanden hätten«, sie müßten
gezwungenermaßen davongehen, gäben sie an, ihre Schulden möge
bezahlen wer da wolle, es sei im übrigen »genug an dem Schimpf,
daß ihnen niemand mehr einen Groschen trauen wollte etc.« So
stand es. Schütz fand es zum Erbarmen, daß die kleine, mühsam
zusammengebrachte Gesellschaft wieder sollte getrennt werden;
der Herzog möge bei seinem Vater, dem Kurfürsten, erwirken,
wenigstens ein einziges Quartal Besoldung auszahlen zu lassen,
sonst sei es ihm unmöglich, die Musiker länger zu halten.

Mit unterzeichnet hatte der Hofkantor Johann Georg Hofkunz,
der sich mit ihm jetzt eins wußte und dem Schütz nichts nachtrug.
Herzog Christian informierte sich über die Einzelheiten, bat um

einen nochmaligen detaillierten Bericht an den Geheimsekretär
Reichbrodt – und verschwand ins Hoflager Marienberg.

Am 19. August berichtete Schütz »sonder allen Umschweif«,
wiewohl ungern, dem geplagten Christian Reichbrodt, es sei unter
der ganzen musikalischen Gesellschaft eine derart unerträglich
große Not und ein Lamentieren, daß für seine Person – falls er sich
nicht doch noch ungeachtet seines hohen Alters etwa eine fernere
Reichs- oder Hansestadt zu seiner letzten Herberge auf dieser Welt
erwählte – er weiß Gott lieber »Kantor oder Organist in einem
kleinen Städtlein als länger bei solchem Zustand zu sein« von
Herzen wünsche, da ihm seine Profession verleidet und Gut und
Mut entzogen werde. Er habe nicht nur die Leute vertröstet,
sondern auch seine ganze Barschaft vorgestreckt, was aber, so
gering diese sei, künftig auch nicht mehr geschehen könne, da er
nichts mehr besäße und er mit gutem Gewissen bezeugen könne,
daß an barem Gelde wie an hergeliehenem Pfand er an die 300 Taler
unter die Musiker verteilt habe! (Er sprach von »Konterfei« und
»Becher« und meinte entweder Geschenke des Landgrafen Moritz,
des dänischen Königs oder des Kurfürsten.) Der Bassist Georg
Kaiser stecke, so habe er vernommen, »wie eine Sau im Koben,
habe kein Bettwerk und liege auf Stroh«. Georg Kaiser – der im
Österreichischen Kantor gewesen und aus Glaubensgründen ausgewandert war – habe, so berichtet Schütz, sogar Mantel und Wams
versetzen müssen, und seine Frau sei gestrigen Tags noch zu ihm
gekommen und habe ihn um Gottes willen gebeten, ihnen davonzu-
helfen. Obwohl die andern kein solches Sauleben führten, sei ihre
Not nicht geringer. Falls das Collegium jetzt zu Boden gehe, so
verlangte Schütz, solle der Kurfürst ihm wenigstens seine Unschuld
bezeugen, da er es »an gebührlichen so mündlichen als schriftlichen
untertänigsten Erinnerungen niemals habe ermangeln lassen«. Und
dann folgt der Satz: »Ich befinde es weder löblich noch christlich,
daß bei so löblichen großen Landen nicht 20 Musikanten können
oder wollen unterhalten werden...« Zum Schluß Schützens Entla-
stungsbegehren, sein Gesuch um Erleichterung des mühseligen
Amtes wegen Alters, Unvermögens und langwieriger Dienste, die
Bitte um Anstellung von Christoph Bernhard als Stellvertreter, dem

er gern 100 Gulden seiner jährlichen Bestallung abtreten wolle, und Hofkunz möge in Gottes Namen werden, was ihm beliebe, und der Musik an die Hand gehen unter welchem Titel auch immer – er wurde Vizekapellmeister.

Das klingt alles wie: Nur fort, fort in das liebe stille Weißenfels, in eine andre Komponierstube, es soll ein Ende haben mit dem Kapellkreuz. Irren wir uns?

Wie die Sache stand und worauf es hinauslief, begreift man wohl am besten aus dem Umstand, daß nur wenige Tage später, am 28. August des Jahres 1651, in Weißenfels die Kaufurkunde eines Hauses unterschrieben wurde. Es war ein Haus in der Niclasgasse, schräg gegenüber dem ehemaligen Vaterhaus, das immer noch »Zum Schützen« hieß, ein rein erhaltener Renaissancebau, eines der 1552 dem Sekretär Rost geschenkten ehemaligen Freihäuser, das die Stadt vor Zeiten erworben und das bis dato Veronica Francke geb. Repscher gehört hatte. Nun sollte es Heinrich Schütz Zuflucht bieten, es ging in seinen Besitz über, wie es die unterschreibenden Zeugen Caspar Sauße, Curator, und der befreundete Arzt Dr. Elias Luja bescheinigten und der ehrbare Rat der Stadt am 25. November 1651 signierte.

Damit war der Alterssitz gewonnen, der zwar kein Ruhesitz werden sollte, aber seine letzte Adresse in diesem unruhvollen Leben, und das ist ein Grund, von Endgültigkeit zu sprechen und von einer nicht leichtfertig getroffenen Entscheidung: er kehrte heim. Das Haus hatte drei Stockwerke, und nach deren niemals verändertem Umriß kann man sie sich leicht einteilen: im Parterre eine Diele, eine Stube für die Boten, die Küche vielleicht, dunkle Vorratsräume und ein Stall für das Wägelchen, im Hof der Hausbrand. Eine Stiege hinauf lagen die Wohnzimmer und Heinrichs Schlafraum, und dahinter, nach Norden, mit dem Blick zum Kirchturm, das Arbeits- und Studierzimmer, der Straße abgelegen, damit das Gerappel der Wagen auf dem Pflaster nicht heraufdrang. Der Hinweis auf die Arbeitsklause findet sich in der Fußnote eines Gedichts von Pfarrer Georg Weiße: »Weissenfelsii, in parte domus posteriori, versus Aqvilonem«, angemerkt zu der Nachricht, er, Pfarrer Weiße, habe in Schützens Arbeitszimmer an der Wand auch das Losungswort seiner Begräbnispredigt und Trauermotette gesehen: »Gott, deine Rechte sind dein Lied in meinem Hause.« In diesem Zimmer stand ein großer alter Renaissanceschrank, den sich Schütz zum Notenarchiv umgebaut hatte und der bis oben mit Partituren, Stimmen und Entwürfen, mit Drucken und Handschriften vollgestopft gewesen sein muß. Das Schicksal dieses Schrankes wird uns noch beschäftigen.

Kaum war das Haus eingerichtet, da erreichte Schütz im Oktober die Nachricht, daß sein Vetter Heinrich Albert im Alter von nur siebenundvierzig Jahren in Königsberg gestorben war. Simon Dach nahm die Wirklichkeit vorweg, als er in seinem Trauergedicht am Grabe seines Freundes ausrief: »Wie wird Herr Schütz so herzlich weinen, wenn er erfahren deinen Fall.« Kälte und Einsamkeit griffen ihn an, wenn er seine Lage in dieser Welt bedachte, die ihre Kinder so schwer und selten ans Leben brachte und so schnell und in Scharen wieder entließ, und er lebte immer noch, schuf sich letzte Mauern einer Herberge auf Erden, wenn auch nur zum Schein und zur vorübergehenden Erwärmung, denn wie hätte er nicht wissen sollen, daß alles Täuschung war, auch wenn er sich hierher zurückzog und sich verschanzte – was ihm übrigens nie vollkommen gelang: der Streit um seine Amtspflichten bei Hofe ging weiter, und die Sorge um die Musiker in Dresden hielt ihn dort vielleicht stärker als das trübe Regiment des Kurfürsten, dem er durch Verweigerung, Geschick und ärztliches Attest hätte entkommen können. Wenn man ihn doch nur verstand! (Seine Weißenfelser Freunde schüttelten womöglich ebenso den Kopf wie die in Leipzig und Dresden.) Wie konnte man ihm auch noch folgen und begreifen, was ihn in Wahrheit zu diesem ständigen Hin und Her veranlaßte von Jugend an, und jetzt zwischen Dresden und Weißenfels? Er stand notwendig zwischen beiden Polen, die nur zufällig diese Namen trugen, es hätten auch andre sein können; er durfte sich nicht einfach beurlauben, verschwinden, endgültig ins Ausland gehen oder was immer die Freunde ihm raten mochten. Dies hier war sein Platz, zwischen Werk und Amt. Er mußte beide auch für die letzte Wegstrecke zu vereinen suchen, denn er war nicht gekommen, nur das eine oder andre zu tun, es war nicht seine Aufgabe, aufzulösen, sondern zu erfüllen. Er war nie mit der Geste des Feuerkopfs und Umstürzlers aufgetreten, und er wollte nicht in einem Augenblick abtreten, da ihn die meisten wegen seiner Mahnung zum Kontrapunkt schon für einen abgetanen Greis hielten. Es lag noch zuviel angefangen, was niemand kannte. Er wollte nicht falsch verstanden werden, wenn er die Tradition anmahnte. Ging er resigniert davon, so enttäuschte er diejenigen, die ihm anvertraut waren. Rieb er sich aber im Dienst auf, so mißachtete er ein Gebot Gottes, das ihm befahl, mit seinen Gaben pfleglich umzugehen. Das Gewissen der Kunst ist janusköpfig.

Geduld ist schwer zu haben, wenn die Jahre kürzer werden, und Ausdauer ein seltenes Geschenk. Aber anders ist nichts zu bewerkstelligen. Mörderische Zeiten richteten an einem Tag mehr zugrunde, als der Mensch in Jahrzehnten in Tagesmühsal emsig übereinanderschichtete. Er brauchte sich nur zum Fenster seines Wohnzimmers hinauszulehnen und nach links zu sehen, so blickte er auf den Schutthaufen der Burg über der Stadt, ein Trümmerfeld und Wahrzeichen für die Eile, mit der alles vergeht und verweht. Alles wackelt. Vergleiche mit der heilenden Kraft der ewig grünenden Natur sind von Schütz nicht bekannt, sie finden sich auch nicht in den Texten, die er vertonte. Übrigens war es November, Herbst, der hier sehr neblig ist. Man saß sehr im Grauen, Kalten und Dunklen, wenn man sich anschickte, Gottes Werk zu besingen. Etwa so: »Da fingen diese drei miteinander an zu singen...« Der Gedanke ist so abwegig nicht, daß es in diesem Herbst gerade das war, was ihm durch den Kopf ging und was er mit seiner genauen Handschrift aufs Notenpapier brachte: den vor 1652 entstandenen »Gesang der drei Männer im feurigen Ofen« (SWV 448). Denn so beginnt eben doch alle Kunst: mit Lobgesang und Beschwörung der vielfältigen Erscheinungen des Daseins, und wechselt nur manchmal mit der Klage, die in Schütz dröhnt, wenn das donnernde Gewitter, der vierzehnstimmige Gesamtchor anhebt mit dem richtenden Ruf: »Saul, Saul, was verfolgst du mich? Es wird dir schwer werden wider den Stachel zu löcken!« Das kleine Gemach in der Niclasgasse ist voll vom Fragezorn der Bässe und Tenöre, Alt und Sopran türmen sich über der Spur der Instrumente. Und in der

Ferne, im Dunkel der eigenen Brust, zittern die Stimmen nach, die
trostreich, erschütternd, aufbegehrend und mahnend aus den Stürmen der Leidenschaft zurückkehren zur einfachen Gewißheit der
Dinge, von denen es im Gesang der drei Männer im Feuerofen
heißt, sie mögen den Herrn loben: Sonne und Mond, alle Sterne am
Himmel, Regen und Tau, Tag und Nacht, Reif und Schnee, Berge
und Hügel, alle Vögel unter dem Himmel, ihr Menschenkinder.

Zwischenspiel V

»Was denn meine Vaterstadt an der Saale betrifft, so sei dem
Ausländer bedeutet, daß sie etwas südlich von Halle, gegen das
Thüringische hin, gelegen ist. Fast hätte ich gesagt, daß sie dort
gelegen *habe*, – denn durch langes Entferntsein von ihr ist sie mir in
die Vergangenheit entrückt.« Wer einen solchen Satz liest und sich
eben in jener Stadt zu befinden wähnt, von der da die Rede ist –
romanhaft verfremdet, so daß er sich gleichsam als Objekt raunen-
der Beschwörung mit einbezogen fühlt –, der zieht den Atem ein
und schließt die Augen. Ich las diesen Satz in einer dem Hofe zu
gelegenen Kammer des Hauses am Weißenfelser Markt, das ich seit
meiner Geburt mit kurzen Unterbrechungen bewohnte, es war in
einer Juninacht des Jahres 1949, der ersten von sieben oder zehn
Nächten, die ich mit der Lektüre von Thomas Manns »Doktor
Faustus« verbrachte. Ich las mit klopfendem Puls weiter, und
allmählich verwandelte sich mir meine ganze Umgebung in Kaisersaschern. Es war Kaisersaschern, es gab für mich gar keinen Zweifel.
Es fanden sich im sechsten Kapitel des Buches Sätze, die ich mir
nicht ohne Erregung ein ums andre Mal wiederholte: »Aber in der
Luft war etwas hängengeblieben von der Verfassung des Menschen-
gemütes in den letzten Jahrzehnten des fünfzehnten Jahrhunderts,
Hysterie des ausgehenden Mittelalters, etwas von latenter seelischer
Epidemie: sonderbar zu sagen von einer verständig-nüchternen

modernen Stadt (aber sie war nicht modern, sie war alt, und Alter ist Vergangenheit als Gegenwart, eine von Gegenwart nur überlagerte Vergangenheit) – möge es gewagt klingen, aber man konnte sich denken, daß plötzlich eine Kinderzug-Bewegung, ein Sankt-Veits-Tanz, das visionär-kommunistische Predigen irgendeines ›Hänselein‹ mit Scheiterhaufen der Weltlichkeit, Kreuzwunder-Erscheinungen und mystischem Herumziehen des Volkes hier ausbräche.« Sonderbare Stadt! Gewiß doch, Weißenfels war nicht selbst Kaisersaschern, die drei Städte im Saalebogen südlich von Halle – Merseburg, Weißenfels und Naumburg –, sie kamen im Roman vor, sie wurden ausdrücklich genannt, und die mittlere war als nächste Bahnstation von Oberweiler (oder Röcken bei Lützen) ganz richtig bezeichnet, aber die Fiktion hatte die drei Städte zu einer einzigen zusammengezogen, und aus ihr ließen sich die Eigentümlichkeiten meiner unmittelbaren Umgebung unschwer wieder herausfiltern: am Markt gegenüber das Rathaus mit dem Glockenturm, die weit herabgezogenen Dächer der Bürgerhäuser, die ihnen wie Pudelmützen in der Stirn saßen, oder das Talnebelgebräu und die Seelenstimmung, das Wiederauftauchen von Höhlen-Ernst aus dem Leißlinger Walde, der mir als Kind begegnet war; ich kannte das Dumpfe, Stehengebliebene, das mit all seiner Schwerfälligkeit plötzlich ins Gegenteil Umkippende, das Ängstlich-Freundliche der Menschen, während es in ihren Gehirnen kribbelte wie von Ameisen – ich meinte das alles ganz ähnlich noch gekannt und erlebt zu haben, es war mir handgreiflich und vertraut wie der Alte mit kupferfarbener Haut, krausem Bart und klobiger Pfeife, in dessen Nähe es stets nach Pech und Zunder roch und dem die Halbwüchsigen nachriefen: Großvater Metzeki, deine Kinder fressen viel. Er saß machmal auf einem der beiden Steinsitze, die links und rechts von unsrer Haustür in die Ausbuchtungen der Mauer eingelassen waren, von Steinrosetten eingefaßt und oben, am Beginn des Torbogens, von einem alten sächsischen Wappen überdacht; sie waren in Jahrhunderten ins Schräge abgewetzt und zu klein, als daß die Kinder, wenn sie hinaufsprangen, hätten Stand gewinnen können: sie schlugen sich nur die Stirn am Wappen blutig. Hier oder auf Holzhockern vor den Haustoren hatten früher die Handwerker

gesessen, die verwirrten Alten wie der Großvater Metzki, der
immer den linken Steinsitz wählte. »Das Kennzeichen solcher
altertümlich-neurotischen Unterteuftheit und seelischen Geheim-
Disposition einer Stadt«, hieß es im Roman, »sind die vielen
›Originale‹, Sonderlinge und harmlos Halb-Geisteskranken, die in
ihren Mauern leben und gleichsam, wie die alten Baulichkeiten,
zum Ortsbilde gehören. Ihr Gegenstück bilden die Kinder, die
›Jungens‹, die hinter ihnen herziehen, sie verhöhnen und in aber-
gläubischer Panik vor ihnen davonrennen.« So war es gewesen, das
hatte es in meiner Kindheit noch gegeben, wie es den Kleinen
Gelbgießer-Gang gab, der hier freilich Himmelbett hieß, eine
schmale Gasse, die sich in der Jüdenstraße zwischen die schiefen
Hauswände schob, oder die Hohe Kante zum Schloß hinauf, die, an
den Berg hinaufgehängt wie ein schiefes Bild, mit der Ecke gegen
den gesprengten Bergfried stieß: ich sah das lebhaft vor meinen
Augen, ich brauchte die Lektüre nicht zu unterbrechen, sondern
mich nur in Gedanken hinabzubegeben auf den Markt und, an der
Ecke des Marktes links abbiegend, die wenigen Schritte hinaufzu-
gehn bis zur Kreuzung, an der die Nikolaistraße unterhalb des alten
Geleitshauses in die Burgstraße einmündete; von da aus sah man
auch den »Schützen« mit seinem Erker, der sich immer tiefer zur
Straße hinabbückte, bis er das Pflaster beinah berührte. Über
seinem Tor, das ebenfalls von kleinen flachen Steinsitzen flankiert
war, saß im Zenit des weit geschwungenen Bogens der goldene Esel
mit dem Dudelsack, gut und gern seine vierhundert Jahre alt, das
Zeichen wandernder Musikanten. Den Blick nun gewendet zur
grauen Renaissance-Fassade auf der andern Seite, zum Haus mit
den beiden Fensterreihen über dem hohen Erdgeschoß, mit den
auffallenden Ziergiebeln, grau in grau: eine von Gegenwart nur
überlagerte Vergangenheit. Der Name Heinrich Schütz kam im
Roman übrigens nicht vor, er fehlte, Zeitblom sprach vom Unter-
teuften, Chthonischen und nicht von seinem humanen Widerpart,
das war ja verständlich. Da wir doch aber gerade einen dreißigjährigen Krieg hinter uns hatten mit eben jenen trügerischen Pausen, die
auch der erste einlegte, mit Inflationen und Wipper- und Kipper-
zeit, mit Glaubensverfolgung und Flucht und Emigration dahin

und dorthin, was konnte uns da vielleicht der Künstler von damals lehren, der weggegangen und wiedergekommen war, der zu Frieden gemahnt und seine Landsleute ermuntert hatte, auch das Fremde anzunehmen und sich des Fremden zu eigenem Nutz und Frommen zu bedienen, der sich einerseits vor seine Welschen stellte und doch den Deutschen ins Gewissen redete, nicht gleich das Kind mit dem Bade auszuschütten, wenn sie sich des Neuen bemächtigen? Der so sehr einer der Ihren war, daß er sich gar nicht erst mit einem Stil, einem Glauben, einem Fürstentum verwechseln mußte, um auch als einer der Ihren zu erscheinen? Kurz: der auch sagen konnte, er sei dabeigewesen? In diesem Augenblick flossen mir die beiden Gestalten, der Komponist hinter der grauen Fassade des Renaissancehauses und der Romanautor im fernen Kalifornien, zu einer Figur zusammen.

Was war noch von der Vergangenheit in der Luft hängengeblieben, daß ich es schmeckte und roch? Was hatte ich versäumt, hier lebend, daß ich auf solchen Umwegen gemahnt werden mußte? Nähe macht blind. Ortsansässig Gewesene geraten leicht in den Verdacht, nur Lokalgrößen zu sein; es gab davon noch ein paar andre. Acht Jahre sieht man auf dem Schulweg nichts, merkt nichts, begreift nichts. Auch die Entdeckung von Heinrich Schütz war schwierig, ich näherte mich ihm vorsichtig, eher zögernd, und das Bewußtsein, mit dem ich heute auf den Moment zurückblickte, in dem ich die Straße von einem Schütz-Haus zum andern überschritt, das Haus betrat und die dunkle Treppe hinaufstieg in den ersten Stock, ist doppelt überlagert von Vergangenheiten und dem Zweifel, ob diese Vergangenheiten im Sinn von Geschichtsschreibung wieder herstellbar sind, oder doch nur durch Erinnerung, Erinnerung an Einzelheiten, ohne die nichts begreifbar wird und die Vergangenheit eine Phantasielandschaft bleibt, liege sie nun dreihundert oder nur dreißig Jahre zurück: Die dunkle Stiege, die ins Nichts hinaufführte, denn da war nichts, muffiges Dunkel, eine verriegelte Tür. Geiers Nekrolog, im Stadtarchiv aus dem Faksimile entziffert. Oder der überraschende Querstand in einer Motette, der während einer Chorprobe aus der Marienkirche an das Ohr des Vorübergehenden drang. Die unangekündigten »picardischen«

Dur-Schlüsse nach einer Moll-Komposition, die mit der großen Terz in den Schlußakkord fallen und zu einer Sucht werden können, zu einer Kirchenohrdroge. Oder aber die schwierige Aneignung von Spetners Porträt, das ein Freund in Wien nach mehr als zwanzig Jahren auf Grund von Farbstudien, einer Photographie und einem Druck auf alter Leinwand für mich kopierte. So gibt man schließlich nicht mehr Ruhe, bis hinter Bild, Musik und allen ergreifbaren Einzelheiten vielleicht doch dieser Mensch Schütz zutage tritt, der wahrlich nicht zu den Menschen gehört, »die wir schon kennen«, so daß wir also nicht mehr über sie schreiben müßten.

Er, Schütz, war 1949 für mich das fehlende Glied, auch während der Lektüre des Romans, wenn im Münchner Salon der geborenen von Plausig der Dr. Breisacher mit konservativem Hohn von dem »Verfall der großen und einzig wahren Kunst des Kontrapunkts« sprach, von »Erweichung, Verweichlichung und Verfälschung«, und wenn er Palestrina, die beiden Gabrieli und Orlando di Lasso gegen den Harmoniker Bach ausspielte und sie im gleichen Atemzug bezichtigte, auch sie hätten an der Umdeutung der Polyphonie ins Harmonisch-Akkordische schon schimpflich teilgehabt: Wer hatte dem Autor diese Formulierung wohl eingegeben? Der spitzfindige Adorno? Genauso hätten doch in heiteren Disputen auch Schütz, Scheidt und Praetorius über die Alten reden können, oder aber Georg Otto in Kassel mit vielen Ermahnungen an seine Zöglinge, und nun machte es uns, wie ironisch immer es auch gemeint war, hellhörig für Zwischentöne und Zweideutiges, für den möglichen Umschlag des Modernen ins Reaktionäre, für den Übergang des Fortschritts in die Auflösung und auch für die Maskierung des bloß Rückwärtsgewandten als ehrbare Traditionsbewahrung, kurz: für Ambivalenzen, für die Zweischneidigkeit der Begriffe, und es schärfte die Sinne für die Gefahren eines Experimentum mundi, das leicht teuflisch ausgehen konnte, wenn zuvor nicht manche harte Nuß aufgebissen war.

Meine Figuren, Lehrer und Mahner, trennten sich wieder. Die vorübergehende Vereinigung in diesem Sommer 1949, das Zusammentreffen von Buch und Wirklichkeit in Kaisersaschern, von

Musiker und Dichter, blieb trotzdem nicht ohne Folgen. Ich schrieb gerade damals an einem Roman über einen halbjüdischen Knaben in einer Schulklasse des Jahres 1933/34, und rechtzeitig vor seinem dritten Kapitel, einer Probe des Schulchores, stieß ich in den »Symphoniae sacrae« auf »Saul, Saul, was verfolgst du mich«. Das ermöglichte es, eine zu Vergangenheit und Gegenwart spiegelbildliche, seitenverkehrte, aber schlüssige Wirklichkeitsebene einzuführen. Heinrich Schütz verwandelte sich vorübergehend in den leicht identifizierbaren Balthasar Kempff, weil der Saul aus der Bekehrung des Paulus drastisch verfremdet werden mußte in den großen Verfolger, in den Saul der Klagen Davids: Saul bietet den Heerbann auf, zu schlagen die Ammoniter und Philister, zu töten sucht er den David, der aber entkommt. Das Motto des Romans hat seinen Gleichnisgehalt bis heute für mich nicht verloren: »Aber der Böse Geist vom Herrn kam über Saul, und er saß in seinem Hause, und hatte einen Spieß in seiner Hand, David aber spielte auf den Saiten...« (1. Sam. 19), denn so sitzen sie immer noch mit dem Spieß in der Hand, und irgendein Ohnmächtiger spielt auf den Saiten, und wie es ausgeht, ist noch ungewiß.

Man lebt nicht zwanzig oder mehr Jahre in der Nachbarschaft und im täglichen Umgang mit Namen und Gestalten, ohne erfahren zu wollen, was sie wirklich bedeuten. Was konnte das erste Schlüsselwort für den sagittarischen Stil sein? »Er« – nämlich im Roman der Schüler, bei der Betrachtung einer perspektivischen Flucht während einer Zeichenstunde – »er hatte Chöre von Kempff gehört, deren Stimmen sich in so selbständigen Schritten fortbewegten und scharf abzweigten wie jene Linien dort am Pfeiler, um auf diese Weise plötzlich eine neue Dimension zu erobern, die den kommenden Geschlechtern der Musiker und Musikhörer so selbstverständlich werden sollte wie das kopernikanische Weltbild...« Bei allen Kempff-Freiheiten, mein Lehrer und Mahner aus dem ersten dreißigjährigen Krieg erwies sich als tauglich, und für eine Weile war die Verschlüsselung brauchbar, auch wenn der Gedanke an eine Lebensbeschreibung allmählich zu einer direkteren Annäherung zwang. Noch fehlten alle Voraussetzungen. Der Plan einer wenigstens ausschnitthaften biographischen Phantasie um Heinrich

Schütz stammt aus dem Jahr 1953, auf den Rückseiten eines Typo-skripts von damals befinden sich die ersten Notizen zur Spätzeit ab 1651: Geleitspferde holen Schütz aus W. ab, er fährt den Freunden davon (Martin Knabe), den Burgberg hinan. Zwei Notizen von damals: Der heruntergekommene Bassist Georg Kaiser habe den kurfürstlichen Rat Berlich beleidigt, und Hofkunz sei einmal nachts auf den Straßen Dresdens verprügelt worden – diese Notizen sind nicht mehr zu verifizieren, sie bleiben für die Biographie gestrichen. Der Informant war ein Dresdner Schriftsteller und Heimatforscher. Die Existenz des Notenschranks im Haus Niclasgasse 13 ist dage-gen nicht nur ein Weißenfelser Gerücht, um das sich Legenden ranken lassen, denn die Spätwerke sind nachweislich in Weißenfels entstanden, und Schütz bewahrte sie mitsamt den unveröffentlich-ten Arbeiten hier auf. Wir haben dafür einen unbestechlichen Zeugen im Pfarrer Georg Weiße aus Mutzschen: »Was noch in Schrancken liegt / das kann ich nicht beschreiben / Es ist ein großer Schatz / so viel ich weiß darum.« Die Menge der Handschriften und Stimmkopien muß enorm gewesen sein.

Dies alles denn: die zentripetale Kraft des historischen und imaginierten Augenblicks, an dem wir gerade halten, es ist Spät-sommer oder Herbst 1651; der Erwerb des Alterssitzes und Schüt-zens Haltung gegenüber der Welt, die aus Zuwendung und Wider-stehen spannungsvoll zusammengesetzt war; endlich das für uns Heutige so Tröstliche, daß der Mann und sein Werk die Zeiten überstanden haben und nicht aufhören, Kraft und Mut zu spenden über die Epochen hinweg – dies alles floß in den Text einer Rede ein, die 1956 anläßlich der Einweihung einer Gedenkstätte in eben jenem Schütz-Haus Nikolaistraße 13 in Weißenfels von einem damals Dreißigjährigen, der den Schütz-Plan in seinem Kopf trug, gehalten wurde und mit der es ihm nun wieder ähnlich erging wie mit dem Zusammenstoß zwischen Kaisersaschern und der Schütz-Welt sieben Jahre zuvor: sie hatte Folgen, es nahm kein Ende. Weitere sechs Jahre später, 1962, fehlte ihm beim Schreiben eines Romans« an entscheidender Stelle eine »Rede« – über Balthasar Kempff. Er verwendete die Rede zur Einweihung der Gedenkstätte für Heinrich Schütz im Roman wörtlich als die Rede, die bei der

Einweihung einer Gedenkstätte für Balthasar Kempff gehalten wird, die Identifikation war hergestellt, und möglicherweise setzte das auch die Vorbereitungen für die Schütz-Biographie in Gang. Sie würde, das war gewiß, eines Tages zu dem Augenblick im Jahr 1651 hinführen, der in der Rede beschrieben wird und mit dessen Beschreibung sie endet wie das vorangegangene Kapitel dieser Biographie: Heinrich Schütz bezieht das Haus in der Niclasgasse 13, Kälte und Alterseinsamkeit greifen ihn an, wenn er an seine Lage in der Welt denkt, und doch ist der Gedanke so abwegig nicht, daß es gerade der Gesang der drei Männer im feurigen Ofen ist, den er im Grau dieses Herbstes zu Papier bringt, mit den Worten der Beschwörung, wenn die Stimmen zum Schluß zurückkehren zur einfachen Gewißheit der Dinge, von denen es heißt, sie mögen den Herrn loben: ihr Sonne und Mond, ihr Sterne am Himmel, ihr Regen und Tau, ihr Tag und Nacht, ihr Reif und Schnee, ihr Berge und Hügel, ihr Vögel unter dem Himmel, ihr Menschenkinder...

Der unbequeme Alte

Die Konflikte am Hof trieben nun einem Höhepunkt zu, und die Verwicklung könnte man schon kurios nennen, wäre nicht alles auf dem Rücken eines Mannes ausgetragen worden, der auf die Siebzig ging: Man wollte ihn nicht mehr, aber man ließ ihn auch nicht ziehen; man warf ihm vor, die Italiener an den Hof geholt zu haben, und beschuldigte ihn gleichzeitig, gegen sie zu intrigieren; dem Kurfürsten war die »alte« Musik leid, aber die Musiker, die wohl glaubten, es käme von ihm nichts mehr, hielten trotzdem zu ihm. Mit einem Wort: Der Alte wurde unbequem und war doch nicht zu entbehren, er war das Juwel Sachsens und ein Faustpfand für den kulturellen Wiederaufbau. Wie sollte man auf ihn verzichten? Allseitige Verwirrung, und Schütz wußte gar nicht, wie ihm geschah, so viel Jauche flog durch die Gegend. Es war eine Gemütskatastrophe, wie sie häufig nach Zeiten überstandener Gefahr eintritt. Daß die Sitten verfallen sind, bemerkt man immer erst nach den Kriegen, denn solange alle in derselben Tinte sitzen, halten sie den Dreck für etwas Verbindendes. Er wärmt, aber man kann sich nicht in ihm einrichten.

Werfen wir zuerst einen Blick über Dresden hinaus. In den fünfziger Jahren wurden überall energische Anstrengungen unternommen, dem durch die Kriegszeiten heruntergekommenen Musikerstand neuen Halt und neue Grundlagen zu geben. In Thüringen beteiligte sich daran ein weitverbreitetes Geschlecht, das in Eisenach, Arnstadt und Erfurt Musik machte und dem ein Mann namens Christoph Bach angehörte, dessen Enkel einst Johann Sebastian getauft werden würde. Auch die »Kunstpfeifer« Nord- und Mitteldeutschlands besannen sich und traten 1653 zu einem »Instrumental-Musikalischen Collegium in dem ober- und niedersächsischen Kreise und anderer interessierter Örter« zusammen, das einen umfangreichen, von mehr als hundert Musikern unterschriebenen Ehrenkodex gegen »böse Sitten und Gebräuche« erließ. Aus einigen der 25 Punkte ist zu erkennen, wohin es leider auch mit dieser Zunft gekommen war: Es solle »niemand den andern, ob er gleich eine bessere Art der musikalischen Instrumente sich zu gebrauchen hätte, verachten«, vor allem keiner »sich gelüsten lassen, grobe Zoten oder schandbare, unzüchtige Lieder und Gesänge« zu singen oder zu musizieren, keiner »sich unterfangen, unehrliche Instrumenta, als da seien Sackpfeifen, Schafsböcke, Leiern und Triangeln« zu führen, wodurch die Kunst in Verachtung gebracht werde. Es solle sich »ein jedweder aller gotteslästerlichen Reden, vermaledeiten Fluchens und Schwörens äußerst enthalten«, was ein löblicher, aber angesichts der materiellen Not schwer auszuführender Vorsatz war; es solle auch keiner »bei Gauklern, Diebhenkern, Butlern, Häschern, Taschenspielern, Spitzbuben oder anderen dergleichen leichten Gesindlein« aufwarten und jeder sich der »Pfuscher und Störer gänzlich entschlagen«, das »liebe Alter« unter den Musikern achten, auch »beflissen sein, seine Gesellen und Gehülfen richtig zu belohnen«, jedoch einen aus der Lehre seines Meisters davongelaufenen Lehrknaben »bei Strafe

von zehn Talern« nicht wieder aufnehmen. Alles hohe und ehren-
werte Prinzipien.

Und im vergleichsweise reichen und kultivierten Dresden? Da
änderte sich nichts, und es ist beschämend und beinah quälend, den
sich wiederholenden und immer gleichen Klagen und Eingaben des
Hofkapellmeisters zu folgen. Schütz brachte es allein auf sieben
Gesuche um Entlastung oder Versetzung in den Ruhestand, und
keines wurde beantwortet. Am 4. Februar 1652 zeigte er dem
kurfürstlichen Rat Christian Reichbrodt an, daß vier der Musikanten entschlossen seien, fortzugehen, und er über das Vorgestreckte
hinaus nicht mehr in der Lage sei, sein Vermögen unter den
Musikern zu verteilen. Es sei schwer zu verstehen, daß zur Erhaltung des Kirchendienstes »kein Mittel und Rat sich finden will«. Er
selbst habe nach siebenunddreißig Jahren Dienst gewiß Ruhe verdient. »Gott mit uns in Gnade.«

Und dann erkrankte er in Dresden abermals schwer. Anfang Mai
1652 wurde er für drei Wochen bettlägerig. Flüsse aus dem Haupt
seien ihm in die Schenkel geschlagen, schrieb er am 18. Mai, und es
sei eine Rose daraus geworden. Aber er kam wieder auf und hatte als
erstes zu melden, daß der Bassist Kaiser erneut »aus Armut seine
Kleider vor etlicher Zeit wieder verpfändet und seither in seinem
Hause nicht anders als eine Bestie im Walde verwildert, nunmehr
sich auch wieder regt und mir durch seine Frau hat sagen lassen,
daß er davongehen muß und will«, es sei aber schade und immer
schade um solche köstliche Stimme, daß sie aus der Kapelle solle
verlorengehen, und »was ist's, daß sonst an seinem Humor nichts
sonderlich Taugliches und seine Zunge täglich in der Weinkanne
will abgewaschen werden – allein eine solche weite Gurgel bedarf
auch mehr Nässe als manche enge«. Wenn man ihm jedoch nicht
sein geringes Bißchen zur rechten Zeit gebe, könne man ihn auch
nicht einen großen Verschwender nennen! Geheimsekretär Reichbrodt wird sich sein Teil über weite Gurgeln gedacht haben.

Wenn Schütz ein heiterer Mann von trockenem Humor gewesen
sein sollte – was sich weder beweisen noch widerlegen läßt, aber wir
sind geneigt es zu glauben –, so wurde sein Humor im Alter bissig.
Einmal erinnerte er den Kurfürsten an einen früheren Hofkantor als

den »mit der großen Nase«. Nur in den Briefen an die Herzogin
von Braunschweig säuselte er ganz lieblich, der von ihm empfoh-
lene Musiker Vogel werde leider »vorüberfliegen«. Es ist schade,
daß von den vielen Briefen, die er geschrieben hat, nicht so viele
erhalten sind wie etwa von Hainhofer, aber was das Drastische
betrifft, so genügt uns auch, was folgt.

Den Hofmarschall Heinrich von Taube erinnerte er am 26. Juni
1652 an das große Memorial mit Lebenslauf aus dem Jahr 1651
und tadelte ihn, daß die Erörterung seines Anliegens seit damals
»sitzen geblieben« sei. Da nun aber die Ursachen, die nach der
Ruhe zu trachten ihn antrieben, täglich mehr und merklicher
würden: Abnahme der Sehkraft, auch das viele Schreiben, das
sein Beruf erfordere, und ihm die Lust, mit der kurfürstlichen
Kapelle umzugehen, vollends genommen sei, habe er genug
Anlaß, es sich gereuen zu lassen, daß er »auf das in Deutschland
wenig bekannte und gewürdigte Studium Musicum so viel Fleiß,
Arbeit, Gefahr und Unkosten« jemals gewendet und dessen
Direktorium am kurfürstlichen Hof auf sich genommen habe!
Mit der Bitte, die Angelegenheit seiner Pensionierung voranzu-
treiben, meldete er sich ab zu einer Reise nach Halle und Wei-
ßenfels und fuhr davon.

Schütz hat diese Herbst- und Winterreise nicht vor dem
11. Oktober angetreten, an dem Magdalene Sibylle, die Witwe
des dänischen Kronprinzen, Herzog Wilhelm von Sachsen-Alten-
burg heiratete. Schon zur Verlobung beider hatte Schütz beigesteuert, er hatte David Schirmers Ode »Wie wenn ein Adler sich
aus seiner Klippe schwingt« (SWV 434) zu einer Aria vertont,
und so mag er auch zur Hochzeit Neues geschaffen haben, was
aber stumm blieb. Eine Ballett-Oper »Der triumphierende
Amor« nach Schirmer war vorgesehen, mußte jedoch abgesetzt
werden, weil ein Todesfall in der kurfürstlichen Familie eine Aufführung nicht zuließ. Mehr als »Paris und Helena« deutet »Der
triumphierende Amor« stofflich auf eine Autorschaft Schützens
hin, doch ist ein Zeugnis von der Vollendung oder Existenz dieses Werkes nicht beizubringen. Nur ein Werk von Schütz blieb
aus diesen Tagen erhalten: das Trauerlied auf Anna Margaretha

Brehm (SWV 419), die Frau des Hofbibliothekars, »von dem Witwer selbst aufgesetzet«. Anna Margaretha Brehm war am 21. September 1652 gestorben.

In Halle sah er wahrscheinlich Samuel Scheidt zum letztenmal. Inzwischen weiß man noch mehr: Vor Jahresende verkaufte Schütz in Halle ein Haus, das er am 12. Dezember 1648 erworben hatte. Vermutlich war es vor dem Weißenfelser Haus als Alterssitz in Betracht gezogen worden, denn die Auswahl in der kleinen Saalestadt Weißenfels war geringer als in Halle. Merkwürdig berührt die Vorstellung, daß er sich also beinahe neben Georg Friedrich Händels Vater, dem Wundarzt Georg Händel, seßhaft gemacht hätte, der 1665 in Halle ebenfalls ein Haus erwarb.

Bei seiner Rückkehr nach Dresden mußte er feststellen, daß der Kurfürst und seine Räte sich weiterhin in Schweigen hüllten. Keine Antwort. Nichts geschah. Statt dessen die wildesten Gerüchte und Beschuldigungen, von denen er nach seiner Rückkehr erfuhr. Am 21. August 1653 setzte er sich mit einem Schreiben an den Oberhofmarschall von Taube, den Oberhofprediger Jakob Weller und den Geheimsekretär Reichbrodt zur Wehr, verriet aber noch nicht, wogegen man ihm Beistand gewähren solle, sondern bat nur, zur mündlichen oder schriftlichen Verantwortung zugelassen zu werden. Eine Unverschämtheit jedoch wies er schon jetzt mit aller Schärfe zurück: Er fand es beleidigend, »fast verkleinerlich und schmerzlich«, daß ihm, einem »nicht unverdienten Mann«, durch einen Erlaß zugemutet wurde, sich bei der sonntäglichen Musik in der Schloßkirche mit Bontempi, dem Leiter der kurprinzlichen Kapelle, einem dreimal jüngeren und außerdem kastrierten Menschen, abzuwechseln und »unter ungleichen und zum großen Teil unverständigen Zuhörern mit ihm gleichsam de loco« zu disputieren. Wie die Anordnung aussah, ist nicht genau zu ermitteln. Fest steht nur, daß sie ihn, Schütz, auf die Ebene der Vizekapellmeister zurückversetzte, denn diese hatten früher solchen Kirchendienst versehen. Daher denn auch das harte Wort: Er wolle für seine Person »protestiert« haben, nachdem er »nunmehr alles bis auf das Blut aus den Adern gleichsam teils zugesagt, teils unter etlichen notleidenden Musikanten vorgestreckt« habe. Daß er sich nicht länger in Dresden aufhalten könne, davon jetzt weiter nichts, so schrieb er; nur wolle er bezeugen, »daß lieber den Tod als länger sotanen bedrängten Zustand beizuwohnen« er sich wünschen wolle.

Was für ein Glück, daß das Alter nicht unbedingt kleinlauter, nachgiebiger und milder macht und daß auch von ihm noch mutige Worte und Taten zu erwarten sind. Manch einer wird freier und unabhängier im Denken und Handeln, empfindlicher in seinem Stolz. Dieser hier fühlte sich mit Recht gekränkt; er war rein zufällig in die Schußlinie zweier Hofparteien geraten, die miteinander rivalisierten und deren Angriffe sich eigentlich gar nicht gegen ihn richteten, obwohl jede die andre verdächtigte, sich hinter den Kapellmeister zu stecken, und keine den Verdacht loswerden konnte, Schütz begünstigte gerade die Gegenpartei. Die Anhänger der deutschen und italienischen Musik am Hof lieferten sich eine hysterische Battaglia di Mosche, während die Musiker selbst die Köpfe einzogen und schwiegen, waren sie nun Deutsche oder nicht. Auch Bontempi hat es nie an Respekt und Bewunderung für seinen großen deutschen Kollegen fehlen lassen.

Der Vorwurf, Schütz habe die Zahl der Katholiken am Hof vermehrt, kam vom Konsistorium, und Schütz nahm im Brief vom 23. August 1653 an den Kurprinzen Johann Georg – das war wohl die zugelassene schriftliche Rechtfertigung – kein Blatt mehr vor den Mund: Es seien von geistlichen und weltlichen Personen »widerwärtige Urteile« gefallen, und zu seiner größten Befremdung müsse er vernehmen, ausgerechnet er gelte »für den Urheber und Ratgeber«, daß der Kurprinz aus Italien verschiedene Musiker in der Kapelle eingeführt habe, wodurch er sich von vielen vornehmen Leuten – »denen solche fremde Nationen vielleicht dergestalt nicht beliebt« – böse Gedanken und heimlichen Haß zugezogen habe. Er bitte, bevor er beim Kurfürsten in unverdienten Verdacht gerate, diesen Argwohn von ihm abzuwenden. Auch beim ehrwürdigen Ministerium der Hofkapelle befinde er sich in Mißkredit. Es solle sogar eine Schrift geben, in der er zu den Italienern geraten habe. Im übrigen beteure er, daß ihm das italienische Musikdirektorium niemals »zuwider« gewesen sei. »Nun aber«, schrieb er, »so muß ich dies schmerzlich beklagen, daß gegen das Ende meines Lebens und nach meinen so lange Zeit an diesem Churfl. Hofe abgelegten untertänigsten mühsamen und wohlgemeinten Diensten jetzt erst alle Planeten und Element gleichsam sich wider mich auflehnen und mich bekriegen wollen.« Nicht genug, daß er Gut und Mut zugesetzt und auf eine Besserung gehofft habe, jetzt solle er auch noch die Schuld tragen, den Kurprinzen zu unverantwortlichen Handlungen und Kosten angestiftet zu haben.

Wie fein wußte er zu unterscheiden, und wie genau blieb er bei seinen Prinzipien! Einerseits tadelte er den Fremdenhaß, da es doch auf die Musik ankam und nicht auf die Nationalität der Musiker, und andererseits wies er den Verdacht zurück, er verrate die deutsche Sache an die italienische Kehle. Er dachte nicht daran, eine Tradition preiszugeben, an der er selbst weiterflocht, wußte aber, daß ohne die italienischen Sänger nicht auszukommen war. Er hat diesen Konflikt mit salomonischer Überlegenheit immer wieder geschlichtet, und der Kurprinz scheint für diesmal die Mißverständnisse am Hof tatsächlich ausgeräumt zu haben.

Unter den Musikern entstand keine Verstimmung, obwohl Andrea Bontempi, seit 1651 Leiter der zweiten, der kurprinzlichen Kapelle, zunächst noch weitere fünf Kastraten aus Italien an den Hof zog. Es gab nun, schreibt Werner Braun, »an diesem mitteldeutschen Hof drei Kapellen, die italienische, eine deutsche (für die traditionelle Kirchenmusik) und ein instrumentales Ensemble. Daß es dem Oberkapellmeister Schütz gelang, diese national wie sozialgeschichtlich recht unterschiedlich gearteten drei ›Chöre‹ einigermaßen zu koordinieren, bezeugt seine künstlerische Souveränität und sein menschliches Format.« Nur blieb die deutsche Musik permanent zu schwach besetzt, was wohl auch an dem durch den Krieg verursachten Kräfteschwund lag, und der Oberhofprediger Jakob Weller mußte sich 1654 in einem Brief an den Kurfürsten bitter beklagen, daß man bei dem jetzigen Zustand der Kapelle kaum noch ein deutsches Vaterunser in der Kirche singen könne.

Die völlige Reaktionslosigkeit des Kurfürsten, der alles treiben ließ, ist beinah unverständlich. Vielleicht war auch der Verfall seiner Kräfte schon zu weit fortgeschritten. Sonst hätte er doch auf das erbarmungswürdige Jammern seiner armen Musiker, auf die

Gesuche seines Hofkapellmeisters, auf die schriftlichen und mündlichen Eingaben irgendwann einmal geantwortet oder irgend etwas
veranlaßt. Schützens nächste »Sechs Punkte« vom 21. September
1653 gleichen den früheren Memoranden so sehr, daß ihre Wiedergabe nur ermüdet. Ein Satz allerdings fällt durch die schlichte
Gewißheit auf, mit der hier ein Künstler des siebzehnten Jahrhunderts von seinem Nachruhm spricht: »So habe ich auch noch etliche
mir hochangelegene, bereits angefangene musikalische Werke zu
complieren, wodurch nach meinem Tode auch Gott, der Welt und
meinem guten Namen noch zu dienen ich verhoffens bin...« Nur
wenige Komponisten wurden damals nach ihrem Tode überhaupt
noch gespielt. Zu den auszuführenden Werken zählte Schütz auch
die Vertonung des Lutherschen Prosa-Psalters. Nichts davon ist
überliefert.

Einmal setzte sich auch der Kurprinz Johann Georg (mit Schreiben vom 30. September 1653) für die allgemeine Verbesserung der
Kapellverhältnisse ein, doch scheint selbst er nicht viel bewirkt zu
haben, denn im Jahr darauf muß es zu einer spektakulären, von
Schütz angeführten Gemeinschaftsaktion gekommen sein, einer
Eingabe sämtlicher kurfürstlich-sächsischer Musici vocales et
instrumentales um Auszahlung rückständiger, in zehn Jahren vor-
enthaltener Gehälter, der ersten solidarischen Aktion dieser Art in
der Geschichte der Künste überhaupt. Daraufhin wollte man die
Kapelle »reorganisieren«. Als Schütz gebeten wurde, anzugeben,
wer von den Mitgliedern zu entlassen sei, stellte sich der erste
Musiker des Staates vor seine sämtlichen Kollegen und antwortete
am 19. Juni 1654, daß er keinen Auszug, keine Spezifikation der
»müßigen Musikanten« machen könne, da man wohl ermessen
möchte, was für Ungelegenheiten er sich dadurch zuziehen, »auch
was für Trennung und Mißverständ[nis] unter der Companie hierdurch entstehen würde«, weshalb er bitte, daß eine Gleichheit
erhalten werde.

Er ließ niemanden hinauswerfen, konnte jedoch nicht verhindern, daß die Musiker die traurige Stätte von sich aus verließen.
Matthias Weckmann, seit 1647 wieder in Dresden, erhielt 1654
einen Ruf als Organist an die Sankt-Jacobi-Kirche in Hamburg.

Weckmann besprach sich erst ausführlich mit Schütz, und dieser konnte ihm guten Gewissens nur raten, die Stelle anzunehmen.

Genug der Jeremiaden. Aber das Kapitel ist noch nicht zu Ende, weitere Hiobsbotschafen drängen heran. Am 24. März 1654 war mit dem göttlichen Orgelspieler Samuel Scheidt der letzte der großen Musiker aus der Schütz-Generation, den er seinen Freund nannte, mit siebenundsechzig Jahren in Halle gestorben. Mit Sorge mußte Schütz auch die fünfte Schwangerschaft seiner Tochter Euphrosyne erfüllen, die ihm in der zweiten Jahreshälfte bekannt wurde. Um die Jahreswende reiste er zu Pinckers nach Leipzig, und zwischen Hoffen und Bangen erwartete man die Niederkunft. Euphrosyne, einunddreißigjährig, brachte einen Knaben zur Welt, der jedoch gleich wieder starb. Schütz blieb bei der Tochter. Wenn ich gleich lange harre, heißt es im Buch Hiob, so ist doch bei den Toten mein Haus, und in der Finsternis ist mein Bett gemacht. Nur wenige Tage nach der unglücklichen Niederkunft stellte sich bei Euphrosyne das Kindbettfieber ein, Schütz saß neben ihr, als am 11. Januar 1655 ihre Lebenskräfte immer schwächer wurden. Sein einziges überlebendes Kind starb in der Nacht um ein Uhr, ohne Schmerz und Laut, wie wir aus der Leichenpredigt des Pfarrers Hülsemann wissen. Euphrosyne sei zart und schwacher Konstitution gewesen und habe eine Zeitlang auch an »Milzbeschwerung und Skorbut« gelitten. Die fünf Schwangerschaften in sieben Jahren haben gewiß den Rest ihrer Kräfte aufgebraucht.

Trauerfeier, Beerdigung und Kondolation wurden zu einer teilnehmenden Ehrenbezeigung für den im siebzigsten Lebensjahr stehenden Vater der deutschen Musik, dessen Gesicht im Leid erstarrte. Annähernd fünfzig Trauergedichte gingen ein, darunter von dem kaiserlichen Dichter Bohemus, von August Buchner, Andrea Bontempi, Christoph Bernhard, Caspar Ziegler, Johann Georg Hofkunz, Johann Georg Schoch, Constantin Christian Dedekind, Christoph Kaldenbach, dem Dresdner Konrektor Benjamin Stolbergius, dem Weißenfelser Rektor Albinus, von Schützens Bruder Benjamin in Erfurt und zwei Neffen: dem in Merseburg lebenden Sohn des Bruders Johann und dem Sohn des verstorbenen Leipziger Bruders Georg, Christoph Georg Schütz, der sich in Frankreich auf Reisen befand. Der Leipziger Universitätsrektor Preibisch rühmte in seiner lateinischen Einladung an die Studentenschaft den Vater der toten Euphrosyne Pincker als »virum clarissimum Musurgum per Europam decantatissimum«, andre nannten ihn »Amphion nostri« und »Orpheus Saxonicae«. Aber war das jetzt ein Trost? Er kehrte nach Dresden zurück. Am 24. Juli, nach einem halben Jahr, mahnte er vom Wolfenbütteler Hof, an dem er nun auch offiziell als Oberkapellmeister von Haus aus bestallt wurde, ein ausstehendes Honorar des Herzogs an, da er auch wegen der Begräbniskosten für seine jüngst verstorbene Tochter fast notdürftig sei! Und Pincker? Noch im gleichen Jahr wurde der Appellationsrat Dr. Christoph Pincker Leipziger Bürgermeister, und nach Ablauf des Trauerjahres heiratete er wieder. Ein feinfühliger und ehrgeiziger Mann, der die Begräbniskosten dem Schwiegervater aus erster Ehe aufbürdete. Als habe der Erzeuger gefälligst auch wegzuräumen, was dem jungen Mann zum Unglück ausgeschlagen war. Man komme uns nicht mit zeitüblichen Sitten: das Bild des liebenden Schwiegersohns will sich nicht recht runden. Dem einzigen Enkelkind Schützens, Euphrosynens Tochter Gertraud, die nun in andre Hände überging und dem Großvater vorübergehend entfremdet wurde, werden wir zu gegebener Zeit noch einmal begegnen.

Es ging Schütz gar nicht gut. In der abermaligen Eingabe vom 29. Mai 1655 an den Kurfürsten – immer gleichen Inhalts und wie stets unbeantwortet – mußte er eingestehen, seine Kräfte seien im siebzigsten Lebensjahr sehr geschwächt, und bei abnehmendem Gesicht und Gehör gehe ihm auch seine musikalische Ader nur noch »langsam und schwer«. Es sei sein inständigstes Bitten, in die Freiheit entlassen zu werden und der persönlichen Aufwartung am Hofe so gut wie enthoben zu sein.

Johann Georg I. wollte ihn nicht mehr hören. Schütz aber, ein weiteres Jahr in mühevollem Dienst, hatte dem Kurfürsten eine letzte persönliche Aufwartung zu leisten: beim Sterben. Johann Georg erkrankte im Sommer 1656, und den Hoftagebüchern zufolge wurde dem Kurfürsten nach den Gottesdiensten in der Kirche jedesmal die Predigt im Vorgemach seiner Zimmer wiederholt. Dabei habe der Hofkapellmeister Schütz die Musik selbst geleitet. Der Kurfürst starb am 8. Oktober 1656, und sein mehr als vierzig Jahre redlich und treu dienender Musiker, selbst an der Schwelle des Patriarchenalters, komponierte für ihn die beiden Trauermotetten »Herr, nun lässest du deinen Diener in Friede fahren« (SWV 432 und 433). Die neuerliche Wahl des Canticum Simeonis läßt es denkbar erscheinen, daß zwischen Schütz und dem Kurfürsten – den er nach seiner Erkrankung mit weiteren Eingaben verschonte – eine ähnliche Absprache stattgefunden hat wie zwischen Schütz und Heinrich Reuß postumus, denn auch des Kurfürsten offizielle Beisetzung fand wie die des Reußen erst am 4. Februar des nächsten Jahres, am Begräbnistage Simeons, statt. Das kann man kaum für einen Zufall halten. Es wird darin eine simeonische Absicht erkennbar, von der Schütz gewußt haben muß.

Ist es erstaunlich zu nennen, daß Schütz seinem langjährigen Peiniger solche gewaltigen Todesgesänge komponierte? Sprechen wir nicht nur von der christlichen Tugend des Vergebens und Vergessens, denn fast noch unbegreiflicher erscheint es, daß er überhaupt so lange in Dresden aushielt, daß er diesem Fürsten, der die Künstler nicht etwa nur schlecht behandelte, sondern sie einfach nicht achtete und sie der Ungewißheit und Verzweiflung überließ, über so lange Jahrzehnte gedient hat und nicht seinen Hut nahm und fortging wie viele seiner ihm untergebenen Musiker, denen er selbst dazu riet. Er wäre seinem Vermögen, seiner Stellung, seiner Geltung im In- und Ausland nach zweifellos jederzeit dazu in der Lage gewesen. Hier widerspricht der Geist der Schütze, die auf ihre Herkunft und ihren halbadligen Patrizierstand so viel gaben, hier widersprechen selbst Heinrichs eigener Stolz, sein Selbstbewußtsein, das sich in einer so prachtvollen Handschrift niederschlug, und der verbleibende Rest von Unnahbarkeit, der seine Gestalt, wo immer wir ihrer ansichtig werden, umgab, so sehr der an den Tag gelegten Demut und Bescheidenheit, Ergebenheit und Hofestreue, daß dahinter ein letzter Grund zu vermuten sein muß. Er kann nur darin liegen, daß Schütz in der Mitte verweilen wollte – in der Mitte der protestantischen deutschen Länder und in der Mitte

Europas, als ein Aleph, das die Geheimnisse des Musizierens im Zentrum bewahrte. Er riet Weckmann und anderen, zu gehen – er selber blieb, selbst wenn er vorübergehend die Ferne suchte, und die Ahnung, daß darin ein höherer Sinn liegen mochte, hat ihn den Kopf senken und den schwierigen Kurfürsten bis zu seinem Tode ertragen lassen.

Bei der Beisetzung des Kurfürsten, so berichtet der Zeitgenosse Anton Weck, schritten alle Musiker hinter dem Sarg, der Bassist mit dem Kruzifix, gefolgt von zweihundert Schülern und dreißig Geistlichen, dann die sämtlichen Kapellbediensteten – Fürstenau spricht von vierzehn Sängern, einem Hofkantor, vier Organisten, siebzehn Instrumentisten, zwei Orgelmachern und sechs Kapellknaben –, schließlich ein Heerpauker und zwölf Trompeter, danach der Hof und die Repräsentanten des Landes.

Nach dem Tode Johann Georgs I. trat am Hof manche Veränderung ein. Der älteste Sohn, der als Johann Georg II. mit dreiundvierzig Jahren an die Regierung kam, war als Kunstliebhaber und Musikkenner verständiger und ernsthafter als sein Vater. Er musizierte sogar selbst, er reformierte den Gottesdienst und ordnete die Hofmusik neu. Politisch zur Tatenlosigkeit verurteilt, im eigenen Land von seinen Brüdern an die Kette der Sekundogenituren gelegt, entwickelte er künstlerische Ehrgeize. Die kurprinzliche Kapelle wurde mit der kurfürstlichen sofort zusammengelegt, und Heinrich Schütz wurde offiziell zum Oberkapellmeister ernannt. Johann Georg II. übertrug ihm die Gesamtleitung des Musikwesens am Hofe, befreite ihn jedoch vom Kapelldienst, wofür wir ihn nicht zu hoch loben wollen, denn die Trennung lag in beiderseitigem Interesse und war für beide Teile von Vorteil. Des neuen Herrschers Liebe galt den Italienern, er hielt von der alten Musik nicht viel, und jetzt brauchte er sich keine Zurückhaltung mehr aufzuerlegen. Im äußersten Fall konnte er auf die Werke des großen Alten und seine Hilfe zurückgreifen; er ließ ihn endlich nach Weißenfels ziehen und dort bleiben, sooft und solange er wollte, was ihm Schütz durch häufige und freiwillige Anwesenheit in Dresden vergalt.

Der Lehrer und die Lehre

Seit den vierziger Jahren des Jahrhunderts besaß Heinrich Schütz als Musiker und Organisator eine solche Autorität, daß man ihn von allen Seiten um Gutachten anging, seinen Rat oder seine Entscheidung einholte und von ihm Worte der Empfehlung und Anerkennung erwartete, die sich womöglich auch öffentlich verwenden ließen. Die Zahl seiner Schüler war größer als die irgendeines anderen Komponisten vor oder nach ihm. Johann Mattheson nannte Schütz 1740 in seiner »Grundlage einer Ehrenpforte« den »allgemeinen Lehrmeister deutscher Musikanten«, und Philipp Spitta schreibt im letzten Abschnitt seiner biographischen Studie von 1894: »So wie von ihm hat niemals von einem andern das ganze musikalische Deutschland gelernt.« Rechnet man zu seinen Kompositionsschülern noch die Kapellknaben hinzu – Pfarrer Georg Weiße, der selbst einer gewesen war, spricht von »etlich hundert« – sowie die vielen jungen Musiker, die für kurze Zeit einmal nach Dresden kamen, um von ihm zu lernen, so läßt sich erahnen, in wie vielen Fällen Schütz auf andre fördernd und folgenreich eingewirkt und damit die musikalische Entwicklung beeinflußt hat.

Man zögert zunächst bei dem Wort »Entwicklung«, denn seine Absicht war es zuletzt eher, etwas vor dem Verlorengehen zu bewahren. Andrerseits war er selbst Durchgang, Mittler des Neuen gewesen und hatte jene Tendenzen mit ausgelöst, die er nun mit einigem Unbehagen beobachtete. Indessen hat das alles mit den landläufigen Begriffen »konservativ« oder »progressiv« nicht das mindeste zu tun. Schütz befand sich zu keiner Zeit in der Position eines jener Extreme in der Kunst, die sowohl Anstoß wie anstößig sind und in ihrer Dynamik eines Tages gewöhnlich ins Gegenteil umschlagen. Er vertrat die zwei Geiste der Zeit auf exemplarische Weise in seinem Bestreben, sie auf einen gemeinsamen formalen Nenner zu bringen, und wirkte daher regulierend und Neues ermöglichend weiter – wer mag, kann dies »progressiv« finden. (Denn »konservativ« ist nur eine Kunst, die *gar nichts will*, sondern nur hinterhermarschiert.) Die Lehre, die Schütz hinterließ, wurde

gleichsam unterirdisch weitergegeben, durch mündliche Überlieferung, durch das Werk, die Praxis – und, wie sich herausstellen
sollte, durch das erstaunliche Vorkommnis einer handschriftlich
verbreiteten Kompositions-Anleitung, die nicht einmal seinen
Namen trug. Voraussetzung für die Wirksamkeit seiner Lehre war
eine Kantoreikultur, deren Fundamente der Lehrmeister an vielen
Stellen selbst gelegt hat.

So fragte am 22. Oktober 1646 Heinrich Reuß »der Andere« bei
Schütz an, wer denn die Nachfolge des Geraer Kantors Peter
Neander antreten und die Stelle eines Musiklehrers und Chordiri-
genten am Gymnasium übernehmen könne. Woraufhin Schütz sich
über Martin Knabe in Weißenfels an den Geraer Landesherrn
wandte mit der Bitte um Aufschub und später, nach reiflicher
Überlegung, seinen Schüler Andreas Gleich empfahl. Der in Bautzen tätige Sohn Johann Hermann Scheins, Johann Samuel, erhielt
durch Schützens Vermittlung eine Stelle in Leipzig. Schütz ersetzte
ihn 1647 in Bautzen durch seinen Kopisten Alexander Hering, der
zusammen mit dem Dresdner Hoforganisten Johann Klemm im
gleichen Jahr die »Symphoniae sacrae II« seines Lehrers herausgegeben hatte. Alles war wohlerwogen und Herings Empfehlung
begleitet von den Worten: »... ob ich [ihn] zwar noch zur Zeit für
einen Perfectissimum in solcher schweren Profession [...] nicht
rühmen will noch rühmen kann, so ist er doch gleichwohl empfan-
gener guter Anleitung nach mit seinem Studio auf solcher Bahn und
Wege, daß mit Verleihung göttlicher Hilfe er sich demnächst wohl
über manchen, welcher durch des Pöbels Geschrei nur für exzellent
gehalten wird, hoffentlich erweisen wird.« Später wurde er Dresdner Kreuzkantor und ein Lehrer Johann Kuhnaus.

Im Jahr 1655 vermittelte Schütz seinen Schüler Johann Jakob
Loewe, den Sohn des sächsischen Gesandten in Wien, an den
befreundeten Wolfenbüttler Hof und schrieb der Herzogin Sophie
Elisabeth am 24. Juli 1655 – was auch reisegeschichtlich von Interesse ist –, daß Loewe mit einigen Kapellknaben vor Tagen, am
19. Juli, »mit etlichen allhier auf der Elbe fortgefahrenen Schiffen
von hinnen bis nach Magdeburg« abgereist sei. Schütz schildert
Loewe als einen aufrichtigen, ehrlichen Menschen, an dem er, so-

lange er sich bei ihm aufgehalten, »keine notable Laster« jemals verspürt habe; sonst sei er »frischen österreichischen Humors und Sitten, will gerne alles nach seinem emsigen Sinn haben«, weshalb Schütz eine von Menschenkenntnis zeugende Bitte an die Herzogin hinzufügt: »Dahero ich wohl auch besorgen muß, daß er die Knaben vielleicht etwas zu viel belästigen [wird] und sie sodann über ihn klagen oder (wie vor ihrem Abreisen sie sich gegen etliche Personen sollen haben verlauten lassen) wohl gar wieder davonlaufen werden. Solchem Übel zuvorzukommen wäre zwar mein Wunsch, [daß] Ew. F. Gnaden (wann es anders [als] sonder Unhöflichkeit Deroselbigen zugemutet werden kann) dieselbigen zugleich etwas mit unter Ihre gnädige Protektion nehmen und bisweilen einen Zutritt vergönnen möchten, um ihre Bewandtnis selbst anzubringen.« Dem kann man nur, wie es Moser tut, den Kommentar Friedrich Chrysanders folgen lassen: »Die ganze wohlwollende Behutsamkeit, Gerechtigkeit gegen alle, Rücksichtnahme und Klugheit, humoristische Freimütigkeit gegen fürstliche Personen und ruhige Lenkung verwickelter und widerborstiger Dinge zu einem einträchtigen Zusammengehen – alle diese hervorstechenden Eigenschaften in dem Charakter des edlen Mannes veranschaulicht uns der *eine* Brief.« Man kann sich danach vorstellen, wie Schütz selber mit den Dresdner Kapellknaben umging, die ihm anvertraut waren, und sich einigermaßen erklären, warum sie zeitlebens so an ihm hingen. »Aus einem solchen Handeln«, schreibt Chrysander weiter, »wird uns auch der große und wohltätige Einfluß begreiflich, welchen Schütz auf seine Zeitgenossen ausübte.« Das ist kaum übertrieben. Sonst wären nicht auch die schon Arrivierten und Etablierten gern und ohne sich etwas zu vergeben, von nah und von fern, ratsuchend zu ihm gekommen.

Um 1651 schickte der Herzog von Sachsen-Weimar seinen Kapellmeister Adam Drese nach Dresden, damit er sich genauestens über die Organisation der Kapellen ins Bild setze. Drese besuchte Heinrich Schütz 1656 noch einmal, um von seinen Erfahrungen zu profitieren. Der Danziger Kaspar Förster der Jüngere, ein Schüler des Warschauer Hofkapellmeisters Marco Scacchi, der zuerst nach Italien, dann nach Kopenhagen ging und von 1652 bis

1655 sowie von 1661 bis 1668 Leiter der dänischen Hofkapelle war, reiste noch 1662 nach Dresden, um den »preiswürdigen Ober-Capellmeister« zu sehen und zu sprechen. Man nannte Schütz, schreibt Mattheson in seinem Artikel über Förster, »nur den Vater aller Musikorum, dem es die Teutschen zu danken hätten, daß sie es nunmehr ebenso hoch, wo nicht höher bringen konnten als die Italiener«. Zu den Komponisten, die sich eines sagittarischen Zuspruchs rühmen durften und es auch gern taten, gehörte des weiteren der Zittauer Andreas Hammerschmidt. Der 1653 gelobte und ermunterte Hammerschmidt wies seinerseits in der Vorrede zum fünften Teil seiner »Musikalischen Andachten auf Madrigal-Manier« darauf hin, daß ihm »des hochberühmten Schützen Meinung in seiner Chor-Musik an den Leser wohlgefallen« habe: er meinte das musikalische Manifest von 1648. Für viele war dies ein Programm, andre erwarteten die Sanktionierung ihrer eigenen Bestrebungen. 1655 legte der ehemalige Preßburger Kantor und württembergische Hofkapellmeister Samuel Friedrich Capricornus seine Konzerte Schütz zur Begutachtung vor und erntete die Worte: »... der Herr fahre fort, noch ferner Gott und seiner Kirche also zu dienen.« Den aus Itzehoe stammenden Leipziger Organisten Werner Fabricius, der ein Schüler von Scheidemann in Hamburg war und geistliche Arien, Dialoge und Konzerte komponiert hatte, lobte und ermunterte Schütz 1662 mit lateinischen Distichen. In der Trauerrede von 1679 auf Fabricius heißt es sogar, Schütz sei sein väterlicher Freund gewesen. Gabriel Reuschel in Grimma widmete 1667 eine Komposition seines verstorbenen Bruders, der sich Schütz verpflichtet gefühlt hatte, »dem weltberühmten Fürsten der deutschen Sänger«. Dedekind, inzwischen Hofmusiker und kaiserlich gekrönter Poet, 1666 erster Konzertmeister der Dresdner Oper und neben Theile einer der bekanntesten und beliebtesten Liedkomponisten der frühen Barockzeit, druckte 1657 in seiner »Aelbianischen Musenlust« das Urteil ab, das Schütz über seine Dicht- und Musikwerke brieflich geäußert hatte: Die Musik sei nicht nur nach den Regeln kunstmäßig, sondern auch die Stimmführung anmutig. »Also«, hatte Schütz geschrieben, »erinnere ich ihn hiermit freundlich, er wolle das dargeliehene und von Gott her empfangene Pfund nicht vergraben, sondern diese seine aufgesetzten Arien neben der Poesie in Gottes Namen den Kunst- und Liebhabern zum Besten herausgeben.« David Pohle, im Dienst des Landgrafen Wilhelm VI. von Hessen, vertonte Paul Fleming nach dem Vorbild von Schütz, und Sebastian Knüpfer, der 1655 aus Regensburg nach Leipzig gekommen war und 1657 Nachfolger Tobias Michaels als Thomaskantor wurde, machte sich in Leipzig zum sagittarischen Statthalter und vertrieb die Weihnachtshistorie des befreundeten Altmeisters.

Was das begleitete Konzert betrifft, also die Vokalmusik mit bezeichnetem Instrumentalpart, so war Heinrich Schütz »die Orientierungsperson für seine Landsleute«. Johann Rosenmüller, der Leipzig wegen des Verdachts sittlicher Verfehlungen verlassen mußte und 1674 als einer der Nachfolger Loewes Hofkapellmeister in Wolfenbüttel wurde, hat sich in der Vorrede seiner »Kernsprüche, mehrenteils aus Heiliger Schrift« von 1648, die den »Kleinen geistlichen Konzerten« viel verdankten, ausdrücklich auf Heinrich Schütz bezogen. Auch seine Dialoge dürften von Schütz angeregt und beeinflußt worden sein. Adam Krieger, 1634 geboren, einer der jüngsten und begabtesten Schüler von Schütz, der leider schon im Alter von zweiunddreißig Jahren verstarb, hatte seine Grundausbildung bei Samuel Scheidt in Halle erhalten. Als Scheidt starb, war er erst zwanzig Jahre alt. 1657 zog er bei der Bewerbung um das begehrte Thomaskantorat in Leipzig gegen Sebastian Knüpfer den kürzeren. Er setzte seine Studien bei Schütz in Dresden fort, wurde Hoforganist und nahm durch sein hinreißend geniales Wesen und seine Doppelbegabung als Dichterkomponist alle für sich ein. David Schirmer stellte den jungen Lyriker neben Fleming, Opitz und Rist, und Schütz selbst muß viel von ihm gehalten und erhofft haben. Christian Geist, in Güstrow aufgewachsen, wo sein Vater Domkantor war, komponierte in Schützens Stil Dialoge und Konzerte und trug das sagittarische Erbe nach Skandinavien: 1670 war er in Kopenhagen, bis 1679 Komponist an der schwedischen Hofkapelle in Stockholm, ab 1680 wieder in Dänemark. Johann Klemm und Gabriel Möhlich haben sich beide auf den Unterricht bei Schütz ausdrücklich berufen. »Die heute allein noch zugänglichen

Madrigale von Möhlich zeigen – bei aller Schülerhaftigkeit – ein hohes Maß von Linearität«, urteilt Werner Braun.

Man kann unter den Schülern mindestens drei Generationen unterscheiden: Zu den Schülern der ersten Generation, die der Lehrer ausnahmslos überlebte, gehörten sein Vetter Heinrich Albert, der Jugendfreund Anton Colander, der Geiger und Konzertmeister Carlo Farina, Johann Vierdanck, der 1631/32 an der Güstrower Hofkapelle tätig war, und die beiden Dresdner Kaspar Kittel und Johann Nauwach, der Liedersänger, dessen Sammlung deutscher Villanellen Heinrich Schütz 1627 mit einer eigenen Komposition, »Glück zu dem Helikon« (SWV 96), beschloß. Zu den Schülern der zweiten Generation zählten Weckmann, Dedekind, Christoph Kittel, Martin Knabe, Philipp Stolle, Gabriel Möhlich, Alexander Hering, Andreas Gleich, Johann Klemm, die Herzogin Sophie Elisabeth von Braunschweig, Johann Samuel Schein und Sebastian Knüpfer, indirekt auch Johann Rosenmüller, Johann Erasmus Kindermann, David Pohle, Andreas Hammerschmidt, Franz Tunder, Adam Strungk, Samuel Friedrich Capricornus, Kaspar Förster der Jüngere und Christian Geist. Noch einmal um etliches jünger waren Clemens Thieme, Adam Krieger, Johann Jakob Loewe und Christoph Bernhard. Der jüngste war der Naumburger Johann Theile, 1646 geboren, der noch beim achtzigjährigen Schütz in Weißenfels Musikunterricht nahm. Im Grunde gehörte er mit dem 1649 geborenen Johann Philipp Krieger schon der vierten Komponisten-Generation nach Schütz an. Krieger studierte bei Rosenmüller in Venedig und bei Pasquini in Rom, wurde Hofkapellmeister in Bayreuth und trat 1680 ausgerechnet am Weißenfelser Hoftheater Schützens schwieriges Erbe als deutscher Opernkomponist an. Hier wirkte er zwei Jahrzehnte lang gemeinsam mit dem aus Oberösterreich stammenden Johann Beer, einem der vielseitigsten, schillerndsten Dichter-Musiker des Barock, mit dem etwas von der sinnlichen Phantastik des Südens und seiner melancholischen Heiterkeit in dieser nüchternen Gegend Fuß faßte, bis der von literarischer und musikalischer Fruchtbarkeit strotzende Vagant Beer, ein seßhaft gewordener Paradiesvogel, im Jahre 1700 bei einem Vogelschießen an einem fehlgegangenen Schuß starb. Wie in Schützens Tagen, so auch nach ihm: ein Land des Durchgangs, der Übergänge, und die großen Geburtsstunden sind zu seiner Zeit nicht weit.

Zu den entschiedensten Bewahrern des Kontrapunkts unter den Schülern von Schütz zählten Johann Jakob Loewe und Johann Theile, die über die Harmonienschmiede so wenig gut dachten wie über Bierfiedler und andre Pfuscher. Woran übten sie sich? »Fugierende Imitation, doppelter Kontrapunkt (Simultankontrast) und Verwendung der Dissonanz waren die wichtigsten Gegenstände von Schützens Kompositionsunterricht«, heißt es bei Werner Braun anläßlich der Möhlichschen Madrigale. Und Mattheson berichtet, man habe Matthias Weckmann bei der Organistenprüfung an St. Jacobi zu Hamburg eine Motette vorgelegt, »solche aus dem bloßen General-Baß auf 2 Clavieren zu variieren. Das hatte er nun schon bei Schützen gelernt, und ging wohl ab.« Und dergleichen Kunststücke mehr. Womit wir uns dem Unterricht, der eigentlichen Lehre und jenem Meisterschüler nähern, der sie weitergab: Christoph Bernhard. Er gehörte einer der mittleren Nachfolge-Generationen an und war ursprünglich gar nicht mit jenem wohlbekannten und hocherfahrenen Musiker gemeint, dessen Traktat Heinrich Schütz in seiner Mahnung von 1648 angekündigt hatte. Vorausgegangen war ein Konflikt zwischen dem Danziger Sweelinck-Schüler Paul Siefert, dem Organisten der Marienkirche, und dem Warschauer Hofkapellmeister Marco Scacchi, in den Heinrich Schütz als Gutachter hineingezogen wurde und ohne den alles folgende nicht zu verstehen ist.

Paul Siefert, erzkonservativ und dennoch ein »turbulentes Subjectum«, auf gut deutsch: ein Streithansel und Eiferer, hatte 1640 ein Psalmenwerk veröffentlicht und sich damit nicht nur die Kritik seines Danziger Rivalen, des Kirchenmusikdirektors und Buchhändlers Kaspar Förster, zugezogen, sondern auch, was schlimmer war, den beißenden Spott des Warschauer Hofkapellmeisters Marco Scacchi. Der Italiener Scacchi, ein gewiegter Theoretiker, veröffentlichte 1643 ein »Cribrum musicum ad triticum Syfertinum«, ein Sieb für den Siefertschen Weizen, das dieser 1645 wütend mit einer »Anticribratio« zurückwies. Die musikalische

Welt stand nicht nur in Danzig Kopf, wo Marco Scacchi außer
Herrn Förster auch noch andre Parteigänger besaß. Einer von ihnen
hieß Christoph Werner, er war Kantor der Danziger Katharinen-
kirche und ein Bruder des am Dresdner Hof beschäftigten Bläsers
Friedrich Werner, wodurch eine Verbindung zu Schütz bestand.
Ein Schüler des Katharinenkantors Werner war der 1627 in Kolberg
geborene Christoph Bernhard, der vorher bei Balthasar Erben und
auch bei Paul Siefert in die Lehre gegangen sein soll.

Den Streit zwischen Siefert und Scacchi dürften wir ungerührt
verfolgen und gleich wieder vergessen, wenn Schütz nicht eine
Menge Leute amüsiert und einige wenige geärgert hätte, indem er
sich auf die Seite des Italieners schlug! Nach Johannes Stobaeus,
Christoph Werner, Tobias Michael und einigen anderen wurde
auch Schütz um ein Gutachten in diesem Streit angegangen und
fand sich damit in Scacchis »Judicium Cribi Musici« von 1648
wieder. Der »deutschbewußte Schirmer unseres eigenblütigen
Nachwuchses« und »größte Vertreter echtester Deutschheit«, wie
Moser den Sagittarius gelegentlich zu titulieren liebte, antwortete
1646 dem von Scacchi vorgeschickten Herrn Christian Schirmer –
offenbar einem Verwandten des Dresdners David Schirmer –
zunächst etwas ausweichend auf Lateinisch, er wünschte sehr, Herr
Siefert hätte sich nicht auf diesen Streit eingelassen; er erkenne in
Marco Scacchi durchaus einen gründlich ausgebildeten Musiker
und müsse ihm in vielem Recht geben, wolle sich aber nicht zum
Richter in dieser Sache aufwerfen. Und in einem zweiten Schreiben
»ad Amicum« 1648: Er, Heinrich Schütz, sei von Giovanni Gabrieli
ganz ähnlich belehrt worden, wie dies Herr Siefert von Marco
Scacchi erfahre! Man solle den Streit nun aber begraben. »Es liegt
etwas Tragisches darin«, meint Moser, »daß Schütz sich hier als
italianisierender Modernist auf die Seite des italienisch-polnischen
Angreifers gestellt hat.« Offenbar sei Schütz von Christoph Werner
»im Sinne der Partei Förster-Scacchi gegen den etwas wütigen, aber
im Grunde kerndeutschen und tüchtigen Siefert ins Gefecht geführt
worden«. Und Moser glaubt, Hermann Rauschning beipflichten zu
sollen, der in seiner »Musikgeschichte der Stadt Danzig« 1926
geäußert hatte, daß es hier »weniger um den von Schütz vermuteten

Gegensatz von reaktionärer und fortschrittlicher, sondern denjenigen von norddeutsch-hanseatischer und mittelmeerischer Musikgesinnung« gegangen sei... Lassen wir den armen Siefert kerndeutsch in seinem Grabe ruhn und auch dahingestellt, was wohl unter norddeutsch-hanseatischer Musikgesinnung zu verstehen sei; was aber den Marco Scacchi betrifft, so stand es mit Heinrich Schütz und seinen Motiven doch ein wenig anders. Scacchi hatte nämlich in seinem »Cribrum musicum« von 1643 einen Traktat »de arte Contrapuncti« angekündigt, und Schütz hielt so große Stücke von dem Italiener, daß er ihm die Abfassung einer allgemein verbindlichen Kompositionslehre zutraute, mit der er sich zu identifizieren entschlossen war! Es muß außerdem zwischen den beiden einen sehr ausführlichen Gedankenaustausch gegeben haben, möglicherweise sogar mündlich in Dresden, denn der leuchtende Schlußsatz in dem Schütz-Manifest von 1648 bezog sich auf niemand andren als auf Marco Scacchi: »Wie denn überdies ich noch der Hoffnung lebe, auch bereits davon Nachricht besitze, daß ein mir wohlbekannter, sowie in Theorie wie in Praxis hocherfahrener Musiker demnächst einen diesbezüglichen Traktat ans Tageslicht werde kommen lassen, der hierzu insonderheit uns Deutschen auch sehr zuträglich und nutzbar wird sein können: worum ich, wenn es dazu käme, dem allgemeinen Musikstudium zuliebe mich mit Fleiß zu kümmern dann nicht unterlassen will.«

Wenn es dazu käme: doch die Zeit verging und verging, Scacchi war 1648 nach Rom zurückgekehrt, und der Traktat erschien nicht.

Da trat Christoph Bernhard auf den Plan. Er kam aus Danzig, und als er von einem Hügel aus die Stadt Dresden vor sich liegen sah, soll er auf die Knie gesunken sein und geglaubt haben, nun müsse er dichten. Es war mit größter Wahrscheinlichkeit 1648, frühestens noch während des Streites Siefert–Scacchi, und zuverlässig ist seine Dresdner Anstellung als »Musicus und Sänger« durch Fürstenau für den 1. August 1649 überliefert. Sein weiteres Schicksal ist schnell erzählt: Dreimal suchte der bald aus dem Gesellenstand heraustretende Christoph Bernhard um seine Entlassung nach, weil er nicht seinem Können entsprechend beschäftigt und bezahlt wurde, 1651 erbat ihn sich Schütz als seinen Stellvertreter,

wie wir wissen vergeblich. Im gleichen Jahr wurde der humanistisch
gebildete, vielseitige Bernhard Prinzenerzieher und 1655 endlich
Vizekapellmeister der Hofkapelle. Bis 1657 unternahm er auf
Schützens Fürsprache beim Kurfürsten hin zwei Reisen nach Italien, studierte in Rom bei Giacomo Carissimi, dem Erfinder der
Kantate, und kehrte auftragsgemäß mit Marco Giuseppe Peranda
an den Dresdner Hof zurück. Als Bernhard 1663 bei der Besetzung
einer Kapellmeisterstelle erneut unberücksichtigt blieb, ging er
enttäuscht zu seinem Freund Matthias Weckmann nach Hamburg.
Weckmann, Organist an St. Jacobi, hatte Christoph Bernhard
gegen sechs andere Kandidaten als Johanneskantor und Musikdi-
rektor der Hamburger Hauptkirchen vorgeschlagen. Unter den
Mitbewerbern waren so angesehene Musiker wie Sebastian Knüpfer
und Werner Fabricius aus Leipzig, der holsteinische Kapellmeister
Johann Theile und der von den Hamburger Gesandten in Stockholm vorgeschlagene Christian Geist. Christoph Bernhard bekam,
so hören wir von Mattheson, eine Stimme mehr als der Leipziger
Nikolaikirchen-Organist Fabricius. Als die Würfel gefallen waren
und er in Hamburg erwartet wurde, fuhren ihm die Vornehmen der
Stadt mit Weckmann in sechs Kutschen zwei Meilen bis Bergedorf
entgegen. Bernhard befreundete sich mit dem Dichter Johann Rist
und dem Kopenhagener Kaspar Förster dem Jüngeren. Erst 1674,
nach dem Tode seines Lehrers Heinrich Schütz und nachdem auch
sein Hamburger Freund Matthias Weckmann gestorben war,
kehrte Christoph Bernhard nach Dresden zurück und wurde dort
Hofkapellmeister. Er erlebte noch das Wiederaufblühen Dresdens,
wurde 1688 hochgeehrt in den Ruhestand versetzt und ist 1692
gestorben. Einer seiner Hamburger Nachfolger hieß Georg Philipp
Telemann.

Von Anfang an gehörte der oft unterschätzte Christoph Bernhard zu den engsten Vertrauten seines Meisters, und ohne Eifer-
sucht nannte Dedekind 1657 Schütz und Bernhard verehrungsvoll
in einem Atemzug: »Dieses deutsche Wunder-Paar, diese werten
Geister!« Sobald Schütz an seinem Schüler die theoretische und
musikpädagogische Begabung entdeckt hatte, muß er mit ihm über
das notwendige Schulwerk gesprochen haben, das alle jene Regeln

festhalten sollte, die er 1648 in seinem Manifest der Beachtung empfohlen hatte. Die Vermutung Joseph Müller-Blattaus, es sei im Schütz-Kreis längst die Erarbeitung verbindlicher Regeln beabsichtigt gewesen, erscheint durchaus begründet, und möglicherweise war auch Freund Kittel ins Gespräch gezogen worden. Um so schlüssiger ist die Annahme, daß Christoph Bernhard am Ende von Schütz selber dazu ausersehen wurde, eine Art sagittarisches Musik-Testament niederzulegen, denn niemals hätte Bernhard unter den Augen seines Meisters und Freundes ohne dessen Wissen und Einverständnis beginnen können, bis ins kleinste Detail auszuarbeiten, was Schütz in seinem Manifest von 1648 als Programm entworfen hatte – wenn Bernhard auch um einiges über seinen Lehrer hinausging. Selbst wenn wir es nach dem vom Herausgeber gewählten Titel der Erstveröffentlichung von 1926 (!) mit der »Kompositionslehre Heinrich Schützens in der Fassung seines Schülers Christoph Bernhard« zu tun haben sollten, so gehört doch Bernhard einer jüngeren Musiker-Generation an, er hat die Lehren Carissimis und anderer mit verarbeitet. Wir dürfen jedoch voraussetzen, daß Heinrich Schütz aus dem Altersabstand so viel Toleranz und Voraussicht aufbrachte, dies mit einzukalkulieren und zu billigen.

Das Werk besteht aus drei Teilen, die zu unterschiedlichsten Zeiten entstanden und deren Handschriften oder Kopien in mehrere Bibliotheken verstreut aufgefunden worden sind. Der erste Teil, »Von der Singe-Kunst oder Manier«, wird bereits kurz nach 1648 abgeschlossen vorgelegen haben; der zweite Teil, der sich im Titel als das angekündigte Hauptwerk erweist, »Tractatus compositionis augmentatus«, fällt in die wichtigsten Jahre der Zusammenarbeit zwischen Schütz und Bernhard in Dresden und dürfte zwischen 1657 und 1663 seine »augmentierte«, das heißt erweiterte Gestalt erhalten haben; der dritte Teil, »Ausführlicher Bericht vom Gebrauch der Con- und Dissonantien«, ist vermutlich erst in Hamburg entstanden.

Zusammen ergeben diese drei Teile die ausführlichste Musiklehre vor den großen Schulen des 18. Jahrhunderts. Bernhard geht mit Beispielen auf alle nur denkbaren Fälle und Einzelheiten ein. Die Beschreibung der Gesangsmanieren, die alle regionalen italienischen Schulen einbezieht, »stammt ersichtlich von einem, der das alles am eigenen Leibe erfahren hat«, schreibt der Herausgeber. Stimmbildung und ihre Unterschiede, das Festhalten der Stimme, Piano und Forte, das Trillerschlagen und der Schwellton werden ausführlich erörtert, und besonderer Wert wird auf die Verständlichkeit des Vortrags und die Ausbildung eines dem Werk angemessenen Geschmacks, das heißt die Reinheit des Vortragsstils, gelegt. Bernhard weist auf das notwendige Verständnis auch fremdsprachiger Worte hin, ohne das der Sänger bei gelehrten Zuhörern einen Schimpf einlege. Untunlich, vor allem im Vortrag motettischer Werke, sei der Gebrauch komödiantischer Gebärden. Fortschreitend vom »cantar sodo«, dem schlichten Ausdruck der Musik, über das affektbetonte, den Wortsinn herausarbeitende, bis zum ornamentbehangenen Singen, das die Melodielinie durch Verzierungen aller Art auflöst, gelangt Christoph Bernhard zu einer Affektenlehre, die bis zum jungen Mozart ihre Gültigkeit behalten hat. Im Schlußabschnitt hört man dann förmlich im Hintergrund Schütz selber sprechen: »Sonsten aber ist in dem *Stylo recitativo* in acht zu nehmen, daß man im Zorn die Stimme erhebt, hingegen in Betrübnis fallen läßt. Die Schmerzen *pausieren*; die Ungeduld rast. Die Freude ermuntert. Das Verlangen macht beherzt. Die Liebe scharfsinnig. Die Schamhaftigkeit hält zurück. Die Hoffnung stärket sie. Die Verzweiflung vermindert sie. Die Furcht drücket sie nieder. Die Gefahr fliehet man mit Schreien. So sich einer aber in die Gefahr begibt, so führet er eine solche Stimme, die seinen Mut und Tapferkeit bezeuget. In *summa*, ein Sänger soll nicht durch die Nase singen. Er soll nicht stammeln, sonst ist er unverständlich. Er soll nicht mit der Zung anstoßen oder lispeln, sonst versteht man ihn kaum halb. Er soll auch die Zähne nicht zusammenschließen, noch den Mund zu weit auftun, noch die Zung über die Lefzen herausstrecken, noch die Lippen aufwerfen, noch den Mund krümmen, noch die Wangen und Nasen verstellen wie die Meerkatzen, noch die Augenbrauen zusammenschrumpfen, noch die Stirn runzeln, noch den Kopf oder die Augen darinnen herumdrehen, noch mit denselben blitzen, noch mit den Lefzen zittern ect.«

Der Kompositionstraktat ist aus der Praxis entstanden und für die Praxis geschrieben. Er hält nicht nur die überlieferten Regeln der Kontrapunktik fest und verweist auf die großen, vorbildlichen Werke von Willaert, Josquin, Palestrina, Andrea und Giovanni Gabrieli – auch darin dem Programm von 1648 folgend –, sondern geht in einem wesentlichen Punkt darüber hinaus und öffnet den Blick in die Zukunft, indem er die Entwicklung der Schütz-Zeit berücksichtigt.

Das Neue ist versteckt, es kommt auf Taubenfüßen, wie könnte es anders sein bei Schütz oder bei seinem Schüler Bernhard. Die hohe Schule des Kontrapunkts unterscheidet Bernhard zunächst in zwei Schreibarten: erstens in den Stylus gravis oder antiquus, der die Dissonanzen nur als Durchgang oder Vorhalt gestattet – damit ist der Stil der alten mehrstimmigen Motette Josquins, Palestrinas und Gabrielis bezeichnet –, zweitens in den Stylus luxurians oder modernus, der weitere Dissonanzbildungen erlaubt und in dem der Text die Musik in stärkerem Maße bestimmt. Er kennt zwei »Manieren« der zweiten Art: den Stylus luxurians communis, in dem die Figurenlehre Wort und musikalischen Ausdruck in Übereinstimmung und Gleichgewicht zu halten hat (Beispiele: Monteverdi, Scacchi, Bontempi, Peranda, Förster – und Schütz), und den Stylus luxurians comicus oder auch theatralis (Beispiele: Monteverdi, Cavalli, Carissimi, Albrici und Luigi), der geeignet ist, eine Rede in Musik vorzustellen. Seine systematische Figurenlehre vergleicht Christoph Bernhard wegen der Menge der Figuren mit der Rhetorik. Auch darin meldet sich noch einmal der wissenschaftliche Anspruch eines Musizierens, das sich seine grammatikalischen und syntaktischen Regeln vorher bewußt macht, bevor es zu »sprechen« beginnt.

Dem läßt Bernhard die Erörterung der Modi, der Tonarten, und eine erste Fugenlehre folgen, deren Anwendung sich nicht mehr auf das »Cantare« beschränkt. Die Lehre von den Modi enthält insofern eine wichtige Neuerung, als Bernhard nicht mehr mit dem d beginnt, sondern von c ausgeht und ihn als »ersten Ton« bezeichnet; nach dessen Leiter richteten alle übrigen ihre perfekten Schlüsse. Damit hat das Dur-Moll-System endgültig über das der Kirchentonarten gesiegt. Es kann danach nicht mehr verwundern,

daß auch in der Behandlung des Kontrapunkts ein neues Denken
sich durchsetzt. Neben die Erfassung und Beobachtung aufeinander folgender Intervalle tritt gleichberechtigt die vertikale Intervall-
betrachtung. Das Kontrapunkt-Verständnis ist durchrationalisiert.
Gemeinsam mit der neuen Lehre von den Tonarten und der Anleitung zum Fugieren eröffnet es das Delta einer neuen Musik, die sich
mit den alten Regeln versöhnen kann.

Diese Kompositionslehre ist im letzten Drittel des Jahrhunderts
im verborgenen handschriftlich weitergegeben worden. Das Drei-
gestirn der Apostel, das an der Verbreitung der authentischen
Anweisungen von Schütz mitwirkte, hieß Christoph Bernhard,
Matthias Weckmann und Johann Theile. Weckmann scheint die
Traditionen und Erfahrungen der sächsisch-thüringischen Schule in
Norddeutschland an Dietrich Buxtehude vermittelt zu haben.
Johann Theile, der auch eigene Aufzeichnungen über den Kontra-
punkt hinterließ, wirkte wieder auf Johann Gottfried Walther, den
Vetter Johann Sebastian Bachs. Die Wege, die das Manuskript
Christoph Bernhards nahm, sind im einzelnen gar nicht mehr zu
verfolgen.

Die Bernhardsche Lehre hat durch ihre Vervielfältigung und
mannigfache Weitergabe gewiß weit über Schützens Mahnung
hinaus dazu beigetragen, daß die Katastrophe des Kontrapunkts bis
zum Jahre 1750 hinausgeschoben wurde. Das Bernhardsche Manuskript belehrt uns zudem über einen wichtigen musikgeschichtlichen Sachverhalt: Der Nachweis, daß zwischen Schütz und Bach
ein Zusammenhang besteht, wollte und konnte über die Werke
beider nie so recht gelingen, dazu waren die Entfernungen zwischen
den Epochen und Stilen zu groß – er gelingt über die Lehre! Johann
Sebastian Bach sollte im »Musikalischen Opfer« und in der »Kunst
der Fuge« erfüllen, was den auf scheinbar aussichtslosen Posten
kämpfenden Verteidigern des Kontrapunkts vorschwebte.

Ein halber Ruhestand

Nach seiner »Provisionierung«, wie man das damals nannte, seiner Versetzung in den Ruhestand zur besonderen Verfügung des Hofes, verkaufte Heinrich Schütz 1657 sein Haus am Dresdner Neumarkt und mietete sich eine Wohnung im Haus Moritzstraße 10, das einer Gräfin Solms gehört hatte und erst kürzlich in den Besitz des kurfürstlichen Rates und Steuereinnehmers Beyer übergegangen war. (Es brannte 1760 ab.) Der Erlös aus dem Verkauf des Hauses war gering, da es mit einer Hypothek der Kurfürstin-Witwe Hedwig belastet gewesen war, die Schütz jetzt zurückzahlte. Eine finanzielle Entlastung kam von andrer Seite: Heinrich Schütz hatte nach der Teilung des väterlichen Erbes und der Auflösung der Erbengemeinschaft bei Christophs Tod einen größeren Geldbetrag, vermutlich auf den Rat seines Bruders Benjamin, als Darlehen der Stadt Erfurt überlassen. Einen Rest von 120 Talern hatte der Rat von Erfurt bis 1656 »wegen sonderbarer hiesigen Ortes eingerissener Münz-Confusion« nicht zurückzahlen können. Zur Regelung der Angelegenheit schickte der Rat der Stadt Erfurt eigens den Syndikus Dr. Benjamin Schütz mit andren Abgeordneten nach Dresden, wo sie vom Hofkapellmeister überaus herzlich empfangen, bei sich beherbergt und gastfreundlich »traktiert« wurden. Mit allen Zeichen des Dankes schickte der Rat von Erfurt die restlichen 120 Taler am 23. Januar 1657 endlich in Form von sechzig Dukaten mit der Post nach Dresden. Heinrich Schütz konnte sich einigermaßen gesichert nach Weißenfels zurückziehen.

Er erhielt ein Ruhegehalt von achthundert Talern jährlich, es wurden ihm verschiedene Steuererleichterungen gewährt, und für die drei- bis viermaligen Reisen nach Dresden stellte man ihm zwei Pferde zur Verfügung, die unterwegs bei den Geleitsämtern gewechselt wurden. Gelegentliche Gnadengeschenke wie goldne Becher kamen hinzu – aber wo sind sie geblieben? Daß all die Andenken, goldnen Ketten, königlichen Medaillons verschwanden und nichts an ihn erinnert, was nicht schon zu seinen Lebzeiten in die Archive einging, stimmt ebenso nachdenklich wie das Schicksal seines Grabes, bei dessen Verschwinden nach fünfzig Jahren sich niemand von der Familie meldete. Die Nachkommen erwiesen sich als stumpf und gedächtnislos – auch das droht einem Künstler.

Die Zuwendungen der Höfe, an denen Schütz auch weiterhin als Kapellmeister »von Haus aus« tätig war und bei denen er auf seinen Vorteil zu achten wußte, erlaubten ihm, andrer Menschen Elend zu mildern. Am 24. Juli 1655 mahnte er von Wolfenbüttel ein Honorar an »in Erinnerung der alten teutschen Lehre, daß man großer Herren zwar genießen, sie aber auch bei Brote lassen soll«. Im gleichen Jahr stiftete er anläßlich seines siebzigsten Geburtstages hundert Gulden für die Weißenfelser Hospitäler, von deren Zinsen die Insassen des Nikolaihospitals, des »armen«, jährlich drei, die des Laurentiushospitals, des »reichen«, jährlich zwei Gulden erhalten sollten. Es macht den Eindruck, daß er sich jetzt endgültig als Bürger von Weißenfels fühlte, das durch seine Erhebung zur Residenz alsbald einer kurzen höfischen Blütezeit entgegenging, in der die Kunst gedieh und sonst leider wenig, und dessen Einwohnerzahl bis 1658 sprunghaft um sechshundert auf fast zweitausend zunahm.

Johann Georg I. hatte sein Land unter seinen vier Söhnen aufgeteilt. Da sein Testament verschiedene Unklarheiten enthielt, trat die Teilung nach einem Hauptvergleich unter den Brüdern erst am 1. Mai 1657 endgültig in Kraft: Es entstanden neben Kursachsen, das Johann Georg II. regierte, die Sekundogenituren Sachsen-Merseburg, Sachsen-Zeitz und Sachsen-Weißenfels. Für den zweiten Sohn August, Administrator des Erzstifts Magdeburg mit Sitz in Halle, wurde Weißenfels geschaffen, das wie Zeitz ein neues Schloß brauchte: Neu-Augustusburg, das nach seiner Vollendung in den achtziger Jahren so viele Fenster aufwies wie das Jahr Tage hatte, ein Ausdruck zweitgezeugter Großmannssucht.

Die kostspielige Hofhaltung, die auch den Aufbau einer Hofkapelle unter Johann Philipp Krieger erlaubte und Weißenfels vorübergehend zu einer Hauptpflegestätte der Oper werden ließ, erlebte Schütz zwar nicht mehr, wohl aber erfuhr er noch von der Last der Abgaben und Leistungen, der »Fronen«, des Schloßbaugeldes, und von dem Verlust kommunaler Selbständigkeit, der ein hoher Preis war für den residenzlichen Ruhm, den die Stadt als Zwergherzogtum mit einem »Souverän« genoß. Dieser regierte vom Berge in die Stadt hinein, und mit dem aufgepfropften Adel in den Kavaliershäusern und dem Hofbeamtentum vervollständigte sich modellhaft ein Klassenstaat im kleinen, wo es ihn vorher noch gar nicht gegeben hatte. Auf der Seite der Bürger und Stadtbauern ging ein Stück gewachsener demokratischer Stadtkultur zugrunde, das auch nach dem Aussterben der Weißenfelser Linie dem fernen Dresden und dem preußischen Verwaltungsstaat, an den das Land eines Tages fiel, nicht mehr abgewonnen werden konnte.

Schütz setzte sich in Weißenfels nicht zur Ruhe. Man weiß eigentlich auch nicht, was das bei einem Künstler bedeuten sollte: er sucht sein ganzes Leben nach »Ruhe« – um zu arbeiten, und mit dieser Arbeit hört es dann allerdings auch nie auf, da er sich nicht den eigenen Kopf abschneiden kann. Und da das Interesse an der Ebene der Realisation nicht erlischt, so bleibt er mit dem wirklichen Leben länger in Verbindung als ein pensionierter Amtsgerichtsrat oder Steuerbuchhalter.

Seit August 1655 war Schütz bestallter Oberkapellmeister in Wolfenbüttel, und ein paar Jahre später traten ähnliche Pflichten in dem ein paar Meilen südöstlich von Weißenfels gelegenen Zeitz hinzu. Der jüngste Kurfürstensohn Moritz, dessen Musiklehrer Schütz in Dresden gewesen war, residierte jetzt als Herzog von Zeitz in Naumburg und ließ sich in Zeitz ein neues Residenzschloß bauen, die Moritzburg. Bereits beim Umbau der Schloßkirche nahm er Schützens Rat in Anspruch. Im Sommer 1659 reiste Schütz von Weißenfels nach Zeitz hinüber, um die dort bereits vorhandene Orgel zu prüfen, konnte aber wegen der Bauarbeiten den Orgelraum nicht betreten und fuhr unverrichteter Dinge wieder ab.

Ostern 1660 besuchte er die komponierende Herzogin Sophie Elisabeth in Wolfenbüttel und fand das fürstliche Collegium musicum unter Leitung des von ihm vermittelten Johann Jakob Loewe in vorzüglicher Verfassung. In der zweiten Jahreshälfte begab er sich nach Dresden, wo er durch die Revision des Beckerschen Psalters, auf dessen Vollendung der Kurfürst gedrängt hatte, fast neun Monate aufgehalten wurde, obwohl er – »die Wahrheit zu

bekennen«, wie es im Widmungsbrief an den Herzog von Braunschweig-Wolfenbüttel heißt – seine »übrige kurze Lebenszeit«
lieber mit der Revidierung und Vollendung andrer angefangener
Sachen und sinnreicherer Erfindungen hätte anwenden wollen.
Vielleicht ist das nicht nur ein Eingeständnis seiner Lustlosigkeit,
sondern auch der einzige ernst zu nehmende Hinweis, daß einige
der rezitativischen Großwerke seines Alters in diesem Jahr schon
begonnen waren!

Zwischen dem 10. April 1661, an dem er den Beckerschen Psalter
an den Herzog von Braunschweig auf den Weg brachte, und dem
21. Mai 1663 scheinen alle biographischen Zeugnisse zu fehlen:
Kennzeichen schöpferischer Phasen, die gewöhnlich die glücklichsten sind. Im Herbst 1662 scheint er allerdings in Dresden an den
Feierlichkeiten zur Vermählung der Prinzessin Erdmuthe Sophie
mit dem Markgrafen Christian Ernst von Brandenburg-Bayreuth
teilgenommen zu haben. Sie dauerten vom 18. Oktober bis zum
13. November und erreichten ihren Höhepunkt mit der Aufführung von Bontempis Oper »Il Paride« am 3. November.

Mehr und mehr plagten Heinrich Schütz Gehörleiden und vermutlich auch rheumatische Beschwerden, so daß er in den Bädern
von Teplitz Heilung suchte. Eine Quittung über dreihundert vom
Braunschweiger Herzog durch den Kaufmann Stephan Daniel
überbrachte Taler, was die Besoldung für zwei Jahre war, ist ausgestellt zu Teplitz »in den warmen Bädern daselbst« am 21. Mai 1663.
Nicht ausgeschlossen, daß er sich im Gefolge der Kurfürstin Magdalene Sibylle befand. Hier erreichten ihn auch neue Wünsche des
Zeitzer Herzogs Moritz, so daß er sich, nach Dresden zurückgekehrt, um die künftigen Zeitzer Kapellknaben kümmern mußte.

Noch einmal wurden durch die Zeitzer Kapellgründung alle
Kenntnisse, Erfahrungen und Fähigkeiten des nun fast achtzigjährigen Musikers beansprucht und herausgefordert: Schütz überwachte
von Weißenfels aus den Bau des Chorraumes, wobei er aus akustischen Erwägungen darauf achtete, daß die Sänger nicht hinter einer
Säule zu stehen kamen. Er fertigte Beschreibungen und Zeichnun-
gen an, kümmerte sich um die Anschaffung der Instrumente, verfaßte eine Kapellordnung, und als im Notenarchiv der Zeitzer Ka-

pelle ein großes Durcheinander entstanden war, rügte er den
Superintendenten Philipp Salzmann mit dem Zorn des Patriar-
chen, ihm gefälligst die »Ehre anzutun« und seine Noten ordentlich zu verwahren! Register anbei. Als Hofkapellmeister empfahl
er Johann Jakob Loewe, der sein Amt in Wolfenbüttel aufgeben
wollte, nach Zeitz, obwohl dort bereits mit Clemens Thieme ein
andrer seiner Schüler, der mit ihm einst in Kopenhagen gewesen
war, als Konzertmeister wirkte, was zu unvorhergesehenen Rivalitäten führte.

In einem Brief vom 10. Januar 1664, inzwischen wieder aus
Leipzig, kündigte Schütz dem Wolfenbütteler Herzog August die
erbetene Sendung seiner Druckwerke an, die er Stephan Daniel
nebst einem beigelegten Katalog übergeben habe. Seine noch
ungedruckten Werke – und was alles kann man sich darunter
vorstellen – seien allerdings noch »besser als die vorige elaborierte
Arbeit«, doch sei es bisher aus finanziellen Gründen noch nicht
zu einer Veröffentlichung gekommen. Der in diesem Brief
erwähnte Katalog ist unlängst erst in Wolfenbüttel wiedergefunden und von Hans Haase kommentiert worden. Die Besonderheit dieses von einem Kopisten in Weißenfels oder Dresden her-
gestellten und von Schütz autorisierten Werkverzeichnisses
besteht darin, daß es die Opus-Zählung (bisher nur bis zu den
»Zwölf Geistlichen Gesängen« von 1657 angenommen) bis zur
zweiten und vollständigen Ausgabe des Beckerschen Psalters von
1661 fortführt, die als »Opera Decima Quarta«, als Opus 14,
bezeichnet ist.

Ein Jahr darauf, in seinem achtzigsten Lebensjahr, reiste
Schütz noch einmal in das nur zwanzig Kilometer, oder sagte
man: »ein Dutzend Meilen« entfernte Zeitz, doch gelang es ihm
auch in diesem Frühjahr nicht, den unerfreulichen Streit zwischen Loewe und Thieme zu schlichten. Der feinere Loewe mit
dem österreichischen Humor räumte das Feld und verließ das
sächsische Zeitz. Sein Weg führte ihn zuletzt nach Lüneburg, wo
er 1682 Organist an der Nikolauskirche wurde. Er war ein
fruchtbarer, vielseitiger Komponist, und wenn ihm der junge
Johann Sebastian Bach in Lüneburg nahetrat, so begegnete er in

ihm einen Musiker, der von Schütz und seiner Weißenfelser Komponistenklause noch in den lebhaftesten Farben erzählen konnte.

Weißenfels, Dresden, Leipzig, Halle, Zeitz – das waren die ständig wechselnden Stationen auch in diesen späten Jahren. Am 10. Juli 1665 war Schütz Pate bei der Taufe von David Pohles Sohn August in Halle, das zum Glück auch nur eine halbe Tagesfahrt von Weißenfels entfernt lag.

In Dresden wurde es mittlerweile stiller um Schütz und sein Werk, auch wenn man ihn nicht gerade vergaß, wofür seine Schüler schon sorgten. Zur Aufführung gelangten in diesen Jahren nur noch die Auferstehungshistorie und die Psalmen. Über den Einfluß und die künstlerischen Verdienste Johann Georgs II. muß in diesem Zusammenhang das Urteil zwiespältig ausfallen. Er nahm Anteil an der Herausgabe des Beckerschen Psalters 1661, er war gründlich musikalisch vorgebildet und reformierte 1662 den Gottesdienst nach liturgisch-musikalischen Gesichtspunkten, und sein Ruf, ein Freund der Literatur und Musik zu sein, verhalf ihm am 18. August 1658 auch zur Aufnahme in die zur Erhaltung und Reinigung der deutschen Sprache gegründete Fruchtbringende Gesellschaft, in der er »der Preiswürdige« genannt wurde. Aber seine Wertschätzung für Heinrich Schütz und die deutsche Sprache hinderte ihn nicht daran, immer mehr Italiener zu engagieren. Sie ergriffen allmählich die Herrschaft, was ihnen niemand verdenken konnte. Es fehlte, seit Schütz aus dem aktiven Dienst ausgeschieden war, ein starkes Gegengewicht am Hofe, obwohl er alleweil (und für viele gewiß störend oft) angereist kam und nach dem Rechten sah. Er vertrug sich mit den Italienern gut, daran ist kein Zweifel. Bontempi nannte ihn seinen »Herrn und Freund« und rühmte ihn 1660 in einer feinsinnigen Widmung, niemand beschirme so wie er gegen böswillige Kritik, niemand sei durch Kunst, Nachtarbeit, Ruhm und Mühen zu einer höheren Stufe der Verehrung gestiegen. Aber wem nützte das: Bontempi zog sich selbst nach und nach vom Dienst zurück und entwickelte wissenschaftlichen Ehrgeiz, und längst war ihm, dem Venezianer, bei Hof in der Gestalt des Römers

Vincenzo Albrici, der 1654 nach Dresden gekommen war und des damaligen Kurprinzen besondres Wohlwollen besaß, selber ein Rivale erwachsen. Albrici war 1656 neben Bontempi Kapellmeister, und dann kamen Peranda und Pallavicini noch hinzu. Peranda und Bontempi begleiteten den Kurfürsten abwechselnd auf Reisen. Der Italiener Marco Giuseppe Peranda, der nach Albrici Vizekapellmeister und dann einer der vier Kapellmeister am Hofe wurde, war ein Komponist wirkungsvoller weltlicher und geistlicher Musik, während sich Carlo Pallavicini aus Brescia, der wieder der venezianischen Schule angehörte, als Opernkomponist beliebt machte: großes Gedränge, wie man sieht, und der neue Kurfürst hatte nichts einzuwenden, da seine Pläne für Theaterkultur und glanzvoll ausstaffierte Feste weit reichten. Zur Vermählung seiner Tochter Erdmuthe Sophie mit dem Markgrafen Christian Ernst von Brandenburg-Bayreuth wurde 1662 zum erstenmal nichts von Heinrich Schütz aufgeführt, sondern die italienische Oper »Il Paride« von Giovanni Andrea Bontempi. Die Vorstellung begann am 3. November 1662 gegen neun Uhr abends und endete nach zwei Uhr morgens...

Dem Herrscher unterliefen gewisse Peinlichkeiten. So machte er den Sopranisten Sorlisi, einen Kastraten, zu seinem Amtshauptmann und verheiratete ihn mit einer Dresdnerin. Die theologischen Fakultäten mußten dazu erst ihre Zustimmung geben. Die Kastraten Domenico Melani und Bartolomeo Sorlisi, die offenbar gut verdienten, kauften 1664 vor dem Wilsdruffer Tor ein Grundstück, das nunmehr der »italienische oder welsche Garten« genannt wurde. Johann Georg II. erwarb ihn 1668 für 24000 Taler und wies ihn seiner Gemahlin zu; der Name »Italienischer Garten« blieb ihm.

Geld war also wieder vorhanden. Der Etat der Hofkapelle betrug 1666 für mehr als fünfzig Kapellmitglieder, darunter siebzehn Italiener, insgesamt 25 800 Reichstaler. Und trotzdem mußte Schütz in zwei Briefen vom Mai 1666 wiederum Zulagen in Höhe von 700 Talern für die Jahre 1660 bis 1663 anmahnen. Die italienischen Kapellmeister hatten ein Jahresgehalt von 1200 Talern, der Vizekapellmeister Novelli bekam 800 Taler, aber Christoph Bernhard, gleichen Ranges wie Novelli, hatte bis zu seinem Weggang 1663 nur 500 Taler erhalten, was ungefähr der Einschätzung der »deutschen Musik« am Hofe entsprach.

Aufschlußreich und tröstlich-genugtuend für diejenigen, die sich auf den Stellenwert der deutschen Musik etwas zugute halten möchten, ist die offizielle Rangordnung bei Hof im Jahr 1666, die ein »kleines Zeremoniell« und zugleich ein kurioses Stück deutscher Herrschaftskultur darstellt. Sie ist von Fürstenau überliefert. An der Spitze und oberhalb der offiziellen Liste stand seit 1664 Graf Curt Reinike von Callenberg als Oberhofmarschall. Im gleichen Jahr war der Leipziger Professor der Theologie Martin Geier als Nachfolger des verstorbenen Jakob Weller Oberhofprediger geworden. Der friedfertige und glaubensfromme Mann, hochgelobt und redlich, war nur zögernd seiner Berufung gefolgt. Er predigte ein asketisches Ethos, verfaßte Erbauungsschriften und dichtete auch Kirchenlieder. Der Minister von Seckendorff bescheinigte Geier die hohe Kunst seiner Rede, die »mit einfältigen, unaffektierten, aber wohlbedeutlichen, nachdrücklichen Worten« die Menschen erreiche. Zu seinem Charakterbild gehört auch, daß er es ablehnte, vom Kurfürsten ein Gärtchen und eine größere Summe Geldes anzunehmen, da er befürchtete, zu seinen Amtssorgen möchten auch noch Haussorgen kommen. Der Ton seiner Leichenpredigt und seines Nekrologs für Heinrich Schütz verrät, wie nah er ihm stand, welche Ehrfurcht und welches Verständnis er ihm entgegenbrachte. Wo die beiden bei Hof einzuordnen waren, zeigt nun das erwähnte Verzeichnis der Ränge: 1. der Leibmedicus, 2. der Oberhofprediger und »*der älteste Kapellmeister Heinrich Schütz*«, vor 3. Personen mit Ratstitel und Geheimsekretäre, 4. der Geheimkämmerer mit Schlüsselgewalt, 5. die Geheimkämmerer, erst 6. die Hofkapellmeister, 7. der Oberhofzahlmeister, 8. der Rentkammermeister, 9. der Kriegszahlmeister, 15. der Hofquartiermeister, und so fort. Nimmt man also den Oberhofmeister und den Leibarzt des Kurfürsten aus, die jederzeit Zugang zum Fürsten hatten, so stand Schütz an höchster Stelle, und wir dürfen ihn im Ministerrang verabschieden.

Aber was bringt alle Ehre der Welt, wenn bei den Toten unser

Haus steht? In diesem Jahr 1666 starben der junge Adam Krieger, Schützens vielleicht begabtester Schüler, und der Herzog August von Braunschweig-Wolfenbüttel, nach dessen Tod sich die musikalische Herzogin aus der Residenz zurückzog und das Verhältnis zwischen Schütz und dem Wolfenbütteler Hof endgültig erlosch. Und schließlich verlor er seinen letzten Bruder, den Erfurter Benjamin Schütz. Er hatte 1662 im Erfurter Aufstand gegen die kurmainzische Bet-Ordnung zuerst vermittelnd eingegriffen, dann sich im Prozeß gegen den Stadtverräter Lamprecht auf etwas umstrittene Weise als Knauf des Richtschwertes betätigt, eine Rolle, die Gott und seinem Dresdner Psalmensänger nicht wohlgefällig sein konnte, und war zuletzt im Konflikt mit Kur-Mainz doch noch mit ganzer Aufopferung seiner Person zu einer Schlüsselfigur zwischen Tauben und Falken geworden. Man wählte ihn nach der Niederlage Erfurts zum Sprecher der sechsundfünfzig Stadtdelegierten, die bei der »Unterwerfung« vor dem Kurfürsten von Mainz unterhalb der Domtreppe niederknien mußten, eine undankbare Aufgabe, die er mit Würde bestand.

Am 11. Juli 1666 hatte der Dekan, Consul und Obersyndikus Dr. Benjamin Schütz im siebzigsten Lebensjahr das Zeitliche gesegnet.

Die Weißenfelser Passionen

Die allgemein übliche, späte Datierung der Weihnachtshistorie und der drei Passionen nach Lukas, Matthäus und Johannes hat den Eindruck entstehen lassen, der Achtzigjährige sei nach anderthalb Jahrzehnten einer öden Leere plötzlich in eine neue Produktivität ausgebrochen. Nun hat es mit den Erscheinungs- oder Aufführungsdaten künstlerischer Werke ohnehin eine trügerische Bewandtnis, da sie selten mit der Zeit der Niederschrift, noch seltener aber mit dem Augenblick des eigentlichen schöpferischen Einfalls noch in irgendeinem Zusammenhang stehen. Wann also

Heinrich Schütz wirklich mit der Arbeit an diesen Spätwerken
begann, liegt vollkommen im dunkeln. Immerhin hat uns Wolfram
Steude mit seinen jüngsten Dresdner Untersuchungen einen
brauchbaren Zeitbegriff vermittelt, an den man sich halten kann.

Vorausgegangen waren 1657 die »Zwölf Geistlichen Gesänge«
(SWV 420–431), die Christoph Kittel aus dem Vorrat des Meisters
ans Tageslicht gebracht und herausgegeben hatte, nützliche
Gebrauchsmusiken für Kantoreien, schlicht, holzschnittartig, die
erste Hälfte eine deutsche Messe, die zweite Hälfte übergehend in
die noch heute manchen braven Kirchenmann baß erstaunenden
musikalischen Tischgebete, vor dem Essen, nach dem Essen – war
das Luthers Traum? Was hätte er wohl dazu gesagt, daß nun auch
das »Aller Augen warten auf dich« vertont war? Gewiß eine
Neuheit, von Christoph Kittel aus dem Köcher der vielen Schützschen Pfeile gezogen, die sich in Flöten und Schalmeien verwan-
delten.

Kurz darauf, als der neue Kurfürst an die Regierung gekommen
war, muß Schütz angeregt worden sein, mit den Vorarbeiten zur
Weihnachtshistorie zu beginnen, denn eine erste Fassung und
Vorübung, »die Geburth Christi, in stilo recitativo«, erklang dem
Hofdiarium zufolge in Dresden bereits am 25. Dezember 1660, und
die Bemerkung »in stilo recitativo« sieht nicht nur ganz nach
Heinrich Schütz aus, es gab auch nichts andres, was man hätte
aufführen können, die Historia von der Geburt Jesu Christi ist ein
Werk ohne eigentliche Vorläufer und ohne Vergleich. So reich die
Tradition, an die Schütz mit seinen Passionen anknüpfen konnte, so
neuschöpferisch mußte er bei der Vertonung der Weihnachtsge-
schichte sein, und das tastende Vorwagen auf unbegangenes
Gelände erklärt wohl auch die stufenweis reifende Vollendung bis
zum durchkomponierten Großwerk. Für 1662 kann man mit
Sicherheit die Aufführung einer Zwischenfassung annehmen, und
erst 1664 scheint das Werk, das den Namen Oratorium verdient, in
seiner heutigen Gestalt erklungen zu sein, wenn man von einigen
späteren Korrekturen (in der sogenannten »Berliner Fassung« von
1671) absieht.

Das reich ausinstrumentierte Werk, nach Texten aus den Evangelien des Lukas und des Matthäus, steht ionisch in F, vordergründig F-Dur, interpretierbar als die alte Pastoral-Tonart. Acht handlungstragende »Intermedien« werden durch einen vom Continuo begleiteten Evangelisten, einen »hellen Tenor«, verbunden und von einer Introduktion für vierstimmigen Chor und fünfstimmiges Orchester sowie einem Beschluß eingerahmt. Die szenische Folge in »Intermedien« – den Begriff gebrauchte Schütz im Sinn Monteverdis – erinnert an alte religiöse Volksschauspiele, und in der Tat läßt sich nicht widerlegen, daß man die Weihnachtshistorie auch szenisch aufgeführt hat, wie es einst bei den Augsburger Passionsspielen und seit 1634 in Oberammergau mit der Leidensgeschichte Jesu der Brauch war. Die Baßfigur des Kindelwiegens in den Intermedien Nr. 1, 7 und 8 lädt geradezu ein, sich ein Krippenspiel vorzustellen, und auch der Zug der Heiligen Drei Könige, die Schütz – auch darin wieder Theologe und eigenwilliger Exeget – instrumental schlicht als »Boten« charakterisiert, läßt sich räumlich gliedern.

Ein schieres Wunder sind die Rezitative. Der Evangelist erzählt in einem Parlando von so großer Natürlichkeit, daß der Komponist in der Vorrede mit Recht behaupten konnte, dergleichen sei »bishero in Teutschland seines Wissens in Druck noch nie hervorgekommen«. Der Achtzigjährige vereinte in diesem Werk alle seine Künste und Erfahrungen, von der Aneignung der venezianischen Madrigalkultur bis in die scheinbar einfache, aber schwer zu machende Polyphonie seiner Chormusik; es wechseln akkordischhomophone Elemente mit kontrapunktischer Mehrstimmigkeit, und nachdenklicher Ernst wie in dem nun wiederkehrenden Jeremias-Zitat, der Klage Rahels über ihre Kinder, eine jetzt chromatisch absteigende Sequenz auf »Viel Klagens, Weinens und Heulens«, wird abgelöst von Traulichem, Eingängigem und fast Liedhaftem. Wen niemals sonst eine Note von Schütz erreicht hat, dessen Ohren hat gewiß einmal jenes vom Himmel absteigende »Ich verkündige euch« der Engel getroffen, unter dem das Kindlein gewiegt wird. Die »Historia der freuden- und gnadenreichen Geburt Gottes und Mariens Sohnes, Jesu Christi« wurde zur klassisch-populärsten Komposition Schützens und hat es verdient.

Aus Sorge um eine würdige Wiedergabe gab Schütz das Werk damals nur teilweise heraus. Er ließ nur die Evangelistenstimme mit Continuo drucken und behielt die Stimmen des »Concertenchors« handschriftlich zurück; Interessenten verwies er an den Thomaskantor Sebastian Knüpfer in Leipzig und den Kreuzkantor Alexander Hering in Dresden, von denen die Stimmen gegen eine Gebühr zu erlangen seien, und ermunterte sie, sich andernfalls etwas Leichteres einzurichten – eine der erstaunlichsten Urheber-Maßnahmen gegen Verhunzung, die aus so frühen Zeiten überliefert ist.

Die zeitliche Nähe der Weihnachtshistorie zu den drei Passionen nach Lukas, Matthäus und Johannes – die fälschlich zugeschriebene Markus-Passion als vierte immer noch mitzuzählen wäre reiner Eigensinn – könnte dazu verleiten, sie in einem Atemzug zu nennen. Nichts falscher als das. Noch einmal wandte sich der alternde Schütz einem ganz andern Werktypus zu, und was in der Weihnachtshistorie als Neuschöpfung klangprächtig hervortrat, war in den Passionen Abschluß und Vollendung einer in Jahrhunderten gewachsenen Form, in der der große Stoff seine dramatische Verlebendigung erfuhr. Aus eben demselben Grunde ist auch ein Vergleich mit den Bachschen Passionen unmöglich, da beide Musiker, Heinrich Schütz und Johann Sebastian Bach, in ihrer Zeit eine jeweils andre Entwicklung zu ihrem Ende und Höhepunkt geführt haben.

Die Sitte, die Passionstexte der vier Evangelien mit verteilten Rollen abzusingen, war seit dem Mittelalter in den Kirchen verbreitet: Ein Geistlicher trug den Erzählerpart vor, einer die Worte Christi, ein dritter die übrigen Einzelfiguren und der Chor die Äußerungen der Haufen (Turbae). Im 16. Jahrhundert spaltete sich diese Tradition zunächst in einen lateinischen und einen deutschsprachigen Zweig, entsprechend der Teilung in katholische und protestantische Kirche. Frühe Ausformungen lassen sich nachweisen bei so berühmten Komponisten wie Orlando di Lasso für die lateinische, Johann Walter, Antonio Scandello, Melchior Vulpius und Leonhard Lechner für die deutschsprachige Passions-Tradition. Der junge Schütz kann mit den Werken des 1606 verstorbenen Leonhard Lechner bereits in Kassel bekannt geworden sein, und vielleicht hat er seine

Johannes-Passion mitgesungen. Dresden am nächsten war zweifellos der Delitzscher Kantor Christoph Schultze, der mit seiner Lukas-Passion von 1653 ein unmittelbarer Vorgänger von Schütz war. Sein Modell entsprach dem Formtyp der »dramatischen« Choralpassion mit Rezitativ und Chor, woran Schütz anschloß. Daneben gab es jedoch auch, weniger entwickelt, seit dem Ende des sechzehnten Jahrhunderts den mehrstimmig-figuralen Motettentyp, für den Christoph Demantius 1631 mit seiner Johannes-Passion ein Beispiel geliefert hatte. Beide Typen entwickelten sich auseinander. Für den abzweigenden Motettentyp fehlte noch die instrumentale Großform, wie sie erst das Jahrhundert nach Schütz herausbildete. Die andre, rezitative Passionsform a cappella nahm Schütz auf und vollendete sie. In ihm gelangte die Entwicklung zu ihrem Ende, sie brach mit ihm ab. Daher sind seine unter Verwendung der alten Chorpolyphonien gebauten dramatisch-liturgischen Passionen keine Vorformen der Bachschen Passionen, und Bach hat sie nicht weitergeführt oder vervollkommnet. Zeitlich versetzt gelangen zwei ansteigende Linien in Schütz und Bach zu ihrer Peripetie.

Für alle drei Schützschen Passionen, deren Abschriften zur Hauptsache dem später geborenen Dresdner Musiker Johann Zacharias Grundig zu verdanken sind, gilt das gleiche Formgesetz: unbegleitetes Rezitativ für Erzähler, Jesus, Einzelpersonen (Soliloquenten); knappe chorische Reden der Menge (Turbae); Verzicht auf jede Art von Zwischenspiel; Verzicht auf jede instrumentale Begleitung (dies ist der äußerlich auffallendste Unterschied zur Weihnachtshistorie); kurze Chor-Introduktion, die praktisch nur den Titel erzählt; chorischer Ausklang. In dieser asketisch anmutenden Bauweise liegt zugleich die höchste Herausforderung der Kunstmittel beschlossen, der Schütz als erster und letzter voll gerecht wurde. Denn allein vor der enormen Ausdehnung des unbegleiteten, rezitativen Einzelgesangs des Evangelisten müßte jeder versagen, der nicht alle Mittel der figuralen Gestaltung und der Modulation bei nur »mitgedachtem« Kontrapunkt beherrscht.

Schütz verwendet natürlich noch Figuren, wie sie sich im liturgischen Kirchengesang herausgebildet hatten, aber er bereichert sie durch melodische Elemente der florentinischen Opernmonodie und des Liedes. Das Bild seines Altersschaffens wird noch differenzierter, wenn man berücksichtigt, daß Schütz möglicherweise schon in den fünfziger Jahren mit der Lukas-Passion begonnen hat, die simultan zu ganz anders gearteten Kompositionen heranwächst, bis sie 1664 abgeschlossen vorliegt. Jetzt erinnern wir uns auch seiner ständigen Klagen bei Hof, er habe noch so viel Angefangenes zu beenden: es war so Unterschiedliches darunter wie mehrchörig polyphonierende Großpsalmen und die rezitativische Lukas-Passion, so daß es immer unmöglicher wird, von einem einheitlichen Spät- oder Altersstil zu sprechen.

Der Passionston des Lukas ist F-lydisch-ionisch, doch entwickelt Schütz von vornherein eine ganz aus dem Wort gezeugte Melodik, die nach Brodde »allem Modellhaften und Formelgebaren widerspricht, letzten Endes eine musikalisch transformierte Metamorphose des Sprechmelos«, weshalb auch trotz der gewaltigen Ausdehnung der Rezitative niemals Einförmigkeit entsteht. Die Turbae sind lebhaft, frisch, fast feurig. Wiederum entscheidet die richtige Wiedergabe von »Ausdruck« alles, und zwar nicht durch künstliche Emphase, sondern durch Intensität, Durchdringung des Wortes, Tempowechsel – und Pausen. Wird das Wort geachtet, so werden auch die innere Spannung der Leidensgeschichte Jesu und die teils krasse Realistik des Vorgangs nacherlebbar.

Inhaltlich ist uns Heutigen an allen drei Passionen vielleicht am bemerkenswertesten das herausgearbeitete Pilatus-Drama. Es hat mit der Direktheit zu tun, in der die Stimmen zu uns sprechen. Alle diese Figuren sind derart exponiert – Pilatus vor der Menge, die Kriegsknechte bei ihrem Erschrecken vor dem Kreuz –, daß sie gleichsam nackt erscheinen. Es ist fraglich, ob dies in einer ausinstrumentierten Musik überhaupt zu vermitteln ist. Sie leistet gewiß anderes und macht empfindlicher für Seelendramen, aber hier, in der absoluten Ungeschütztheit der Stimme und im Gegenüber eines Hörers, der durch nichts vom Wort abgelenkt wird, liegen die Voraussetzungen eines Erlebnisses besonderer Art, das sowohl religiöse wie humane Motive hat und trotz der Anwesenheit der Gemeinde, der kirchlichen oder musikalischen, jeden auf sein Persönlichstes zurückverweist und, wenn er zuzuhören willens ist, auch ergreift.

Im Vergleich zu der herben Lukas-Passion ist die in g-dorisch stehende nach Matthäus mannigfaltiger, die in e-phrygisch nach Johannes leidenschaftlicher und mystischer. Die Matthäus-Passion überrascht zudem durch ihren Anfang und ihr Ende. Sie setzt mit leeren Quinten ein, in die sich, erschrocken über den gähnenden Abgrund, sofort Intervalle der Nebentonart mit dem weiterführenden Wort schieben. Einige Male greift Schütz in den Text ein und rückt ihn ein wenig zurecht. Die tonale Vielfalt ist evident, und in den Turbae, den Reden der Menge, wird sorgfältig zwischen homophoner Geschlossenheit und polyphonierender Aufspaltung der Stimmen unterschieden. Auffallend sind die im Sekundabstand vorgetragenen Bezichtigungen im Kanon der falschen Zeugen oder auch das in tiefer Klage sich hinabbeugende »Eli lama« des verzweifelten Heilands. Sonst wirken die musikalischen Figuren verhältnismäßig einfach, weshalb der Schlußchor »Ehre sei dir, Christe« um so mehr überrascht. Diese letzte Strophe des »Ach wir armen Sünder« von Hermann Bonnus ist eines der harmonisch und motivisch kunstvollsten Gebilde der Musik jener Jahrzehnte, dessen komplizierter Modulationsverlauf auf engstem Raum beinah die Zusammenfassung aller Kunstlehren enthält, die sich in einem Handbuch der Kontrapunktik und Harmonik unterbringen lassen.

Die Echtheit dieses in der Literatur vielgepriesenen Schlußsatzes, der sich in der Tat erheblich von den beiden anderen Passions-Schlüssen unterscheidet, wird trotz aller Lobpreisungen mutigerweise neuerdings in Zweifel gezogen, nachdem auch Friedrich Spitta schon vorsichtige Bedenken angemeldet hatte. Wolfram Steude bringt den Dresdner Kapellmeister Marco Giuseppe Peranda ins Spiel, dem er auch die »vierte«, die unechte Markus-Passion überzeugend zugeschrieben hat. Da die Stimmen der Passionen, auch der Matthäus-Passion, nur durch Grundigs spätere Abschriften überliefert sind, wäre die versehentliche oder auch absichtliche Hinzufügung eines andren Schlusses nicht ausgeschlossen, wenn auch schwer erklärbar. Warum sollte Schütz ausgerechnet dieses Werk unvollständig nach Dresden zur Aufführung

gegeben haben? Weshalb hätte der Schluß fehlen, und warum nun
gar hätte man einen vorhandenen Schlußsatz wegwerfen sollen?
Gegen die Echtheit wird vorgebracht, daß Schütz im Alter zu
Experimenten nicht mehr geneigt gewesen sei. Wegen der frei
stehenden Dissonanzen, die nicht mehr nach alter Manier »regel-
recht« vorbereitet werden, müsse man die Autorschaft eines am
Hof tätigen italienischen Modernisten wie Peranda in Betracht
ziehen. Was ließe sich dagegen vorbringen? Abgesehen davon, daß
eine stilistische Nähe zu den Chorsätzen von Peranda noch nichts
besagte, da Schütz sich an Peranda hätte anlehnen können und dabei
trotzdem er selbst geblieben wäre, scheint mir ein winziges, fast
kurioses Detail auf die sagittarische Urheberschaft zu deuten.
Mitten im »Ehre sei dir, Christe«, noch vor dem an Kühnheit nicht
zu überbietenden Kyrie, gehen plötzlich in Sopran und Alt sechs
armselige Terzen zu den Worten »Hilf uns armen Sündern« nieder-
geschlagenen Blickes dahin, als hielten sich ängstliche Kinder bei
der Hand, bis sie bei den Worten »zu der Seligkeit« eingeschlossen
und später noch einmal mitgenommen werden. Niemand andrem
als Schütz hätte wohl dieses ironische Mittel einfallen können, die
einfältigen Sünder in so rührenden Terzenparallelen singen zu
lassen, während es ringsherum von Dominantseptimen und ihren
Umkehrungen, von Subdominantseptim-Akkorden und Dezimen-
parallelen, zwischen denen Quint und Oktave in der Mitte liegen
bleiben, an Einfällen nur so blitzt, wittert und zuckt. Aber Wolfram Steude meint, das alles hätte Peranda eben auch gekonnt...
Nur in dergleichen absichtsvoll kontrastierender Faktur? möchte
man einwenden. Es wird wohl nie ganz zu entscheiden sein.

Die Lukas-Passion ist 1663 oder 1664 an Palmarum in Dresden
aufgeführt worden, die Matthäus-Passion 1666 am Sonntag Judica
und die Johannes-Passion in der ersten Fassung am Karfreitag 1665
und in der zweiten Fassung nach der Matthäus-Passion des Sonn-
tags Judica am Karfreitag des Jahres 1666. Für die Erstfassung der
Johannes-Passion gibt es auch einen authentischen Schlußvermerk:
»Weißenfels, d. 10. Aprilis Anno 1665.«

Noch einmal wird in der Johannes-Passion das gleiche Prinzip
unverändert angewendet, erprobt und ausgeschöpft, noch einmal

nimmt das Drama zwischen dem Einzelnen und der Menge geradezu gespenstische Züge an. Haß, Intoleranz, Vorurteil, Vernichtungsrausch und Mordlust wüten in den Ausbrüchen der besessenen Menge, die nicht nur Jesu Schicksal, sondern auch das ewige Pilatus-Drama entscheidet. Dagegen steht das reine Leidenspathos des Gekreuzigten. Und hier scheint es einmal auch außer um Glaube und Kunstform wirklich und wahrhaftig um das Menschenbild zu gehen, das Heinrich Schütz so oft hat zerbrechen sehen und das sich jenseits der Blindheit der Kriegsknechte und Hohenpriester, jenseits Schuld und Leid in einsamer Würde wiederherstellt. Und zwar in dem befremdlichen, unorthodoxen, vom alten Kirchenton der Liturgie allein nicht zu erklärenden, ergreifend-einsamen und eindringlichen Sprechmelos der gesungenen Rezitative.

Hans Joachim Moser, der in der Beschreibung von Musikverläufen sonst Beträchtliches leistet, ist anläßlich der Erörterung des schützischen Rezitativ-Stils ein Begriff unterlaufen, der einige der nach ihm Schreibenden so entzückt hat, daß sie bis heute nicht von ihm haben lassen können: er sprach von einer Schütz »eigenen Neugregorianik«. Es ist ein völlig irreführender Begriff und von Moser ursprünglich wohl auch nicht im Sinn einer Wiedergeburt der Gregorianik gemeint gewesen, denn das würde die Dinge total auf den Kopf stellen. Es gibt keine bessere Gelegenheit, den Gegensatz zwischen dem Neuen, das die Musik von Schütz verkörpert, und dem Alten zu erörtern als an Hand dieses falschen Begriffs und des Ineinanders von Ausdruck und Struktur.

Was immer am Mittelalter »katholisch« zu nennen ist, übergeordnet und überpersönlich, es drückt sich in der Gregorianik und der beginnenden linearen Polyphonie des Kirchengesangs aus. Darin spiegelt sich jene festgefügte und unbezweifelte Glaubenswelt, die auf den individuellen Ausdruck ohne Identitätsverlust für den Einzelnen noch weitgehend verzichten kann, und dem entspricht auch das Verhältnis zur Sprache, die eine ebenso unbezweifelte, kanonisierte, noch jedermann selbstverständliche Sprache des Glaubens ist, die der Auslegung durch Betonung oder agogische Unterstreichung nicht bedarf. Noch die Vokalpolyphonie der Niederländer hatte die Verse des Textes nicht deklamiert, sondern meist nach ihren Lauten gegliedert, und die Kirche verhielt sich auch in ihrer Liturgie der lateinischen Betonung der Silben gegenüber höchst gleichgültig, vom Kirchenlatein ganz abgesehen. Es läßt sich aus der lateinischen Liturgie im Kirchenton und aus den gregorianischen Gesängen kein verläßlicher Rückschluß ziehen auf die Betonung eines lateinischen Wortes. Die ganze Sequenz steht fest und bedarf der weiteren Interpretation nicht. Ganz anders bei Schütz. Im extremen Gegensatz zur alten Kunst kommt es ihm auf die Betonung an. Zwar hält er sich nicht immer an den natürlichen Silbenfall des Wortes; wenn er jedoch abweicht, so tut er das aus rhetorischen Gründen, wegen einer beabsichtigten Hervorhebung, und nicht dem Melodieverlauf zuliebe. Deklamatorische Überlegungen hindern ihn sogar, bei der Benutzung einer Kirchenliedstrophe (etwa als Schlußchor) auch die vorhandene Weise zu übernehmen. Er will das Wort in keinem Fall dem Klang unterwerfen, sondern es dem Sinn entsprechend akzentuieren. So lassen sich das alte und das neue Prinzip der Umsetzung von Text in Gesang am besten unterscheiden, indem man das Ergebnis *klangerzeugt* oder *sinnerzeugt* nennt.

Schütz geht indessen nie so weit, das bewegte, farbenreiche Sprechen in Musik gänzlich der leidenschaftlich erregten, ins Schauspielerische hinaufgetriebenen Stimme anzupassen und es dem Affekt auszuliefern. Denn auch im theatralischen, affettuosen Stil verflüchtigt sich am Ende das Sprachliche, und wo die Empfindung rein in die melodische Linie übertragen und der Ausdruck ästhetisch verabsolutiert wird, so daß allein die Kantilene zu Tränen rührt, wird das Wort sogar überflüssig. Es ist das mögliche andre Extrem in der neuen Kunst, das jedoch einem Schütz unvereinbar erscheinen muß mit Textauslegung und Verkündigung. In dieser Hinsicht bleibt er einem Allgemeinen und Übergeordneten verpflichtet, in dessen Dienst er die Musik stellt, er steht damit zwischen den Zeiten, und mit Recht kann Philipp Spitta noch von einem Nebeneinander der »allgemeinen Empfindung« und der »subjektiven Leidenschaft« (etwa in den »Cantiones sacrae«) sprechen.

In diesem Spannungsfeld ist das zu suchen, was in dem schützischen Sprechen durch Musik, in der Auslegung des Wortes durch Komposition unter »Ausdruck« verstanden werden muß. Was heißt Ausdruck? Mit Carl von Winterfeld, dem Biographen Giovanni Gabrielis und Erforscher seiner Welt, kann man Ausdruck als das Streben definieren, »der Anforderung sinn- und sprachgemäßer Betonung des Wortes, seiner völligen Einheit mit dem Ton, bei welcher keines untergeordnet erscheine, zu genügen; durch Stellung, Wiederholung, Heben und Senken des Tones ihm besonderen Nachdruck zu geben; auf solche Weise jedoch, daß auch ein bestimmt gestaltetes *Tonbild* erscheine, daß kunstgemäße Ausführung es von verschiedenen Seiten zeige, als solches erst völlig erkennen lasse«. Nicht nur ist in diesen Worten des großen Wegbereiters der Musikforschung, des Systematikers und Schriftstellers alles auf eine Formel gebracht, was Betonung ausmacht: völlige Einheit des Wortes mit dem Ton, Stellung, Wiederholung, Heben und Senken des Tones; es kommt auch bereits ein strukturelles Element ins Spiel, das des Tonbildes. Ohne seine genaue Strukturierung zerfällt die sprechende Musik in einzelne Partikel, die zusammen noch keinen Sinn ergeben und unter dem Gesichtspunkt der Figurenlehre und des Kontrapunkts als unbefriedigend empfunden werden müssen. So gibt es eigentlich im ganzen Werk von Schütz keine sich verselbständigende Note. Fortschreitende Tonschritte und gegebenenfalls ihre Kontrapunktierung ergeben Spannungsverhältnisse, das so entstandene Tonbild enthält eine Struktur, vergleichbar den Verhältnissen in der Mathematik oder der Kristallographie.

Auslösendes Moment bleibt für den Musiker Schütz aber immer das Wort, das er abwägt und auf seine Bedeutung hin prüft. Noch weitergehend nennt Claudio Monteverdi die Rede die Herrin der Komposition, »oratio harmoniae domina«; dies gilt für Schütz insofern, als er vorgegebene Melodien verläßt, wenn sie der Rede nicht dienen oder sich, richtiger gesagt, der Einheit von Wort und Ton verweigern. Es war der Theologe, nicht der Musikant Heinrich Schütz, der sich außerhalb gewisser kirchenpraktischer Gewohnheiten und Erfordernisse stellte. »Die gleiche Unabhängigkeit der Gesinnung, wie sie Schütz in seinem Verhalten gegenüber dem

Choral und in seiner Kritik an den jüngeren deutschen Komponisten an den Tag gelegt hat, hat er auch gegenüber der Liturgie erwiesen«, schreibt Friedrich Blume. Es erklärt die geringe liturgische Fixierbarkeit vieler seiner Kompositionen. Er wählte die Texte nicht nach vorwiegend liturgischen Gesichtspunkten und ihrer Brauchbarkeit im orthodoxen Verständnis von »Gottesdienst«, sondern nach ihrer Ergiebigkeit im Sinn der Lehre, »nach der Bildhaftigkeit der Sprache, nach der Leidenschaft des Gefühlsausdrucks und nach der Dramatik des darin berichteten äußeren oder inneren Geschehens« (Söhngen). Daß er sich den von der Kirchenpraxis auferlegten Zwängen gelegentlich entzog, hat auch mit dem qualitativen Anspruch zu tun, den er an die Kunst und an sich selber stellte und der von festgefügten Ordnungen bis zur Selbstaufgabe zerrieben werden kann. »Niemals, selbst nicht in Nebenprodukten, hatte er das Mittelmaß protestantischer Alltagserwartungen erfüllt«, heißt es von ihm anläßlich eines seiner wenigen großen Auftritte in der deutschen Literatur.

Es wäre verfehlt, daraus zu schließen, Schütz habe die Musik mit diesem Anspruch aus ihren religiösen und gesellschaftlichen Zusammenhängen herauslösen wollen und sie ihren eigentlichen, zeitgegebenen Aufgaben entzogen. Er wollte ihr im Gegenteil ein größtmögliches Maß von Wirkung sichern, wobei er zuweilen an die Grenzen ihrer institutionellen Verwertbarkeit stieß oder sie schon überschritt. Er wandte dabei den verschiedenen gesellschaftlichen Gruppen – Hof, Kunstverständigen und Gemeinden – stets unterschiedslos die beiden Seiten der Sprachlichkeit von Musik zu. Diese Sprachlichkeit besteht einerseits aus einem esoterischen Vokabular, das durch die Figurenlehre und den Kanon der Formen bestimmt wird und sich vollkommen nur dem Eingeweihten und Verständigen erschließt, andrerseits aber aus der Funktion, die ihr der Künstler gibt und die man vereinfachend mit »Inhalt« bezeichnet. Bei Schütz kann in großem Maß eines für das andre eintreten. Keineswegs ist ihm jedoch die Musik ein Absolutum, sondern stets Material des Auszudrückenden. »Dabei ist das Ausdrucksvolle bei Schütz stets voller Ausdruck des Textes«, schreibt Hans Heinrich Eggebrecht, der dieser Problematik viel Platz eingeräumt hat, »und

dies so, daß es ohne den Text (wenn wir ihn nicht verstehen oder die
Musik in rein instrumentaler Ausführung hören würden) zwar auch
vorhanden und wirksam bleibt, aber nicht in dem Sinne, in dem es
gemeint ist.«

Der Text ist jedoch nicht nur geschriebenes Wort. Luther hat ihn
als einen lebendigen Körper empfunden, und auch für Heinrich
Schütz steht hinter dem Geschriebenen ein Mensch. Der Text ist
gesprochenes Wort und soll als solches aufgenommen und verstanden werden. Das Ich kehrt bei Schütz immer wieder, als ein
Betender, Flehender, Klagender, als Psalmsänger oder als Erzähler.
Wir sind im Ereignis, der Augenblick, auch der biblische, begibt
sich jetzt, das Ich zwingt in der unmittelbaren Anrede zum Zuhö-
ren. »In dieser Absicht fühlt sich der Komponist dem Orator, dem
Sprecher des Textes verwandt«, heißt es bei Eggebrecht. »Beide
wollen das gleiche erreichen. Doch für den Komponisten ist die
Nachahmung des oratorischen Textvortrags nur der Ausgangspunkt seiner melodischen und rhythmischen Erfindung. Mit seinen
Mitteln setzt er den Prozeß der rednerischen Vergegenwärtigung
des Textes fort und fixiert das Ergebnis. Darin nicht zuletzt besteht
seine schöpferische Arbeit, seine Freiheit und seine Verantwortung. Von nun an wird der Text in der bestimmten Auffassung und
Auslegung des Komponisten vorgetragen.«

Dies geschieht häufig unter Veränderungen, Einfügungen und
Auslassungen, der Wiederholung eines Wortes, die der Unterstreichung oder der Vermittlung eines Erschreckens dienen kann, oder
aber durch das absichtliche Abweichen von der gewohnten Betonung der Alltagssprache. Schütz verläßt die genaue Nachahmung
der gesprochenen Rede, also das Prinzip einer naturalistischen
Wiedergabe, hauptsächlich durch Hervorhebung einer sonst unbe-
tonten Silbe: »zu *dem* Gott«, »Siehe, das *ist* deine Mutter«, »die
Gott*losen*«, oder es werden im polyphonierend versetzten Satz für
die gleiche Textstelle zur vollkommenen Ausschöpfung ihres Sinns
in den verschiedenen Stimmen unterschiedliche Betonungen
gewählt, besonders sinnfällig in dem Kleinen geistlichen Konzert
»Ist Gott für uns, wer mag wider uns sein?« (SWV 321) in dem
Passus: »wie sollt er uns mit ihm denn *nicht* alles schenken … denn

nicht *alles* schenken . . . denn nicht alles *schenken*?« Das gleichzeitig auszudrücken vermag nur diese Musik.

Ganz auf den Ausdruck beziehen sich Schützens Anweisungen zum Vortrag: Es mögen, schreibt er, die Worte der Rezitative in der Weihnachtshistorie von dem Evangelisten ohne Taktgebung mit der Hand »nur nach der Mensur einer vernehmlichen Rede abgesungen werden«. Oder die »Erinnerung« in der Generalbaßstimme des neunten der »Zwölf Geistlichen Gesänge« von 1657, die nicht nur in satztechnischer und liturgischer Hinsicht aufschlußreich ist: »Es tadelt zwar der Autor die bisher in unsern evangelischen Kirchen gebrauchte Manier des Absingens der Litanei keineswegs, begehret auch hierinnen keine Änderung einzuführen. Allein, weil ihm mehrmals verdrießlich vorgekommen, anzuhören, wie dieselbige an etlichen Orten wider alle Anmut derogestalt langsam und sogar langweilig ausgedehnt worden, daß man seiner Meinung nach auch alle Lust und Andacht darunter [hat] verlieren müssen, so ist er hierdurch veranlasset worden, an dieselbe Hand anzulegen und [sie] nach Art der Litaneien in eine gewisse Mensur einzurichten, welche in dieser Meinung und Hoffnung hierbei an das Tageslicht mit herausgegeben wird, daß sie, wo nicht mit der Gemeinde, [so] doch von dem musikalischen Chor und in die Orgel unterweilen zu einer Abwechselung ohne große Zeitversäumung abgesungen [werden kann und daß] die Gemeinde auch, wo nicht mit der Stimme, jedoch im Sinne [und] mit ihrer Andacht werde nachfolgen können.«

Solche Kritik des Musikers mußte die Konsistorialräte wohl in heimliche Wallung versetzen. Dies alles, geschrieben wider den Ungeist einer zelebrierten Langenweile, die den lebendigen Glauben erstickt, deutet auf den einen, den rhetorischen Grundzug seiner Kunst. Heinrich Schütz hielt zwar an den vorgefundenen Regeln fest, legte sie jedoch immer zugunsten des Textes aus, und der begann durch ihn zu sprechen und zu leben. Durchdrungen von einem Ausdruckswillen, der das Material durchglühte, war er – so könnte man sagen – der Orff des siebzehnten Jahrhunderts.

Taugt der Vergleich? Er hört sich eine Weile hübsch an, aber es fehlt ihm eine ganze Dimension, und wir lassen ihn sogleich wieder fallen wie den völlig unbrauchbaren der Neugregorianik. Was ihm abgeht, ist das Schützsche Element der Struktur, des Maßes und der Rationalität. Von dem rhetorischen Grundzug seiner Kunst ist der andere, der streng geistige seiner Werkstrukturen und durchdachten Tonbilder, nicht zu trennen. Nicht rhythmische Akzentuierung, sondern die Umsetzung einer beständigen Materie in musikalische Struktur, die *Objektivierung des Individuellen*, zeichnet die Musik von Heinrich Schütz aus. Aus der vom Ausdruck erzwungenen Betonung entwickelt sich bei ihm die musikalische Figur, der Ausdrucksgestus gerinnt zu einer Ordnung der Bauelemente. Umgekehrt ist die Figur Träger des Ausdrucks. Darin gelingt auch der Ausgleich von Personalstil und Allgemeinstil. Und noch etwas ist zu bedenken: Die Musik galt Schütz als eine Wissenschaft. Das macht ihre Rationalität aus. Dem mittelalterlichen Verständnis der Ars musica, nach dem die Musik wie der Kosmos mathematisch geordnet ist und das Sein demzufolge musikalisch, fügte die lutherische Theologie noch den Anteil der menschlichen Seele als persönliche Beteiligung – auch des Künstlers – hinzu. »Himmelskantorei« oben, Lobsingen auf Erden: Auch Heinrich Schütz hat in seinem Gedicht auf den verstorbenen Heinrich Reuß postumus noch von der himmlischen Kantorei gesprochen. Jetzt war der Komponist in aller Demut ein Nachahmer von Gottes Werk, und wenn die Himmelskantorei, in der sich das menschliche Musizieren mit Engelsharmonien fortsetzte, nach höchsten Gesetzen mathematisch geordnet war, so bannte das Bemühen des Musicus poeticus, Gott im Werk zu loben, das Unendliche in irdische Strukturen und spiegelte seine vollkommene Ordnung wider. Die Mathematik der Musik war zugleich metaphysisch bestimmt und der menschlichen Ratio einsichtig. Ganz ähnlich philosophierte alsbald der 1646 in Leipzig geborene Gottfried Wilhelm Leibniz. Ordnung, Klarheit und Rationalität: es sind bereits Begriffe der Aufklärung, die vor der Tür stand.

Das »Cantare« war noch eine konkrete Kunst, und erst die Instrumentalmusik mit ihrem hohen Abstraktionsgehalt, ihrem unendlich tönenden Raum, bildete jenes Koordinatensystem heraus, das zur Sonatenform führte und der von Newton und Leibniz geschaffenen Infinitesimalrechnung entsprach.

Das große Amen

I

Nun, da es spät wird und die Schatten sinken, fließen auch die biographischen Quellen wieder spärlicher wie schon in frühen Kindheitstagen, ein dünnes Rinnsal, obwohl die Jahre fruchtbar bleiben und ihre Erträgnisse ablegen in den großen Notenschrank – sofern die Umstände günstig sind und die Abschreiber fleißig. Der über Achtzigjährige sieht und hört zwar nur noch wenig, dennoch gibt er keine Ruhe, er überarbeitet eine Reihe von Kompositionen, schließt andre ab und möchte nach den drei Passionen noch ein allerletztes Wort und Werk hinterlassen, mit dem er würdig Abschied nehmen kann.

Das Haus verläßt er nur noch selten, und manchmal kommt er sich vor wie ein Toter unter Lebenden. Doch in seiner Musik hört er jede Note, das genügt, und zu sehen braucht er nicht mehr viel. »Wenn ich gleich lange harre, so ist doch bei den Toten mein Haus, und in der Finsternis ist mein Bett gemacht.« Den Toten nah wie Hiob, lebt er gleich weiter, ein Fremder in einem nun zum zweiten- oder drittenmal neu anbrechenden oder als neu ausgerufenen Zeitalter, dem Zeitalter Ludwigs des Vierzehnten und des Großen Kurfürsten. Und da ihn die jungen Menschen immer noch gern besuchen kommen – vor allem der Naumburger Johann Theile, der in Leipzig Jura studiert und jetzt regelmäßig bei ihm Unterricht nimmt –, tragen sie die Neuigkeiten der Welt in sein Haus. Er mag im übrigen die Augen schließen, das neue Zeitalter holt ihn doch ein. An seinem Haus karren die Bauern die Steine für den neuen Schloßbau vorbei, den Berg hinauf, wo die Umrisse der Schloßkirche sich schon abzeichnen im talwärts gelegenen Turm. Geht er die wenigen Schritte zum Markt hinüber, so begegnet er unfehlbar der neuen landeseigenen Post, die den Kurier von Thurn und Taxis abgelöst hat. Er erhält Botschaften aus Dresden, ob er ihrer harrt oder nicht, ob sie ihm willkommen sind oder ihn stören, und noch immer macht er sich hin und wieder auf, um bei seinen Leuten dort nach dem Rechten zu sehen, obwohl ihm die Weißenfelser von solchen Beschwernissen abraten. Die Weißenfelser: das sind außer seinem Medicus Dr. Elias Luja vor allem der Kantor Johann Haber-maß und der Organist Nicolaus Brause, denen er gelegentlich Noten ausleiht, weil sie ihn unbedingt auch hier aufführen wollen, der Jurist Dr. Friedrich Gläser, mit dem er sich lange über ein Testament berät, bis es fast zu spät ist, und der nach Mutzschen bei Grimma versetzte Pfarrer Georg Weiße, ein vielbelesener und gebildeter Mann, der oft anreist und ihm Gesellschaft leistet »ganz oben in der Clause / In welcher ich dich oft gehört, o werter Mann«, wie es in seinem Nachruf-Poem heißt. Er ist auch sein Kapellknabe in Dresden gewesen: »Du hast mich auch gelehrt / du hast mich auch geliebt«, und über die Familie Schütz wie über die Weißenfelser Verhältnisse sollte er sich als bestens unterrichtet erweisen.

Seit 1667 ist unter den Bewunderern des großen Alten in der Niclasgasse auch der weithin gerühmte Historiker, Geograph und Sprachwissenschaftler Christoph Cellarius, den man an das 1664 gegründete Weißenfelser Gymnasium illustre Augusteum berufen hat. Es ist in dem nahen ehemaligen Kloster untergebracht, am Ende jener Gasse, in deren Hinterhöfe Schütz von seinem Arbeitszimmer aus blicken kann. In dieser benachbarten Klostergasse war unlängst, am 28. Oktober 1668, ein Brand entstanden, der auf die dahinterliegende Mariengasse, die untere Burgstraße und den Markt übergriff und mehr als neunzig Häuser, darunter das Rathaus, teilweise oder ganz zerstörte. Schütz sah sich von zwei Seiten von Feuer umstellt und mag schon daran gedacht haben, wie er seine Noten über die Straße in Sicherheit bringen konnte; aber die Niclasgasse blieb verschont. 1670, als der Bau des neuen Rathauses am Markt gerade vollendet war, betrat, wie wir annehmen, ein erst achtundzwanzigjähriger Dichter, Philosoph und Pädagoge das

Haus der grauen Eminenz in der Niclasgasse, um einen Antrittsbe-
such zu machen, wie es sich bei einer lokalen Sehenswürdigkeit von
Ministerrang gehört: Christian Weise aus Zittau, Magister und
Professor der Eloquenz und Poesie, soeben ans Gymnasium illustre
Augusteum berufen, nachmals einer der berühmtesten Bühnen-
autoren zwischen Barock und Aufklärung. Der sah nun wirklich
aus wie die neue Zeit, und gut, daß Schütz die Lektüre von Weises
Romanen wegen seines nachlassenden Augenlichts mit Anstand
verweigern durfte... Dies alles mag als Spekulation abtun, wer
will, da wir keine andren Quellen anzubieten haben als die Stadt-
chroniken und biographische Daten, aber die Gestalten sind belegt,
Ort und Zeit sind es, und das vor aller Augen Liegende erlaubt es
nicht, über Jahre – und zumal diese Jahre – in weißen Flächen
hinwegzuschweigen. Wer die Vergangenheit nicht in noch so
bruchstückhaften Einzelheiten, Scherben eines zerbrochenen Spiegels, aufzuspüren sucht, dem bleibt sie ewig fremd wie ein erdachtes
Land, bevölkert von Gespinsten und Gespenstern, die nicht unsre
Vorfahren sind und von denen sich eine Geschichte und Kultur
nicht ableiten läßt. Man muß nur die Scherben des Spiegels vorsichtig wieder dahin zurücklegen, von wo man sie genommen hat.

Der Kurfürst sandte Schütz 1669, ein Jahr vor seinem fünfund-
fünfzigjährigen Dienstjubiläum als Dresdner Kapellmeister, einen
goldnen Becher »zum Gnadengedächtnis«. Was empfindet einer
dabei? An den Dresdner Musik- und Theaterereignissen zeigte
Schütz nur wenig Interesse, sofern sie weltlicher Art waren. Das
Dresdner Komödienhaus, eines der ersten festen Theater in
Deutschland, aus pirnaischem harten Gestein in italienischer Bauweise aufgeführt, war am 27. Januar 1667 mit der Oper »Il Teseo«
von Giovanni Andrea Moneglia eingeweiht worden. Es bot zweitausend Zuschauern Platz und wurde nach einiger Zeit von einer
Truppe aus fest angestellten Schauspielern, die Hof- und Kammer-
bedienstete hießen und jährlich 150 Taler erhielten, regelmäßig
bespielt. Theaterinspektor wurde Andrea Bontempi, der so allmählich in die Rolle eines ersten deutschen Intendanten hineinwuchs.
1668 erhielt ein andrer Italiener, der Pulcinella Stefano Landolfi,
eine Lizenz, mit seiner Bande in Kursachsen auftreten zu dürfen. Er

war vermutlich der erste, der das Stegreifspiel der Commedia
dell'arte nach Mittel- und Norddeutschland brachte. Ein Jahr
darauf kam es zur Aufführung des »Polyeukt von Corneille«, einer
volkstümlichen Bearbeitung durch den Schauspieler Johannes Velten aus Halle, der ein großes Theatertalent der Barockzeit war.
Fürstenau erwähnt für die Jahre um 1670 außer englischen, französischen und italienischen Schauspieltruppen an höfischer Unterhaltung auch die beliebten Seiltänzer, Schwert- und Balancierkünstler,
Taschenspieler und Bänkelsänger, Klopffechter, Spatenschläger,
Luftspringer und Feueresser.

An den Hoffesten und kurfürstlichen Reisen nahm Schütz spätestens seit 1661, als Johann Georg II. zum erstenmal ohne seinen
Oberkapellmeister nach Hirschberg zur Kur reiste, nicht mehr teil.
1671 begleiteten den Kurfürsten, der zwar weniger rüpelhaft, aber
nicht weniger prachtliebend war als sein verstorbener Vater, zu
einer Zusammenkunft mit seinen Brüdern in Torgau 1128 Personen, soviel wie eine mittlere Stadt Einwohner zählte, mit 788
Pferden. Am 20. Oktober war in Altenburg Hochzeit des Weißenfelser Erbprinzen Johann Adolph, eines Neffen des Kurfürsten, mit
Johanna Magdalene von Altenburg. Die Kapelle reiste mit ungefähr
vierzig Personen und konzertierte unter dem Kapellmeister Albrici.
Aber keine Rede davon, daß Schütz in all diesen späten Jahren zu
Haus geblieben wäre. Die Hauptabschreiber und Hersteller von
Stimmbüchern – immer auf dem schönen Privatpapier mit dem
Wasserzeichen: einem gespannten Bogen mit senkrecht nach oben
zeigendem Pfeil und den Initialen HSC –, seine Herausgeber und
Verleger, die schon einmal ein Titelblatt zum Druck befördern
konnten und auf jene Genauigkeit achteten, die sein Auge nicht
mehr erkannte, sie saßen alle in Dresden, mit ihnen mußte er sich
beraten, und so nahm er die anstrengende dreitägige Rumpelfahrt in
der Kutsche mit Pferdewechseln bei den Geleitsmännern in Leipzig, Wurzen oder Grimma, Oschatz oder Döbeln, immer wieder
auf sich, um einige Zeit im Haus des Rats Beyer in der Moritzstraße
und unter seinen deutschen Musikern Hering, Dedekind, Kittel
und Klemm zu verbringen.

Bei einer dieser Gelegenheiten, es war vermutlich seine drittletzte

Reise nach Dresden, deren Zweck wir noch erfahren, kann er 1670 mit einem uns unbekannt gebliebenen Porträtmaler zusammenge- troffen sein, der eine Ölminiatur von meisterlicher Strenge und Schlichtheit anfertigte. Der Fünfundachtzigjährige trägt wie bei Festgottesdiensten sein geistliches Gewand. Seine Gestalt erscheint gebrechlich und leicht gebeugt, der linke Arm ist aufgestützt, aber das Gesicht mit der hohen Stirn und dem dünnen weißen Barthaar, aus dem alle vorläufigen Züge gewichen sind, verrät kein Anzeichen von Verfall oder Verwüstung, keine Spuren von Krankheit oder nachlassender Konzentration, es ist noch immer wolkenlos klar und wirkt um so belebter, je länger man in die Augen blickt. Die Hände halten ein entfaltetes Notenblatt.

Ist das Blatt ein ikonographischer Fehler? Hielt ein Musiker denn nicht immer eine Notenrolle in der Hand? Woher überhaupt stammt das Bild? Warum, bei so viel manieristischer Perfektion der Malweise, verbirgt sich der Künstler? Die Sache ist windig, und eine spätere Entstehungszeit ist nicht ganz auszuschließen. Das Bild tauchte ausgerechnet 1935 anläßlich der 350-Jahr-Feiern aus »unbe- kanntem brandenburgischen Besitz« auf und wurde von Georg Schünemann für ganze 180 Reichsmark für die Preußische Staats- bibliothek Berlin erworben. Hat da jemand an einer Legende basteln wollen? Die Miniatur wurde bei einer früheren Prüfung als »echt« bezeichnet, und doch könnte sie nachträglich angefertigt worden sein. Erst eine gewissenhafte Materialprüfung würde nähe- ren Aufschluß bringen, und so lassen wir diese Frage unbeantwor- tet. Ein gelungenes Bild bleibt es trotz allem, und so nehmen wir es als eine Veranschaulichung des greisen Musikers, die aus unsrer Vorstellung nicht mehr wegzudenken ist, in die Galerie seines Lebens auf.

II

Bis Anfang 1671 arbeitete der mittlerweile fünfundachtzigjährige Heinrich Schütz an einem umfangreichen Werk, das in mehreren Stufen über fast ein Jahrzehnt hinweg langsam herangereift war und sein Weltabschiedsgesang werden sollte. Sein legendäres Schicksal nach der Vollendung – mit zweimaligem Verbringen aus Dresden, Verstreuen der Stimmen nach Guben und Grimma, der Orgelstimme bis in Stefan Zweigs Londoner Autographensammlung – wäre eigens eine Erzählung wert, galt dieses Werk doch vor 1975 als großenteils verschollen und verloren und mit Ausnahme des Schlußteils nie mehr zu Gehör zu bringen, bis dann nahezu alles Fehlende nach sage und schreibe dreihundert Jahren in Dresden wiedergefunden wurde und das Opus ultimum 1981 zur Gänze seine Uraufführung erlebte. Das vollständig gedruckte Titelblatt von 1671 sei nicht nur zur Feier dieses Ereignisses, sondern auch aus zwei, drei anderen Gründen einer Erörterung des Ganzen vorangestellt:

»Königs und Propheten Davids Hundert und Neunzehender Psalm in Eilf Stükken Nebenst dem Anhange des 100. Psalms: Jauchzet dem Herrn! und Eines deutschen Magnificats: Meine Seele erhöbt den Herrn. Mit acht Stimmen auf zweien Köhren über die gewöhnlichen Kirchen-Intonationen componiret und zur Churfl. Sächs. Hoff-Capella zum Loobe Gottes verehret von Heinrich Schüzen Churfl. Sächs. ältesten Capell-Meistern. Dresden Gedruckt mit Seyfferts Schriften. 1671.« Das liest sich merkwürdig, denn so hat Schütz nie geschrieben: weder »Stükken« noch »Köhren«, weder »zum Loobe« noch »Schüzen«. Deshalb hat Schütz auch mit der Hand noch darübergeschrieben: »NB Wann dieses Werck in Druck ausgelassen werden solte, mag dieser oder der hierbey befindlich geschrieben Tittel dazu gebrauchet werden.« Der Titel liegt aber nicht mehr bei, und so wissen wir nicht alles. Dem Grimmaer Magnificat war noch hinzugefügt: »...von Heinrich Schützen Churfl. Sächs. ältesten Capellmeister in seinem 86. Jahr / ist sonst der Beschluß an seinen Schwanengesange.« Da dies authentisch ist, muß das Magnificat nach dem 8. Oktober 1670 komponiert worden sein, und wenn es der Beschluß seines Schwanengesangs war, so hat »Schwanengesang« im handgeschriebenen Titel über dem dreizehnteiligen Gesamtwerk gestanden.

Die eigentümliche Schreibweise des Titeltextes, der obendrein emblematisch in Form einer Palme angeordnet ist, verrät – worauf

der Dresdner Wolfram Steude als erster hingewiesen hat – die
Handschrift eines Schütz nahestehenden Mannes, der den schreib-
reformerischen Bestrebungen Philipp von Zesens anhing: es war
der Dichter-Musiker Constantin Christian Dedekind. Das läßt sich
übrigens bereits an einem Gedicht nachweisen, das Dedekind 1670
für Schütz verfaßte: auch darin steht »Schüzzen«, »Toodes«,
»Taag«, »sammt« und »Wällt«, was die neueste Mode war, Schär-
fen, Längen und Kürzen anzuzeigen. Dedekind, Konzertmeister
der »Kleinen deutschen Musik« und einer der Statthalter Schützens
am Hof, vertrat neuerdings nicht nur die Kapellmeister, wenn sie
mit dem Kurfürsten auf Reisen waren, er galt auch als einer der
wenigen Sachverständigen für Schrift und Druck und kümmerte
sich mit den anderen Freunden des greisen Oberkapellmeisters,
dem Kreuzkantor Alexander Hering und dem Thomaskantor Sebastian Knüpfer, um die Verbreitung seiner Werke. Dedekind hat
noch 1674 in der Vorrede zu einer eigenen Psalmvertonung
erwähnt, daß Schütz ihn sogar mehrmals gebeten habe, seine
Motetten über den 119. Psalm, die er »*unter dem Titel des Schwanengesangs* – zweifelsohne, weil er solchen für seinen letzten gehalten –«, komponiert habe, mit einer Instrumentierung zu versehen,
wovon er aus Respekt Abstand genommen habe. Nur mit der
Dedekindschen Titelformulierung scheint Schütz nicht sehr glücklich gewesen zu sein. Sprechen wir daher der Kürze halber immer
vom dreizehnteiligen Schwanengesang.

Er hat mehrere Textgrundlagen, und seine Zusammenfügung ist
höchst bewußt und bekenntnishaft, auch wenn das Ganze vermutlich erst allmählich aus Teilkompositionen zusammengewachsen
ist.

Mit dem 12. Teil, der Motette auf den 100. Psalm: »Jauchzet dem
Herrn alle Welt«, hat Schütz bereits 1662 begonnen. Die Motette
wurde beim Einweihungsgottesdienst der erneuerten Dresdner
Schloßkapelle, mit dem auch die reformierte Kirchenordnung des
Kurfürsten Johann Georg II. in Kraft trat, unter Mitwirkung von
Trompeten gespielt, wobei Vincenzo Albrici Chöre und Kapelle
leitete. Zwei Jahre darauf gab Schütz der Motette offenbar noch
einmal eine neue Fassung, die am 15. Oktober 1664 in Dresden

aufgeführt wurde. (Das alles geht, nach Steude, aus den erstmals ausgewerteten Hoftagebüchern hervor.) Wie Schütz dann zeitlich und in der Reihenfolge weiter verfuhr, ist schwer zu sagen. Zwischen 1668 und 1671 überarbeitete er die Weihnachtshistorie, und in den gleichen Jahren werden auch die elf Motetten des 119. Psalms (Teile 1–11) und das abschließende deutsche Magnificat (Teil 13) entstanden sein.

Der 119. Psalm, dem Schütz auch das Motto seiner Leichenpredigt und Parentationsmotette entnahm, war ihm seit langem vertrautes Wortgelände und Binnengebiet seines Fühlens und Denkens, da darin von den Gesetzen, Geboten und Rechten Gottes die Rede war. Wenn man den biblischen Psalter, jene einhundertfünfzig Gesänge, von denen in dieser Biographie so oft die Rede gewesen ist, im lutherischen Sinn als eine Essenz des theologischen Inhalts der ganzen Bibel ansehen muß, als eine Bibel im kleinen oder, wenn man will, als eine Theologie in der Nußschale, so ist der 119. Psalm seinerseits in seiner gewaltigen Länge von 176 Versen ein Herz- und Kernstück des Psalters. Wer also den 119. Psalm ganz in Musik setzt, bemächtigt sich auf eine fast magische Weise des theologischen Inhalts der Heiligen Schrift, und es bedarf nur noch des Brückenschlags zum Neuen Testament, um über das Kompilatorische hinaus das Bekenntnishafte in ein biblisches Schlußwerk von Dichte und Größe zu zwingen. Um diese inhaltliche Vollständigkeit zu erreichen, läßt Schütz den elf Motetten des 119. Psalms und dem an zwölfter Stelle eingefügten 100. Psalm, der die Gebote und Gesetze Gottes lobt, nun noch das Magnificat folgen, das neutestamentliche Lob der Maria aus dem Lukas-Evangelium, Preis der Dreieinigkeit Gottes von Anfang bis in alle Ewigkeit, Amen.

Geheimnis der Zahl! Die elf Motetten des 119. Psalms ergeben sich aus den zweiundzwanzig Buchstaben des hebräischen Alphabets, das bei 176 Versen achtmal durchlaufen werden muß; die so entstehenden zweiundzwanzig Gruppen faßt Schütz in elf Doppelgruppen zusammen. Durch die Hinzufügung von Teil 12 und 13, dem 100. Psalm und dem Magnificat, rückt nun aber die siebente Motette des 119. Psalms in die Mitte des *Ganzen*, was nicht ohne Bedeutung ist. Es ergibt sich also folgendes Bild:

1. *Der 119. Psalm.* Wohl denen, die ohne Wandel leben
2. Tue wohl deinem Knechte
3. Zeige mir, Herr, den Weg deiner Rechte
4. Gedenke deinem Knecht an dein Wort
5. Du tust Guts deinem Knechte
6. Meine Seele verlanget nach deinem Heil
7. *Wie habe ich dein Gesetze so lieb*
8. Ich hasse die Flattergeister
9. Deine Zeugnisse sind wunderbarlich
10. Ich rufe von ganzem Herzen
11. Die Fürsten verfolgen mich ohne Ursach
12. *Der 100. Psalm.* Jauchzet dem Herrn alle Welt
13. *Deutsches Magnificat.* Meine Seele erhebt den Herren

Die siebente Motette, sie lautet: »Wie habe ich dein Gesetze so lieb«, und sie gipfelt an der Stelle: »Ich neige mein Herz, zu tun nach deinen Rechten immer und ewiglich...« Falls man, dem Theologen Heinrich Schütz folgend, sagen dürfte: Wie der Psalter das Herz der Bibel, wie der 119. Psalm das Herz des Psalters, wie die siebente Motette das Herz des 119. Psalms und wie »Ich neige mein Herz« der Kern dieser Motette – wäre dann etwa diese Stelle das Herz der Bibel?

Eine so weitgehende Interpretation mag gewagt erscheinen, aber wir werden achtgeben müssen, wenn die Stelle naht.

Das abschließende Magnificat weist eine Besonderheit auf, die wir nicht verschweigen wollen. Zum zweitenmal in seinem Leben hat Schütz am Magnificat einen Vers gestrichen. War es in den »Symphoniae sacrae II« von 1647 der Vers: »Denn er hat groß Ding an mir getan, der da mächtig ist und des Namen heilig ist«, so hat er diesmal den fünften Vers unvertont gelassen, der da lautet: »Und seine Barmherzigkeit währet immer für und für bei denen, die ihn fürchten.« Kann man Schütz unterstellen, er habe dieses Lob seinem Gotte vorenthalten wollen, da er doch zuviel unerbarmtes Elend hatte ansehen müssen, als daß er an die uneingeschränkte Barmherzigkeit Gottes noch hätte glauben können? Ein voreiliger Schluß, einleuchtend und falsch, weil er zeitfremd ist. Nur übergehen darf man den Umstand nicht, eingedenk der Worte Georg Weißes, die er seinem Landsmann und Glaubensbruder über das Grab nachrief: »Es floß aus lauter Kunst, / aus Zahlen und Gewichten, / Was von dir kam / und was dein weiser Geist gemacht, / Die Texte wußtest du beweglich einzurichten, / Daß jedes Wörtchen war genommen wohl in acht...« Hans Joachim Moser nahm für den ersten Fall von 1647 »bauliche Notwendigkeiten« an, den zweiten kommentierte er nicht, und die übrige Literatur schweigt sich darüber aus. Groß und gewaltig in seinem Lob bleibt das Magnificat auch in dieser Gestalt, es rafft genug lebenslange Erfahrung zusammen, wenn man einmal den Bekenntnischarakter des Werkes unterstellt. »Denn er hat groß Ding an mir getan«, das war jetzt offenkundig, auch daß Gott die Gewaltigen vom Thron stieß und die Niedrigen erhöhte.

Was »bauliche Notwendigkeit« ist und was nicht, läßt sich bei den großen Werken der Weltliteratur, seien es nun musikalische oder belletristische, im nachhinein schwer entscheiden, und der Nachweis, es hätte so und nicht anders sein müssen, gerät oft nur zur heuristischen Tautologie: Es ist wie es ist, folglich muß es so sein – was einerseits wahr, andrerseits der ausgemachteste Unsinn sein kann, wenn man die Unwägbarkeiten des schöpferischen Vorgangs recht bedenkt. Zudem ist uns nach der Musikpraxis der Schütz-Zeit auch selten ein unwiderrufliches Werk überliefert. In einer Vielzahl von Fällen handelt es sich um »Fassungen« und »Versionen«, die entsprechend den Möglichkeiten der Realisation vorläufigen Charakter besitzen, und wer wollte sich darauf verwetten, daß dies nicht auch auf den produktiven Prozeß zurückwirkt? Die Großwerke nun gar, und zwar die Großwerke aller Epochen, sie behalten im Gegensatz zu den epigonalen Produkten, die immer besonders perfekt sein wollen, gewöhnlich etwas Diffuses, eine »offene Form« mit Ungleichgewichten, Asymmetrien und stilistischen Freiheiten, vor allem wenn sie Spätprodukte sind und sich über den Zwang, Vollkommenheit erst erweisen zu müssen, erhaben hinwegsetzen. Altwerden heißt zwar Einlösen, was man versprochen hat, doch tritt eine neue Unbekümmertheit hinzu. Es ist daher schwer, von einem Schützschen Altersstil zu sprechen, der ja dann

doch so Widerspruchsvolles wie die Passionen und den dreizehnteiligen Schwanengesang, Rezitativkunst und strengen achtstimmigen
Satz, umgreifen müßte. Das Schlußwerk wendet sich einerseits zur
Polyphonie der großen Chor-Motette mit gravitätischen Konso-
nanzfolgen zurück, andrerseits bleibt es offen für Überraschungen
in der harmonischen Struktur wie in der motivischen Anordnung.
Schütz gehört nicht zu denen, die ihre Sprache erst lernen, um sie
dann zu zerschlagen. Durch alle stilistischen Umbrüche jener Epochen, die, sich wandelnd, an ihm vorbeizogen, ist er als ein und
derselbe zu erkennen, auch wenn die Moden ihn einmal ins Morgen, einmal ins Gestern rückten. Von einem Bruch ist da nichts zu
bemerken, zumal er die italienischen Elemente von Anfang an mit
sich führte, und eine stilistische Einteilung in ein »frühes«, ein
»mittleres« und ein »spätes« Schaffen ist bei Schütz noch unmöglicher als bei Bach oder Brahms, Bruckner oder Mahler. Sie alle
hatten das Maß der Musik in sich selbst, weshalb sie auch – um mit
Shakespeare zu sprechen – untauglich waren »für Verrat, für Räu-
berei und Tücken«. So konnte sich Schütz gleich bleiben, auch
wenn er sein Herz der Unruhe des Zeitalters lieh.

Man hat beim Schwanengesang den Eindruck, daß das innere
Ohr Schütz jede Note ohne »normative« Rücksichten in die Feder
diktierte. Die Proportion großer Bögen kommt, so scheint es, von
selbst zustande, und unterhalb der zwei Chöre zu je vier Stimmen
konnte er, nach festgelegtem Organum, die Instrumentierung dem
Zufall überlassen (wovon dieser noch keinen Gebrauch gemacht
hat). Das Werk hat Kirchenklang, ohne liturgisch bedingt oder
bestimmt zu sein; es entwickelt sich im modalen Einbezug der
Kirchentöne, die man bei Schütz noch in der freiesten Gestaltung
im Ohr hat, aus einem a-Moll über Terzverwandte und verschiedene Dominant-Umwege, die jeweils Dur-Nebensätze eröffnen, in
ständigem Neuansatz und innerer Steigerung aus den Versen des
119. Psalms, dessen siebente Motette, der in 189 Takten ausgeführte
Mittelteil des Schwanengesangs, nun seinerseits an jener Stelle zum
»Herzstück« zu gerinnen scheint, die da lautet: »Ich neige mein
Herz, zu tun nach deinen Rechten immer und ewiglich.« Wäre der
theologische Beweis nicht schlüssig, mir reichte der musikalische

aus – oder das graphische Sinnbild! Was eine Achtstimmigkeit bei
Heinrich Schütz heißt, wie sie aussieht, möge die tonwertgleiche
Umschrift der vier entscheidenden Takte optisch veranschaulichen:

```
        Ich nei-ge____ mein Herz, mein Herz, zu tun nach  dei-
Ich nei-ge  mein    Herz, mein Herz_____ zu    tun
    Ich nei-____ge   mein Herz,      mein Herz,       zu    tun
      Ich nei-ge____ mein Herz, mein Herz, zu tun nach  dei-
        Ich nei-ge____ mein Herz,  mein Herz
      Ich____nei-____ ge_____ mein Herz
              Ich  nei- ge ___ mein Herz
              Ich  nei- ge____ mein Herz
```

Ein fünffach versetzter Einsatz, der in die vielfältig sich neigende
Bewegung übergeht und sie nachahmt, bis nicht nur die acht
Stimmen im »Herz« zusammenschlagen, sondern in der Gesamtge-
stalt, den Ein- und Ausgängen und der unteren Spitze der Bässe sich
auch noch das Bild des Herzens emblematisch ergibt!

Zum Einsatz des 100. Psalms, »Jauchzet dem Herrn alle Welt«,
bemerkt Hans Joachim Moser mit Recht, hier zeige sich, »welche
barocke Kraft und Wucht noch in dem Sechsundachtzigjährigen«
stecke – obwohl, wie wir jetzt schließen können, der Einfall dazu
wahrscheinlich neun Jahre zurücklag. Aber der flache Atem eines
Greises ist in der Tat nirgendwo zu beobachten, und man fragt sich
wahrhaftig, wie die Psyche, wie der Geist beschaffen gewesen sein
müssen, die sich den Körper so lange und andauernd zum Diener
zwangen.

Endlich das Magnificat: Achtelschläge bei »Er übet Gewalt«,
kräftige, drängende Tonschritte bei »Er stößet – er stößet – die
Gewaltigen vom Stuhl«, eine Abwärtsbewegung bis zu einer
Oktave, wenn der Sopran sich über »die Niedrigen« beugt, und der
Septimenakkord, der sich der »Hungrigen« erbarmt. Von den fein
abgestuften Tonart-Terrassen führen Reizakkorde und wegblen-
dende Winkelschritte so oft in scheinbar unbegangenes Gelände,
daß der Grad von Redundanz – vereinfachend gesagt: der Voraus-
hörbarkeit –, könnte man ihn exakt ermitteln, beinah gleich Null
wäre. Da gibt es keine Verlegenheits-Auflösungen, und nirgendwo

wird mit der großen Terz abgekanzelt. Schließlich wendet sich nach
einer kurzen, hörbaren Zäsur, die alle Ausführenden von selbst zu
einer deutlichen Steigerung der Dynamik mahnen müßte, alles ins
schlicht-großartige »Ehre sei dem Vater«, mit dessen »veneziani-
scher« Großflächigkeit und Farbenpracht der alte Schütz frischen
Atems noch einmal in seine Jugend zurückkehrt. Es ist, als reichten
sich in diesen letzten Klängen Palestrina, Gabrieli und Monteverdi
über seinem Haupt die Hände, eine andre Dreieinigkeit der Geister,
während im Lob der Dreieinigkeit Gottes und dem großbogigen
»von Ewigkeit zu Ewigkeit« sich schon auf Seitenwegen das Amen
vorbereitet: ein Amen, zu dem, fast unbemerkt, zuerst die Soprane
hell und leicht vorauseilen und das sich dann zweimal, jeweils bei
einem großen Atemschluß, wie ein Blick durch Wolken mit Dur-
Winken ankündigt – bis dann mit allen Stimmen weit oben, die
ganze Kraft noch einmal in zwei Silben zusammengenommen, das
letzte und endgültige Amen angesetzt wird.

Wen dieses Amen nicht rührt, den rührt nichts mehr.

Unter die letzte Zeile der zweiten Baßstimme setzte der Uralte
mit zitternder Hand das Wort: FINIS.

III

Da es spät wird und die Schatten sinken, gedenkt er seines Abster-
bens und beginnt Vorsorge zu treffen, denn alle biblischen Alter
sind längst überschritten, und es kann nicht lange mehr dauern.

Aus Johann Matthesons »Grundlage einer Ehrenpforte« wissen
wir, daß sich Schütz im Jahre 1670 an seinen Schüler Christoph
Bernhard in Hamburg gewandt hat mit der Bitte, ihm die Sterbe-
motette nach Psalm 119, Vers 54, »Deine Rechte sind mein Lied in
dem Hause meiner Wallfahrt«, im praenestinischen Kontrapunkt,
das heißt im strengen polyphonen Stil Palestrinas, auszuarbeiten.
Er erhielt sie noch im gleichen Jahr und zeigte große Befriedigung.
Nach Mattheson hat er Bernhard geantwortet: »Mein Sohn, er hat
mir einen großen Gefallen erwiesen durch Übersendung der verlangten Motette. Ich weiß keine Note darin zu verbessern.« So ist

die Motette also bei seiner Grablegung gesungen worden, aber wie es den Dresdner Musikalien so häufig erging: auch sie ist verschollen.

Heinrich Schütz wollte nicht in Weißenfels begraben sein, sondern an der Seite seiner Frau Magdalena. Ihr Tod lag jetzt fünfundvierzig Jahre zurück, aber ein rührendes Zeugnis belegt, daß er sie nicht vergessen hatte: Schütz ließ das Grab seiner Frau, das sich in einem Schwibbogen der Kirchhofmauer, einer Art Mauergruft, an der alten Frauenkirche in Dresden befand, im Sommer 1670 neu herrichten, und am 1. September 1670, wenige Tage vor ihrem Sterbetag, war es fertiggestellt. Von Dedekind, den er ins Vertrauen gezogen hatte und der von Schützens Todesvorsorge offenbar sehr bewegt war, ließ er sich als eine Art Gegenstück zu Christoph Bernhards Sterbe-Motette ein Gruft-Gedicht schreiben, dem Dedekind den Titel »Christ-herzliches Verlangen nach seligster Auf-Lösunge« gab und das er mit der Bemerkung versah: »Am 1. Sept 1670, da das Begräbnis vollendet worden.« Bei diesem Besuch Schützens in Dresden, dessen Zweck wir nun kennen, seiner wahrscheinlich drittletzten Reise, kann es gewesen sein, daß ihn der uns unbekannt gebliebene Maler porträtierte – wenn er es war.

Viel länger zögerte Heinrich Schütz mit seinem Testament. Umhuscht von seiner Schwester Justina, die wir uns nach langer Witwenzeit als ein altersloses Geschöpf von annähernd sechzig Jahren zu denken haben – und beide glichen sich gewiß mittlerweile wie ein Zwillings-Greislein dem andern –, beriet er lange mit sich selbst und seinem Juristen, was er denn nun mit seiner nicht unbedeutenden Hinterlassenschaft und vor allem mit Justine anfangen sollte, die er gern versorgt wußte. Am 16. Januar 1672 kam endlich ein Erbvertrag zustande: »Fr. Justina, geborene Schützin, H. Doct. Anthon Thörmers Wohlverdienten Superintendentens und Pastors zu Weißenfels hinterbliebene Witwe hat ihren herzvielgeliebten Bruder Herr Heinrich Schützen Churf. Durchl. zu Sachsen wohlbestellten ältesten Capellmeister, wegen vieler ihr in ihrem betrübten Witwenstande erwiesenen Guttaten, im Jahre 1662 alle ihre Felder, Wiesen und Güter, mit Vorbehalt des Nießbrauchs, auf die Zeit ihres Lebens abgetreten, hingegen Herr Capellmeister dieser seiner lieben Schwester in seinem Hause in der Niclaßgassen zu Weißenfels bisher die Wohnung und Beitrag zu ihrem Unterhalt gegeben hat. Dieser Vertrag ist den Behörden noch nicht zur Bestätigung vorgelegt worden. Der Herr Capellmeister hat inzwischen auch Weißenfels wieder verlassen. Er erklärt nun, daß er die Güter seiner Schwester, weil er hohen Alters halber dieselben nicht wohl bestellen lassen könne, für sich selbst nicht begehre, sondern zufrieden sei, daß sie seiner geliebten Enkelin, Frauen Gertraud Euphrosynen Seydelin zugeschrieben werden möchten. Dafür verspr[echen] Herr Heinrich Schütze wie auch dessen Enkelin ihrer lieben Fr. Schwester und Muhme, daß sie sie die Zeit ihres Lebens mit gehörigem Unterhalt versehen und versorgen wollen und ihr dazu jährlich noch 100 Gülden zahlen wollen. Daferne aber der liebe Gott sie mit Krankheit heimsuchen sollte, so daß zur Erlangung der Arzeneien und nötigen Cur die 100 Gl. nicht ausreichen, so wollen sie ihr eine ergiebige Zubuße reichen und jederzeit Sorge tragen, daß sie keinen Mangel empfinden soll.« In einem Zusatz werden der noch lebenden Schwester Euphrosyne Fischer zu Eisleben hundert Gulden zugedacht.

»Der Herr Capellmeister hat inzwischen auch Weißenfels wieder verlassen.« Wann war das? Kam er denn noch einmal zurück? Er mußte ja wohl, sonst wären die Verträge kaum rechtswirksam geworden. Aber warum brach er überhaupt auf? Wo wollte er hin? Fast blind und taub, bei nachlassenden Kräften, zog es ihn 1672 nach Dresden, und wenn nicht schon im Januar, dann im Sommer und für immer. Als hätte er seiner Schwester nicht zur Last fallen wollen. Aber bedurfte er denn nicht ihrer Pflege? Oder war sie selbst krank? Kam er deshalb noch einmal zurück, weil sie sich noch nicht auf ein Wiedersehen im Jenseits verabschiedet hatten? Warum diese überraschenden Entschlüsse, außer es wäre wirklich um das Letzte gegangen? Im vergangenen Jahr hatte er dem Kurfürsten Johann Georg II. sein letztes, dreizehnteiliges Chorwerk mit der Bitte übersandt, es auf den beiden, einander gegenüberliegenden Musikemporen der Schloßkirche, die 1662 über dem Altar errichtet worden waren, von acht »guten Stimmen« und zwei Orgeln musi-

zieren zu lassen – was nicht mehr neuester Stil war, sondern
venezianische Reminiszenz. Aber es rührte sich in Dresden nichts,
Dedekind ließ außer seinem kuriosen Titelentwurf offenbar nichts
von sich hören. Wollte Schütz die Dresdner ein wenig anfeuern,
ihnen zu Hilfe eilen oder gar seinen Schwanengesang selber noch
aufführen? Warum sonst verließ er Weißenfels? Die Antwort ist:
Frau Justina, des weiland hochehrwürdigen, hochachtbaren und
hochgelehrten Herrn D. Thörmers, Superintendenten und Pastors
allhier, sel. nachgelaßne Witwe – so heißt es im Weißenfelser
Sterberegister – war am 17. Mai 1672 gestorben. Ein Jahr darauf
verkaufte die Enkelin Gertraud Seidel geb. Pincker mit Einwilli-
gung ihres Mannes den gesamten, von den beiden Greislein ererbten Besitz in Weißenfels.

Justines Leben war lautlos und kaum bemerkt erloschen. Der
gebrochene alte Mann, nun ganz vereinsamt, machte sich nach
Dresden auf, um dort zu sterben. Zum letztenmal holten ihn die
beiden Geleitspferde ab, er fuhr den Berg hinan und entschwand
den Freunden für immer.

Er lebte sehr zurückgezogen in diesen letzten Wochen und
Monaten, da seine Schwerhörigkeit ihm nicht einmal mehr
erlaubte, den Worten der Predigt zu folgen. Es kann sehr wohl sein,
daß seine Beschwerden die Folgen eines Schlaganfalls waren, der
ihn beim Tode der Schwester niedergeworfen hatte. Sie zwangen
ihn zur Abkehr vom Leben. Erfuhr er überhaupt noch, daß am
9. Februar die »deutsche Musicalische Oper von Apollo und
Dafne« in Dresden wiederholt worden war – nur eben leider eine
»Dafne« von Peranda und Bontempi? Hat er am 23. Juni 1672 die
Einweihung der Kapelle der Moritzburg bei Dresden noch mit-
erlebt? Am 15. September, so berichtet Geier, ging Schütz noch
einmal zum Abendmahl, dann nicht mehr; er las zu Hause die Bibel
und theologische Schriften, die er von seinem Beichtvater Johann
Ernst Hertzog oder vom Oberhofprediger Martin Geier erhalten
haben mag. Dem liebenswürdig-betulichen Geier erzählte er gewiß
noch einmal ausführlich aus seinem Leben. Wenn er ihn auf das
Memorial aus dem Jahr 1651, das seine Autobiographie enthielt,
sollte verwiesen haben, so übernahm der genaue Geier jedoch nicht

dessen Irrtümer, und daß am 8. Oktober die Freunde noch Schützens siebenundachtzigsten Geburtstag würdig begingen, daran ist
nicht zu deuteln, zählte doch der befreundete Martin Geier von
diesem Tag an seine neunundzwanzig Tage bis zum Ende, und hätte
er sich vertan mit dem »87 Jahr und 29 Tage« des Schützschen
Lebens, die Enkelin Gertraud, oder aber Hanitzschens und Hart-
manns, Magdalenens Verwandte, oder wer immer davon wußte, sie
hätten ihn schleunigst korrigiert. Doch das meiste wußte Geier
ohnehin von dem Alten selbst.

Der Oktober verging. Am 6. November, so erzählt Geier, sei
Schütz frisch und gesund aufgestanden. Er zog sich an. Nach neun
Uhr überfiel ihn, als er in der Kammer etwas suchen wollte, eine
jähe Schwäche, ein Schlag streckte ihn zu Boden, und er konnte sich
nicht erheben. Seine Leute fanden ihn, so heißt es: es kann Frau
Beyer, einer von den verschwägerten Hanitzschens oder eine Haus-
hilfe gewesen sein, die nach den Freunden aussandte, nach Hering,
Kittel, Dedekind, auch an Bontempi ist zu denken. Man brachte ihn
zu Bett. Er erholte sich etwas, schlug die Augen auf und konnte
wenige Worte sprechen: Er stelle alles in Gottes gnädigen Willen.
Der Arzt kam, aber schon war ihm immer weniger zu helfen, er
verstummte. Auch der Beichtvater wurde gerufen, der ihn vorbe-
tete und Sprüche ins Ohr sagte. Er neigte nur das Haupt und
bewegte die Hand. Und in der Luft lag unausgesprochen das
Shakespeare-Wort aus Heinrich dem Vierten: Ruft die Musik her in
das andre Zimmer. Da begannen diese Männer miteinander mehr-
stimmig zu singen. Er aber ist ganz still liegen geblieben, als ob er
schliefe, bis endlich Atem und Puls abnahmen und sich verloren
und er, als es vier geschlagen, unter dem Gesang und Gebet der
Umstehenden sanft und selig verschied.

Schluß

Die Nachwelt

»Nun ihr edlen Musici, ihr Virtuosi und treuen Clienten eures eisgrauen Senioris, umfanget und begleitet mit Tränen den Körper des seligen Herrn Capellmeisters zu seiner Grabesstätte. Machet und haltet anjetzo ihm nach Churfürstlicher gnädigster Anordnung die angestellte Kirchen-Musik bei seiner Bestattung aufs beweglichste, und wisset, daß ihm seine letzte Ehre zwar hierdurch erwiesen, die eurige aber hierdurch wachsen und euch bei Hoch und Niedrig noch mehr beliebt machen werde: Heut trägt man Schützens Kunst samt seiner Hand zu Grabe, / Die unsrer Hofcapell den besten Zierat gabe, / Ein Mann, der seinen Gott und Fürsten treu geliebt, / Dies ist die Grabesschrift, die ihm Chur-Sachsen gibt!«

So sprach bei der Aufhebung des Sarges im Trauerhaus Moritzstraße 10 der Beichtvater des Toten, Diakon Magister Johann Ernst Hertzog, der in seinem Abdankungs-Sermon auch des Schwanengesangs gedachte, war er doch von der Fabel über einen Schwan in den Gärten des Kaisers Theodosius ausgegangen, um auf Schütz und seinen Leitspruch anzuspielen: »Nur seiner geistlichen und allezeit auf Gott gerichteten Schwanen-Musik kann ich nicht vergessen: Gottes Rechte, sie mochte Dur oder Moll sein, war allezeit das Lied in seinem Hause.« Und die Musiker hoben ihn auf und trugen ihn zur Kirche Unserer lieben Frauen.

Magnificus Dr. Christoph Pincker, Appellationsrat und Leipziger Bürgermeister, war nach Dresden herübergekommen und hatte die Freunde und Anhänger des Verstorbenen durch Botschaften unterrichtet, worauf zahlreiche Gedichte eingingen, darunter von Georg Weiße, der eins für alle aussprach: »Des Vaters Tod betrübet / Die Kinder guter Art...«

Die Beisetzung fand erst am 17. November statt, elf Tage nach Schützens Tod. Wohl war das Grab Magdalenens im Schwibbogen Nr. 117 der Kirchhofmauer sofort geöffnet worden, damit Heinrichs Sarg hinzugesetzt werden konnte, aber der Kurfürst hatte eingegriffen und ein Ehrenbegräbnis angeordnet, für das ein Platz innerhalb der Kirchenhalle vorgesehen war. Da Heinrich Schütz jedoch bestimmt hatte, er wolle gemeinsam mit seiner Frau bestattet werden, wurde der Sarg Magdalenens aus dem Grab 117 herausgenommen und an einem Platz der Halle neben dem Chorraum der Frauenkirche in doppelter Tiefe versenkt. Erst als diese Vorbereitungen abgeschlossen waren, konnte Heinrich Schütz beigesetzt werden.

In Gegenwart hoher Abgesandter des Hofes, darunter des kurfürstlichen Vertreters Geheimrat von Wolfframsdorff, hielt der Oberhofprediger D. Martin Geier selbst die Leichenrede über Vers 54 des 119. Psalms: »Deine Rechte sind mein Lied in dem Hause meiner Wallfahrt«, den von Schütz gewählten Text der Sterbemotette Christoph Bernhards. Will man begreifen, warum Heinrich Schütz diesem Spruch eine so große Bedeutung für sein Leben beimaß, muß man die eigentlich zu schön übersetzte Stelle im Hebräischen aufsuchen, das Schütz gut zu lesen verstand. Wörtlich lautet da der Vers: »Deine Ratschlüsse (Gesetze) wurden mir Anlaß zu Lobgesängen dort, wo ich als Fremdling weile.« Dies war der Sinn und Inhalt seines Musizierens: in dieser unwirtlichen Welt den Rat Gottes zu loben, der uns in ihr ausharren läßt. Und darüber sprach Geier auch in seiner Predigt. Er sprach von der Arbeit Schützens: Womit sie umgehe? Mit Gottes Rechten. Worin sie bestehe? In Liedern. Wo sie verrichtet werde? In meinem Hause. Die Arbeit des Verstorbenen sei eine fröhliche gewesen, eine heilige, eine mühsame und eine unendliche. Das Allerköstlichste an ihr aber sei das Mühselige gewesen. Und aus ihr rechtfertigte Geier das in lutherischer Verantwortung Getane, wie er das Mühselige dann auch zum Leitgedanken seines Nekrologs erhob.

Also mußte der Oberhofprediger auch das tun, was zwar nicht der Tote, wohl aber seine Gemeinde von ihm zu erwarten schien: Er grenzte das Gott wohlgefällige Werk ab gegen den Mißbrauch der dem Menschen verliehenen Gaben. Er verwarf die weltlichen Sauf-, Tanz- und Spottlieder, er polemisierte gegen den herrschenden Geschmack am Hofe, gegen die Unsitte des Kastrierens und gegen die unernste Musik, die »tänzerischen Singarten«, die man manchmal auch in der Kirche zu hören bekomme. Führe man jemanden mit verbundenen Augen in das Gotteshaus, er müsse zuweilen glauben, es werde ein Ballett getanzt oder eine Komödie aufgeführt. So sprach Geier.

Dreimal sang der Chor Werke von Schütz, dann wurde der Sarg durch die Tür bei dem Altar in die Halle hinausgetragen, wo gleich am Eingang der Boden geöffnet war, und hinabgesenkt auf die Überreste Magdalenens. Diese Stelle wurde in den nächsten Tagen mit einer Grabplatte aus schwarzem Marmor verschlossen, auf der zu lesen stand: »Heinricus Schützius / Seculi sui Musicus excellentissimus / Electoralis Magister / MDCLXXII.« An der Nordwand der Halle, »gegen Mittag«, wurde eine Messingtafel angebracht, auf der in einem sächsischen Rautenkranz ein offenes Buch mit der Inschrift »Vitabit libitinam« (aus den Oden des Horaz: Er wird der Todesgöttin entrinnen), ein Totenkopf sowie zwei Trompeten aus Alabaster zu sehen waren. Darunter stand auf der Tafel: »D. S. S. / Heinricus Schützius / Assaph Christianus / Exterorum Delicium / Germaniae Lumen / Sereniss. Saxoniae Elect. / Joh. Georg I et II Capellae / Cui LVII annos praefuit / immortale decus. / Quod caducum habuit, / sub hoc monumento Electorali / munificentia extructo deposuit / Aetatis suae Anno LXXXVIII / aerae nostrae MDCLXXII.« Das heißt auf deutsch: Heinrich Schütz, der christliche Psalmsänger, eine Kostbarkeit den Fremden, für Deutschland ein Licht, der Kapelle der sächsischen Kurfürsten Johann Georg I. und II., der er 57 Jahre vorstand, eine unsterbliche Zierde. Was an ihm vergänglich war, legte man unter diesem aus fürstlicher Freigebigkeit errichteten Denkmal nieder. Seines Alters 87 Jahre, nach unsrer Zeitrechnung 1672.

Das alles ist so genau nur überliefert, weil der Kirchner Johann Gottfried Michaelis nach seinem Dienstantritt 1714 die Inschriften sämtlicher Grabdenkmäler innerhalb der Frauenkirche und auf dem sie umgebenden alten Kirchhof gesammelt und aufgeschrieben hat, da er mit Recht befürchtete, es werde sie nicht mehr lange geben. Bereits 1715 mußte ein Teil des Kirchhofs auf Anordnung Augusts des Starken dem Neubau des Wachgebäudes am Neumarkt weichen. Und nachdem sich Stadtrat und Kirchenväter lange gegen das absolutistische Vorgehen des Hofes bei der Neugestaltung des Stadtviertels gewehrt hatten, trieben sie es wenig später, als die alte

Frauenkirche 1727 baufällig wurde und ersetzt werden sollte, nicht
weniger würdelos, indem sie beim Neubau George Bährs sämtliche
Grabstätten spurlos beseitigen ließen. Die Fundamente wurden tief
ausgehoben, die Platten zerstört, die Tafeln eingeschmolzen. Von
der Familie meldete sich niemand.

Wer waren die Hinterbliebenen? Die Schwester Heinrichs,
Euphrosyne Fischer in Eisleben, achtzigjährig, überlebte ihn nur
noch kurze Zeit. An seinem Grabe standen der Schwiegersohn
Christoph Pincker, ältester Bürgermeister zu Leipzig, dessen
Tochter Gertraud, Heinrichs Enkelin, und deren Mann.

Gertraud Pincker hatte 1670 den Leipziger Ratsverwandten,
Stift-Canonicus und späteren Domherrn zu Wurzen Johann Seidel
auf Liebenau geheiratet. Dieser Ehe entsprangen vier Kinder, Heinrichs einzige Urenkel, deren erstes noch kurz vor Heinrichs Tod
zur Welt gekommen sein kann, als Gertraud schon zur Haupterbin
eingesetzt war: das Mädchen hieß Henrietta. Ihr folgten Johannes,
Johann Christoph und Christiana Eleonora. Sie alle kannten den
Urgroßvater nicht mehr und haben auch so gut wie nichts von ihm
erfahren, denn zwischen 1680 und 1690, als sie ihre Kinderschuhe
auszogen, war Heinrich Schütz in der Familie vergessen. Frau
Seidel wußte nicht viel und wollte sich auch nicht zu einer komi-
schen Alten machen, indem sie von einem Unbekannten sprach,
und sogar die unmittelbare Erinnerung an seinen in der Öffentlichkeit ohnehin nicht mehr genannten Namen erlosch nach den
unbarmherzigen Gewohnheiten der Lebenden: Pincker nämlich,
der Großvater, Gertrauds Vater, hatte noch ein zweites und drittes
Mal geheiratet, 1656 und 1673, und seine zweite Frau gebar ihm
noch weitere sechs Kinder – die Tanten und Onkel der vier Seidel-
schen Kleinen –; es war eine ganz andre Familie entstanden, in der
nichts mehr an den Geburtsnamen der »ersten« Großmutter erinnerte.

Was sollte Frau Seidel ihren Kindern auch erzählen? Die Sprosse
waren alle von den »neuen« Pinckers umschwistert und von Seidels
umgeben, und so schlug eigentlich in der einzigen Enkelin Gertraud
der Generationsprozeß in die Tragödie der Vergeßlichkeit um, die
für manches Verschwinden verantwortlich zu machen ist. Denn wo

blieben die Noten, sofern sie nicht bei den Bränden in Dresden, Gera und Kopenhagen vernichtet wurden? Fiel der Inhalt des Notenschranks, als Gertraud Seidel 1673 den gesamten Weißenfelser Besitz verkaufte, an die kurfürstliche Kapelle? Es gibt dafür keinen Beweis und keinen Zeugen! Warum sollte Frau Seidel für einen so komplizierten Transport gesorgt und nicht einfach alles mit nach Leipzig genommen haben? In Leipzig befindet sich noch heute ein Exemplar des »Syntagma musicum« Band I von Michael Praetorius mit dem Eigentumsvermerk von Heinrich Schütz. Das läßt darauf schließen, daß Johann Seidel, der zuletzt Bürgermeister von Leipzig war und 1719 in Schönefeld bei Leipzig starb, zumindest einen Teil der Musikbibliothek von Schütz besaß und weitergab.

Falls der Weißenfelser Schrank und sein Inhalt tatsächlich an die Enkeltochter Gertraud Seidel kam oder an ihren Witwer und schließlich an dessen Kinder und Enkel, so bedeuteten die wertvollen Handschriften ihnen so gut wie nichts, sie waren mit dem blassen Gerücht behaftet, es habe da in der Familie einmal einen Kantor gegeben, von dem die Papiere stammten, und mit solchem Erbgut geht man lässig um. Es kann, schwer entzifferbar wie es war, auf irgendeinem Speicher verkommen und verrottet sein, es ist womöglich weggeworfen, bei einem Dachbrand vernichtet, an eine Kantorei hergeschenkt worden, die auch nichts damit anzufangen wußte: das ist mit größter Sicherheit der Weg alles Irdischen, das nicht als wertvoll erkannt wird. Hans Joachim Moser, sonst eher vorsichtig, spricht davon, daß mit den Handschriften »mindestens die Hälfte, wenn nicht mehr, aller Schützschen Meisterwerke zugrunde gegangen« sei.

Dergleichen ist in der Kunst-, Musik- und Literaturgeschichte nach Erfindung des Buchdrucks und der Notenstecherei selten vorgekommen, läßt sich jedoch mit den Verhältnissen während und infolge des Dreißigjährigen Krieges verhältnismäßig leicht erklären: sie verhinderten den Druck alles dessen, was nicht unbedingt und sofort gebraucht wurde, und als Schütz einmal gestorben war, war es zu spät. Aus dem Nachlaß pflegte man damals nicht zu veröffentlichen, die Toten blieben tot.

Fiel also Nacht herein und tiefes Vergessen? Vergessen kann sehr
wohl eine tiefgründige Art der Erinnerung sein, sagt Borges. Zwar
wußte die Nachwelt lange nicht, daß sie »einem der mächtigsten
Tondichter aller Zeiten« verpflichtet war, aber seine »menschlich-
geistige Gestalt, eine der feinsten, klügsten, ehrwürdigsten«, wie
Hans Schnoor schreibt, hatte eine so tiefe Spur hinterlassen, daß sie
zu keiner Zeit dem kulturgeschichtlichen Gedächtnis völlig abhan-
den kam – mit Ausnahme einer kurzen Zeitspanne vor der Wiederentdeckung im frühen neunzehnten Jahrhundert.

Die biographisch-lexikographische Würdigung begann mit
Johann Gottfried Walthers »Musicalischem Lexicon« (1732), das
sich auf die Angaben Martin Geiers stützen konnte, sowie Johann
Matthesons »Grundlage einer Ehrenpforte« (1740) und setzte sich
Ende des 18. Jahrhunderts in Ernst Ludwig Gerbers »Historisch-
biographischem Lexicon der Tonkünstler« (1790 f.) fort, in dem
auch einige von Walther unbenutzt gebliebene Informationen ver-
wertet und mitgeteilt wurden. Diese frühen Handbücher hielten
sich durchaus an die Bewertung, die Wolfgang Caspar Printz aus
noch größerer zeitlicher Nähe in seiner »Historischen Beschreibung der edelen Sing- und Kling-Kunst« (1690) abgegeben hatte.
Von dem Erbe der Lehre, der Musik, der Weitergabe von Hand zu
Hand war schon die Rede; immerhin gab es ja die zahlreichen
Kantoreien außerhalb Dresdens, die Wolfenbütteler Sammlung, die
Archive von Naumburg bis Lüneburg, von Kassel bis Uppsala, und
was den Boden bereitete für die Kommenden und was als Legende
oder Gerücht in den Köpfen herumgeisterte, ist schwer abzu-
schätzen.

Eines gab es allerdings in der Musik so wenig wie anderswo:
Geschichtsbewußtsein. Es erwachte auch nicht sofort mit der
Romantik, die sich zuerst dem Mittelalter zuwandte und den
Mythen, und so strotzt noch eine der ersten deutschen Enzyklopä-
dien von kulturgeschichtlicher Vergeßlichkeit: In Major Pierers
sechsundzwanzigbändigem Wörterbuch der Wissenschaften, Künste und Gewerbe von 1833 fehlt Heinrich unter den vier aufgeführten Schützen.

Die entscheidende Wandlung setzte mit Carl von Winterfeld ein.

Dieser Gelehrte brach 1834 den Bann mit seinem Werk über Giovanni Gabrieli, in dem er »dem trefflichsten seiner Schüler« ein umfangreiches Kapitel widmete. Über das Biographische hinaus kam diese Studie einer Wiederentdeckung der Schützschen Musik gleich. Winterfeld stützte sich auf die von ihm aufgefundenen Werke, und das war nur ein geringer Teil, aber viele seiner Urteile haben bis heute Gültigkeit behalten.

Schon Mitte des Jahrhunderts belebte sich das Bild durch Moritz Fürstenau, der mit seinen archivarischen Entdeckungen und Beiträgen zur Geschichte der Musik und des Theaters am Dresdner Hof den wichtigsten Wirkungskreis von Schütz der Forschung erschloß. Wer sehen konnte, der gewahrte über Dresden hinaus, das nach Fürstenaus Meinung »nicht viele Musiker von solcher Größe und solchem Einfluß in seinen Mauern gesehen« hatte, auch schon den zeitgeschichtlichen und weiten geographischen Hintergrund, der sich aus den Beziehungen zu anderen Höfen und anderen Künstlern ergab. Fürstenau muß mehr vorgefunden und gelesen haben, als er dann veröffentlichte, sonst wäre er wohl nicht vergleichend und darüber sinnend schon 1849 zu dem Urteil gelangt: »Schütz ist eine der seltenen Persönlichkeiten, deren Erscheinung überall wie die eines reineren höheren Geistes aus einer besseren Welt wirkt. Die Harmonie, der er all sein Sinnen und Dichten geweiht, tönt in seinem ganzen Leben wider. Wo immer er sich zeigt, als Künstler oder Mensch, da finden wir Milde und Kraft gepaart, kindliche Demut und männlich unerschrockenen Mut, Klarheit, Umsicht und hohe Begeisterung.« Dieses Urteil ist um so erstaunlicher, als es sich lediglich auf die Kenntnis der Akten des sächsischen Staatsarchivs gründete und durch keinerlei tönendes Zeugnis, keine Literatur und keine lebendige Tradition abgestützt war.

Es gab sie nicht, weder in Dresden noch anderswo. In den Memoiren und Schriften des berühmtesten Schütz-Nachfolgers im Amt des sächsischen Hofkapellmeisters, Richard Wagner, in seinen Dresdner Reden und Eingaben, in seinen Briefen, Gesprächen und deren Niederschrift durch Cosima Wagner und andre Zeitgenossen kommt der Name Schütz nicht ein einziges Mal vor. Am 22. Sep-

tember 1848 brachte er den Trinkspruch auf das dreihundertjährige
Jubiläum der Dresdner Hofkapelle aus: von Heinrich Schütz kein
Wort. Dabei steht, wenn man Richard Wagner als einen Endpunkt
bestimmter Entwicklungen der bürgerlichen Kunst und Musikkultur ansehen muß, Schütz monumental an deren Anfang, und in
dieser Konjunktion haben die einander so Zeit- und Wesensfernen
manches gemeinsam; es sind zeit- und musikgeschichtliche Ent-
sprechungen, die beide miteinander verbinden wie Thema mit
Spiegel und Umkehrung. In einem Augenblick historischer
Umbrüche von gewaltigem Ausmaß trug Schütz die Spannung
zwischen monodischem und polyphonem Prinzip in sich aus, einen
Konflikt, dem nicht unähnlich, der Wagner in der Frage musikalischer »Inhalte« mit Heinrich Laube und dem Jungen Deutschland
entzweite und ihn zu einem Vor- und Zurückgreifen veranlaßte.
Außerdem rang Heinrich Schütz um das, was im neunzehnten
Jahrhundert noch einmal auf der Tagesordnung stand: um das
Selbstbewußtsein und die bürgerliche Unabhängigkeit der Künstler
unter der Obhut und Herrschaft deutscher Fürsten. Schützens
stolze Briefe und Memoranden an den Kurfürsten fanden zweihundert Jahre später immerhin denkwürdige Gegenstücke in den an den
Dresdner Hof gerichteten Reform-Entwürfen Richard Wagners,
die auch das soziale Elend der Musiker beklagten.

Die Erweckungsfreude des vergangenheitsbegierigen neunzehnten Jahrhunderts, die seit Mendelssohns Berliner Aufführung der
Matthäus-Passion 1829 auch Johann Sebastian Bach erfaßt hatte
und ihn der allgemeinen Vergessenheit entriß, war damals bis zum
Vater der deutschen Musik, als welcher Schütz in mehrfacher
Hinsicht zu gelten hat, noch nicht vorgedrungen. Bachs musikali-
sche Wiederbelebung stand der seines vermeintlichen »Vorläufers«
lange Zeit im Wege, da man das spezifisch Andere in ihm gar nicht
erkannte. Die verblüfften Gesichter kann man sich vorstellen, als
Johannes Brahms 1864 »Saul, Saul, was verfolgst du mich« in einem
Konzert der Wiener Singakademie aufführte! Brahms war im
Anhang von Winterfelds Werk auf die Noten gestoßen, und nie
verließ ihn der sichere Instinkt für das formal Bemeisterte und
Außerordentliche.

Große runde Geburtstage haben kathartische Wirkung, wenn die Zeit reif ist und nicht nur einzelne es wollen. So das Jahr des dreihundertsten Geburtstages von Heinrich Schütz, 1885. Gerüstet und vorbereitet fand es den Bach-Biographen Philipp Spitta, seinen Bruder Friedrich und einige seiner Freunde. Die erste Gesamtausgabe von Schützens Werken begann damals zu erscheinen, und innerhalb eines halben Jahrhunderts kamen einige Lebensbilder hinzu: von Philipp und Friedrich Spitta, von Otto Michaelis und Friedrich Blume. Durch einen französischen Schüler Spittas wurde André Pirro 1913 zu einer ersten Schütz-Biographie angeregt. Ihr sind bisher nur zwei weiterführende biographische Werke gefolgt: das materialreiche, die Kompositionen akribisch beschreibende, im übrigen unverläßliche und nur noch kritisch zu lesende von Hans Joachim Moser (1936), dessen Forscherfleiß, Entdeckerfreude und profunder Kenntnis der musikgeschichtlichen Zusammenhänge freilich jede neuere Darstellung verpflichtet bleibt, und das vor allem unter kirchenmusikalischen Gesichtspunkten konzipierte Buch von Otto Brodde (1972), das im Biographischen auf Moser fußt. Beide Verfasser sind nicht denkbar ohne die Singbewegung und die Heinrich-Schütz-Gesellschaften, deren Geschichte sie selbst ausführlich mit behandelt haben.

Kein Zweifel, daß von der Singbewegung starke Impulse ausgegangen sind auf die Verbreitung und Pflege der Werke von Heinrich Schütz. Zahlreiche Forscher, Lehrer, Chorleiter und Organisatoren haben sich seit Beginn der zwanziger Jahre unsres Jahrhunderts in den Dienst der Sache gestellt und endlich auch zum Zustandekommen einer imposanten Neuen Schütz-Ausgabe beigetragen. Aber es gibt einen Punkt, an dem »Bewegungen« in ihr Gegenteil umschlagen und den Gegenstand ihres Enthusiasmus so hermetisch vereinnahmen, daß er sich den Außenstehenden exotisch verfremdet.

Bewegungen, ihrem Begriff nach bereits obsolet und fadenscheinig geworden, kämpfen um eine falsche Aktualität. Wer die überflüssige Frage nach der »Aktualität« von Heinrich Schütz heute noch allen Ernstes mit einem dreifachen Ja beantworten zu müssen glaubt, weiß gar nicht, was er der Figur damit antut. Man stelle sich die gleiche Frage einmal bei Dürer, Shakespeare oder Bach, bei Dante, Rembrandt oder Mozart, und man wird gewahr werden, wie die Provinzialität eines solchen Kurzdenkens die historische Gestalt zum Vereinsdenkmal verkleinert. Es bedarf weder der Frage noch der Antwort, weder der Werbung noch der Rechtfertigung, sondern der Erschließung, der Vermittlung und der historischen Gerechtigkeit.

Was die Erschließung des uns Überkommenen angeht, die Quellenforschung und Archivarbeit, so sind im letzten Jahrzehnt vor Schützens vierhundertstem Geburtstag Zeichen und Wunder geschehen, und allein die Zahl der aufgefundenen musikalischen Schütz-Werke hat sich um mehr als ein Dutzend vermehrt. Das alles trotz der Verluste und Schäden, die der Zweite Weltkrieg verursachte, so daß der Verdacht nicht ganz unbegründet ist, es sei früher doch nicht gründlich genug gesucht worden. Auch wird erst jetzt ein annähernd genaues Bild der Gestalt und des Lebensweges vermittelbar, mit allen Unschärfen, die sich aus der zeitlichen Ferne ergeben, die aber doch eines nicht mehr zu verdecken vermögen: daß eine von Alfred Einstein noch vorsichtig in Zweifel gezogene »Größe« in einem unglücklichen Zeitalter des Übergangs möglich war. Sie ergibt sich nicht allein aus den Werken, sondern ebensosehr aus der Tatsache, daß sie geleistet und der Zeit abgewonnen worden sind. Auch nach den schrecklichen Erfahrungen unsres Menschheitsalters wächst, sobald auch nur wenige Jahrzehnte vergehen, der Respekt vor denjenigen, die nicht entmutigt aufgeben, sondern durchhalten, sich dem Grauen mit Werk und Wort entgegenwerfen und damit unbewußt auch Zeugnis ablegen von der Ehre und Würde des Geistes und seiner Fähigkeit zum Widerstand.

Ob die Vermittler von Musik aus der Begeisterungsfähigkeit der Entdecker Nutzen ziehen werden, bleibt abzuwarten. Die historische Gerechtigkeit schließlich läßt sich allerdings nicht erzwingen, und die vereinfachenden, auch uns gelegentlich unterlaufenen Formeln wie die vom »Vater der deutschen Musik« taugen zum besseren Verständnis nicht allzuviel, selbst wenn sie von seinen Zeitgenossen stammen und einen Kern von Wahrheit enthalten. Mit Schütz begann nicht die deutsche Musik, er bündelte nur Entwicklungen, aber er ist der erste, dessen Person, Werk und Wirken unübersehbar am Horizont der deutschen Musikgeschichte aufleuchten – eine transitorische Gestalt, eine zum Glück noch nicht für immer und endgültig bezeichnete Größe, im Grunde ein noch heute nicht durchmessener Kontinent der Musik.

Anhang

Christoph Spetner: Heinrich Schütz, vor 1654 oder nach 1657, Öl auf Leinwand, 69,3 × 46,5 cm. Universität Leipzig, Musikinstrumenten-museum

Rembrandt: Bildnis eines Musikers, 1633. Vermutlich Heinrich Schütz im Alter von 48 Jahren. Corcoran Gallery of Art, Washington

Unbekannter Maler: Heinrich Schütz im Alter von 85 Jahren, datiert 1670, Öl auf Holz, 17 × 12,5 cm. Deutsche Staatsbibliothek, Berlin

Albert Freyse (?): Musik am Hofe zu Wolfenbüttel. Herzog August (vorn rechts) im Kreise seiner Familie. Braunschweigisches Landesmuseum

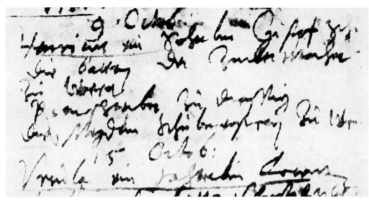

Köstritzer Taufregister. Eintrag vom 9. Oktober 1585, »Heinrich ein Sohn von Christof Schütz«

Das Geburtshaus in Köstritz, der Gasthof »Zum goldenen Kranich«, wiederaufgebaut nach dem Brand im 18. Jahrhundert, Zustand vor dem Abriß des linken Seitenflügels im 20. Jahrhundert

Eine Hausmarke erinnert an den Weißenfelser Gasthof »Zum goldenen Ring«

Dr. Benjamin Schütz 1664, anonyme Malerei auf Pergament, Erfurter Stadtarchiv

Urkunde des Weißenfelser Stadtkämmerers Christoph Schütz, 1602

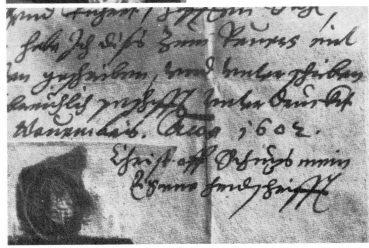

Esel mit Sackpfeife über dem Torbogen des Gasthofes »Zum Schützen« in Weißenfels

Der Gasthof »Zum Schützen«, 1979 abgerissen, im Erker die Inschrift »Christof Schütz 1616«. Foto-Kind (H. Schröder)

Der Landgraf Moritz von Hessen-Kassel, der Heinrich Schütz 1598 in Weißenfels entdeckte

Das Kasseler Schloß mit der Hofschule, nach einer Zeichnung des Landgrafen Moritz (Ausschnitt)

AVGVSTI APVD VENETOS TEMPLI D. MARCI ACCVRATISSIMA
EFFIGVRATIO

Depinxit Georgius Houfnaglius

San Marco und der Markusplatz in Venedig um 1600, kurz bevor Heinrich Schütz 1609 bei Giovanni Gabrieli seine Studien aufnahm

Demnach der Rath zu Görlitz vnd Zitta
an endeß bemelten gelangen laßen, das in
dem löblichen Churf. Oberconsistorio er-
kundigung eingezogen werden möchte ob auff
das ihnen, den 15 hujus bevorstehende heilige Weihnachtfest, die ihre Orgelwerke Wie-
derumb öffnen vnd rühren laßen dörfften,

Als werden Hochgedachte OberConsisto-
rii herrn Praesident vnd Räthe, hirmit
unterdienstlich ersucht, mit ebes Resolu-
tion solche kützig ordre zubehren, Sich
großgönstig herauß zu laßen.

Heinrich Schütz
Churf. Capellmeister Mpp
Dreßden den 8
Decembris Ao 1647.

Handschrift von Heinrich Schütz aus dem Briefwechsel im Trauerjahr 1647, als das Orgelspiel in Kursachsen und den Lausitzen untersagt war

Das Dresden der Schütz-Zeit. Zustand bis zum Dreißigjährigen Krieg

Das von Heinrich Schütz 1627 bezogene Haus am Dresdner Neumarkt, 1657 verkauft, im Zweiten Weltkrieg zerstört

*Kurfürst Johann Georg I. von Sachsen, der von 1611 bis 1656 regierte und
dem Heinrich Schütz ab 1615 gedient hat*

Der Komponist und Thomaskantor
Johann Hermann Schein

Der Hallesche Komponist und
Organist Samuel Scheidt

Der Dichter Martin Opitz, der Heinrich Schütz nahestand und das Textbuch seiner Oper »Daphne« schrieb

Bernardo Strozzi (?): Claudio Monteverdi. Tiroler Landesmuseum Ferdinandeum, Innsbruck. Heinrich Schütz hielt sich 1628/29 bei Monteverdi in Venedig auf

SYMPHONIARUM SACRARUM
SECUNDA PARS

Worinnen zubefinden sind

Deutsche

CONCERTEN

Mit 3. 4. 5. Nehmlich einer/ zwo/ dreyen
Vocal, und zweyen Instrumental - Stimmen/
Alß Violinen, oder dergleichen

Sambt beygefügtem geduppelten BASSO CONTINUO
Den einen für den Organisten, den andern
für den Violon

In die Music versätzt
Durch

Heinrich Schützen/
Churfürstl. Sächß. Capelmeister.

PRIMA VOX

Mit Römischer Keyserl. Majest. Freyheit.

M. DC.   XLVII.

Opus Decimum.

Gedruckt zu Dreßden bey Gimel Bergens / Churfürstl. Sächß.
Hof-Buchdruckers/ Sel. Erben/ In Verlegung Johann Klemmens
Hof-Organistens daselbst/ und Alexander Herings
Organisten zu Budissin.

Titelblatt des Erstdruckes der »Symphoniae sacrae II« op. 10 aus dem Jahr
1647, etwa auf die Hälfte verkleinert

*Heinrich Reuß postumus von Gera, Schleiz und Lobenstein mit Plauen,
für dessen Beisetzung 1636 Heinrich Schütz die »Musikalischen Exequien«
komponierte*

Die dänische Hauptstadt Kopenhagen, in der Heinrich Schütz ab 1633 mehrmals wirkte, nach einem Stich aus dem 17. Jahrhundert

David Conrad: Heinrich Schütz unter seinen Kapellmitgliedern in der alten Dresdner Schloßkapelle nach dem Umbau von 1662, Kupferstich

Der Alterssitz in der Weißenfelser Nikolaistraße, erworben 1651, das einzige unverändert erhaltene Schütz-Haus. Foto-Kind (H. Schröder)

Vt Sol inter planetas, Ita MVSICA in-~~ter~~ Artes literales in medio radiat.

hinc vere Ouuenius:

Optima MVSARVM E reliquis idcirco negatur
Artibus à MVSIS MVSICA nomen habens

~~Henricus Sagittarius~~
Capella Magister ep-
porelam in Hildesheim
die 29 Januarii Ao. 1640

Hildesheimer Stammbuch-Eintrag vom 29. Januar 1640; zur Bedeutung des Textes vgl. Seite 239

Sterbehaus in Dresden, Moritzstraße 10, damals im Besitz des Rates Beyer, 1760 abgebrannt

Kurtze Beschreibung
Des
(Tit.)

Herrn Heinrich Schützens/

Chur-Fürstl. Sächs. ältern Capellmeisters / geführten müheseeligen Lebens-Lauff.

Er Chur-Fürstl. Sächs. ältere Capellmeister Herr Heinrich Schütze/ ist auf diese Welt gebohren worden zu Köste-ritz/ ein wohlbekandten Flecklein an der El-ster gelegen/ und denen Hoch-Edelgebohr-nen Herrn von Wolfframsdorff gehörig/ im Jahr Christi 1585. am 8. Tage des Octo-bris, Abends umb 7. Uhr. Sein Herr Vater ist gewesen Herr Christoff Schütze/ nachmahls Bürgermeister der Stadt Weiß-senfelß. Seine Fr. Mutter Frau Euphrosina/ Herrn Johann Bergerns/ vornehmen Practici und Bürgermeisters zu Gera seel. eheleibl. Tochter. Sein Herr Groß-Vater vom Vater/ ist gewesen/ Herr Albrecht Schütze/ Raths-Cämmerer zu Weissen-felß/ Seine Fr. Groß-Mutter/ Mütterlicher Linie aber/ Frau Dorothea/ geboren aus dem alten und zu Gera wohlbekandten Geschlechte/ der Schreiber/ Weitern Bericht von seinen Ober-Eltern und beyderseits Anverwandten/ ist wegen kürtze der Zeit allhier bescheidentlich zu übergehen; Vielmehr aber zu rühmen/ daß des Herrn Capellmeisters geehrte Eltern in ihrer Christli-chen Sorgfalt/ nach welcher Sie zum ersten mit ihren dazumahl neugebohrnen Sohne/ nach dem Reich GOTTES getrachtet/ und damit Er deßen unzweiffelbarer Erbe werden möge/ unserm

F 3   einigen

Erste Seite des Nekrologs von D. Martin Geier im Anhang seiner Leichen-predigt von 1672, Faksimile-Nachdruck im Bärenreiter Verlag, Kassel 1935 und 1972

Zeittafel

1585	Heinrich Schütz am 8. Oktober in Köstritz geboren, am 9. Oktober getauft
1586	Andrea Gabrieli gestorben. Johann Hermann Schein geboren
1587	Samuel Scheidt geboren. Das Volksbuch vom Dr. Faust. Maria Stuart hingerichtet
1588	Die spanische Armada von den Engländern besiegt
1589	Heinrich IV. von Navarra König von Frankreich
1590	Christoph Schütz übernimmt den Gasthof »Zum goldenen Ring« in Weißenfels, Heinrich mit der Familie nach Weißenfels übergesiedelt
1592	Montaigne gestorben
1593	Rudolf II. beginnt seinen Krieg gegen die Türken
1594	Palestrina und Orlando di Lasso gestorben
1597	»Dafne« von Jacopo Peri, die erste Oper, in Florenz uraufgeführt. Martin Opitz geboren
1598	Landgraf Moritz von Hessen-Kassel entdeckt Heinrich Schütz in Weißenfels. Edikt von Nantes, Henri Quatre gewährt freie Religionsausübung
1599	Heinrich Schütz nach Kassel. Hofschule und Mauritianum. Musikalische Lehre bei Georg Otto
1600	Jahr der Wende in der Musik: Oper »Euridice«, Bezifferung des Generalbasses. Pedro Calderón de la Barca geboren. Giordano Bruno in Rom als Ketzer verbrannt
1604	Der Komponist Heinrich Albert, der Vetter von Schütz, geboren
1606	Leonhard Lechner gestorben. Rembrandt geboren
1607	Monteverdis »L'Orfeo« in Mantua
1608	Heinrich Schütz studiert Jura in Marburg. Die protestantische Union
1609	Nach Italien. Schütz beginnt sein Studium bei Giovanni Gabrieli in Venedig. Die katholische Liga
1610	Monteverdis »Marienvesper«. Galilei führt das von ihm konstruierte Fernrohr in Venedig vor. Ermordung des Königs Heinrich IV. von Frankreich
1611	Opus 1: Italienische Madrigale. Ludwig XIII. König von Frankreich. Gustav II. Adolf König von Schweden
1612	Gabrieli stirbt in Venedig, Schütz setzt sein Studium fort. Haßler und Kaiser Rudolf II. gestorben. Matthias deutscher Kaiser
1613	Rückkehr nach Kassel und Weißenfels, Beginn der Freundschaft mit Johann Hermann Schein. Zweiter Hoforganist in Kassel, in der Begleitung des Landgrafen nach Dresden. Monteverdi Kapellmeister an San Marco in Venedig

1614 Vorübergehend in Dresden, Gastverpflichtung neben Michael Praetorius, Beginn des Streits zwischen Kurfürst Johann Georg I. von Sachsen und Moritz von Hessen um Schütz

1615 Schütz de facto kursächsischer Hofkapellmeister

1616 Schein wird Thomaskantor. Shakespeare und Cervantes gestorben

1617 Endgültige Übersiedlung nach Dresden, Ernennung zum Hofkapellmeister. Musik beim Kaiserbesuch in Dresden und zur Hundertjahrfeier der Reformation. Fruchtbringende Gesellschaft

1618 Mit Scheidt und Praetorius Neuordnung der Magdeburger Dommusik. Johannes Kepler entdeckt Gesetze der Planetenbewegung. Prager Fenstersturz, Rebellion der Stände, Beginn des Dreißigjährigen Krieges. Die Bevölkerungszahl in Deutschland beträgt vor Kriegsbeginn rund 18 Millionen

1619 Opus 2: Psalmen Davids. Heirat mit Magdalena Wildeck. Orgelprobe in Bayreuth. Das »Syntagma musicum« von Praetorius erscheint. Kaiser Matthias gestorben, Ferdinand II. deutscher Kaiser

1620 Schlacht am Weißen Berge, Tilly schlägt die Aufständischen

1621 Geburt der Tochter Anna Justina. Zum Konzert anläßlich der Huldigung der schlesischen Stände nach Breslau. Sweelinck und Praetorius gestorben. Um 1622 Hans Jakob Christoffel von Grimmelshausen geboren

1623 Opus 3: Auferstehungshistorie. Geburt der Tochter Euphrosyne

1624 Osterdialog. Monteverdis »Il combattimento di Tancredi e Clorinda«, Scheidts »Tabulatura nova«, »Das Buch von der deutschen Poeterey« von Martin Opitz. Kardinal Richelieu Minister Ludwigs XIII.

1625 Opus 4: Cantiones sacrae. Schützens Frau Magdalena stirbt in Dresden. Wallenstein Oberbefehlshaber der kaiserlichen Truppen

1627 Konzert »Da pacem, Domine« beim Kurfürstentag in Mühlhausen aufgeführt. Oper »Daphne«, Text von Opitz, bei der Vermählung der ältesten Tochter des Kurfürsten in Torgau aufgeführt. Kauf eines Hauses am Dresdner Neumarkt

1628 Opus 5: Beckerscher Psalter I. Zweite Italien-Reise zu Monteverdi nach Venedig. In norditalienischen Städten

1629 Opus 6: Symphoniae sacrae I. In der Werkstatt der Geigenbauer Amati in Cremona. Im Oktober auf der Rückreise Konzert im besetzten Augsburg. Restitutionsedikt verschärft Konflikt zwischen Kaiser und protestantischen Ländern

1630	Im Herbst an Scheins Krankenbett in Leipzig. Sterbemotette komponiert. Schein stirbt. Wallenstein entlassen. Gustav Adolf landet in Pommern
1631	Vater Christoph Schütz gestorben. Beim Fürstenkonvent in Leipzig. Tilly erobert Magdeburg. Sieg der Schweden und Sachsen bei Breitenfeld
1632	Paul Fleming nähert sich Schütz. Die Brüder Benjamin und Valerius gehen von Leipzig nach Erfurt, Valerius stirbt im Duell. Jean-Baptiste Lully und Baruch de Spinoza geboren. Wallenstein zurückberufen. Gustav Adolf fällt bei Lützen
1633	Erste Kopenhagen-Reise. September in Hamburg. Am 10. Dezember dänischer Hofkapellmeister. Galilei in Rom zum Widerruf verurteilt
1634	Im Oktober dänische Fürstenhochzeit. Festmusik zur Vermählung des Kronprinzen und Opern-Ballett. Adam Krieger geboren. Wallensteins Ende. Die Kaiserlichen siegen bei Nördlingen
1635	Rückkehr nach Dresden. Tod der Mutter. Heinrich Reuß postumus stirbt. Sachsens Sonderfrieden mit dem Kaiser
1636	Opus 7: Musikalische Exequien. Opus 8: Kleine geistliche Konzerte I. Nach Gera zur Beisetzung von Heinrich Reuß postumus
1637	Sein Bruder Georg stirbt in Leipzig. Zweite Kopenhagen-Reise. Ferdinand III. deutscher Kaiser
1638	Rückkehr über Lüneburg und Braunschweig. Seine Tochter Anna Justina gestorben. Ballett-Oper »Orpheus und Euridice« zur Vermählung des sächsischen Kurprinzen
1639	Opus 9: Kleine geistliche Konzerte II. Opitz gestorben. Nach Hannover und Hildesheim
1640	In Hannover. Fleming gestorben. Der Große Kurfürst. Reformpläne für die dezimierte sächsische Hofkapelle
1641	Schwere Erkrankung
1642	Dritte Kopenhagen-Reise im April. Vor Mitte August Rückkehr nach Dresden. Im Herbst vierte Kopenhagen-Reise über Hamburg. Monteverdis »L'Incoronazione di Poppaea« in Venedig. Galilei und Richelieu gestorben. Die Schweden verwüsten Sachsen
1643	Isaac Newton geboren. Monteverdi gestorben
1644	Abschied von Dänemark. Im Mai über Hamburg nach Braunschweig und Wolfenbüttel. Festspiel. Weißenfelser Burg von Schweden geschleift
1645	Von Braunschweig über Leipzig nach Dresden. Erste Pensionsgesuche. Im Winter in Weißenfels

1646   Nach Ostern in Dresden. Konflikte am Hof um die Italienische
        Musik. Im Winter in Weißenfels. Johann Theile und Gottfried
        Wilhelm Leibniz geboren

1647   Opus 10: Symphoniae sacrae II. Im Februar in Weimar, Auf-
        führungen am Hof

1648   Opus 11: Geistliche Chormusik. Im Vorwort Mahnung an die
        deutschen Musiker. Christoph Bernhard, Dresdener Schüler
        von Schütz, beginnt mit der Ausarbeitung einer Komposi-
        tionslehre nach den Prinzipien seines Lehrers. Die Tochter
        Euphrosyne Schütz heiratet den Leipziger Juristen Dr. Chri-
        stoph Pincker. König Christian IV. von Dänemark gestorben.
        Westfälischer Friede

1650   Opus 12: Symphoniae sacrae III

1651   Kauf des Hauses Niclasgasse 13 in Weißenfels, Pläne für eine
        endgültige Niederlassung gemeinsam mit Schwester Justina
        verw. Thörmer. Heinrich Albert gestorben

1653   Lukas-Passion begonnen

1654   Scheidt gestorben. Otto Guerickes Magdeburger Halbkugeln

1655   Tod der Tochter Euphrosyne Pincker in Leipzig, von ihren
        Kindern bleibt nur Gertraud am Leben. Schütz wird Wolfen-
        bütteler Hofkapellmeister von Haus aus

1656   Kurfürst Johann Georg I. von Sachsen stirbt. Johann Georg II.
        gewährt Schütz weitgehend Ruhestand und ernennt ihn zum
        Oberkapellmeister. Alterssitz in Weißenfels

1657   Opus 13: Zwölf geistliche Gesänge. Verkauf des Dresdener
        Hauses, eine Wohnung Moritzstraße 10 gemietet. Gründung
        des Herzogtums Sachsen-Weißenfels

1658   Leopold I. deutscher Kaiser

1659   Henry Purcell geboren

1660   Arbeit an der Weihnachtshistorie, 1. Fassung. In Wolfenbüt-
        tel. Grundsteinlegung für das Weißenfelser Schloß

1661   Opus 14: Beckerscher Psalter II. Ludwig XIV. König von
        Frankreich

1662   100. Psalm. An der Weihnachtshistorie. In Teplitz

1663   Christoph Bernhard verläßt Dresden. Schütz organisiert die
        Hofmusik in Zeitz

1664   Lukas-Passion. Weihnachtshistorie, 2. Fassung. Gryphius ge-
        storben

1665   Johannes-Passion, 1. Fassung. In Zeitz. Die große Pest in
        London

1666   Beendigung der letzten der drei Passionen nach Matthäus. Tod
        des letzten überlebenden Bruders Benjamin Schütz in Erfurt.
        Krieger gestorben

1667	Der 150. Psalm. Dresdner Komödienhaus eröffnet
1668	Deutsches Tedeum. Arbeit am »Schwanengesang«. Stadtbrand in Weißenfels, Schütz bleibt verschont
1670	Reise nach Dresden, wahrscheinlich drittletzte, dort Vorbereitung einer Gruft
1671	»Schwanengesang« abgeschlossen: Psalm 119, 100 und Deutsches Magnificat
1672	Testament zugunsten der Schwester Justina und der Enkelin Gertraud Seidel. Kurz darauf Tod der Schwester Justina am 17. Mai. Schütz nach Dresden, wo er am 6. November stirbt und am 17. November in der alten Frauenkirche beigesetzt wird. Martin Geiers Nekrolog
1674	Christoph Bernhard wird Dresdner Hofkapellmeister
1675	Schwedisch-brandenburgischer Krieg, Sieg des Großen Kurfürsten in der Schlacht bei Fehrbellin. Leibniz erfindet die Infinitesimalrechnung und bereitet die Formulierung wichtiger naturwissenschaftlicher Lehren vor
1678	Hamburger Opernhaus am Gänsemarkt eröffnet, Theile und Keiser mit Opern erfolgreich
1679	Habeas-Corpus-Akte vom englischen Parlament durchgesetzt, Schutz der persönlichen Freiheit
1683	Die Türken vor Wien
1685	Johann Sebastian Bach in Eisenach, Georg Friedrich Händel in Halle an der Saale geboren
1689	Declaration of Rights in England. Peter der Große Zar von Rußland
1694	Voltaire geboren
1697	Karl XII. König von Schweden
1700	Der gregorianische Kalender in den protestantischen Ländern eingeführt. Societät der Wissenschaften in Berlin
1701	Preußen wird Königtum. Deutschland hat eine Bevölkerung von rund 15 Millionen

Schütz-Werke-Verzeichnis

Nach der Aufstellung der Neuen Schütz-Gesellschaft, erarbeitet von Bittinger und ergänzt von Breig (SWV), mit den Erscheinungsjahren, den Kurztiteln, den Reihennummern, den Opus-Zahlen, den Entstehungszeiten, den Bandnummern der Neuen Ausgabe sämtlicher Werke (NA) sowie einem Anhang und einem neuen Verzeichnis verschollener Werke

SWV 23   2. Der 2. Psalm. Warum toben die Heiden

SWV 24   3. Der 6. Psalm. Ach Herr, straf mich nicht in deinem Zorn

SWV 25   4. Der 130. Psalm. Aus der Tiefe ruf ich, Herr, zu dir

SWV 26   5. Der 122. Psalm. Ich freu mich des, das mir geredt ist

SWV 27   6. Der 8. Psalm. Herr unser Herrscher, wie herrlich ist dein Nam

SWV 28   7. Der 1. Psalm. Wohl dem, der nicht wandelt im Rat der Gottlosen

SWV 29   8. Der 84. Psalm. Wie lieblich sind deine Wohnungen, Herr Zebaoth

SWV 30   9. Der 128. Psalm. Wohl dem, der den Herren fürchtet

SWV 31   10. Der 121. Psalm. Ich hebe meine Augen auf zu den Bergen

SWV 32   11. Der 136. Psalm. Danket dem Herren, denn er ist freundlich

SWV 33   12. Der 23. Psalm. Der Herr ist mein Hirt, mir wird nichts mangeln

SWV 34   13. Der 11. Psalm. Ich danke dem Herrn von ganzem Herzen, im Rat der Frommen

SWV 35   14. Der 98. Psalm. Singet dem Herrn ein neues Lied, denn er tut Wunder

SWV 36   15. Der 100. Psalm. Jauchzet dem Herren, alle Welt, dienet dem Herren mit Freuden

SWV 37   16. Der 137. Psalm. An den Wassern zu Babel saßen wir und weineten

SWV 38   17. Der 150. Psalm. Alleluja, lobet den Herren in seinem Heiligtum

SWV 39   18. Lobe den Herren, meine Seele, und vergiß nicht. Konzert

SWV 40   19. Ist nicht Ephraim mein teurer Sohn? Motette

SWV 41   20. Nun lob, mein Seel, den Herren. Kanzone

SWV 42   21. Die mit Tränen säen, werden mit Freuden ernten. Motette

SWV 43   22. Der 115. Psalm. Nicht uns, Herr, sondern deinem Namen gib Ehre

SWV 44   23. Der 128. Psalm. Wohl dem, der den Herren fürchtet

SWV 45   24. Der 136. Psalm. Danket dem Herren, denn er ist freundlich

SWV 46 25. Zion spricht, der Herr hat mich verlassen.
Konzert

SWV 47 26. Jauchzet dem Herren, alle Welt, singet, rüh-
met, lobet. Konzert (Frühfassung: 36a [um 1616])

SWV 48 *1619.* Der 133. Psalm. Siehe, wie fein und lieblich ists. Hochzeitskonzert. Frühfassung von SWV 412 [1618/19] NA 29

SWV 49 *1621.* Erste Textfassung: Syncharma Musicum. Konzert. Zur
Huldigung der schlesischen Stände. Zweite Textfassung: Der
124. Psalm [1621] NA 38

SWV 50 *1623.* Historia Der frölichen vnd Siegreichen Aufferstehung
vnsers einigen Erlösers vnd Seligmachers Jesu Christi. Opus
Tertium. – *Auferstehungshistorie* – [1623] NA 3

SWV 51 *1623.* Der 116. Psalm. Das ist mir lieb, daß der Herr mein Stimm
und Flehen höret [um 1619] NA 28

SWV 52 *1630.* Kläglicher Abschied von der Churfürstlichen Grufft
zu Freybergk. Trauermusik: Grimmige Gruft [1622/23]
NA 37

SWV 53–93 *1625.* Cantiones Sacrae. Opus Quartum. Opus Ecclesiasticum Primum. – *Cantiones sacrae* – [bis 1624] NA 8–9

SWV 53 1. Prima pars: O bone, o dulcis, o benigne Jesu

SWV 54 2. Secunda pars: Et ne despicias humiliter te pe-
tentem

SWV 55 3. Deus misereatur nostri, et benedicat nobis

SWV 56 4. Prima pars: Quid commisisti, o dulcissime
puer?

SWV 57 5. Secunda pars: Ego sum tui plaga doloris

SWV 58 6. Tertia pars: Ego enim inique egi

SWV 59 7. Quarta pars: Quo, nate Dei, quo tua descendit
humilitas

SWV 60 8. Quinta et ultima pars: Calicem salutaris acci-
piam

SWV 61 9. Prima pars: Verba mea auribus percipe, Domine

SWV 62 10. Secunda pars: Quoniam ad te clamabo, Domine

SWV 63 11. Prima pars: Ego dormio, et cor meum vigi-
lat

SWV 64 12. Secunda pars: Vulnerasti cor meum, filia cha-
rissima

SWV 65 13. Heu mihi, Domine, quia peccavi nimis

SWV 66 14. In te, Domine, speravi

SWV 67 15. Dulcissime et benignissime Christe

SWV 68 16. Sicut Moses serpentem in deserto exaltavit

SWV 69 17. Spes mea, Christe Deus, hominum tu dolcis amator

SWV 70 18. Turbabor, sed non pertubabor

SWV 71 19. Prima pars: Ad Dominum cum tribularer clamavi

SWV 72 20. Secunda pars: Quid detur tibi aut quid apponatur tibi

SWV 73 21. Prima pars: Aspice pater piissimum filium

SWV 74 22. Secunda pars: Nonne hic est, mi Domine, innocens ille

SWV 75 23. Tertia et ultima pars: Reduc, Domine Deus meus, oculos majestatis

SWV 76 24. Prima pars: Supereminet omnem scientiam, o bone Jesu

SWV 77 25. Secunda pars: Pro hoc magno mysterio pietatis

SWV 78 26. Prima pars: Domine, non est exaltatum cor meum

SWV 79 27. Secunda pars: Si non humiliter sentiebam

SWV 80 28. Tertia et ultima pars: Speret Israel in Domino

SWV 81 29. Cantate Domino canticum novum

SWV 82 30. Inter brachia Salvatoris mei

SWV 83 31. Veni, rogo, in cor meum

SWV 84 32. Ecce advocatus meus apud te, Deum patrem

SWV 85 33. Prima pars: Domine, ne in furore tuo arguas me

SWV 86 34. Secunda pars à 3: Quoniam non est in morte qui memor sit tui

SWV 87 35. Tertia et ultima pars: Discedite a me omnes qui operamini

SWV 88 36. Prima pars: Oculi omnium in te sperant, Domine

SWV 89 37. Secunda pars: Pater noster, qui es in coelis

SWV 90 38. Tertia et ultima pars: Domine Deus, pater coelestis, benedic nobis

SWV 91 39. Prima pars: Confitemini Domino, quoniam ipse bonus

SWV 92 Secunda pars: Pater noster: Repetatur ut supra (= SWV 89)

SWV 93 40. Tertia et ultima pars: Gratias agimus tibi, Domine Deus Pater

SWV 94 *1625*. De Vitae Fugacitate. Aria. Trauermusik. Ich hab mein Sach Gott heimgestellt. Frühfassung von SWV 305 [1625] NA 31

SWV 95 *1625*. Ultima verba Psalmi 23. Trauermotette [1625] NA 31

SWV 96 *1627.* Glück zu dem Helikon. Aria. Text Martin Opitz [vor 1627]
  NA 37
SWV 97a–256a *1628.* Psalmen Davids, Hiebevorn in Teutzsche Reimen
  gebracht, Durch D. Cornelium Beckern, Vnd an jetzo Mit
  Ein hundert vnd Drey eigenen Melodeyen in 4 Stimmen
  gestellet. Opus Quintum. – *Beckerscher Psalter I* – [1625–
  1627] NA 6
SWV 97–256 *1661.* Psalmen Davids, Hiebevor in deutsche Reime
  gebracht Durch D. Cornelium Beckern. Auffs neue übersehen… mit so vielen, auf ieglichen Psalm eingerichteten,
  eigenen Melodeyen vermehret. Opus Decimum Quartum. –
  Beckerscher Psalter II – [bis 1660] NA 6

SWV 97a	97	1. Wer nicht sitzt im Gottlosen Rat
SWV 98a	98	2. Was haben doch die Leut im Sinn
SWV 99a	99	3. Ach wie groß ist der Feinde Rott
SWV 100a	100	4. Erhör mich, wenn ich ruf zu dir
SWV 101a	101	5. Herr hör, wenn ich will bitten dich
SWV 102a	102	6. Ach Herr, mein Gott, straf mich doch nicht
SWV 103a	103	7. Auf dich trau ich, mein Herr und Gott
SWV 104a	104	8. Mit Dank wir sollen loben
SWV 105a	105	9. Mit fröhlichem Gemüte
SWV 106a	106	10. Wie meinst du's doch, ach Herr mein Gott
SWV 107a	107	11. Ich trau auf Gott, was soll's denn sein
SWV 108a	108	12. Ach Gott vom Himmel, sieh darein
SWV 109a	109	13. Ach Herr, wie lang willt du denn noch
SWV 110a	110	14. Es spricht der Unweisen Mund wohl
SWV 111a	111	15. Wer wird, Herr, in der Hütten dein
SWV 112a	112	16. Bewahr mich, Gott, ich trau auf dich
SWV 113a	113	17. Herr Gott, erhör die Gerechtigkeit
SWV 114a	114	18. Ich lieb dich, Herr, von Herzen sehr
SWV 115a	115	19. Die Himmel, Herr, preisen sehr
SWV 116a	116	20. Der Herr erhör dich in der Not
SWV 117a	117	21. Hoch freuet sich der König
SWV 118a	118	22. Erster Teil: Mein Gott, mein Gott, ach Herr mein Gott
SWV 119a	119	Anderer Teil: Ich will verkündigen in der Gmein
SWV 120a	120	23. Der Herr ist mein getreuer Hirt
SWV 121a	121	24. Die Erd und was sich auf ihr regt
SWV 122a	122	25. Nach dir verlangt mich, Herr mein Gott

SWV 123a	123	26. Herr, schaff mir Recht, nimm dich mein an
SWV 124a	124	27. Mein Licht und Heil ist Gott der Herr
SWV 125a	125	28. Ich ruf zu dir, Herr Gott, mein Hort
SWV 126a	126	29. Bringt Ehr und Preis dem Herren
SWV 127a	127	30. Ich preis dich, Herr, zu aller Stund
SWV 128a	128	31. In dich hab ich gehoffet, Herr
SWV 129a	129	32. Der Mensch vor Gott wohl selig ist
SWV 130a	130	33. Freut euch des Herrn, ihr Christen all
SWV 131a	131	34. Ich will bei meinem Leben
SWV 132a	132	35. Herr, hader mit den Hadrern mein
SWV 133a	133	36. Ich sags von Grund meins Herzens frei
SWV 134a	134	37. Erzürn dich nicht so sehre
SWV 135a	135	38. Herr, straf mich nicht in deinem Zorn
SWV 136a	136	39. In meinem Herzen hab ich mir
SWV 137a	137	40. Ich harrete des Herren
SWV 138a	138	41. Wohl mag der sein ein selig Mann
SWV 139a	139	42. Gleichwie ein Hirsch eilt mit Begier
SWV 140a	140	43. Gott, führ mein Sach und richte mich
SWV 141a	141	44. Wir haben, Herr, mit Fleiß gehört
SWV 142a	142	45. Mein Herz dichtet ein Lied mit Fleiß
SWV 143a	143	46. Ein feste Burg ist unser Gott
SWV 144a	144	47. Frohlockt mit Freud, ihr Völker all
SWV 145a	145	48. Groß ist der Herr und hoch gepreist
SWV 146a	146	49. Hört zu, ihr Völker insgemein
SWV 147a	147	50. Gott unser Herr, mächtig durchs Wort
SWV 148a	148	51. Erbarm dich mein, o Herre Gott
SWV	149	52. Was trotzst denn du, Tyrann, so hoch
SWV	150	53. Es spricht der Unweisen Mund wohl
SWV	151	54. Hilf mir, Gott, durch den Namen dein
SWV 152a	152	55. Erhör mein Gebet, du treuer Gott
SWV	153	56. Herr Gott, erzeig mir Hülf und Gnad
SWV 154a	154	57. Sei mir gnädig, o Gott, mein Herr
SWV	155	58. Wie nun, ihr Herren, seid ihr stumm
SWV	156	59. Hilf, Herre Gott, errette mich
SWV	157	60. Ach Gott, der du vor dieser Zeit
SWV 158a	158	61. Gott, mein Geschrei erhöre
SWV	159	62. Mein Seel ist still in meinem Gott
SWV 160a	160	63. O Gott, du mein getreuer Gott

SWV	195	97. Der Herr ist König überall
SWV 196a	196	98. Singet dem Herrn ein neues Lied, Denn durch ihn groß Wunder geschieht
SWV	197	99. Der Herr ist Kön'g und residiert
SWV 198a	198	100. Jauchzet dem Herren alle Welt, Mit Freuden seinen Dienst bestellt
SWV	199	101. Von Gnad und Recht soll singen
SWV	200	102. Hör mein Gebet und laß zu dir
SWV 201a	201	103. Nun lob, mein Seel, den Herren
SWV 202a	202	104. Herr, dich lob die Seele mein
SWV	203	105. Danket dem Herren, lobt ihn frei
SWV	204	106. Danket dem Herrn, erzeigt ihm Ehr
SWV	205	107. Danket dem Herren, unserm Gott
SWV	206	108. Mit rechtem Ernst und fröhlichm Mut
SWV 207a	207	109. Herr Gott, des ich mich rühmte viel
SWV 208a	208	110. Der Herr sprach zu mein Herren
SWV 209a	209	111. Ich will von Herzen danken Gott dem Herren
SWV 210a	210	112. Der ist fürwahr ein selig Mann
SWV	211	113. Lobet, ihr Knecht, den Herren
SWV	212	114. Als das Volk Israel auszog
SWV 213a	213	115. Nicht uns, nicht uns, Herr, lieber Gott
SWV 214a	214	116. Meim Herzen ists ein große Freud
SWV 215a	215	117. Lobt Gott mit Schall, Ihr Heiden all
SWV	216	118. Laßt uns Gott, unserm Herren
SWV 217a		119. Erster bis achter Teil: Wohl denen, die da leben
SWV	217	Erster Teil: Wohl denen, die da leben
SWV	218	Anderer Teil: Tu wohl, Herr, deinem Knechte
SWV	219	Dritter Teil: Laß mir Gnad widerfahren
SWV	220	Vierter Teil: Du tust viel Guts beweisen
SWV	221	Fünfter Teil: Dein Wort, Herr, nicht vergehet
SWV	222	Sechster Teil: Ich haß die Flattergeister
SWV	223	Siebenter Teil: Dir gebührt allein die Ehre
SWV	224	Achter und letzter Teil: Fürsten sind meine Feinde

(In der Ausgabe von 1661 ist der Satz von 111a durch einen
neuen ersetzt, er muß also eigentlich als Komposition geson-
dert gezählt werden. Die Weisen zu 108, 110, 128, 143, 148,
150 – wie 110 –, 164, 201, 229, 232 und 242 sind von Schütz
aus älteren Quellen übernommen und überarbeitet worden)

SWV 258   2. Exultavit cor meum in Domino
SWV 259   3. In te, Domine, speravi
SWV 260   4. Cantabo Domino in vita mea
SWV 261   5. Venite ad me omnes qui laboratis
SWV 262   6. Jubilate Deo omnis terra
SWV 263   7. Prima pars: Anima mea liquefacta est
SWV 264   8. Secunda pars: Adjuro vos, filiae Hierusalem
SWV 265   9. Prima pars: O quam tu pulchra es, amica
          mea
SWV 266 10. Secunda pars: Veni de Libano, amica mea
SWV 267 11. Prima pars: Benedicam Dominum in omni
          tempore
SWV 268 12. Secunda pars: Exquisivi Dominum et exau-
          divit me
SWV 269 13. Fili mi, Absalon
SWV 270 14. Attendite, popule meus, legem meam
SWV 271 15. Domine, labia mea aperies
SWV 272 16. Prima pars: In lectulo per noctes quem dili-
          get anima mea quaesivi
SWV 273 17. Secunda pars: Invenerunt me custodes civi-
          tatis
SWV 274 18. Veni, dilecte mi, in hortum meum
SWV 275 19. Prima pars: Buccinate in neomenia tuba
SWV 276 20. Secunda pars: Jubilate Deo in chordis et
          organo
(Frühfassungen: 263 a, 264 a, 263 b, 264 b)
SWV 277 *1631*. Verba D. Pavli, Ex Epist. Ad Timotheum cap. I, v. 15.
Das ist je gewißlich wahr. Trauermotette für Johann Hermann
Schein. Frühfassung von SWV 388 [1630/31] NA 31
SWV 278 *1634*. Canzonetta à 4 Soprani Con Sinfonie di duoi Stromenti.
O der großen Wundertaten [1634] NA 37
SWV 279–281 *1636*. Musicalische Exequien. Opus Septimum. – *Musika-
lische Exequien* – [bis 1635] NA 4
        SWV 279 Concert in Form einer teutschen Begräbniß-
                Missa. Nacket bin ich vom Mutterleibe kom-
                men. Also hat Gott die Welt geliebt
        SWV 280 Herr, wenn ich nur dich habe. Parentations-
                motette
        SWV 281 Canticum B. Simeonis. Chorus I: Herr, nun
                lässest du deinen Diener in Friede fahren. Cho-
                rus II: Selig sind die Toten, die in dem Herren
                sterben
SWV 282–305 *1636*. Erster Theil Kleiner Geistlichen Concerten. Opus

Octavum. – *Kleine geistliche Konzerte I* – [bis 1636]
NA 10–12
SWV 282   1. Eile mich, Gott, zu erretten
SWV 283   2. Bringt her dem Herren, ihr Gewaltigen
SWV 284   3. Ich danke dem Herrn von ganzem Herzen,
im Rat der Frommen
SWV 285   4. O süßer, o freundlicher, o gütiger Herr Jesu
Christe
SWV 286   5. Der Herr ist groß und sehr löblich
SWV 287   6. O lieber Herre Gott, wecke uns auf
SWV 288   7. Ihr Heiligen, lobsinget dem Herren
SWV 289   8. Erhöre mich, wenn ich dich rufe, Gott
meiner Gerechtigkeit
SWV 290   9. Wohl dem, der nicht wandelt im Rat der
Gottlosen
SWV 291 10. Schaffe in mir, Gott, ein reines Herz
SWV 292 11. Der Herr schauet vom Himmel auf der
Menschen Kinder
SWV 293 12. Lobet den Herren, der zu Zion wohnet
SWV 294 13. Eins bitte ich vom Herren
SWV 295 14. Erste Textfassung: O hilf, Christe Gottes
Sohn. Zweite Textfassung: Christe Deus adjuva
SWV 296 15. Fürchte dich nicht, ich bin mit dir
SWV 297 16. O Herr hilf, o Herr Laß wohl gelingen
SWV 298 17. Das Blut Jesu Christi, des Sohnes Gottes
SWV 299 18. Die Gottseligkeit ist zu allen Dingen
nütz
SWV 300 19. Himmel und Erde vergehen
SWV 301 20. Erste Textfassung: Nun komm, der Heiden
Heiland. Zweite Textfassung: Veni redemtor
gentium
SWV 302 21. Ein Kind ist uns geboren
SWV 303 22. Wir gläuben all an einen Gott
SWV 304 23. Siehe, mein Fürsprecher ist im Himmel
SWV 305 24. Erste Textfassung: Ich hab mein Sach Gott
heimgestellt. Zweite Textfassung: Meas dicavi
res Deo
(Frühfassungen: 94 für 305, ferner 287a, 289a, 298a, 301a,
302a und 304a)
SWV 306–337 *1639.* Anderer Theil Kleiner Geistlichen Concerten.
Opus Nonum. – *Kleine geistliche Konzerte II* – [bis 1639]
NA 10–12
SWV 306   1. Ich will den Herren loben allezeit

SWV 307   2. Was hast du verwirket, o du allerholdseligster Knab
SWV 308   3. O Jesu, nomen dulce
SWV 309   4. O misericordissime Jesu
SWV 310   5. Ich liege und schlafe und erwache
SWV 311   6. Habe deine Lust an dem Herren
SWV 312   7. Herr, ich hoffe darauf, daß du so gnädig bist
SWV 313   8. Bone Jesu, verbum Patris
SWV 314   9. Verbum caro factum est
SWV 315   10. Hodie Christus natus est
SWV 316   11. Erste Textfassung: Wann unsre Augen schlafen ein. Zweite Textfassung: Quando se claudunt lumina
SWV 317   12. Meister, wir haben die ganze Nacht gearbeitet
SWV 318   13. Die Furcht des Herren ist der Weisheit Anfang
SWV 319   14. Ich beuge meine Knie gegen den Vater unsers Herren Jesu Christi
SWV 320   15. Ich bin jung gewesen und bin alt worden
SWV 321   16. Herr, wenn ich nur dich habe
SWV 322   17. Rorate coeli desuper
SWV 323   18. Joseph, du Sohn David
SWV 324   19. Ich bin die Auferstehung und das Leben
SWV 325   20. Die Seele Christi heilige mich
SWV 326   21. Erste Textfassung: Ich ruf zu dir, Herr Jesu Christ. Zweite Textfassung: Te Christe supplex invoco
SWV 327   22. Allein Gott in der Höh sei Ehr
SWV 328   23. Veni, sancte Spiritus, reple tuorum chorda fidelium
SWV 329   24. Ist Gott für uns, wer mag wider uns sein?
SWV 330   25. Wer will uns scheiden von der Liebe Gottes?
SWV 331   26. Die Stimm des Herren gehet auf den Wassern
SWV 332   27. Jubilate Deo omnis terra
SWV 333   28. Sei gegrüßet Maria, du holdselige
SWV 334   Ave Maria, gratia plena. Lateinische Bearbeitung von SWV 333
SWV 335   29. Was betrübst du dich, meine Seele

SWV 336 30. Quemadmodum desiderat cervus ad fontes
aquarum
SWV 337 31. Aufer immensam, Deus, aufer iram
(Frühfassungen: 316a, 326a und 331a)
SWV 338 *1641*. Teutoniam dudum belli atra pericla molestant. Konzert.
Zur Huldigung der schlesischen Stände. Geistliche Textfassung:
Adveniunt pascha pleno concelebranda triumpho [1621] NA 38
SWV 339 *1641*. Ich beschwöre euch, ihr Töchter zu Jerusalem. Dialogus
[um 1638] NA 30
SWV 340 *1646*. O du allersüßester und liebster Herr Jesu. Konzert [vor
1646]
SWV 341–367 *1647*. Symphoniarum Sacrarum Secunda Pars. Opus Deci-
mum. – *Symphoniae sacrae II* – [bis 1645] NA 15–17
SWV 341   1. Mein Herz ist bereit, Gott, daß ich singe
SWV 342   2. Singet dem Herren ein neues Lied, singet
dem Herren alle Welt
SWV 343   3. Herr unser Herrscher, wie herrlich ist dein
Nam
SWV 344   4. Meine Seele erhebt den Herren
SWV 345   5. Der Herr ist meine Stärke
SWV 346   6. Erster Teil: Ich werde nicht sterben, son-
dern leben
SWV 347   7. Anderer Teil: Ich danke dir, Herr, von
ganzem Herzen
SWV 348   8. Herzlich lieb hab ich dich, o Herr, meine
Stärke
SWV 349   9. Frohlocket mit Händen und jauchzet dem
Herren
SWV 350   10. Lobet den Herrn in seinem Heiligtum
SWV 351   11. Hütet euch, daß eure Herzen nicht
beschweret werden
SWV 352   12. Herr, nun lässest du deinen Diener im
Friede fahren
SWV 353   13. Was betrübst du dich, meine Seele?
SWV 354   14. Erster Teil: Verleih uns Frieden genädiglich
SWV 355   15. Anderer Teil: Gib unsern Fürsten und aller
Obrigkeit
SWV 356   16. Es steh auf Gott, daß seine Feind zerstreuet
werden. Bearbeitung des Madrigals »Armato il
cor« und der Ciaconna »Zefiro torna« von
Claudio Monteverdi
SWV 357   17. Wie ein Rubin in feinem Golde leuchtet
SWV 358   18. Iß dein Brot mit Freuden

SWV 359 19. Der Herr ist mein Licht und mein Heil
SWV 360 20. Zweierlei bitte ich, Herr, von dir
SWV 361 21. Herr, neige deine Himmel und fahr herab
SWV 362 22. Von Aufgang der Sonnen bis zu ihrem Niedergang
SWV 363 23. Lobet den Herrn, alle Heiden
SWV 364 24. Die so ihr den Herren fürchtet
SWV 365 25. Drei schöne Dinge seind
SWV 366 26. Von Gott will ich nicht lassen
SWV 367 27. Freuet euch des Herren, ihr Gerechten
(Frühfassungen: 352a, das ist Canticum Simenonis: Herr, nun lässest du deinen Diener in Friede fahren, für Christof Cornet; ferner 341a, 346a, 348a und 361a)

SWV 368 *1647*. Danck-Lied. Für die hocherwiesene Fürstl. Gnade in Weimar. Fürstliche Gnade zu Wasser und zu Lande [1647] NA 37

SWV 369–397 *1648*. Musicalia ad Chorum Sacrum, Das ist: Geistliche Chor-Music. Erster Theil. Opus Undecimum. – *Geistliche Chormusik* – [bis 1648] NA 5

SWV 369 1. Erster Teil: Es wird das Szepter von Juda nicht entwendet werden
SWV 370 2. Anderer Teil: Er wird sein Kleid in Wein waschen
SWV 371 3. Es ist erschienen die heilsame Gnade Gottes
SWV 372 4. Erster Teil: Verleih uns Frieden genädiglich
SWV 373 5. Anderer Teil: Gib unsern Fürsten und aller Obrigkeit
SWV 374 6. Unser Keiner lebet ihm selber
SWV 375 7. Viel werden kommen von Morgen und Abend
SWV 376 8. Sammlet zuvor das Unkraut
SWV 377 9. Herr, auf dich traue ich
SWV 378 10. Die mit Tränen säen, werden mit Freuden ernten
SWV 379 11. So fahr ich hin zu Jesu Christ
SWV 380 12. Also hat Gott die Welt geliebt. Aria
SWV 381 13. O lieber Herre Gott, wecke uns auf
SWV 382 14. Tröstet, tröstet mein Volk
SWV 383 15. Ich bin eine rufende Stimme
SWV 384 16. Ein Kind ist uns geboren
SWV 385 17. Das Wort ward Fleisch und wohnet unter uns

SWV 386 18. Die Himmel erzählen die Ehre Gottes.
Ehre sei dem Vater

SWV 387 19. Herzlich lieb hab ich dich, oh Herr, ich
bitt. Aria

SWV 388 20. Das ist je gewißlich wahr und ein teuer
wertes Wort

SWV 389 21. Ich bin ein rechter Weinstock

SWV 390 22. Unser Wandel ist im Himmel

SWV 391 23. Selig sind die Toten, die in dem Herren
sterben

SWV 392 24. Was mein Gott will, das g'scheh allzeit

SWV 393 25. Ich weiß, daß mein Erlöser lebt

SWV 394 26. Sehet an den Feigenbaum und alle Bäume

SWV 395 27. Der Engel sprach zu den Hirten. Deutsche
Bearbeitung des Concerto »Angelus ad pastores« von Andrea Gabrieli

SWV 396 28. Auf dem Gebirge hat man ein Geschrei
gehöret

SWV 397 29. Du Schalksknecht, alle diese Schuld hab ich
dir erlassen

(Frühfassungen: 277 für 388, 455 für 386)

SWV 398–418 *1650.* Symphoniarum Sacrarum Tertia Pars. Opus Duo-
decimum. – *Symphoniae sacrae III* – [bis 1650] NA 18–21

SWV 398 1. Der Herr ist mein Hirt, mir wird nichts
mangeln

SWV 399 2. Ich hebe meine Augen auf zu den Bergen

SWV 400 3. Wo der Herr nicht das Haus bauet

SWV 401 4. Mein Sohn, warum hast du uns das getan?

SWV 402 5. O Herr hilf, o Herr laß wohl gelingen

SWV 403 6. Siehe, es erschien der Engel des Herren
Joseph im Traum

SWV 404 7. Feget den alten Sauerteig aus

SWV 405 8. O süßer Jesu Christ, wer an dich recht
gedenket

SWV 406 9. O Jesu süß, wer dein gedenkt. Lilia convallium

SWV 407 10. Lasset uns doch den Herren, unsern Gott,
loben

SWV 408 11. Es ging ein Sämann aus zu säen. Secunda
pars si placet: Und etliches fiel auf den Fels.
Tertia pars si placet: Und etliches fiel mitten
unter die Dornen. Quarta pars si placet: Und
etliches fiel auf gut Land

SWV 409 12. Seid barmherzig, wie auch euer Vater barmherzig ist. Secunda pars si placet: Mag auch ein Blinder einen Blinden den Weg weisen

SWV 410 13. Siehe, dieser wird gesetzt zu einem Fall

SWV 411 14. Vater unser, der du bist im Himmel

SWV 412 15. Erster Teil: Siehe, wie fein und lieblich ist. Anderer Teil: Wie der Tau, der vom Hermom herabfällt

SWV 413 16. Hütet euch, daß eure Herzen nicht beschweret werden

SWV 414 17. Meister, wir wissen, daß du wahrhaftig bist

SWV 415 18. Saul, Saul, was verfolgst du mich?

SWV 416 19. Herr, wie lang willt du mein so gar vergessen?

SWV 417 20. Komm, heiliger Geist, Herre Gott

SWV 418 21. Nun danket alle Gott
(Frühfassungen: SWV 48 für 412 sowie 398a, 401a, 406a, 416a und 418a; 406a ist: Super »Lilium convallium« Alexandri Grandis)

SWV 419 *1652.* Ein Trauer-Lied von dem Wittwer selbst aufgesetzet. O meine Seel, warum bist du betrübet? [1652] NA 37

SWV 420–431 *1657.* Zwölff Geistliche Gesänge zum öffentlichen Druck befördert worden Durch Christoph Kitteln. Opus Decimum Tertium. – *Zwölf Geistliche Gesänge* – [bis 1657] NA 7

SWV 420 1. Kyrie Gott Vater in Ewigkeit. Super Missam »Fons bonitatis«. 1. Kyrie Gott Vater in Ewigkeit. 2. Christe aller Welt Trost. 3. Kyrie Gott heiliger Geist

SWV 421 2. Das teutsche Gloria in excelsis. Super »All Ehr und Lob soll Gottes sein«

SWV 422 3. Der Nicaeanische Glaube. Ich gläube an einen einigen Gott

SWV 423 4. Die Wort der Einsetzung des heiligen Abendmahls. Erster Teil: Unser Herr Jesus Christus in der Nacht, da er verraten ward. Anderer Teil: Desselbigen gleichen nahm er auch den Kelch

SWV 424 5. Der 111. Psalm. Ich danke dem Herrn von ganzem Herzen

SWV 425 6. Danksagen wir alle Gott, unserm Herren Christo

SWV 426 7. Magnificat. Meine Seele erhebt den Herren

SWV 427 8. Des H. Bernhardt Freuden-Gesang über Johann Heermanns, Pfarrer zu Köben, Poesie. O süßer Jesu Christ, wer an dich recht gedenket. Beschluß: Nu sei dem Vater Dank

SWV 428 9. Die teutsche gemeine Litaney, auf Art deroselbigen in eine gewisse Mensur gebracht. Kyrie eleison, Christe eleison, Kyrie eleison

SWV 429 10. Das Benedicite vor dem Essen. 1. Aller Augen warten auf dich, Herre. 2. Vater unser, der du bist im Himmel. 3. Herre Gott, himmlischer Vater

SWV 430 11. Das Gratias nach dem Essen. 1. Danket dem Herren, denn er ist freundlich. 2. Vater unser supra (SWV 429, Satz 2). 3. Wir danken dir, Herr Gott, himmlischer Vater

SWV 431 12. Christe fac ut sapiam. Hymnus pro vera sapientia ad D[eum] O[ptimum] M[aximum] in Auditoriis et Scholis

SWV 432–433 *1657*. Canticum B. Simeonis Zum Druck gebracht von Wolffgang Seyfferten. Zwei Trauermotetten [1656] NA 31
SWV 432 Herr, nun lässest du deinen Diener im Friede fahren
SWV 433 Herr, nun lässest du deinen Diener im Friede fahren

SWV 434 *1663*. Wie wenn der Adler sich aus seiner Klippe schwingt. Aria. Text von David Schirmer [1651] NA 37

SWV 435 *1664*. Historia Der Freuden- und Gnadenreichen Geburth Gottes und Marien Sohnes, Jesu Christi. – *Weihnachtshistorie* – [bis 1664] NA 1 (Frühfassung: SWV 435a [frühestens 1660 aufgeführt, spätestens 1662] und korrigierte Berliner Fassung [bis 1671])

SWV 436 Ego autem sum Dominus. Konzert für eine Singstimme und Basso continuo. Singstimme nicht überliefert [vor 1638] NA 33

SWV 437 Veni, Domine. Konzert für eine Singstimme und Basso continuo. Singstimme nicht überliefert [vor 1638] NA 33

SWV 438 Die Erde trinkt für sich. Madrigal. Text Martin Opitz [um 1624] NA 37

SWV 439 Heute ist Christus der Herr geboren. Konzert NA 33

SWV 440 Güldne Haare, gleich Aurore. Canzonetta. Bearbeitung einer Komposition von Claudio Monteverdi NA 37

SWV 441 Liebster, sagt in süßem Schmerzen. Madrigal. Text Martin Opitz [nach 1626] NA 37

SWV 442 Tugend ist der beste Freund. Madrigal. Text Martin Opitz [zwischen 1621 und 1629] NA 37

SWV 443 Dialoge Per la Pascua. Weib, was weinest du? Fragment [um 1624] NA 30 (Variante: 443a)

SWV 444 Es gingen zweene Menschen hinauf. Dialogus [um 1630] NA 30

SWV 445 Ach bleib mit deiner Gnade. Geistliches Lied NA 32 (Haupteintrag in den Anhang verwiesen, Numerierung noch offen)

SWV 446 In dich hab ich gehoffet, Herr. Choralsatz NA 32 (Haupteintrag in den Anhang verwiesen, Numerierung noch offen)

SWV 447 Erbarm dich mein, o Herre Gott. Konzert [um 1624?] NA 32

SWV 448 Gesang der drei Männer im feurigen Ofen. Konzert [vor 1652] NA 34

SWV 449 Psalmus 8. Herr Vnser Herrscher. Konzert [vor 1625] NA 27

SWV 450 Ach Herr, du Schöpfer aller Ding. Madrigal [um 1620] NA 32 (Frühfassung: 450a [um 1616] NA 32)

SWV 451 Nachdem ich lag in meinem öden Bette. Madrigal. Text Martin Opitz [nach 1625] NA 37

SWV 452 Läßt Salomon sein Bette nicht umgeben. Madrigal. Text Martin Opitz [nach 1625] NA 37

SWV 453 Freue dich des Weibes deiner Jugend. Hochzeitskonzert [um 1620] NA 29

SWV 454 Nun laßt uns Gott dem Herren. Choralsatz NA 32 (Echtheit bezweifelt)

SWV 455 Psalmus 19. Die Himmel erzählen die Ehre Gottes. Motette. Frühfassung von SWV 386 [vor 1638] NA 27 (wird zu SWV 386a)

SWV 456 Hodie Christus natus est. Konzert [um 1610?] NA 33

SWV 457 Ich weiß, daß mein Erlöser lebet. Motette [vor 1628] NA 33

SWV 458 Litania. Kyrie eleison, Christe eleison, Kyrie eleison NA 33

SWV 459 Saget den Gästen. Konzert [um 1620] NA 33

SWV 460 Itzt blicken durch das Himmels Saal. Madrigal. Text Martin Opitz [um 1629] NA 37

SWV 461 Der 85. Psalm. Herr, der du bist vormals genädig gewest deinem Lande. Echtheit teilweise zweifelhaft [1650] NA 28

SWV 462 Psalmus 7. Auf dich, Herr, traue ich, mein Gott, hilf mir NA 27

SWV 463 Cantate Domino canticum novum. Konzert. Bearbeitung der gleichlautenden Komposition aus den Sinfoniae sacrae 1615, Nr. 11, von Giovanni Gabrieli

SWV 464 Ich bin die Auferstehung und das Leben. Parentationsmotette [vor 1620] NA 31

SWV 465 Da pacem, Domine, in diebus nostris. Konzert für den Mühlhäuser Fürstentag [1627] NA 38

SWV 466 Psalmus 15. Herr, wer wird wohnen in deiner Hütten [vor 1638]
NA 27

SWV 467 Wo Gott der Herr nicht bei uns hält. Choralkanzone. 1. Fassung [nach 1613?] 2. Fassung [vor 1619] NA 32 (Variante: 467a)

SWV 468 Magnificat NA 36

SWV 469 Surrexit pastor bonus. Konzert [um 1620] NA 36

SWV 470 Christ ist erstanden von der Marter alle. Konzert [um 1616]
NA 32

SWV 471 O bone Jesu, fili Mariae. Konzert NA 34

SWV 472 Herr Gott, dich loben wir. – *Deutsches Tedeum* – Echtheit der überlieferten Erfurter Fassung fraglich [vor 1668] NA 32 (Haupteintrag in den Anhang verwiesen, Numerierung noch offen)

SWV 473 Psalmus 127. Wo der Herr nicht das Haus bauet [vor 1638]
NA 28

SWV 474 Ach wie soll ich doch in Freuden leben. Konzert [vor 1609?]
NA 38

SWV 475 Veni, Sancte Spiritus. Konzert [um 1614?] NA 32

SWV 476 Psalmus 24. Domini est terra et plenitudo ejus [um 1630] NA 27

SWV 477 Vater Abraham, erbarm dich mein. Dialogus [zwischen 1620 und 1630] NA 30

SWV 478 Die sieben Wortte unsers lieben Erlösers und Seeligmachers Jesu Christi. – *Die sieben Worte* – [zwischen 1645 und 1655] NA 2

SWV 479 Historia des Leidens und Sterbens unsers Herrn und Heylandes Jesu Christi nach dem Evangelisten S. Matheus. – *Matthäus-Passion* – [1666] NA 2

SWV 480 Historia des Leidens und Sterbens unsers Herrn und Heylandes Jesu Christi nach dem Evangelisten St. Lucas. – *Lukas-Passion* – [bis spätestens 1664] NA 2

SWV 481a Historia Deß Leidens vnd Sterbens Vnsers Herrens Jesu Christi aus dem Evangelisten S. Johanne. – *Johannes-Passion I* – Frühfassung von SWV 481 [1665]

SWV 481 Historia des Leidens und Sterbens unsers Herrn und Heylandes Jesu Christi nach dem Evangelisten St. Johannes. – *Johannes-Passion II* – [um 1666] NA 2

SWV 482–494 »Schwanengesang«. Königs und Propheten Davids Hundert und Neunzehender Psalm in Eilf Stükken Nebenst dem Anhange des 100. Psalms: Jauchzet dem Herrn! und Eines deutschen Magnificats: Meine Seele erhöbt den Herrn. – *Schwanengesang. (119. Psalm mit Anhang des 100. Psalms und eines deutschen Magnificats)* – [SWV 493, 12. Motette: der 100. Psalm, bereits vor 28. Sept. 1662, Neufassung bis 15. Okt. 1665; SWV 482–492 ab 1666,

spätestens ab 1668 bis 1671; SWV 494 nach 8. Okt. 1670]
NA 28 und Sonderveröffentlichung
SWV 482   1. Wohl denen, die ohne Wandel leben
SWV 483   2. Tue wohl deinem Knechte
SWV 484   3. Zeige mir, Herr, den Weg deiner Rechte
SWV 485   4. Gedenke deinem Knecht an dein Wort
SWV 486   5. Du tust Guts deinem Knechte
SWV 487   6. Meine Seele verlanget nach deinem Heil
SWV 488   7. Wie habe ich dein Gesetze so lieb
SWV 489   8. Ich hasse die Flattergeister
SWV 490   9. Deine Zeugnisse sind wunderbarlich
SWV 491 10. Ich rufe von ganzem Herzen
SWV 492 11. Die Fürsten verfolgen mich ohne Ursach
SWV 493 12. Der 100. Psalm. Jauchzet dem Herrn alle
        Welt
SWV 494 13. Deutsches Magnificat. Meine Seele erhebt
        den Herren
      (unbezifferte Vorformen von 493; Frühfassung: 494a)
SWV 495 Unser Herr Jesus Christus in der Nacht, da er verraten ward.
      Motette [vor 1657] NA 35
SWV 496 Esaia, dem Propheten, das geschah. Choralkonzert. – *Deutsches
      Sanctus* – Unvollständig überliefert NA 32
SWV 497 Ein Kind ist uns geboren. Kleines geistliches Konzert. Unvoll-
      ständig überliefert [um 1613?]
SWV 498 Stehe auf, meine Freundin. Motette [um 1620?]
SWV 499 Tulerunt Dominum. Konzert. Unvollständig überliefert
SWV 500 An den Wassern zu Babel. Psalm 137. Konzert [zwischen 1619
      und 1629] NA 28
SWV 501 Mit dem Amphion zwar. Trauermusik zum Tode von Magda-
      lena Schütz geb. Wildeck [1625]

SWV-Anhang

SWV Anh. 1 Vier Hirtinnen, gleich jung, gleich schön. Madrigal. Hein-
         rich Schütz zugewiesen von Max Seiffert [vor 1616]
         NA 37
SWV Anh. 2 Ach Herr, du Sohn Davids. Dialogus. Heinrich Schütz
         zugewiesen von Hans Joachim Moser [vor 1658] NA 30
         Echtheit zweifelhaft, entfällt voraussichtlich
SWV Anh. 3 Der Gott Abraham. Konzert. Heinrich Schütz zugewiesen
         von Christiane Engelbrecht [zwischen 1630 und 1650]
         NA 29 Nach Rifkin nicht von Schütz

SWV Anh. 4 Stehe auf, meine Freundin. Konzert. Heinrich Schütz als mutmaßlich zugewiesen von Hans Joachim Moser NA 35 Nach Rifkin nicht von Schütz

SWV Anh. 5 Benedicam Dominum in omni tempore. Motette. Heinrich Schütz zugewiesen von Christiane Engelbrecht [zwischen 1630 und 1650] NA 35 Nach Rifkin nicht von Schütz

SWV Anh. 6 Freuet euch mit mir. Konzert. Heinrich Schütz zugewiesen von Hans Engel. Schlußchor »Alleluja« aufgefunden von Christiane Engelbrecht NA 35 Echtheit von Rifkin bezweifelt, nach einem Inventar im Zwickauer Ratsarchiv – dort: »Dialogus vom Verlohrnen Schaaf, und Groschen« – jedoch wahrscheinlich

SWV Anh. 7 Herr, höre mein Wort. Konzert. Heinrich Schütz zugewiesen von Hans Engel NA 27

SWV Anh. 8 Machet die Tore weit. Motette. Heinrich Schütz zugewiesen von Hans Joachim Moser [vor 1625] NA 35

SWV Anh. 9 Sumite psalmum. Motette. Heinrich Schütz zugewiesen von Christiane Engelbrecht [zwischen 1630 und 1650] NA 34 Nach Rifkin nicht von Schütz

SWV Anh. 10 Dominus illuminatio meo. Motette. Heinrich Schütz zugewiesen von Christiane Engelbrecht [zwischen 1630 und 1650] NA 34 Nach Rifkin nicht von Schütz

SWV Anh. 11 Es erhub sich ein Streit im Himmel. Konzert. Heinrich Schütz zugewiesen von Heinrich Spitta [um 1620] NA 36 Echtheit zumindest zweifelhaft

Ohne SWV-Nummer

a) Zeuchst du nun von hinnen. Dialog. Heinrich Schütz zugeschrieben von Friedrich Noack [um 1627]

b) Frewden-Lied. Text: Wo seid ihr so lang geblieben? Von Christian Timotheus Dufft. Heinrich Schütz zugeschrieben von Alfred Thiele [vor 10. Dezember 1646]

c) Deus, in nomine tuo. Motette. Heinrich Schütz zugeschrieben von Christiane Engelbrecht. Unvollständig überliefert. Nach Rifkin nicht von Schütz

d) Der Kampf zwischen Tancredi und Clorinda. Verdeutschung von Claudio Monteverdis »Combattimento di Tancredi e Clorinda« [nach 1624] NA Suppl. Nicht von Schütz

e) Kyrie eleison. Litania. Heinrich Schütz zugeschrieben von Bruno Grusnick [vor 1663]

f) Domine Deus, Deus virtutem. Konzert. Heinrich Schütz zugeschrieben von Bruno Grusnick [vor 1663]

g) Intrada Apollinis. Heinrich Schütz zugeschrieben von Elisabeth Noack. Wäre damit zugehörig zur verschollenen »Glückwünschung« [um 1617] Echtheit zweifelhaft

h) O höchster Gott, o unser lieber Herre. Kleines geistliches Konzert. Heinrich Schütz oder Anton Colander zugeschrieben von Wolfram Steude [zwischen 1613 und 1616?]

i) Jesu dolcissime. Motette. Heinrich Schütz zugeschrieben von Werner Breig [zwischen 1620 und 1625?]

k) Secunda pars historiae Salutiferae Resurrectionis Domini nostri Jesu Christi. Zweiter Teil einer Bearbeitung der Auferstehungshistorie: Entsetzt euch nicht. Bei Bittinger SWV 50 Anm. 2

l) Tertia pars historiae Salutiferae Resurrectionis Domini nostri Jesu Christi. Dritter Teil einer Bearbeitung der Auferstehungshistorie: Friede sei mit euch. Bei Bittinger SWV 50 Anm. 3

m) Wer wird, Herr, in der Hütten dein. Erstfassung der Nr. 15 des Beckerschen Psalters I von 1628, bisher SWV 111a

n) Ein feste Burg ist unser Gott. Achtstimmige Motette. Aufgefunden von Eberhard Möller. Unvollständig überliefert

(Die Umsetzung einiger dieser Buchstaben-Signaturen in SWV- oder Anhangs-Nummern steht bevor)

Verzeichnis verschollener Werke

Auf Grund der von Moser, Bittinger, Rifkin und Steude angegebenen Quellen und Archive, nach biographischen Anhaltspunkten ergänzt und vervollständigt, neu geordnet und alphabetisch durchnumeriert

1 Ach, Herr, du Sohn Davids; à 6; Naumburg

2 Ach Herr, strafe mich nicht; 1638; Helmstedt

3 Ach Liebste, laß uns eilen; Madrigal, à 4, ex G, Text Martin Opitz; Lüneburg, Weimar

4 Allein Gott in der Höh sei Ehr; mit Orgel, Zinken, Posaunen und anderen Instrumenten, zwischen 1663 und 1665 (?); Zeitz

5 Alleluja. Lobet den Herrn in seinem Heiligtum; Psalm 150, mit Trompeten und Pauken, Neujahr 1667; Dresden, Neufassung 1668, Dresden, 1672 Moritzburg, 1676 Königstein

6 Allelujah lobet ihn in seinem Heiligtum; à 16 oder 18, mit Sinfonia; Weimar

7 Anima mea liquefacta est; à 3; Kassel

Apollo und die neun Musen; Festspiel 1617, Dresden → Wunderlich Translocation

  8 Aquae tuae, Domine; Motette, 1662; Dresden

  9 Audite coeli; vor 1632; Kassel

10 Auferstehungshistorie; erster Teil einer Bearbeitung, vgl. Bittinger SWV 50 Anm. 1 und ohne SWV-Nr. k) und 1); Kassel

11 Auf, auf, meine Harfe; à 10; Weimar

12 Auf dich, Herr, traue ich; à 16 oder 24, vor 1658; Naumburg

13 Ballett-Oper ohne Titel; über Orpheus und die Wiedergeburt der Liebe, vermutlich 1629, aufgeführt 1639 in Kopenhagen

14 Benedicte omnia opera Domini; à 20; Leipzig

15 Bleib bei uns; à 5 und 5 Instrumente; Weimar

16 Canite, psallite, plaudite; à 12; Kassel

17 Christ lag in Todesbanden; Kassel

18 Confitebor tibi; à 5 und 5 Instrumente; Weimar

19 Danket dem Herren, denn er ist freundlich; Psalm 136, mit Trompeten und Pauken, vor 1671, Wiederaufführung 1672 und 1673; Moritzburg

20 Daphne; Oper, Text Martin Opitz nach O. Rinuccini, 1627; Torgau

21 Das ander Maria; à 6; Weimar

22 Der Herr ist mein Hirt; à 5 und 5 Instrumente; Weimar

23 Der Herr ist mein Hirt; à 8, vor 1657; Straßburg

24 Der Herr sprach zu meinem Herren; à 11; Weimar; à 17; Naumburg

25 Der Kuckuck hat sich zum Tode; Madrigal, à 4; Weimar

Der triumphierende Amor; Ballett-Oper nach einem Text von David Schirmer, 1652; Dresden; Ausführung und Autorschaft nicht bezeugt

26 Der Wind beeist das Land; d dorisch; Lüneburg

27 Die ihr den Herren fürchtet; Weimar

28 Die sieben Planeten; Ballett, 1647; Weimar

29 Dies ist der Tag des Herrn; à 6; Naumburg

30 Dies Ort, mit Bäumen ganz umgeben; in A; Lüneburg

31 Die vier Jahreszeiten; Ballett, 1647; Weimar

32 Distel und Dorn stechen sehr; Madrigal, à 4; Weimar

33 Domini, exaudi orationem meam; à 7 oder 10; Naumburg; à 7, 10 oder 14; Weimar

34 Dorinda; deutsches weltliches Madrigal; Weimar

35 Du bist aller Dinge Schöne; à 8 und 5 Instrumente, in G; Grimma

36 Du hast mir mein Herz genommen; à 8; Naumburg

37 Ego dormio; à 5; Kassel

38 Ein feste Burg ist unser Gott; fünfchörige Motette mit Trompeten und Heerpauken; Dresden 1617

39 Ein Kindelein so lobelich; à 21; Kassel, Leipzig

40 Ein Kind ist uns geboren; à 8; Naumburg

41 Einsmals der Hirte Corydon; g dorisch; Lüneburg

42 Einsmals in einem schönen Tal; à 2 und 6 Instrumente, d dorisch; Lüneburg
43 Ein wunder Löwe; Kassel
44 Erhöre mich, wenn ich rufe; à 8; Naumburg
Esaia, dem Propheten; à 8; Naumburg, eventuell Variante zu SWV 496, bezeugt von Johann Mattheson
45 Es gingen zween Menschen hinauf; à 5; Weimar
46 Es ist erschienen; à 3; Weimar
47 Es ist Zeit, die Stund ist da; à 4; Weimar
48 Es sei denn eure Gerechtigkeit; à 8; Naumburg
49 Es stehe Gott auf; à 13; Weimar
50 Factum est praelium magnum; à 9, in C; Lüneburg, möglicherweise Zweitfassung von SWV Anh. 11
Festspiel zum Jahreswechsel 1644/45; Wolfenbüttel → Theatralische neue Vorstellung
51 Gehet meine Seufzer hin; Madrigal, à 5; Weimar
52 Gelobet sei der Herr; à 5, 10, 11 oder 20; Weimar
53 Glückwünschung; Ballett, 1648; Dresden
54 Glückwünschung des Apollinis und der neun Musen; à 12 und 12 Bläser, 1621; Dresden
55 Gott, man lobet dich in der Stille; à 8; Naumburg
56 Herr, komm herab; à 9; Kassel, Naumburg
57 Herr, warum trittst du so ferne; Psalm 10, à 8, 12 oder 18; e phrygisch; Lüneburg
58 Himmel und Erde vergehn; à 3; Kassel
59 Hochzeitsmadrigal für Reinhard von Taube und Barbara Sibylla von Carlowitz; 1624, Text von Heinrich Schütz erhalten
60 Hochzeitsmusik; 1650; Dresden
Hochzeitsmusik; 1652; Dresden → Der triumphierende Amor
61 Ich freue mich des; à 5 und 5 Instrumente; Weimar
62 Ich traue auf den Herrn; à 12; Kassel
63 Jägerlied; Text Martin Opitz, 1634; Kopenhagen, Weimar
64 Jauchzet dem Herrn; Psalm 100, mit Instrumenten, 1662; Dresden
65 Jauchzet dem Herrn; à 6; Gotha
66 Jauchzet, jauchzet; à 4; Weimar
67 Jesus Christus, unser Heiland; à 6; Weimar
68 Jesus trat in ein Schiff; à 8; Naumburg
69 Johannes der Täufer, geistliche Szene; 1647; Weimar
70 Kyrie eleison, deutsche Litanei; à 12 oder 18; Weimar
71 Kyrie Gott Vater in Ewigkeit; à 6 + 6 und 6 Instrumente, in E; Lüneburg, Kassel, ähnlich Weimar
72 Lobsinget Gott, ihr Männer von Galilaea; à 10, in D; Lüneburg
73 Lobsinget Gott; à 5 oder 10; Naumburg

74 Machet die Tore weit; à 20; Naumburg
75 Magnificat; à 3; Weimar
76 Magnificat; à 10, mit Bläsern, d dorisch; Lüneburg
77 Mein Freund, ich tu dir nicht unrecht; à 6; Weimar
78 Mein Freund komme; à 6; Pirna
79 Meister, wir haben die ganze Nacht; à 8; Naumburg
80 Misericordias Domini; à 6; Naumburg
81 Neptun und die Elbnymphen; Dialog zum Kaiserbesuch, 1617; Dresden
82 O du allersüßester Herr Jesu; à 7; Weimar
83 Orgelkomposition zur Orgelweihe; 1619; Bayreuth
84 Orpheus und Euridice; Ballett-Oper nach August Buchner, 1638; Dresden (die Schreibweise des Titels ist, auch im Text, immer wiedergegeben nach den Quellen, zuweilen auch: Orfeo)
Paris und Helena; Gesangs-Ballett nach David Schirmer, 1650; Dresden, nicht von Schütz, aber Mitwirkung oder Mitautorschaft denkbar
85 Preise, Jerusalem, den Herrn; Psalm 147, à 6 in concerto; Gotha
86 Renuntiate Johanni quae audistis; Konzert, 1665; Dresden
87 Saget den Gästen; à 4; Naumburg; à 9; Pirna
88 Sag, o Sonne meiner Seelen; à 4, g mixolydisch; Lüneburg
89 Schauspielmusik zu einer Komödie mit Cupido von Johannes Lauremberg; 1634; Kopenhagen
90 Schauspielmusik zu einem Schäfer- und Hirtenspiel von Johannes Lauremberg; darin auch das zu einem Konzertstück erweiterte Jägerlied von Martin Opitz, 1634; Kopenhagen
91 Siehe, wie fein und lieblich ist; à 6; Kassel, Naumburg
92 Singet dem Herrn ein neues Lied; Psalm 149, 2 Chöre; Gotha
93 So bist du nun, mein Lieb; Madrigal, à 6; Weimar
94 Täglich geht die Sonne unter; Madrigal, Text Martin Opitz, à 6; Weimar
95 Theatralische neue Vorstellung von der Maria Magdalena; zwei Szenen nach Texten von Justus Georg Schottelius, I. Endschallende Reime, 1644; Wolfenbüttel
96 Theatralische neue Vorstellung von der Maria Magdalena; zwei Szenen nach Texten von Justus Georg Schottelius, II. Gegentritt, 1644; Wolfenbüttel
97 Tröste uns, Gott; Weimar
98 Unser Leben währet siebzig Jahr; à 5; Naumburg
99 Venus, du und dein Kind; Weimar
100 Wenn der Herr die Gefangenen Zions; à 6 und 6 Instrumente; Weimar
101 Wenn dich, o Sylvia; Madrigal, à 6; Weimar
102 Wer ist der, so von Eden kömmt; à 10 und 18, d dorisch; Lüneburg

103 Wer sich dünken lasset; à 4; Weimar
104 Wer unter dem Schirm des Höchsten; à 5; Weimar; d dorisch;
    Lüneburg
105 Wie ein Rubin; à 3; Weimar
106 Wunderlich Translocation des weitberümbten und fürtrefflichen Ber-
    ges Parnassi; Text von Heinrich Schütz erhalten, Festspiel zum Kai-
    serbesuch, 1617; Dresden
107 Zwei wunderschöne Täublein zart; Madrigal zur Hochzeit von Rein-
    hard von Taube und Barbara Sibylla von Carlowitz, 10. Februar 1624;
    Dresden

Bibliographie

Die in den Anmerkungen häufig genannten Werktitel sind mit Siglen an den Anfang gestellt. Alle Zitate aus den Schriften und Briefen der Zeit wurden der besseren Lesbarkeit wegen, und da es sich nicht nur um Originale, sondern auch um umschriftliche Wiedergaben und Übersetzungen handelt, mit Ausnahme einiger charakteristischer Stellen, Ausdrücke und Titel, deren Bedeutung sich aus dem Zusammenhang ergibt, durchgehend behutsam modernisiert

I

BRAUN NH
Neues Handbuch der Musikwissenschaft. Hrsg. von Carl Dahlhaus. Bd. 4. Werner Braun. Die Musik des 17. Jahrhunderts. Wiesbaden und Laaber 1981

BRODDE
Otto Brodde. Heinrich Schütz. Weg und Werk. Kassel, Basel, Tours, London und München 1972

EGGEBRECHT
Hans Heinrich Eggebrecht. Heinrich Schütz. Musicus poeticus. Göttingen 1959

EINSTEIN
Alfred Einstein. Heinrich Schütz. Kassel 1928

FÜRSTENAU
Moritz Fürstenau. Zur Geschichte der Musik und des Theaters am Hofe zu Dresden. 2 Bde. 1861/62. Nachdruck Leipzig 1979

GEIER
Martin Geier. Kurtze Beschreibung Des (Tit.) Herrn Heinrich Schützens Chur-Fürstl. Sächs. ältern Capellmeisters geführten müheseeligen Lebens-Lauff. Kassel 1935. Faksimile-Nachdruck mit einem Nachwort von Dietrich Berke. Kassel etc. 1972

MATTHESON
Grundlage einer Ehren-Pforte, woran der Tüchtigsten Capellmeister, Componisten, Musikgelehrten, Tonkünstler etc. Leben, Wercke, Verdienste etc. erscheinen sollen. Zum ferneren Ausbau angegeben von Mattheson. Hamburg 1740. Vollständiger, originalgetreuer Nachdruck mit gelegentlichen bibliographischen Hinweisen und Matthesons Nachträgen hrsg. von Max Schneider. Berlin 1910. Zuletzt:

Johannes Mattheson. Grundlage einer Ehrenpforte, hrsg. von Max
Schneider. Neudruck Graz 1969
MOSER
Hans Joachim Moser. Heinrich Schütz. Sein Leben und Werk. Kassel
1936. Zweite durchgesehene Aufl. Kassel und Basel 1954
REINHARDT
Emil Reinhardt. Benjamin Schütz insbesondere seine Stellung zur
Erfurter Revolution 1662–1664. Sonderschriften der Akademie
gemeinnütziger Wissenschaften in Erfurt. Heft 9. Erfurt 1936
SAGITTARIUS
Sagittarius. Beiträge zur Erforschung und Praxis alter und neuer
Kirchenmusik. Hrsg. von der Internationalen Heinrich Schütz-
Gesellschaft. Kassel etc. Heft 1 1966, Heft 2 1969, Heft 3 1970, Heft 4
1973
SCHÜTZ-BRIEFE
Heinrich Schütz. Gesammelte Briefe u. Schriften. Hrsg. im Auftrag
der Heinrich-Schütz-Gesellschaft e. V. von Erich H. Müller. Regens-
burg 1931. Nachdruck: Gesammelte Briefe und Schriften. Hrsg. von
Erich Hermann Müller. Hildesheim und New York 1976
SCHÜTZ-JAHRBUCH
Schütz-Jahrbuch. Im Auftrage der Internationalen Heinrich-Schütz-
Gesellschaft hrsg. von Werner Breig in Verbindung mit Hans Michael
Beuerle, Friedhelm Krummacher, Stefan Kunze. Kassel etc. 1. Jahr-
gang (1979) 1979; 2. Jahrgang (1980) 1981; 3. Jahrgang (1981) 1981;
4./5. Jahrgang (1982/83, Bericht über das musikwissenschaftliche
Symposion zum Schütz-Fest Karlsruhe 1981) 1983; 6. Jahrgang (1984)
1984
SCHÜTZ NA (NA)
Heinrich Schütz. Neue Ausgabe sämtlicher Werke. Hrsg. im Auftrag
der Internationalen Heinrich-Schütz-Gesellschaft. 38 Bde. Kassel etc.
1955 ff.
SWV BITTINGER
Schütz-Werke-Verzeichnis (SWV). Kleine Ausgabe. Im Auftrage der
Neuen Schütz-Gesellschaft hrsg. von Werner Bittinger. Kassel etc.
1960 [Eine große Ausgabe wird von Werner Breig vorbereitet]
WINTERFELD
Carl von Winterfeld. Johannes Gabrieli und sein Zeitalter. Zur
Geschichte der Blüte heiligen Gesanges im sechzehnten, und der
ersten Entwicklung der Hauptformen unserer heutigen Tonkunst in
diesem und dem folgenden Jahrhunderte, zumal in der Venedischen
Tonschule. 3 Bde. Berlin 1834. Nachdruck Hildesheim 1963

II

Anna Amalie Abert. Die stilistischen Voraussetzungen der »Cantiones Sacrae« von Heinrich Schütz. Kieler Beiträge zur Musikwissenschaft 2. Wolfenbüttel 1935

Adam Adrio. Tradition und Modernität im musikalischen Schaffen der Schütz-Zeit. In: Sagittarius 1, S. 43–51

Ingo Bach. Bildnisse von Heinrich Schütz. In: Heinrich Schütz 1585–1672. Gemeinsam hrsg. im Heinrich-Schütz-Jahr 1972 durch die Räte der Kreise Gera-Land, Weißenfels und Zeitz. 1972, S. 29–33

Ingo Bach → Weissenfels

Ernst Barkowsky. Die Geschichte der Stadt Naumburg an der Saale. Stuttgart 1897

Otto Benesch. Schütz und Rembrandt. In: Sagittarius 3, S. 49–55

Alfred Berner. Die Musikinstrumente zur Zeit Heinrich Schützens (mit Tafel). In: Satittarius 1, S. 30–42

Jörg Jochen Berns. ›Theatralische neue Vorstellung von der Maria Magdalena.‹ Ein Zeugnis für die Zusammenarbeit von Justus Georg Schottelius und Heinrich Schütz. In: Schütz-Jahrbuch 1980, S. 120–129

Alexander Berrsche. Trösterin Musica. Gesammelte Aufsätze und Kritiken. München 1942

Friedrich Blume. Das monodische Prinzip in der protestantischen Kirchenmusik. Leipzig 1925

Friedrich Blume. Geistliche Musik am Hofe des Landgrafen von Hessen. Kassel 1931

Friedrich Blume. Geschichte der evangelischen Kirchenmusik. Kassel 1965

Friedrich Blume. Heinrich Schütz. Gesetz und Freiheit. In: Deutsche Musikkultur. Jg. I. 1936/37

Friedrich Blume. Syntagma Musicologicum. Gesammelte Reden und Schriften. Hrsg. von Martin Ruhnke. Kassel 1963

Friedrich Blume. Syntagma Musicologicum II. Gesammelte Reden und Schriften 1962–1972. Hrsg. von Anna Amalie Abert und Martin Ruhnke. Kassel 1973

Werner Breig. Schützfunde und -zuschreibungen seit 1960. Auf dem Wege zur Großen Ausgabe des Schütz-Werke-Verzeichnisses. In: Schütz-Jahrbuch 1979, S. 63–92

Der Briefwechsel zwischen Philipp Hainhofer und Herzog August d.J. von Braunschweig-Lüneburg, bearbeitet von Ronald Gobiet. Forschungshefte. Hrsg. vom Bayerischen Nationalmuseum München, 8. München 1984

H. Brunner. Geschichte der Residenzstadt Cassel 913–1913. Cassel 1913

Renate Brunner. Bibliographie des Schütz-Schrifttums 1926–1950. In: Schütz-Jahrbuch 1981, S. 64–81

Renate Brunner. Bibliographie des Schütz-Schrifttums 1951–1975. In: Schütz-Jahrbuch 1979, S. 93–142

Jacob Burckhardt. Die Kultur der Renaissance in Italien. Berlin 1928

Jacob Burckhardt. Weltgeschichtliche Betrachtungen. Über geschichtliches Studium. München 1978

Friedrich Chrysander. Geschichte der Braunschweig-Wolfenbüttelschen Capelle und Oper vom sechzehnten bis zum achtzehnten Jahrhundert. In: Jahrbücher für musikalische Wissenschaft. Bd. 1. Leipzig 1863, S. 147–286

Werner Dane. Briefwechsel zwischen dem landgräflich hessischen und dem kurfürstlich sächsischen Hof um Heinrich Schütz (1614–1619). In: Zeitschrift für Musikwissenschaft. 17. 1935/36, S. 343–355

Eduard Devrient. Geschichte der deutschen Schauspielkunst. 2 Bde. Berlin 1905

[*Fritz Dietrich.*] Aus der Predigt beim Leichenbegängnis Heinrich Schütz' am 17. Nov. 1672. Mit einem Vorwort von Fritz Dietrich. In: Musik und Kirche. 7. 1935, S. 199–206

Oscar Doering. Des Augsburger Patriziers Philipp Hainhofer Reisen nach Innsbruck und Dresden. Quellenschriften für Kunstgeschichte und Kunsttechnik des Mittelalters und der Neuzeit. Neue Folge 10. Wien 1901

Alfred Einstein. Größe in der Musik. Mit einem Vorwort von Carl Dahlhaus. Kassel und München 1980

C. Elling. Die Musik am Hofe Christians IV. von Dänemark. Nach A. Hammerich. In: Vierteljahresschrift für Musikwissenschaft IX. 1893, S. 62–98

Christiane Engelbrecht. Die Kasseler Hofkapelle im 17. Jahrhundert und ihre anonymen Musikhandschriften aus der Kasseler Landesbibliothek. Kassel etc. 1958

Jörg-Ulrich Fechner. Ein unbekanntes weltliches Madrigal von Heinrich Schütz. In: Schütz-Jahrbuch 1984, noch ohne Seitenzahl

Jörg-Ulrich Fechner. Zu Heinrich Schütz' Eintrag in das Stammbuch des Andreas Möring. In: Schütz-Jahrbuch 1984, noch ohne Seitenzahl

Festschrift zur Ehrung von Heinrich Schütz (1585–1672). Hrsg. im Auftrage des Festausschusses zur »Heinrich-Schütz-Ehrung 1954« anläßlich der Errichtung der Gedenkstätte in Bad Köstritz von Professor Dr. Günther Kraft. Weimar 1954

Albrecht Fölsing. Galileo Galilei. Prozeß ohne Ende. Eine Biographie. München und Zürich 1983

Moritz Fürstenau. Beiträge zur Geschichte der Kgl. sächs. Musikalischen Kapelle. Dresden 1849

Rudolf Gerber. Das Passionsrezitativ bei Heinrich Schütz und seine stilgeschichtlichen Grundlagen. Gütersloh 1929

Friedrich Gerhardt. Geschichte der Stadt Weißenfels a. S. mit neuen Beiträgen zur Geschichte des Herzogtums Sachsen-Weißenfels. Weißenfels a. S. 1907

Kurt Gudewill. Das sprachliche Urbild bei Heinrich Schütz und seine Abwandlung nach textbestimmten und musikalischen Gestaltungsgrundsätzen in den Werken bis 1650. Kassel 1936

Kurt Gudewill. Die textlichen Grundlagen der geistlichen Vokalmusik bei Heinrich Schütz. In: SAGITTARIUS 1, S. 52–65

Wilibald Gurlitt. Heinrich Schütz. In: Die großen Deutschen. Deutsche Biographie. Hrsg. von Hermann Heimpel, Theodor Heuss, Benno Reifenberg. Fünfter Band. Frankfurt a. M., Berlin und Wien 1983

Hans Haase → Heinrich Schütz (1585–1672) in seinen Beziehungen

Hans Haase. Nachtrag zu einer Schütz-Ausstellung. Karl Vötterle zum 70. Geburtstag am 12. April 1973. In: SAGITTARIUS 4, S. 85–97

Philipp Hainhofer → Der Briefwechsel

Paul Hankamer. Deutsche Gegenreformation und deutsches Barock. Die deutsche Literatur im Zeitraum des 17. Jahrhunderts. Stuttgart 1947

Karl Hartmann → Die Orgel der Stadtkirche

Paul Heidelbach. Stätten der Kultur. Kassel. Leipzig o. J. [1920]

Rudolf Henning. Zur Textfrage der »Musicalischen Exequien« von Heinrich Schütz. In: SAGITTARIUS 4, S. 44–56

Hans Hofner → Die Orgel der Stadtkirche

Jürgen Holst. Triumphus nuptualis danicus. Kopenhagen 1635

Gerhard Kirchner. Der Generalbaß bei Heinrich Schütz. Kassel etc. 1960

Die Kompositionslehre Heinrich Schützens in der Fassung seines Schülers Christoph Bernhard. Eingeleitet und hrsg. von Joseph Müller-Blattau. Kassel 1926. Zweite Auflage Kassel etc. 1963

Günther Kraft → Festschrift zur Ehrung

Walter Kreidler. Heinrich Schütz und der Stile concitato von Claudio Monteverdi. Kassel 1934

Jens Peter Larsen. Schütz und Dänemark. In: SAGITTARIUS 2, S. 9–16

Hugo Leichtentritt. Geschichte der Motette. Leipzig 1908

Silke Leopold. Claudio Monteverdi und seine Zeit. Laaber 1982

Bruno Maerker. Rembrandts Bildnis eines Musikers – ein Schützportrait? In: Deutsche Musikkultur II, Nr. 6. Jg. 1937/38, S. 329–345

Christhard Mahrenholz. Heinrich Schütz und das erste Reformationsjubiläum 1617. In: Musik und Kirche. 3. 1931, S. 149–159

Christhard Mahrenholz. Samuel Scheidt. Sein Leben und Werk. Leipzig 1924

Dietrich Manicke. Heinrich Schütz als Lehrer. In: SAGITTARIUS 2, S. 17–28

[*Golo Mann.*] Wallenstein. Sein Leben erzählt von Golo Mann. Frankfurt a. M. 1971

Otto Michaelis. Heinrich Schütz. Eine Lichtgestalt des deutschen Volkes. Leipzig und Hamburg 1935

Eberhard Möller. Neue Schütz-Funde in der Ratsschulbibliothek und im Stadtarchiv Zwickau. In: SCHÜTZ-JAHRBUCH 1984, noch ohne Seitenzahl

Hans Joachim Moser. Die evangelische Kirchenmusik in Deutschland. Berlin 1954

Hans Joachim Moser. Geschichte der deutschen Musik. 2 Bde. in 3. Stuttgart 1920–24

Hans Joachim Moser. Kleine deutsche Musikgeschichte. Stuttgart 1949

Hans Joachim Moser. Kleines Heinrich-Schütz-Buch. Leben und Werk des ältesten Klassikers der deutschen Musik. Kassel 1941

Erich H. Müller. Heinrich Schütz. Leipzig 1925

Joseph Müller-Blattau → Die Kompositionslehre

Lewis Mumford. Die Stadt. Geschichte und Ausblick. Aus dem Amerikanischen von Helmut Lindemann. 2 Bde. München 1979

Die Musik in Geschichte und Gegenwart. Allgemeine Enzyklopädie der Musik. Hrsg. von Friedrich Blume. 14 Bde. Kassel etc. 1949–68. Supplement Kassel etc. 1968 ff.

Die Orgel der Stadtkirche Bayreuth. Hrsg. aus Anlaß der Weihe der neuen Orgel am 17. September 1961 im Auftrag des Pfarramtes Bayreuth-Stadtkirche von Viktor Lukas. [Mit Beiträgen von Hans Hofner und Karl Hartmann.] Bayreuth 1961

Wolfgang Osthoff. Monteverdis »Combattimento« in deutscher Sprache und Heinrich Schütz. In: Festschrift Helmuth Osthoff zum 65. Geburtstage. Hrsg. von Lothar Hoffmann-Erbrecht und Helmut Hucke. Tutzing 1961

Klaus Petzoldt. Das Schicksal des Grabes von Heinrich Schütz. In: SAGITTARIUS 4, S. 34–43

Richard Petzoldt. Heinrich Schütz in seiner Zeit. Eine vergleichende Zeittafel. In: SAGITTARIUS 4, S. 21–33

Richard Petzoldt → Heinrich Schütz und seine Zeit in Bildern

Johannes Piersig. Das Weltbild des Heinrich Schütz. Kassel und Basel 1949

André Pirro. Heinrich Schütz. Paris 1913

Wolfgang Caspar Printz. Historische Beschreibung der edelen Sing- und Kling-Kunst. Dresden 1690

Joshua Rifkin. Schütz, Heinrich. In: The New Grove Dictionary of Music and Musicians. Ed. by Stanley Sadie. 6. Edition. London, Washington und Hongkong 1980. Bd. 17, S. 1–37

Wilhelm Schäfer. Sachsen-Chronik für Vergangenheit und Gegenwart. Erste Serie. Dresden 1854

Arnold Schering. Musikgeschichte Leipzigs. 2 Bde. Leipzig 1926

Eberhard Schmidt. Der Gottesdienst am kurfürstlichen Hofe zu Dresden. Ein Beitrag zur liturgischen Traditionsgeschichte von Johann Walter bis Heinrich Schütz. Berlin 1961

Jost Harro Schmidt. Heinrich Schützens Beziehungen zu Celle. Ein Beitrag zur Schütz-Biographie. In: SAGITTARIUS 2, S. 36–38

Otto Eduard Schmidt. Kursächsische Streifzüge. 7 Bde. Dresden 1924–30

Adolf Schmiedecke. Die Familie Schütz in Weißenfels. In: Die Musikforschung. 1959, S. 180–184

Adolf Schmiedecke. Heinrich Schütz' Beziehungen zu Köstritz, Gera, Weißenfels und Zeitz. In: Heinrich Schütz 1585–1672. Gemeinsam hrsg. im Heinrich-Schütz-Jahr 1972 durch die Räte der Kreise Gera-Land, Weißenfels und Zeitz. 1972, S. 24–28

Adolf Schmiedecke. Eine Reise von Weißenfels nach Dresden vor 333 Jahren. In: Weißenfelser Heimatbote. 2. Jg. Februar 1956, S. 36 ff.

Adolf Schmiedecke. Der Weißenfelser Kantor Georg Weber. In: Die Musikforschung. 1969, S. 64 ff.

Friedrich Christoph Schminke. Versuch einer genauen und umständlichen Beschreibung der Hochfürstlich-Hessischen Residenz- und Hauptstadt Cassel nebst den nahe gelegenen Lustschlössern, Gärten und andern sehenswürdigen Sachen. Cassel 1767

Hans Schnoor. Weber. Gestalt und Schöpfung. Dresden 1953

Albert Schröder. Das Heinrich-Schütz-Bildnis und sein Maler Christoph Spetner. In: Die Heimat. Blätter zur Erforschung der Heimatgeschichte und Pflege des Heimatgedankens. Folge II, Nr. 4. 124. Jg. November 1936. Weißenfels 1936

Willi Schuh. Formprobleme bei Heinrich Schütz. Leipzig 1928

Heinrich Schütz (1585–1672) in seinen Beziehungen zum Wolfenbütteler Hof. Ausstellung anläßlich des 300. Todestages vom 7. November bis 30. Dezember 1972 in der Herzog August Bibliothek. (Ausstellungskataloge der Herzog August Bibliothek Nr. 8.) Wolfenbüttel Oktober 1972

Heinrich Schütz. Sämtliche Werke. Hrsg. von Philipp Spitta, Arnold Schering und Heinrich Spitta. [Nachdruck der 18bändigen Ausgabe von 1885–1927 in 13 Bänden.] Wiesbaden 1968–74

Heinrich Schütz und seine Zeit in Bildern. Mit einer Einführung von Dietrich Berke. Zusammengestellt und erläutert von Richard Petzoldt. Kassel etc. 1972

Heinrich W. Schwab. Vergleichende Untersuchungen zu Johann Grabbes »Il primo libro de Madrigali« (1609). In: SAGITTARIUS 2, S. 67–77

Oskar Söhngen. Heinrich Schütz und die zeitgenössische Musik. In: SAGITTARIUS 1, S. 15–29

Friedrich Spitta. Heinrich Schütz. Eine Gedächtnisrede. Hildburghausen 1886

Friedrich Spitta. Heinrich Schütz. Ein Meister der musica sacra. In: Neue Christoterpe XLVI, 1925

[*Philipp Spitta.*] Joh. Seb. Bach von Philipp Spitta. 2 Bde. Zweite, unveränderte Auflage. Leipzig 1916

Philipp Spitta. Musikgeschichtliche Aufsätze. Berlin 1894

[*Philipp Spitta.*] Zur Musik. 16 Aufsätze von Philipp Spitta. Berlin 1892

[*Paul von Stetten.*] Geschichte Der des Heil. Röm. Reichs Freyen Stadt Augspurg, Aus bewährten Jahr-Büchern, tüchtigen Urkunden und schrifftlichen Handlungen gezogen Und an das Licht gegeben Durch Paul von Stetten. Zweyter Theil. Franckfurt und Leipzig 1758

Wolfram Steude. Das wiedergefundene Opus ultimum von Heinrich Schütz. Bemerkungen zur Quelle und zum Werk. In: SCHÜTZ-JAHR-BUCH 1982/83, S. 9–18

Wolfram Steude: Neue Schütz-Ermittlungen. In: Deutsches Jahrbuch der Musikwissenschaft für 1967. Hrsg. von Rudolf Eller. 12. Jg. Leipzig 1968, S. 40–74

K. A. H. Sturm. Kleine Chronik der Stadt Weißenfels. Nach Quellen bearbeitet. Weißenfels 1869

P. Uhle. Zur Lebensgeschichte des Tonschöpfers Heinrich Schütz. In: Mitteilungen des Vereins für Chemnitzer Geschichte. Jb. 27. Chemnitz 1929/30, S. 13–26

Anton Weck. Der Churfürstl. Sächsischen weitberuffenen Residentz- und Haupt-Vestung Dresden Beschreib- und Vorstellung. Nürnberg 1680

C. V. Wedgwood. Der Dreißigjährige Krieg. München 1967

Weissenfels. Stadtchronik. Hrsg. vom Rat der Stadt Weißenfels gemeinsam mit dem Museum Weißenfels (Schloß) und dem Archiv der Stadt Weißenfels. Erarbeitet durch Ingo Bach unter Mitwirkung von Eva-Maria Klapproth und Dr. Adolf Schmiedecke. Weißenfels 1980

Arno Werner. Die alte Musikbibliothek und die Instrumentensammlung an St. Wenzel in Naumburg a. d. Saale. In: Archiv für Musikwissenschaft. 8. 1926/27, S. 390–415

Arno Werner. Städtische und fürstliche Musikpflege in Weißenfels bis zum Ende des 18. Jahrhunderts. Weißenfels 1911

Wolfgang Witzenmann. Tonartenprobleme in den Passionen von Schütz. In: SCHÜTZ-JAHRBUCH 1980, S. 103–119

Hans Christoph Worbs. Heinrich Schütz. Lebensbild eines Musikers. Leipzig 1956

Wesentliche Teile des SCHÜTZ-JAHRBUCHES 1984 haben mir noch vor Druckbeginn vorgelegen. Ich danke insbesondere Werner Breig und Wolfram Steude, daß sie mir jüngste Ergebnisse der Heinrich-Schütz-Forschung zugänglich gemacht haben

Anmerkungen

VORSPRUCH

10 *»parentem nostrae musicae modernae«:* den Vater unsrer modernen Musik. Elias Nathusius, nach: Arnold Schering. Musikgeschichte Leipzigs. Leipzig 1926. Bd. II, S. 144

11 *wie Jacob Burckhardt sagt:* Jacob Burckhardt. Weltgeschichtliche Betrachtungen. Über geschichtliches Studium. München 1978, S. 184

13 *in einem Memorial von 1651:* SCHÜTZ-BRIEFE, S. 207–216, das Zitat S. 209

14 *der Wahrheit am nächsten kommend, Alfred Einstein:* EINSTEIN, S. 13
»geistigste Musiker, den wir kennen«: EINSTEIN, S. 14
Musicus poeticus: mehr darüber in dem Kapitel »Die Weißenfelser Passionen« und bei EGGEBRECHT, passim
»fast müheseligen Lebenslauf«: im Memorial 1651, SCHÜTZ-BRIEFE, S. 207

15 *der verschollene Grabspruch:* die Schreibweise »seculi« ist authentisch; siehe auch das Kapitel »Die Nachwelt«, S. 385, sowie Klaus Petzoldt. Das Schicksal des Grabes von Heinrich Schütz. In: SAGITTARIUS 4, S. 34–43
Philipp Spitta: Händel, Bach und Schütz (1885). In: Zur Musik. 16 Aufsätze von Philipp Spitta. Berlin 1892

ERSTER TEIL

21 *sein erster Biograph D. Martin Geier:* siehe die Kapitel »Das große Amen« und »Die Nachwelt«, fortan GEIER, der Faksimile-Nachdruck seines Nekrologs ohne Seitenzahlen

22 *»lieblich singen« hören:* bei GEIER
Kantorei-Ordnung... Collegium musicum: Friedrich Gerhardt. Geschichte der Stadt Weißenfels a. S. mit neuen Beiträgen zur Geschichte des Herzogtums Sachsen-Weißenfels. Weißenfels a. S. 1907, S. 151 f.
eine der frühesten Gründungen: nach BRAUN NH, S. 40
Die Stadtchronik: Friedrich Gerhardt, s. o., stützt sich u. a. auf G. E. Otto, Geschichte der Topographie der Stadt und des Amtes Weißenfels, 1796, und K. A. H. Sturm, Chronik der Stadt Weißenfels, 1846

23 *»Versprechen, daß er zu allen guten Künsten«:* GEIER
»anderweit in Schriften um seine Person angehalten«: GEIER

»Lust und Beliebung trüge, in die Welt zu ziehen«: GEIER
24 *»dem Herrn Landgrafen übergeben worden«:* GEIER
   Monograph von Heinrichs jüngerem Bruder: Dr. jur. Emil Reinhardt,
   Erfurter Jurist, der zuletzt als Landgerichtsrat a. D. in Berlin lebte,
   veröffentlichte seine auf zahlreiche, zum Teil handschriftliche, heute
   partiell unzugängliche oder verschollene Quellen gestützten Untersuchungen über Benjamin Schütz 1936 in dem kleinen Erfurter Verlag
   Kurt Stenger, 197 S., fortan REINHARDT
   allzu achtlos vorübergegangen: MOSER, S. 18, erwähnt zwar, daß der
   in Berlin lebende Landgerichtsrat Dr. E. Reinhardt »eine ausführliche
   Arbeit über Schützens jüngsten Bruder Benjamin« vorbereite, Moser
   konnte sie jedoch 1935 bei Abschluß seiner Schütz-Biographie noch
   nicht kennen und hat sie bei der Neubearbeitung 1953 offenbar nicht
   aufgefunden, ebensowenig Otto Brodde. Reinhardt irrt wie Moser
   hinsichtlich Albrecht und Mathes Schütz, darin und in allem Weißenfelsischen zuverlässiger ist der ortskundige Adolf Schmiedecke, u. a.
   Die Familie Schütz in Weißenfels. In: Die Musikforschung. 1959,
   S. 180–184
26 *eine Stiftung:* vgl. MOSER, S. 17, und SCHÜTZ-BRIEFE, S. 366–380
   aus einem Schriftwechsel: SCHÜTZ-BRIEFE, S. 366–380
   Erhebung in den erblichen Reichsadelsstand: REINHARDT, S. 12, das
   Schütz-Wappen ist durch den Erfurter Benjamin Schütz überliefert
   Heinrich Schütz hat sich einmal darauf berufen: SCHÜTZ-BRIEFE,
   S. 379
28 *Weißenfelser Urkunde vom 1. November 1602:* Christophs Hand-
   schrift nach einer 1936 im Preußischen Staatsarchiv zu Magdeburg
   befindlichen Urkunde, abgebildet bei REINHARDT, S. 13
   Prediger Michael Hertz ... verglich sie: REINHARDT, S. 57
29 *nachdem Philipp Spitta als erster:* in der von Rochus von Liliencron ab
   1869 herausgegebenen »Allgemeinen Deutschen Biographie«. Wiedergedruckt: Philipp Spitta. Heinrich Schütz' Leben und Werk. In:
   Musikgeschichtliche Aufsätze. Berlin 1894
   Bemerkung in seinem ... Memorial von 1651: SCHÜTZ-BRIEFE, S. 208
30 *Erich H. Müller ... hielt 1922 noch:* SCHÜTZ-BRIEFE, S. 343
   Wir müssen ... zum 8. Oktober zurückkehren: eine Einsicht, der sich
   auch kompetente Schütz-Forscher wie Wolfram Steude und Joshua
   Rifkin nicht verschließen
   Philipp Spitta in einer Fußnote: Joh. Seb. Bach von Philipp Spitta.
   2 Bde. Leipzig 1916. Bd. 1, S. 179: »Es mag hier daran erinnert
   werden, daß erst von 1701 an in dem evangelischen Deutschland der
   gregorianische Kalender eingeführt wurde, und alle vor diesen Termin
   fallenden Daten, wenn man sie mit der jetzigen Zählung in Einklang
   bringen will, um 10 Tage vorrücken.« Man tut es aber nicht, und mit

gutem Grund, da die Urkunden anders lauten; vgl. Geiers Angabe,
daß Schütz »sein Alter gebracht hat auf 87 Jahr und 29 Tage«, was nur
stimmt, wenn man Geburts- und Todestag beibehält, siehe das Kapitel
»Das große Amen«

31 *als vertrauenswürdig, zuverlässig erwiesen:* Zur Einschätzung Geiers:
»Geiers Bericht ist im Aufbau knapp und sachlich, seine Auswahl trifft
in allen Fällen das Wesentliche, sein Ton ist zwar persönlich warm,
aber nicht auf superlative Gelegenheitsrhetorik gestimmt.« Johannes
Piersig. Das Weltbild des Heinrich Schütz. Kassel und Basel 1949,
S. 35

32 *Michael Hertz in seinem Nachruf:* REINHARDT, S. 7

35 *Heinrich Steucke oder Steuccius:* starb 1645 als Domsyndikus in
Naumburg
Werke sächsisch-thüringischer Dorfkomponisten: nach BRAUN NH,
S. 24

36 *das Wort des... Johann Hermann Schein:* Vorrede zu seiner Suiten-
sammlung des Banchetto musicale, 1617, zitiert nach: Adam Adrio.
Tradition und Modernität im musikalischen Schaffen der Schütz-Zeit.
In: SAGITTARIUS 1, S. 43
Michael Altenburg... »Ist doch bald kein Dörflein...«: nach MOSER,
S. 13

37 *traten... thüringische Bauern »vor das Polt«:* G. Kraft, Thüringische
Musikkultur, S. 204 und 206, zitiert nach BRAUN NH, S. 24
Zeitungen gab es noch nicht: Geschriebene Zeitungen kamen zwar seit
1575 in wenigen Exemplaren aus Augsburg und Nürnberg; gedruckte
Zeitungen, die auch kleinere Städte erreichten, fanden jedoch erst
während des Dreißigjährigen Krieges Verbreitung

38 *Auch in Weißenfels:* Weißenfels. Stadtchronik. Hrsg. vom Rat der
Stadt Weißenfels gemeinsam mit dem Museum Weißenfels (Schloß)
und dem Archiv der Stadt Weißenfels. Weißenfels 1980

39 *Lysthenius mit zwei anderen Predigern:* Friedrich Gerhardt, a.a.O.,
S. 114 f.

41 *ein Chronist der Stadt Naumburg:* Ernst Barkowsky. Die Geschichte
der Stadt Naumburg an der Saale. Stuttgart 1897, S. 114 f.

42 *Gegen Ende des 16. Jahrhunderts hinterlegte:* nach: Joachim C. Fest.
Preußens letzter Untergang. Gedanken über die Dauer einer histori-
schen Episode. In: Aufgehobene Vergangenheit. Portraits und
Betrachtungen. München 1983, S. 153

44 *Listenius betonte schon 1537:* zitiert nach EGGEBRECHT, S. 33

48 *riet er... dem Schüler Matthias Weckmann:* nach MATTHESON,
S. 395 f.

49 *In Kassel sah der sächsische Abgesandte:* Eduard Devrient. Geschichte
der deutschen Schauspielkunst. 2 Bde. Berlin 1905. Bd. 1, S. 85

50 *alle gebräuchlichen Instrumente der Zeit:* vgl. Alfred Berner. Die
Musikinstrumente zur Zeit Heinrich Schützens (mit Tafel). In: SAGIT-
TARIUS 1, S. 30–42
Moritz von Hessen als Instrumentalkomponist: schrieb Paduanen
(Pavanen), Galliarden, Fugae, Canzonen und Intraden
52 *Friedrich Blume nannte ihn:* Friedrich Blume. Syntagma Musicologicum II. Gesammelte Reden und Schriften 1962–1972. Hrsg. von Anna
Amalie Abert und Martin Ruhnke. Kassel etc. 1973, S. 131 ff.
53 *Moser schrieb ihm eine einzige anonyme Arbeit... zu:* MOSER, S. 41
und 240f.
wofür sich die Forschung ... entschieden hat: vgl. SWV BITTINGER,
S. 124
selbstgedichtete Verse lauten: bei MOSER, S. 240
54 *Pfarrer Georg Weiße in seinem Nachruf-Gedicht:* Die Verse des
ehemaligen Dresdner Kapellknaben und in Weißenfels beheimateten
Pfarrers von Mutzschen, »Das christliche Assaph«, waren dem
Nekrolog Geiers beigelegt und sind bei MOSER verteilt über die Seiten
606 bis 611, hier S. 606
»einer der merkwürdigsten Fälle der Irrung«: Hans Joachim Moser.
Kleines Heinrich-Schütz-Buch. Leben und Werk des ältesten Klassikers der deutschen Musik. Kassel 1941, S. 19
»langsamen Entfaltung«: Johannes Piersig, a. a. O., S. 39, nennt
Schütz einen »Spätentwickler«, und von einer »langsamen Entfaltung
seiner musikalischen Begabung« liest man bei Wilibald Gurlitt in
seinem Beitrag zu: Die großen Deutschen. Deutsche Biographie.
Hrsg. von Hermann Heimpel, Theodor Heuss, Benno Reifenberg,
Frankfurt a. M., Berlin und Wien 1983. Bd. V, S. 111
55 *»Permission« zu erlangen:* GEIER
56 *»etwas von ihm zu ergreifen«:* Memorial 1651, SCHÜTZ-BRIEFE, S. 209
wie er 1651 in seinem Memorial: SCHÜTZ-BRIEFE, S. 209
58 *Montaigne in seinem Tagebuch:* Michel de Montaignes Gesammelte
Schriften. Historisch-kritische Ausgabe. 8 Bde. 7. Bd. Reisetagebuch.
Übersetzt und eingeleitet von Otto Flake. München und Leipzig
1908, S. 99–152
schrieb Schütz 1629: SCHÜTZ-BRIEFE, S. 104
60 *Schützens späteren Bemerkungen:* »dahero mich fast sehr gereuet«,
SCHÜTZ-BRIEFE, S. 209
61 *»si ricche in questa qualità«:* Widmung an den Landgrafen, 1611. In:
SCHÜTZ-BRIEFE, S. 37
Johann Grabbe war zwei Jahre vor Schütz: Heinrich W. Schwab.
Vergleichende Untersuchungen zu Johann Grabbes »Il primo libro de
Madrigali« (1609). In: SAGITTARIUS 2, S. 67–77
Hans Joachim Moser verglich: MOSER, S. 59–66

»trotzdem auch der Detmolder...«: MOSER, S. 62

Notenschrift von Grabbes Kompositionen: Heinrich W. Schwab, a. a. O. In: SAGITTARIUS 2, S. 73 und 75 f.

66 *»elegant schwebendes Gebilde« (Blume):* Friedrich Blume. Die Musik der Renaissance. In: Syntagma Musicologicum. Gesammelte Reden und Schriften. Hrsg. von Martin Ruhnke. Kassel etc. 1963, S. 53

67 *der Verfasser von Dialogen...* Vincenzo Galilei: Dialogo della musica antica e moderna, 1581

69 *Jacopo Peri in seiner Vorrede:* auszugsweise ins Deutsche übersetzt wiedergegeben bei WINTERFELD Bd. 2, S. 19 f.

70 *»Die Perklamation wird abgelöst...«:* BRODDE, S. 36 unter Bezug auf: K. Heeroma. Die Sprache der Kirche. In: Gestalt und Glaube. Söhngen-Festschrift. Witten und Berlin 1960, S. 93

71 *die erste Vorführung des Fernrohrs:* Albrecht Fölsing. Galileo Galilei. Prozeß ohne Ende. Eine Biographie. München und Zürich 1983, S. 185–197

der »Sternenbote«: »Sidereus Nuncius – Nachricht von neuen Sternen«. Hrsg. von Hans Blumenberg. Übersetzt von Malte Hossenfelder. Frankfurt a. M. 1965, S. 82

74 *Einstein hat darüber geurteilt:* EINSTEIN, S. 21

75 *Otto Brodde kommt zu dem Schluß:* BRODDE, S. 39

von einem »Kontrastfiguren-Madrigal«: MOSER, S. 230

76 *»Umgestalter des Sinnenhaften...«:* MOSER, S. 230

Carl von Winterfeld, der dieses Beispiel: WINTERFELD Bd. 2, S. 35

77 *»angeborener Nachbarschaft zum Tode«:* MOSER, S. 234

Gabrieli hat... dem Landgrafen versichert: nach: Christiane Engelbrecht. Die Kasseler Hofkapelle im 17. Jahrhundert. Kassel 1958, S. 18 und 124

78 *seinen schönsten Ring:* vgl. SCHÜTZ-BRIEFE, S. 210

auch noch andere »Gelehrte«: nach dem Trauergedicht des Dresdners David Schirmer, bei MOSER, S. 606

79 *Fondaco... nach einer zeitgenössischen Schilderung:* Hiorymus Megiserus. Beschreibung der wunderbaren Stadt Venedig, 1610

80 *wogegen sein Zeugnis spricht:* im Memorial von 1651, SCHÜTZ-BRIEFE, S. 210

82 *O mio core:* »Fuggi, o mio core«, Madrigal SWV 8

83 *als Komponist noch »verborgen« halten:* im Memorial von 1651, SCHÜTZ-BRIEFE, S. 211

schreibt Johann Mattheson: MATTHESON, S. 32

in einem 1600 gedruckten Buch: De modis musicis recte cognoscendis, behandelt bei WINTERFELD Bd. 1, S. 105

84 *einzigen Zeugnis seiner Leipziger Zeit:* mitgeteilt in: Neue Zeitschrift

für Musik. 86 Jg. 1919, S. 181; auch zitiert in: Johannes Piersig. Das
Weltbild des Heinrich Schütz. Kassel und Basel 1949, S. 33
die in Spuren nachgewiesenen Kompositionsarbeiten: Wolfram Steude.
Neue Schütz-Ermittlungen. In: Deutsches Jahrbuch der Musikwis-
senschaft für 1967. Hrsg. von Rudolf Eller. 12. Jg. Leipzig 1968,
S. 45–47; vgl. auch MOSER, S. 242 ff.

88 *Moser ging so weit zu sagen:* MOSER, S. 243 f.

89 *ein Brief des sächsischen Kurfürsten:* Briefwechsel: Werner Dane.
Briefwechsel zwischen dem landgräflich hessischen und dem kurfürstlich sächsischen Hof um Heinrich Schütz (1614–1619). In: Zeitschrift
für Musikwissenschaft. 17. 1935/36, S. 343–355. Ferner: Moritz Fürstenau. Beiträge zur Geschichte der Kgl. sächs. Musikalischen
Kapelle. Dresden 1849, S. 42 ff. Und: Wilhelm Schäfer. Sachsen-
Chronik für Vergangenheit und Gegenwart. Erste Serie. Dresden
1854, S. 429 ff. und 500 ff.

90 *schreibt der Kasseler Chronist:* Paul Heidenbach. Stätten der Kultur.
Kassel. Leipzig o. J. [1920], S. 93

91 *am 23. September 1616 sandte er:* SCHÜTZ-BRIEFE, S. 38–40

92 *gibt es ein Zeugnis:* nach Wolfram Steudes Angaben im Dresdner
Archiv, bisher unveröffentlicht

94 *erläuterte am 16. Dezember:* Werner Dane. Briefwechsel zwischen
dem landgräflich hessischen und dem kurfürstlich sächsischen Hof
ect., s. o.

95 *Handschrift des Landgrafen Moritz:* nach dem Entwurf eines Ant-
wortbriefes an Johann Georg I. von 1614, abgedruckt in: Heinrich
Schütz und seine Zeit in Bildern. Mit einer Einführung von Dietrich
Berke. Zusammengestellt und erläutert von Richard Petzold. Kassel
etc. 1972, S. 30

96 *jene Diplomaten am Dresdner Hof:* nach: C. V. Wedgwood. Der
Dreißigjährige Krieg. München 1967, S. 56

98 *Im Jahr 1617 gab es:* nach FÜRSTENAU Bd. 1, S. 67

100 *der Biograph eines seiner bedeutenden Nachfolger:* Hans Schnoor.
Weber. Gestalt und Schöpfung. Dresden 1953, S. 250

101 *die Torgauer Fürstenhochzeit kostete:* nach FÜRSTENAU Bd. 1, S. 99
in »allezeit persönlicher Gegenwart«: nach der Eingabe an den Kurfür-
sten von 1646, SCHÜTZ-BRIEFE, S. 167
Friedrich Blume schreibt: Friedrich Blume. Syntagma musicologicum
II. Gesammelte Reden und Schriften 1962–1972. Hrsg. von Anna
Amalie Abert und Martin Ruhnke. Kassel etc. 1973, S. 140

103 *Wie Golo Mann… auf Grund eigener Ermittlungen:* Wallenstein.
Sein Leben erzählt von Golo Mann. Frankfurt a. M. 1971, S. 143 f.

104 *Prolog… sowie das Festspiel:* SCHÜTZ-BRIEFE, S. 41–59
wie Ricarda Huch sie romanhaft: Ricarda Huch. Der große Krieg in

Deutschland. Roman. In: Gesammelte Werke. Dritter Band. Hrsg. von Wilhelm Emrich. Köln und Berlin 1967, S. 183 f.

105 *Der Nürnberger Jakob Ayrer:* Eduard Devrient. Geschichte der deutschen Schauspielkunst. 2 Bde. Berlin 1905. Bd. 1, S. 110

106 *die Dresdner Feierlichkeiten:* Christhard Mahrenholz. Heinrich Schütz und das erste Reformationsjubiläum 1617. In: Musik und Kirche. 3. 1931, S. 149–159

108 *Scheidt einen neuen verläßlichen Freund:* zur Biographie Samuel Scheidts fortan: Christhard Mahrenholz. Samuel Scheidt. Sein Leben und Werk. Leipzig 1924

111 *in der Widmung der Pslamen:* Schütz-Briefe, S. 59–61
    in der Vorrede: Schütz-Briefe, S. 62–64
    »die Erfahrung mit dem Wort Gottes«: Brodde, S. 61

112 *enthaltenen Anweisung:* Schütz-Briefe, S. 64

115 *kühne Verknüpfung geistlicher und weltlicher Inhalte:* und keineswegs »ein echt deutscher Zug, der von tiefer Innerlichkeit zeugt«, wie Dr. Erich H. Müller 1922 meinte, nachzulesen in: Schütz-Briefe, S. 18
    Brautgedicht von Conrad Bayer: Sächsische Landesbibliothek, zitiert nach Moser, S. 93

116 *Hoënegg, der das Paar auch eingesegnet hatte:* Matthias Hoë von Hoënegg auf Magdalena Schütz, geb. Wildeck in Dresden (1625), in der Bücherei zu Gotha und der ehemals fürstlichen Bücherei zu Stolberg, Nr. 24294
    mit diesen Worten: auch bei Geier, der noch in seinem Nekrolog auf Schütz die »Süßigkeit dieser erwünschten Ehe« zu rühmen weiß
    dichtete der Dresdner David Schirmer: Moser, S. 608

117 *Ausgerichtet und bezahlt:* die Orgelweihe beschrieben in: Die Orgel der Stadtkirche Bayreuth. Hrsg. aus Anlaß der Weihe der neuen Orgel am 17. September 1961 im Auftrag des Pfarramtes Bayreuth-Stadtkirche von Viktor Lukas. Bayreuth 1961
    die in Bayreuth lebende Kusine Justina: einzige Quelle: Christoph Scheupner. Ander Theil Christlicher Leich- vnd Trost Predigten. Leipzig 1624. Nr. 22, S. 581–609
    Das Orgelwerk bildete: Hans Hofner. Aus der Geschichte der Orgeln in der Stadtkirche zu Bayreuth. In: Die Orgel der Stadtkirche Bayreuth, a. a. O., S. 20

118 *der Bayreuther Kantor Elias Unmüßig:* Hans Hofner. Aus der Geschichte der Orgeln in der Stadtkirche zu Bayreuth. In: Die Orgel der Stadtkirche zu Bayreuth, a. a. O., S. 21
    von dem Samuel Scheidt noch lange: Karl Hartmann. Kirchenmusik in der Stadtkirche. In: Die Orgel der Stadtkirche Bayreuth, a. a. O., S. 40

»dem alten Schütze von Weißenfels«: Spitta nach Akten des Schleizi-
schen Hausarchivs, zitiert nach MOSER, S. 97

119 *Der Bericht über diese Reise:* nach Akten des Stadtarchivs Weißenfels
bei: Dr. Adolf Schmiedecke. Eine Reise von Weißenfels nach Dresden
vor 333 Jahren. In: Weißenfelser Heimatbote. 2. Jg. Februar 1956,
S. 36 ff.

120 *ein echter Shakespeare-Vers:* Fürstenau meinte zwar, es seien viele
Stücke von Shakespeare gespielt worden, er kannte jedoch nur ein
Titelverzeichnis aus dem Jahr 1626, nicht die Texte selbst, vgl. FÜR-
STENAU Bd. 1, S. 96 f.

121 *schildert Fürstenau an einem Beispiel:* FÜRSTENAU Bd. 1, S. 94

124 *dem Herrn Kammersekretär Ludwig Wilhelm Moser:* SCHÜTZ-
BRIEFE, S. 66–68, Zitat S. 67

125 *in deren Apotheose heißt es:* SCHÜTZ-BRIEFE, S. 59

128 *von der wir nur wissen:* nach einem Schütz-Brief, abgedruckt bei:
Wolfram Steude. Neue Schütz-Mitteilungen. In: Deutsches Jahrbuch
der Musikwissenschaft für 1967. Hrsg. von Rudolf Eller. 12. Jg.
Leipzig 1968, S. 64–69

130 *ihr Beichtvater Samuel Rüling:* mitgeteilt von dem Oberhofprediger
Matthias Hoë von Hoënegg, s. u.
    »unter Seufzer und Tränen«: Eberhard Möller. Neue Schütz-Funde in
der Ratsschulbibliothek und im Stadtarchiv Zwickau. In: SCHÜTZ-
JAHRBUCH 1984
    rief der Oberhofprediger aus: Matthias Hoë von Hoënegg. Christliche
LeichPredigt / Beym Begräbnis der weiland Erbaren vnd viel Ehren-
tugendreichen Frawen Magdalenen / Des Ehrvesten / fürtrefflichen
vnd weitberühmbten Musici, Herrn Heinrich Schützens / Churf.
Sächs. wolbestalten Componisten vnd Capellmeisters Ehelicher
Haußfrawen / seeligen. Welche den 6. Septembris Anno 1625. früe
zwischen 2. vnd 3. Vhr sanfft in Gott verschieden / vnd den 9. Sep-
tembris mit Christlichen Ceremonien zur Erden bestattet / vnd in jhr
Ruhebettlein gebracht worden. In volckreicher Versamlung gehalten /
vnd auff begehren zum Druck verfertiget / Durch Matthiam Hoë von
Hoënegg / der H. Schrifft Doctorn. Gedruckt zu Leipzig / bey Gregor
Ritzschen. An. 1625. In der Herzog-August-Bibliothek Wolfenbüttel
und in der Forschungsbibliothek Gotha

131 *Martin Opitz... an den »Orpheus unserer Zeiten«:* Martin Opitz.
Deutscher Poematum Anderer Teil. 1637, S. 665

132 *Nach den Worten David Schirmers:* MOSER, S. 608

ZWEITER TEIL

136 *»gefährlicher, verbrecherischer Mißgriff«:* so die englische Historikerin C. V. Wedgwood. Der Dreißigjährige Krieg. München 1967, S. 455

139 *»schlechtes Geld«:* R. Wuttke. Zur Kipper- und Wipperzeit in Kursachsen. Neues Archiv für sächsische Geschichte. XVI., S. 135

140 *verfaßte ein Verzeichnis:* SCHÜTZ-BRIEFE, S. 85–87

141 *»über einen großen Tisch«:* SCHÜTZ-BRIEFE, S. 87
in der lateinischen Widmung: SCHÜTZ-BRIEFE, S. 87

142 *Brief an den Rat Philipp Hainhofer:* SCHÜTZ-BRIEFE, S. 115–117

150 *nach Paul Hankamer:* Paul Hankamer. Deutsche Gegenreformation und deutsches Barock. Die deutsche Literatur im Zeitraum des 17. Jahrhunderts. Stuttgart 1947, S. 328

151 *Dresdner Hofdiarium von der Hochzeit:* FÜRSTENAU Bd. 1, S. 98
in die Geschichte der Geigenkunst: Walter Kolneder. Das Buch der Violine. Bau, Geschichte, Spiel, Pädagogik, Komposition. Zürich und Freiburg i. Br. 1972, S. 285–287
Nach der Torgauer Quartierliste: FÜRSTENAU Bd. 1, S. 100

152 *erst im März 1982 ... entdeckt:* Eberhard Möller. Neue Schütz-Funde in der Ratsschulbibliothek und im Stadtarchiv Zwickau. In: SCHÜTZ-JAHRBUCH 1984, noch ohne Seitenzahl; eine Druckvorlage des Stiches stand nicht zur Verfügung

154 *den Alfred Einstein »Unvollendung«:* EINSTEIN, S. 36
»Seelennähe«: Hans Joachim Moser. Kleines Heinrich-Schütz-Buch. Leben und Werk des ältesten Klassikers der deutschen Musik. Kassel 1941, S. 4
Es gibt solche Erklärungen: WINTERFELD Bd. 1, S. 90

156 *Alfred Einstein schrieb:* EINSTEIN, S. 25

157 *»ein verkapptes g-dorisch ...«:* MOSER, S. 375
Hat Hans Christoph Worbs recht: Hans Christoph Worbs. Heinrich Schütz. Lebensbild eines Musikers. Leipzig 1956, S. 33
Für Otto Brodde ist auch diese Musik: BRODDE, S. 90

158 *Brodde meint:* BRODDE, S. 91

160 *jene anderen:* zu denen vor allem Alfred Einstein zählt
Vorwort zum Beckerschen Psalter: Widmung. SCHÜTZ-BRIEFE, S. 80

161 *um mit Einstein zu sprechen:* EINSTEIN, S. 26
»nicht von großer Kunst und Arbeit«: An den gutherzigen Leser. Vorspruch zum Psalter. SCHÜTZ-BRIEFE, S. 82

162 *einer der »geistigsten Musiker«:* vgl. EINSTEIN, S. 14
In der Vorrede an die Fürstin Hedwig: SCHÜTZ-BRIEFE, S. 81

163 *»Zwo Erinnerungen an den gutherzigen Leser«:* SCHÜTZ-BRIEFE, S. 84 f.

165 *wie Schütz sich... rechtfertigte:* SCHÜTZ-BRIEFE, S. 92
Félix Bertaux, geschrieben 1925: Frage und Antwort. Interviews mit
Thomas Mann 1909–1955. Hrsg. von Volkmar Hansen und Gert
Heine. Hamburg 1983, S. 82f.
Verpflichtung, auf der Höhe der Zeit zu bleiben: vgl. Oskar Söhngen.
Heinrich Schütz und die zeitgenössische Musik. In: SAGITTARIUS 1,
S. 18

166 *»Denn wenn diejenigen, welche ihre zeitlichen...«:* SCHÜTZ-BRIEFE,
S. 91
Palmarum 1628... in einer Eingabe: SCHÜTZ-BRIEFE, S. 90f.
im ersten Brief aus Italien: SCHÜTZ-BRIEFE, S. 95–97

167 *noch diese eindringliche Warnung:* SCHÜTZ-BRIEFE, S. 92
Seine Reise, so schrieb er: SCHÜTZ-BRIEFE, S. 96
Nachruf-Gedicht... David Schirmer: bei MOSER, S. 609

168 *Er hatte feststellen müssen:* SCHÜTZ-BRIEFE, S. 96
Studie von Oscar Doering: Oscar Doering. Des Augsburger Patriziers
Philipp Hainhofer Reisen nach Innsbruck und Dresden. Quellenschriften für Kunstgeschichte und Kunsttechnik des Mittelalters und
der Neuzeit. Neue Folge 10. Wien 1901, S. 217ff.

169 *Memorial »in Musikantensachen«:* SCHÜTZ-BRIEFE, S. 89f.
Otto Brodde meint: BRODDE, S. 114

170 *der gutunterrichtete Dresdner David Schirmer:* MOSER, S. 609

172 *»den größten Komponisten Italiens«:* nach: Silke Leopold. Claudio
Monteverdi und seine Zeit. Laaber 1982, S. 38
Vorrede zu den... »Symphoniae sacrae«: SCHÜTZ-BRIEFE, S. 103–105

173 *von Dresden aus bestellte:* vgl. SCHÜTZ-BRIEFE, S. 115

174 *Alexander Berrsche... kaum widersprechen:* Alexander Berrsche.
Trösterin Musica. Gesammelte Aufsätze und Kritiken. München
1942, S. 22
Am 29. Juni 1629 schrieb er: SCHÜTZ-BRIEFE, S. 97–100

175 *dem Kurfürsten am 24. August 1629 mit:* SCHÜTZ-BRIEFE, S. 101f.

178 *Chronik des Paul von Stetten:* Geschichte Der des Heil. Röm. Reiches
Freyen Stadt Augspurg, Aus bewährten Jahr-Büchern, tüchtigen
Urkunden und schrifftlichen Handlungen gezogen Und an das Licht
gegeben Durch Paul von Stetten. Zweyter Theil. Frankfurt und
Leipzig 1758. II. Th. I. Cap., S. 51

179 *den Briefen Philipp Hainhofers:* Der Briefwechsel zwischen Philipp
Hainhofer und Herzog August d. J. von Braunschweig-Lüneburg,
bearbeitet von Ronald Gobiet. Forschungshefte. Hrsg. vom Bayerischen Nationalmuseum München, 8. München 1984
einer Wolfenbütteler Handschrift: MOSER, S. 124
»Jetzt diesen Mittag«, schrieb Hainhofer: Der Briefwechsel zwischen
Philipp Hainhofer..., a. a. O., S. 525f.

Johann Georg I. versicherte: referiert in der Chronik des Paul von Stetten, a. a. O., II. Th. I. Cap., S. 58

180 Sein Reisebericht schließt: MOSER, S. 124

wie er dem Herzog August... schrieb: Der Briefwechsel zwischen Philipp Hainhofer..., a. a. O., S. 541

182 was selbst Johann Georg... bedauerte: zu entnehmen einem Brief an den Hausmarschall vom 28. Februar 1631; Schütz merkte, »daß Seine Churfl Durchl. selbsten ihm ohngerne verloren haben«, SCHÜTZ-BRIEFE, S. 112

Eingabe an den Haus- und Hofmeister: SCHÜTZ-BRIEFE, S. 105–113

wandte er sich... an den Kurfürsten: SCHÜTZ-BRIEFE, S. 108–110

183 »wozu Wallenstein«, schreibt Moser: MOSER, S. 127

Golo Mann... weiß es anders: Wallenstein. Sein Leben erzählt von Golo Mann. Frankfurt a. M. 1971, S. 677

nennt auch die tieferen Gründe: Wallenstein, a. a. O., S. 677f.

184 Ein lateinisches Gedicht: Ad. B. Defunctum. November 1630, SCHÜTZ-BRIEFE, S. 111

185 Darstellung des Dreißigjährigen Krieges: Ricarda Huch. Der große Krieg in Deutschland. Roman. In: Gesammelte Werke. Dritter Band. Hrsg. von Wilhelm Emrich. Köln und Berlin 1967, S. 718–724

des deutschen Poeten Paul Fleming: »An Herrn Heinrich Schützen, Churfürstl Durchlaucht zu Sachsen Kapellmeistern«, 1632, in: Teutsche Poemata. Lübeck 1642. In der Ausgabe seiner Werke, 4. Odenbuch, »Von Glückwünschungen«, hrsg. von Lappenberg. Stuttgart 1865. Bd. I, S. 381

187 »auf seiner lieben Eltern...Gutachten«: Mitteilungen des Dr. A. Bruckner vom Staatsarchiv des Kantons Basel-Stadt und Akten der Universitäts-Bibliothek Basel, bei REINHARDT, S. 65f.

188 Valerius folgte Benjamin 1632: über Valerius Näheres bei REINHARDT, besonders S. 83; der Student war Sylvester Sybrand aus Rostock, die Todestage waren 11. und 12. November 1632

190 Hoënegg war plötzlich gut schwedisch: Wallenstein, a. a. O., S. 742f.

192 Feldmarschall Hans Georg von Arnim: H. Hallwich. Briefe und Akten zur Geschichte Wallensteins 1630–1634. 4 Bde. Wien 1912. Bd. 2, S. 725 (B), zitiert nach Wallenstein. a. a. o., S. 850

so erzählt der Chronist: Abscheuliche, doch wahrhaftige Erzählung, wie die Kaiserlichen den 4. Oktober 1633 in der Stadt Goldberg in Schlesien überbarbarisch, ja ganz teuflisch gehauset. In: W. Sturm. Geschichte der Stadt Goldberg in Schlesien. 1888. Zitiert nach: Wallenstein, a. a. O., S. 417–419

194 Postskriptum seines Briefes an Friedrich Lebzelter: »Die Zeitungen

vndt heutige alhier in Dresden fürgegangene Decollation des Heubt-
manns Voppelii erfehret der H. von andern.« In: SCHÜTZ-BRIEFE,
S. 127

Die erste erhaltene Eingabe: SCHÜTZ-BRIEFE, S. 118–122

195 *schreibt Schütz nämlich:* SCHÜTZ-BRIEFE, S. 123

Lebzelter... schrieb umgehend: C. Elling. Die Musik am Hofe
Christians IV. von Dänemark. Nach A. Hammerich. In: Vierteljahresschrift für Musikwissenschaft IX. 1893, S. 62–98

196 *an seinen künftigen Schwiegervater:* C. Elling, a. a. O.

197 *aus Hans Joachim Mosers deutscher Musikgeschichte:* Hans Joachim
Moser. Kleine deutsche Musikgeschichte. Stuttgart 1949, S. 121

200 *Hinweis von Otto Benesch:* Otto Benesch. Schütz und Rembrandt.
In: SAGITTARIUS 3, S. 49–55

201 *Zeichnung in sein Stammbuch:* Den Haag. Königliche Bibliothek

202 *das Bruno Maerker... identifiziert haben will:* Bruno Maerker.
Rembrandts Bildnis eines Musikers – ein Schützportrait? In: Deutsche Musikkultur Nr. 6, Jg. 1937/38, S. 329–345

205 *wie Jens Peter Larsen schreibt:* Jens Peter Larsen. Schütz und Dänemark. In: SAGITTARIUS 2, S. 10

209 *in Schützens Begleittext zur »Historia«:* SCHÜTZ-BRIEFE, S. 72

210 *hat uns Jürgen Holst... geschildert:* die Wiedergabe ist eine freie
Umschrift, hält jedoch alle Einzelheiten des Originals fest: Jürgen
Holst. Triumphus nuptualis danicus. Kopenhagen 1635. Auszugs-
weise zitiert bei MOSER, S. 134f.

214 *Brief an den Hofmarschall:* SCHÜTZ-BRIEFE, S. 137

215 *schrieb er Reiseerinnerungen:* Reiseerinnerungen Heinrichs Reuß
Posthumus 1593–1616. Hrsg. von Dr. Bartholomäus Schmidt.
Schleiz 1890

217 *wie man heute... schließen kann:* Rudolf Henning. Zur Textfrage
der »Musicalischen Exequien« von Heinrich Schütz. In: SAGITTA-
RIUS 4, S. 44–56

»in ein Concert gefasset...«: Verzeichnis »deren in diesem Werklein
befindlichen musikalischen Sachen«, in: SCHÜTZ-BRIEFE, S. 130f.

ein Widmungsgedicht: SCHÜTZ-BRIEFE, S. 128–130

218 *die alle Sarginschriften wiedergab:* nach Rudolf Henning, a. a. O.,
in: SAGITTARIUS 4, S. 47

in der von Schütz mitgegebenen Ordinanz: SCHÜTZ-BRIEFE,
S. 132f.

219 *nur eine Erbengliedschaft:* Emil Reinhardt konnte über die Vermö-
gensverhältnisse der Geschwister Schütz am meisten in Erfahrung
bringen; die Geschichte der Erbengliedschaft bei REINHARDT,
S. 94–96

220 *Den Stadtschreibern sträubte sich die Feder:* nach Aufzeichnungen

im Rats-Archiv und nach Vulpius' Manuskript bei: Friedrich Gerhardt. Geschichte der Stadt Weißenfels a.S. etc., a.a.O., S. 191ff.

221 *dichtete der Pfarrer David Meder:* BRODDE, S. 161

222 *der englische Historiker John Bowle:* John Bowle. Geschichte Europas. Von der Vorgeschichte bis ins 20. Jahrhundert. Aus dem Englischen von Hainer Kober. München und Zürich 1983, S. 455
propagandistisch verfärbt: John Bowle, a.a.O., S. 454f.
John Bowle geht so weit: John Bowle, a.a.O., S. 455

224 *»wohlgewogener Patron«:* Heinrich Schütz in der Vorrede, SCHÜTZ-
BRIEFE, S. 136
In der Vorrede vom 29. September 1636: SCHÜTZ-BRIEFE, S. 135

225 *nach Einstein »wahre Kleinodien«:* EINSTEIN, S. 30

227 *Am 1. Februar 1637 teilte er:* SCHÜTZ-BRIEFE, S. 137f.
Widmung der »Kleinen geistlichen Konzerte«: SCHÜTZ-BRIEFE, S. 136

228 *Buchner hat darüber:* Brief vom 19. November 1639, nach Philipp
Spitta, a.a.O., S. 41

229 *»Erziehung der armen Waisen«:* nach dem weiter unten erwähnten
Gesuch; der Schütz-Brief ist erstmals abgedruckt bei: Wolfram
Steude. Neue Schütz-Ermittlungen. In: Deutsches Jahrbuch der
Musikwissenschaft für 1967. Hrsg. von Rudolf Eller. 12. Jg. Leipzig
1968, S. 69
wie das Pförtner Stammbuch: M. Hoffmann. Pförtner-Stammbuch
1543–1893. Berlin 1899, S. 114
Wolfram Steude knüpft daran: Wolfram Steude. Neue Schütz-Ermittlungen, a.a.O., S. 64–69

230 *heißt es in Matthesons »Ehrenpforte«:* MATTHESON, S. 394
zweite Dänemark-Reise... umstritten: vor allem Joshua Rifkin und
Wolfram Steude halten sie für unwahrscheinlich

231 *D. Georg Lehmann... in dem Trauergedicht:* Georg Lehmanns Verse
zitiert bei MOSER, S. 609

233 *Hainhofer... bestätigte im November 1639:* Der Briefwechsel zwischen Philipp Hainhofer und Herzog August d.J. von Braunschweig-
Lüneburg, bearbeitet von Ronald Gobiet. Forschungshefte. Hrsg.
vom Bayerischen Nationalmuseum München. 8. München 1984,
S. 666f.

234 *ein unsägliches Sprachgebilde:* nachzulesen bei MOSER, S. 150
ein ärgerlicher Briefwechsel: Wolfram Steude. Neue Schütz-Ermittlungen, a.a.O., S. 64–69

236 *in den gedruckten Programmen:* FÜRSTENAU Bd. 1, S. 106
eine in Verse gefaßte Inhaltsangabe: von August Buchner, abgedruckt
bei FÜRSTENAU Bd. 1, S. 103–106

237 *eine Verdeutschung des »Combattimento«:* aufgefunden in Tokio,
nach: Wolfgang Osthoff. Monteverdis »Combattimento« in deut-

scher Sprache und Heinrich Schütz. In: Festschrift Helmuth Osthoff
zum 65. Geburtstag. Hrsg. von Lothar Hoffmann-Erbrecht und
Helmut Hucke. Tutzing 1961. Abgedruckt in SCHÜTZ NA, Supplement

Jakob Reitenfels, »Erinnerungen an Moscovien«: Padua 1720, einem
Hinweis darauf folgte MOSER, S. 609

Vorrede vom 2. Juni 1639: SCHÜTZ-BRIEFE, S. 139f.

Schütz schreibt: SCHÜTZ-BRIEFE, S. 140

238 *nach einem Zeugnis Zahns:* bei Joshua Rifkin, der auch die Hannover-Reise ausführlich bringt, in: The New Grove Dictionary of Music and Musicians. 6. Ed. London 1980. Bd. 17, S. 10

239 *Jörg-Ulrich Fechner in einer Studie:* Zu Heinrich Schütz' Eintrag in das Stammbuch des Andreas Möring. Eine Miszelle von Jörg-Ulrich Fechner. (Hier auf Grund des Typoskripts.) In: SCHÜTZ-JAHRBUCH 1984, noch ohne Seitenzahl

241 *von einer schweren Krankheit:* Schütz selbst rückblickend in einem Brief vom 7. März 1641, SCHÜTZ-BRIEFE, S. 144f.

DRITTER TEIL

248 *der den Psalmen entnommene Text:* Psalm 118, Vers 17; Psalm 116, Vers 3 und 4; nach Psalm 118, Vers 3. Konzert SWV 346

249 *in des Konzertes anderem Teil:* Psalm 111, Vers 1; Psalm 56, Vers 14; Psalm 103, Vers 2–5; Psalm 118, Vers 17. SWV 347

Brief vom 7. März 1641: SCHÜTZ-BRIEFE, S. 144f.

»soziale Dokumente von erschütternder Sprache«: Hans Schnoor. Weber. Gestalt und Schöpfung. Dresden 1953, S. 250

250 *ein kaiserliches Druckprivileg:* nach Wilibald Gurlitt in: Die großen Deutschen, sowie Dokumenten bei Othmar Wessely, Musikerziehung VII/1, Wien Sept. 1953, S. 7ff.

in seiner Denkschrift vom 7. März 1641: SCHÜTZ-BRIEFE, S. 141–145

selten den Herrschenden gesagt: SCHÜTZ-BRIEFE, S. 144

251 *Wolfgang Caspar Printz:* Historische Beschreibung der edelen Sing- und Kling-Kunst. Dresden 1690

Schreiben vom 14. September 1641: SCHÜTZ-BRIEFE, S. 145–148

252 *Vorbereitungen für die Kindtaufe:* nach dem Memorial in: SCHÜTZ-BRIEFE, S. 148–152

253 *von Johann Rist... besungen:* Gedicht vollständig abgedruckt bei MOSER, S. 154f.

254 *Wenn Schütz später einmal davon sprach:* 19. August 1651, SCHÜTZ-BRIEFE, S. 224

Schützens verlegte Werke vertrieb: nach: Die Musik in Geschichte und Gegenwart. Allgemeine Enzyklopädie der Musik. Hrsg. von Friedrich Blume. 14 Bde. Kassel etc. 1949–68. Bd. 12, Sp. 1617 *versprach er der Herzogin:* Brief vom 22. Oktober 1644, Wortlaut nur bei MOSER, S. 156 f.

255 *Schottelius... zwei eigene Dichtungen:* ›Theatralische neue Vorstellung von der Maria Magdalena.‹ Ein Zeugnis für die Zusammenarbeit von Justus Georg Schottelius und Heinrich Schütz, von Jörg Jochen Berns. In: SCHÜTZ-JAHRBUCH 1980, S. 120–129

256 *am 17. März seine Anfrage:* SCHÜTZ-BRIEFE, S. 154–156

257 *an ... Caspar Ziegler vom 11. August 1653:* SCHÜTZ-BRIEFE, S. 236

259 *Stockmann... »So lange noch mein edler Schütze singt«:* Ernst Stockmann. Lob des Stadtlebens. Jena 1683. Nach: Ph. Spitta, a. a. O., S. 47
Stockmann behauptete 1660: Vorbericht zur »Madrigalischen Schriftlust«, nach MOSER, S. 179 f.

260 *Im Vorwort von 1661:* SCHÜTZ-BRIEFE, S. 270
Wenn Werner Braun meint: BRAUN NH, S. 194
die Antwort an andrer Stelle: BRAUN NH, S. 157
schrieb Schütz 1653: SCHÜTZ-BRIEFE, S. 236

261 *mit den Worten..., die Günter Grass:* Günter Grass. Das Treffen in Telgte. Eine Erzählung. Darmstadt und Neuwied 1979, S. 85

262 *»Lebstu der Welt, so bistu tot«:* SCHÜTZ-BRIEFE, S. 154
Schlußstrophe des »Kläglichen Abschieds«: SCHÜTZ-BRIEFE, S. 359

263 *Poem..., das erstmals 1972:* In: Heinrich Schütz (1585–1672) in seinen Beziehungen zum Wolfenbütteler Hof. Ausstellung anläßlich des 300. Todestages vom 7. November bis 30. Dezember 1972 in der Herzog August Bibliothek Wolfenbüttel (Ausstellungskataloge der Herzog August Bibliothek Nr. 8), S. 15 f., danach in: Alles mit Bedacht. Barockes Fürstenlob auf Herzog August (1579–1666) in Wort, Bild und Musik. Zusammengestellt von Martin Bircher und Thomas Bürger. Wolfenbüttel 1979, S. 86
die Alexandriner, mit denen Schütz 1653: SCHÜTZ-BRIEFE, S. 381 f.

264 *außer einem Faksimile-Abdruck:* Heinrich Schütz und seine Zeit in Bildern. Mit einer Einführung von Dietrich Berke. Zusammengestellt und erläutert von Richard Petzoldt. Kassel etc. 1972, S. 79
nur zweimal vollständig: SCHÜTZ-BRIEFE, S. 381 f., und bei BRODDE, S. 179

265 *»gestaltendes Schicksal«:* Johannes Piersig. Das Weltbild des Heinrich Schütz. Kassel und Basel 1949, S. 14

269 *am 21. Mai 1645 ein erstes Memorial:* SCHÜTZ-BRIEFE, S. 157–159
Schreiben von Michaelis 1645: SCHÜTZ-BRIEFE, S. 159–162
Jakob Weller... erfreute sich inzwischen: Otto Michaelis. Heinrich Schütz. Eine Lichtgestalt des deutschen Volkes. Leipzig und Hamburg 1935, S. 34

In seiner Eingabe sprach Schütz: SCHÜTZ-BRIEFE, S. 159
so wiederholte Schütz: SCHÜTZ-BRIEFE, S. 159f.
270 *ein umfangreiches Postskriptum:* SCHÜTZ-BRIEFE, S. 162f.
Schütz schrieb ihm 1645 eine Vorrede: nach BRODDE, S. 194
273 *in einem weiteren umfangreichen Memorial:* SCHÜTZ-BRIEFE, S. 164–169
Jakob Weller ... am 30. Juli 1646 an den Kurfürsten: SCHÜTZ-BRIEFE, S. 307
Prinzipien der Künstlerbesoldung: SCHÜTZ-BRIEFE, S. 164
die überraschende Nachbemerkung: SCHÜTZ-BRIEFE, S. 168
Hofkunz: abweichende Schreibweisen Hofkunze, Hofkuntz, Hofkontz, Hofkonz oder sogar Hoffkontz
274 *Hofkunz mit bitterbösen Briefen:* so am 16. Mai 1649, nach Akten des Hauptstaatsarchivs Dresden, zitiert bei MOSER, S. 162
275 *aus brieflichen Andeutungen:* SCHÜTZ-BRIEFE, S. 171
Herzog Wilhelm in seinem Tagebuch: Festschrift zur Ehrung von Heinrich Schütz. Hrsg. im Auftrag des Festauschusses zur ›Heinrich-Schütz-Ehrung 1954‹ von Professor Dr. Günther Kraft. Weimar 1954, S. 63
Otto Brodde hat die Vermutung geäußert: BRODDE, S. 182f.
276 *Widmung vom 1. Mai 1647:* SCHÜTZ-BRIEFE, S. 175–177
am 28. Dezember 1647, wandte sich Heinrich Schütz: SCHÜTZ-BRIEFE, S. 187
277 *August antwortete aus Halle:* SCHÜTZ-BRIEFE, S. 310f.
278 *Christoph Kaldenbach ... »Schaut, unsre Weichsel ...«:* nach MOSER, S. 167
zwei Celler Chronisten: nach: Jost Harro Schmidt. Heinrich Schützens Beziehungen zu Celle. Ein Beitrag zur Schütz-Biographie. In: SAGITTARIUS 2, S. 37
eine »musikalische Präsentation«: FÜRSTENAU Bd. 1, S. 169
280 *so steht es in den Annalen der Stadt:* Weißenfels. Stadtchronik, a.a.O., S. 24
schreibt der Literaturwissenschaftler: Hermann Hettner. Geschichte der deutschen Literatur im achtzehnten Jahrhundert. 2 Bde. 1879. Neuausgabe Berlin und Weimar 1979, S. 144
281 *er widmete die »Geistliche Chormusik«:* SCHÜTZ-BRIEFE, S. 190–192
Mahnung an die deutschen Künstler: SCHÜTZ-BRIEFE, S. 192–196.
Wiedergabe des Originals:

»Günstiger Leser:

Es ist bekand und am Tage / das nach dem über den Bassum continuum concertirende Stylus Compositionis, aus Italia auch uns Deutschen zu Gesichte kommen und in die Hände gerathen / derselbige gar sehr von uns beliebet worden ist / und dahero auch mehr Nachfolger bekommen hat / als vorhin kein anderer iemahls mag gehabt haben / davon dann die bißhero unterschiedliche in Deutschland hin und wieder ausgelassene / und in denen Buchläden befindliche Musicalische Opera, genugsam Zeugniiß geben. Nun tadele ich zwar solch Beginnen keines weges; Sondern vermercke vielmehr hierunter auch unter unserer Deutschen Nation / allerhand zu der Profession der Music wohlgeschickte und geneigte Ingenia, denen ich auch ihr Lob gerne gönne / und selbst zugeben willig bin: Weil es aber gleichwohl an dem / auch bey allen in guten Schulen erzogenen Musicis auser zweifel ist / daß in dem schweresten Studio Contrapuncti niemand andere Arten der Composition in guter Ordnung angehen / und dieselbigen gebührlich handeln oder tractiren könne / er habe sich dann vorhero in dem Stylo ohne den Bassum Continuum genugsam geübet / und darneben die zu einer Regulirten Composition nothwendigen Requisita wohl eingeholet / als da (unter andern) sind die Dispositiones Modorum; Fugæ Simplices, mixtæ, inversæ; Contrapunctum duplex: Differentia Styli in arte Musicâ diversi: Modulatio Vocum: Connexio subiectorum, &c. Vnd dergleichen Dinge mehr; Worvon die gelehrten Theorici weitleuffig schreiben / und in Scholâ Practicâ die Studiosi Contrapuncti mit lebendiger Stimme unterrichtet werden; Ohne welche / bey erfahrnen Componisten ja keine eintzige Composition (ob auch solche denen in der Music nicht recht gelehrten Ohren / gleichsam als eine Himmlische Harmoni fürkommen möchte) nicht bestehen / oder doch nicht viel höher als einer tauben Nuß werth geschätzet werden kan / etc.

Als bin ich hierdurch veranlasset worden derogleichen Wercklein ohne Bassum Continuum auch einsten wieder anzugehen / und hiedurch vielleicht etliche / insonderheit abere theils der angehenden Deutschen Componisten anzufrischen / das / ehe Sie zu dem concertirenden Stylo schreitten / Sie vorher diese harte Nuß (als worinnen der rechte Kern / und das rechte Fundament eines guten Contrapuncts zusuchen ist) auffbeissèn / und darinnen ihre erste Proba ablegen möchten: Allermassen dann auch in Italien / als auff der rechten Musicalischen hohen Schule (als in meiner Jugend ich erstmahls mein Fundamenta in dieser Profession zulegen angefangen) der Gebrauch gewesen / das die Anfahenden jedesmahl derogleichen Geist- oder Welttlich Wercklein / ohne den Bassum Continuum, zu erst recht ausgearbeitet / und also von sich gelassen haben / wie denn daselbsten solche gute Ordnung vermuthlichen noch in acht genommen wird. Welche meine zum Auffnehmen der Music / auch Vermehrung unserer Nation Ruhm / wohlgemeinte Erinnerung dann / ein iedweder im besten / und zu niemands Verkleinerung gemeinet / von mir vermerecken wolle.

Es ist aber mit Stillschweigen ferner nicht zuübergehen / das auch dieser Stylus der KirchenMusic ohne den Bassum Continuum (welche mir dahero Geistliche Chor-Music zu tituliren beliebet hat) nicht allezeit einerley ist / sondern das etliche solcher Compositionen eigentlich zum Pulpet / oder zu einem / beydes mit Vocal- und Instrumental-Stimmen besetzten vollen Chore gemeinet / theils aber derogestalt auffgesetzet seyn / das mit besserm Effect die Partheyen nicht dupliret, Tripliciret, &c. Sondern in Vocal- und Instrumental-Partheyen vertheilet / und auff solche Weise mit gutem Effect in die Orgel auch wohl gar per Choros (wann es eine Composition von Acht / Zwölff oder mehr Stimmen ist) Musiciret werden können. Von welcher beyderley Gattung dann auch im gegenwärtigen meinem mit wenig Stimmen vor dißmal nur herausgegebenen Wercklein (und bevorab unter den Hintersten / bey welchen ich dahero auch den Text nicht habe unterlegen lassen) anzutreffen seyn; Gestalt der verständige Musicus in etlichen vorhergehenden dergleichen selbsten wohl vermercken / und dahero mit dero Anstellung gebührlich zuverfahren wissen wird.

Worbey ich dann zugleich hiermit offentlich protestiret und gebethen haben will / das niemand / was ietzo gedacht worden / dahin ziehen wolle / als ob dieses oder eintziges meiner ausgelassenen Musicalischen Wercke ich iemand zur Information oder gewissen Modell vorstellen und recommendiren wolte / (deren Wenigkeit ich dann selbst gerne gestehe.) besondern will ich vielmehr alle und iede / an die von allen vornehmsten Componisten gleichsam Canonisierte Italianische und andere / Alte und Newe Classicos Autores hiermit gewiesen haben / als deren fürtreffliche und unvergleichliche Opera denen jenigen / die solche absetzen und mit Fleiß sich darinnen umbsehen werden; In einem und dem andern Stylo als ein helles Liecht fürleuchten / und auff dem rechten Weg zu dem Studio Contrapuncti anführen können. Wie dann über dieses ich noch der Hoffnung lebe / auch allbereit hievon in etwas Nachrichtung habe / das ein / mir wohlbekandter / so wohl in Theoriâ als Praxi hocherfahrner Musicus / hiernechst der gleichen Tractat an das Tage-Liecht werde kommen lassen / der hierzu / insonderheit uns Deutschen auch sehr zuträglich und nutzbar wird seyn können: Welches / das es erfolgen möge / dem allgemeinen Studio Musico zum besten / ich mit Fleiß zu sollicitirn dann nicht unterlassen will.

Endlich: da auch iemand von den Organisten etwa in dieses mein ohne Bassum Continuum eigentlich auffgesetztes Wercklein / wohl und genaw mit einzuschlagen Beliebung haben / und solches in die Tabulatur oder Partitur abzusetzen sich nicht verdriessen lassen wird: lebe ich der Hoffnung / daß der hierauff gewandte Fleiß und Bemühung

ihn nicht allein nicht gerewen / sondern auch diese Art der Music desto
mehr ihren gewünschten Effect erreichen werde.
Gott mit uns sampt und sonders in Gnaden!

Author.«

283 *Johannes Piersig ... deutet:* Johannes Piersig. Das Weltbild des Hein-
rich Schütz. Kassel und Basel 1949, S. 66 f. und 72
284 *nach Alfred Einstein:* EINSTEIN, S. 20
Samuel Scheidt ... klagte: der Brief an Heinrich Baryphonus, 1651,
erwähnt bei BRAUN NH, S. 8, im Wortlaut bei: Hans Joachim Moser.
Kleine deutsche Musikgeschichte. Stuttgart 1949, S. 143
»Bärenhäutereien« genannt: »Der seel. Churfürstl. Sächsische, zu
seiner Zeit berühmte Capellmeister und vortreffliche Componist
Heinrich Schütz nennet in einer Epistel solche unreiffe Compositiones
Bernheutereyen«, heißt es in: Andreas Werckmeister. Cribrum musicum. 1700, S. 30
Vorwort zu den »Symphoniae sacrae II«: SCHÜTZ-BRIEFE, S. 178–181
285 *Hans Joachim Moser plagiiert:* R. Wustmann. Musikgeschichte Leipzigs. Bd. 1, S. 470; bei MOSER, S. 496
286 *im Index heißt es:* abgebildet bei BRODDE, S. 207
288 *von Moser vorgeschlagenen hohen Tenöre:* MOSER, S. 509
290 *»Specification«:* SCHÜTZ-BRIEFE, S. 181 f., Faksimile abgebildet bei
BRODDE, S. 188
291 *Brodde ein sehr überzeugendes Beispiel:* BRODDE, S. 216
in der Vorrede von 1647: SCHÜTZ-BRIEFE, S. 180
292 *mit dem Vorbemerken:* SCHÜTZ-BRIEFE, S. 181
293 *Winterfelds trefflicher Beschreibung:* WINTERFELD Bd. 2, S. 197 f.
294 *nach Moser:* Hans Joachim Moser. Kleines Heinrich-Schütz-Buch.
Leben und Werk des ältesten Klassikers der deutschen Musik. Kassel
1941, S. 51
295 *Christoph Spetner:* Das Heinrich-Schütz-Bildnis und sein Maler Christoph Spetner. Von Albert Schröder. In: Die Heimat. Blätter zur
Erforschung der Heimatgeschichte und Pflege des Heimatgedankens.
Folge II. Nr. 4, 124. Jg. November 1936. Weißenfels 1936, S. 37–39
296 *24. Februar und den 7. März:* SCHÜTZ-BRIEFE, S. 366–374
298 *»etliche bestimmte ... musizieret«:* FÜRSTENAU Bd. 1, S. 119
das fünfaktige Gesangs-Ballett: ausführliche Beschreibung mit Texten
und Besetzung der Rollen bei FÜRSTENAU Bd. 1, S. 117–127
299 *Gottsched hat:* Johann Christoph Gottsched. Nötiger Vorrat zur
Geschichte der deutschen dramatischen Dichtkunst. Leipzig 1757–
65. Bd. 1, S. 203
300 *Memorial vom 14. Januar 1651:* SCHÜTZ-BRIEFE, S. 207–216
kam er zur Sache: SCHÜTZ-BRIEFE, S. 212
302 *Am 11. April 1651:* SCHÜTZ-BRIEFE, S. 219 f.

303 *wandte er sich am 14. August:* SCHÜTZ-BRIEFE, S. 220–222
304 *Am 19. August berichtete Schütz:* SCHÜTZ-BRIEFE, S. 223–228
      Und dann folgt der Satz: SCHÜTZ-BRIEFE, S. 226
305 *Gedichts von Pfarrer Georg Weiße:* MOSER, S. 609
308 *»Was denn meine Vaterstadt...«:* Thomas Mann. Doktor Faustus.
      Das Leben des deutschen Tonsetzers Adrian Leverkühn erzählt von
      einem Freunde. Gesammelte Werke in zwölf Bänden. Bd. VI. Frank-
      furt a. M. 1960, S. 50
      »Aber in der Luft war etwas...«: Thomas Mann, a. a. O., S. 51 f.
310 *»Das Kennzeichen solcher altertümlich-neurotischen...«:* Thomas
      Mann, a. a. O., S. 52
312 *»Verfall der großen und einzig wahren...«:* Thomas Mann, a. a. O.,
      S. 373
313 *»Er hatte Chöre von Kempff gehört...«:* Martin Gregor-Dellin. Jakob
      Haferglanz. Roman. Rothenburg ob der Tauber 1963, S. 87
314 *Zeugen im Pfarrer Georg Weiße:* MOSER, S. 611
      beim Schreiben eines Romans: Martin Gregor-Dellin. Der Kandela-
      ber. Roman. Olten und Freiburg i. Br. 1962, S. 126–132
316 *Ehrenkodex gegen »böse Sitten und Gebräuche«:* wiedergegeben in:
      Joh. Seb. Bach von Philipp Spitta. 2 Bde. Leipzig 1916. Bd. 1, S. 142–
      149
317 *Am 4. Februar 1652 zeigte er:* SCHÜTZ-BRIEFE, S. 228–230
      schrieb er am 28. Mai: SCHÜTZ-BRIEFE, S. 230–232
318 *»mit der großen Nase«:* SCHÜTZ-BRIEFE, S. 165
      werde leider »vorüberfliegen«: SCHÜTZ-BRIEFE, S. 155
      erinnerte er am 26. Juni 1652: SCHÜTZ-BRIEFE, S. 232–235
319 *weiß man noch mehr:* ermittelt von Joshua Rifkin, nach seinem
      Beitrag in: The New Grove Dictionary of Music and Musicians. 6. Ed.
      London 1980. Bd. 17, S. 13 f.
      Am 21. August 1653: SCHÜTZ-BRIEFE, S. 237–239
320 *im Brief vom 23. August 1653:* SCHÜTZ-BRIEFE, S. 242–245
      »dergestalt nicht beliebt«: SCHÜTZ-BRIEFE, S. 242; im Original steht
      zwar »nicht beliebig«, was man als »nicht gleichgültig« deuten könnte,
      sinngemäß ist hier aber wohl eher »nicht beliebt« zu lesen
321 *schreibt Werner Braun:* BRAUN NH, S. 50
      Jakob Weller mußte sich 1654: Eberhard Schmidt. Der Gottesdienst
      am kurfürstlichen Hofe zu Dresden. Ein Beitrag zur liturgischen
      Traditionsgeschichte von Johann Walter bis Heinrich Schütz. Berlin
      1961, S. 113
322 *»Sechs Punkte« vom 21. September 1653:* SCHÜTZ-BRIEFE, S. 245–247
      Einmal setzte sich auch der Kurprinz: das Schreiben vom 30. Septem-
      ber 1653 mitgeteilt von FÜRSTENAU Bd. 1, S. 33–35
      antwortete am 19. Juni 1654: SCHÜTZ-BRIEFE, S. 250 f.

323 *Weckmann besprach sich erst:* nach MATTHESON, S. 397
Leichenpredigt des Pfarrers Hülsemann: auf Euphrosyne Pincker,
geb. Schütz in Leipzig (1655); in Freiberg, Gotha und Leipzig, mit
Anhang in der Bibliothek der Franckeschen Stiftungen in Halle an der
Saale und in der ehemals fürstlichen Bücherei zu Stolberg, Nr. 17916

324 *Am 24. Juli:* Postskriptum zum Brief vom 24. Juli 1655, SCHÜTZ-
BRIEFE, S. 257
Eingabe vom 29. Mai 1655: SCHÜTZ-BRIEFE, S. 251–253
den Hoftagebüchern zufolge: Eberhard Schmidt. Der Gottesdienst am
kurfürstlichen Hofe zu Dresden. Ein Beitrag zur liturgischen Traditionsgeschichte von Johann Walter bis Heinrich Schütz. Berlin 1961,
S. 169

325 *Beisetzung... erst am 4. Februar:* vgl. Rudolf Henning. Zur Textfrage
der »Musicalischen Exequien« von Heinrich Schütz. In: SAGITTARIUS
4, S. 56

326 *der Zeitgenosse Anton Weck:* Anton Weck. Der Churfürstl. Sächsi-
schen weitberueffenen Residentz- und Haupt-Vestung Dresden
Beschreib- und Vorstellung. Nürnberg 1680, S. 423
Fürstenau spricht von: FÜRSTENAU Bd. 1, S. 135

327 *den »allgemeinen Lehrmeister...«:* nach MATTHESON, S. 18
Weiße... spricht von »etlich hundert«: nach MOSER, S. 608

328 *am 22. Oktober 1646 Heinrich Reuß:* »sub dato den 23. hujus« nach
Brief vom 30. Oktober 1646, SCHÜTZ-BRIEFE, S. 171
sich über Martin Knabe: Brief vom 30. Oktober 1646, »In Eil«,
SCHÜTZ-BRIEFE, S. 170f.
Herings Empfehlung begleitet von den Worten: SCHÜTZ-BRIEFE,
S. 173–175
schrieb der Herzogin Sophie Elisabeth: SCHÜTZ-BRIEFE, S. 253–256

329 *der Kommentar Friedrich Chrysanders:* Friedrich Chrysander.
Geschichte der Braunschweig-Wolfenbüttelschen Capelle und Oper
vom sechzehnten bis zum achtzehnten Jahrhundert. In: Jahrbücher
für musikalische Wissenschaft. Bd. 1. Leipzig 1863, S. 147–286

330 *Man nannte Schütz, schreibt Mattheson:* die Förster-Episode bei
MATTHESON, S. 75, sowie in: Die Musik in Geschichte und Gegen-
wart. Allgemeine Enzyklopädie der Musik. Hrsg. von Friedrich
Blume. 14 Bde. Kassel etc. 1949–68. Bd. IV, Sp. 278
Capricornus... erntete die Worte: SCHÜTZ-BRIEFE, S. 265
Schütz 1662 mit lateinischen Distichen: »Me, Wernere, rogas...«,
Leipzig, 7. Oktober 1662. SCHÜTZ-BRIEFE, S. 383
In der Trauerrede von 1679: nach MOSER, S. 178
Dedekind... druckte 1657: Weißenfels, 21. September 1657, SCHÜTZ-
BRIEFE, S. 265f.

331 *»die Orientierungsperson...«:* BRAUN NH, S. 211

Johann Klemm und Gabriel Möhlich: BRAUN NH, S. 195
332 *urteilt Werner Braun:* BRAUN NH, S. 195
333 *heißt es bei Werner Braun:* BRAUN NH, S. 195
     Und Mattheson berichtet: MATTHESON, S. 397
     ein »turbulentes Subjectum«: Die Musik in Geschichte und Gegen-
     wart. Allgemeine Enzyklopädie der Musik. Hrsg. von Friedrich
     Blume. 14 Bde. Kassel etc. 1949–68. Bd. XII, Sp. 675
334 *in Kolberg geborene...* *Bernhard:* nach Joseph Müller-Blattau ist
     der als Danziger geltende Christoph Bernhard abweichend von
     Matthesons Angaben am 1. Januar 1628 in Kolberg geboren, siehe:
     Die Kompositionslehre Heinrich Schützens in der Fassung seines
     Schülers Christoph Bernhard. Eingeleitet und hrsg. von Joseph
     Müller-Blattau. Kassel 1926. Zweite Auflage 1963, S. 155
     »deutschbewußte Schirmer«: Hans Joachim Moser. Kleines Hein-
     rich-Schütz-Buch. Leben und Werk des ältesten Klassikers der
     deutschen Musik. Kassel 1941, S. 57
     »größte Vertreter echtester Deutschheit«: MOSER, S. 205
     antwortete 1646 ... Christian Schirmer: SCHÜTZ-BRIEFE, S. 169f.
     in einem zweiten Schreiben »ad Amicum«: SCHÜTZ-BRIEFE,
     S. 188ff.
     »Es liegt etwas Tragisches darin«: MOSER, S. 161
335 *leuchtende Schlußsatz:* SCHÜTZ-BRIEFE, S. 195f.
     durch Fürstenau für den 1. August 1649: FÜRSTENAU Bd. 1, S. 39
336 *so hören wir von Mattheson:* MATTHESON, S. 19f.
     nannte Dedekind 1657 Schütz und Bernhard: Joseph Müller-Blat-
     tau, in: Die Kompositionslehre etc., a.a.O., S. 5
337 *Die Vermutung Joseph Müller-Blattaus:* in: Die Kompositionslehre
     etc., a.a.O., S. 14
338 *schreibt der Herausgeber:* Die Kompositionslehre etc., a.a.O., S. 14
     Im Schlußabschnitt: Die Kompositionslehre etc., a.a.O., S. 39
341 *als Darlehen der Stadt Erfurt überlassen:* Vorgang und Brief des
     Rates der Stadt Erfurt an Schütz bei REINHARDT, S. 87f.
342 *Am 24. Juli 1655 mahnte er:* SCHÜTZ-BRIEFE, S. 253–258
343 *fand das fürstliche Collegium musicum:* SCHÜTZ-BRIEFE, S. 275
344 *im Widmungsbrief an der Herzog:* SCHÜTZ-BRIEFE, S. 270
     ausgestellt zu Teplitz: SCHÜTZ-BRIEFE, S. 276f.
     die künftigen Zeitzer Kapellknaben: SCHÜTZ-BRIEFE, S. 277–281
345 *rügte er den Superintendenten:* SCHÜTZ-BRIEFE, S. 292–295
     Brief vom 10. Januar 1664: SCHÜTZ-BRIEFE, S. 283–285
     erwähnte Katalog: Hans Haase. Nachtrag zu einer Schütz-Ausstel-
     lung. In: SAGITTARIUS 4, S. 85–97
346 *1660 in einer feinsinnigen Widmung:* in: Nova quatuor vocibus
     componendi methodus, 1660, nach Joshua Rifkin in: The New

Grove Dictionary of Music and Musicians. Bd. 17, S. 23, und bei
MOSER, S. 201

347 *in zwei Briefen vom Mai 1666:* vom 1. und 3. Mai, SCHÜTZ-BRIEFE,
S. 288–290

348 *offizielle Rangordnung bei Hof:* FÜRSTENAU Bd. 1, S. 170f.
von Seckendorff bescheinigte Geier: nach: Otto Michaelis. Heinrich
Schütz. Eine Lichtgestalt des deutschen Volkes. Leipzig und Hamburg 1935, S. 35

350 *Wolfram Steude mit seinen . . . Untersuchungen:* Wolfram Steude. Das
wiedergefundene Opus ultimum von Heinrich Schütz. Bemerkungen
zur Quelle und zum Werk. In: SCHÜTZ-JAHRBUCH 1982/83, S. 9–18
dem Hofdiarium zufolge: Wolfram Steude, a. a. O., in: SCHÜTZ-
JAHRBUCH 1982/83, S. 17

351 *in der Vorrede mit Recht behaupten:* Vorrede der Historia in der
Orgelstimme 1664, SCHÜTZ-BRIEFE, S. 285–288

352 *fälschlich zugeschriebene Markus-Passion:* jetzt ediert als: Marco Gio-
seppe Peranda. Markus-Passion für Solostimmen und vierstimmigen
Chor a cappella. Hrsg. vom Kirchenchorwerk der Evangelisch-
Lutherischen Landeskirche Sachsens. Einrichtung Wolfram Steude.
Leipzig 1978

354 *nach Brodde »allem Modellhaften . . .«:* BRODDE, S. 260

355 *Wolfram Steude bringt . . . Peranda:* Wolfram Steude, a. a. O., in:
SCHÜTZ-JAHRBUCH 1982/83, S. 18

356 *Aber Wolfram Steude meint:* anläßlich mündlicher Erörterung dieser
Fragen, hier mit besondrem Dank für seine Anregungen und Informationen wiedergegeben

357 *einer Schütz »eigenen Neugregorianik«:* MOSER, S. 565, auch in seiner
Musikgeschichte und seiner Kleinen deutschen Musikgeschichte,
s. o., S. 128

358 *Philipp Spitta noch von einem Nebeneinander:* Philipp Spitta 1887 in
seiner Einleitung zur Gebrauchsausgabe der »Cantiones sacrae«, ausführlicher zitiert bereits im Kapitel »Zwischenspiel II«, S. 145

359 *Mit Carl von Winterfeld:* WINTERFELD Bd. 2, S. 185 f.

360 *schreibt Friedrich Blume:* Syntagma Musicologicum II. Gesammelte
Reden und Schriften 1962–1972. Hrsg. von Anna Amalie Abert und
Martin Ruhnke. Kassel 1973, S. 143
»nach der Bildhaftigkeit der Sprache . . .« (Söhngen): Oskar Söhngen.
Heinrich Schütz und die zeitgenössische Musik. In: SAGITTARIUS 1,
S. 19
eines seiner wenigen großen Auftritte: Günter Grass. Das Treffen in
Telgte. Eine Erzählung. Darmstadt und Neuwied 1979, S. 55
schreibt Hans Heinrich Eggebrecht: EGGEBRECHT, S. 3

361 *heißt es bei Eggebrecht:* EGGEBRECHT, S. 29

362 *Es mögen, schreibt er:* SCHÜTZ-BRIEFE, S. 285
      »Erinnerung« in der Generalbaßstimme: SCHÜTZ-BRIEFE, S. 267 f.
363 *Gedicht auf den verstorbenen Heinrich Reuß:* SCHÜTZ-BRIEFE, S. 129
365 *»ganz oben in der Clause«:* nach MOSER, S. 609
      »Du hast mich auch gelehrt...«: nach MOSER, S. 608
367 *Fürstenau erwähnt:* FÜRSTENAU Bd. 1, S. 82
370 *Wolfram Steude als erster hingewiesen:* Das wiedergefundene Opus
      ultimum von Heinrich Schütz. Bemerkungen zur Quelle und zum
      Werk von Wolfram Steude. In: SCHÜTZ-JAHRBUCH 1982/83, S. 12
      Gedicht..., das Dedekind 1670 für Schütz: abgedruckt bei MOSER,
      S. 610
      Dedekind hat noch 1674 in der Vorrede: nach Wolfram Steude,
      a. a. O., in: SCHÜTZ-JAHRBUCH 1982/83, S. 12
371 *nach Steude, aus den erstmals ausgewerteten Hoftagebüchern:* Wolf-
      ram Steude, a. a. O., in: SCHÜTZ-JAHRBUCH 1982/83, S. 17
373 *eingedenk der Worte Georg Weißes:* MOSER, S. 611
      »bauliche Notwendigkeiten«: MOSER, S. 471
375 *bemerkt Hans Joachim Moser:* MOSER, S. 588
376 *an seinen Schüler Christoph Bernhard:* nach MATTHESON, S. 322
      im praenestinischen Kontrapunkt: der Komponist nannte sich nach
      dem Ort Palestrina, dessen Name im Altertum Praeneste gewesen
      war; daher »praenestinisch«
      hat er Bernhard geantwortet: nach MATTHESON, S. 323
377 *ein rührendes Zeugnis belegt:* nach: Klaus Petzoldt. Das Schicksal des
      Grabes von Heinrich Schütz. In: SAGITTARIUS 4, S. 37–43
      Gruft-Gedicht... mit der Bemerkung: abgedruckt bei MOSER, S. 610
      Am 16. Januar 1672... ein Erbvertrag: Wortlaut bei REINHARDT,
      S. 77 f.
378 *von acht »guten Stimmen« und zwei Orgeln:* Widmung auf dem
      gedruckten Titelblatt von 1671, in: SCHÜTZ-BRIEFE, S. 384
379 *so heißt es im Weißenfelser Sterberegister:* Auszug aus dem kirchlichen
      Sterberegister 1672, S. 172
      verkaufte die Enkelin Gertraud Seidel: 22 Acker Feld und 19 Acker 57
      Ruten Wiesen, von Großvater und Großtante ererbt, für 1442 Gulden
      18 Gr. an den Fürstl. Sächs. Rentkammerverwalter Heinrich Otto
      Mylius. Das Haus erwirbt ein Hofrat von Posern. Nach Mitteilung
      des Studienrats Dr. Keil in Magdeburg bei REINHARDT, S. 78
380 *so erzählt Geier:* die Beschreibung des Todestags und der Sterbestunde
      hält sich genau an die äußerst präzise und unsentimentale Wiedergabe
      durch den Oberhofprediger D. Martin Geier in seinem Nekrolog,
      letzte Seite

SCHLUSS

383 *So sprach bei der Aufhebung:* FÜRSTENAU Bd. 1, S. 242f.
in seinem Abdankungs-Sermon: Wolfram Steude, a.a.O., in: SCHÜTZ-JAHRBUCH 1982/83, S. 15
darunter von Georg Weiße: bei MOSER, S. 608

384 *Geier auch in seiner Predigt:* Aus der Predigt beim Leichenbegängnis Heinrich Schütz' am 17. Nov. 1672. Mit einem Vorwort von Fritz Dietrich. In: Musik und Kirche. 7. 1935, S. 199–206
Er verwarf: von Geiers Eifer wider den Verfall der Kirchenmusik berichtet bereits FÜRSTENAU Bd. 1, S. 239–241

385 *auf der zu lesen stand:* Klaus Petzoldt. Das Schicksal des Grabes von Heinrich Schütz. In: SAGITTARIUS 4, S. 34–43, der Text der Tafel S. 35; die Inschriften bereits bei FÜRSTENAU Bd. 1, S. 237f.
weil der Kirchner: Johann Gottfried Michaelis. Inscriptiones et Epitaphia. Dresden 1714. Mitgeteilt von Klaus Petzoldt in: SAGITTARIUS 4, S. 34–43

387 *In Leipzig befindet sich:* nach Mitteilung von Wolfram Steude
Moser, sonst eher vorsichtig: Hans Joachim Moser. Kleines Heinrich-Schütz-Buch. Leben und Werk des ältesten Klassikers der deutschen Musik. Kassel 1941, S. 61

388 *sagt Borges:* Die Bibliothek von Babel, hrsg. von Jorge Luis Borges. Bd. 19. Giovanni Papini. Der Spiegel auf der Flucht. Vorwort von Jorge Luis Borges. Stuttgart 1984, S. 7
»einem der mächtigsten Tondichter...«: Hans Schnoor. Weber. Gestalt und Schöpfung. Dresden 1953, S. 248
seine »menschlich-geistige Gestalt...«: Hans Schnoor, a.a.O., S. 250

389 *»dem trefflichsten seiner Schüler«:* WINTERFELD Bd. 2, S. 168
nach Fürstenaus Meinung: FÜRSTENAU Bd. 1, S. 23
zu dem Urteil gelangt: Moritz Fürstenau. Beiträge zur Geschichte der Kgl. sächs. Musikalischen Kapelle. Dresden 1849, S. 57

391 *mit einem dreifachen Ja:* BRODDE, S. 304

392 *die Zahl der aufgefundenen musikalischen Schütz-Werke:* noch während der Satz-Arbeiten an dieser Biographie mußten einige SWV-Nummern nachgetragen werden. Was die jüngste Quellenforschung betrifft, so verweise ich nachdrücklich auf die Verdienste von Breig, Fechner, Möller, Rifkin und Steude, vgl. auch die Bibliographie II

Personenregister

Zusammengestellt von Uwe Steffen

Große Biographien

William Byron
Cervantes
Der Dichter des Don Quijote und seine Zeit. Aus dem Amerik. von
Hanna Neves. 1982. 605 Seiten mit 5 Abbildungen im Text und 16 Seiten
Kunstdruck. Leinen

Albrecht Fölsing
Galileo Galilei – Prozeß ohne Ende
Eine Biographie. 1983. 500 Seiten mit 49 Abbildungen. Geb.

Richard Friedenthal
Goethe
Sein Leben und seine Zeit. 13. Aufl., 133. Tsd. 1984. 669 Seiten. Leinen
(Auch in der Serie Piper lieferbar)

Richard Friedenthal
Leonardo
Eine Bildbiographie. 1983. 174 Seiten. Serie Piper 299

Richard Friedenthal
Luther
Sein Leben und seine Zeit. 12. Aufl., 155. Tsd. 1983. 681 Seiten mit
38 Abbildungen. Leinen
(Auch in der Serie Piper lieferbar)

Richard Friedenthal
Karl Marx
Sein Leben und seine Zeit. 1981. 652 Seiten mit 33 Abbildungen. Leinen

Martin Gregor-Dellin
Richard Wagner
Sein Leben – Sein Werk – Sein Jahrhundert. 1980. 930 Seiten. Leinen

Martin Gregor-Dellin
Richard Wagner
Eine Biographie in Bildern. 1982. 220 Seiten mit 325 Bildern. Leinen

Piper

Mü 339 Schnet (Gre)